五代十國史料輯存

五

杜文玉 編

國家出版基金項目
NATIONAL PUBLICATION FOUNDATION

五代十國文獻叢書

杜文玉 主編

鳳凰出版社

六、思想文化類

1. 通論

及唐太宗拔起晉陽,不逾時,遂遷隋鼎。綿歷五代,五十年間,河東三節度乃相繼爲帝,又何其盛也。閩中之地,自陳隋以前亦寥寥,數千載未嘗有顯者出,及李唐中葉而後,常衮唱其教,歐陽詹爲之師,於是庠序浸興。更五代至於宋朝,而英才輩出,傑然爲國用者不勝其紀。由是觀之,則并州之利,始於唐太宗,而閩中之利,始於常衮,又安知東南之利不始於宋朝哉! 仰觀俯察,酌以民情,國家之勢斷可識已。

(宋)章如愚:《群書考索》續集卷四七

唐天寶以後,河朔以北多爲方鎮所有,具朝廷所自御者,突厥、吐蕃、南詔而已。五代以來,石晉以燕雲賂契丹,而河西盡屬拓拔氏,宋人以内地爲邊境,金、元以夷亂夏,無有所謂邊者。

(清)顧炎武:《天下郡國利病書》

五代已來,文體一變,至於雅誥,殊未復古公之書。

(宋)楊億:《武夷新集》卷一〇

本朝之文,循五代之舊,多駢儷之詞。

(宋)趙彦衛:《雲麓漫鈔》卷八

五季文章趣卑陋甚矣，然當時諸僭僞，其國頗亦有人。吾頃游博白之宴石山號普光禪寺者，爲屋數椽而已。其山迴絶，洞穴奇怪，得一碑，乃僞漢時人爲寺記。特喜其兩語，曰："蔬足果足，松寒水寒。"

（宋）蔡絛：《鐵圍山叢談》卷三

右五代時，帝王將相等署字，合一卷。前人遺迹，往往因人家告身、莊宅券契，故後世傳之，猶在此署字，乃北京人家好事者，類而模傳之爾。

（宋）歐陽修：《文忠集》卷一四三

歐陽公見大名人家，有五代時帝王將相等署字一卷。黄長睿亦云："有朝士施結者，喜收古今人押字，不遠千里求之，所藏甚多，類而成書。"予嘗見之須城劉氏，惜當時不曾傳録也。

（元）陸友仁：《硯北雜志》卷下

右五代時帝王將相等署字，合一卷。前人遺迹，往往因人家告身、莊宅券契，故後世傳之猶在。此署字乃北京人家好事者，類而模傳之爾。

（宋）歐陽修：《集古録》卷一〇

《集古録》有五代時帝王將相等"署字"一卷。所謂署字者，皆草書其名，今俗謂之畫押，不知始於何代。

（清）顧炎武著，黄汝成集釋：《日知録集釋》卷二八《押字》

《集古録》所云"五代帝王署字一卷"，蓋五代帝王皆起於人臣，其未登極以前，本有署名之押，即位後遂仍而不改耳。至士大夫之押，自六朝至唐宋，固無不署名。

（清）趙翼：《陔餘叢考》卷三三

五代以來學者,少尚義理。有趙生者,得韓文數十篇未達,乃携以示開,開一見遂知爲文之趣,自是屬辭必法。

(宋)佚名:《錦綉萬花谷》續集卷三二

接乎五代,衰世之士,氣力卑弱,言淺意陋,不足以起其文,而使明君賢臣駿功偉烈,與夫昏虐賊亂禍根罪首,皆不足暴其善惡,以動人耳目,誠不可以垂勸戒示久遠,甚可嘆也。

(宋)歐陽修:《文忠集》卷九一

昔者承五代之亂,天下學者凋喪,而仕者益寡,雖有美才良士,猶溺於耕田養生之樂,不肯弃其鄉閭,而效力於官事。

(宋)蘇轍:《欒城集》卷二〇

祖宗承五代之餘,禮樂未完,學校未立,其所以爲天下者,皆漢唐之遺事也。然自今觀之,其削平僭亂,攘却夷狄,戰必勝,攻必取。及天下已平,祥符、景德之間,百姓家給人足,相賢將勇,中外無事。朝廷有諍臣,州郡有循吏。至於文章之盛,至與漢唐相若。

(宋)蘇轍:《欒城第三集》卷六

自唐末更五代,天下大亂,江南雖偏霸,然文獻獨存,得唐遺風。

(元)陸友仁:《硯北雜志》卷上

旌論衡

釋道二門,各宗教本,雖分内外,意曉筌蹄。前蜀佑聖國師光業有過人之辯,爲僧門一瑞也。威儀楊德輝有出人之才,爲道門之一俊也。至於問答論難,無不雙美。武成中,東川昌明縣玄士李懷杲聚盗構逆,尋亦受誅。普通山青州長老録二尼道姑、道媪親事巾瓶。時左街使集王宗翰奏聞收勘,决遞遐方。僧道俱有乖張,嘲論各興亂謗,非獨取笑,理在其中。光業《徵李懷杲嘲道門》云:“雲鎖涪江水似天,又聞懷杲已升仙。强思齊見應摧膽,張茂卿聞必聳肩。强与張,二玄士三尺霜刀充絳節,兩條朱棒替香烟。報伊廣德先生道,社稷威靈不偶然。”“出上擒來鎮裹收,天然模樣已成囚。妄占氣色爲徵兆,更引文章説御樓。長榜數張懸市内,短刀一隊送江頭。旋驅旋斬教隨水,只此名爲正道流。”楊德輝《徵青州長老嘲僧門》曰:“堪笑青州學坐禪,不供父母不耕田。口中雖道無諸相,心裹元來有外緣。行者趁教門裹卧,尼師留在脚頭眠。高標不使觀音救,徒説三千與大千。出家比要離生緣,争是争名更在先。説法謾稱師子吼,魅人多使野狐涎。行婆餉送新童子,居士抄條施利錢。蠶食萬民何所用,轉教海内有荒田。”又太祖降誕日,僧門祝辟支佛牙,道門進《武成混元圖》。光業詔圖以嘲之,德輝詔佛牙以答之,議者以光業先興北廓之師,德輝報盡東門之役。光業《嘲進圖》云:“夜深燈火滿壇鋪,拔劍揮空亂叫呼。黑撒半筐兵甲豆,朱書一道厭人符。重臣餵飼剛教活,聖主慈悲未忍誅。佛説毗盧三界了,如何更有混元圖。”德輝《嘲佛牙》云:“比來降誕爲官家,堪笑群胡贊佛牙。手軟阿師持磬鈸,面甜童子執幡花。縱饒黎庶無知識,不可公王盡信邪。捧擁一函枯骨立,如何延得壽無涯。”後舉子劉隱辭咏之曰:“爲僧爲道兩悠悠,若個能分聖主憂。各門輪蹄朝紫殿,競稱卿監滿皇州。相嘲相咏何時了,争利争名早晚休。閑想邊庭荷戈將,功成猶自不封侯。”所以牛秘監嶠評之,詩曰:“玄門清净等空門,虔奉天尊與世尊。金口説經十二部,玉皇留教五千言。鰲頭宫殿波濤闊,鷲嶺香花夢想存。莫向人間争勝負,須知三教本同源。”

(後蜀)何光遠:《鑒誡録》卷六

2. 儒學

(開平)三年十二月,國子監奏創造文宣王廟,仍請率在朝及天下見任官僚俸錢,每貫每月克一十五文,充土木之直,允之。是歲,以所率官僚俸錢修文宣王廟。

(宋)王欽若等編纂:《册府元龜》卷一九四《閏位部》

自梁氏都汴,貞明中始以今右長慶門東北小屋數十間爲三館,湫隘纔蔽風雨,周廬徼道,出於其側,衛士騶卒,朝夕喧雜。每諸儒受詔有所論撰,即移於它所始能成之。上初即位,因臨幸周覽,顧左右曰:"若此之陋,豈可蓄天下圖籍,延四方賢俊耶!"即詔有司度左升龍門東北舊車輅院,別建三館,命中使督工徒,晨夜兼作。其棟宇之制,皆親所規畫,自經始至畢功,臨幸者再,輪奂壯麗,甲於内庭。

二月丙辰朔,詔賜名爲崇文院。西序啓便門,以備臨幸,盡遷舊館之書以實之。院之東廊爲昭文書,南廊爲集賢書,西廊有四庫,分經史子集四部,爲史館書。六庫書籍正副本凡八萬卷,策府之文焕乎一變矣。

(宋)李燾:《續資治通鑑長編》卷一九,太宗太平興國三年(978)

梁孫騭,開平初,歷諫議常侍。騭雅好聚書,有《六經》《史》《漢》百家之言,凡數千卷。洎李善所注《文選》,皆簡翰精專,至校勘詳審。

(宋)王欽若等編纂:《册府元龜》卷八一一《總録部》

梁孫騭,雅好聚書,有《六經》《史》《漢》,洎百家之言,凡數千卷,皆簡翰精至,披勘詳審。得暇即朝夕耽玩,曾無少怠,官至左散騎常侍。

(宋)王欽若等編纂:《册府元龜》卷七九八《總録部》

梁太祖開平元年十月,山南東道節度楊師厚進納趙凝東第書籍。先是,收復襄、漢,帝閲其圖書,至是命師厚進焉。

(宋)王欽若等編纂:《册府元龜》卷一九四《閏位部》

後唐莊宗同光二年二月，制："三館蘭臺，藏書之府，動盈萬卷，詳列九流。爰自亂離，悉多遺逸，須行搜訪，以備討尋。應天下有人，能以經史及百家進納者，所司立等第酬奬。"

（宋）王欽若等編纂：《册府元龜》卷五〇《帝王部》

《通鑒》：後唐長興三年二月辛未，"初令國子監校定《九經》，雕印賣之"。又云："自唐末以來，所在學校廢絶，蜀毋昭裔出私財百萬營學館，且請刻板印《九經》，蜀主從之，由是蜀中文學復盛。"又云："唐明宗之世，宰相馮道、李愚請令判國子監田敏校定《九經》，刻板印賣，朝廷從之。後周廣順三年六月丁巳，板成，獻之。由是雖亂世，《九經》傳布甚廣。"此言宰相請校正《九經》印賣，當是前長興三年事，至是二十餘載始辦。田敏爲漢使楚，假道荆南，以印本《五經》遺高從誨，意其廣順以前，《五經》先成。王仲言《揮塵録》云："毋昭裔貧賤時，嘗借《文選》於交游間，其人有難色。發憤異日若貴，當板以鏤之遺學者。後仕王蜀爲宰，遂踐其言，刊之。印行書籍，創見於此，事載陶岳《五代史補》。後唐平蜀，明宗命太學博士李鍔書《五經》，仿其製作，刊板於國子監，爲監中印書之始。"仲言自云家有鍔書印本《五經》，後題長興二年。今史云三年，中書奏請依石經文字刻《九經》印板，從之。又，他書記馮道取西京鄭覃所刊石經，雕爲印板，則非李鍔書，仿蜀製作，或别本也。《金石録》又云："李鶚五代時，仕至國子丞，《九經》印板，多其所書，前輩頗貴重之。"鶚即鍔也。《猗覺僚雜記》云："雕印文字，唐以前無之，唐末益州始有墨板，後唐方鏤《九經》，悉收人間所有經史，以鏤板爲正，見《兩朝國史》。"此則印書已始自唐末矣。按柳氏《家訓》序："中和三年癸卯夏，鑾輿在蜀之三年也。余爲中書舍人，旬休，閲書於重城之東南。其書多陰陽雜説、占夢相宅、九宫五緯之流，又有字書小學，率雕板，印紙浸染不可盡曉。"葉氏《燕語》正以此證刻書不始於馮道。而沈存中又謂："板印書籍，唐人尚未盛爲之，自馮瀛王始印《五經》，自後典籍皆爲板本。"大概唐末漸有印書，特未能盛行，遂以爲始於蜀也。當五季亂離之際,經籍方有托而流布於四方,天之不絶斯文,信矣!

(宋)葉寘:《愛日齋叢抄》卷一

唐以前文字未刻印,多是寫本。齊衡陽王鈞手自細書《五經》,置巾箱中。巾箱《五經》自此始。後唐明宗長興三年,宰相馮道、李愚,請令判國子監田敏校正《九經》,刻板印賣。朝廷從之。雖極亂之世,而經籍之傳甚廣。予曾大父遺書,皆長興年刻本,委於兵火之餘,僅存《儀禮》一部。

(宋)邵博:《邵氏聞見後録》卷五

唐貞觀中,魏徵、虞世南、顔師古繼爲秘書監,請募天下書,選五品以上子孫工書者,爲書手繕寫。予家有舊監本《周禮》,其末云:大周廣順三年癸丑五月,雕造《九經》書畢,前鄉貢三禮郭嵠書。列宰相李穀、范質、判監田敏等銜於後。《經典釋文》末云:顯德六年己未三月,太廟室長朱延熙書,宰相范質、王溥如前,而田敏以工部尚書爲詳勘官。此書字畫端嚴有楷法,更無舛誤。《舊五代史》:漢隱帝時,國子監奏《周禮》《儀禮》《公羊》《穀梁》四經未有印板,欲集學官考校雕造。從之。正尚武之時,而能如是,蓋至此年而成也。成都石本諸經,《毛詩》《儀禮》《禮記》,皆秘書省秘書郎張紹文書。《周禮》者,秘書省校書郎孫朋古書。《周易》者,國子博士孫逢吉書。《尚書》者,校書郎周德政書。《爾雅》者,簡州平泉令張德昭書。題云,廣政十四年,蓋孟昶時所鐫,其字體亦皆精謹。兩者并用士人筆札,猶有貞觀遺風,故不庸俗,可以傳遠。唯《三傳》至皇祐元年方畢工,殊不逮前。紹興中,分命兩淮、江東轉運司刻三史板,其兩《漢書》内,凡欽宗諱,并小書四字,曰"淵聖御名",或徑易爲"威"字,而他廟諱皆只缺畫,愚而自用,爲可笑也。蜀《三傳》後,列知益州、樞密直學士、右諫議大夫田況銜,大書爲三行,而轉運使直史館曹穎叔,提點刑獄、屯田員外郎孫長卿,各細字一行,又差低於況。今雖執政作牧,監司亦與之雁行也。

(宋)洪邁:《容齋續筆》卷一四

五代石昂父平生不喜佛，父死，昂於柩前誦《尚書》，曰："此吾先人之所欲聞也。"

（唐）白居易、（宋）孔傳：《白孔六帖》卷六六

石昂家有書數千卷，喜延四方之士，無遠近多就昂學，食其門下者或累歲，昂未嘗有怠色。

（唐）白居易、（宋）孔傳：《白孔六帖》卷三四

景祐二年九月，詔翰林學士張觀等刊定《前漢書》《孟子》，下國子監頒行。議者以爲前代經史，皆以紙素傳寫，雖有舛誤，然尚可參讎。至五代，官始用墨版摹六經，誠欲一其文字，使學者不惑。

（宋）程俱：《麟臺故事》卷二

梁敬翔，好讀兵書，善禮學，尤長刀筆，應用敏捷。

（宋）王欽若等編纂：《册府元龜》卷七六八《總録部》

趙凝鎮襄州，凝好聚書，至數千卷。

（宋）王欽若等編纂：《册府元龜》卷八一一《總録部》

（同光二年）四月，樞密使郭崇韜又奏曰："伏以館司四庫藏書，舊日數目至多，自廣明年後，流散他方，宜示獎酬，俾申搜訪。伏乞委中書門下，再行敕命，遍下逐道。或有人家藏，能以經史百家之書進獻，數及四百卷以上者，請委館司點勘，無脱漏於卷軸，無重叠於篇題，此外寫札精詳，裝飾周備，當據部帙聞奏，請量等級除官。仍仰長吏明懸榜示，即鄉校庠塾之業，漸闡皇風，金石絲竹之音，無虞墜典。"敕："史館提舉赦書節文，購求經史，頗爲允當，宜許施行。今宜添進納四百卷已下、三百卷已上，皆成部帙、不是重叠及紙墨書寫精細，已在選門未合格人，一百卷與減一選；無選減數者，注官日優與處分；無

官者,納書及三百卷,持授試官。”

（宋）王欽若等編纂:《册府元龜》卷五〇《帝王部》

明宗天成二年,都官郎中庾傳美訪圖書,於三川孟知祥處得《九朝實録》及雜書傳千餘卷,並付史館。同光已後,館中煨燼無幾,《九朝實録》甚濟其闕。

（宋）王欽若等編纂:《册府元龜》卷五〇《帝王部》

《後唐史》曰:都官郎中庾傳美充三川搜訪圖籍使。傳美言僞蜀王衍之書,舊僚家在成都,便於歸計,且言成都具有本朝實録。及傳美使回,所得纔九朝而已,其餘殘缺雜書,蓋不足記。

（宋）李昉:《太平御覽》卷六一九《學部十三》

後唐王都爲定州節度,好聚圖書,自恒山始破,汴州初平,令人廣將金帛收市,以得爲務,不責貴賤,書至三萬卷,名畫樂器各數百,皆四方之精妙者,萃於其府。

（宋）王欽若等編纂:《册府元龜》卷八一一《總録部》

張憲,沉静寡欲,喜聚圖書,家書五千卷。視事之餘,手自刊校,仕至太原尹。

（宋）王欽若等編纂:《册府元龜》卷八一一《總録部》

賈馥,故鎮州節度使王鎔判官。家聚書三千卷,馥手自刊校。

（宋）王欽若等編纂:《册府元龜》卷八一一《總録部》

晉裴皞,容止端秀,性卞急,剛直無隱。少而好學,苦心文翰。雖亂離斯瘼,手不釋卷。後至右僕射致仕。

（宋）王欽若等編纂:《册府元龜》卷七九八《總録部》

後漢劉岳,初少孤,以先人官卑,群從之間,最不調。兩都喪亂,流寓青齊,丐食業文,厲心苦節。官至太常卿。

(宋)王欽若等編纂:《册府元龜》卷七九八《總録部》

周馮道,少純厚好學,善屬文,不耻惡衣食。負米奉親之外,唯以披誦吟吟爲事;雖大雪擁户,凝塵滿席,湛如也。後至中書令。

(宋)王欽若等編纂:《册府元龜》卷七九八《總録部》

張昭,自歷清顯,手不釋卷,每得生書,以舊有足病,必卧而禮之,舉朝服其好學。

(宋)王欽若等編纂:《册府元龜》卷七九八《總録部》

建隆初,三館所藏書僅一萬二千餘卷。及平諸國,盡收其圖籍,惟蜀、江南最多,凡得蜀書一萬三千卷,江南書二萬餘卷。又下詔開獻書之路,於是天下書復集三館,篇帙稍備。

(宋)李燾:《續資治通鑒長編》卷一九,太宗太平興國三年(978)

乾德元年,平荆南,盡收其圖書,以實三館。三年,平蜀,遣右拾遺孫逢吉往收其圖籍,凡得書萬三千卷。

(元)馬端臨:《文獻通考》卷一七四《經籍考一》

乾德求書

乾德四年五月乙亥收僞蜀圖書付史館凡一萬三千卷……開寶九年得江南圖書二萬餘卷。

(宋)王應麟:《玉海》卷四三《藝文》

葉氏《過庭録》曰:……凡世所不傳者,類冗陋鄙淺無足觀,及唐末五代書尤甚。然好奇者或得其一,争以誇人,不復更考是非,此亦藏書一僻也。

(元)馬端臨:《文獻通考》卷一七四《經籍考一》

書樓張家:五代周張昭遠好學,積書萬卷,以樓載之,號“書樓張家”。《五代史補》

(明)陶宗儀:《説郛》卷三《實賓録》

及五代之亂,疆宇割裂,孟氏苟有劍南,百度草創,猶能取《易》《詩》《書》《春秋》《周禮》《禮記》刻於石,以資學者。吾朝皇祐中,樞密直學士京兆田公,加意文治,附以《儀禮》《公羊》《穀梁傳》,所謂九經者備焉。

(宋)吕陶:《净德集》卷一四

孟蜀後主崇尚六經,恐石經本傳流不廣,乃易爲本板。宋世稱刻本書始於蜀也。昶嘗曰:“我不效王衍作輕薄小詞。”乃敕史館,集古今韻會數百卷,惜不傳,今所傳昭武黄公劭者,乃輯略耳。

(明)曹學佺:《蜀中廣記》卷一〇二

《成都記》云:僞蜀孟昶有國,其相毋昭裔刻《孝經》《論語》《爾雅》《周易》《尚書》《周禮》《毛詩》《禮記》《儀禮》《左傳》,凡十經於石。其書丹則張德釗、楊鈞、張紹文、孫逢吉、朋吉、周德貞也。石凡千數,盡依大和舊本,歷八年乃成。

(明)曹學佺:《蜀中廣記》卷一

我唐烈祖高皇帝,睿哲神明,順天膺運。相羿禍浹,有仍之慶始隆;哀莽毒飫,銅馬之尊是顯。堯儲復正,文廟重新。漉沉海之斷綸,却成萬目;撥伏灰之餘簡,在序九流。宗周而一仁風,依漢而雜霸道。澆漓頓革,習尚無虚。遂使武必韜鈐,不空弓馬;文先政理,乃播風騷。由是勛伐子孫,知弓裘之可重;閭閻童稚,識詩書之有望。不有所廢,其何以興?是知楊氏飭弊於前,乃自弊也。烈祖聿興於後,固天興乎!始天祐間,江表多故,洎及寧貼,人尚苟安。稽古之談,幾乎絶侣;横經之席,蔑爾無聞。及高皇初收金陵,首興遺教,懸金爲購墳典,職吏而寫史籍。聞有藏書者,雖寒賤必優詞以假之;或有贄獻者,雖淺近必豐厚以答之。時有以學王右軍書一軸來獻,因償十餘萬,繒帛副焉。由是六經臻備,諸史條集,古書名畫,輻凑絳帷。俊傑通儒,不遠千里而家至户到,咸慕置書。經籍道開,文武并駕。暨昇元受命,王業赫然,稱明文武,莫我跂及,豈不以經營之大基有素乎?

(南唐)劉崇遠:《金華子雜編》卷上

甲辰,布衣趙垂慶詣匭上書言:"皇家當越五代而上承唐統爲金德。若以梁上繼唐,後唐至國朝,亦合爲金德。矧自禪代以來,符瑞狎至,羽毛之色,白者不可勝紀,皆金德之應也。望改正朔,易車服旗色,以承天統。"

事下尚書省,集百官定議。右散騎常侍徐鉉等奏議曰:"五運相承,國家大事,著於前載,具有明文。頃者,唐末喪亂,朱梁篡代,莊宗早編屬籍,繼立世功,親雪國讎,天下稱慶,即比梁於羿、浞、王莽之徒,不可以爲正統也。莊宗中興唐祚,重新土運。自後數姓相傳,晉以金,漢以水,周以木。天造皇宋,運膺火德。况國初便祀火帝爲感生帝,於今二十五年,而又圜丘展祀,已經六祭。自是,日盛一日,年谷豐登,干戈偃戢。若於聖統未合天心,焉有太平得如今日?此皆上天降祐,清廟垂休,致成恢復一統之運也。豈可輒因獻議,便從改易,恐違眷命,深所未安。"

又云:"梁至周不合迭居五運,欲我朝上繼唐統,宜爲金德。且後唐已下,奄宅中區,合該正統,今便廢絶,理寔無謂。且五運代遷,皆親承授,質文相次,間不容髮,豈可越數姓之上,繼百年之運,此不可之甚也。按《唐書》,天寶九載崔昌獻議曰:'魏、晉至周、隋,皆不得爲正統。'欲唐遠繼漢統,立周、漢子孫爲王者後,備三恪之禮。是時,朝議是非相半,集賢學士衛包扶同李林甫,遂行其事,至十二載林甫卒後,復以魏、周、隋之後依舊爲三恪,崔昌、衛包並皆遠貶,此又前載之甚明也。今國家封禪有日,宜從定制,上答天休,伏乞聖宋永爲火德。"從之。

(宋)李燾:《續資治通鑑長編》卷二五,太宗雍熙元年(984)

八月辛亥,趙普上疏言:"陛下昨爲妖星謫見,深自引咎。臣與同列親奉御批劄子,兢惶戰懼,各不勝任,其間老臣,最負深過。謬列三臺之長,慚無一日之長,自知政術疏遺,寧免妖星謫見!撓至尊之懷抱,皆臣下之作爲。都緣蒙蔽聰明,隱藏疾苦,被虐者無由披訴,偷安者不敢指陳。雖衆議以明知,奈皇情而莫測,隱蔽之咎,惟臣最多,甘俟嚴誅,仰期深罰。今則人心頗鬱,上象仍差。起狂夫生亂之謀,生强敵犯邊之計。天時人事,不比尋常,惟有今年,倍須保護。伏審陛下初知妖異,親諭德音,便欲遍與覃恩,優加賞賜。發此一言之善,須增百福之祥,全由惠物之心,必有變灾之望,纔經旬朔,似有改移。切聞司天臺内,妄陳邪佞之言,深惑聖明之聽,猥云妖異,合滅契丹。臣竊慮俱是諂諛,未明真僞。今乞問司天臺内所有前件奏陳,未委按何經典,件具分析,親賜看詳,真僞之情,灼然易見。臣聞五星二十八宿,至於五嶽四瀆,皆居中國,不在四夷。《尚書》云:'萬方有罪,罪在朕躬。'豈謂契丹封疆,不在萬方之數!臣今老邁,豈解陰陽,惟將正理參詳,復以前書徵驗,三墳、五典,必可依憑。今録列《左傳》《漢》《晉》《梁》《唐》五事,件具進呈。冀將師古之文,聊證順情之説。伏望恭承天戒,大慰物情,明施曠蕩之恩,更保延長之祚。蓋緣凡關世事,否泰相隨,倚伏盈虛,豈能常定。聖朝開國已三十年,國富兵强,近古無比。物禁太盛,前聖不欲恣情。今則垂象頻差,兆民未泰,戰争勞役,寧有了期。雖哲后修仁,本意固無虧缺,而群生造業,隨緣應有感招。竊聞陛下自睹星文,深勞帝念,轉積動天之德,思覃及物之恩。則知多難興王,但傳聞於往昔,殷憂啓聖,方實見於當今。何福不生,何灾不滅。臣今更有誠懇,必須面陳,伏恨步履艱難,語言蹇澀,又恐風涎發動,遂令不措一詞。乞於閑暇之時,略垂宣唤,貴將微細,皆具奏聞。因請依前代册免三公故事,明加黜責,激厲忠良。”上覽奏,嘉納之。

(宋)李燾:《續資治通鑒長編》卷三〇,太宗端拱二年(989)

戊戌,開封府功曹參軍張君房上疏言:“唐土德,五運相承,國家當承唐室正統,用金德王。且朱梁雖受唐禪而後唐克復,不可謂承正統。晉稱金德,而江南李昪時實稱唐。漢承晉稱水德,止四年而滅。周承漢爲木德,止九年而四方分據。太祖以庚申歲受周禪,開寶乙亥歲平江南。及太宗即位,定并、汾,自是一統。是國家承金德以受命,其驗明矣。”并獻所著論四卷。上曰:“言此者多矣。且國初徇群議爲火德,今豈當驟改耶?”君房,開封人也。

(宋)李燾:《續資治通鑒長編》卷七四,真宗大中祥符三年(1010)

雍熙中,太宗以板本九經尚多訛謬,俾學官重加刊校。史館先有宋藏榮緒、梁岑之敬所校《左傳》,諸儒引以爲證。祭酒孔維上言:其書來自南朝,不可案據。章下有司,檢討杜鎬引貞觀四年敕:“以經籍訛舛,蓋由五胡之亂,天下學士率多南遷,中國經術浸微之致也。今後並以六朝舊本爲正。”持以詰維,維不能對。王師平金陵,得書十餘萬卷,分配三館及學士院。其書多讎校精當,編帙全具,與諸國書不類。

(宋)楊億:《楊文公談苑》

太祖平江南,賜本院書三千卷,皆紙札精妙,多先唐舊書,亦有是徐鍇手校者。其後散失過半,惟演再入院,編排得千餘卷,而不成部袟。其九經、三史、三國志、晉書,即是晁迥、李宗諤在院時,奏請其書印署部袟。

(宋)江少虞:《宋朝事實類苑》卷五〇

後唐莊宗同光中,募民獻書,及三百卷,授以試銜。其選調之官,每百卷減一選。天成中,遣都官郎中庾傳美訪圖書於蜀,得九朝實録及雜書千餘卷而已。明宗長興三年初,令國子監校定《九經》,雕印賣之。

石林葉氏曰:唐以前凡書籍皆寫本,未有摹印之法,人以藏書爲貴。人不多有,而藏者精於讎對,故往往皆有善本。學者以傳録之艱,故其誦讀亦精詳。五代時,馮道始奏請官鏤板印行。

……

又曰:世言雕板印書始馮道,此不然。但監本《五經》板道爲之爾。柳玭《家訓序》言其在蜀時,嘗閲書肆,云"字書、小學,率雕板印紙"。則唐固有之矣,但恐不如今之工。今天下印書,以杭州爲上,蜀本次之,福建最下。京師比歲印板,殆不減杭州,但紙不佳。蜀與福建多以柔木刻之,取其易成而速售,故不能工。福建本幾遍天下,正以其易成故也。……有天下國家,必以經術示教化,不意五季之君,夷狄之人,而知所先務,可不謂賢乎!雖然,命國子監以木本行,所以一文義,去舛訛,使人不迷於所習,善矣。頒之可也,鬻之非也。或曰:天下學者甚衆,安得人人而頒之?曰:以監本爲正,俾郡邑皆傳刻焉,何患於不給?國家浮費,不可勝計,而獨靳於此哉!此馮道、趙鳳之失也。

(元)馬端臨:《文獻通考》卷一七四《經籍考一》

長興元年正月,以文宣王四十三代孫、陵廟主仁玉爲曲阜縣主簿。

(宋)王欽若等編纂:《册府元龜》卷五〇《帝王部》

後唐九經刻板

後唐長興三年二月,令國子監校正九經,以西京石經本鈔寫刻板,頒天下。四月命馬縞、陳觀、田敏詳勘。周廣順三年六月丁巳,《十一經》及《爾雅》《五經》文字,《九經》字樣板成,判監田敏上之。各二部一百三十册,四門博士李鶚書,惟公羊前三禮郭嵠書。顯德二年二月校勘經典釋文三十卷,雕印命張昭、田敏詳校。僞蜀相毋昭裔取唐太和本，琢石於成都學官，與後唐板本不無小異。

（宋）王應麟：《玉海》卷四三《藝文》

（長興）三年二月，中書奏請依石經文字刻九經印板，敕旨："教導之本，經籍爲宗。兵革已來，庠序多廢，縱能傳授，罕克精研。繇是豕亥有差，魯魚爲弊，苟一言致誤，則大義全乖，儻不討詳，漸當紕繆。宜令國學集博士、儒徒，將西京石經本，各以所業本經句度，抄寫注出，子細勘讀，然後召雇能雕字匠人，各隨部帙刻印板，廣頒天下。如諸色人要寫經書，并須依所印敕本，不得更使雜本交錯。所貴經書廣布，儒教大行。"

（宋）王欽若等編纂：《册府元龜》卷五〇《帝王部》

（長興三年）五月甲申，以文宣王四十三代孫、曲阜縣主簿孔仁玉爲兖州龔丘縣令，襲封文宣公。

（宋）王欽若等編纂：《册府元龜》卷五〇《帝王部》

咸平校定七經疏義

先是，後唐長興中雕九經板本而《正義》傳寫踳駁。太宗命刊校、雕印而四經未畢。上遣直講王焕就杭州刊板，至是皆備。十月甲申，賜輔臣、親王《周禮》《儀禮》《公穀傳疏》。

（宋）王應麟：《玉海》卷四二《藝文》

愍帝應順元年正月，詔進書官劉常、鄭州榮陽令單驤、唐州司法參軍："今後三館所闕書，並訪本添寫，其進書官權停。"

（宋）王欽若等編纂：《册府元龜》卷五〇《帝王部》

烏震，爲河北道副招討，略涉書史，尤嗜《左氏傳》，好爲詩，善筆札，凡郵亭佛寺多有留題之迹。

（宋）王欽若等編纂：《册府元龜》卷三八八《將帥部》

後唐藥縱之，太原人，少學爲儒，依河東馬步軍都虞候楊守業，守業有書數千卷，太原俗尚武，儒者少，故縱之以儒爲業，攝代州衙推，明宗刺代，亦依之官，至曹州刺史。

（宋）王欽若等編纂：《册府元龜》卷七六八《總録部》

馬縞，少嗜儒書，頗通經義，五《禮》五《樂》，嘗所經心。而著述文章，亦粗偕流輩。位終國子博士。

（宋）王欽若等編纂：《册府元龜》卷七六八《總録部》

張憲，字允中，晉陽人，世以軍功爲牙校。憲始童草，喜儒學，而勵志横經，不捨晝夜。太原地雄邊服，人多尚武，耻於肄業。唯憲與里人藥縱之，精力游學。弱冠盡通諸經，尤精《左傳》。後爲太原尹，北京副留守。

（宋）王欽若等編纂：《册府元龜》卷七六八《總録部》

晉高祖天福五年四月辛酉，以文宣王四十三代孫、襲文宣公孔仁玉爲兖州曲阜縣令。

（宋）王欽若等編纂：《册府元龜》卷五〇《帝王部》

唐九經字樣

晉開運末，祭酒田敏合二者爲一編，以考正俗體訛謬。後周廣順三年六月，田敏進印板《九經》書、《五經》文字樣各二部，一百三十册。

（宋）王應麟：《玉海》卷四三《藝文》

晉史翰，爲義成軍節度使。好《春秋左氏傳》，每視政之暇，延學者講説，躬自執卷授焉。時發難問窮於隱奥，流輩或戲爲史三傳。

（宋）王欽若等編纂：《册府元龜》卷三八八《將帥部》

《漢實録》曰:敏使於湖南,途出江陵。帥高從誨爲贄,是時諫曰:“祭酒惠及經書,從誨所識不過《孝經》十八章爾。”敏曰:“讀書不在多,至德要道十八章足矣。敏記《諸侯章》云:‘在上不驕,高而不危,制節謹度,滿而不溢。’此一章皆經要言也。”時從誨兵敗於郢,謂敏見諷,舉觥以自罰。

(宋)李昉:《太平御覽》卷六一〇《學部四·孝經》

周太祖廣順二年五月,親往兖州。辛未,遣端明殿學士顔行往曲阜,祀文宣王廟。

(宋)王欽若等編纂:《册府元龜》卷五〇《帝王部》

周田敏爲國子祭酒,廣順三年,獻印版《九經》,書五經文字。太祖優詔嘉之,賜襲衣繒彩銀器。又賜司業趙鉢襲衣繒彩。

(宋)王欽若等編纂:《册府元龜》卷六〇一《學校部》

(廣順)六月己酉,幸曲阜,謁孔子祠。既畢,將致敬,左右曰:“仲尼,人臣也,無致敬之文。”太祖曰:“文宣,百代帝王師也,得無敬乎?”即拜奠於祠前。其所奠金器、銀爐十數事留於祠,所以備享獻。遂幸孔林,拜孔子墓。墳側有石壇,是唐朝封禪回謁孔子之壇。二百餘年間絶東封之禮,洙泗之上,無復鑾和之音。帝以武功之餘,枉車致敬,尊師重道,不亦優乎!

(宋)王欽若等編纂:《册府元龜》卷五〇《帝王部》

世宗顯德三年十二月,詔曰:“史館所少書籍,宜令本館諸處求訪補填。如有收得書籍之家,並許進納,其進書人據部帙多少等第,各與恩澤。如是卷帙少者,量給資布。如館内已有之書,不在進納之限。”

(宋)王欽若等編纂:《册府元龜》卷五〇《帝王部》

開寶校釋文

周顯德中二年二月詔刻《序録》,《易》《書》《周禮》《儀禮》四經釋文,皆田敏、尹拙、聶崇義校勘。自是,相繼校勘《禮記》《三傳》《毛詩》《音》并拙等校勘。

(宋)王應麟:《玉海》卷四三《藝文》

建隆重集三禮圖

周世宗詔崇義参定郊廟器玉顯德四年二月庚午,詔有司更造祭器、祭玉,命國子博士崇義爲之圖。又詔學士竇儼統領之崇義,因取《三禮圖》再加考正,三禮舊圖是隋開皇中敕官修撰……自崇義於顯德三年冬十月定郊廟器玉,因遂删改。名數雖殊,制度不別,則存其名,略其制,瑚簋、車輅之類是也;名義多而舊圖略者,就而增之,射侯喪服之類定也;有名無制者,略而不圖。仍别叙《目録》,共爲二十卷。《冕服》第一至《喪器》第十九,終以《目録》一卷。凡所集注,皆周公正經,仲尼所定,康成所注。榜引疏義,事存未達,則况以漢法,圖有未周,則詳於《目録》。

(宋)王應麟:《玉海》卷五六《藝文》

《三禮圖》二十卷

晁氏曰:聶崇義周世宗時被旨纂集,以鄭康成、阮諶等六家圖刊定。皇朝建隆二年奏之,賜紫綬犀帶,獎其志學。竇儼爲之序,有云周世宗暨今皇帝恢堯、舜之典則,總夏、商之禮文,命崇義著此書,不以世代遷改有所抑揚,近古云。

陳氏曰:蓋用舊圖本六參定,故題《集注》。詔國學圖於先聖殿後北軒之屋壁,至道中,改作於論堂之上,以籛代壁,判監李至爲之記。吾鄉郡庠安定胡先生所創論堂續《三禮圖》,當是依仿京監,今堂壞,不存矣。

(元)馬端臨:《文獻通考》卷一八一《經籍考八》

周司徒翊，少好讀書，通五經大義，官至太常卿致仕。

（宋）王欽若等編纂：《册府元龜》卷七六八《總録部》

石經《周易周易指略例》共十一卷

晁氏曰：僞蜀廣政辛亥孫逢吉書。廣政，孟昶年號也。《説卦》“乾，健也”以下有韓康伯注，《略例》有邢璹注。此與國子監本不同者也。以蜀中印本校邢璹注《略例》，不同者又百餘字。詳其意義，似石經誤，而無他本訂正，姑兩存焉。

（元）馬端臨：《文獻通考》卷一七五《經籍考二》

《易軌》一卷

晁氏曰：僞蜀蒲乾貫撰，專言流演。其序云：“可以知否泰之原，察延促之數。”蓋數學也。

（元）馬端臨：《文獻通考》卷一七五《經籍考二》

《石經尚書》十三卷

晁氏曰：僞蜀周德真書。經文有“祥”字皆闕其畫，亦闕“民”字之類，蓋孟氏未叛唐時所刊也。以監本校之，《禹貢》“雲土夢作乂”，倒“土”“夢”字；《盤庚》“若網在綱”，皆作“綱”字。按：沈括《筆談》云“雲土夢作乂”，太宗時得古本，因改正；以“綱”爲“網”，未知孰是。

（元）馬端臨：《文獻通考》卷一七七《經籍考四》

《尚書廣疏》

《崇文總目》：僞蜀馮繼先撰。以穎達《正義》爲本，小加己意。

（元）馬端臨：《文獻通考》卷一七七《經籍考四》

《石經毛詩》二十卷

晁氏曰：僞蜀張紹文書。與《禮記》同時刻石。

（元）馬端臨：《文獻通考》卷一七九《經籍考六》

《石經周禮》十二卷

晁氏曰:僞蜀孫朋吉書,以監本是正。其注或羡或脱,或不同至千數。

(元)馬端臨:《文獻通考》卷一八一《經籍考八》

《石經禮記》二十卷

晁氏曰:僞蜀張紹文所書,不載年月,經文不闕唐諱,當是孟知祥僭位之後也。首之以《月令》,題云"御删定",蓋明皇也;"林甫等注",蓋李林甫也。其餘篇第仍舊。議者謂:"《經禮》三百,《曲禮》三千,毋不敬,一言足以蔽之,故先儒以爲首,孝明肆情變亂,甚無謂也。"

(元)馬端臨:《文獻通考》卷一八一《經籍考八》

《石經左氏傳》三十卷

晁氏曰:不題所書人姓氏,亦無年月。按文不闕唐諱及國朝諱,而闕"祥"字,當是孟知祥僭位後刊石也。

(元)馬端臨:《文獻通考》卷一八二《經籍考九》

《石經公羊傳》十二卷

晁氏曰:皇朝田况皇祐初知成都日刊石。《國史藝文志》云:"僞蜀刻《五經》,備注傳,爲世所稱"。以此言觀之,不應無《公》《穀》。豈初有之,後散毁邪?

(元)馬端臨:《文獻通考》卷一八二《經籍考九》

《春秋名號歸一圖》二卷

《崇文總目》:僞蜀馮繼先撰。以《春秋》官謚名字,裒附初名之左。

晁氏曰:《左氏》所書人,不但稱其名,或字,或號,或爵、謚,多互見,學者苦之。繼先皆取以繫之名下云。

巽岩李氏曰:昔丘明傳《春秋》,於列國君臣之名字不一其稱,多者或至四五,始學者蓋病其紛錯難記。繼先集其同者,爲一百六十篇,音同者附焉,於《左氏》抑亦微有所助云。宋大夫莊堇,秦右大夫詹,據《傳》未始有“父”字,而繼先輒增之,所見異本;若子韓晳者,蓋齊頃公孫,《世族譜》與《傳》同,而繼先獨以爲韓子晳,與楚、鄭二公孫黑共篇,蓋誤也。

陳氏曰:《左傳》所載君臣名氏字謚互見錯出,故爲此圖以一之。周一,魯二,齊三,晉四,楚五,鄭六,衛七,秦八,宋九,陳十,蔡十一,曹十二,吴十三,邾十四,杞十五,莒十六,滕十七,薛十八,許十九,雜小國二十。

(元)馬端臨:《文獻通考》卷一八二《經籍考九》

《左氏傳引帖新義》

《崇文總目》:僞蜀進士蹇遵品撰。擬唐禮部試進士帖經舊式,核經具對。

(元)馬端臨:《文獻通考》卷一八二《經籍考九》

《春秋纂例》

《崇文總目》:僞唐人姜虔嗣撰。以《春秋》左氏、公、穀三家之《傳》學者鈔集之文。

(元)馬端臨:《文獻通考》卷一八二《經籍考九》

《石經論語》十卷

晁氏曰:右僞蜀張德鈞書。闕唐諱,立石當在孟知祥未叛之前。其文脱兩字,誤一字,又《述而第七》“舉一隅”下有“而示之”三字,“三人行必有我師焉”上又有“我”字,《衛靈公第十五》“敬其事而後其食”作“後食其禄”,與李鶚本不同者此也。

(元)馬端臨:《文獻通考》卷一八四《經籍考一一》

《石經孟子》十四卷

晁氏曰：皇朝席旦宣和中知成都，刊石置於成都學宫，云僞蜀時刻《六經》於石，而獨無《孟子經》，爲未備。夫經大成於孔氏，豈有闕耶？其論既繆，又多誤字，如以“頻”“顣”爲“類”，不可勝紀。

(元)馬端臨：《文獻通考》卷一八四《經籍考一一》

《爾雅音略》三卷

晁氏曰：僞蜀毋昭裔撰。《爾雅》舊有釋智騫及陸元朗釋文。昭裔以一字有兩音，或三音，後生疑於呼讀，乃釋其文義最明者爲定。

(元)馬端臨：《文獻通考》卷一八九《經籍考一六》

《説文解字》三十卷

晁氏曰：漢許慎纂，李陽冰刊定。僞唐徐鉉再是正之，又增加其闕字。

(元)馬端臨：《文獻通考》卷一八九《經籍考一六》

《説文解字韻譜》十卷

晁氏曰：南唐徐鍇撰。鍇以許慎學絶，取其字分譜四聲，殊便檢閲。然不具載其解爲可恨，頗有意再編之。

(元)馬端臨：《文獻通考》卷一八九《經籍考一六》

《説文解字繫傳》四十卷

陳氏曰：南唐校書郎廣陵徐鍇楚金撰。爲《通釋》三十篇，《部叙》二篇，《通論》三篇，《袪妄》《類聚》《錯綜》《疑義》《系述》各一篇。鍇至集賢學士、右内史舍人，不及歸朝而卒。鍇與兄鉉齊名，或且過之，而鉉歸朝通顯，故名出鍇上，此書援引精博，小學家未有能及之者。

……

南唐二徐兄弟，實相與反正由舊，故鍇所著書四十篇，總名《繫傳》,蓋尊許氏若經也,惜其書未布而錯亡。

(元)馬端臨:《文獻通考》卷一八九《經籍考一六》

《臨池妙訣》三卷

晁氏曰:未詳何人撰。後有江南李煜《述書》。

(元)馬端臨:《文獻通考》卷一九〇《經籍考一七》

景德國子監觀群書漆板

(二年)九月國子監言:《尚書》《孝經》《論語》《爾雅》《四經》,字體訛缺。請以李鶚本别雕,命杜鎬孫奭校勘。鶚字是廣順三年書。

(宋)王應麟:《玉海》卷二七《帝學》

宋朝石經

石室十三經孟蜀所鐫,故《周易》後書"廣政十四年歲次辛亥"。

(宋)王應麟:《玉海》卷四三《藝文》

己亥,以江州白鹿洞主明起爲蔡州褒信縣主簿。白鹿洞在廬山之陽,常聚生徒數百人。李煜僭竊時,割善田數十頃,歲取其租廩給之;選太學之通經者授以他官,俾領洞事,日爲諸生講誦。至是,起建議以其田入官,故爵命之。白鹿洞由是漸廢矣。

(宋)李燾:《續資治通鑑長編》卷二一,太宗太平興國五年(980)

3. 文學

李建州(頻)與方處士(干)爲吟友,頻有《題四皓廟詩》,自言奇絶,云:"東西南北人,高迹此相親。天下已歸漢,山中猶避秦。龍樓曾作客,鶴氅不爲臣。獨有千年後,青松廟木春。"示於干,干笑而言:"善則善已,然内有二字未穩,'作'字太粗而難换,'爲'字甚不當。干聞'率土之濱,莫非王臣',請改作'稱'字。"頻遂拜爲一字之師。

(明)陶宗儀:《説郛》卷二〇《葆光録》

晚唐五代間詩人作賦用事,亦有甚工者。如江文蔚《天窗賦》云:“一竅初啓,如鑿開混沌之時;兩瓦乍飛,類化作鴛鴦之後。”又《土牛賦》云:“飲渚俄臨,訝盟津之輳塞;度關儻許,疑函谷之丸封。”

(明)陶宗儀:《説郛》卷二一《雲莊四六餘語》

《新五代史》書唐昭宗幸華州,登齊雲樓,西北顧望京師,作《菩薩蠻》辭三章,其卒章曰:“野烟生碧樹,陌上行人去。安得有英雄,迎歸大内中?”今此辭墨本猶在陝州一佛寺中,紙札甚草草,予頃年過陝,曾一見之,後人題跋多,盈巨軸矣。

(宋)沈括:《夢溪筆談》卷五

唐末五代文章之陋極矣,獨樂章可喜,雖乏高韻,而一種奇巧,各自立格,不相沿襲。在士大夫猶有可言,若昭宗“野烟生碧樹,陌上行人去”,豈非作者。諸國僭主中,李重光、王衍、孟昶、霸主錢俶,習於富貴,以歌酒自娱。而莊宗同父興代北,生長戎馬間,百戰之餘,亦造語有思致。國初平一宇内,法度禮樂,浸復全盛。而士大夫樂章頓衰於前日,此尤可怪。

(宋)王灼:《碧雞漫志》卷二

先子舊藏唐末道士虞有賢書《送卧雲道士詩》云:卧雲道士來相辭,相辭倏忽何所之。紫閣春深烟靄靄,東風花柳折枝枝。藥成酒熟有時節,寒食恐失松間期。冥鴻一見傷弓翼,高飛展轉心無疑。滿酌數杯酒,狂吟幾首詩。留不住,去不悲,醯鷄蜉蝣安得知。

(宋)范公偁:《過庭録》

韓定辭,不知何許人,爲鎮州王鎔書記。聘燕帥劉仁恭,後於賓館,令幕客馬郁延接,馬有詩贈韓曰:“燧林芳草綿綿思,盡日相携涉麗譙。别後巑岏山上望,羡君時復見王喬。”郁詩清麗,然意在試其學問。韓即席答之曰:“崇霞臺上神仙客,學辨痴龍藝最多。盛德好將銀管述,麗詞堪與雪兒歌。”座内諸賓靡不欽訝,稱爲妙句,然亦疑其銀管之譬也。他日,郁從容問韓以銀管、雪兒之事,韓曰:“昔梁元帝爲湘東王,時好學著書,嘗記録忠臣義士及文章之美者。筆有三品,以金銀雕飾,或用斑竹爲管。忠孝全者,以金管書之;德行精粹者,用銀管書之;文章贍麗者,以斑竹管書之。故湘東王之譽,振於江表。雪兒,李密或爲孝齊之愛姬,能歌舞。每見賓僚文章有奇麗中意者,即付雪兒,叶音律以歌之。又問痴龍出何處?曰:“洛下有洞穴,曾有人誤墜於其中,因行數里,漸明曠,見有宫殿人物,凡九處。又有大羊,羊髯有珠人取食之,不知何所。後出以問張華,華曰:‘此地仙九館也。大羊名曰痴龍耳。’定辭復問郁巑岏之山,當在何處?”郁曰:“此隋郡之所事,何謹遜而下問。”由是兩相悦服,結交而去。

(宋)阮閲:《詩話總龜》卷二八

判詩博士

五代王仁裕,少不知書,因夢吞五色小石無數,遂有文章,敏速甚異於人。與賓酬和,不問多少韻數,立命筆和,送題云走筆,猶自矜謂人曰:某官詩輒已批回。漢丞相、兵部尚書李濤素滑稽,戲目之爲“判詩博士”。

(宋)馬永易:《實賓録》卷一

良士,字君夢。咸通中累舉進士不第。昭宗時,自表獻詩五百餘篇,敕授補闕而終。以布衣一旦俯拾青紫,易若反掌,浮俗莫不駭羡,難其比也。今有《白岩集》十卷傳世。舊言:“詩或窮人,或達人。”達者,良士是矣。亦命之所爲,詩何能與?過詩則不揣其本也。

(元)辛文房:《唐才子傳》卷一〇

(鄭)谷,字守愚,袁州宜春人。父史,開成中爲永州刺史。谷幼穎悟絶倫,七歲能詩。司空侍郎圖與史同院,見而奇之,問曰:“予詩有病否?”曰:“大夫《曲江晚望》云:‘村南斜日閑回首,一對鴛鴦落渡頭。’此意深矣。”圖拊谷背曰:“當爲一代風騷主也。”光啓三年,右丞柳玭下第進士,授京兆鄠縣尉,遷右拾遺、補闕。乾寧四年,爲都官郎中,詩家稱“鄭都官”。又嘗賦《鷓鴣》警絶,復稱“鄭鷓鴣”云。未幾,告歸,退隱仰山草堂,卒於北岩別墅。谷詩清婉明白,不俚而切,爲薛能、李頻所賞,與許棠、任濤、張蠙、李栖遠、張喬、喻坦之、周繇、温憲、李昌符唱答往還,號“芳林十哲”。谷多結契山僧,曰:“蜀茶似僧,未必皆美,不能捨之。”齊己携詩卷來袁謁谷,《早梅》云:“前村深雪裏,昨夜數枝開。”谷曰:“數枝非早也,未若一枝佳。”己不覺投拜,曰:“我一字師也。”嘗從僖宗登三峰,朝謁之暇,寓於雲臺道舍,編所作爲《雲臺編》三卷。歸編《宜陽集》三卷。及撰《國風正訣》一卷,分六門,摭詩聯,注其比爲君臣賢否、國家治亂之意。今並傳焉。

(元)辛文房:《唐才子傳》卷九

鄭谷,幼負名譽。司空圖見而奇之,問之,答曰:“大夫《曲江晚望》斷篇云:‘村南斜日閑回首,一對鴛鴦落渡頭。’意深矣。”司空撫背曰:“當爲一代風騷主。”

(宋)阮閱:《詩話總龜》卷六

太祖收并州凱旋日,范杲爲縣令,叩回鑾,進頌聖壽詩,有“千里版圖來浙右,一聲金鼓下河東”之句,上愛之,賜一官,改服色。

(宋)文瑩:《玉壺清話》卷二

鄭谷《雪詩》云:“亂飄僧舍茶烟濕,密灑歌樓酒力微。江上晚來堪畫處,漁人披得一簑歸。”有段贊善善畫,因采其詩爲圖,曲盡蕭灑之意,持以贈谷。谷爲詩以謝之云:“贊善賢相後,家藏名畫多。留心於繪素，得意在烟波。屬與同吟咏，功成更琢磨。愛余風雪句，幽絶寫漁簑。”

（宋）阮閲：《詩話總龜》卷二六

《雲臺集》有鄭谷《鷓鴣》全篇云：“暖戲烟蕪錦翼齊，品流應得近山雞。雨昏青草湖邊過，花落黄陵廟裏啼。游子每聞征袖濕，佳人纔唱翠眉低。相呼相喚湘江闊，苦竹叢深春日西。”

（宋）阮閲：《詩話總龜》卷三九

鄭谷與僧齊己、黄損等共定今體詩格，云：“凡詩用韻有數格，一曰葫蘆，一曰轆轤，一曰進退。葫蘆韻者，先二後四；轆轤韻者，雙出雙入；進退韻者，一進一退，失此則繆矣。”余按《倦游雜録》載，唐介爲臺官，廷疏宰相之失，仁廟怒謫英州别駕。朝中士大夫以詩送行者頗衆，獨李師中待制一篇，爲人傳誦，詩曰：“孤忠自許衆不與，獨立敢言人所難。去國一身輕似葉，高名千古重於山。並游英俊顔何厚，未死奸諛骨已寒。天爲吾君扶社稷，肯教夫子不生還。”此正所謂進退韻格也。按《韻略》：難字第二十五，山字第二十七，寒字又在二十五，而還又在二十七。一進一退，誠合體格，豈率爾而爲之哉！近閲《冷齊夜話》載當時唐李對答話言，乃以此詩爲落韻詩，蓋渠伊不見鄭谷所定詩格有進退之説，而妄爲云云也。

（宋）阮閲：《詩話總龜後集》卷二

（徐）寅，莆田人也。大順三年蔣咏下進士及第。工詩，嘗賦《路傍草》云：“楚甸秦川萬里平，誰教根向路傍生。輕蹄繡轂長相蹋，合是榮時不得榮。”時人知其蹭蹬，後果鬚鬢交白，始得秘書省正字，竟蓬轉客途，不知所終云。有《探龍集》五卷，謂登科射策，如探睡龍之珠也。

（元）辛文房：《唐才子傳》卷一〇

福建人徐寅,下第,獻《過梁郊賦》。梁祖覽而器重之,且曰:"古人酬文士有一字千金之語,軍督費用且多,今一字奉絹一匹。"留於賓館,厚禮待之。

(明)陶宗儀:《説郛》卷五一《洛陽搢紳舊聞記》

徐寅獻賦

徐寅獻《太祖東游大梁賦》。時太祖與太原武皇爲讎敵,而武皇眇一目,又出沙陀部落,欲媚梁祖,其詞云:"一眼胡奴望,英威而膽落。"莊宗滅梁,寅在閩中,王審知戒閽者不得引接寅坐,是止於秘書省正字。

(宋)曾慥:《類説》卷二六《五代史補》

徐寅詩

莆陽徐寅,詩云:"身閑不厭頻來客,年老偏憐最小兒。"洛陽李度詩云:"醉輕浮世事,老重故鄉人。"

(宋)曾慥:《類説》卷四七《遁齋閑覽》

有米都知者,伶人也。善騷雅,有道之士。故西樞王公樸嘗愛其警策云:"小旗村店酒,微雨野塘花。"梁補闕亦贈其詩云:"供奉三朝四十年,聖時流落髮衰殘。貪將樂府歌明代,不把清吟换好官。"近有商訓者,善吹笙,亦籍教坊,爲都知。能别五音,知吉凶。復得畫之三昧,山水不下關、李。

(宋)錢易:《南部新書》癸

羅紹威,爲天雄軍節度使,伏膺儒術,明達吏理,好招延文士。聚書萬卷,開學館,置書樓。每歌酒宴會,與賓佐賦詩,頗有情致。江東人羅隱者,佐錢鏐軍幕,有詩於天下。紹威遣使賂遺,叙南巷之敬,隱乃聚其所爲詩投寄之。紹威酷嗜其作,因目己之所爲曰《偷江東集》,至今鄴中人士諷咏之。紹威嘗有公讌詩曰:"簾前淡泊雲頭日,座上蕭騷雨脚風。"雖深於詩者,亦所嘆伏。

(宋)王欽若等編纂:《册府元龜》卷三八八《將帥部》

偷《江東》

鄴王羅紹威,慕江東羅隱詩,賦目其集曰《偷江東》。

(宋)曾慥:《類説》卷四三《北夢瑣言》

錢思公謫居漢東日,撰一曲曰:"城上風光鶯語亂,城下烟波春拍岸。緑楊芳草幾時休,泪眼愁腸先已斷。情懷漸變成衰晚,鸞鑒朱顔驚暗换。昔年多病厭芳樽,今日芳樽惟恐淺。"每歌之,酒闌則垂涕。時後閣尚有故國一白髮姬,乃鄧王俶歌鬟驚鴻者也,曰:"吾憶先王將薨,預戒挽鐸中歌《木蘭花》引紼爲送,今相公其將亡乎?"果薨於隋。鄧王舊曲亦有"帝卿烟雨鎖春愁,故國山川空泪眼"之句,頗相類。

(宋)文瑩:《湘山野録》卷上

羅紹威詩

羅紹威,唐末爲魏博節度使,喜爲詩。時江東羅隱有詩名,紹威厚禮之,因目己所爲詩,號《偷江東集》。如"樓前淡淡雲頭日,簾外蕭蕭雨脚風"之句,無愧於隱。

(宋)曾慥:《類説》卷四七《遁齋閑覽》

後梁張禕以司徒致仕,庶人友珪僞鳳歷元年,禕著《南郊賦》一篇來獻,以金帛賜之。

(宋)王欽若等編纂:《册府元龜》卷九三八《總録部》

五代敬翔當權時,門前一舉子白衫作舞歌,唱曰:"執板談歌乞個錢,塵中流浪酒中仙。直饒到老常如此,猶勝危時弄化權。"

(宋)趙令畤:《侯鯖録》卷六

朱梁末帝,唐莊宗納其妃郭氏。許收葬末帝,殷鵬作志文,警句云:“七月有期,不見望陵之妾;九疑無色,空餘泣竹之妃。”聞者爲之淒然。

(宋)孔平仲:《續世説》卷九

梁杜荀鶴,池州人,善爲詩,詞句切理,爲時所許。既擢第後,還舊山。時田頵在宣州,甚重之。頵將起兵,乃陰令以箋辭至太祖,遇之頗厚。及頵遇禍,太祖以其才表之。尋授翰林學士,主客員外郎。

(宋)王欽若等編纂:《册府元龜》卷八四一《總録部》

羅隱有詩名於天下,尤長於咏史。然多譏諷,以故不中第。開平初,太祖以右諫議大夫徵,不至。魏博節度使羅紹威密表慰薦,乃授給事中,終於錢塘。有文集十卷行於世。

(宋)王欽若等編纂:《册府元龜》卷八四一《總録部》

羅鄴《水詩》云:“漾漾悠悠幾派分,中浮短棹與鷗群。遥天帶雨淹芳草,玉洞飄花下白雲。静稱一竿持處見,急流孤館覺來聞。隋家柳色還堪恨,東入長淮日又曛。”鄭谷云:“竹院松廊分數派,晴空清碧亦逶迤。落花相逐向何處,幽鷺獨來無限時。洗鉢老僧臨岸久,釣魚閑客卷綸遲。晚來一片連莎緑,悔與滄浪有舊期。”韓喜云:“方圓不定性空柔,東注滄溟早晚休。高截碧塘長耿耿,遠飛青嶂更悠悠。瀟湘月浸千年色,夢澤烟含萬古愁。别有嶺頭嗚咽處,爲君更作斷腸流。”

(宋)阮閲:《詩話總龜》卷二一

(温)憲,庭筠之子也。龍紀元年李瀚榜進士及第,去爲山南節度府從事。大著詩名。詞人李巨川草薦表,盛述憲先人之屈,辭略曰:“蛾眉先妒,明妃爲去國之人;猿臂自傷,李廣乃不侯之將。”上讀表,惻然稱美,時宰相亦有知者,曰:“父以竄死,今孽子宜稍振之,以厭公議,庶幾少雪忌才之恨。”上頷之。後遷至郎中,卒。有集文賦等傳於世。

(元)辛文房:《唐才子傳》卷九

李洞,字才江,雍州人,諸王之孫也。家貧,唫極苦,至廢寢食。酷慕賈長江,遂銅寫島像,戴之巾中。常持數珠念賈島佛,一日千遍。人有喜島詩者,洞必手録島詩贈之,叮嚀再四,曰:“此無異佛經,歸焚香拜之。”其仰慕一何如此之切也。然洞詩逼真於島,新奇或過之。時人多誚僻澀,不貴其卓峭,唯吴融賞異。融以大才,八面受敵,新律著稱,游刃頗攻騷雅。嘗以百篇示洞,洞曰:“大兄所示,中一聯:‘暖漾魚遺子,晴游鹿引麛。’絶妙也。”融不怨所鄙,而善其許。洞詩大略,如《終南山》云:“殘陽高照蜀,敗葉遠浮涇。劚竹烟嵐凍,偷湫雨雹腥。遠平丹鳳闕,冷射五侯廳。”《贈司空圖》云:“馬饑餐落葉,鶴病曬殘陽。”又曰:“卷箔清溪月,敲松紫閣書。”《送僧》云:“越講迎騎象,蕃齋懺射雕。”《歸日本》云:“島嶼分諸國,星河共一天。”《夜》云:“藥杵聲中搗殘夢,茶鐺影裏煮孤燈。”皆偉拔時流者。昭宗時凡三上不第。裴公第二榜簾前獻詩云:“公道此時如不得,昭陵慟哭一生休。”果失意流落,往來寓蜀而卒。初,島任長江,乃東蜀,家在其處。鄭谷哭洞詩云:“得近長江死,想君勝在生。”言死生不相遠也。洞嘗集島警句五十聯,及唐諸人警句五十聯爲《詩句圖》,自爲之序。及所爲詩一卷,並傳。

(元)辛文房:《唐才子傳》卷九

(韓)偓,字致堯,京兆人。龍紀元年,禮部侍郎趙崇下擢第。天復中,王溥薦爲翰林學士,遷中書舍人。從昭宗幸鳳翔,進兵部侍郎、翰林承旨。嘗與崔胤定策誅劉季述。昭宗反正,論爲功臣。帝疾宦人驕横,欲去之。偓畫策稱旨,帝前膝曰:“此一事終始以屬卿。”偓因薦座主御史大夫趙崇,時稱能讓。李彦弼倨甚,因譖偓漏禁省語,帝怒曰:“卿有官屬,日夕議事,奈何不欲我見韓學士耶?”帝勵精政事,偓處可機密,卒與上意合。欲相者三四,讓不敢當。偓喜侵侮有位,朱全忠亦惡之,乃構禍貶濮州司馬。帝流涕曰:“我左右無人矣!”天祐二年,復召爲學士,偓不敢入朝,挈其族南依王審知而卒。偓自號“玉山樵人”。工詩,有集一卷。又作《香奩集》一卷,詞多側艷情巧,又作《金鑾密記》五卷,今並傳。

(元)辛文房:《唐才子傳》卷九

韓偓,天復初入翰林。其年冬,車駕出幸鳳翔。偓有扈從之功,返正初,上面許偓爲相。奏云:“陛下運契中興,當復用重德鎮風俗。臣座主右僕射趙崇可以副陛下是選,乞回臣之命授崇,天下幸甚。”上嘉嘆。翌日,制用崇暨兵部侍郎王贊爲相。時梁太祖在京,素聞崇之輕佻,贊復有嫌釁。馳入請見,於上前具言二公長短。上曰:“趙崇是偓薦。”時偓在側,梁主叱之。偓奏云:“臣不敢與大臣争。”上曰:“韓偓出。”尋謫官入閩。故偓有詩曰:“手風慵展八行書,眼暗休看九局圖。窗裏日光飛野馬,案前筠管長蒲盧。謀身拙爲安蛇足,報國危曾捋虎鬚。滿世可能無默識,未知誰擬試齊竽。”

(五代)王定保:《唐摭言》卷六

高秀實又云:“元氏艷詩,麗而有骨,韓渥《香奩集》麗而無骨。”時李端叔意喜韓渥詩,誦其序云:“咀五色之靈芝,香生九竅;咽三危之瑞露,美動七情。”秀實云:“勸不得也,勸不得也。”

(宋)許顗:《彦周詩話》

韓偓《香奩集》百篇,皆艷詞也。沈存中《筆談》云:“乃和凝所作,凝後貴,悔其少作,故嫁名於韓偓爾。”今《香奩集》有無題詩序云:“余辛酉年,戲作無題詩十四韻,故奉常王公、内翰吴融、舍人令狐涣相次屬和。是歲十月一旦,兵起隨駕西狩,文藁咸弃。丙寅歲,在福建有蘇暐以藁見授,得無題詩,因追味舊時,闕忘甚多。”予按《唐書·韓偓傳》,偓嘗與崔嗣定策誅劉季述,昭宗反正爲功臣,與令狐涣同爲中書舍人。其後韓全誨等劫帝西幸，偓夜追及鄠，見帝慟哭，至鳳翔遷兵部侍郎。天祐二年，挈其族依王審知而卒。以《紀運圖》考之，辛酉乃昭宗天復元年，丙寅乃哀帝天祐二年。其序所謂丙寅歲，在福建有蘇暐授其藁，則正依王審知之時也。稽之於傳與序，無有不合者，則此集韓偓所作無疑，而《筆談》以爲和凝嫁名於偓，特未考其詳爾。《筆談》云偓又有詩百篇，在其四世孫奕處見之，豈非所謂舊詩之闕忘者乎？

(宋)阮閱:《詩話總龜後集》卷一六

韓偓詩云:"鶯兒唼啑雌黄嘴，鳳子輕盈膩粉腰。"事見崔豹《古今注》，云蛺蝶大者爲鳳子。

(宋)阮閱:《詩話總龜後集》卷二七

鍾傳鎮南昌，有李夢符者，放蕩酣飲，好事者與語，應口成詩。後桂州刺史李瓊遣人謂傳曰:"夢符吾弟，請遣歸。"鍾令求於市，邸人曰:"夜來不歸，不知所之有回。"常學士詩云:"罷修儒業罷修真，養拙藏愚春復春。到老不疏林裏鹿，平生難見日邊人。洞桃深處千株錦，岩雪鋪時萬草新。深謝名賢遠相訪，求聞難博鳳爲鄰。"

(宋)阮閱:《詩話總龜》卷三

鍾傳領江西日，客有以覆射之法求見。傳以歷日包橘，置袖中，令射，客云:"太歲當頭坐，諸神不敢當。其中有一物，常帶洞庭香。"

(宋)阮閱:《詩話總龜》卷四六

李夢符，不知何許人。梁開平初，鍾傳鎮洪州日，與布衣飲酒，狂吟放逸，嘗以釣竿懸一魚向市肆，蹈《漁父引》賣其詞，好事者争買，得錢便入酒家。其詞有千餘首，傳於江表，略其一兩首，云:"村寺鐘聲渡遠灘，半輪殘月落前山。徐徐撥棹却歸灣，浪叠朝霞錦綉翻。"又曰:"漁弟漁兄喜到來，婆官賽了坐江隈。椰榆杓子木瘤杯，爛煮鱸魚滿案堆。”察考取狀,答曰:“插花飲酒何妨事,樵唱漁歌不礙時。”遂不敢復問,或把冰入水,及出,身上氣如蒸。鍾氏亡,亦不知所在。

(宋)阮閲:《詩話總龜》卷四四

梁太祖受禪,姚垍受翰林學士。上問及裴延裕行止,曰:“頗知其人,文思甚捷。”垍曰:“向在翰林,號爲下水船。”太祖應聲曰:“卿便自上水船。”議者以垍爲急湍灘頭上水船。黄魯直詩曰:“花氣薰人欲破禪,心情其實過中年。春來詩思何所似,八節灘頭上水船。”山谷點化前人語,而其妙如此,詩中三昧手也。

(清)潘永因:《宋稗類鈔》卷二五

削古風

梁朝杜舍人爲詩愁苦,悉干教化,每於吟諷,得其至理。如《贈僧》云:“安禪不必須山水,滅得心頭火自凉。”又“利門名路兩何憑,百歲風前短焰燈。只恐爲僧心不了,爲僧心了總輸僧”。南宗睹之,傳爲心印。杜在梁朝,獻朱太祖《時世行》十首,欲令太祖省傜役,薄賦斂。是時方當征伐,不洽上意,遂不見遇,旅寄寺中。敬相公謂杜曰:“希先輩稍削古風即可進身。不然者,虚老矣。”杜遂課《頌德詩》三十章以悦太祖。議者以杜雖有玉堂之拜,頓移教化之詞。壯志清名,中道而廢。《時世行》聊紀兩首,《頌德詩》不復録之。“夫因兵死守蓬茅,麻紵裙衫鬢髮焦。桑柘廢來猶納税,田園荒盡尚徵苗。時挑野菜和根煮,旋斫生柴帶葉燒。任是深山更深處,也應無計避征傜。”“八十老翁住破村,村中牢落不堪論。因供寨木無桑柘,爲點鄉兵絶子孫。還似平寧徵賦税,未曾州縣略安存。至今雞犬皆星散,日落西山哭倚門。”

(後蜀)何光遠:《鑒誡録》卷九

梁祖令李振填詞,付後騎唱之,以押馬隊,因謂之葛大姊。及戰,得勝回，始流傳河北。軍中競唱，俗以押馬隊，故訛曰《喝馱子》。莊皇入洛，亦愛此曲，謂左右曰："此亦古曲，葛氏但更五七聲耳。"李珣《瓊瑶集》有《鳳臺》一曲，注云："俗謂之喝馱子。"不載何宫調。今世道調宫有慢，句讀與古不類耳。

（宋）王灼：《碧雞漫志》卷五

杜荀鶴謁梁高祖，與之坐，忽無雲而雨，祖曰："無雲而雨，謂之天泣，不知何祥？請作詩。"荀鶴曰："同是乾坤事不同，雨絲飛灑日輪中。若教陰顯都相似，争表梁王造化工。"高祖喜之。

（宋）阮閲：《詩話總龜》卷三

杜荀鶴，朱梁時，作時世吟十首。今録其兩首云："夫因兵亂守蓬茅，麻苧裙衫鬢髮焦。桑柘廢來猶納税，田園荒盡尚徵苗。時挑野菜和根煮，旋砍生柴帶葉燒。前雖見於評論所載，事固不同，姑存其作。任是深山更深處，也應無計避征徭。八十衰翁住破村，村中牢落不堪論。因供寨木無桑柘，爲點鄉兵絶子孫。還似平寧催賦税，未曾州縣略安存。至今雞犬皆星散，日落西山哭倚門。"

（宋）阮閲：《詩話總龜》卷二四

竇夢徵少苦心爲文，隨計之秋，文稱甚高，位終翰林學士。尤長於箋啓，編爲十卷，目曰《東堂集》行於世。

（宋）王欽若等編纂：《册府元龜》卷八四一《總録部》

李琪，十歲通《六經》。父佐王鐸，滑州幕聞而異之。會府燕，鐸遣人以三傑賦試之。琪作賦，尾句云："得士則昌非賢罔，共龍頭之友，斯貴鼎足之臣，可重宜哉。項氏之所以亡，有一范增而不能用。"鐸曰："大器也。"他日，謁帥。帥謂琪曰："蜀中詔到，用夏州托拔思恭爲北京牧，復都統，可作詩否？"琪曰："飛騎日邊來，何時玉輦回？早平關右賊，莫待詔書催。"鐸益異之。

馬希振爲鼎州節度使,馬氏諸子中白眉也。與門下客何致雍、僧貫徽聯句,希振曰:"青蛇每用腰爲力。"貫徽曰:"紅莧時將葉作花。"又見蟻子緣砌,希振曰:"蟻子子銜蟲子。"子雍曰:"猫兒兒捉雀兒,兒實一代之雋。"

(宋)阮閲:《詩話總龜》卷二

梁朝宰相李琪以文章自許。唐明宗平中山王都,琪賀表云:"收契丹之凶黨,破真定之逆賊。"馮道讓琪曰:"昨來收復定州,非真定也。"詔曰:"契丹既無凶黨,真定不是逆賊。李琪罰俸一月。"

(宋)孔平仲:《續世説》卷一一

老伶官黄世明,常言逮事莊宗。大雪内宴,敬新磨進詞號"冷飛白"。

(宋)陶穀:《清異録》卷上

莊宗小酌,進新橘,命諸伶咏之。唐朝美詩先成,曰:"金香大丞相,兄弟八九人。剥皮去滓子,若個是汝人?"帝大笑,賜所御軟金杯。

(宋)陶穀:《清異録》卷上

唐莊宗時,禁旅王慶乞叙功賞,曰:"侍從齊河日,臣係第一隊,入汴臣屬前鋒,乞遷補。"莊宗頷之。他日又言,亦不納。莊宗好樂,樂工子弟至有得官者,謂慶曰:"子何不學我吹管?"稍稍能之,亦不獲用。後事李嗣源,亦言其勞,莊宗曰:"知慶薄有功,但每見慶則心憒然,安得更有賜與之意。"因舉唐太宗詩曰:"待余心肯日,是汝命通時。"夫主提天下生靈賞罰之柄,若言如此,則進退誠有命也。

(宋)阮閲:《詩話總龜》卷五

後唐釋可止善律詩,在定州日,中山節度使王處直,與太原陳義互相疑貳,諸侯兼并。王令方欲繼好息民,因命僧齋於慶雲寺。會有獻白鵲者，王曰："燕人詩客，試爲咏題。"止即席而成，後句云："不知誰會喃喃語，必向王前報太平。"王欣然。

（明）陳耀文：《天中記》卷五九

唐白文公自勒文集，成五十卷，後集二十卷，皆寫本，寄藏廬山東林寺，又藏龍門香山寺。高駢鎮淮南，寄語江南西廉使，取東林集而有之，香山寺經亂，亦不復存。其後履道宅爲普明僧院，後唐明宗子秦王從榮又寫本寘院之經藏，今本是也。後人亦補東林所藏，皆篇目次第非真，與今吴蜀摹板無異。

（宋）江少虞：《宋朝事實類苑》卷六二

皎，九華山人。唐清泰二年進士。劉景岩節度延安，辟爲從事。晉天福中，説景岩歸朝，以功擢右諫議，竟坐累黜爲上津令。工古律詩，語意俱妙。嘗賦《早梅》云："一夜開欲盡，百花猶未知。"甚傳賞士林，且知其必遇。今有《屠龍集》《南金集》合五卷傳世，學士陶穀序之。

（元）辛文房：《唐才子傳》卷一〇

清泰朝，李專美爲北院，甚有舟楫之難。時韓昭裔已登庸矣，因賜之詩曰："昭裔登庸爾未登，鳳池雞樹冷如冰。如今且作宣徽使，免被人呼粥飯僧。"昔唐叔剪桐，周公以謂天子無戲言。當時未相專美則已，何至以謔浪語形之歌咏，殊乏君臣之體也。

（宋）吴炯：《五總志》

落韻貶

户部李侍郎者如實者，本梁朝清直之士也。均王名友貞在東宫時，李以筆硯佐之。及均王即位，不得居密司焉，李常深恨之。及見帝黜剥賢良，見用奸詐，每俟間方欲折檻諫之。或一日，李在帝祭。帝問李曰："卿知天子見誰補服。"李奏曰："人臣所補。"帝曰："朕地據三川，位尊九有。若非天意所補，人臣又何補焉。"李曰："太祖出身行伍,歷職卑微,萬戰千征,九生十死,方得節居四鎮,位處一人。陛下生在深宫,長居富貴,披承餘蔭,嗣守萬方,豈知王業艱難,人臣共致。固須理不忘亂,居安思危,臨泉履冰,責躬省過。況吴門强盛,蜀國繁華,太原有殺兄之仇。秦庭懷負國之怨。得失頃刻,豈是天補者哉?若是天補爲君,只合自天降下,吃天人之食,受天人之衣。方今血使三軍,膿食萬姓,自喜天補,豈不非耶?陛下如此發言,爲覆餗之禍耳。”上曰:“憨老漢不足與語耳。”李即日有鄭州之拜,再宿,貶汝州副使。至汝州,置一卧車子,常於車子中安酒一瓢,琴一張,書數策,遣小僮十餘輩載而入謁,長街朗咏。觀者笑焉。李恨朝廷久無牽復之命,裁落韻詩以譏之。後入蜀,遇孟高祖之知,及開霸初,拜户部侍郎而卒。落韻詩曰:“路傍傷羸牛,羸牛身已老。兩眼不能開,四蹄行欲倒。牛曾少壯時,歲歲耕田早。耕却春秋田,駕車長安道。今日領頭穿,無人飼水草。喘也不能喘,問也没人問。”又曰:“炎蒸不可度,執爾生凉風。在物誠非器,於人還有功。殷勤九夏内,寂寞三秋中,想君應有語,弃我如秋扇。”

(後蜀)何光遠:《鑒誡録》卷三

衣錦歸

段相國文昌,本廣都縣人。父以油柞爲業。云云因官而没。生而有致,長亦多才。物業蕩空,文章迥振。洎跨衛行卷,鄉里笑之。歷三十年間,衣錦還蜀。蜀人有詩贈曰:“昔日騎驢學忍饑,今朝忽著錦衣歸。等閑畫虎驅紅斾,可畏登龍入紫微。富貴不由翁祖解,文章生得羽毛飛。廣都再去應惆悵,猶有江邊舊釣磯。”又羅使君珦,本廬州人,不事巨産而慕大名,以至困窮,竟無退倦。常投福泉寺僧房寄足,每旦隨僧一食,學業而已。歷二十年間,持節歸郡,洎入境,專游福泉寺,駐旌戟信宿,書其壁曰:“二十年前此布衣,鹿鳴西上虎符歸。行時賓從過前事,到處杉松長舊圍。野老共遮官路拜,沙鷗遥避隼旟飛。春風一宿琉璃殿,惟有泉聲愜素機。”

(後蜀)何光遠:《鑒誡録》卷八

改橋名

雍使君陶典陽安日，簡川地名。送客至橋，離情未已，揖讓既久，欲更前車。客將曰："此處呼爲情盡橋，向來送迎，至此禮畢。"陶下馬命筆，題其橋楹，改爲折柳，自兹送别，咸吟是詩。簡郡風情，不革義路矣。詩曰："從來只有情難盡，何事名爲情盡橋。自此改名爲折柳，從他離恨一條條。"

（後蜀）何光遠：《鑒誡録》卷八

天成初，明宗召亡蜀舊宰臣王鍇等，賦蜀王降唐詩，惟牛希濟爲佳詩。曰："滿城文武欲朝天，不覺鄰師犯塞烟。唐主再懸新日月，蜀王還却舊山川。非干將相扶持拙，自是君臣數盡年。古往今來亦如此，幾曾歡笑幾潸然。"

（宋）阮閲：《詩話總龜》卷二四

明宗召蜀中舊臣賦蜀主降巨唐詩，王偕等譏荒淫，獨中丞牛希濟曰："唐主再懸新日月，蜀王難保舊山川。"明宗曰："希濟不忘君親，忠孝也。"賜百段，余謂希濟但能兩解之辭而已。江革云："不能殺身報主，得死爲幸，誓不爲人執筆。"此可以厲臣子之節。

（宋）阮閲：《詩話總龜後集》卷二

薛廷珪爲中書舍人，所著《鳳閣書詞》十卷、《克家志》五卷並行於世。初，廷珪父逢著《鑿混沌》《真珠簾》等賦，大爲時人所稱。廷珪既壯，亦著賦數十篇，同爲一集，故目曰《克家志》。

（宋）王欽若等編纂：《册府元龜》卷八四一《總録部》

崔棁少好學，博涉經史，屬詞頗工，流輩罕能及之。閑居於滑二十餘年，專以著述爲事，不游里巷，郡人罕識其面。梁貞明中，舉進士，後爲翰林學士。

（宋）王欽若等編纂：《册府元龜》卷八四一《總録部》

荷蒙幼聰慧好學,父習爲常山偏校,嘗遣與文士共處。年十二,游佛寺,見壁畫有杯渡道人,因題其腹曰:"都緣心似水,故以鉢爲舟。"人稍推之。繇是篤意吟咏,經亭榭祠廟之間,皆削拂(音拂)染翰,題詩而去。人愛其速成,往往傳誦。弱年漁獵子史,不辨經書,爲文浮靡,惡微婉之言,好爲宫體艷詩及嘲謔之語。位終禮部侍郎。

(宋)王欽若等編纂:《册府元龜》卷八四一《總録部》

後唐王思同,初仕莊宗,歷典諸軍,至都將。性疏俊,粗有文。性喜爲詩什,與人唱和,自稱薊門戰客。魏王繼岌待之若子,時内養吕知柔侍興聖宫,頗用事,思同不平之。知柔爲《終南山》詩,末句有"頭"字,思同和曰:"料伊直擬衝霄漢,賴有青天壓著頭。"其可笑詩句,皆此類也。

(宋)王欽若等編纂:《册府元龜》卷九五四《總録部》

李琪,字臺秀。唐昭宗時,李谿父子以文學知名,於時琪年十八九,袖賦一軸謁谿,谿覽賦驚異,倒屣迎門。因出琪《啞鐘》《捧日》等賦,指示謂琪曰:"予常患近年文士辭賦皆數句之後,未見賦題。吾子八句見題,偶屬典麗,吁可畏也。"琪由是益知名。自琪爲諫官憲職,凡時政有所不便,必封章論列。文章秀麗,覽之者忘倦。琪在内署時,所爲制誥編爲十卷,目曰《金門集》,大行於世。

(宋)王欽若等編纂:《册府元龜》卷八四一《總録部》

後唐李琪,初仕梁,專掌文翰,下筆稱旨,寵遇逾倫。是時,琪之名播於海内。

(宋)王欽若等編纂:《册府元龜》卷五五一《詞臣部》

看他終一局白却少年頭

唐明宗太子從榮好爲詩,不慎之徒相與唱和。如《觀棋》,云:"看他終一局,白却少年頭。"從榮果謀不軌事,敗,凡預唱和言涉嫌疑者皆就誅。故往還箋簡中宜直書其事,不得云彼事如何之類。

(宋)曾慥:《類説》卷一九《駭聞録》

(長興三年十月)壬子,秦王從榮入謁,帝謂之曰:"爾軍務之餘,還習何事?"對曰:"臣公事之隙讀書,與諸儒講經義。"帝曰:"經有君臣父子之大要,讀之益人智思。吾少鍾喪亂,馬上取功名,不暇留心經籍,在藩邸時,每見判官論説經義,予雖不能深達其旨,大綱令人開悟。今朝廷有正人端士、宏才碩學者,可親附之,庶幾有益。吾見先帝在藩時,愛自作歌詩。將家子文非素習,未能盡妙,諷於人口,恐被諸儒竊笑。吾老矣,不能勉强於此,唯書義尚欲耳裏頻聞。"時從榮方聚新進浮薄子,以歌詩吟咏爲事。帝道此言規風之。

(宋)王欽若等編纂:《册府元龜》卷一五八《帝王部》

後唐秦王從榮,爲詩,與從事高輦等更相唱和,自謂章句獨步於一時,有詩千餘首,號曰《紫府集》。既受元帥之命,即令僚佐及四方游士至者各試檄淮南書,陳己將廓清宇宙之意。

(宋)王欽若等編纂:《册府元龜》卷二七〇《宗室部》

五代晉高祖即位,屢赦天下,張允爲《駁赦論》以獻。

(明)彭大翼:《山堂肆考》卷一三一

晉天福三年,與戎和。晉祖曰:"當遣輔相爲使。"趙瑩、桑維翰同堂,皆未言,以戎雖通好,而反覆難測,咸懼於將命。馮道與諸公中書食訖,分聽,堂吏前白道言北使事,吏人色變手顫。道索紙一幅,書云:"道去"。即遣寫敷,屬吏泣下,道遣人語妻子,不復歸家,舍都亭驛,不數日即行。晉祖餞,語以家國之故,煩耆德使遠,自酌巵酒飲之。虜以道有重名,欲留之,命與其國相同列,所賜皆等戎賜臣下。以牙笏及臈月賜牛頭,皆爲殊禮。道皆得之,以詩謝云:"牛頭偏得賜,象笏更容持。"戎甚喜,潛諭留之,道曰:"兩朝皆臣,豈有分别。"

賜□市薪炭,云:"北地寒,老年不堪。"及還京師,作詩五章,以述北使之意。其首章云:"去年今日奉皇華,只爲朝廷不爲家。殿上一杯天子泣,門前雙節國人嗟。龍荒冬往時時雪,兔苑春歸處處花。上下一行如骨肉,幾人身死掩風沙。"虜中大寒,賜錦襖、貂襖、羊狐貂衾各一,每入謁悉服四襖衣,宿館中并覆三衾。詩曰:"朝披四襖專藏手,夜蓋三衾怕露頭。"

(宋)阮閱:《詩話總龜》卷一

天福中,楊凝式風子筆墨高妙,洛陽寺有題壁。李建中亦有書名,嘗題其傍云:"杉松倒澗雪霜乾,屋壁麝煤風雨寒。我亦平生有書癖,一回入寺一回看。"

(宋)趙令畤:《侯鯖録》卷七

楊少卿凝式,有材自負,既不大用,多佯狂自穢。游寺觀遇水竹幽勝之地,吟咏忘歸,墻壁之上筆迹多滿,僧道愛護,莫不粉壁光潔,以俟揮掃。游客嘆賞,故馮瀛王次子少吉題壁下曰:"少卿真迹滿僧居,祗恐鍾王也不如。爲報遠公須愛惜,此書書後更無書。"安鴻漸題曰:"端溪石硯宣城管,王屋松烟紫兔毫。更得少卿老書札,人間無此五般高。"

(宋)阮閱:《詩話總龜》卷四

晉出帝不善詩,時爲俳諧語,《咏天》詩曰:"高平上監碧翁翁。"

(宋)陶穀:《清異録》卷上

石晉馮玉爲宰相,嘗以"姑息"字問於人,人以"辜負"字教玉,玉乃然之。

(宋)孔平仲:《續世説》卷一一

陶穀,晉開運中爲詞臣。時北戎來侵晉,楊光遠以青州叛,大將爲節帥卒。少帝命草文以祭之,谷立具草以奏,曰:"漠北有不賓之寇,山東起伐叛之師。雲陣未收,將星先落。"少帝甚激賞。

(宋)楊億:《楊文公談苑》

胡嶠詩:"瓶裏數枝婪尾春。"時人罔喻其意。桑維翰曰:"唐末文人有謂芍藥爲婪尾春者。婪尾酒乃最後之杯,芍藥殿春,亦得是名。"

(宋)陶穀:《清異録》卷上

幽、薊數州,自石晉敗戎後,懷中華不已。有使北者,見燕京傳舍畫墨鴉甚精,旁題詩曰:"星稀明月夜,皆欲向南飛。"

(宋)阮閲:《詩話總龜》卷二〇

馮長樂七歲,吟治圃詩云:"已落地花方遣掃,未經霜草莫教鋤。"仁厚天性全生靈性命,已兆於此。

(宋)祝穆:《古今事文類聚》續集卷九

近代馮相於中書退朝之暇,未始不以坐禪爲念。故天下萬口一辭,遂以馮長老之名歸之。况馮相平日自有詩曰:"公事之餘喜坐禪,少曾將脅到床眠。雖然現出宰官相,長老之名天下傳。"

(宋)金盈之:《醉翁談録》卷六

馮瀛王道詩雖淺近而多諳理,若"但知行好事,莫要問前程""須知海岳歸明主,未省乾坤陷吉人"之類,世雖盛傳,而罕見其全篇,今並録之。詩曰:"窮達皆由命,何勞發嘆聲?但知行好事,莫要問前程。冬去冰須泮,春來草自生。請君觀此理,天道甚分明。"又《偶作》云:"莫爲危時便愴神,前程往往有期因。須知海岳歸明主,未省乾坤陷吉人。道德幾時曾去世,舟車何處不通津?但教方寸無諸惡,狼虎叢中也立身。"

(宋)吴處厚:《青箱雜記》卷二

馮瀛王鎮南陽,郡中宣聖廟壞,有酒户十餘輩投狀乞修。瀛王未及判,有幕客題四句狀後云:“槐影參差覆杏壇,儒門子弟盡高官。却教酒户重修廟,覺我慚惶也不難。”瀛王遽罷其請,出己俸重修。

(宋)阮閲:《詩話總龜》卷三五

馮瀛王性仁厚,家有一池,每得魚放池中。其子監丞每竊釣之,瀛王聞之不悦,於是高其墻垣,鑰其門户,作詩書其門曰:“高却垣墻鑰却門,監丞從此罷乖綸。池中魚鼈應相賀,從此方知有主人。”

(宋)阮閲:《詩話總龜》卷三八

馮道性仁厚,家有一池,每得生魚,必放池中,謂之放生池。其子爲監丞者,每竊釣而食之,道聞之不懌。于其高其墻垣,鑰其門户,爲一詩書於門,曰:“高却垣墻鑰却門,監丞從此罷垂綸。池中魚鼈應相賀,從此方知有主人。”

(宋)彭乘:《續墨客揮犀》卷八

同州澄城縣,有九龍廟,然只一妃耳。土人云:“馮瀛王之女也。”夏縣司馬才仲戲題詩云:“身既事十主,女亦妃九龍。”過客讀之,無不一笑。

(宋)馬永卿:《嬾真子録》卷一

世譏馮瀛王道,依阿詭隨,不能死節。嘗考質其生平,行事亦多侃侃不顧避處。王荆公雅愛道,謂其能屈身以安人,如諸佛菩薩行。富文忠公稱以爲孟子,之所謂大人,其所作詩,雖淺近而多諳理。今附録之,詩曰:“窮達皆由命,何勞發嘆聲。但知行好事,莫要問前程。冬去冰須泮,春來草自生。請君觀此理,天道甚分明。”又云:“莫爲危時便愴神,前程往往有期因。須知海岳歸真主,未省乾坤陷吉人。道德幾時曾去世,舟車何處不通津。但教方寸無諸惡,狼虎叢中也立身。”

(清)潘永因:《宋稗類鈔》卷二〇

馮道爲宰相歷數朝，當漢隱帝時，著《長樂老自叙》云："余先自燕亡歸河東，事莊宗、明宗、愍帝、清泰帝、晉高祖、少帝、契丹主、漢高祖、今上，三世贈至師傅，階自將仕郎至開儀同三司，職自幽州巡官至武勝軍軍度使，官自試大理評事至兼中書令，正官自中書舍人至戎太傅、漢太師，爵自開國男至齊國公。孝於家，忠於國，已無不道之言，門無不義之貨。下不欺於地，中不欺於人，上不欺於天。其不足者，不能爲大君致一統，定八方，誠有愧於歷官，何以答乾坤之施。老而自樂，何樂如之。"道此文載於范質《五代通録》，歐陽公、司馬温公嘗詆誚之，以爲無廉耻矣。

王溥自周太祖之末爲相，至國朝乾德二年罷。嘗作《自問詩》述其踐歷，其序云："予年二十有五，舉進士甲科，從周祖征河中，改太常丞。登朝時同年生尚未釋褐，不日作相。在廊廟凡十有一年，歷事四朝，去春恩制改太子太保。每思菲陋，當此榮遇，十五年間，遂躋極品，儒者之幸，殆無以過。今行年四十三歲，自朝請之暇，但宴居讀佛書，歌咏承平，因作《自問詩》十五章，以志本末。"此序見《三朝史》本傳，而詩不傳，頗與《長樂叙》相類，亦可議也。

（宋）洪邁：《容齋三筆》卷九

和魯公凝有豔詞一編，名《香奩集》。凝後貴，乃嫁其名爲韓偓，今世傳韓偓《香奩集》，乃凝所爲也。凝生平著述，分爲《演綸》《游藝》《孝悌》《疑獄》《香奩》《籝金》六集，自爲《游藝集》序云："予有《香奩》《籝金》二集，不行於世。"凝在政府，避議論，諱其名。又欲後人知，故於《游藝集》序實之，此凝之意也。予在秀州，其曾孫和惇家藏諸書，皆魯公舊物，末有印記甚完。

（宋）沈括：《夢溪筆談》卷一六

《花間集》和凝有《長命女》曲，僞蜀李珣《瓊瑶集》亦有之，句讀各異。然皆今曲子，不知孰爲古制林鍾羽並大曆加減者。近世有《長命女》令，前七拍，後九拍，屬仙吕調，宫調、句讀並非舊曲。

（宋）王灼：《碧雞漫志》卷五

今世所傳《麥秀兩岐》，今在黄鐘宫。唐《尊前集》載和凝一曲，與今曲不類。

（宋）王灼：《碧雞漫志》卷五

五代和魯公凝長於歌詩。初辟征西從事，軍務之餘，往往爲歌篇，詔使往來傳於都下，當時籍籍以爲宫體復生。俄而，時主知之，遣中使馳驛，索宫詞百首，即日上焉。其間有云："遥望青青河畔草，幾多歸馬與休牛。"又云："赤子顒顒瞻父母，已將仁德比乾坤。"又云："越溪姝麗入深宫，儉素皆持馬后風。盡道君王修聖德，不勞辭輦與當熊。"使事中的，有風人之旨。

（宋）龔鼎臣：《東原録》

李瀚及第於和相凝榜下，後與座主同任學士，會凝作相，瀚爲承旨，適當批詔。次日，於玉堂輒開和相舊閣，悉取圖書器玩，留一詩於榻，携之而去。云："座主登庸歸鳳閣，門生批詔立鰲頭。玉堂舊閣多珍玩，可作西齋潤筆否？"

（宋）江少虞：《宋朝事實類苑》卷六七

李瀚登科在和凝榜下，同爲學士。會凝作相，瀚爲承旨，當批詔。次日，於玉堂舊閣，悉取圖書器玩，留一詩於榻云："座主登庸歸鳳闕，門生批詔立鰲頭。玉堂舊閣多珍玩，可作西齋潤筆不？"人皆笑其疏縱。

（宋）阮閲：《詩話總龜》卷三

書空匠者，乾祐中冷金亭賞菊，分賦秋雁，族子秘書丞敞先就，詩曰"天掃閑雲秋净時，書空匠者最相宜"云云。

（宋）陶穀：《清異録》卷上

周祖起於鄴,范魯公遁迹民間,執紙扇偶題云:“大熱去酷吏,清風來故人。”坐茶肆中,忽一形貌怪陋者,前揖之曰:“相公、相公,勿慮、勿慮。”律其扇曰:“輕重無準,吏得舞文,何止大熱耶!公當深究獄弊。”持扇急去。後一日,於古廟後門鬼手中持其扇,乃茶肆中見者。未幾,周祖果得公於民間,遂大用。憶陋鬼之言,首議刑於疏曰:“先王所恤,莫重於刑,今繁苛失中,輕重無準,民罹横刑,吏得舞法。”周祖從其言,命公與知雜張湜等刊定。五年書成,目曰《刑統》。

(宋)阮閱:《詩話總龜》卷四七

陳省躬,金陵人。於僞朝頗歷政事,顯德中,出爲臨川宰。泛舟闕下,道經章江,泊女兒浦。扺暮有書生,不通姓名,登舟求見,與省躬語,論甚奇,問今晉朝第幾帝,省躬具以實對,微笑而已。坐間高吟云:“西去長沙東上船,思量此事已千年。長春殿掩無人掃,滿眼梨花哭杜鵑。”省躬疑是神仙,再拜告問,無言而退出船,不見所之。

(宋)阮閱:《詩話總龜》卷四四

閩嶺孟貫,爲性疏野,不以名宦爲意,喜篇章大諫,楊徽之稱之。如《寄張山人草堂》云:“掃葉林風後,拾薪山雨前。”

(宋)阮閱:《詩話總龜》卷一三

孟貫獻詩於世宗,遂聯九品。有《藥性論序》曰:“紅莧爲跛鼈之還丹。”

(宋)陶穀:《清異録》卷上

建陽孟貫獻詩於世宗,遂聯九品,有《藥性論》,其略曰:“性既感攝,體從變通。浮萍作楊花之義子,紅莧爲跛鼈之還丹。吴鹽治饐,秦麝去疳。斷可識矣。”

(宋)張端義:《貴耳集》卷中

題詩觸諱

五代孟貫詩云:“不伐有巢樹,多移無主花。”周世宗聞之曰:“朕伐叛吊民,何謂有巢無主?”此所謂囀喉觸諱也。

(明)彭大翼:《山堂肆考》卷一二七

丞相李文正公昉,少年時嘗以詩呈叔,侍中覽而喜,贈之詩曰:“反觀西里盛,世世秉鈞衡。”後文正果大用,詔賜所居爲謝元卿秉鈞里。是知李氏自五代至本朝,世居將相,非一日也。

(宋)阮閱:《詩話總龜》卷三

長安舊以不歷臺省,使出鎮廉訪節鎮者爲粗官,大率重内而輕外。今東都乾元門,舊宣武軍鼓角門,節度王彦威有詩刻其上,云:“天兵十萬勇如貔,正是酬恩報國時。汴水波濤喧鼓角,隋堤楊柳拂旌旗。前驅紅旆關西將,坐間青娥趙國姬。寄語長安舊冠蓋,粗官到底是男兒。”彦威自太常博士,出辟使府,至兹鎮,故有是句。至今不知所在。薛能亦有《謝寄茶詩》云:“粗官寄與真拋擲,賴有詩情合得嘗。”

(宋)阮閱:《詩話總龜》卷三

高越游河朔,有州牧欲以女妻之。越作《鷂子詩》云:“雪爪星眸衆鳥歸,摩空專候整毛衣。虞人莫謾張羅網,未肯平原淺草飛。”

(宋)阮閱:《詩話總龜》卷三

世宗時,水部郎韓彦卿使高麗。卿有一書曰《博學記》,偷抄之,得三百餘事。今抄天部七事:迷空步障、霧。威屑、霜。教水、露。冰子、雹。氣母、虹。屑金、星。秋明大老。天河。

(宋)陶穀:《清異録》卷上

楊文公《談苑》載:周世宗嘗爲小詩示竇儼,儼言:“今四方僭僞主各能爲之,若求工則廢務,不工則爲所竊。”世宗遂不復作。度當時所作詩必不甚佳,故儼云爾。非世宗英偉,識帝王大略,豈得不以儼言爲忤?又安能即弃去?信爲天下者在此,不在彼也。

（宋）葉夢得:《避暑録話》卷一

往見曾子固家有《五代政要》一百卷,今人家難得之,頗恨無筆力傳寫。嘗愛世宗自改賜江南書,有曰:"但存帝號,何爽歲寒。儻堅事大之心,必不迫人於險。"語意雄偉,真得帝王大體。蓋是嗣王欲削尊稱,求緩師也。

（宋）佚名:《道山清話》

李度顯德中舉進士,工詩,有"醉輕浮世事,老重故鄉人"之句,人多誦之。王朴爲樞密,止以此一聯薦於申文炳知舉,遂擢爲第三,人嘲曰:"主司只誦一聯詩。"

（宋）文瑩:《玉壺清話》卷七

李度,顯德中舉進士。工詩,有"醉輕浮世事,老重故鄉人"之句,人多誦之。

（宋）江少虞:《宋朝事實類苑》卷三八

李度,顯德中舉進士。攻詩,有"醉輕浮世事,老重故鄉人"之句,人多誦之。王朴爲樞密,以此一聯薦於申文炳知舉,遂擢爲第三人。嘲曰:"主司只選一聯詩。"

（宋）阮閲:《詩話總龜》卷三七

第三人:五代李慶,顯德中舉進士。工詩,有云:"醉輕浮世事,老重故鄉人。"樞密王朴以此一聯,薦於申文炳知舉,遂爲第三人。

（宋）佚名:《錦綉萬花谷》前集卷二二

五代李慶工於詩,有"醉輕浮世事,老重故鄉人"之句。樞密王朴以此一聯,薦於申文炳。文炳知貢舉,遂爲進士第三人。

(明)彭大翼:《山堂肆考》卷八四

貫,閬中人。爲性疏野,不以榮宦爲意,喜篇章。周世宗幸廣陵,貫時大有詩價,世宗亦聞之,因繕録一卷獻上,首篇《書貽譚先生》云:"不伐有巢樹,多移無主花。"世宗不悦曰:"朕伐叛吊民,何得有巢、無主之説!獻朕則可,他人則卿必不免。"不復終卷,賜釋褐進士。虚名而已。不知其終。有詩集,今傳。孟子曰:"予之不遇魯侯,天也。"至唐開元,孟浩然流落帝心,和璧墮地。孟郊之出處梗概苦難,生平薄宦而死。今孟貫坐此詩窮,轉喉觸諱,非意相干,竟爾埋没,與前賢俱亦相似,命也。孟氏之不遇,一何多耶!

(元)辛文房:《唐才子傳》卷一〇

夢浣腸胃。五代周仁裕夢剖其腸胃,引江水浣之,自是文性陡高。有詩百卷,號《西江集》。

(宋)佚名:《錦綉萬花谷》前集卷二〇

夢飲西江水。五代王仁裕少夢飲西江水,見水中沙石背有篆文,其後文思日進。

(宋)佚名:《錦綉萬花谷》前集卷二〇

五代王仁裕知貢舉,王丞相溥爲狀元,時年二十六。後六年,遂相周世宗,猶及本朝,以太子太保罷歸班,年才四十二。溥初拜相,仁裕猶致仕無恙,嘗以詩賀溥云:"一戰文場援趙旗,便調金鼎佐無爲。白麻驟恩何極,黄髮初聞喜可知。跋敕按前人到少,築沙堤上馬歸遲。立班始得遥相見,親洽争如未貴時。"溥在位,每休沐,必詣仁裕,從容終日。蓋唐以來,座主門生之禮尤厚。

(明)陳耀文:《天中記》卷三八

拔旗

五代王仁裕，字德輦，賀門生王溥拜相詩："一戰文場拔趙旗，便調金鼎佐無爲。"按：仁裕本五代周人，後事宋。王溥，字齊物，宋太祖朝拜相。

（明）彭大翼：《山堂肆考》卷八四

乾祐元年，户部侍郎王仁裕放王溥狀元及第。溥不數年拜相，仁裕時爲太子少保，有詩賀曰："一戰文場拔趙旗，便携金鼎贊無爲。白麻驟降恩何厚，黄閣初聞喜可知。跋敕案前人到少，築沙堤上馬行遲。押班長幸遥相見，親狎争如未貴時。"溥和曰："揮毫文戰偶搴旗，待詔金華亦偶爲。白杜遽當宗伯選，赤心旋遇聖人知。九霄得路榮雖極，三接承恩出每遲。職在臺司多少暇，親師不及舞雩時。"

（宋）阮閲：《詩話總龜》卷一四

蜀門諷

蔣貽恭，本江淮人，無媚世之諂，有咏人之才，全蜀士流莫不畏憚。初見則言詞清楚，不稱是非，後來則唇吻張皇，便分醜美。干仵時相，數遭流譴，亦一慷慨之士也。自孟祖霸蜀，搜訪遺材，蔣亦遇時，數蒙見用。故言者無罪，聞者自防。録之數篇，用知鼎味。《咏蠶》詩曰："辛勤得繭不盈筐，燈下繅絲怨恨長。著處不知來處苦，但貪衣上綉鴛鴦。"又《咏金剛》："揚眉斗目惡精神，捏合將來恰似真。剛被時流借拳勢，不知身自是泥人。"《咏傴背子》曰："出得門來背拄天，同行難可與差肩。若教倚向閑窗下，恰似箜篌不著弦。"又《咏安仁宰搗蒜》："安仁縣令好誅求，百姓脂膏滿面流。半破磁缸成醋酒，死牛腸肚作饅頭。長生歲取餐三頓，鄉老盤庚犯五甌。半醉半醒齊出縣，共傷塗炭不勝愁。"又《五門街望有題》曰："我皇開國十餘年，一輩超升炙手歡。閑向五門樓下望，銜官騎馬使銜官。"又《謝郎中惠茶》曰："三斤緑茗賜貽恭，一種頒沾事不同。料想肺懷無答處，披毛戴角謝郎中。"《咏蝦蟇》曰："坐卧兼行惣一般，向人努眼太無端。欲知自己形骸小，試就涔蹄照影看。”又《貽恭住名山日陳情上府主高太保知柔》詩曰：“名山主簿實堪愁，難咬他家大骨頭。米納功曹錢納府，衹看江面水東流。”又蜀有鄭秀才《咏人祀聖君》詩曰：“禍福從來豈自由，俗情淫祀也堪愁。拜時何用頻偷眼，未必泥人解點頭。”又《行軍司馬向僕射瓚》——咏乘烟觀蔣煉師，蔣甚偉，非婦人之狀：“怪得蹣跚不上昇，白雲蹋綻紫雲崩。龍腰鳳背猶嫌軟，須問麻姑借大鵬。”又《令狐秘書嶠匪唯善札，兼有辯才，小小篇章，亦多譏調。因明慶節散後贈左右兩街命服僧玄》詩曰：“却羡僧門與道門，元年今日紫衣新。可憐州縣祁評事，盡向荷衣老却身。”又《咏有年官健》曰：“六十休論少壯時，尉遲功業擬奚爲。高聲念佛尋街者，盡是拗停老健兒。”

（後蜀）何光遠：《鑒誡録》卷四

徐后事

《左傳·昭公二十八年》：“叔向之母曰：‘子靈之妻殺三大夫、一君一子，而亡一國兩卿矣，可無懲乎？吾聞之，甚美必有甚惡。”此《春秋》爲深誡矣。前蜀徐公二女美而奇豔。初，太祖搜求國色，亦不知徐公有女焉。徐寫其女真以惑太祖，太祖遂納之，各有子焉。長曰翊聖太妃，生彭王；次曰順聖太后，生後主。後主性多狂率，不守宗祧，頻歲省方，政歸國母，多行教令，淫戮重臣。頃者，姊妹以巡游聖境爲名，恣風月烟花之性。駕輜輧於緑野，擁金翠於青山。倍役生靈，頗銷經費。凡經過之所，宴寢之宫，悉有篇章刊於玉石。自秦漢以來，妃后省巡未有富貴如兹之盛者也。順聖皇太后題《青城丈人觀》云：“早與元妃慕至玄，同躋靈岳訪真仙。當時信有壺中境，此日親來洞裏天。儀仗影交寥廓外，金絲聲揭翠微巔。唯慚未致華胥理，徒祝昇平卜萬年。”翊聖皇太妃繼曰：“獲陪翠輦喜殊常，同陟仙程豈厭長。不羡乘鸞入烟霧，此中便是五雲鄉。”順聖又題《謁丈人觀先帝聖容》云：“舜帝歸梧野，躬來謁聖顔。旋登三境路，似陟九疑山。日照堆嵐迴，雲横積翠閑。期修封禪禮，方俟再躋攀。”翊聖繼曰：“共謁御容儀,還同在禁闈。笙簧喧寶殿,彩仗耀金徽。清汨沾羅袂,紅霞拂綉衣。九疑山水遠,無路繼湘妃。”順聖又題《玄都觀》云:“千尋緑嶂夾流溪,登眺因知衆岳低。瀑布迸春青石碎,輪茵横翦翠峰齊。步黏苔蘚龍橋滑,目閃烟嵐鳥徑迷。莫道穹天無路到,此山便是碧雲梯。”翊聖和:“登尋丹壑到玄都,接日紅霞照座隅。即向周回岩上看,似開曾進畫圖無。”順聖又題《金華宫》云:“再到金華頂,玄都訪道回。雲披分景象,黛斂顯樓台。雨滌前山净,風吹去路開。翠屏夾流水,何必羡蓬萊。”翊聖繼曰:“蒼烟紅霧撲人衣,宿露沾苔石徑危。風巧解吹松上蝶,體嬌頻采臉邊脂。同尋僻境思携手,暗指遥山學畫眉。好把身心清净處,角冠霞帔事希夷。”順聖又題《丹景山至德寺》云:“周回雲水游丹景,因與真妃眺上方。晴日曉昇金照耀,寒泉夜落玉丁噹。松梢月轉禽栖影,柏徑風牽麝食香。虔揲六銖冥禱祝,唯期祚歷保遐昌。”翊聖繼曰:“丹景山頭宿梵宫,玉軒金輅駐遥空。軍持無水注寒碧,蘭若有花開晚紅。武士盡排青嶂下,内人皆在講筵中。我家帝子專王業,積善終期四海同。”順聖又題《彭州陽平化》云:“尋真游勝境,巡禮到陽平。水遠波瀾碧,山高氣象清。殿嚴孫氏號,碑暗祖師名。夜醮古壇月,松風森磬聲。”翊聖繼曰:“雲浮翠輦届陽平,直似驂鸞至上清。風起半崖聞虎嘯,雨來當面見龍行。晚尋水澗聽松韻,夜上星壇看月明。長恐前身居此境,玉皇教向錦城生。”順聖又題《漢州三學山至夜看聖燈》云:“虔禱游靈境,元妃夙志同。玉香焚静夜,銀燭炫遼空。泉漱雲根月,鐘敲檜杪風。印金標聖迹,飛石顯神功。滿望天涯極,平臨日脚窮。猿來齋室上,僧集講筵中。頓覺超三界,渾疑證六通。願成修偃化,社稷保延洪。”翊聖繼曰:“聖燈千萬炬,旋向碧空生。細雨濕不暗,好風吹更明。磬敲金地響,僧唱梵天聲。若説無心法,此光如有情。”順聖又題《天回驛》云:“周游靈境散幽情,千里江山暫得行。所恨烟光看未足,却驅金翠入龜城。”翊聖繼曰:“翠驛紅亭近玉京,夢魂猶自在青城。比來出看江山境,盡被江山看出行。”議者以翰墨文章之能,非婦人女子之事。所以謝女無長城之志,空振才名;班姬有團扇之詞,亦彰淫思。今徐氏逞乎妖志,飾自倖臣,假以風騷，庇其游佚。取女史一時之美，爲游人曠代之嗤。及唐朝興吊伐之師，遇蜀國有荒淫之主，三軍不戰，束手而而降，良由子母盤游、君臣凌替之所致也。於是亡一君，破一國，殺九子，誅十臣，殄滅萬家，流移百辟。其次六宫嬪御，挫紅緑於征途；十宅公王，碎金珠於逆旅。子靈之室，何以比方！故興聖太子隨軍王承旨有《咏後主出降》詩曰："蜀朝昏主出降時，銜璧牽羊倒係旗。二十萬軍齊拱手，更無一個是男兒。"又蜀僧遠公有《傷廢國》詩曰："樂極悲來數有涯，歌聲才歇便興嗟。牽羊廢主尋傾國，指鹿奸臣盡喪家。丹禁夜凉空鎖月，後庭春老謾開花。兩朝帝業都成夢，陵樹蒼蒼噪暮鵶。"

（後蜀）何光遠：《鑒誡録》卷五

帝贈别

王太祖自利、閬起兵，以至益州爲帝。唐太師，閬苑人也，美眉目，足機智，自童年親事太祖。及太祖得蜀，遂主樞衡。勛業既高，恩寵彌厚。是時，太祖與秦庭李大王方結姻好，遽因小間交兵，遂選腹心以安梁漢，唐公於是出鎮焉。帝御大安樓親送，及見唐公將别，帝頗動容，侍從宫娥無不彈泪。太祖御製《贈别》以賜唐公，議者以魚水之歡無出於此。詩曰："丱歲便將爲肘腋，二紀何曾離一日。更深猶尚立案前，敷奏柔和不傷物。今朝榮貴慰我心，雙旌引向重城出，褒斜舊地委勛賢，從此生靈永泰息。"

（後蜀）何光遠：《鑒誡録》卷五

容易格

王蜀盧侍郎吟詩多著尋常容易言語，時輩稱之爲高格。至如《送周太保赴浙西》云："臂鷹健卒懸氈帽，騎馬佳人著畫衫。"又《寄友人》云："每過私第邀看鶴，長著公裳送上驢。"此容易之甚矣。然於數篇見境尤妙，有《松門寺》云："山寺取凉當夏夜，共僧蹲坐石階前。兩三條電欲爲雨，七八個星猶在天。衣汗稍停床上扇，茶香時潑澗中泉。通宵聽論蓮華義，不借松窗半覺眠。"又《苦吟》云："莫話詩中事，詩中難更無。吟安一個字，撚斷數莖鬚。險覔天應悶，狂搜海亦枯。不同文賦易，爲著者之乎。”又《贈僧》云：“浮世浮華一段空，偶抛煩惱到蓮宫。高僧解語牙無水，老鶴能飛骨有風。野色吟餘生竹外，山陰坐久入池中。禪師莫問求名苦，滋味過於食蓼蟲。”盧曾獻太祖，卷中有“栗爆燒氈破，猫跳觸鼎翻”。後太祖冬夜與潘樞密在内殿平章邊事，旋令宫人於火爐中煨栗子，俄有數栗爆出，燒損綉褥子。時太祖多疑，常於爐中燒金鼎子，命徐妃二姊妹親侍茶湯而已。是夜，宫猫相戲，誤觸鼎翻。太祖良久曰：“‘栗爆燒氈破，猫跳觸鼎翻。’憶得盧延讓卷有此一聯。”乃知先輩裁詩信無虚境，來日遂有六行之拜。議者以傅説栖岩，自應武丁之夢；太公釣渭，俄遇周文之知。君子窮通實由命分。如盧所吟容易之句，發境於一人之前，可謂道合矣。

（後蜀）何光遠：《鑒誡録》卷五

高尚士

王蜀廣德杜先生學海千潯，詞林萬葉，凡所著述，與樂天齊肩。僖宗朝，與華山鄭徵君同應百篇，兩戰不勝，遂各挂羽服。鄭則後唐三詔不起，杜則王蜀九命不從，可謂高尚隱逸之士也。鄭徵君爲詩皆祛淫靡，迥絶囂塵。如《富貴曲》云：“美人梳洗時，滿頭閑珠翠。豈知兩片雲，戴却數鄉税。”又《咏西施》云：“素面已云妖，更著花鈿飾。臉横一寸波，浸破吴王國。”又七言《傷時》：“帆力劈開滄海浪，馬蹄踏破亂山青。浮名浮利過於酒，醉得人心死不醒。”又《題霍山秦尊師》：“老鶴玄猿伴采芝，有時長嘆獨移時。翠娥紅粉嬋娟劍，殺盡世人人不知。”又《偶題》：“似鶴如雲一個身，不憂家國不憂貧。擬將枕上日高睡，賣與世間榮貴人。”又《思山咏》：“因賣丹砂下白雲，鹿裘惟惹九衢塵。不如將耳入山去，萬是千非愁殺人。”又《景福中作》：“悶見戈鋋匝四溟，恨無奇策救生靈。如何飲酒得長醉，直到太平時節醒。”又《招友人游春》：“難把長繩係日烏，芳時偷取醉功夫。任堆金璧摩星斗，買得花枝不老無。”又《山居》云：“悶見有人尋，移庵更入深。落花流澗水，明月照松林。醉勸頭陀酒，閑教孺子吟。身同雲外鶴，斷得世塵侵。”又詩：“冥心栖太室，散髮浸流泉。采柏時逢麝，看雲忽見仙。夏狂冲雨戲，春醉戴花眠。絶頂登雲望，東都一點烟。”又詩：“不求朝野知，卧看歲華移。采藥歸侵夜，聽松飯過時。荷竿尋水釣，背局上岩棋，祭廟人來説，中原正亂離。”杜先生爲詩悉去浮游，迥爲標準，區分理本，實契真筌。如《山居百韻》云：“丹竈河車體矻矻，蚌胎龜息且綿綿。馭景必能趨日域，騎箕終擬躡星躔。”又：“返樸還淳皆至理，遺形忘性盡真詮。”玄妙之言，實爲奇句。又吟一言至十五言《紀道德》《懷古今》兩篇，不唯體依風雅，抑且言徵典謨，名公之中，可謂大製者也。《紀道德》云：“道，德。清虚，玄默。生帝先，爲聖則。聽之不聞，搏之不得。至德本無爲，人中多自惑。在洗心而息慮，亦知白而守黑。百姓日用而不知，上士勤行而必克。既鼓鑄於乾坤品物，信充仞乎東西南北。三星高拱兮任以自然，五帝垂衣兮修之不忒。以心體之者爲四海之主，以身率之者爲萬夫之特。有皓齒青娥者爲伐命之斧，蘊奇謀廣智者爲盜國之賊。曾未若軒后順風兮清静自化，會未若皋陶邁種兮温恭允塞。故可以越圓清方濁兮不始不終，何止乎居九流五常兮理家理國。豈不聞乎天地於道德也無以清寧，豈不聞乎道德於天地也有逾繩墨。語不云乎仲尼有言。朝聞‘道夕死可矣’，所以垂萬古歷百王不敢離之於頃刻。”《懷古今》云：“古，今。感事，傷心。驚得喪，嘆浮沈。風驅寒暑，川注光陰。始炫朱顏麗，俄悲白髮侵。嗟四豪之不返，痛七貴以難尋。夸父興懷於落照，田文起怨於鳴琴。雁足淒凉兮傳恨緒，鳳臺寂寞兮有遺音。朔漠幽囚兮天長地久，瀟湘隔别兮水闊烟深。誰能絶聖韜賢餐芝餌術，誰能含光遁世煉石燒金。君不見屈大夫紉蘭而發諫，君不見賈太傅忌鵩而愁吟。君不見四皓避秦峨峨戀商嶺，君不見二疏辭漢飄飄歸故林。胡爲乎冒進貪名踐危途與傾轍，胡爲乎護權恃寵顧華飾與雕簪。吾所以思抗迹忘機用虚無爲師範，吾所以思去奢滅欲保道德爲規箴。不能勞神效蘇子張生兮幹時而縱辯，不能勞神效楊朱墨翟兮揮涕以沾襟。”

（後蜀）何光遠：《鑒誡録》卷五

禪月吟

唐有《十僧詩》,選在諸集中,唯禪月大師所吟千首,吴融侍郎序之,號曰《西岳集》,多爲古體,窮盡物情。議者稱白樂天爲大教化主,禪月次焉。上人天復中自楚游蜀,有上王蜀太祖《陳情詩》云:"一瓶一鉢垂垂老,萬水千山得得來。"太祖曰:"寡人高築金臺以師名士,廣修寶刹用接高僧,千山萬水之言何以當此。"於是恩錫甚厚。上人遂居蜀焉。如《公子行》云:"錦衣鮮華手擎鶻,閑行氣貌多輕忽。稼穡艱難總不知,五帝三皇是何物。"又曰:"自拳五色毬,迸入他人宅。却捉蒼頭奴,玉鞭打一百。"又曰:"面白如削玉,倡狂曲江曲。馬上黄金鞍,適來新貼得。"又《咏古劍盆池》:"秋水蓮花三四枝,我來慷慨步遲遲。不抉浮雲斬邪佞,直成龍去擬奚爲。"又《贈别》:"離别如旨酒,古今飲皆醉。我恐長江水,盡是女兒泪。伊余非此輩,送人空把臂。他日再相逢,清風動天地。"又《富貴曲》:"有金章族,驕奢相續。瓊厨玉堂,雕墻綉轂。美人如白牡丹花,半日只舞得一曲。樂不樂,足不足。争教他愛山青水緑。"又曰:"綉林錦野,春態相壓。誰家少年,馬蹄蹋蹋。鬥雞走狗夜不歸,一擲賭却如花妾。"唯云不顛不狂,其名不彰,悲夫!初,上人詩名未振時,南楚才人競以詩送軒轅先生歸羅浮山,計百餘首矣。後上人因吟一章,群公於是息筆:"玉房花洞接三清,謾指羅浮是去程。龍馬便攏筇竹杖,山童常使茯苓精。曾教莊子抛卑吏,却唤軒皇作老兄。再見先生又何日,只應頻夢紫金城。"

(後蜀)何光遠:《鑒誡録》卷五

因詩辱

前蜀許太尉鎮寧江日,劉員外爲節度掌書記。許公發迹軍戎,所为吾我,不思合理,但務誅求。劉數諫,許不存賓客之禮,對將吏咄責之。劉求退職,許又不從。劉遂咏白鹽山、灩澦堆刺之,許聞而憤怒。忽一日於江干飲酣,仰視白鹽,斜睨灩澦,曰:"剛有破措大欲於此死。"遂令壯士拽劉離席,囚縛於砂石上,烈日曬之。護軍賓幕將校懇救,悉遭凌罵。顧謂左右曰:"候吾飲散,投入水中。"劉厲聲曰:"昔鸚鵡洲致溺禰處士,今灩澦堆欲害劉隱辭。某雖不及禰衡,足下爭同黄祖豈有不存夫子,塗炭賢良但得留名,死亦宜矣。”元戎聞之,怒意漸解。及同幕再諫,良久捨之。來日軍府彌縫,請許召劉慚謝。劉慮遭毒手,托疾而歸。議者以劉不擇主而事,因多言而失,强捋虎鬚,幾不脱虎口耳。《咏白鹽山》詩曰:“占斷瞿唐一峽烟,危峰迥出衆峰前。都緣頑硬擡浮世,著莫峥嶸倚半天。有樹只知栖鳥雀,無雲不易駐神仙。假饒峌屼高千丈,争及平平數畝田。”《咏灩澦堆》云:“灩澦崔嵬百萬秋,年年出没幾時休。未容寸土生纖草,能向當江覆巨舟。無事便騰千尺浪,與人長作一堆愁。都緣不似磻溪石,難使漁翁下釣鈎。”

(後蜀)何光遠:《鑒誡録》卷五

雪廢主

天成初,明宗臨朝,宣亡蜀舊宰臣王鍇、張格、庾傳素、許寂、御史中丞牛希濟等,各賜一韻,試《蜀主降臣唐》詩,限五十六字成。王鍇等皆諷蜀主僭號,荒淫失國,獨牛希濟得“川”字,所賦詩意但述數盡,不謗君親。明宗覽詩曰:“如牛希濟才思敏捷,不傷兩國,迥存忠孝者,罕矣!”當日有雍州亞事之拜,至今京洛無不稱之。詩曰:“滿城文物欲朝天,不覺鄰師犯塞烟。唐王再懸新日月,蜀王還却舊山川。非干將相扶持拙,自是吾君數盡年。古往今來亦如此,幾曾歡笑幾潸然。”

(後蜀)何光遠:《鑒誡録》卷七

李文正公言少保王仁裕與諸門生飲,出一詩,板挂於坐次,曰:“二百一十四門生,春風初長羽毛成。擲金换得天邊桂,鑿壁偷將榜上名。何幸不才逢聖世,偶將疏網罩群英。衰翁漸老兒孫小,異日知誰略有情?”公知舉時年已老,諸子皆亡,唯有幼孫。又與諸門生春日會飲於繁臺,賦詩曰:“柳陰如霧絮成堆,又引門生飲故臺。池景即隨風雨去,芳樽宜命管弦催。謾誇列鼎鳴鍾貴,寧免朝烏夜兔催。爛醉也須詩一首,不能空放馬頭回。”

(宋)阮閲:《詩話總龜》卷二二

周張沆,後唐明宗朝擢進士第。秦王從榮爲河南尹,表沆爲巡官。王童年疏率,動不由禮,每賓僚大集,手自出題,令面賦詩,小不如意,則壞裂抵弃。沆初通刺,屬合座客各爲《南湖廳記》,謂沆曰:“聞生名,請爲此文。”沆不獲已,措翰。及群士記成,獨取沆所爲,勒之於石,由是署職。

(宋)王欽若等編纂:《册府元龜》卷七一八《幕府部》

周張沆,記覽文史,好徵求僻事,公家應用時,出一聯以炫奇筆,位終刑部尚書。

(宋)王欽若等編纂:《册府元龜》卷八四一《總録部》

馬郁,幽州人,少警悟,有俊才,多智數,言辨縱横,下筆成文。乾寧末,爲幽州府刀筆小吏,時節帥李威爲王鎔所殺,鎔書報其弟儔,云威謀危軍府,褁甲竊發,與三軍接戰而死。儔遣使於鎔,問謀亂本末,幕客爲書,多不如旨。郁時直記室,即起草爲之條列事狀,云可疑者十,詞理俊贍,以此知名,因得署幕職。後在莊宗幕府,自李襲吉卒後,每有四方會盟書檄,多命郁爲之,《答吴蜀書》《與王檀檄》,皆郁文也。

(宋)王欽若等編纂:《册府元龜》卷七一八《幕府部》

李愚,同光末自翰林學士爲魏王繼岌伐蜀都統判官。是時,幕府軍書羽檄,皆出其手。蜀平,就拜中書舍人。

(宋)王欽若等編纂:《册府元龜》卷七一八《幕府部》

後唐李愚初仕梁,爲右拾遺崇政殿學士。忤旨罷職,歷許鄧觀察判官。初在内職,磁州舉子張礪依焉,末帝貞明中,礪自河陽北歸莊宗,版授太原府掾,出入崇達之門,揄揚愚之節概。及愚所爲文《仲尼遇顔回》《壽夷齊非餓》等篇,北人望風稱之。愚爲文尚氣格,效韓、柳諸公之立意。

(宋)王欽若等編纂:《册府元龜》卷八四一《總録部》

天成年,盧文進鎮鄧,因出城,賓從偕至,舍人韋吉亦被召。年老,無力控馭,既醉,馬逸,東西馳桑林之中,被横枝骨挂巾冠,露禿而奔突。僕夫執從,則已墜矣。舊患肺風,鼻上癮疹而黑,卧於道周,幕客無不笑者。從事令左司郎中李任,祠部員外任瑶,各占一韻而賦之。賦項云:“當其廳子潛窺,衙官共看,喧呼於麥壟之裏,偃僕於桑林之畔。藍攙鼻孔,真同生鐵之椎;靦甸骷髏,宛是熟銅之罐。”餘不記之。聞之者無不解頤。

(宋)李昉:《太平廣記》卷二五二《詼諧八·李任爲賦》

晉李象爲刑部員外郎,高祖天福末,象上《二舞賦》,帝覽而嘉之,命編諸史册。

(宋)王欽若等編纂:《册府元龜》卷八四一《總録部》

兩製作詩賦

晉開運中,詔兩制各作詩賦一篇付禮部,爲考試之目。李懌獨曰:“懌識字有數,因人成事。使令衣白袍入貢,部下第必矣。胡能作文章,爲世模楷。”終不肯作。

(宋)曾慥:《類説》卷五三《談苑》

晉韓惲,世仕太原,昆仲爲軍職,唯惲親狎儒士,好爲歌詩,聚書數千卷。乾寧中,後唐莊宗納其妹爲妃。妃初爲嫡室,故莊宗深禮其家。而惲以文學署交成文水令,入爲太原少尹。

(宋)王欽若等編纂:《册府元龜》卷三〇五《外戚部》

張希崇,爲靈武節度使。初,自虜南歸,過故鄉,謁中朝執政及臨郡與屬邑令,多爲章句,雖非工,甚關理道,有古人之趣。性嗜書,莅事之餘,手不釋卷。

(宋)王欽若等編纂:《册府元龜》卷三八八《將帥部》

周申文炳,太祖廣順初爲中書舍人、翰林學士,爲文典雅,有訓誥之風。

(宋)王欽若等編纂:《册府元龜》卷五五一《詞臣部》

賊頭王

仁裕乾祐初放榜二百一十四人,作詩曰:"二百一十四門生,春風才長羽毛成。擲金换作天邊貴,鑿壁偷將榜上名。"陶尚書見詩曰:"不意王仁裕今日爲賊頭也。"

(宋)曾慥:《類説》卷二六《五代史補》

(顯德二年)四月,太子少保王仁裕進回文《金鏡銘》,上善之,賜帛百匹。九月。仁裕又以自製詩賦寫圖上進,賜銀器五十兩,衣著五十匹。

(宋)王欽若等編纂:《册府元龜》卷九七《帝王部》

王仁裕有詩千餘首,勒成一百卷,目之曰《西江集》,蓋以嘗夢吞西江文石,遂以爲名焉。位至太子少保。

(宋)王欽若等編纂:《册府元龜》卷八四一《總録部》

脂粉簿

顯德中,岐下幙客入朝,因言其家有舊書,名《脂粉簿》,載古今妝飾殊制。

(宋)陶穀:《清異録》卷下

迷空步障

世宗時,水部郎韓彦卿使高麗。見有一書,曰《博學記》,偷抄之,得三百餘事。今抄天部七事:迷空步障(霧)。威屑(霜)。教水(露)。冰子(雹)。氣母(虹)。屑金(星)。秋明大老(天河)。

(宋)陶穀:《清異録》卷上

馮道初仕後唐爲相,百僚上明宗徽號,凡三章,道自爲之,其文混然,非流俗之體,舉朝服焉。道尤長於篇咏,秉筆則成。每成,義含古道,必爲遠近傳寫。故人漸畏其高深,由是班行肅然,無澆漓之態。

(宋)王欽若等編纂:《册府元龜》卷八四一《總録部》

莊宗喜音聲歌舞俳優之戲,自度曲云:"曾宴桃源深洞,一曲舞鸞歌鳳。長記別伊時,和泪出門相送。如夢,如夢,殘月落花烟重。"或曰莊宗修内苑,掘得斷碑,有此三十三字。

(清)王士禎、鄭方坤:《五代詩話》卷一

《天下大定録》載王仁裕兩篇,一篇已載於此,今録所遺一篇云:"玉纖挑落新冰聲,散入秋空韻轉清。三五指中遺塞雁,十三弦上囀春鶯。譜從陶室偷將妙,曲向秦樓寫得成。無限細腰宫裏女,就中偏愜楚王情。"

(宋)阮閲:《詩話總龜》卷二二

王仁裕嘗養一猿,名之曰"野賓"。久而放之,因作詩曰:"放爾丁寧復故林,舊來行處好追尋。月明巫峽堪憐静,路隔巴山莫厭深。栖宿免勞青嶂夢,躋攀應愜白雲心。三秋果熟松梢健,任爾高枝徹曉吟。"後入蜀,過嶓冢祠前,漢江之陰有群猿聯臂而下,飲清流,有巨猿舍群而前,從者指之曰:此"野賓"也。呼之猶應,哀吟而去。又作一篇云:"嶓冢祠邊漢水濱,山猿連臂下嶙峋。漸來仔細窺行客,認得依稀是野賓。月宿應勞羈旅夢,松栖那復稻粱身。數聲腸斷和雲叫,識得前年舊主人。"

(宋)阮閱:《詩話總龜》卷二七

王仲簡,潭州人。少修進士業,未諧隨計,性寬厚,敦孝弟。周顯德中,攝長沙縣丞,累任,甚能爲理,與潭州通判耿振相善。

(宋)阮閱:《詩話總龜》卷三三

梁意娘者,五代周時人也。乃儒家之女,年十五,能詩筆,而又體態輕盈。與李生爲兩姨之親,時節講問不疏。一日,意娘因父母赴南鄰吉席,輒與李生通焉。亦以平時屬意之久,迨此亦天作之合也。自後情愛相牽,形於顔色,爲家人所覺,遂至一年絶交。意娘密以詩柬傳音,又爲家人知之。一日,意娘之父母自相謂曰:"天地交而萬物生,人道交而功勛成;男女居家,人之大欲存焉。與其不義以絶恩愛,孰若因而妻之,以塞外議。若然,則非惟順天者存,亦以爲劉、范、朱、陳、秦、晉之盛事也,不亦可乎?"卒以爲姻,而成眷屬焉。人皆曰:"賢哉之父母也,美哉意娘詩筆之力也。"

(元)羅燁:《醉翁談録》己集卷一

藝祖微時《日》詩云:"欲出未出光辣撻,千山萬山如火發。須臾走向天上來,逐却殘星趕却月。"國史潤飾之云:"未離海嶠千山黑,纔到天心萬國明。"文氣卑弱不如元作;辭意慷慨,規模遠大,凛凛乎已有萬世帝王氣象也。

周勛初主編:《宋人軼事彙編》卷一

王師圍金陵,唐使徐鉉來朝,盛稱其主秋月之篇,天下誦傳之云云。太祖大笑曰:"寒士語爾,吾不道也。吾微時,自秦中歸,道華山下醉卧田間,覺而日出,有句云:'未離海底千山暗,纔到天中萬國明。'"鉉大驚,殿上稱壽。

(宋)祝穆:《古今事文類聚》前集卷二

陶穀《五代亂紀》載：黄巢遁免後，祝髮爲浮屠。有詩云："三十年前草上飛，鐵衣著盡著僧衣。天津橋上無人問，獨倚危欄看落暉。"近世王仲言亦信之，筆於《揮麈録》。殊不知此乃以元微之《智度師》詩，竄易磔裂，合二爲一，元集可考也。其一云："四十年前馬上飛，功名藏盡擁禪衣。石榴園下擒生處，獨自閑行獨自歸。"其二云："三陷思明三突圍，鐵衣抛盡納禪衣。天津橋上無人問，閑憑欄干望落暉。"

（宋）趙與時：《賓退録》卷四

世傳陶學士《風光好》詞，是奉使江南日所作。近見沈睿達集，有任杜娘傳，書其事甚詳，始知陶使吴越，非江南也。

（元）陸友仁：《硯北雜志》卷下

（陳）摶，字圖南，譙郡人。少有奇才經綸，《易·象》玄機，尤所精究。高論駭俗，少食寡思。舉進士不第，時戈革滿地，遂隱名，辟穀煉氣，撰《指玄篇》，同道風偃。僖宗召之，封"清虚處士"，居華山雲臺觀。每閉門獨卧，或兼旬不起。周世宗召入禁中，試之，扃户月餘，始啓，摶方熟寐齁鼾。覺即辭去，賦詩云："十年蹤迹走紅塵，回首青山入夢頻。紫陌縱榮争及睡，朱門雖貴不如貧。愁聞劍戟扶危主，悶聽笙歌聒醉人。携取舊書歸舊隱，野花啼鳥一般春。"還山後，因乘驢游華陰市，見郵傳甚急，問知宋祖登基，摶抵掌長笑曰："天下自此定矣！"至太宗徵赴，戴華陽巾，草屨垂縧，與萬乘分庭抗禮，賜號"希夷先生"。時居雲臺四十年，僅及百歲。帝贈詩云："曾向前朝出白雲，後來消息杳無聞。如今已肯隨徵召，總把三峰乞與君。"真宗復詔，不起，爲謝表，略曰："明時閑客，唐室書生。堯道昌而優容許由，漢世盛而善從商皓。况性同猿鶴，心若土灰，敗荷製服，脱籜裁冠，體有青毛，足無草屨，苟臨軒陛，貽笑聖朝。數行丹詔，徒教彩鳳銜來；一片野心，已被白雲留住。咏嘲風月之清，笑傲烟霞之表，遂性所樂，得意何言。"後鑿石室於蓮華峰下，一旦坐其中，羽化而去。有詩集，今傳。如洛陽潘閬逍遥、河南種放明逸、錢塘林逋君復、鉅鹿魏野仲先、青州李之才挺之、天水穆修伯長，皆從學先生，一流高士，俱有詩名。大節詳見之《宋史》云。

（元）辛文房：《唐才子傳》卷一〇

陳希夷題西峰云："爲愛西峰好，吟頭盡日昂，岩花紅作陣，溪水緑成行，幾夜礙新月，半江無夕陽。寄言嘉遯客，此處是仙鄉。"

（宋）阮閲：《詩話總龜》卷一六

陳希夷題華山云："半夜天香入岩谷，西風吹落嶺頭蓮。空愛掌痕侵碧漢，無人曾嘆巨靈仙。"

（宋）阮閲：《詩話總龜》卷一六

陳摶負經綸才，歷五季亂離，游行四方，志不遂，入武當山，後隱居華山。自晉漢以後，每聞一朝革命，嚬顣數日，人有問者，瞪目不答。一日，方乘驢游華陰市，聞太祖登極，驚喜大笑，問其故？又笑曰："天下自此定矣。"太祖方潛龍時，摶嘗見天日之表，知太平之有自矣。遁迹之初，有詩云："十年蹤迹走紅塵，回首青山入夢頻。紫閣縱榮争及睡，朱門雖貴不如貧。愁聞劍戟扶危主，悶見笙歌聒醉人。携取舊書歸舊隱，野花啼鳥一般春。"豈淺人也哉！

（宋）阮閲：《詩話總龜後集》卷一九

葛敏修《南華竹軒絶句》："獨拳一手支頤卧，偷眼看雲生未生。"蓋用五代時陳况詩："醒眼看諸峰，白雲開又集。"然唐吴融亦有"深感下峰顔色好，晚雲纔散又當門"之句。

（宋）吴曾：《能改齋漫録》卷八

楊尚書昭儉退居華下，自題家園以見志，曰："池蓮憔悴無顔色，園竹低垂減翠陰。園竹池蓮莫惆悵，相看恰似主人心。"

（宋）錢易：《南部新書》癸

邢州開元寺一僧院壁，有五代時隱士鍾離權草書詩二絶，筆勢遒逸，詩句亦佳，詩曰："得道真僧不易逢，幾時歸去願相從。自言住處連滄海，别是蓬萊第一重。"其二曰："莫厭追歡笑語頻，尋思離亂可傷神。閑來屈指從頭數，得見昇平有幾人。"後劉從廣知邢州，訪此寺，遂命刊刻此詩於石。

（宋）張師正：《倦游雜録》卷三

《石林》云：五代離亂，無一俊傑，而浮屠中，乃有雲門、臨濟、德山、趙州數十輩。前輩謂自佛入中國，散逸人才，豈其然乎。六一先生云：天下無事，時智謀雄偉非常之士，無所用其能，往往伏於山林，老死不出。故序秘演、惟儼之詩，曰：演狀貌雄偉，胸中浩然，儼退偃一室，而言天下事，聽之終日不厭。又皆馳騁文章，豈所謂逸才者歟。

（明）陶宗儀：《説郛》卷六〇《藏一話腴》

又，《感時》一首云："莫厭追歡買笑頻，沈思離亂可傷神。閑時屈指從頭數，得到清平能幾人。"此唐末五代時人所作，讀之殊愴然也。

（元）劉埙：《隱居通議》卷一〇

我宋盛時，首以文章著者，楊億、劉筠，學者宗之，號楊劉體。然其承襲晚唐五代之染習，以雕鐫偶儷爲工，又號曰"西崑體"。歐陽公惡之，嘉祐中知貢舉，思革宿弊，故文涉浮靡者，一皆黜落，獨取深醇渾厚之作。一時士論雖譁，而文體自是一變，漸復古雅。

（元）劉埙：《隱居通議》卷一三

楊億在兩禁，變文章之體，劉筠、錢惟演輩皆從而斆之，時號"楊劉"。三公以新詩更相屬和，極一時之麗。億乃編而叙之，題曰《西崑酬唱集》。當時佻薄者謂之"西崑體"。其它賦頌章奏，雖頗傷於雕摘，然五代以來蕪鄙之氣，由兹盡矣。陳從易者，頗好古，深擯億之文章，億亦陋之。

（宋）田況：《儒林公議》卷上

自退之以來，五代相承，天下不知所以爲文。祖宗之治，禮文法度，追迹漢唐，而文章之士楊劉而已。及公（指歐陽修）之文行於天下，乃復無愧於古。於乎，自孔子至今千數百年，文章廢而復興，惟得二人。

（宋）蘇轍：《欒城後集》卷二三

五代僧齊已，善於風雅。鄭谷任袁州，齊已一日携所爲詩往謁之，中有《早梅》云："前村深雪裏，昨夜數枝開。"谷笑曰："數枝非早也，未若一枝爲佳。"齊已躍然叩地設拜，稱爲"一字師"。

（宋）馬永易：《實賓録》卷五

五代劉象郎中，咏仙掌得名，時號"劉仙掌"。其詩曰："萬古亭亭倚碧霄，不成奇刻不成招。何如掬取蓮花水，灑向人間救旱苗。"

（宋）馬永易：《實賓録》卷五

寒爐烹雪。五代鄭愚《茶詩》："嫩芽香且靈，吾謂草中英。夜臼和烟擣，寒爐對雪烹。惟憂碧粉散，嘗見緑花生。"

（宋）佚名：《錦綉萬花谷》前集卷三五

五代時，鄭遨茶詩云："嫩芽香且靈，吾謂草中英。夜臼和烟搗，寒爐對雪烹，維憂碧粉散，常見緑花生。最是堪珍重，能令睡思清。"范文正公詩云："黄金碾畔緑塵飛，碧玉甌中翠濤起。"茶色以白爲貴，二公皆以碧緑言之，何邪？

（宋）阮閱：《詩話總龜後集》卷三〇

五代時，有張逸人嘗題崔氏酒壚云："武陵城裏崔家酒，地上應無天上有。雲游道士飲一鬥,醉卧白雲深洞口。”自是酤者愈衆。

(清)褚人獲:《堅瓠集》卷四

世謂投子六隻爲渾花,《五代史》載劉信一擲,遂成渾化,正謂投子也。化字亦有理,第世俗訛爲花字耳。

(宋)袁文:《甕牖閒評》卷六

徐仲雅《題合歡牡丹》云:“平分造化雙包去,拆破春風兩面開。”

(宋)阮閱:《詩話總龜》卷二一

五代末,濠梁人南楚材游陳潁間。潁守欲以女妻之,楚材已娶薛氏,以受潁守之恩,遣人歸取琴書之屬,似無還意。薛氏善書畫,能屬文,自對鑒,圖其形,並作詩寄之曰:“欲下丹青筆,先拈玉鑒端。已驚顔寂寞,漸覺鬢凋殘。泪眼描將易,愁腸寫出難。恐君渾忘却,時展畫圖看。”楚材見而慚焉,與之偕老。

(宋)阮閱:《詩話總龜》卷二六

今人不用“斷”字,唐人作斷音,五代時作入聲。

(宋)阮閱:《詩話總龜》卷二九

廬山道士體貌魁偉,飲酒啗肉,居九天使者廟。有雙鶴因風所飄,憩於廟庭,道士驚喜,因謂當赴上天,命令山童控而乘之。羽儀清弱,不勝其載,毛傷骨折而斃。翌日,馴養者知,訴於公府,處士陳沆嘲之曰:“啗肉先生欲上升,黄雲踏破紫雲崩。龍腰鶴背無多力,傳語麻姑借大鵬。”

(宋)阮閱:《詩話總龜》卷三六

《五代吟》:“自從唐季墜皇綱,天下生靈被擾攘。社稷安危憑卒伍,朝廷輕重繫藩方。深冬寒木固不脱,未旦小星猶有光。五十三年更八姓,始知掃蕩待真王。"

(宋)阮閱:《詩話總龜後集》卷一七

唐初歌詞多是五言,或七言詩,初無長短句。自中葉以後至五代,漸變成長短句,及本朝則盡爲此體。

(宋)阮閱:《詩話總龜後集》卷三三

蜀王建僭位,游龍華禪院,召僧貫休口誦近詩。時諸王外戚皆侍坐,休欲諷之,因誦《公子行》曰:"錦衣鮮華手擎鶻,閑行氣象多輕忽。稼穡艱難總不知,五帝三皇是何物。"

(宋)祝穆:《古今事文類聚》後集卷九

(張)蠙,字象文,清河人也。乾寧二年,趙觀文榜進士及第。釋褐爲校書郎,調櫟陽尉,遷犀浦令。僞蜀王建開國,拜膳部員外郎,後爲金堂令。王衍與徐后游大慈寺,見壁間題:"墻頭細雨垂纖草,水面回風聚落花。"愛賞久之,問誰作,左右以蠙對,因給箋令以詩進,蠙上二篇,衍尤重待。將召掌制誥,宋光嗣以其輕傲駙馬,宜疏之,止賜白金千兩而已。蠙生而秀穎,幼能爲詩,《登單于臺》有"白日地中出,黄河天上來"句,由是知名。初以家貧累下第,留滯長安,賦詩云:"月裏路從何處上,江邊身合幾時歸。十年九陌寒風夜,夢掃蘆花絮客衣。"主司知爲非濫成名。餘詩皆佳,各有意度,過人遠矣。詩集二卷,今傳。

(元)辛文房:《唐才子傳》卷一〇

前蜀王衍降後唐,王承旨作詩云:"蜀朝昏主出降時,銜璧牽羊倒繫旗。二十萬人齊拱手,更無一個是男兒。"其後花蕊夫人記孟昶之亡,作詩云:"君王城上豎降旗,妾在深宫那得知。二十萬人齊解甲,寧無一個是男兒。”陳無已詩話載之。乃知沿襲前作。

（宋）吴曾：《能改齋漫録》卷八

王衍伶官家樂侍燕，小池水澄天見，家樂應製云：“一段聖琉璃。”

（宋）陶穀：《清異録》卷上

蜀王衍召嘉王宗壽飲宣華苑，命宮人李玉簫歌衍所撰宮詞云：“輝輝赫赫浮五雲，宣華池上月華春。月華如水映宮殿，有酒不醉真癡人。”五代猶有此風，今亡矣。

（宋）王灼：《碧雞漫志》卷一

《外史檮杌》云：“王衍泛舟巡閬中，舟子皆衣錦綉，自製水調銀漢曲。”此水調中制銀漢曲也。

（宋）王灼：《碧雞漫志》卷四

僞蜀孫光憲《何滿子》一章云：“冠劍不隨君去，江河還共恩深。”似爲孟才人發。祜又有《宮詞》云：“故國三千里，深宮二十年。一聲何滿子，雙泪落君前。”其詳不可得而聞也。

（宋）王灼：《碧雞漫志》卷四

王師下蜀時，護送孟昶血屬輜重之衆，百里不絶，至京師猶然。詩人李度作平蜀詩，略曰：“全家離錦水，五月下瞿塘。綉服青蛾女，雕鞍白面郎。纍纍輜重遠，杳杳路岐長。”

（宋）吴曾：《能改齋漫録》卷一三

僞蜀主孟昶，徐匡璋納女於昶，拜貴妃，别號花蕊夫人。意花不足擬其色，似花蕊翾輕也，又升號慧妃，以號如其性也。王師下蜀，太祖聞其名，命别護送，途中作詞自解云：“初離蜀道心將碎，離恨綿綿。

春日如年,馬上時時聞杜鵑。三千宫女皆花貌,妾最嬋娟。此去朝天,只恐君王寵愛偏。”陳無己以夫人姓費,誤也。

(宋)吴曾:《能改齋詞話》卷一《花蕊夫人詞》

舊説,唐朝宫中,常於學士取眠兒歌,僞蜀學士作桃符,孟昶學士辛寅遜題桃符云:“新年納餘慶,佳節號長春”是也。

(宋)江少虞:《事實類苑》卷二九

僞蜀時,孫光憲、毛熙震、李珣有《後庭花曲》,皆賦後主故事,不著宫調,兩段各四句,似令也。今曲在,兩段各六句,亦令也。

(宋)王灼:《碧雞漫志》卷五

蜀人又謂糊窗曰“泥窗”,花蕊夫人宫詞云:“紅錦泥窗繞四廊。”非曾游蜀,亦所不解。

(宋)陸游:《老學庵筆記》卷八

蜀尚書侯繼圖,本儒士,一日秋風四起,樓上倚欄,有大桐葉飛墜,上有詩云:“拭翠斂雙蛾爲鬱,心中事桐葉下庭。除書我相思字侯,貯小帖凡五六年。”方卜任氏爲婚,嘗諷此事,任曰:“此是妾書桐葉之詩,争得在君處?”侯以今書校之,葉上無異。

(宋)祝穆:《古今事文類聚》後集卷一三

孟蜀時,秦州節度使王承儉築城,獲瓦棺中有石刻曰:“隋渭州刺史張崇妻王氏銘文。”云:“深深葬玉,鬱鬱埋香。”

(宋)祝穆:《古今事文類聚》後集卷一五

(韋)莊,字端己,京兆杜陵人也。少孤貧力學,才敏過人。莊應舉時,正黄巢犯闕,兵火交作,遂著《秦婦吟》,有云:“内庫燒爲錦綉灰,天街踏盡却重回。”亂定,公卿多訝之,號爲“秦婦吟秀才”。乾寧元年,蘇檢榜進士。釋褐校書郎。李詢宣諭西川,舉莊爲判官。後王建辟爲掌書記。尋徵起居郎,建表留之。及建開僞蜀,莊托在腹心,首預謀畫,其郊廟之禮,册書赦令,皆出莊手。以功臣授吏部侍郎、同平章事。莊早嘗寇亂,間關頓躓,携家來越中,弟妹散居諸郡。江西、湖南,所在曾游,舉目有山河之異。故於流離漂泛,寓目緣情,子期懷舊之辭,王粲傷時之製,或離群軫慮,或反袂興悲,四愁九怨之文,一咏一觴之作,俱能感動人也。莊自來成都,尋得杜少陵所居浣花溪故址,雖蕪没已久,而柱砥猶存,遂誅茅重作草堂而居焉。性儉,秤薪而爨,數米而飲,達人鄙之。弟藹,撰莊詩爲《浣花集》六卷,及莊嘗選杜甫、王維等五十二人詩爲《又玄集》,以續姚合之《極玄》,今並傳世。

(元)辛文房:《唐才子傳》卷一〇

(貫)休,字德隱,婺州蘭溪人,俗姓姜氏。風騷之外,尤精筆札。荆州成中令問以書法,休勃然曰:“此事須登壇可授,安得草草而言。”中令銜之,乃遞入黔中,因爲《病鶴》詩以見志云:“見説氣清邪不入,不知爾病自何來。”初,昭宗以武肅錢鏐平董昌功,拜鎮東軍節度使,自稱吴越王。休時居靈隱,往投詩賀,中聯云:“滿堂花醉三千客,一劍霜寒十四州。”武肅大喜,然僭侈之心始張,遣諭令改爲“四十州”,乃可相見。休性躁急,答曰:“州亦難添,詩亦難改。余孤雲野鶴,何天不可飛!”即日裹衣鉢,拂袖而去。至蜀,以詩投孟知祥云:“一瓶一鉢垂垂老,萬水千山特特來。”知祥久慕,至是非常尊禮之。及王建僭位,一日游龍華寺,召休坐,令口誦近詩,時諸王貴戚皆侍,休意在箴戒,因讀《公子行》曰:“錦衣鮮華手擎鶻,閑行氣貌多陵忽。稼穡艱難總不知,五帝三皇是何物。”建小恢,然敬事不少怠也。賜號“禪月大師”。後順寂,敕塔葬丈人山青城峰下。有集三十卷,今傳。休一條直氣,海内無雙,意度高疏,學問叢脞,天賦敏速之才,筆吐猛鋭之氣,樂府古律,當時所宗。雖尚崛奇,每得神助,餘人走下風者多矣。昔謂龍象蹴踏,非驢所堪,果僧中之一豪也。後少其比者,前以方支道林,不過矣。

(元)辛文房:《唐才子傳》卷一〇

(盧)延讓,字子善,范陽人也。有卓絶之才。光化三年裴格榜進士。朗陵雷滿薦辟之,滿敗,歸僞蜀,授水部員外郎,累遷給事中,卒官刑部侍郎。延讓師許下薛尚書爲詩,詞意入僻,不競纖巧,且多健語,下士大笑之。初,吴融爲侍御史,出官峽中,時延讓布衣,薄游荆渚,貧無卷軸,未遑贄謁。會融弟得延讓詩百餘篇,融覽其警聯,如《宿東林》云:"兩三條電欲爲雨,七八個星猶在天。"《旅舍言懷》云:"名紙毛生五門下,家僮骨立六街中。"《贈元上人》云:"高僧解語牙無水,老鶴能飛骨有風。"《蜀道》云:"雲間鬧鐸騾馱去,雪裏殘骸虎拽來。"又云"樹上諏諮批頰鳥,窗間逼駁扣頭蟲"等。大驚曰:"此去人遠絶,自無蹈襲,非尋常耳。此子後必垂名。余昔在翰林召對,上曾舉其'臂鷹健卒横氈帽,騎馬佳人卷畫衫'一聯,雖淺近,然自成一體名家,今則信然矣。"遂厚禮遇,贈給甚多。融雪中寄詩云:"永日應無食,終宵必有詩。"後奪科第。多融之力也。今詩一卷,傳世。

(元)辛文房:《唐才子傳》卷一〇

嶠,字延峰,隴西人,宰相僧孺之後。博學有文,以歌詩著名。乾符五年孫偓榜第四人進士,仕歷拾遺、補闕、尚書郎。王建鎮西川,辟爲判官。及僞蜀開國,拜給事中,卒。有集,本三十卷,自序云:"竊慕李長吉所爲歌詩,輒效之。"今傳於世。

(元)辛文房:《唐才子傳》卷九

僞蜀歐陽炯嘗應命作宫詞,淫靡甚於韓偓。江南李煜時,近臣私以艷薄之詞聞於王聽,蓋將亡之兆也。君臣之間,其禮先亡矣。

(宋)田況:《儒林公議》卷下

夢吞金龜。五代劉贊文思遲,乃禱乾象,乞文才。一夕夢吞小金龜,自後大有文思。孟氏朝爲學士,有《玉堂集》。一日吐金龜投水中,不久卒。

(宋)佚名:《錦綉萬花谷》前集卷二〇

僞蜀少主,季年游豫無度。時徐貴妃姊妹皆有文辭,善應制各賦詩,留題丈人觀。及晨登上清宫,遣内人悉衣羽服、黄羅裙、帔畫雲鶴、金逍遥冠,前後妓從,動簫韶奏《甘州曲》,蓋王少主意在秦庭也。登山將半,少主甚悦,命止樂,自製詞云:"畫羅衫子畫羅裙,能結束,稱腰身,柳眉桃臉不勝春。薄媚足精神,可惜許,流落在風塵。"明年,魏王繼岌平蜀,少主入洛後,内人果半落民間。昔隋煬帝幸江都,宫女多不得從,泣留帝,願擇將征遼,帝意不回,乃題詩賜宫妓曰:"我夢江南好,征遼亦偶然。但存花貌在,相别只今年。"帝果不還。夫七情未見,藴之在心,曰志志有所之,然後發乎言。故詩之作,悉精神主之,有開必先禍福,隱顯誠不誣矣。二主荒淫昏亂,爲日久矣,不祥之句,豈偶然哉。

(宋)佚名:《分門古今類事》卷一三

陳甲,字元父,仙井仁壽人,爲成都守李西美璆館客,舍於治事堂東偏之雙竹齋。紹興二十一年四月,西美浣花回,得疾。旬日間,甲已寢,聞堂上婦人語笑聲,即起,映門窺觀。有女子十餘,皆韶艾好容色,而衣服結束頗與世俗異,或坐或立,或步庭中。甲猶疑其爲帥家人,以主人翁病輒出,但怪其多也。頃之,一人曰:"中夜無以爲樂,盍賦詩乎?"即口占曰:"晚雨廉纖梅子黄,晚雲卷雨月侵廊。樹陰把酒不成飲,識著無情更斷腸。"一人應聲答之曰:"舊時衣服盡雲霞,不到迎仙不是家。今日樓台渾不識,衹因古木記宣華。"餘人方綴思。甲味其詩語,不類人,方悟爲鬼物,忽寂無所見。後以語蜀郡父老,皆云:"王氏有國時,嘗造宣華殿於摩訶池上,名見於《五代史》。孟氏因之。今郡堂乃其故址,賦詩之鬼,蓋宫妾云。"西美病遂不起。舊蜀郡日晡不擊鼓,擊之則聞婦人哭聲,數十爲群者。相傳孟氏嘗用晡時殺宫人,以鼓聲爲節,故鬼聞之輒哭。承宣使孫渥以鈐轄攝帥事,爲文祭之,命擊鼓如儀,哭亦止,後復罷云。甲以紹興三十年登乙科。

(宋)洪邁:《夷堅甲志》卷一七

《古今詩話》云:太祖采聽明遠,每邊事纖悉必知。有使者自蜀還,上問劍外有何事?使者曰:"但聞成都滿城誦朱山長苦熱詩曰:'煩暑鬱蒸無避處,凉風清冷幾時來?'"上曰:"蜀民望王師也。"又考勾臺符岷山異事云:梓潼山人李堯夫,吟咏尤尚譏刺,謁蜀相李昊,昊戲曰:"何名之背時耶?"堯夫厲色對曰:"甘作堯時夫,不樂蜀中相。"因是堯夫爲昊所擯,知蜀主國柄隳紊,生民肆擾,吟苦熱詩云:"炎暑鬱蒸無處避,凉風消息幾時來。"以是知此詩,乃堯夫非朱山長也。"清冷"二字,不逮消息遠甚。

(清)潘永因:《宋稗類鈔》卷五

孟蜀辛酉歲,有隱迹於陶沙者,文谷禮遇之,嘗咏詩曰:"九重天子人中貴,五等諸侯閫外尊。那似布衣雲外客,不將名字挂乾坤。"

(明)陳耀文:《天中記》卷四〇

王蜀僞相周庠,初在邛南幕中,留司府事,臨邛縣失火人黄崇嘏才下獄,貢詩一章。周遂召見,崇嘏自稱鄉貢進士,年三十許,祇對詳敏,立命釋之,薦攝府司户參軍。胥吏畏服,周既重其聰慧,又美其風采,欲以女妻之。崇嘏乃就封狀謝,仍貢詩一首,落句有曰:"幕府若容爲坦腹,願天速變作男兒。"周覽詩驚愕,遂召詰問,乃黄使君之女,亢未從人,周益仰其貞潔亢。旋乞罷歸臨邛,後不知所終。

(明)曹學佺:《蜀中廣記》卷一〇二

五代眉山楊義,方舉進士,仕蜀。長於詩,自以才過羅隱,嘗有春詩云:"海邊紅日半離水,天外暖風輕到花。"

(明)曹學佺:《蜀中廣記》卷一〇二

孟蜀廣政元年上巳，昶游大慈寺，宴從官於玉溪院，賦詩。十二年，游浣花溪，御龍舟，觀水嬉，珠翠綺羅，名花異卉，羅列十里，人望之如神仙之境。昶曰："曲江金殿鎖千門，迨未及此。"兵部尚書王廷珪賦詩："十字水中分島嶼，數重花外見樓臺。"昶稱善之。

(明)曹學佺：《蜀中廣記》卷一〇二

毛文錫、鹿虔扆、歐陽炯、韓琮、閻選，皆蜀人，事孟後主，有五鬼之號。俱工小詞，並見《花間集》。楊用修云："此集久不傳，正德初，予得之於昭覺寺。"寺乃孟氏宣華宮故址也，後傳刻於南方。

(明)曹學佺：《蜀中廣記》卷一〇四

僞蜀嘉王宗壽，每諫諍，衍不樂，燕會，衍命宫人李玉簫歌其所撰宫詞，送宗壽酒。宗壽懼禍乃飲，佞臣潘任迎曰："嘉王聞玉簫歌即飲，請以玉簫賜之。"衍曰："王必不納。"其歌詞曰："輝輝赫赫浮五雲，宣華池上月華新。月華如水浸宫殿，有酒不醉真痴人。"

(明)曹學佺：《蜀中廣記》卷一〇二

乾德五年重陽，王衍宴群臣於宣華苑，夜分未罷。衍自唱韓琮《柳枝詞》曰："梁苑隋堤事已空，萬條猶舞舊春風。何須思想千年事，誰見楊花入漢宫。"内侍朱光溥咏胡曾詩曰："吴王恃霸弃雄才，貪向姑蘇醉緑醅。不覺錢塘江月上，一宵西送越兵來。"衍聞之不樂，於是罷宴。

(明)曹學佺：《蜀中廣記》卷一〇二

僞蜀丁元和詩："九重城闕人中貴，五等諸侯閫外尊。争似布衣雲水客，不將名利挂乾坤。"

(明)曹學佺：《蜀中廣記》卷一〇二

前蜀楊勛好道術，後主以其妖怪，戮之西市。臨刑有詩，具言後主失國,曰:“聖主何曾識仲都,可憐社稷在須臾。市西便自神仙窟,何必乘槎泛五湖。”

(明)曹學佺:《蜀中廣記》卷一〇二

永平末,劉知俊奔蜀,王建雖加寵待,然心疑之,常曰:“劉知俊非能駕馭者也。”有嫉之者作謡曰:“黑牛無系絆,棕繩一朝斷。”以知俊丑生而黑,建諸子皆以宗承爲名也,竟致猜疑而殺之。

(明)曹學佺:《蜀中廣記》卷一〇二

古人詩句,不知其用意用事,妄改一字便不佳。孟蜀牛嶠《楊柳枝詞》:“吴王宫裏色偏深,一簇烟條萬縷金。不分錢塘蘇小小,引郎松下結同心。”按古樂府小小歌有云:“妾乘油壁車,郎乘青驄馬,何處結同心,西陵松柏下。”牛詩因咏柳而貶松,唐人所謂尊題格也。後人改松下作枝下,語意索然矣。

(明)曹學佺:《蜀中廣記》卷一〇二

《古今詞話》云:王蜀時,有王州守門下客柳梢青,曉星明滅,隴頭殘月一詞,蓋贈所遇紅梅仙子作也。楊用修以爲五代鬼仙所作,非太白長吉之流,不能及此,或未之考耶。《紅梅仙詩》在巴州廢義陽縣,乃州守王鶚之子所遇。又云在崇慶州,有紅梅仙閣。崇慶,舊名蜀州,必沿蜀字之誤耳。

(明)曹學佺:《蜀中廣記》卷一〇四

張蠙,清河人。登乾寧進士,爲犀浦令。王建開國,拜登膳部員外郎,後爲金堂令。王衍與徐后游大慈寺,見壁間書“墻頭細雨垂纖草,水面風回聚落花”。愛之。知爲蠙句,給札令以詩進,蠙進二百首,衍頗重之。其登《單于臺詩》曰:“白日地中出,黄河天上來。”尤爲世所稱。

(宋)阮閲:《詩話總龜》卷一〇

東坡言《如夢曲》本唐莊宗制，一名《憶仙姿》，嫌其不雅，改云《如夢》。莊宗作此詞，卒章云："如夢，如夢，和泪出門相送。"取以爲名。

（清）王士禛、鄭方坤：《五代詩話》卷一

晚唐五代小令，填詞用韻，多詭譎不成文者。聊爲之可耳，不足多法。《尊前集》載唐莊宗《歌頭》一首，爲字一百三十六，此長調之祖，然不能佳。

（清）王士禛、鄭方坤：《五代詩話》卷一

慶曆中，李淑罷翰林學士，知鄭州，會奉祠柴陵，作詩三絶，其恭帝詩最涉嫌忌，曰："弄楯牽車晚鼓催，不知門外倒戈回。荒墳斷壠逾三尺，猶認房陵半仗來。"既爲讎家陳述古抉其事以聞，褫一職。

（清）王士禛、鄭方坤：《五代詩話》卷一

李昪竹詩曰："栖鳳枝梢猶軟弱，化龍形狀已依稀。"唐宣宗瀑布詩曰："溪澗豈能留得住，終歸大海作波濤。"王霸之意自見。

（清）王士禛、鄭方坤：《五代詩話》卷一

（南唐元宗）上友愛之分，備極天倫，登位之初，與太弟遂、江王遏、齊王達，出處游宴，未嘗相舍，軍國之政，同爲參決。保大五年元日大雪，上詔太弟以下登樓展宴，咸命賦詩，令中使就私第賜李建勛，建勛方會中書舍人徐鉉、勤政殿學士張義方於溪亭，即時和進。元宗乃召建勛、鉉、義方同入，夜艾方散。侍臣皆有興咏，徐鉉爲前後序。太弟合爲一圖，集名公圖繪，曲盡一時之妙。御容，高冲古主之；太弟以下侍臣、法部絲竹，周文矩主之；樓閣宫殿，朱澄主之；雪竹寒林，董元主之；池沼禽魚，徐崇嗣主之。圖成，無非絶筆。侍宴詩讒記數篇而已，御詩云："珠簾高卷莫輕遮，往往相逢隔歲華，春氣昨朝飄律管，東風今日散梅花。素姿好把芳姿比，落勢還同舞勢斜。座有賓朋樽有酒，可憐清味屬儂家。"建勛詩云："紛紛忽降當元會，著物輕明似月華。狂灑玉墀初放仗,密粘宫樹未妨花,回封雙闕千尋峭,冷壓南山萬仞斜。寧意晚來中使出,御題宣賜老僧家。"鉉詩曰:"一宿東林正氣加,便隨仙仗放春華。散飄白獸惟分影,輕綴青旗始見花。落砌更依宫舞轉,入樓偏向御衣斜。嚴徐幸待金門詔,願布堯言賀萬家。"義方詩曰:"恰當歲月紛紛落,天贊瑶華助物華。自古最先標瑞牒,有誰輕擬比楊花。密飄粉署光同冷,静壓庭枝勢欲斜。豈但小臣添興咏,狂歌醉舞一家家。"

(清)王士禛、鄭方坤:《五代詩話》卷一

李璟游後湖,賞蓮花,作詩曰:"蓼花蘸水火不滅,水鳥驚魚銀梭投。滿目荷花千萬頃,紅碧相雜敷清流。孫武已斬吴宫女,琉璃池上美人頭。"識者謂雖佳句,然宫中有美人頭,非吉也。

(清)王士禛、鄭方坤:《五代詩話》卷一

李璟有詞云:"手卷真珠上玉鈎。"後人改作珠簾,此非知音者。

(清)王士禛、鄭方坤:《五代詩話》卷一

《花間》猶傷促碎,至南唐李王父子而妙矣。"'風乍起,吹皺一池春水',干卿何事?"曰:"未若陛下'小樓吹徹玉笙寒'。"此語不可聞鄰國,然固是詞林本色佳話。"雲破月來花弄影"郎中,"紅杏枝頭春意鬧"尚書,意似祖述之,而句稍不逮,然亦佳。

(清)王士禛、鄭方坤:《五代詩話》卷一

周文矩畫《重屏圖》,江南李中主兄弟四人圍棋,紙上着色,人皆如生。前有宣和御書白居易《偶眠》一章云:"放杯書案上,枕臂火爐前。老愛尋思事,慵多取次眠。妻教卸烏帽,婢爲展青氈。便是屏風樣,何勞畫古賢。"

(清)王士禛、鄭方坤:《五代詩話》卷一

李後主宫中未嘗點燭,每至夜則懸大寶珠,光照一室,如日中。嘗賦《玉樓春》宫詞曰:"晚妝初了明肌雪,春殿嫦娥魚貫列。笙簫吹斷水雲閑,重按《霓裳》歌遍徹。臨春誰更飄香屑,醉拍闌干情未切。歸時休照燭花紅,待放馬蹄清夜月。"王阮亭《南唐宫詞》云:"花下投籤漏滴壺,秦淮宫殿浸虚無。從兹明月無顔色,御閣新懸照夜珠。"極能道其遺事。

(清)王士禛、鄭方坤:《五代詩話》卷一

後主於黄羅扇上書一詩,賜宫人慶奴,云:"風情漸老見春羞,到處銷魂感舊游。多謝長條似相識,强垂烟態拂人頭。"宋時猶傳玩貴家,今亡矣。

(清)王士禛、鄭方坤:《五代詩話》卷一

《荆楚歲時記》:河鼓謂之牽牛,黄姑即河鼓也。古詩云:"黄姑織女時相見。"李後主詩云:"迢迢牽牛星,渺在河之陽。粲粲黄姑女,耿耿遥相望。"則又以黄姑爲織女,不知何據。

(清)王士禛、鄭方坤:《五代詩話》卷一

頃見江南後主金錯書題藏真書《千字》曰:"戴叔倫詩云:'詭形怪狀翻合宜。'誠哉是言。"今見藏真自序,乃有叔倫全章,此卷真迹豈亦江南集賢所蓄書乎?

(清)王士禛、鄭方坤:《五代詩話》卷一

宋南渡,秘書省名賢墨迹,五代十四軸:南唐李後主書誦經回向詞一,詩詞一,招賢詩一,楊凝式記崔處士一,徐鉉送净公上人東游詩一,南唐人序洛詩稿一。

(清)王士禛、鄭方坤:《五代詩話》卷一

南唐後主在圍城中作長短句,未就而城破,詞云:"櫻桃落盡春歸去,蝶翻金粉雙飛。子規啼月小樓西。曲闌珠箔,惆悵掩金泥。門巷寂寥人去後,望殘烟草低迷。”藝祖云:李煜若以作詩工夫治國事,豈爲吾擒也。

(清)王士禛、鄭方坤:《五代詩話》卷一

予觀《太祖實録》及《三朝正史》云:開寶七年十月,詔曹彬、潘美等帥師伐江南。八年十一月拔昇州。今後主詞乃咏春景,决非十一月城破時作。然王師圍金陵凡一年,後主於圍城中春間作此詞,則不可知。

(清)王士禛、鄭方坤:《五代詩話》卷一

蔡絛作《西清詩話》,載江南李後主《臨江仙》,云圍城中書,其尾不全。以予考之,殆不然。予家藏李後主《七佛戒經》,又雜書二本,皆作梵葉,中有《臨江仙》,塗注數字,未嘗不全。其後則書太白詞數章,是平日學書也。本江南中書舍人王克正家物,歸陳魏之孫世功君懋。予陳氏婿也。其詩云:“櫻桃落盡春歸去,蝶翻輕粉雙飛。子規啼月小樓西。玉鈎羅幕,惆悵暮烟垂。別巷寂寥人散後,望殘烟草低迷。爐香閑裊鳳凰兒。空持羅帶,回首恨依依。”後有蘇子由題云:淒涼怨慕,真亡國之音也。

(清)王士禛、鄭方坤:《五代詩話》卷一

項羽夜聞漢軍四面皆楚歌,泣數行下,歌曰:“力拔山兮氣蓋世,時不利兮騅不逝。騅不逝兮可奈何?虞兮虞兮奈若何?”《東坡志林》載李後主去國之詞云:“四十年來家國,八千里地山河,幾曾慣干戈?一旦歸爲臣虜,沈腰潘鬢消磨。最是倉黄辭廟日,教坊猶奏別離歌,揮泪對宫娥。”東坡謂後主當慟哭於九廟下,謝其民而後行,却乃揮泪宫娥,聽教坊離曲哉!歌辭淒愴,同歸一揆。然項王悲歌慷慨,猶有喑嗚叱咤之氣,後主直是養成兒女子態耳。

(清)王士禛、鄭方坤:《五代詩話》卷一

詞家多翻詩意入詞,雖名流不免,吾嘗愛李後主《一斛珠》末句云："綉床斜憑嬌無那；爛嚼紅絨，笑向檀郎唾。"楊孟載春綉絶句云："閒情正在停針處，笑嚼紅絨唾北窗。"此却翻詞入詩，彌子瑕竟效顰於南子。

(清)王士禛、鄭方坤：《五代詩話》卷一

唐詞"眼重眉褪不勝春"、李後主詞"多少泪，斷臉復横頤"、元樂府"眼餘眉剩"皆祖唐詞之語。

(清)王士禛、鄭方坤：《五代詩話》卷一

粉箋書字不經久，近年作者殊卤莽不精，不一二年，字畫已漫漶矣。康伯可謂向薌林出李重光金花箋手書長短句，歲久剥落，其詞不全。亦一證也。古人於藝必精到，尚復若此，矧卤莽者乎！

(清)王士禛、鄭方坤：《五代詩話》卷一

杜詩"丹霞一縷輕"，李後主《漁父詞》"璽縷一鈎輕"，胡少汲詩"隋堤烟雨一帆輕"，至若騷人，於漁父則曰"一蓑烟雨"，於農夫則曰"一犁春雨"，於舟子則曰"一篙春水"，皆曲盡形容之妙也。

(清)王士禛、鄭方坤：《五代詩話》卷一

李煜暮歲乘醉書於牖曰："萬事到頭歸一死，醉鄉葬地有高原。"醒而見之，大悔，不久謝世。

(清)王士禛、鄭方坤：《五代詩話》卷一

南唐李後主歸朝後，每懷江國，且念嬪妾散落，鬱鬱不自聊，常作長短句云："簾外雨潺潺，春意闌珊，羅衣不耐五更寒。夢裏不知身是客，一晌貪歡。獨自莫憑欄，無限關山，別時容易見時難。流水落花春去也，天上人間。"含思凄惋，未幾下世。

(清)王士禛、鄭方坤：《五代詩話》卷一

顔氏家訓言:"别易會難,古人所重。江南餞送,下泣言離。北間風俗,不屑此事,岐路言離,歡笑分手。"李後主蓋用此語耳,故長短句云:"别時容易見時難。"

(清)王士禛、鄭方坤:《五代詩話》卷一

"歸來休放燭花紅,待踏馬蹄清夜月。"致語也。"問君能有幾多愁,却似一江春水向東流。"情語也。後主直是詞手。

(清)王士禛、鄭方坤:《五代詩話》卷一

王斿,平甫之子,嘗云:今語例襲陳言,但能轉移耳。世稱秦詞"愁如海"爲新奇,不知李國主已云"問君能有幾多愁,恰似一江春水向東流",但秦以江爲海耳。

(清)王士禛、鄭方坤:《五代詩話》卷一

紫竹愛綴詞,一日手李後主集,其父玄伯問曰:後主詞中,何處最佳?答曰:"問君能有幾多愁,恰似一江春水向東流。"

(清)王士禛、鄭方坤:《五代詩話》卷一

荆公問山谷云:作小詞曾看李後主詞否?云曾看。荆公云:何處最好?山谷以"一江春水向東流"爲對。荆公云:未若"細雨夢回雞塞遠,小樓吹徹玉笙寒"。又"細雨濕流光"最妙。

(清)王士禛、鄭方坤:《五代詩話》卷一

亡國之音,信然不止《玉樹後庭花》也。南唐後主精於音律,凡度曲莫非奇絶,開寶中,國將除,自撰《念家山》一曲,既而廣《念家山破》,其讖可知也。宫中民間日夜奏之,未及兩月,傳滿江南。

(清)王士禛、鄭方坤:《五代詩話》卷一

司馬君問劉禪:頗思蜀否?應:此間樂,不思蜀。及再問云云,曰:何乃似郤正語。禪驚視:誠如尊命,人笑禪騃,不知禪黠。"小樓昨夜又東風",歌聲未畢,牽機隨至,即善諛如降王長,亦不免,宋祖且然,何況司馬。禪蓋夙奉失箸家法,又漸染於申韓之書,故機警猝發若此。彼嗜驢肉、飲盡一石者,"伯仲之間見伊吕"矣。

(清)王士禛、鄭方坤:《五代詩話》卷一

李重光"深院静"小令一闋,升菴曰:詞名《搗練子》,即咏搗練也。復有"雲鬟亂"一篇,其詞亦同,衆刻無異。常見一舊本,則俱係《鷓鴣天》。二詞之前,各有半闋。其"雲鬟亂"一闋云:"節候雖佳景漸闌,吴綾已暖越羅寒。朱扉日暮隨風掩,一樹藤花獨自看。雲鬟亂,曉妝殘,帶恨眉兒遠岫攢。斜托香腮春笋嫩,爲誰和泪倚闌干。"其"深院静"一闋云:"塘水初澄似玉容,所思還在别離中。誰知九月初三夜,露似珍珠月似弓。深院静,小庭空,斷續寒砧斷續風。無奈夜長人不寐,數聲和月到簾櫳。"

(清)王士禛、鄭方坤:《五代詩話》卷一

南唐李後主《烏夜啼》一詞,最爲凄惋。詞曰:"無言獨上西樓,月如鈎。寂寞梧桐深院鎖清秋。剪不斷,理還亂,是離愁。别是一般滋味在心頭。"所謂亡國之音哀以思也。

(清)王士禛、鄭方坤:《五代詩話》卷一

鍾隱入汴後,"春花秋月"諸詞,與"此中日夕,只以眼泪洗面"一帖,同是千古情種,較長城公煞是可憐。

(清)王士禛、鄭方坤:《五代詩話》卷一

李煜在國時,自作祈雨文曰:"尚乖龍潤之祥。"

(宋)陶穀:《清異録》卷上

余嘗見内庫書《金樓子》,有李後主手題曰:"梁孝元謂王仲宣,昔在荆州,著書數十篇。荆州壞,盡焚其書。今在者一篇,知名之士咸重之。見虎一毛,不知其斑。後西魏破江陵,帝亦盡焚其書,曰:'文武之道,盡今夜矣。'何荆州壞,焚書二語先後一轍也。詩以慨之,曰:'牙籤萬軸裹紅綃,王粲書同付火燒。不是祖龍留面目,遺篇那得到今朝。'"書卷皆薛濤紙所抄,惟"今朝"字誤作"金朝"。徽廟惡之,以筆抹去。後書竟如讖入金也。

(宋)袁褧:《楓窗小牘》卷上

蔡絛作《西清詩話》載江南李後主《臨江仙》,云:"圍城中書,其尾不全。"以余考之,殆不然。余家藏李後主《七佛戒經》及雜書二本,皆作梵葉,中有《臨江仙》,塗注數字,未嘗不全。其後則書李太白詩數章,似乎日學書也。本江南中書舍人王克正家物,後歸陳魏公孫世功君懋,余陳氏婿也。其詞云:"櫻桃落盡春歸去,蝶翻輕粉雙飛。子規啼月小樓西。玉鈎羅幕,惆悵暮烟垂。别巷寂寥人散後,望殘烟草低迷。爐香閑裊鳳凰兒。空持羅帶,回首恨依依。"後有蘇子由題云:"凄涼怨慕,真亡國之聲也。"

(宋)陳鵠:《西塘集耆舊續聞》卷三

南唐宰相馮延巳有樂府一章,名《長命女》,云:"春日宴,綠酒一杯歌一遍,再拜陳三願。一願郎君千歲,二願妾身長健,三願如同梁上燕,歲歲長相見。"其後有以其詞意改爲《雨中花》云:"我有五重深深願。第一願且圖久遠,二願恰如雕梁雙燕,歲歲得長相見。三願薄情相顧戀,第四願永不分散,五願奴哥收因結果,做個大宅院。"味馮公之詞,典雅豐容,雖置在古樂府。可以無愧。一遭俗子竄易,不惟句意重複,而鄙惡甚矣。

(宋)吴曾:《能改齋漫録》卷一七

有士人家收江南李後主書一詞云,馮延巳撰詞云:"銅壺滴漏,初晝高閣。鷄鳴半空,催啓五門。金鏁猶垂,三殿簾櫳,階前御柳摇綠,仗下宫花散紅。鴛鴦數行曉日,鸞旗百尺春風,侍臣蹈舞重拜,聖壽南山永同。”

（宋）祝穆:《古今事文類聚》續集卷五

晚唐、五代間,士人作賦用事,亦有甚工者。如江文蔚《天窗賦》:“一竅初啓,如鑿開混沌之時;兩瓦欹飛,類化作鴛鴦之後。”又《土牛賦》:“飲渚俄臨,訝盟津之捧塞;度關儻許,疑函谷之丸封。”

（宋）沈括:《夢溪筆談》卷一五

陳喬、張佖之子,秋晚並游玄武湖。時群鷗游泛,佖子曰:“一軸内本瀟湘。”喬子俄顧卒吏云:“此白色水禽,可作脯否?”僉議云:“張佖子半莖鳳毛,陳喬男一堆牛屎。”喬子從是得“陳一堆”、“白鷗脯”之名。

（宋）陶穀:《清異録》卷上

韓中書俾舒雅作《鶴賦》,有曰:“眷彼軒郎,治兹松府。”

（宋）陶穀:《清異録》卷上

伶人王感化少聰敏,未嘗執卷,而多識故實,口諧捷急,滑稽無窮。會中主引李繼勛、嚴續二相游苑中,適見係牛於株枿上,令感化賦詩,應聲曰:“曾遭寧戚鞭敲角,幾被田單火燎身。獨向斜陽嚼枯草,近來問喘更無人。”因以譏二相也。又中主徙豫章,潯陽遇大風,中主不悦,命酒獨酌。指北岸山問舟人,云皖公山,愈不懌。感化獨前獻詩曰:“龍舟萬里駕長風,漢武潯陽事正同。珍重皖公山色好,影斜不落壽杯中。”中主大悦,賜束帛。

（宋）楊億:《楊文公談苑》卷三

太祖嘗諭旨江南,令遣使説嶺南歸順,後主令近臣數人作書,惟潘佑所作千餘言,詞理精當,雄富典麗,遂用之。江南莫不傳寫諷誦,中朝士人多藏其本,甚重之,真一時之名筆也。

(宋)楊億:《楊文公談苑》卷五

李後主於清微歌"樓上春寒水四面",學士刁衎起奏:"陛下未睹其大者遠者爾。"人疑其有規諷,訊之,云:"風乍起,吹皺一池春水。"又作紅羅亭子,四面栽紅梅花,作豔曲歌之。韓熙載和云:"桃李不須誇爛漫,已輸瞭風吹一半。"時淮南已歸周。

(宋)江休復:《江鄰幾雜志》

江南李後主嘗於黄羅扇上書詩,以賜宫人慶奴,云:"風情漸老見春羞,到處消魂感舊游。多謝長條似相識,强垂烟態拂人頭。"想見其風流也。扇至今傳在貴人家。

(宋)張邦基:《墨莊漫録》卷二

予嘗見南唐李侯撮襟,書宫人慶奴扇云:"風情漸老見春羞,到處銷魂感舊游。多謝長條似相識,强垂烟態拂人頭。"

(宋)邵博:《邵氏聞見後録》卷一七

畢景儒有李重光黄羅扇李自寫詩一首云:"風情漸老見春羞,到處銷魂感舊游。多謝長條似相識,强垂烟態拂人頭。"後細字書云"賜慶奴"。慶奴,似是宫人小字。詩似柳詩。

(宋)姚寬:《西溪叢語》卷下

南唐一詩僧賦中秋月詩云:"此夜一輪滿。"至來秋方得下句云:"清光何處無。"喜躍,半夜起撞鐘,城人盡驚。李後主擒而訊之,具道其事,得釋。

(宋)江休復:《江鄰幾雜志》

李建勛年八十,謁宋齊丘於洪州。題一絶於信果觀壁,云:"春來漲水流如活,曉□西山勢似行。玉洞主人經劫在,携竿步步就長生。”歸高安,無病而卒。

(宋)劉斧:《青瑣高議》補遺

江南鐘輻者,金陵之才生,恃少年有文,氣豪體傲。一老僧相之曰:“先輩壽則有矣,若及第則家亡,記之!”生大悖曰:“吾方掇高第以起家,何亡之有?”時樊若水女才質雙盛,愛輻之才而妻之。始燕爾,科詔遂下,時後周都洛,輻入洛應書,果中選於甲科第二。方得意,狂放不還,携一女僕曰青箱,所在疏縱。過華州之蒲城,其宰仍故人,亦醖籍之士,延留久之。一夕盛暑,追凉於縣樓,痛飲而寢,青箱侍之。是夕,夢其妻出一詩爲示,怨責頗深,詩曰:“楚水平如練,雙雙白鳥飛。金陵幾多地,一去不言歸。”夢中懷愧,亦戲答一詩,曰:“還吴東下過蒲城,樓上清風酒半醒。想得到家春已暮,海棠千樹欲凋零。”既寤,頗厭之,因理裝漸歸。將至采石渡,青箱心疼,數刻暴卒。生感悼無奈,匆匆槁葬於一新墳之側,急圖到家。至則門巷空闃,榛荆封蔀,妻亦亡已數月。訪親鄰,樊亡之夜,乃夢於縣樓之夕也。後數日,親友具舟携輻致奠於葬所,即青箱槁葬之側新墳,乃是不植他木,惟海棠數枝,方葉凋萼謝,正合詩中之句。因拊膺長慟曰:“信乎! 浮圖師‘及第家亡’之告。”因竟不仕,隱鍾山,著書守道,壽八十餘。江南諸書及小説皆無,惟潘祐集中有樊氏墓志,事與此稍同。

(宋)文瑩:《湘山野録》卷中

韓熙載畜妓樂數百人,俸入爲妓争奪以盡,至貧乏無以給。夕則敝衣屨,作瞽者,負獨弦琴,隨房歌鼓以丐飲食。東坡謝元長老衲裙詩云:“欲教乞食歌姬院,故與雲山舊衲衣。”用其事也。然予獨未達東坡之意。

(宋)邵博:《邵氏聞見後録》卷一八

金陵人謂中酒曰酒惡,則知李後主詩云:"酒惡時拈花蕊嗅。"用鄉人語也。

(宋)趙令畤:《侯鯖録》卷八

李後主作《昭惠后誄》云:"霓裳羽衣曲,經兹喪亂,世罕聞者。獲其舊譜,殘缺頗甚。暇日與后詳定,去彼淫繁,定其缺墜。"蓋唐末始不全。《蜀檮杌》稱:"三月上巳,王衍宴怡神亭,衍自執板唱《霓裳羽衣》《後庭花》《思越人曲》。"决非開元全章。《洞微志》稱:"五代時,齊州章丘北村任六郎,愛讀道書,好湯餅,得犯天麥毒疾,多唱異曲。八月望夜,待月私第,六郎執板大噪一曲。有水鳥野雀數百,集其舍屋傾聽。自適曰:'此即昔人霓裳羽衣者。'衆請於何得,笑而不答。"既得之邪疾,使此聲果傳,亦未足信。

(宋)王灼:《碧雞漫志》卷三

李後主落花詩云:"鶯狂應有限,蝶舞已無多。"未幾亡國。

(宋)陸游:《老學庵筆記》卷四

李後主號能詩,偶承先業,據有江南,亦僭稱帝,數十州之主也。集中多有病詩,五言律云:"風威侵病骨,雨氣咽愁腸。夜鼎惟煎藥,朝髭半染霜。"真所謂衰颯憔悴,豈"大風""横汾"之比乎?宜其亡也。或謂此乃已至太興之後,即不然矣。七言有云:"衰顔一病難牽復,曉殿君臨頗自羞。"又云:"冷笑秦皇經遠略,静憐姬滿苦時巡。"蓋君臨之時也。

(清)王士禛、鄭方坤:《五代詩話》卷一

李後主病中詩:"病身堅固道情深,宴室清香思自任。月照静居惟擣藥,門扃幽院只來禽。庸醫懶聽詞何取,小婢將行力未禁。賴問空門知氣味,不然煩惱萬塗侵。"此詩八句俱有味,然不似人主之作,只似貧士大夫詩也。

(清)王士禛、鄭方坤:《五代詩話》卷一

王衍五年,宴飲無度,衍自唱韓琮《柳枝詞》曰:"梁苑隋堤事已空,萬條猶舞舊春風。何須思想千年事,惟見楊花入漢宫。"内侍宋光溥咏胡詩曰:"吴王恃霸弃雄才,貪向姑蘇醉緑醅。不覺錢塘江上月,一宵西送越兵來。"衍怒,罷宴。

(清)王士禛、鄭方坤:《五代詩話》卷一

後主《宫詞》曰:"輝輝赤赤浮五雲,宣華池上月華新。月華如水浸宫殿,有酒不醉真癡人。"嘗宴近臣於宣華苑,命宫人李玉簫歌此詞,侑嘉王宗壽酒,音節抑揚,一座傾倒。嘉王懼禍,爲之盡觴。

(清)王士禛、鄭方坤:《五代詩話》卷一

南唐李後主煜,崇信浮屠,法刑政多弛。有司奏死刑,若遇其齋日,則於宫中佛前燃燈,以達旦爲驗,謂之命燈。未旦而滅,則論如律;不然,率貸死。富人賂宦官,竊續膏油,往往獲免。近世臨川曾景建極賦金陵百咏,有曰:"五詳三覆始施刑,明滅蘭膏豈足馮。可惜當年殺嚴續,無人爲益决囚鐙。"按續,字興宗,馮翊人。徙家廣陵,因父蔭仕南唐,爲禮部尚書、中書侍郎。以不附宋齊邱,爲元宗景所知,兩登相位,盡忠不貳。後以言不見用,求罷,拜鎮海軍節度使。屬疾還都,後主以其國戚,遣内夫人問之,歷陳群臣衺正,辭氣抗慨,不及其私。翌日卒,謚曰懿。續始終全美,未嘗被殺也。曾公大詩人,亦不免誤用事。

(元)劉壎:《隱居通議》卷一〇

南唐李後主之詞曰:櫻桃落盡春歸去,蝶翻輕粉雙飛。又曰:門巷寂寥人去後,望殘烟草萋迷。

(元)劉壎:《隱居通議》卷一一

江南李後主,嘗一日幸後湖開晏,賞荷花,忽作古詩云:"蓼梢蘸水火不滅,水鳥驚魚銀梭投。滿目荷花千萬頃,紅碧相雜敷清流。孫武已斬吴宫女,琉璃池上佳人頭。"當時識者咸謂吴宫中而有佳人頭,非吉兆也。是年王師吊伐,城將破,或夢丱角女子行空中,以巨籮籮物,散落如豆,着地皆人頭。問其故,曰此當死於難者,最後一人冠服墮地,云此徐舍人也。既寤,徐鍇已死圍城中。當圍城時,作長短句云:"櫻桃落盡春歸去,蝶翻金粉雙飛。子規啼月小樓西,曲瓊金箔,惆悵卷金泥,門巷寂寥人去後,望殘烟草凄迷。"章未就,而城破。及歸朝後,每懷江國,且念嬪妾散落,鬱鬱不自聊,嘗作長短句云:"簾外雨潺潺,春意將闌。羅衾不暖五更寒,夢裏不知身是客,一晌貪歡。獨自莫憑欄,無限江山,别時容易見時難。流水落花春去也,天上人間。"含思凄惋殆不勝情。又嘗乘醉大書諸牖曰:"萬古到頭歸一死,醉鄉葬地有高原。"醒而見之,大悔,未幾果下世。又"青鳥不傳雲外信,丁香空結雨中愁";又"鬢從近日添新白,菊是去年依舊黄";又"江南江北舊家鄉,三十年來夢一場"。皆意氣不滿,非久享富貴者,其兆先讖於言辭記云,亡國之音哀,以思其斯之謂歟。

(宋)佚名:《分門古今類事》卷一三

内庫書中《金樓子》,有李後主手題曰:"梁元帝謂王仲宣,昔在荆州著書數十篇,荆州壞,盡焚其書,今在者一篇,知名之士咸重之,見虎一毛,不知其斑。後西魏破江陵,帝亦盡焚其書,曰:'文武之道,盡今夜矣。'"何荆州焚書一語,前後一轍也。詩以吊之,曰:"牙籤萬軸裹紅綃,玉粲書詞付火燒,不是祖龍留面目,遺篇那得到今朝。"卷皆薛濤紙所抄,惟"今朝"字誤作"金朝"。徽廟惡之,以筆抹去。後書竟如讖入金也。

(清)潘永因:《宋稗類鈔》卷八

"三十餘年家國,數千里地山河,幾曾慣干戈?一旦歸爲臣虜,沈腰潘鬢消磨。最是倉惶辭廟日,教坊猶奏别離歌,揮泪對宫娥。"後主既爲樊若水所賣,舉國與人,故當慟哭於九廟之外,謝其民而後行,顧乃揮泪宫娥,聽教坊離曲!

(宋)蘇軾:《東坡志林》卷四

中都一士大夫家收江南李後主書一詩云:"銅壺漏滴初盡,高閣雞鳴半空,催起五門金鎖,猶垂三殿珠簾。階前御柳摇緑,仗下宫花散紅,鴛瓦數行曉日,鸞旗百尺春風。侍臣舞蹈重拜,聖壽南山永同。"下有"馮延巳"三字。

(宋)羅願:《新安志》卷一〇

太祖皇帝嘗令江南李煜作書,諭廣南劉鋹,令歸中國。煜命其臣潘佑視草,文甚典麗,累數千言,今載之太祖實録。饒州董氏刻佑集,亦有之,然皆不載最後十句,蓋私禮不敢以聞也。予年十餘歲,因隨侍至廣州,嘗得其全文,今尚能記其辭,曰:"皇帝宗廟,垂慶清明,在躬冀日,廣徽猷時,膺多福徒。切依仁之戀,難窮報德之情。望南風而永懷,庶幾撫我指,白日以自誓,夫復何言。"

(宋)周必大:《文忠集》卷一八〇

《南唐野史》載:張迥《寄遠》詩:"蟬鬢雕將盡,虬髭白也無。"齊已改爲"虬髭黑在無",迥拜爲一字師。陶岳《五代史補》:齊已携詩詣鄭谷《咏早梅》云:"前村深雪裏,昨夜數枝開。"谷曰:"數枝非早也,未若一枝齊。"已拜谷爲一字師。一謂張迥禮齊已,一謂齊已禮鄭谷,豈一事訛爲兩人,將齊已以其師人者還爲人師耶?然改白也爲黑在,則是兩字師也。陳輔之《詩話》云:蕭楚才知溧陽,乖崖作牧,有一絶云:"獨恨太平無一事,江南閑殺老尚書。"蕭改恨作幸,一字師也。此却用前故事。

(宋)戴埴:《鼠璞》卷上

宋師下江南,金陵城破,兵自城下水窗入。故劉貢父有"蟻潰何堪值水窗"之句。

(元)陸友仁:《硯北雜志》卷上

《西清詩話》:南唐楊鑾性詼諧,戲作詩云曰:"(白)日蒼蠅滿飯盤,夜間蚊子又成團。每到更深人静後,足來頭上咬楊鑾。"

(清)褚人獲:《堅瓠集》己集卷三

南唐張泌,有江城子二闋:"碧闌干外小中庭,雨初晴,曉鶯聲,飛絮落花時節,近清明。睡起卷簾,無一事勻面了,没心情。又浣花溪上,見卿卿眼波明黛,眉輕高綰,緑雲低簇,小蜻蜓,好是問他來得麽。和笑道,莫多情。黄叔暘云:唐詞多無换頭,如此詞,是兩首,故兩押明字、情字,今合爲一,則誤矣。

(清)褚人獲:《堅瓠集》壬集卷二

《宋史》稱曹彬下江南,不妄殺一人,爲盛德事。《梅磵詩話》載,曹景建金陵樂官山序云:南唐初下,時諸將置酒,樂人大慟,殺之,聚瘞此山,因得名。詩云:"城破轅門宴賞頻,伶倫執樂泪沾巾。駢頭就死緣家國,愧死南歸結綬人。"以名山詩意觀之,果不妄殺耶。

(清)褚人獲:《堅瓠集》壬集卷三

《廬山雜記》:南唐孟歸唐能詩,肄業廬山國學。嘗得瀑布詩:"練色有窮處,寒聲無盡時。"鄰居生亦得此聯,遂交争之,助教不能辨,訟於江州。各以全篇意格定之,而歸唐爲勝。後歸京師,累遷大理丞。江州群吏來京,猶指曰"訟詩生也"。又《劉貢父詩話》:豁達老人喜爲詩,所至輒自題寫,嘗書人新粉墻,主人憾怒,訴於官杖之,使市石灰更圬墁訖。告官乃得縱舍一聯,構訟題壁被笞,大堪捧腹,今盗句疥壁者,實繁有徒,請自收斂,勿遭毒棒。

(清)褚人獲:《堅瓠集》癸集卷四

《古夫于亭雜録》王阮亭著云:“江都門人宗元鼎字梅岑,以詩鳴江淮間,有咏李後主絶句云:‘江南歌舞尋常事,便遣曹彬下蔣州’余最愛其措語之妙,取入感舊集。近覆閲之,乃知其誤。南唐自元宗時,周世宗屢侵淮南,國勢削弱,至遷都豫章以避之,非始宋也。後主仁愛,無荒淫失德,但溺於釋氏耳。宋太祖諭徐鉉曰:‘江南亦有何罪,但卧榻之旁豈容他人鼾睡耶。’亦非以歌舞爲兵端,宗語非事實矣。”

(清)杭世駿:《訂訛類編》卷二

前輩謂“深院無人杏花雨”之句極佳,此非四雨之數,當作去聲呼。僕觀此句正祖南唐潘佑之意。佑有詩曰:“誰家舊宅春無主,深院簾垂杏花雨。”佑兩句意,此作一句言耳。然佑句作上聲,非去聲也。其下曰:“香飛緑瑣人未歸,巢燕承塵燕無語。”豈“語”字亦當作去聲邪。唐《花間集》亦曰:“紅窗寂寂無人語,黯淡梨花雨。”

(宋)王楙:《野客叢書》卷二〇

宋齊丘鎮鍾陵,有布衣李匡堯屢贄謁見。宋知其忤物,托以他故不見。一日,宋喪子,匡堯隨吊客造謁,賓司復却之,乃就賓次,大書二十八字云:“安排唐祚强吞吴,盡見先生啓廟謨。一個孩兒判不得,讓皇百口復何如?”

(清)潘永因:《宋稗類鈔》卷二三

江南徐鍇嘗奉命撰文,與其兄鉉共論猫事。鉉疏得二十事,鍇曰:“未也,適已憶七十餘事。”鉉曰:“楚全大能記。”明旦云,夜來復得數事,鉉撫掌稱美。

(清)潘永因:《宋稗類鈔》卷一九

金陵語中,酒曰“酒惡”,則知李後主詩云:“酒惡時拈蕊嗅用。”鄉人語也。

(明)陳耀文:《天中記》卷四四

陶穀使於南唐,因書十二字於官舍壁間,曰:西川狗,百姓眼,馬包兒,御厨飯。宋齊丘解云,十二字包四字,云獨眠孤館。

(明)陳耀文:《天中記》卷一四

唐徐鉉、湯悅、徐鍇,有北苑侍宴咏序,云:"望蔣橋之嶔崟,祝爲聖壽泛潮溝之清,淺流作恩波。"

(明)陳耀文:《天中記》卷一五

南唐元宗廬山百花亭刻石云:"蒼苔迷古道,紅葉亂朝霞。"

(明)陳耀文:《天中記》卷一六

南唐處士陳陶隱西山,操行清潔。時嚴撰牧豫章,欲撓之,遣小妾蓮花時往焉,陶殊不顧,妾乃獻詩求去曰:"蓮花爲號玉爲腮,珍重尚書遣妾來。處世不生巫峽夢,虛勞雲雨下陽臺。"陶答云:"近來詩思清如水,老去風情薄似雲。已向升天得門户,錦衾深愧卓文君。"

(明)陳耀文:《天中記》卷一九

《南唐野史》:寇豹、謝觀同在崔裔相公門下,豹辭去,公爲設祖席。席上多蠅,觀戲豹曰:"青蠅被扇扇離席。"豹見户上《白□圖》,即答曰:"白□遭釘釘在門。"

(明)彭大翼:《山堂肆考》卷一一九

唐沈彬,字子文,唐末舉進士不第。後仕南唐爲吏部郎,嘗有句云:"清占月中三峽水,麗偷雲外小洲春。"又,《湘江行》:"數家漁網殘烟外,一岸斜陽細雨中。"人膾炙之。

(明)彭大翼:《山堂肆考》卷一二八

《古今詩話》:南唐烈祖在徐温家作《燈詩》:"一點分明直萬金,

開時惟怕冷風侵。主人若也勤挑撥,敢向尊前不盡心。”

(明)彭大翼:《山堂肆考》卷一八三

韓熙載仕江南,每得俸給,盡散後房歌姬。熙載披衲持鉢,就諸姬乞食,率以爲常。東坡以玉帶贈寶覺,寶覺酬以舊衲,東坡作詩謝之曰:“病骨難堪玉帶圍,鈍根仍落箭鋒機。欲教乞食諸姬院,故與雲山舊衲衣。”《江南野史》亦載韓事,與此小異。

(宋)許顗:《彦周詩話》

五代南唐廖凝爲都昌縣宰,以廉自守。秩滿題詩修江寺:“五斗徒勞更折腰,三年兩鬢爲民焦。今朝解印言歸去,還挈來時舊酒瓢。”

(明)彭大翼:《山堂肆考》卷七七

《江南野史》:五代孟賓于,湖湘連上人。與李昉同擢第,後昉仕宋入翰林,而賓于仕南唐爲令。昉寄賓于詩曰:“初携書劍别湘潭,金榜標名第十三。昔日聲名喧洛下,只今詩句滿江南。”

(明)彭大翼:《山堂肆考》卷八四

五代唐孫魴、沈彬,同游李建勛之門,爲詩社。

(明)彭大翼:《山堂肆考》卷一二七

劉吉,江左人。有膂力,尚氣,事李煜爲傳詔承旨,以忠於所奉。歸朝供奉官以知河渠利害,委以八作務。……吉本燕薊人,自受李氏恩,常分禄以濟其子孫。朔望必拜李煜真,雖童幼必拜之,執臣僚之禮。後爲崇儀使,其刺字謁吴中親舊,題僧寺驛亭,皆自稱以南人,不忘本也。有詩三百首,目爲《釣鰲集》,徐鉉爲序。

(宋)阮閲:《詩話總龜》卷一

宜春王從謙，李璟之第九子，好學喜爲詩。璟於苑中與宰相弈棋，從謙在焉，令賦觀棋詩，曰："竹林二君子，盡日意沉吟。相對雖無語，争先各有心。恃强知易失，守分固難侵。若算機籌處，滄溟想未深。"

（宋）阮閱：《詩話總龜》卷一

宋齊邱，江南二世爲宰相。璟尤愛其才，然知其不正。一日於華林園試小妓羯鼓，召齊邱同宴。齊邱獻詩曰："切斷牙床鏤紫金，最宜平穩玉槽深。因逢淑景開佳宴，爲出花奴奏雅音。掌底輕□孤鶴噪，枝頭乾快亂蟬吟。開元天子曾如此，今日將軍好用心。"

（宋）阮閱：《詩話總龜》卷一

太祖問罪江南，李後主用謀臣計，欲拒王師。法眼禪師觀牡丹於大内，作偈諷曰："擁毳對芳叢，由來趣不同。髮從今日白，花是去年紅。艷冶隨朝露，馨香逐晚風。何須待零落，然後始知空。"後主不省，王師渡江。

（宋）阮閱：《詩話總龜》卷一

李建勛年八十，謁宋齊丘於洪州，題一絶於信果觀壁，云："春來漲水流如活，曉後西山勢似行。玉洞主人經劫在，携竿步步就長生。"歸高安，無病而卒。

（宋）阮閱：《詩話總龜》卷二

徐鍇，字楚金。年十餘歲，群從宴集，分題賦詩，令爲秋詞。援筆立成，其略曰："井梧分墮砌，塞雁遠横空。雨久莓苔紫，霜濃薜荔紅。"

（宋）阮閱：《詩話總龜》卷二

朱鄉仕江南爲縣令，甚疏逸，有詩云："好是晚來香雨裹，擔簦親送綺羅人。”李璟聞之,處以閑曹。又有僧庭實獻詩云:“吟中雙鬢白,笑裏一生貧。”璟聞云詩以言志,終是寒薄,以束帛遣之。

(宋)阮閱:《詩話總龜》卷三

江爲能詩,少游廬山白鹿洞,題詩一聯於壁曰:“吟經蕭寺旃檀閣,醉倚侯家玳瑁筵。”李璟見之,謂左右曰:“吟此詩者,大是貴族。”遂爲時輩所稱。

(宋)阮閱:《詩話總龜》卷四

江南韓熙載稱左偃能詩,有集千餘首。偃不仕,居金陵,《寄廬山白上人》云:“潦倒門前客,閑眠歲又殘。連天數鷺雪,終日與誰看。萬丈高松古,千尋落水寒。仍聞有新作,懶寄入長安。”又《昭君怨》云:“胡笳聞欲死,漢月望還生。”寄《韓侍郎》云:“謀身謀隱兩無成,拙計深慚負耦耕。漸老可堪懷故國,多愁反覺厭浮生。言詩幸偶明公許,守樸甘遭俗者輕。今日况聞搜草澤,獨悲憔悴卧升平。”韓見詩感嘆厭浮生,不喜,不逾月果病卒,年二十四。王操有詩哭之曰:“堂親垂白日,稚子欲行時。”

(宋)阮閱:《詩話總龜》卷四

李昪移鎮金陵,旁羅隱逸。沈彬赴辟,知其欲取楊氏,因獻山水圖詩曰:“須知手筆安排定,不怕山河整頓難。”覽之而喜。

(宋)阮閱:《詩話總龜》卷四

南唐烈祖在徐温家,作燈詩云:“一點分明值萬金,開時惟怕冷風侵。主人若也勤挑撥,敢向尊前不盡心。”

(宋)阮閱:《詩話總龜》卷五

伍喬、張洎,少相友善。張爲翰林學士,眷寵優異,伍爲歙州通判,作詩寄張戒去僕曰:“張游宴時投之。”一日,張與僚友近郊會燕,歡甚,僕投詩,詩云:"不知何處好消憂,公退携壺即上樓。職事久參侯伯幕,夢魂長繞帝王州。黄山向晚盈軒翠,黟水含春繞郡流。遥想玉堂多暇日,花時誰伴出城游。"得詩動容久之,爲言於上,召還爲考功員外郎。

(宋)阮閱:《詩話總龜》卷五

孟賓于獻主司詩云:"那堪雨後更聞蟬,溪隔重湖路七千。憶昔故園楊柳岸,全家送上渡頭船。"主司得詩,自謂得賓于之晚,當年中第。中興中致仕,歸連上,過廬陵,吉守贈詩曰:"曾聞洛浦綴神仙,大樹南栖幾十年。白首自忻丹桂在,詩名已得四方傳。行隨秋渚將歸雁,吟傍梅花欲雪天。今日還家莫惆悵,不同初上渡頭船。"

(宋)阮閱:《詩話總龜》卷五

沈彬,高安人。早有詩名,先主鎮金陵,知其欲代楊氏,獻《山水圖詩》云:"須知手筆安排定,不怕山河整頓難。"覽而喜之。臨終指葬處以示家人,穴之乃一冢,未嘗人。石燈臺上,有漆燈一盞,壙頭有一銅碑,鎸篆文云:"佳城今已開,雖開不葬埋。漆燈猶未滅,留得沈彬來。"

(宋)阮閱:《詩話總龜》卷五

廖凝,字熙績。善吟諷,有學行,隱居南岳三年。江南受僞官,爲彭澤令,遷連州刺史。與昇平李建勛爲詩友相善,有集蓋見行於世。咏中秋月與聞蟬爲絶唱,《中秋月》云:"九十日秋色,今宵已半分。孤光吞列宿,四面絶微雲。衆木排疏影,寒流叠細紋。遥遥望丹桂,心緒正紛紛。聞蟬云一聲,初應候萬木。已西風偏感,異鄉客先於。離塞鴻日斜,金谷静雨過。石城空此處,不堪聽蕭條,千古同凝居。"南岳韋鼎有詩贈曰:"君與白雲鄰,生涯久忍貧。姓名高雅道,寰海許何人。岳氣秋來早,亭寒果落新。幾回吟石畔,孤鶴自相親。"初宰彭澤,有句云:"風清竹閣留僧宿,雨過莎庭放吏衙。"解印有句云:"五斗徒勞謾折腰,三年兩鬢爲誰焦。今朝官滿重歸去,還挈來時舊酒瓢。”江左學詩者,競造其門。

(宋)阮閲:《詩話總龜》卷一〇

孟賓于《蟠溪懷古》云:“良哉吕尚父,深隱始歸周。釣石千年在,春風一水流。松根盤蘚石,花影卧沙鷗。誰更懷韜術,追思古渡頭。”又《懷連上舊居》云:“閑思連上景難齊,樹繞仙鄉路繞溪。明月夜舟漁父唱,春風平野鷓鴣啼。城邊寄信歸雲外,花下傾杯到日西。更憶海陽垂釣侣,昔年相遇草萋萋。”

(宋)阮閲:《詩話總龜》卷一〇

李煜作詩,大率多悲感愁戚,如“青鳥不傳雲外信,丁香空結雨中愁。鬢從今日添新白,菊是去年依舊黄”之類。然思清句雅可愛。

(宋)阮閲:《詩話總龜》卷一二

孟賓于子名歸唐,寓廬山,學得瀑布一聯,云:“練色有窮處,寒聲無盡時。”鄰房有人亦得此聯,互誦其句,助教不能理,因送江州,以全篇定之,而歸唐勝焉。大爲時賢所知。

(宋)阮閲:《詩話總龜》卷一二

夏寶松,廬陵人。與劉洞唱和,爲節度使陳德誠所知。德誠贈詩曰:“建水舊傳劉夜坐,劉洞有夜坐詩。螺川新有夏江城。”寶松有《江城詩》曰:“雁飛南浦鐘初動,月滿西樓酒半醒。”又云:“曉來羸馿依前去,雨後遥山數點青。”皆佳句。《江南野録》又雅言,系述别有寶松宿臨江驛全篇,並劉洞宿寶松山齋詩,以寶松爲保松。

(宋)阮閲:《詩話總龜》卷一二

徐鉉《游木蘭亭》云:“蘭橈破浪城陰直,玉勒穿花苑樹深。”《觀習水戰》云:“千帆日助陰山勢,萬里風馳下瀨聲。”《病中》云:“向空咄咄頻書字,忘世滔滔莫問津。謫居云野日蒼茫,悲鵬舍水風陰濕。”

《弊貂裘陳秘監歸泉州》云:"三朝恩澤馮唐老,萬里江山賀監歸。"《宿山寺》云:"落月依樓閣,歸雲擁殿廊。"

(宋)阮閲:《詩話總龜》卷一二

鄭文寶《郊居》云:"百草千花路,斜風細雨天。"《重經貶所》云:"過關已躍檴蒲馬,誤喘尤驚顧兔屏。"《洛城》云:"星沉會節歌鐘早,天半上陽烟樹微。"《贈張靈州》云:"越絶曉殘蝴蝶夢,單于秋引畫龍聲。"《長安送别》云:"杜曲花光濃似酒,灞陵春色老於人。"《送人歸湘中》云:"滿帆西日催行客,一夜東風落楚梅。"《南行》云:"失意慣中暹客酒,多年不見侍臣花。"《栖靈隱寺》云:"舊井霜飄仙界橘,雙溪時落海邊鷗。"《送人知韶州》云:"碧落春風老,朱陵古渡頭。"《永熙陵》云:"承露氣清駒送日,觚棱人静鳥呼風。"《邊上》云:"鬢間相似雪,峰外寂寥烟。"

(宋)阮閲:《詩話總龜》卷一二

廖凝,字熙績。十歲咏白詩云:"滿汀鷗不散,一局黑全輸。"作者見之曰:"必垂名於後。"

(宋)阮閲:《詩話總龜》卷一三

蔣鈞,字不器,營道人。與劉洞、陳甫爲詩友。《寄柳宣》云:"因借夢書過竹寺,學耕秋粟繞茆原。"戎昱詩有:"一夜不眠孤客耳,主人門外有芭蕉。"鈞代答云:"芭蕉葉上無愁雨,自是多情聽斷腸。"

(宋)阮閲:《詩話總龜》卷一四

史虚白,嵩洛人。廖凝寄之詩曰:"飯僧春嶺蕨醒酒,雪潭魚終於溢浦。"

(宋)阮閲:《詩話總龜》卷一四

陳甫,字惟岳,吉水人。《贈黄岩》云:"清時不作登龍客,緑賓閑梳傍草堂。"《漳江感懷》云:"一雨洗殘暑,萬家生早凉。"《村居》云:"暮鳥歸巢急,寒牛下隴遲。"詩云算吟千百首,方得兩三聯。

(宋)阮閱:《詩話總龜》卷一四

郢中寺壁有鄭文寶詩,親筆《寒食訪僧舍》云:"客舍愁經百五春,雨餘溪寺緑無塵。金花何處鞦韆鼓,粉頰誰家門草人。水上碧桃流片段,梁間歸燕語逡巡。高僧不飲客携酒,來勸先朝放逐臣。"

(宋)阮閱:《詩話總龜》卷一五

孟賓于,字國儀,連州輔國鄉人。天福中,自湖湘越京洛應舉,遠人無援,遂卜命於華山神,珓有如一年,乞一珓,凡六擲,得上上大吉。每年下第有詩,今略舉一聯,用表其概,第一年云:"蟾宫空手下,澤國更誰來。"二年云:"水國二番應探榜,龍門三月又傷春。"三年云:"仙島却回空説夢,清朝未達自嫌身。"第四年云:"失意從他桃李春,嵩陽經過歇行塵。雲僧不見城中事,問是今年第幾人?"五年云:"因逢日者教重應,忍被雲僧勸却歸。"天福九年,禮部侍郎符蒙下及第,果六舉。後往江南,官至水部郎中,致仕居吉州玉笥山。復知豐城縣,年七十餘卒。

(宋)阮閱:《詩話總龜》卷一八

馮延魯嘗出使閩中,催督軍糧,急於星火。李建勛以詩寄之曰:"粟多未必全爲計,師老須防有伏兵。"既而福州之兵果爲越人所敗,建興還,司空累表乞致政,自稱鍾山公,詔授司徒不起。學士湯悦致狀賀之,建勛以詩答曰:"司空尤不作,那敢作司徒。幸有山公號,如何不見呼。"先是宋齊丘自京口求退於青陽,號九華先生,未周期,一詔而起,時論薄之。建勛年德未衰,時望方長,重或有以比宋公者。因爲詩曰:"桃花流水雖相似,不學劉郎去又來。"

(宋)阮閱:《詩話總龜》卷一八

李正白，江南人，不仕，號處士。善嘲咏，曲盡其妙，《咏刺蝟》云："形似針氈動，卧若粟毬圓。莫欺如此大，誰敢便行拳。"嘗謁一貴公子，不甚禮，廳有一格子屏風，題其上曰："道格何曾格，言糊又不糊。渾身總是眼，還解識人無。"《咏狗蚤》云："與虱都來不較多，擽挑篙斗太嘍囉。忽然管着一籃子，有甚心情那你何。"《咏月》云："當塗當塗見，蕪湖蕪湖見，八月十五夜，一似没柄扇。"建師，晦之子得誠，罷管沿江水軍，掌禁衛，頗患拘束。方宴客，正白在坐食蟹，得誠顧正白曰："請咏之。"正白曰："蟬眼龜形脚似蛛，未曾正面何人趁。如今飣上盤筵上，得似江湖亂走無。"衆客皆笑。《咏罌粟子》云："倒排雙陸子，希插碧牙籌。既似犧牛乳，又如鈴馬兜。鼓槌並瀑箭，直是有來由。"

(宋)阮閲:《詩話總龜》卷二〇

李烈祖爲徐温養子，年九歲，《咏燈詩》云："主人若也勤挑撥，敢向尊前不盡心。"温嘆賞，遂不以常兒遇之。

(宋)阮閲:《詩話總龜》卷二〇

張文懿家有《春江釣叟圖》，上有李煜《漁父詞》二首。其一曰："浪花有意千里雪，桃花無言一隊春。一壺酒一竿鱗，世上如儂有幾人？"其二曰："一棹春風一葉舟，一輪璽縷一輕鈎。花滿渚酒滿甌，萬頃波中得自由。"

(宋)阮閲:《詩話總龜》卷二〇

劉洞嘗以詩百餘首獻李煜，首篇乃《石城懷古》，云："石城古岸頭，一望思悠悠。幾許六朝事，不禁江冰流。"煜覽之掩卷改容。金陵將危，爲七言詩，大榜於路傍，曰："千里長江皆渡馬，十年養士得何人？"又云："翻憶潘郎章奏内，愔愔日暮好沾巾。"蓋潘祐表云："家國愔愔，如日將暮也。"

(宋)阮閲:《詩話總龜》卷二四

韓熙載，高密人。顯仕江南，晚年奉貢入梁都，絶知舊。乃題於館壁云："未到故鄉時，將謂故鄉好。及至親得歸，争如身不到。目前相識無一人，出入空傷我懷抱。風雨瀟瀟旅館秋，歸來窗下和衣倒。夢中忽到江南路，尋得花中歸舊處。桃臉蛾眉笑出門，争向前頭擁將去。"又云："僕本江北人，今作江南客。再去江北行，舉目無相識。金風吹我寒，秋月爲誰白。不如歸去來，江南有人憶。"

(宋)阮閲:《詩話總龜》卷二四

鍾謨，建安人。爲李璟奏表稱臣於周，孫晟遇害，獨赦謨爲輝州司馬。有詩與州將云："翩翩歸盡塞垣鴻，隱隱惟聞蟄户蟲。渭北離愁春色裏，江南家事戰塵中。還同逐客紉蘭佩，誰聽縲囚奏土風。多謝賢侯振吾道，免令搔首泣途窮。"後畫江爲界，世宗召謨爲衛尉卿，放還。因作詩獻，其略云："三年耀武群雄伏，一日回鑾萬國春。南北通歡永無事，謝恩歸去老陪臣。"世宗覽而悦之。

(宋)阮閲:《詩話總龜》卷二四

陳喬、張佖重陽日登高於北山湖亭，不奏聲樂，因吟杜工部《九日宴藍田崔氏莊》詩，其末句云："明年此會知誰健，醉把茱萸仔細看。"員外郎趙宣父時亦在集，感慨流涕者數四，舉坐異之，未幾趙卒。

(宋)阮閲:《詩話總龜》卷二四

孟賓于，湖湘連上人。少修儒學，好詩，有百篇名《金鰲集》，獻於李若虚侍郎。因采集中佳句可取者，記之於書，使賓于馳詣洛陽，獻諸朝廷，其譽藹然。明年春，與李昉同擢進士第。後事李後主，爲滏陽令，因抵法當死。會昉遷翰林學士，聞在縲絏，以詩寄賓于曰："初携書劍别湘潭，金榜標名第十三。昔日聲塵喧洛下，近來詩價滿江南。長爲邑令情終屈，縱處郎曹志未甘。莫學馮唐便休去，明君晚事未爲慚。"主見其詩而宥之，復官。未幾，歸老連上，號"群舉叟”。吉守馬致恭以詩送,其末章云:“今日還家莫惆悵,不同初上渡頭船。”

(宋)阮閲:《詩話總龜》卷二六

(李)建勛,字致堯,廣陵人,仕南唐爲宰相,後罷,出鎮臨川。未幾,以司徒致仕,賜號“鐘山公”,年已八十,志尚散逸,多從仙侶參究玄門。時宋齊丘有道氣,在洪州西山,建勛造謁致敬,欲授真果,題詩贈云:“春來漲水凉如活,曉出西山勢似行。玉洞有人經劫在,携竿步步就長生。”歸高安别墅,一夕無病而逝。能文賦詩,琢煉頗工,調既平妥,終少驚人之句也。有《鐘山集》二十卷行於世。

(元)辛文房:《唐才子傳》卷一〇

澗谷羅椅之遠,頃由乙科登顯仕,廬陵大儒也。江南革命,歸隱故鄉,嘗作《瞌睡詩》,曲盡其妙,末意尤有味,云:“瞌睡從何來,譬若風雨至。曲几不待憑,虚欞那暇寄。應人眉强撑,伸手扇已墜。徑游華胥國,欲見混沌帝。齁齁自成腔,兀兀更有味。息疏疑暫醒,氣窒還扶醉。兒童欲惱翁,摇膝問某字。吻間僅一答,言下已復寐。雜然拍手笑,欲嗔嗔不遂。何曾參佛祖,先會點頭意。何曾逢麴車,流涎已沾袂。不省較短長,誰能問興替。陰天百怪舞,開口輒差異。三百六十日,何似長瞌睡。”

(元)佚名:《東南紀聞》卷二

江南才子潘佑有詞句云:“凝神入混沌”;浙中詩僧貫休有詞句云:“融神出空寂。”予愛其語該涉道釋凝融出入之理,因而采取相合書之。

(宋)晁迥:《法藏碎金録》卷六

紹興壬子夏,隨侍先公,應副都督駐軍建康,寓保寧寺,登鳳凰臺,有小碑在亭上,云:五言三十韻詩一首,題鳳臺山亭子,陳獻司空,鄉貢進士宋齊丘上。

嵯峨壓洪泉，岝峉撑碧落。宜哉秦始皇，不驅亦不鑿。上有布政臺，八顧皆城郭。山蹙龍虎健，水黑螭蜃作。白虹欲吞人，赤驥相搏暴。畫棟泥金碧，石路盤墝埆。倒挂哭月猿，危立思天鶴。鑿池養蛟龍，栽桐栖鸑鷟。梁間燕教雛，石罅蛇懸殼。養花如養賢，去草如去惡。日晚嚴城鼓，風來蕭寺鐸。掃地驅塵埃，翦蒿除鳥雀。金桃帶葉摘，緑李和衣嚼。貞竹無盛衰，媚柳先摇落。塵飛景陽井，草合臨春閣。芙蓉如佳人，回首似調謔。當軒有直道，無人肯駐脚。夜半鼠窸窣，天陰鬼敲椓。松枯不易立，石醜難安着。自憐啄木鳥，去蠹終不錯。晚風吹梧桐，樹頭鳴㬥㬥。峨峨江令石，青苔何澹薄。不話興亡事，舉首思渺邈。吁哉未到此，褊劣同尺蠖。籠鶴羡鳧毛，猛虎愛蝸角。一日賢太守，與我觀槖籥。往往獨自語，天帝相唯諾。風雲偶不來，寰宇銷一略。我欲烹長鯨，四海爲鼎鑊。我欲取大鵬，天地爲繒繳。安得長羽翰，雄飛上寥廓。

後題云：前朝天祐八年二月二十一日題，後唐昇元年三年二月八日，奉敕勒石。崇英殿副使、知院事、檢校工部尚書、兼御史大夫、上柱國王紹顔奉敕書，銀青光禄大夫、兼監察御史王仁壽鎸，大宋治平四年九月望日，重摹上石。

後數月，一夕風雨，亭頽倒，石斷裂。

據《湘山野録》載：宋齊丘相江南李先主及事中主璟，二世皆爲左僕射，璟愛其才，而知其不正。嘗獻《鳳凰臺詩》，中有"我欲烹長鯨，四海爲鼎鑊。我欲羅鳳凰，天地爲矰繳"之句，皆欲諷其跋扈也，而主終不聽。不得意，上表乞歸九華，其略云："千秋載籍，願爲知足之人，九朵峰巒，永作乞骸之客。"主知其詐也。

試考之，先主昪舊名知誥，爲徐温養子，以天祐九年遷昪州刺史，饒洞天薦宋齊丘於先主。齊丘困於逆旅，鄰娼魏氏女竊賂遺數緡，獲備管幅，遂克投贄，一見，先主賓之以國士。今觀題《鳳臺山亭子詩》，陳獻司空，乃鄉貢進士時，豈當時所投贄之詩乎？後題天祐八年，恐記事者差一年也。

齊丘後事先主爲相，至嗣主時爲太傅，多植朋黨，以專朝權，躁進之士多附之，陳覺、李徵古之徒，恃其勢猶驕慢。徵古嘗勸後主因天變遜位齊丘，賴陳喬以爲不可，後主乃止。鍾模以李德明之死怨齊丘，及奉使歸唐，以陳覺矯周帝之命斬嚴續事言於唐主，唐主命殷崇義草詔暴齊丘等事，聽歸九華舊隱，官爵悉如故。後命鎖其第，穴墻給食。齊丘嘆曰："吾嘗謀讓皇族於泰州，宜其及此。"乃縊而死，謚曰"繆醜"。《野録》載其跋扈，主終不聽，上表乞歸九華，謬矣。

(宋)姚寬：《西溪叢語》卷上

(沈)彬，字子文，筠州高安人。自幼苦學，屬末歲離亂，隨計不捷，南游湖湘，隱雲陽山數年，歸鄉里。時南唐李昪鎮金陵，旁羅俊逸，名儒宿老，必命郡縣起之。彬赴辟，知昪欲取楊氏，因獻《畫山水詩》云："須知筆力安排定，不怕山河整頓難。"昪覽之大喜，授秘書郎。保大中，以尚書郎致仕歸，徙居宜春。初經版蕩，與韋莊、杜光庭、貫休俱避難在蜀，多見酬酢。彬臨終，指葬處示家人，及窆果掘得一空冢，有漆燈青熒，壙頭立一銅版，篆文曰："佳城今已開，雖開不葬埋。漆燈終未滅，留待沈彬來。"遂窀穸於此。有詩集一卷。傳世。彬第二子延瑞，性坦率，豪於觴咏，舉動異俗，盛夏附火，嚴冬單衣，或遇崇山野水，古洞幽壇，竟日不返，時人異之，呼爲"沈道者"，士大夫多邀至門館。一日，邑宰戲問："何日道成？"廷瑞即留詩曰："何須問我道成時，紫府清都自有期。手握藥苗人不識，體涵仙骨俗争知。"宰驚謝。後浪游四方，或傳仙去也。

(元)辛文房：《唐才子傳》卷一〇

鲂，唐末處士也，樂安人。與沈彬、李建勛同時，唱和亦多。鲂有《夜坐》詩，爲世稱玩。建勛尤器待之，日與談宴，嘗匿鲂於齋幕中，待沈彬來，乃問曰："鲂《夜坐》詩如何？"彬曰："田舍翁火爐頭之語，何足道哉！"鲂從幕中出，誚彬曰："何譏謗之甚！"彬曰："'畫多灰漸冷，坐久席成痕。'此非田舍翁爐上，誰有此况。"一座大笑。及《金山寺》詩云："天多剩得月,地少不生塵。”當時謂騷情風韻,不减張祜云。有詩五卷,今傳。

(元)辛文房:《唐才子傳》卷一〇

陶尚書穀奉使江南,恃才凌忽,議論間殆應接不暇。有善謀者,選籍中豔麗,詐爲驛卒孀女,布裙荆釵,日擁彗於庭。谷一見喜之,久而與之狎,贈以長短句。一日,國主開宴,立妓於前,歌所贈“郵亭一夜眠”之詞。穀大慚沮,滿引致醉,頓失前日簡倨之容。歸朝,坐此抵罪。文潞公帥成都,有飛語至朝廷,遣御史何郯因謁告俾伺察之。潞公亦爲之動,遍詢幕客,孰與御史密者。得張俞字少愚者,使迎於漢州,且携營妓名王宫花者往,僞作家姬,舞以佐酒。御史醉中取其領巾,題詩云:“按徹《梁州》更《六麽》,西臺御史惜妖嬈。從今改作‘王宫柳’,舞盡春風萬萬條。”至成都,此妓出迎,遂不復措手而歸。二事切相類。一説:王宫花一名楊臺柳,詩首句云“蜀國佳人號細腰”。何字聖從,亦蜀人也。

(宋)周煇:《清波别志》卷八

太宗詔徐鉉撰李璟志,文曰:“聖人在上,雖善治者不能保其存。”時謂文過太甚。

(宋)龔鼎臣:《東原録》

徐鉉謫居舒州,贈彭芮云:“賈生去國已三年,短褐閑吟玩水邊。終日野雲生砌下,有時京信到門前。無人與和投湘賦,愧子來浮訪戴船。醉裏新詩好歸去,莫隨騷客賦林泉。”

(宋)阮閲:《詩話總龜》卷二六

南唐徐融《夜宿金山》詩云:“維船分蟻壤,江市聚蠅聲。”烈祖性嚴忌,宋齊邱僭之,以竹籠沉於京口。

(宋)阮閲:《詩話總龜》卷二九

廬山佛手岩有絶頂,李氏有國日,行因禪師居焉。李氏詔居栖賢寺。未幾,一夕大雪,逃居舊隱。嘗煮茶延僧,起托岩扉,立化,余作偈曰:"前朝詔住栖賢寺,雪夜逃居岩石間。想見煮茶延客處,直緣生死不相關。"

(宋)阮閲:《詩話總龜》卷三〇

江南將亡數年前,昇元寺殿基掘得石記,視之詩也,辭曰:"若問江南事,江南事不憑。抱雞升寶位,走犬出金陵。子建居南極,安仁秉夜燈。東陵嬌小女,騎虎渡河冰。"王師甲戌渡江,李煜以丁酉年生,曹彬爲大將,列栅城南,乃子建也。潘美爲副將,城陷,恐有伏兵,命卒縱火,乃安仁也。錢俶以戊寅年入朝,盡獻浙西之地,騎虎之謂也。

(宋)阮閲:《詩話總龜》卷三一

李璟游後湖,賞蓮花,作詩曰:"蓼花蘸水火不滅,水鳥驚魚銀梭投。滿目荷花千萬頃,紅碧相雜敷清流。孫武已斬吴宫女,琉璃池上佳人頭。"識者謂雖佳句,然宫中有佳人頭,非吉也。

(宋)阮閲:《詩話總龜》卷三一

李煜暮歲乘醉,書於牖云:"萬古到頭歸一死,醉鄉葬地有高原。"醒而見之大悔,不久謝世。

(宋)阮閲:《詩話總龜》卷三一

(孟)賓于,字國儀,連州人。聰敏特異,有鄉曲之譽。垂髫時書所作百篇,名《金鼇集》,獻之李若虚侍郎,若虚采獵佳句,記之尺書,使賓于馳詣洛陽,致諸朝達,聲譽藹然,留寓久之。晉天福九年,禮部侍郎符蒙知貢,賓于簾下投詩云:"那堪雨後更聞蟬,溪隔重湖路七千。憶得故園楊柳岸,全家送上渡頭船。"蒙得詩,以爲相見之晚,遂擢第,時已敗六舉矣。與詩人李昉同年情厚。後賓于來仕江南李主,調淦陽令,因犯法抵罪當死,會昉拜翰林學士,聞在縲繼,以詩寄之曰:"初携書劍别湘潭,金榜名標第十三。昔日聲塵喧洛下,邇來詩價滿江南。長爲邑令情終屈,縱處曹郎志未甘。莫學馮唐便休去,明君晚事未爲慚。"後主偶見詩,遂釋之。遷水部郎中,又知豐城縣。興國中致仕,居玉笥山,年七十餘卒。自號"群玉峰叟"。有集今傳。

(元)辛文房:《唐才子傳》卷一○

(江)爲,考城人,宋江淹之裔,少帝時,出爲建陽吴興令,因家爲郡人焉。爲唐末嘗舉進士,輒不第。工於詩,有"天形圍澤國,秋色露人家""月寒花露重,江晚水烟微"等句,膾炙人口。少游白鹿寺,有句:"吟登蕭寺旃檀閣,醉倚王家玳瑁筵。"後主南遷,見之曰:"此人大是富貴家。"時劉洞、夏寶松就傳詩法,爲益傲肆,自謂俯拾青紫。乃詣金陵求舉,屢黜於有司。怏怏不能已,欲束書亡越,會同謀者上變,按得其狀,伏罪。今建陽縣西靖安寺,即處士故居,後留題者甚衆。有集一卷,今傳。

(元)辛文房:《唐才子傳》卷一○

王仁裕過關中,望春明門,乃蜀後主被誅之地,乃作詩哭之曰:"九天冥漠信沈沈,重過春明泪滿襟。齊女叫時魂已斷,杜鵑啼處血尤深。霸圖傾覆人全去,寒骨飄零草亂侵。何事不如陳叔寶,朱門流水自相臨。"徐鉉歸朝後,乞爲故主李煜作墓碑,朝廷從之。案:翟耆年《籀史》:太平興國中,詔侍臣撰李煜神道碑。有欲中傷徐鉉者,奏曰:'吴王事莫若徐鉉爲詳。'遂詔鉉撰。鉉乞存故主之義云云,非鉉乞撰。此所記殊誤,謹附訂於此。其辭有云:"盛德百世,善繼者所以主其事;聖人無外,善守者不能固其存。西鄰起釁,南箕構禍。投杼致慈親之惑,乞火無鄰婦之辭。"又曰:"孔明罕應變之略,不成近功;偃王躬仁義之行,終於亡國。"又作詩挽之云:"欻忽千齡盡,冥茫萬事空。青松洛陽陌,荒草建康宫。道德遺文在,興衰自古同。受恩無補報,反袂泣途窮。""土德承餘烈,江南廣舊恩。一朝人事廢,千古信書存。哀挽周原道,銘旌鄭國門。此生雖未死,寂寞已消魂。"

(宋)周密:《浩然齋雅談》卷中

五代南唐夏寶松,少孤貧,好學,與詩人劉洞爲唱和儔侶,頗有贈答。時百勝軍節度使陳德誠鎮南康,善吟諷,寶松聞之,遂往焉,大爲德誠所厚遇。因以詩紀之云:"建水舊聞劉夜坐,螺川新有夏江城。"以劉洞有夜坐詩爲時所尚。寶松有《宿江城》詩云:"雁飛南浦砧初動,月滿西樓酒半醒。"又云:"曉來羸馴依前去,雨後遥山數點青。"由是聲價百倍,遠聞他郡。

(宋)馬永易:《實賓録》卷五

孟賓于每年下第有詩。第一年云:"蟾宫空手下,澤國有誰來。"第二年云:"水國二親應探榜,龍門三月又傷春。"三年云:"仙島却回空説夢,清朝未達自嫌身。"四年云:"雲僧不見城中事,問是今年第幾人。"五年云:"因逢日者教重應,忍被雲僧勸却歸。"天福九年,符下及第。

(宋)謝維新:《古今合璧事類備要》前集卷三八

五代陳陶,劍浦人。幼業儒,長結廬於南昌之西山,以吟咏自適。蔡寬夫詩話云:陶詩數百篇,間有佳語,如"中原不是無麟鳳,自是皇家結網疏""可憐無定河邊骨,猶是春閨夢裹人"之類,人多傳誦之。

(宋)佚名:《翰苑新書》後集下卷二

盧多遜,方丱角,其父携就雲陽觀小學,與群兒見。廢壇上有古簽一筒,競往抽之爲戲。多遜尚未識字,抽一簽歸示其父,詞曰:"身出中書堂,須因天水白。登仙五十二,終爲蓬島客。"父見之,頗意以爲吉兆。迨作相,與秦王事,故敗,始因遣堂吏趙白遂竄南荒,卒於朱崖,年五十二,無一字之差。

(宋)阮閲:《詩話總龜》卷三二

盧絳,字晉卿。因病痁夢一白衣婦人,令食蔗,遂愈。他日,復夢白衣婦人曰:"太尉當富貴,時至可詣都下,妾有一詩一緡以助行。妾乃玉真也,他日孟家陂相見。其詩曰:"清風明月夜深時,箕箒盧郎恨已遲。他日孟家陂上約,再來相見是佳期。"言訖而去。絳後賜死,呼延贊視行刑,將至梁門,絳見擁一白衣婦人來,宛如前夢中所見。因嗟曰:"玉真何至此乎?"延贊爲問玉真,姓耿氏,夫死與婦之子私,遂與絳同場斬首。其地果孟家坡。

(宋)阮閲:《詩話總龜》卷三三

沈彬,字子美,高安人。爲詩天才狂逸,下筆成章,好神仙之事。少孤,西游,以三舉爲約。嘗夢着錦彩衣,貼月而飛,識者言:"雖名播天下,身不入月,終不及第。"洪州解至長安,初舉,行納省卷,作《夢仙謡》云:"玉殿大開從容入,金桃爛熟没人偷。鳳驚寶扇頻翻翅,龍誤金鞭忽轉頭。"第二舉,《憶仙謡》云:"白榆風占九天秋,王母朝回宴玉樓。日月漸長雙鳳睡,桑田欲變六鼇愁。雲翻簫管相隨去,星觸旌幢各自流。詩酒近來狂不得,騎龍却憶上清游。"第三舉,《贈劉象》一首云:"曾應大中天子舉,四朝風月鬢蕭疏。不隨世祖重携劍,知爲文皇再讀書。十載戰塵消舊業,滿城風雨壞貧居。一枝何事於君惜,仙桂年年幸有餘。"劉象三舉無成,孤寒,主司覽彬詩,其年放象及第五老榜,即其數也。彬,乾符中,值四方多事,遂南游湖湘及嶺表二十餘年,却回吴中,過江南受僞命,官至吏部侍郎,致仕,退居高安。

(宋)阮閲:《詩話總龜》卷三三

孫魴、沈彬、李建勛好爲詩。時魴有《夜坐詩》爲衆所稱,建勛因匿於齋中,待彬至,乃問彬云:"魴之詩何如?"彬曰:"田舍翁火爐頭之語,何足道也。"魴聞而出,誚彬曰:"何誹謗之甚,而比田舍翁,無乃過乎!"彬曰:"子夜坐句,'劃多灰漸冷,坐久席成痕'。此非田舍翁爐上作而何?"闔坐大笑。乃題金山寺云:"萬古波心寺,金山名目新。

天多剩得月,土少不生塵。過櫓妨僧艇,歸濤濺佛身。誰言張處士,題後更無人。"莫不服其馴雅。

(宋)阮閱:《詩話總龜》卷三五

毛柄聚生徒於廬山白鹿洞,與諸生講論,所獲貲鏹,皆以市酒。洞有辨者嘲云:"彭生作賦茶三片,毛氏傳詩酒半升。"嘗自題於齋壁云:"先生不在此,千載只空山。"因大醉一夕而逝。

(宋)阮閱:《詩話總龜》卷三五

李煜作紅羅亭,四面栽江梅花,作艷曲歌之。韓熙載和云:"桃李不須誇爛熳,已輸了風吹一半。"時淮南已歸周。

(宋)阮閱:《詩話總龜》卷三六

李建勛鎮臨川日,九江帥周宗,一書求曰:"近器用儀注,或闕欲輟臨川者。"李乘醉批一絶句云:"偶罷阿衡來典郡,固無閑物可應官。憑官爲報周公道,莫作循州刺史看。"

(宋)阮閱:《詩話總龜》卷三九

江南馮延巳善爲歌詞。

(宋)阮閱:《詩話總龜》卷四〇

徐鉉仕宦海州,蒯亮爲録事参軍,多與往還。未幾,亮受代,徐餞之,詩曰:"昔年聞有蒯先生,二十年來道不行。抵掌曾談天下事,折腰尤忤俗人情。老還上國風光薄,貧裹歸裝結束輕。遷客臨流重惆悵,晚風黄葉滿孤城。"

(宋)阮閱:《詩話總龜》卷四一

南唐元宗優待藩邸舊僚,馮延巳自元帥府書記至中書侍郎,遂相。時論以爲非才。江文蔚因其弟延魯福州亡敗,請從退削,乃出撫州。秩滿還朝,因赴内宴,進詩曰:"青樓阿監應相笑,書記登壇又却回。"

(宋)阮閱:《詩話總龜》卷四二

吴楊氏爲宋齊邱閉於泰州永寧宫,有詩曰:"江南江北舊家鄉,六十年來夢一場。吴苑樓台皆冷落,廣陵宫闕亦凄凉。雲凝遠岫愁千片,雨打孤舟泪兩行。兄弟四人三百口,不堪端坐更思量。"《江南野録》謂此是李煜所作,未知孰是。並《古今詩話》。

(宋)阮閱:《詩話總龜》卷四二

劉洞不知何許人,江南國破,後題池州一亭云:"千里長江唯渡馬,十年養士得何人?"

(宋)阮閱:《詩話總龜》卷四三

史虚白,本山東人。唐晉之間,中原多事,見李昇屢陳治要而不用,遂隱廬山。璟徙南昌,至星子渚,召問曰:"處士隱居,必有所得。"曰:"近得漁父一聯令。"課之曰:"風雨揭却屋,全家醉不知。"璟變色,時世宗已下淮南。

(宋)阮閱:《詩話總龜》卷四四

張洎家居城外,有一隱士名乃吕仙翁姓名。洎倒屣見之,索紙筆八分書七言詩一章,留與洎,頗言將作鼎鼐之意,其末白云:"功成當在破瓜年。"俗以破瓜字爲二八,洎六十八而卒,乃其讖也。仙翁詩多傳人間,有自咏云:"朝游北海暮蒼梧,袖裹青蛇膽氣粗。三入岳陽人不識,朗吟飛過洞庭湖。"又有"飲海龜見人不識,燒丹符子鬼難看。一粒粟中藏世界,二升鐺裹煮山川"之句。大抵皆詞句奇怪,世所傳百餘首,人多誦之。

(宋)阮閱:《詩話總龜》卷四四

孟賓,連山人。性落魄,狂溺於歌酒賦咏,後捷名不欲止,江左士人頗奇之。贈史虚白云:"詩酒獨游寺,琴書多寄僧。"聖朝奄有金陵,孟賓於先居連上,㲉興國中亦自吉水還故鄉,逾年卒。書生成務崇因言廬山與㲉有忘年之分,興國中見㲉,且言自連上來,游江左時,有詩送成務崇曰:"同呼碧嶂前,已是十餘年。話别非容易,相逢不偶然。多爲詩酒役,早免利名牽。幸有歸真路,何妨學上玄。"務崇詢於連上,知交皆言㲉卒已十餘年矣。

(宋)阮閲:《詩話總龜》卷四四

李家明,江南李璟時,爲樂部頭,善滑稽,爲諷咏。璟游後苑,登臺見牛晚卧。璟曰:"午且熟矣。"家明曰:"臣不學,敢上絶句。"云:"曾遭甯戚鞭敲角,又被田單火燎身。閑背斜陽嚼枯草,而今問喘更無人。"左右之臣皆免冠謝罪。李氏乃徐温養子,及僭號,遷楊氏於海陵。璟繼統,用宋齊邱言,無男女少長皆殺之,今海陵州宅之東,小墳十數,皆當時所殺楊氏之族也。宋齊邱只一子,輒卒,逾月慟哭不止。家明曰:"惟臣能止之。"乃作大紙鳶,上大書曰:"欲興唐祚革强吴,盡是先生作計謨。一個孩兒拚不得,上皇百口合何如?"乘風吹之,度至齊邱家,遂絶其縷。齊邱見之,慚感乃止。璟於後苑命臣僚臨池而釣,諸臣屢引到數十巨鱗,惟璟無所獲。家明乃進口號曰:"新甃垂鈎興正濃,御池春暖水溶溶。凡鱗不敢吞香餌,知道君王合釣龍。"璟善之。幸南都,畫江爲界,舟楫多行,南岸至趙北,因輟樂停觴,北望皖公山,謂家明曰:"好數青峰不知何名?"家明應聲曰:"龍舟輕漾錦帆風,正值宸游望遠空。回首皖公山色翠,影斜不到壽杯中。"

(宋)阮閲:《詩話總龜》卷四六

江南李氏樂人王感化,建州人,隸光山樂籍。建州平,入金陵教坊。少聰敏,未曾執卷而多識,善爲詞,口諧捷急,滑稽無窮時。本鄉節帥更代,餞别,感化前獻詩曰:"旌旆赴天臺,溪山曉色開。萬家悲更喜,迎佛送如來。"至金陵,宴苑中,有白野鵲,李璟令賦詩,應聲曰:

"碧岩深洞恣游遨，天與蘆花作羽毛。要識此來栖宿處，上林瓊樹一枝高。"又題怪石，凡八句，皆用故事，但記其一聯云："草中誤認將軍虎，山上曾爲道士羊。"

（宋）阮閲:《詩話總龜》卷四六

保大中，廣陵裹城隍，因及古冢，得石志一所，云："日爲箭兮月爲弓，四時射人兮無窮。但得天將明月化，不覺人隨流水空。山川秀兮碧穹窿，祟夫人墓兮直其中。猿啼烏嘯烟蒙矇，千年萬年松柏風。"或云李白詞。

（宋）阮閲:《詩話總龜》卷四八

《南唐書》云："韓熙載自江南奉使中原，爲《感懷詩》題於館壁，云：'僕本江北人，今作江南客。再去江北游，舉目無相識。秋風吹我寒，秋月爲誰白。不如歸去來，江南有人憶。'"苕溪漁隱曰：余家有韓熙載家宴圖，圖中題此詩，後四句嘗以問相識間，云是古樂府，今觀此書，方知其誤也。

（宋）阮閲:《詩話總龜後集》卷二一

馮延巳著樂章百餘闋，其《鶴衝天》詞云："曉月墜雲，披銀燭錦屏。幃建章鍾動，玉繩低，宫漏出花遲。"又《歸國謡》詞云："江水碧，江上何人吹玉笛？扁舟遠送瀟湘客，蘆花千里霜月白。傷行色，明朝便是關山隔。"見稱於世。元宗《樂府詞》云："小樓吹徹玉笙寒。"延巳有"風乍起，吹皺一池春水"之句，皆爲警策。元宗嘗戲延巳吹皺一池春水，干卿何事？延巳曰："未如陛下小樓吹徹玉笙寒。"元宗悦。苕溪漁隱曰：《古今詩話》云："江南成文幼爲大理卿，詞曲妙絶。嘗作《謁金門》云：'風乍起，吹皺一池春水。'中主聞之，因案獄稽滯召詰之，且謂曰：'卿職在典刑，一池春水又何干於卿？'文幼頓首。"又《本事曲》云："南唐李國主嘗責其臣曰：'吹皺一池春水干卿何事？'蓋趙公所撰《謁金門》辭有此一句，最爲警策。其臣即對曰：'未如陛下小樓吹徹玉笙寒。'"若《本事曲》所記,但云趙公初無其名,所傳必誤。惟《南唐書》《古今詩話》二説不同,未詳孰是。

(宋)阮閲:《詩話總龜後集》卷三二

李感化善謳歌,聲韵悠揚,清振林木,係樂部爲歌板色。元宗嘗作《浣溪沙》二闋,手寫賜感化曰:"菡萏香消翠葉殘,西風愁起碧波間。還與容光共憔悴,不堪看細雨夢回,雞塞遠,小樓吹徹玉笙寒。蔌蔌泪珠多少恨,倚闌干,手卷真珠上玉鈎。依前春恨鎖重樓,風里落花誰是主,思悠悠。青鳥不傳雲外信,丁香空結雨中愁。回首緑波三峽暮,接天流。"後主即位,感化以其詞禮上之。後主感動,賞賜感化甚優。苕溪漁隱曰:"元宗即嗣主李璟,嘗作此二詞。《古今詞話》乃以爲後主作,非也,後主名煜。"

(宋)阮閲:《詩話總龜後集》卷三二

南唐李後主歸朝後,每懷江國,且念嬪妾散落,鬱鬱不自聊,嘗作長短句云:"簾外雨潺潺,春意闌珊,羅衾不暖五更寒。夢裏不知身是客,一餉貪歡。獨自莫憑欄,無限關山,别時容易見時難。流水落花何處也,天上人間。"含思凄惋,未幾下世。

(宋)阮閲:《詩話總龜後集》卷三二

李後主詞云:"二十餘年家國,數千里地山河,幾曾慣干戈。一旦歸爲臣虜,沈腰潘鬢消磨。最是愴惶辭廟,日教坊猶奏别離歌,揮泪對宫娥。"後主既爲樊若水所賣,舉國與人,故當慟哭於九廟之外,謝其民而後行,顧乃揮泪宫娥,聽教坊離曲哉?

(宋)阮閲:《詩話總龜後集》卷三二

南唐後主圍城中,作長短句未就而城破,"櫻桃落盡春歸去,蝶翻金粉雙飛。子規啼月小樓西,曲闌珠箔,惆悵卷銀泥。門巷寂寥人去後,望殘烟草低迷。"余嘗見殘藁點染晦昧,心方危窘,不在書耳。藝祖云:“李煜若以作詩工夫治國,事豈爲吾虜也。”苕溪漁隱曰:“余觀《太祖實録》及《二朝正史》云,開寶七年十月,詔曹彬、潘美等率師伐江南。八年十一月,拔昇州。”今後主詞乃咏春景,非十一月城破時作。《西清詩話》云:“後主作長短句,未就而城破。”其言非也。然王師圍金陵凡一年,後主於圍城中,春間作此詞,則不可知。是時,其心豈不危窘,於此言之,乃可也。

(宋)阮閲:《詩話總龜後集》卷三二

新安聶師道、宗微少事道士于方升,發迹游名山,數見異人。楊行密開府於揚州,宗微實輔佐之,蓋爲國師三十年。楊氏末,解化而去。弟子葬之,舉棺惟衣履存焉。順義七年,楊溥贈,問政,先生方外之兄德誨,爲新安太守,乃於郡之東山築室以居。方外號爲問政山房,問政之名,或得於此。苕溪漁隱曰:“問政山去新安郡城十許里,岩谷幽邃,今有琳宇在焉。”國初,黄臺留題詩云:“千尋練帶新安水,萬仞花屏問政山。自少雲霞居物外,不多塵土到人間。壺懸仙島吞舟罷,碗浸星宫咒水間。草暗碧潭思句曲,松昏紫氣度函關。龜成錢甲毛猶緑,鶴化鷺翎頂更殷。阮洞神仙分藥去,蔡家兄弟寄書還。筇枝挺杜菖蒲節,笋幘高簪玳瑁斑。新隱漸聞侵月窟,舊林猶説枕沙灣。黄精苗倒眠青鹿,紅杏枝低挂白鷴。海上使頻青鳥黠,篋中藏久白驢頑。手疏俗禮慵非傲,肘後靈方秘不慳。寶籙匣垂金縷帶,絳囊絛鏁玉連環。常尋靈穴通三楚,擬過流沙化百蠻。容易煮銀供客用,辛勤栽果與猿扳。静張棋局鋪還打,默考仙經銷又删。床並葛鞋寒兔伏,窗横樫几老龍跧。溪童乞火朝敲竹,山鬼聽琴夜撼門。花氣熏心香馥馥,澗聲聆耳響潺潺。高墳自掩浮生骨,短晷難雕不死顔。早晚重逢蕭塢客,願隨芝蓋出塵寰。”余以《續仙傳》《高道傳》二書考之,詩中所用事,多出師道本傳。

(宋)阮閲:《詩話總龜後集》卷三九

周世宗時,陶尚書穀奉使江南,韓熙載遣家妓奉盥匜,及且有書謝,略云:"巫山之麗質初臨,霞侵鳥道,洛浦之妖姿,自至月滿鴻溝。"舉朝不能會其辭。熙載因召家妓訊之,云是夕忽當浣濯焉。

(宋)阮閱:《詩話總龜後集》卷四一

余讀《江南録》丘孟陽有賦名,嘗夢一官人延入一第中,具飲其旁。几上有書一卷,孟陽展讀,謂曰:"斯乃吾所述賦藁,何至兹乎?"其人曰:"昔公焚之時,吾得之矣。"孟陽因就求之,答曰:"它日若至衡山,必當奉還。"後官至衡州茶陵令,乞致仕,卒於衡州。今世焚故書,必毁而燔之,蓋可信也。

(宋)阮閱:《詩話總龜後集》卷四二

(李)中,字有中,九江人也。唐末,嘗第進士,爲新塗、淦陽、吉水三縣令,仕終水部郎中。孟賓于賞其工吟,絶似方干、賈島,時復過之。如"暖風醫病草,甘雨洗荒村",又"貧來賣書劍,病起憶江湖";又"閑花半落處,幽鳥未來時",又"千里夢隨殘月斷,一聲蟬送早秋來",又"殘陽影裏水東注,芳草烟中人獨行",又"閑尋野寺聽秋水,寄睡僧窗到夕陽",又"香入肌膚花洞酒,冷浸魂夢石床雲",又"西園雨過好花盡,南陌人稀芳草深"等句,驚人泣鬼之語也。有《碧雲集》,今傳。

(元)辛文房:《唐才子傳》卷一〇

李唐伶奴取當時名士詩句入歌曲,蓋常事也。蜀王衍召嘉王宗壽飲宣華苑,命宫人李玉蘭歌衍所撰宫詞,五代猶有此風,今亡矣。

(清)王士禛、鄭方坤:《五代詩話》卷一

蜀王衍《宫詞》曰:"暉暉赫赫浮五雲,宣華池上月華春。月華如水浸宫殿,有酒不醉真癡人。"近世詞曲"月華如水浸樓台",祖此。然水浸樓台,雖有形容,而乏蘊借,入詞曲可,入詩則不可,乃知杜詩"四更山吐月,殘夜水明樓",真古今絶唱也。

(清)王士禛、鄭方坤:《五代詩話》卷一

楊元素作《本事曲》,記《洞仙歌》:"冰肌玉骨,自清凉無汗。水殿風來暗香滿。綉簾開,一點明月窺人。人未寢,欹枕釵横鬢雲亂。起來携素手,庭户無聲,時見疏星渡河漢。試問夜如何?夜已三更,金波淡,玉繩低轉。細屈指西風幾時來,又不道流年暗中偷换。"錢塘有一老尼,能誦後主詩首章二句,後人爲足其意,以填此詞。余嘗見一士人誦全篇云:"冰肌玉骨清無汗,水殿風來暗香滿。簾開明月獨窺人,欹枕釵横鬢雲亂。起來瓊户悄無聲,時見疏星渡河漢。屈指西風幾時來,只恐流年暗中换。"

(清)王士禛、鄭方坤:《五代詩話》卷一

蜀王建時,楊義方能文詞。爲《春日詩》云:"海邊紅日半離水,天外暖風輕到花。"《贈王樞密》云:"雨聲鞭自禁門出,一簇人從天上來。"

(宋)阮閱:《詩話總龜》卷一四

巴蜀三紀以來,藝能之士精於書畫者衆矣。沙門曇彧學李陽冰篆,曇彧則神大師門人也;道士張昭嗣效柳公權書,昭嗣則傳直天師杜光庭門人也;工部元員外昭嘏仿韓擇八分書,昭嘏亦光庭門人;僧曉巒攻張芝草書,曉巒則歸夢弟子。皆超其本而差其有,獨黄少鑒筌、邊鸞、雀竹處士滕昌祐、擬梁廣花草野人張道隱、張藻、松石道隱,不事論談,不與人交往,不冠帶,不拜跪,人謂之探頭相國,李昊爲著名。道隱常在綿竹山中,李司議文才繼閻立本寫真。書畫八人皆妙絶當代,野人平生讀莊老之書,有暇則性好圖龍之真形,興思忽至,即畫百尺之狀,縱意揮畫。苟不稱意,則塗抹之,不啻千餘軀而已。飄飄然雲陰雨氣,似蜿蜒之勢,擲筆撫掌,共爲怡逸,常以此爲適意之作。亦曾撰《集龍證筆訣》三卷,傳於家。丁未年,彭州倅鄭昭請圖真龍於州城之西門,太山府君之祠,爲民致雨。於是與二道士、數僕夫,秉燭以畫,使人槌鼓噴笛,掌祠者頓足起舞。其夕三更風雨大沛,奈何一時之戲,亦濟農事。有蔣貽恭留題詩曰:"世人空解效丹青,惟子通玄得墨靈。應有鬼神看筆下,豈無風雨助成形。威疑噴浪歸滄海,勢欲拿雲上杳冥。静閉緑堂深夜後,曉來簾幕似聞腥。"

(宋)阮閲:《詩話總龜》卷二一

蜀王後俘係入秦,至劍閣,閲山水之美,詩云:"不緣朝闕去,好此結茅廬。"時人笑之。至咸陽,又作曲子云:"盡是一場羸,得與夫無愁。"入井者所校無多也。

(宋)阮閲:《詩話總龜》卷二五

沙門貫休,鍾陵人。精於筆札,荆州成令問其筆札法,休曰:"此事可登堂而授,安可草草而言。"成令銜之,乃遞於黔中,因爲《病鶴詩》見意曰:"見説氣清邪不入,不知爾病自何來。"

(宋)阮閲:《詩話總龜》卷三〇

唐昭宗以錢武肅平董昌功,拜鎮東軍節度使,自稱吴越國王。貫休投詩曰:"貴逼身心不自由,幾年勤苦蹈林丘。滿堂花醉三千客,一劍霜寒十四州。萊子衣裳宮錦窄,謝公篇咏綺霞羞。他年名上凌烟閣,豈羨當時萬户侯。"武肅愛其詩,遣諭令改爲四十州,乃可相見。貫休性偏,答曰:"州亦難添,詩亦難改,閑雲孤鶴,何天不可飛?"遂入蜀,以詩投孟知祥,詩云:"一瓶一鉢垂垂老,萬水千山得得來。"

(宋)阮閲:《詩話總龜》卷三〇

僞蜀每歲除日,諸宫門各給桃符,書"元、利、貞"四字。時昶子善書札,取本宫策勛府,書云"天垂餘慶,地接長春"。乾德中伐蜀,明年蜀除。二月,以兵部侍郎吕餘慶知軍府事,以策勛府爲治所。太祖聖節號長春,此天垂地接之兆也。

(宋)阮閲:《詩話總龜》卷三一

辛夤遜仕僞蜀孟昶爲學士。王師將致討之前歲除,昶令學士作詩兩句,寫桃符上。夤遜題曰:“新年納餘慶,嘉節號長春。”明年蜀亡。吕餘慶以參知政事知益州,長春乃太祖誕聖節名也。

(宋)阮閱:《詩話總龜》卷三一

僞蜀辛酉歲,有隱迹於陶沙者,不知所從來。戴破帽,携鐵笆竹畚,多於觀寺閑處坐卧。有又谷遇之,以禮接之,忽誦谷新詩數篇,又咏自作詩曰:“九重天子人中貴,五等諸侯閫外尊。争似布衣雲水客,不將名字挂乾坤。”

(宋)阮閱:《詩話總龜》卷四四

石恪,西蜀人。善畫,尤長於山水禽魚,亦工歌詩,言論粗暴,多誚人短。開寶中,王師下西蜀,遣名畫入京,恪在其數。宣於相國畫壁,工畢,上狀乞歸。奉敕任便出京,卒於道中。

(宋)阮閱:《詩話總龜》卷四四

唐末,有狂道士,不知何許人。又晦其名氏,游成都,忽詣紫極宫,謁杜光庭先生,求寓泊之所。先生諾之,而不與之進。道士日貨藥於市,所得錢隨多少沽酒飲之,惟唱《感庭秋》一詞,其意感蜀之將亡,如“秋庭之衰落然”,人未之曉,但呼爲感庭秋道士。凡半年,人亦不知其異,一夕大醉歸,夜將闌,尚聞唱聲愈高。有訝之者,隔户窺之,見燈燭、彩綉、筵具、器皿,羅列甚盛,狂道士左右,二青童立侍。時斟酒而唱,窺者具以白先生,先生乃款其户曰:“光庭量識膚淺,不意上仙降鑒,深爲罪戾,然不揆愚昧,而匍匐門下,冀一拜光靈,以消塵障。”道士曰:“何辱勤拳之,若是當出奉見。”乃令二童收筵具器皿及陳設,致於前揲之,則隨手而小如符子狀,置冠中。又將二童按之,如木偶,可寸許,又置冠中。乃啓户,光庭忻然而入,但空室而已。

(宋)阮閱:《詩話總龜後集》卷三九

蜀主孟昶夜起避暑摩訶池上，作《玉樓春》云："冰肌玉骨清無汗，水殿風來暗香滿。綉簾一點月窺人，欹枕釵横雲鬢亂。起來瓊户啓無聲，時見疏星渡河漢。屈指西風幾時來，只恐流年暗中换。"按蘇子瞻《洞仙歌》本檃括此詞，然未免反有點金之憾。

(清)王士禛、鄭方坤：《五代詩話》卷一

孟昶嘗立石經於成都，又恐石經流傳不廣，易以木版。宋世書稱刻本始於蜀，今人求宋版，尚以蜀本爲佳。昶好文，有功後學，誠未可以成敗論。嘗言不效王衍作輕薄小詞，而其詞自工。

(清)王士禛、鄭方坤：《五代詩話》卷一

嘉州之西有花將軍廟。將軍英武，見於杜子美之詩。廟史以匣藏唐至德元年十月鄭丞相告，又出本朝乾德三年二月二十六日僞蜀主孟昶以降入朝舟過廟下祭文二紙，墨色如新。其窘急悲傷之詞，讀之亦令人嘆息云。

(清)王士禛、鄭方坤：《五代詩話》卷一

南漢劉隱僭據廣州，傳四世。皆昏虐，多立疑冢，以虞發掘，今北郭外有之。弘治壬子，余覓壽藏白雲之麓，有携磚來售者，方二尺，厚五寸，上有篆識曰："景定辛酉預備磚。"尋又有售碗碟盤盂者，其色黑而潤，若饒磁然。詢其所由來，曰：得諸劉王冢。往觀藏處，實大墓也。然景定乃宋理宗年號，其非南漢物明矣。廖山人飛卿，居西城外荔枝灣，犁田得長刀，其銛已盡，而嵌銀文彩如綉，猶新，當時昌華苑之遺物？又北十里多甃石，指爲劉王冢，發之，惟水涓滴而已，蓋所謂明月峽、玉液池也。余咏西城古迹云："江水東流西日斜，劉郎綦迹尚天涯。昌華苑外裙腰草，玉液池邊鼓吹蛙。隔隴牛羊聞牧笛，遥林烟火見樵家。當年翠輦曾游地，留與東風長稻花。"

(清)王士禛、鄭方坤：《五代詩話》卷一

吴越王妃每歲歸臨安,王以書遺妃云:"陌上花開,可緩緩歸矣。"吴人用其語爲歌,含思宛轉,聽之凄然。蘇子瞻爲之易其詞,蓋清平調也。調云:"陌上花開蝴蝶飛,江山猶是昔人非。遺民幾度垂垂老,游女長歌緩緩歸。""陌上山花無數開,路人争看翠軿來。若爲留得堂堂去,且更從教緩緩回。""生前富貴草頭露,身後風流陌上花。已作遲遲君去魯,猶歌緩緩妾回家。"

(清)王士禛、鄭方坤:《五代詩話》卷一

錢武肅王目不知書然,其寄夫人書云:"陌上花開,可緩緩歸矣。"不過數言,而姿制無限,雖復文人操筆,無以過之。東坡演之爲《陌上花》云:"陌上花開蝴蝶飛,江山猶是昔人非。遺民幾度垂垂老,游女還歌緩緩歸。"五代時,列國以文雅稱者,無出南唐、西蜀,非吴越所及,賴此一條,足以解嘲。

(清)王士禛、鄭方坤:《五代詩話》卷一

五代時,吴越文物不及南唐、西蜀之盛,而武肅王寄妃書云:"陌上花開,可緩緩歸矣。"二語艷稱千古。東坡又演爲《陌上花》云:"陌上花開蝴蝶飛,江山猶是昔人非。遺民幾度垂垂老,游女還歌緩緩歸。""生前富貴草頭露,身後風流陌上花。已作遲遲君去魯,猶歌緩緩妾歸家。"晁无咎亦和八首,有云:"娘子歌傳樂府悲,當年陌上看芳菲。曼聲更緩何妨緩,莫似東風火急歸。""荆王夢罷已春歸,陌上花隨暮雨飛。却唤江船人不識,杜秋紅泪滿羅衣。"二公詩皆絶唱,入樂府即小秦王調也。

(清)王士禛、鄭方坤:《五代詩話》卷一

每讀西湖書,不耐板蕩黍禾之語。楊鐵崖故宫詩用紅兜字,輒欲舉筆抹之。今觀《鷓鴣》《竹枝》百首,雖復慷慨歷落,别有托寄,而所叙列,多不可了。吾意吾祖武肅王築錢塘詩云:"傳語神龍並水府,錢塘今擬作錢城。"去今千餘年,英雄之氣尚在,每吟《鷓鴣》一絶,輒曼聲歌此詩以亂之。

(清)王士禛、鄭方坤:《五代詩話》卷一

錢氏鐵券玉册,國除日進内帑。宋季兵亂,券沈渭水中者五十六年。元至順二年,漁父獲而售之錢氏之後,居天臺者曰世珪。明洪武二年,大封功臣,取其券以爲式,尋還其家。高季迪爲之歌云:"妖兒初下含元殿,天子仍居少陽院。諸藩從此擁連城,朝貢皆停事攻戰。岐王已去梁王來,長安宫闕生蒿萊。天目山前異人出,金戈雙舉風烟開。羅平惡鳥鳴初起,犀弩三千射潮水。歸來父老拜旌旗,釀酒搥牛宴鄉里。輕裘駿馬驕春風,錦袍玉帶真英雄。詔書特賜誓終始,黄金鏤字旌殊功。虎符龍節彤弓矢,後嗣猶令赦三死。盡言恩寵冠當時,天府册書未逾此。摩挲舊物四百年,古色滿面凝蒼烟。天祐宰相署名在,尋文再讀心茫然。古來保族須忠節,受此幾人還覆滅。王家業勛至今傳,不在區區一方鐵。人生富貴知幾時,泰山作礪徒相期。行人曾過表忠觀,風雨斷蘚埋殘碑。"

(清)王士禛、鄭方坤:《五代詩話》卷一

寺塔之建,吴越武肅王倍於九國。按《咸淳臨安志》,九廂四壁,諸縣境中,一王所建,已盈八十八所。合一十四州悉數之,且不能舉其目矣。當日嘗於宫中冶烏金爲瓦,繪梵夾故事,塗之以金,合以成塔。鄱陽姜堯章得其一版,乃如來舍身相。陽穀周晉仙賦長歌紀其事,有云:"錢王本自英雄人,白蓮花見國主身。蛇鄉虎落狗脚朕,何如錦袍玉帶稱功臣。"考羅平僭號,王遺董昌書曰:"與其閉門作天子,九族塗炭,不若開門作節度使,終身富貴無憂。"晉仙即演其辭,使聞者足戒,此詩人之善於取材者已。

(清)王士禛、鄭方坤:《五代詩話》卷一

有言表《忠觀碑》在錢王祠者,因過觀之。考表忠觀在龍山之麓,觀毁,遷其碑來祠。然碑皆露立,且有仆者。及觀畢,欲憩祠右一廢寺,不得入。按地當涌金門外,爲錢王故苑。苑曾産靈芝,因捨苑宅作靈芝寺。南渡後建祠寺傍,新進士放榜訖,每題名於寺而開宴焉,真勝地也。今祠止三楹,坐錢氏三世五王,而寺已頹然不可問矣。詩曰:"舊苑留壞墻,荒碑卧行路。欲采雲母芝,草長不知處。日落移舟晚,春明啓宴遲。誰憐臨水宅,猶是曲江池。"

(清)王士禛、鄭方坤:《五代詩話》卷一

錢王祠在涌金門外,舊名表忠觀,祀吴越王錢鏐,鏐子文穆王元瓘,瓘子忠獻王弘佐、忠遜王弘倧、忠懿王俶。宋時,觀在龍山,熙寧十年,知杭州趙抃請於朝建,蘇軾作碑記。元時毁。明嘉靖二十九年,以靈芝寺改建。寺蓋王故苑也。陳子龍錢王祠詩:"草草群雄事,紛紛割據年。斗牛占王氣,屠販出豪賢。地屈孫劉勢,形支江海邊。爪牙多健勇,参佐集神仙。本奉中州朔,時分屬國天。錦城開邸第,大木擁旌旃。受册三樓下,歌風四馬前。自從納土後,終見舉宗遷。青蓋方朝洛,丹書改賜田。金輿何日去,玉碗不曾還。守墓新恩重,荒祠舊德傳。冕旒皆壯麗,子姓特綿聯。晚樹騰鼯鼠,空檐響杜鵑。崇功銘版碣,遺恨滿山川。異代還祠廟,當年入管弦。竇融應貴寵,張軌共周旋。錫禮何妨盛,王侯豈易捐。誰言脱屣便,不見誓書堅。宋室諸陵在,南枝更可憐。"

(清)王士禛、鄭方坤:《五代詩話》卷一

唐人崇尚文墨,臺閣公卿未有不工此者。風俗既成,雖藩帥節將如于頔、高駢之流,皆以吟咏自喜;如羅紹威、王智興則兼逞詞翰,當時有"李陵章句右軍書"之侫。頔、智興一字不傳,無以驗工拙,駢、紹威所作,存者信工。予讀絳帖,有錢忠懿王使院律詩一首,練句結字不在駢、紹威之下。後於墨林方氏見忠懿與其子遺墨五幅,草聖奇古,簡而不煩,得鍾王意。時忠懿方自杭朝京師,每書必云"吾極無事",又云"不用憂心,事已如此"。識天下之有歸,知王者之無敵,脱屣去之,無一毫失國之恨,異乎時窮勢迫,然後面縛奉降箋,揮泪對宫娥者矣。忠懿書語既忠孝,筆法又精妙,恭惟熙陵評入神品。前世帝王多與臣下争長,故有用拙筆書,或爲累句蕪辭以求免禍者。熙陵雲章奎畫,前無古人,而推重忠懿翰墨如此,始知王僧虔、沈約、薛道衡輩,所遭之不幸也。初,天聖中文僖公嘗刊忠懿十八帖,與墨林此帖草法酷似,碑本已足貴,况真迹乎!

(清)王士禛、鄭方坤:《五代詩話》卷一

宋邵伯温曰:"南唐李煜以太平興國三年七月七日卒,吴越王錢俶以雍熙四年八月二十四日卒。二君歸宋,奉朝請於京師,其卒之日俱其始生之辰,太宗於是日遣中使賜以器幣,與之燕飲,皆飲畢卒,蓋太宗殺之也。余按野史,李後主以七夕誕辰,命故妓於賜第作樂侑飲,聲聞於外,太宗聞之大怒,又傳其小詞有"小樓昨夜又東風,故國不堪回首夢魂中"之句,由是怒不可解。是李之禍,詞語促之也。因記錢鄧王有句云:"帝鄉烟雨鎖春愁,故國山川空泪眼。"其感時傷事,不減於李。然則其誕辰之禍,豈亦緣是耶?

(清)王士禛、鄭方坤:《五代詩話》卷一

吴越後王來朝,太祖爲置宴,出内伎彈琵琶。王獻詞云:"金鳳欲飛遭掣搦,情脉脉,看即玉樓雲雨隔。"太祖起,拊其背曰:"誓不殺錢王。"

(清)王士禛、鄭方坤:《五代詩話》卷一

錢氏之後自中原奉三世柩,窆於越土,諸公皆爲哀挽,茶山獨云:"摸金千騎去,埋玉幾人歸。"可謂妙於用事。

(清)王士禛、鄭方坤:《五代詩話》卷一

洪州上藍院和尚,失其名,精於術數,所言輒驗。王審知齋供豫章,問國休咎,和尚以十字回報云:"不怕羊入屋,只怕錢入腹。"時楊行密方盛,常有併吞東南之志,審知嘆曰:"腹者福也,得非福州之患不在行密,而在錢氏乎?至延羲之亂,江南來伐,兩浙乘之,福州果爲錢氏所有。又審知時有戟云:“風吹楊菜鼓山下,不得錢郎戈不罷。”王氏末年,錢忠獻王佐遣兵伐閩,敗淮將楊業、蔡遇等,盡取福建之地。

(清)王士禛、鄭方坤:《五代詩話》卷一

閩忠懿王及夫人任氏,初葬於閩縣靈岫鄉鳳池上,後唐長興三年改葬永福山,今蓮花峰是也。宣德四年,有屯軍三十人盜發王冢,壙門甚堅,鑿上角一孔,以巨繩腰一人先下,忽中絶,呼之不應。衆愕然,乃以松脂燃火照壙中,用長梯魚貫而入,見先入者死矣。壙制廣如屋,前祀王像,凡列五供,鑪瓶燭臺皆以金玉爲之。後寢紅棺二,王與夫人也。隨將器物珍寶盜出。死者之妻夢其夫泣告發冢時先入,被大蛇咬死,欲分盜物一半。其妻以夢告,群盜不肯,控於管屯百户王傑,傑受賂不問;又控於懷安縣典史朱玉,得其金鐲玉帶又不問;復控於憲司副使李素,僉事鄒穆窮治其事,捕盜繫獄。典史大怖,以爲匿帝王物,欲自縊,或教以自首,乃以金鐲玉帶呈官。郡諸生王琨者,稱王後裔,當領所盜物。有司未之信,閱其家譜,壙中物悉載焉。按譜追物,物畢出。堂上懸王畫像,方面大耳,巨目弓鼻,紫面修髯,儼然可畏。有水碗瑩如金色,不識爲何寶,召回回人辨之,曰:此玻璃鏡也。壙中盜物藏庫,以十之一並畫像與王琨領回,王墓官爲修治。時庫役鄭浩督工,爲予言:親見壙中懸棺,推之即動。棺蓋爲盜所開,隨即封固。墳前石人石獸,制極工巧。嗟嘆久之,乃爲詩曰:“蓮花之峰高入雲,巍峨下有前王墳。松圍翁仲如相語,草暗麒麟似出群。當時卜築嗟埋玉,春色開殘紅躑躅。曉雨初晴叫鷓鴣,寒烟欲掩游麋鹿。憶昔朱連兩構凶,層城如昨霸圖空。故宫總付蒼茫外,羨道都歸寂寞中。寢園秘器期千古,宣德初年發行伍。金鑪璃碗落人間,玉帶真容歸御府。吾聞發者三十人,一人墜死其妻嗔。互相告首殞囹圄,無人得脱王憾伸。所幸官司即修繕,舊時塋域皆安奠。富沙派出來中州,蘋藻時思致明薦。惟王秀挺英雄姿,保障東西建鼓旗。軍中王氣誠非偶,五百年來德政碑。古松老樹多遺愛,濯濯英靈宛如在。後來勿學屯田軍,踏破苔花慎勿再。”

(清)王士禛、鄭方坤:《五代詩話》卷一

繼鵬元妃梁國夫人李氏,同平章事敏之女。繼鵬寵春燕,欲廢夫人,内宣徽使參政事葉翹諫曰:夫人先帝之甥,聘之以禮,奈何以新愛易乎?繼鵬不聽,翹復上書極争,繼鵬批其疏後曰:“春色曾看紫陌頭,亂紅飛盡不禁秋。人情自厭芳華歇,一葉隨風落御溝。”放翹歸永泰,梁國竟廢。

(清)王士禛、鄭方坤:《五代詩話》卷一

徐寅,興化軍莆田人,以秘書正字歸老鄉里,既死,節度使王延彬以詩哭之曰:“延壽溪頭嘆逝波,古今人事半消磨。昔除正字今何,在所謂人生能幾何。”

(清)王士禛、鄭方坤:《五代詩話》卷一

泉州宏則禪師林性簡素,不求贏餘,刺史王延彬贈句有“莫怪我來偏禮足,蕭宫無個似吾師”之語。

(清)王士禛、鄭方坤:《五代詩話》卷一

希振爲鼎州節度使,與門下客何致雍、僧貫休聯句。希振曰“青蛇每用腰爲力”,貫休曰“紅莧時將葉作花”。希振又曰“蠛子子銜蟲子子”,致雍曰“猫兒兒捉雀兒兒”。

(清)王士禛、鄭方坤:《五代詩話》卷一

仁侃,尚父之孫也,爲元帥府中書、檢校司徒,與中軍都虞候金沼鄰居。沼所居堂東,植牡丹花一本,著花三百朵,其色如血如金,含棱,頂上有碎金絲,如自然蛺蝶之狀,一城以爲殊異。每歲花開張宴,仁侃與焉。開寶七年春三月,花才一兩朵開,仁侃一夕洪飲,擊劍,裎服中單,背負大籃,左手携鋤,腰藏六匕首,逾墻而過。沼中外無知者。鋤取牡丹置籃中,乃平其地,空中聞有吁嘆之聲,細微若游蜂音,辭曰:"一花三百朵,含笑向春風。明年三月裏,朵朵斷腸紅。"仁侃異之,移植於庭後。明日沼覺失花,爲非人力所及。來年花盛開,乃宴召沼。沼一見無語,得疾以歸,至夜憤悶不已,以刀决腸而卒。腸皆寸寸斷,果符空中之語。

(清)王士禛、鄭方坤:《五代詩話》卷一

小説記事亦多舛誤,豈復可信,雖事之小者,如一詩一詞亦謬耳。淮陰侯廟詩"築壇拜日恩雖重"之句,《青箱雜記》謂是錢昆作,《桐江詩話》謂是黄好謙作,是一詩而有二説也。小詞《春光好》"待得鸞膠續斷弦,是何年"之句,《江南野録》謂是曹翰使江南贈妓詞,《本事詞》謂是陶穀使錢塘贈驛女詞,《冷齋夜話》謂是陶穀使江南贈韓熙載歌姬詞,是一詞而有三説也。其他類此者甚衆,殆不可遍舉。

(清)王士禛、鄭方坤:《五代詩話》卷一

宋初置通判,分知州之權,謂之監州。有錢昆者,性嗜蟹,常求外補,曰:"但得有蟹無監州處則可。"此語風味似晉人,《歸田録》及《捫蝨新話》皆載其事。東坡詩云:"欲問君王乞符竹,但憂無蟹有監州。"昆去東坡未遠,即用其事爲詩,良愛其語也。

(清)王士禛、鄭方坤:《五代詩話》卷一

薛九,江南富家子,得侍宫中,善歌《嵇康》。《嵇康》,江南曲名也。學舞於鍾離氏。建業破,零落於江北。余遇於洛陽福善坊趙春舍。飲酣,於是歌《嵇康》,其詞即後主所制焉,嘗感激,坐人皆泣。春舉酒請舞,謝曰:"老矣,腰腕衰硬,無復舊態。"乃强起小舞,終曲而罷。座有王生者,請余爲《嵇康小舞詞》曰:"薛九三十侍中郎,蘭香花態生春堂。龍盤王氣變秋霧,淮聲哭月浮秋霜。宜城酒烟濕羈腹,與君强舞當時曲。玉樹遺辭莫重聽,黄塵染鬢無前緑。我聞《襄陽》白銅鞮,荒情古艷傳幽悲。凄凉不抵亡國恨,座中苦泪飛柔絲。洛陽公子擎銀觴,跪奴和曲生元光。茂陵旅夢無春早,彤管含羞裁短章。"

(清)王士禛、鄭方坤:《五代詩話》卷一

杜子美居蜀累年,吟咏殆遍,海棠奇艷,而詩章獨不及何耶?鄭谷詩云"浣花溪上空惆悵,子美無心爲發揚"是已。本朝名士賦海棠甚多,往往皆用此爲實事,如錢易詩云:"子美無情甚,都官著意頻。"李定詩云:"不沾工部風騷力,猶占勾芒造化權。"獨王荆公用此作梅花詩,最爲有意,所謂"少陵爲爾牽詩興,可是無心賦海棠"也。

(清)王士禛、鄭方坤:《五代詩話》卷一

紹興二十四年甲戌,先銀青部綱過儀真時,七伯父方以漕使兼揚州,出示書畫卷,有草書一軸,末云:"居家世世爲好官。"後書"錢希白",蓋《三經堂帖歌》也。希白名易,吴越國王俶之子,與其兄昆隨俶歸朝,願從科舉,年十七,舉進士,御試三題,日中而就。太宗嘗語蘇易簡曰:"朕恨不與李白同時。"易簡對曰:"有錢易者,李白才也。"太宗喜曰:"若然,當如唐故事,召入禁林。"會盜起劍南,不果。官翰林學士,爲文數千言,頃刻而就。又善行草,有文集在秘閣。觀此卷可知其人也。宋諫議敏求著《東京記》,載崇慶坊司空李昉有《孝經》《道德經》,爲三經堂。家有《東京圖》,崇慶坊在城之東北,有司空李昉宅,則詩所謂"夾城盡北十里衡"者也。黑幡,蓋用《漢舊儀》丞相兩黑幡故事。司空子宗諤爲翰林學士,宗諤子昭廷爲侍讀學士,從子昭道爲天章閣待制,"世世爲好官"非虚語也。

(清)王士禛、鄭方坤:《五代詩話》卷一

錢内翰希白《晝景》詩云:"雙蜂上簾額,獨鵲裊庭柯。"裊字最其所用意處,然韋蘇州《聽鶯曲》:"有時斷續聽不了,飛去花枝猶裊裊。”已落第二義矣。

（清）王士禛、鄭方坤：《五代詩話》卷一

錢希白作《擬唐詩》百篇，備諸家之體，自序曰：“今之所擬，不獨其詞。至於題目，豈欲抛離。本集或有事疏，斯亦見之本傳。”故其擬張籍上裴晉公詩曰：“午橋莊上千竿竹，緑野堂中白日春。富貴極來惟嘆老，功名高後轉輕身。嚴更未報皇城裏，勝賞時游洛水濱。昨日庭趨三節度，淮西曾是執戈人。”又作擬盧仝詩云：“門前飛楊花，屋後惡水鳴青蛙。案上兩卷書，堯典與舜典，留與添丁作生涯。”擬古當如此相似，方可傳。

（清）王士禛、鄭方坤：《五代詩話》卷一

錢鎮州詩雖未脱五季餘韻，然回旋讀之，固自娓娓可觀。題者多云：竇子弗知何物。以余考之，乃迦葉之香爐，上有金華，華内乃有金臺，即臺爲竇子，則知竇子乃香爐耳，亦可爲此詩證。但圜若重規然，豈漢丁緩被中之製乎？

（清）王士禛、鄭方坤：《五代詩話》卷一

吴越《回文綬帶連環詩碑》在法華寺，節度使錢惟治作，九十首。其一首云：“聖主欽崇教，千光顯紺容。映雲窗綺暖，籠月箔花重。净刹香風遠，危闌碧霧濃。勝因良以咏，華國一斯逢。”又一首云：“碧天臨迴閣，晴雪點山屏。夕烟侵冷箔，明月斂閑亭。”

（清）王士禛、鄭方坤：《五代詩話》卷一

咸平景德中，錢惟演、劉筠首變詩格，而楊文公與之鼎立，號江東三虎。詩格與錢劉亦絶相類，謂之“西崑體”。大率效李義山之爲，豐富藻麗，不作枯寂語。故楊文公在至道中，得義山詩百餘篇，至於愛慕而不能釋手。公嘗論義山詩，以爲“包藴密致，演繹平暢。味無窮而炙愈出，鑽彌堅而酌不竭。使學者少窺其一斑，若滌腸而浣胃”。

是知文公之詩得於義山者爲多矣。又嘗以錢惟演詩二十七聯,如"雪意未成雲著地,秋聲不斷雁連天",劉筠詩四十八聯,如"溪箋未破冰生硯,爐酒新燒雪滿天"之類,皆表而出之。

(清)王士禛、鄭方坤:《五代詩話》卷一

錢劉首變詩格,錢咏漢武云:"立堠東溟邀鶴駕,窮兵西極待龍媒。"劉咏明皇云:"梨園法部兼胡部,玉輦長亭復短亭。"工則工矣,余按首變詩格者文公也,文公亦咏漢武云:"力通青海求龍種,死諱文成食馬肝。"咏明皇云:"河朔叛臣驚舞馬,渭橋遺老識真龍。"比之錢劉尤老健。

(清)王士禛、鄭方坤:《五代詩話》卷一

祥符、天禧中,楊大年、錢文僖、晏元獻、劉子儀以文章立朝,爲詩皆宗尚李義山,號"西崑體",後進多竊義山語句。賜宴,優人有爲義山者,衣服敗敝,告人曰:"吾爲諸館職撏撦至此。"聞者歡笑。

(清)王士禛、鄭方坤:《五代詩話》卷一

錢思公《漢武詩》:"立堠東溟邀鶴駕,窮兵西極待龍媒。甘泉祭罷神光滅,更遣人間識玉杯。"夫東求蓬島,西求宛馬,亦志大心勞矣;葬地玉杯,遄出人閑,悲之也。亦理之所不能免也。人君而鑒此則修德,人臣而感此則盡心以事主,聽其運於天也。

(清)王士禛、鄭方坤:《五代詩話》卷一

錢思公《秦皇詩》:"天極周環百二都,六王鍾鐻接流蘇。金椎謾築甘泉道,匕首還隨督亢圖。已覺副車驚博浪,更携連弩望蓬壺。不將寸土封諸子,劉項由來是匹夫。"督亢之亢作平聲,作仄聲用亦可。末句尤妙,天下事每出於智之所不能料,有天下者修德而已。人主往往知懲前代之失,至於矯枉過正,則其禍必伏於人之所不能見者。劉項匹夫而亡秦,又豈必封建地大者足爲患耶?此昆體詩一變,亦足以革當時風花雪月、小巧呻吟之病,非才高學博,未易到此。久而雕篆太甚,則又有能言之士變爲别體,以平淡勝深刻,時勢相因,亦不可一律立論也。

(清)王士禛、鄭方坤:《五代詩話》卷一

謝希深、歐陽永叔官洛陽時,同游嵩山,自潁陽歸,暮抵龍門香山。雪作,登石樓望都城,忽於烟靄中,有策馬渡伊水來者。既至,乃錢相遣厨,傳歌妓至。吏傳公言曰:山行良苦,當少留龍門賞雪,府事簡,無遽歸也。錢相遇諸公之厚如此。後錢相謫漢東,諸公送别至彭婆鎮。錢相置酒,作長短句,俾妓歌之,甚悲。錢相泣下,諸公皆泣下。

(清)王士禛、鄭方坤:《五代詩話》卷一

《花品序》云:余居府中時,嘗謁思公,見一小屏立坐後,細書字滿其上。思公指之曰:欲作花品,此是牡丹名,凡九十餘種。然余所見,而今人熟稱者,纔三十許,不知思公何從得之多也。思公即錢惟演。東坡云:惟演爲西都留守,始置驛,貢洛花,識者鄙之。此宫妾愛君之意也。故於《荔支嘆》云:"洛陽相君忠孝家,可憐亦進姚黄花。"蓋爲思公惜之也。

(清)王士禛、鄭方坤:《五代詩話》卷一

錢昭度能詩,嘗作吕申公夷簡生日詩云:"磻溪重得吕,維岳再生申。"當時詩格律止此,然可謂著題也已。

(清)王士禛、鄭方坤:《五代詩話》卷一

郭平,振武舊將,分配錢塘,給官屋居之。屋在修文坊,舊爲白校書尤賃燒丹藥,未欲往。而官吏丁疏因逐之,乃破爐而去。白因召丁疏同飲,謂疏曰:大藥爲吾子所破,有小戲術醒酒。乃取盤一面,置於膝上,以指敲腕,出五色彈子兩枚,化爲雙燕而飛。白曰:"僕射髭甚繁,可減些。”言未畢,二燕化爲二小劍,長五寸餘,鋒刃如雨,交舞於疏之頤頷間,髭落如雪。疏懼甚。白呼劍下盤中,依前成二丸,納於左右腕而去。錢昭度贈白詩云:“袖裏青鋒秋水寒,誰疑雙燕是金丸。出門風雨知何去,空有霜髭在玉盤。”

(清)王士禛、鄭方坤:《五代詩話》卷一

北方有焉支山,上多紅藍,北人采其花染緋,取其英鮮者作胭脂。婦人妝時用此,顔色殊鮮明可愛。匈奴名妻閼氏,言可愛如胭脂也。錢昭度作王昭君詩云:“閼氏纔聞易妾名,歸期長似俟河清。”則誤讀氏字爲姓氏之氏矣。

(清)王士禛、鄭方坤:《五代詩話》卷一

錢昭度有食梨詩云:“西南片月充腸冷,二八飛泉繞齒寒。”余讀《樂府解題井謎》云:“二八三八,飛泉仰流。”蓋二八、三八爲五八,五八四十也,四十爲井字。

(清)王士禛、鄭方坤:《五代詩話》卷一

王安國作詩好用酒樓字,嘗謂吴處厚曰:“子詩有幾酒樓?”吴曰:“有二:其一‘夜泊潯陽宿酒樓’,二‘後夜錢塘酒樓上。’云云。”安國曰:“足矣。然不如錢昭度‘長憶錢塘江上望,酒樓人散雨絲絲’。”

(清)王士禛、鄭方坤:《五代詩話》卷一

宋初人佳句如楊徽之《春望》云:“杳杳香蕪何處盡,揺揺風柳不勝垂。”《江行》云:“新霜染楓葉,皓月借蘆花。”《嘉陽川》云:“青帝已教春不老,素娥何惜月長圓。”《元夜》云:“雪歸萬年樹,月滿九重城。”徐鉉《病中》云:“向空咄咄頻書字,舉世滔滔莫問津。”梁周翰《山居》云:“宿雨一番蔬甲拆,春山幾處茗旗香。”鄭文寶《春郊》云:“百草千花路,斜風細雨天。”《送别》云:“杜曲花光濃似酒,灞陵春色老於人。"《送人去》云:"滿帆西日催行客,一夜東風落楚梅。"《劉師道寄别》云:"南浦未傷春草碧,北山仍愧曉猿驚。"《嘆世》云:"野馬窗邊日,醯鷄瓮裏天。"李宗鄂《春郊》云:"一溪晚緑浮鸂鶒,萬樹春紅叫杜鵑。"李維《渚宫亭》云:"故宫荒草在,往事暮江流。"《送人越州》云:"風樵若邪路,霜釣洞庭秋。"丁謂《送章南》云:"梅花過嶺路,桃葉渡江船。"《芭蕉》云:"緑章封事緘初啓,青鳳求凰尾乍開。"晏殊云:"東陽詩骨瘦,南浦别魂銷。"錢昭度《村居》云:"黄蜂銜退海潮上,白蟻戰酣山雨來。"《自咏》云:"剛腸欺竹葉,衰鬢怯菱花。"《春晝》云:"人歸漢后黄金屋,燕在盧家白玉堂。"《登樓》云:"遠水净林色,微雲生夕陽。"皆可誦也。

(清)王士禎、鄭方坤:《五代詩話》卷一

張平子《四愁詩》云:"美人贈我金錯刀,何以報之英瓊瑶。"錢昭度詩云:"荷揮萬朵玉如意,蟬弄一聲金錯刀。"即王莽所鑄錢名。莽居攝,變漢制,以周錢有子母相權,於是更造大錢,徑寸二分,重十二銖,文曰大錢五十;又造契刀,其環如大錢,身形如刀,長二寸,文曰契刀五百;錯刀以黄金錯其文,曰:一刀直五千,與五銖錢凡四品並行。杜子美《對雪詩》:"金錯囊徒罄,銀壺酒易賒。"韓退之《潭州泊船》詩:"聞道松醪賤,何須怯錯刀。"此謂是也。或注《四愁詩》,引《續漢書》:佩刀,諸侯王以黄金錯環。恐與王莽所鑄錯刀又别。

(清)王士禎、鄭方坤:《五代詩話》卷一

錢熙字大雅,南安人,登甲科,獻《四夷來王賦》萬餘言。太宗奇之,直史館。熙好學善談,精筆札,第負氣狷躁,後以事罷職,憤恚卒。嘗撰《三酌酸文》,世稱精絶,略曰:"渭川凝碧,蚤抛釣月之流;高嶺排青,不逐眠雲之客。"又曰:"年年落第,春風徒泣於遷鶯;處處羈游,夜雨空悲於斷雁。"其卒也,鄉人李慶孫哭之曰:"四夷妙賦無人誦,三酌酸文舉世傳。"

(清)王士禎、鄭方坤:《五代詩話》卷一

鄭谷幼負名譽，司空圖見而奇之，問之，答曰：“大夫《曲江晚望》斷篇云：‘村南斜日閑回首，一對鴛鴦落渡頭。’意深矣。”司空撫背曰：“當爲一代風騷主。”

（清）王士禛、鄭方坤：《五代詩話》卷二

吴淑《冬日招客詩》云：“曉羹沉玉杵，寒鮓疊金綿。”杵謂小截山蕷，綿乃黄雀脂膏。

（清）王士禛、鄭方坤：《五代詩話》卷二

文主應舉，嘗經大澤中，驟雨震電，衆駭躓，獨安詳如不聞。雨定，傍人見其兩耳中鬼神以泥封之。後爲内翰，草司空李德誠麻，潤毫久不至，爲詩督之云：“紫殿西頭月欲斜，曾草臨淮上相麻。潤筆已曾經奏謝，更將章句問張華。”時論少之。

（清）王士禛、鄭方坤：《五代詩話》卷二

梁祖之初兼四鎮也，英烈剛狠，視之若乳虎，左右小忤其旨，立殺之。梁之職史，每日先與家人辭訣而入，歸必相賀。賓客對之，不寒而慄，進士杜荀鶴以所業投之，且乞一見，掌客以事聞於梁祖，默無所報。荀鶴住大梁數月。先是，凡有求謁梁祖，如已通姓名而不得見者，雖逾年困躓於逆旅中，寒餓殊甚，主者留之，不令私去；不爾，即公人輩及禍矣。荀鶴逐日詣客次，一日梁祖在便廳，謂左右曰：杜荀鶴何在？左右以見在客次爲對。未見間，有馳騎者至，梁祖見之，至巳午間方退，梁祖遽起歸宅。荀鶴謂掌客曰：“某饑甚，告欲歸。”公人輩爲設食且曰：“乞命，若大王出，要見秀才，言已歸館舍，即某等求死不暇。”至未申間，梁祖果出，復坐於便廳，令取盆骰子來。既至，梁祖擲數十擲，意似有所卜。擲且久，終不愜旨，怒甚，屢顧。左右怖懼，縮頸重足，若蹈湯火。須臾，梁祖取骰子在手，大呼曰：“杜荀鶴！”遂擲之。視之，六隻俱赤，乃連聲命：“屈秀才！”荀鶴爲主客者引入，令趨驟至階陛下。梁祖言曰：“秀才不合趨階。”荀鶴聲喏，恐懼，流汗在背。叙謝訖,命坐。荀鶴慘悴戰慄,神不主體。梁祖徐曰:“知秀才久矣。”荀鶴欲降階拜謝,梁祖曰:“不可。”於是再拜復坐。梁祖顧視階下,謂左右曰:“似有雨點下?”令視之,實雨也。然仰首視之,天無片雲,雨點甚大,沾階檐有聲。梁祖自起熟視之,復坐,謂杜曰:秀才曾見無雲而雨否? 荀鶴答言未曾見。梁祖笑曰:“昔所謂無雲而雨,謂之天泣,不知是何祥也?”又大笑,命左右,將紙筆來,請秀才題一篇無雲雨詩。杜始對梁祖坐,身如在燃炭之上,憂悸殊甚,復令賦詩,不敢辭,立成一絶獻之。梁祖覽之大喜,立召賓席共飲,極歡而散,且曰:“來日特爲秀才開一筵。”復拜謝而退。杜絶句云:“同是乾坤事不同,雨絲飛灑日輪中。若教陰朗都相似,争表梁王造化功?”由是大獲見賞。杜既歸,驚惶成疾,水瀉數十度,氣貌羸絶,幾不能起。客司守之,供侍湯藥,若事慈父母。明晨,再有主客者督之,且曰:“大王欲見秀才,請速上馬。”不獲已,巾櫛上馬。比至,凡促召者五七輩。杜困頓無力,趨進遲緩。梁祖自起大聲曰:“杜秀才‘争表梁王造化功’!”杜頓忘其病,趨走如飛,連拜叙謝數四。自是梁祖特設帳賓館,賜之衣服錢物,待之甚厚。

(清)王士禛、鄭方坤:《五代詩話》卷二

高蟾詩思雖清,務爲奇險,意疏理寡,實風雅之罪人。薛能謂人曰:“倘見此公,欲贈以掌。”然而《落第詩》“不向東風怨未開”,守寒素之分,無躁競之心,公卿間許之,終以榮名。

(清)王士禛、鄭方坤:《五代詩話》卷二

鄭谷嘗贈蟾詩云:“張生‘故國三千里’,知者惟應杜紫微。君有‘君恩秋後葉’,可能更羨謝元暉。”蓋蟾有《宫詞》云:“君恩秋後葉,日日向人疏。”今全什亡。

(清)王士禛、鄭方坤:《五代詩話》卷二

李山甫數舉進士被黜,依魏博幕府,嘗有詩云:“勸君莫用誇頭角，夢裏輸贏總未真。”譏執政也。巢寇之亂，翰林待詔王敬遨者，游鄴，遇於道觀。山甫謂曰：“《幽蘭緑水》可得聞乎？”遨應命奏之。曲終，潸然曰：“憶在咸通，玉亭秋夜，供奉至尊，不意流離至此也。”山甫賦詩曰：“《幽蘭緑水》耿清音，嘆息先生枉用心。世上幾時曾好古，人前何必獨沾襟。”句未成，亦自黯然，悲其不遇也。

（清）王士禛、鄭方坤：《五代詩話》卷二

項王廟有李山甫題詩云：“爲虜爲王盡偶然，有何羞見渡江船。平分天下猶嫌少，可要行人贈紙錢？”俗傳有云：“仗劍爲何懷舊恨，漢家今已屬他人。平分天下猶嫌少，一紙金錢值幾文！”雖非韻，亦自好。嘗謂項王之死，正在不渡江，方有些氣概，一下船便索然，生爲擒虜，死爲怯鬼矣。何者？初起兵時，氣盛决死，席卷而前，自然成功；今一番英雄業已做過，業爲逃虜，氣竭情盡，勿論自家羞見人，江東子弟亦决不來助。杜牧之詩真是可笑，惟王介甫獨窺其深。

（清）王士禛、鄭方坤：《五代詩話》卷二

一菊詩也，陳叔達云：“但令逢采摘，寧辭獨晚榮。”婉厚乃爾。朱灣云：“受氣何曾異，開花獨自遲。”費較量矣。李山甫云：“栽處不容依玉砌，要時還許上金樽。”更似毒口駡將來，豈非時代爲之？

（清）王士禛、鄭方坤：《五代詩話》卷二

世豈有國號、國姓可入詩者哉？然如盧照鄰“人歌小歲酒，花舞大唐春”，李山甫“但經春色還秋色，不覺楊家是李家”，非佳句乎？觀此，事無不可使，只巧匠少耳。

（清）王士禛、鄭方坤：《五代詩話》卷二

《廣川書跋》云：初，僕固懷恩之叛，其女没入宫。大曆四年，回紇請婚，因封爲崇徽公主，降可汗。道汾州，以手掌托石壁，遂有手痕。今靈石有崇徽公主手痕碑。李山甫詩云：“一拓纖痕更不收，翠微蒼蘚幾經秋。誰陳帝子和番策,我是男兒爲國羞。寒雨洗來香已盡,淡烟籠著恨長留。可憐汾水知人意,旁與吞聲未忍休。"

(清)王士禛、鄭方坤:《五代詩話》卷二

李山甫《牡丹》詩云:"邀勒春風不蚤開,衆芳飄後上樓台。數苞仙艷火中出,一片異香天上來。曉露精神妖欲動,暮烟情態恨成堆。知君也解相輕薄,斜憑闌干首重回。"司空表聖有絶句云:"芙蓉騷客空留怨,芍藥詩家只寄情。誰似天才李山甫,牡丹屬思亦縱横。"蓋指此詩也。

(清)王士禛、鄭方坤:《五代詩話》卷二

梁太祖受禪,姚垍爲翰林學士。上問及裴延裕行止,曰:"頗知其人文思甚捷。"垍曰:"向在翰林,號爲下水船。"太祖應聲曰:"卿便是上水船。"魯直詩曰:"花氣薰人欲破禪,心情其實過中年。春來詩思何所似? 八節灘頭上水船。"山谷點化前人語,而其妙如此,詩中三昧手也。

(清)王士禛、鄭方坤:《五代詩話》卷二

羅紹威唐末襲父洪信爲魏博節度使,喜爲詩。江東羅隱有詩名,紹威厚禮之,與通屬籍,目已所爲詩號《偷江東集》。如"樓前淡淡雲頭日,簾外蕭蕭雨脚風",無愧隱矣。紹威形貌魁偉,有英傑氣,好招延文學士,開館聚書萬卷,每歌酒宴會,與賓佐賦詩,頗有情致。羅隱贈紹威詩云:"寒門雖得在諸宗,栖北巢南恨不同。馬上固慚銷髀肉,幄中猶美愈頭風。蹉跎歲月心仍切,迢遞江山夢未通。深荷吾人有知已,好將筆力當英雄。"

(清)王士禛、鄭方坤:《五代詩話》卷二

(韓)定辭爲鎮州王鎔書記,聘燕帥劉仁恭,舍於賓館,命幕客馬彧延接。馬有詩贈韓云:"燧林芳草綿綿思,盡日相携陟麗譙。别後巏嵍山上望,羡君時復見王喬。"彧詩清秀,然意在試其學問。韓於座酬之,曰:"崇霞臺上神仙客,學辨癡龍藝最多。盛德好將銀筆述,麗詞堪與雪兒歌。"座賓靡不欽訝,然亦疑銀筆之僻也。他日彧持燕帥之命,答聘常山,亦命定辭接於宫館。彧從容問韓以雪兒、銀筆之事。韓曰:"昔梁元帝爲湘東王時,好學著書,掌紀忠臣義士及文章之美者,筆有三品,或以金銀雕飾,或以斑竹爲管。忠孝全者,用金管書之;德行清粹者,用銀筆書之;文章贍麗者,以斑竹書之。故湘東之譽,振於江表。'雪兒'者,李密之愛姬,能歌舞,每見賓僚文章有奇麗入意者,即付雪兒叶音律以歌之。"又問癡龍出自何處,定辭曰:"洛下有洞穴,曾有人誤墮於穴中,因行數里,漸見明曠,見有宫殿人物凡九處。又見有大羊,羊髯有珠,人取而食之,不知何所。後出以問張華,華曰:'此地仙九館也。'大羊者,名曰癡龍耳。"定辭復問彧:"巏嵍山當在何處?"彧曰:"此隨郡之故事,何謙光而下問。"由是兩相悦服,結交而去。

(清)王士禛、鄭方坤:《五代詩話》卷二

唐末詩人韓定辭,仕爲鎮冀深趙等州觀察判官,尚書祠部郎中,兼侍御史,爲王鎔聘劉仁恭,與馬彧倡和,所謂"崇霞臺上神仙客,學辨癡龍藝最多"者,事載《全唐詩話》。按《安陽集重修五代祖塋域記》定辭乃忠獻王琦四世伯祖。忠獻五代祖又賓,稱庶子府君,歷仕鎮帥王紹鼎、景崇、鎔三世,有子二人,長定辭,次昌辭。昌辭仕爲鼓城令,即忠獻王高祖也。東坡嘗書前詩,而云定辭不知何許人,豈未考其家世耶?

(清)王士禛、鄭方坤:《五代詩話》卷二

《全唐詩話》《唐詩紀事》並載馬彧贈韓定辭詩云:"燧林芳草綿綿思,盡日相携陟麗譙。别後巏嵍山上望,羡君時復見王喬。"按字書嵍音務。《顔氏家訓》云:柏人城東北有孤山,闞駰《九州志》以爲舜納於大麓即此山。世俗或呼爲宣務山。余嘗爲趙州佐,共太原王邵讀柏人城西門内碑。碑是漢桓帝時縣人爲令徐整所立，銘云："上有巏務山，王喬所仙。"方知此巏務山也。巏字遂無所出。務字依諸字書，即旄邱之旄也。旄字《字林》一音忘付反，今依附俗名當，音權務耳。入鄴爲魏收道之，收大嘉嘆，其作《趙州莊嚴寺碑》，銘云："權務之精。"即謂此也。余按此則馬詩當作莫毫反耳。定辭即忠獻曾祖行，東坡書此詩乃云不知何許人，豈一時失於考據耶？

（清）王士禛、鄭方坤：《五代詩話》卷二

五代馬彧贈韓定辭詩，巏嵍山見《顔氏家訓》，余《池北偶談》已詳之。其首句云："燧林芳草綿綿思，盡日相携陟麗譙。"燧林未詳出處，考《拾遺記》云：燕昭王游於西王母燧林之下，説燧皇鑽火之事，在申彌國，近燧明國，去都萬里，則非燕地明矣。王子年著書皆杜撰，韓馬特引此以矜奇炫博，非事實也。

（清）王士禛、鄭方坤：《五代詩話》卷二

裴秀《冀州記》云：王喬，犍爲武陽人，爲柏人令，於緱氏山登仙。按今唐山縣即漢之柏人，巏嵍山在其城北，故馬彧贈韓定辭詩云："別後巏嵍山上望，羨君時復見王喬。"《後漢書》王喬河東人，顯宗時爲葉令，或云即古仙人王子喬。

（清）王士禛、鄭方坤：《五代詩話》卷二

閣皂山館有天復四年孫偓、李洞、宋齊丘、沈彬、孟賓于、徐鉉、陶淵詩牌，得道之士伊夢昌有詩，常平、周彦質二詩亦好。

（清）王士禛、鄭方坤：《五代詩話》卷二

張喬《送人游蜀》云："劍閣緣空去，西過第幾州？丹霄行客語，明月杜鵑愁。露帶山花落，雲隨野水流。相如曾醉地，莫戀少年游。"

（清）王士禛、鄭方坤：《五代詩話》卷二

張喬云:"已老金山頂,無心上石橋。講移三楚遍,梵譯五天遥。板閣懸秋月,銅瓶汲夜潮。自慚塵世客,來坐亦通宵。"世稱"汲夜潮"句最工,謂中泠泉在江心故也。今寺僧以井代操舟犯險之勢,失其舊矣。愚謂清而有味,江心之水;若雲夜潮,是海水也。海水咸澀,豈堪烹茗?余自瓜步乘潮漲而渡江,久慕江心之水,而不知其爲潮也,亟命舟人汲一瓶。俟到岸,取茶煮之,則剌舌而不可飲。乃始知向者所汲是潮也,非江水也。因記張喬之詩,索讀而改之曰:"板閣懸流月,銅瓶汲退潮。"夫月印江中,與水俱流,謂之流月,正切金山。徒云"秋月",凡山寺不在江中者,皆可通用矣。海潮已退,江流始復,汲而飲之,味始可口,故改一流字、退字,便使此詩生色。末聯云"自慚塵世客,來坐亦通宵",語俗而意淺,愚亦爲改云"渾忘塵世味,閑坐忽通宵。"

(清)王士禛、鄭方坤:《五代詩話》卷二

鄭徵君爲詩,皆袪淫靡,迥絶囂塵,如《富貴曲》云:"美人梳洗時,滿頭間珠翠。豈知兩片雲,戴却數鄉稅。"有《咏西施》云:"素面已云妖,更著花鈿飾。臉横一寸波,浸破吴王國。"又七言《傷時》云:"帆力劈開滄海浪,馬蹄踏破亂山青。浮名浮利過於酒,醉得人心死不醒。"又《題霍山秦尊師》云:"老鶴玄猿伴采芝,有時長嘯獨移時。翠蛾紅粉嬋娟劍,殺盡世人人不知。"又《偶題》:"似鶴如雲一個身,不憂家國不憂貧。擬將枕上日高睡,賣與世間富貴人。"又《思山咏》:"因賣丹砂下白雲,鹿裘怕惹九衢塵。不如將爾入山去,萬是千非愁殺人。"又《景福中作》云:"悶見戈鋋匝四溟,恨無奇策救生靈。如何飲酒得長醉,直到太平時節醒。"又《招友游春》云:"難把長繩係日烏,芳時偷取醉工夫。任堆金璧磨星斗,買得花枝不老無?"又《山居》云:"閑見有人尋,移庵更入深。落花流澗水,明月照松林。醉勸頭陀酒,閑教孺子吟。身同雲外鶴,斷得世塵侵。"又詩云:"冥心栖太室,散發浸流泉。采柏時逢麝,看雲忽見山。夏狂冲雨戲,春醉戴花眠。絶頂登雲望,東都一點烟。"又詩:"不求朝野知,卧見歲華移。采藥歸侵夜,聽松飯過時。荷竿尋水釣,背局上岩棋。祭廟人來説,中原正亂離。”

（清）王士禛、鄭方坤：《五代詩話》卷二

五代之亂，干戈日尋，而鄭雲叟隱於華山，與羅隱終日怡然對飲，有《酒詩》二十章，好事者繪爲圖，以相餽遺。

（清）王士禛、鄭方坤：《五代詩話》卷二

（王）易簡，唐末進士，梁乾化中及第，名居榜尾，不看榜，却歸華山。尋就山釋褐，授華州幕職。後召入，拜左拾遺。及辭官歸隱，留詩一絶曰：“汩没朝班愧不才，誰能低折向塵埃。青山得去且歸去，官職有來還自來。”及再召爲郎，遷諫垣、臺閣三十年，歸華山十年而終。

（清）王士禛、鄭方坤：《五代詩話》卷二

路德延，儋州岩相之猶子，數歲，賦芭蕉詩曰：“一種靈苗異，天然體性虛。葉如斜界紙，心似倒抽書。”詩成，翌日傳於都下。會儋州坐事誅，故德延久不能振，光化初方就舉擢第，又爲《感舊》詩曰：“初騎竹馬咏芭蕉，嘗忝名卿誦滿朝。五字便容趨絳帳，一枝尋許折丹霄。豈知流落萍蓬遠，不覺推遷歲月遥。國境未安身未立，至今顔巷守簞瓢。”天祐中授拾遺，會河中節度使朱友謙領鎮，辟掌書記，友謙甚禮之。然德延浮薄，動多忤物。友謙解體，德延乃作《小兒詩》五十韻以刺。友謙聞而大怒，乃因醉沈之黄河。詩曰：“情態任天然，桃紅兩頰鮮。乍行人共看，初語客多憐。臂膊肥如瓠，肌膚軟勝綿。長頭纔覆額，分角漸垂肩。散誕無塵慮，逍遥占地仙。排衙朱閣上，喝道畫堂前。合調歌楊柳，齊聲踏采蓮。走堤行細雨，奔巷趁輕烟。嫩竹乘爲馬，新蒲折作鞭。鸎雛金鏇繫，猫子彩絲牽。擁鶴歸晴島，驅鵝入暖泉。楊花争弄雪，榆葉共收錢。錫鏡當胸挂，銀珠對耳懸。頭依蒼鶻裹，袖學柘枝揎。酒殢丹砂暖，茶催小玉煎。頻邀籌箸挣，時乞綉針穿。寶篋拏紅豆，妝奩拾翠鈿。戲袍披按褥，尖帽戴靴氈。展畫趨三聖,開屏笑七賢。貯懷青杏小,垂額緑荷圓。驚滴沾羅泪,嬌流污錦涎。倦書饒婭姹,憎藥巧遷延。弄帳燕綃映,藏衾鳳綺纏。指敲迎使鼓,箸撥賽神弦。簾拂魚鈎動,筝推雁柱偏。棋圖添路畫,笛管欠吹鑴。惱客初酣睡,驚僧半入禪。尋蛛窮屋瓦,采雀遍樓椽。拋果忙開口,藏鈎亂出拳。夜分圍榾柮,朝聚打鞦韆。折竹裝泥燕,添絲放紙鳶。互誇輪水碓,相教放風旋。旗小裁紅絹,書幽截碧箋。遠鋪張鴿網,低控射蠅弦,詀語時時道。謳歌處處傳,匿窗眉乍曲。遮路臂相連,鬥草當春逕。争毬出晚田,柳旁慵獨坐。花底困横眠,等鵲前籬畔。聽蛩伏砌邊,旁枝粘舞蝶。隈樹捉鳴蟬,平島誇趫上。層崖逞捷緣,嫩苔車迹小。深雪履痕全,競指雲生岫。齊呼月上天,蟻窠尋逕劚。蜂穴繞階填,樵唱回深嶺。牛歌下遠川,壘柴爲屋木。和土作盤筵,險砌高臺石。危跳峻塔塼,忽升鄰舍樹。偷上後池船,項橐稱師日。甘羅作相年,明時方任德,勸爾減狂顛。"

(清)王士禛、鄭方坤:《五代詩話》卷二

廖凝目裴説爲"劫墓賊",裴吊杜陵墓"擬鑿孤墳破,重教大雅生"。裴非真賊也,唯渠自向沈約集中作賊,乃真賊耳。然古今猾賊不可數計,南華老仙云:"儒以詩禮發冢。"楞嚴亦云:"云何賊人,假我衣服,裨販如來。"舉世盡賊,誅容勝誅乎?

(清)王士禛、鄭方坤:《五代詩話》卷二

唐舉子先投所業於公卿之門,謂之行卷。説只行五言十九首,至來年秋賦,復行舊卷。人有譏之者,説曰:"只此十九首苦吟,尚未有人見知,何假别行卷哉?"識者以爲知言。天復六年登甲第。其詩以苦吟難得爲工,且拘格律。嘗有詩曰:"苦吟僧入定,得句將成功。"又贈僧貫休云:"總無方是法,難得始爲詩。"又云:"是事精皆易,唯詩會却難。"遭亂,故官不達。

(清)王士禛、鄭方坤:《五代詩話》卷二

有周知微者,字明老,爲晉州縣尉,到官不數月,不告於州,而徑來京師。人問其故,云我欲求教授。至京求知已不得,大醉,一夕而卒。然爲詩有可喜者,如《觀臨淮雙頭白蓮圖》云:"既不學叔隗季隗南歸晉,又不學大喬小喬東入吴,一種桃根與桃葉,若爲化作雙芙蕖?臨淮政成有餘暇,坐令華屋生瀟灑。鵝溪一幅萬里寬,移得□□入圖畫。天空水闊江茫茫,相見女英與娥皇。九嶷雲深蒼梧遠,冰姿泣露不成妝。苦心抱恨何年了,香骨應甘没秋草。不如回首謝秋風,分作尹邢來漢宫。"又作《上巳日寒食》云:"疾風暮雨悲游子,峻嶺崇山非故鄉。"亦可賞,而其狂未見其比。

(清)王士禛、鄭方坤:《五代詩話》卷二

唐吴靄字廷俊,連山人。母浣帛於江,觸沈鯉而孕,既生,膊上有肉鱗隱起。七歲能詩,嘗咏野燒云:"烟隨紅焰斷,化作白雲飛。"識者器之。登光化二年進士,後歸朱全忠。

(清)王士禛、鄭方坤:《五代詩話》卷二

唐彭城劉山甫,中朝仕族也。其先官於嶺外,侍從北歸,泊船於青草湖,登岸見有北方毗沙門天王,因詣之,見廟宇摧頹,香燈不續。山甫少年而有才思,乃題詩曰:"壞墻風雨幾經春,草色盈庭一座塵。自是神明無感應,盛衰何得却由人?"是夜,夢神見責云:"我非天王,故南嶽也,主張此地,汝何相侮?"俄而驚覺,風濤陡起,倒檣絶纜,沈溺在即,遽起悔過,令撤詩牌然後已。山甫自序。

(清)王士禛、鄭方坤:《五代詩話》卷二

(王)貞白,唐末大播詩名,《御溝》爲卷首,云:"一派御溝水,緑槐相蔭清。此波涵帝澤,無處濯塵纓。鳥道來雖險,龍池到自平。朝宗心本切,願向急流傾。"自謂冠絶無瑕,呈僧貫休。休曰:"甚好,只是剩一字。"貞白揚袂而去。休曰此公思敏,書一字於掌中。逡巡,貞白回,忻然曰已得一字,云"此中涵帝澤"休將掌中字示之,一同。天祐年中内試，貞白扎翰狼籍，帝覽，拂下玉案，有黄門奏："此舉人有詩名。"御批曰："粗通，放。"

（清）王士禛、鄭方坤：《五代詩話》卷二

王貞白《御溝》一律，吟家喜談其事，亦繇微含比興，故佳。《咏葦》排句，輕趣可追姚監，餘概少快心。

（清）王士禛、鄭方坤：《五代詩話》卷二

元薩天錫"地濕厭聞天竺雨，月明來聽景陽鐘"。山東一老易"聞"爲"看"，薩詰所出，對唐句"林下老僧來看雨"。齊己改張迥"虬鬚白也無"，以"在"易"也"；蕭楚材易乖崖"獨恨大平無一事"之"恨"爲"幸"；昌黎更閬仙"僧推月下門"爲"敲"；鄭谷更齊己《早梅》"昨夜數枝開"之"數"爲"一"；貫休更王貞白"此波涵帝澤"之"波"爲"中"，皆一字師。按"南枝纔放兩三花"，安在必一與？也、波二字可不改。受三字師者，爲之赧顔。

（清）王士禛、鄭方坤：《五代詩話》卷二

唐有一種色，謂之退紅，王建《牡丹》詩云："粉光深紫膩，肉色退紅嬌"；王貞白《娼樓行》云："龍腦香調水，教人染退紅"；《花間集》："床上小薰籠，昭州新退紅。"蓋退紅若今之粉紅，髹器亦有作此色者，今無之矣。紹興末，縑帛有一等似皂而淡者，謂之不肯紅，亦退紅之類也。

（清）王士禛、鄭方坤：《五代詩話》卷二

建帥陳誨之子德誠，罷管沼江水軍，入掌禁衛，頗患拘束。方晏客，貞白在坐，食蟹，德誠請咏之。貞白云："蟬眼龜形脚似蛛，未曾正面向人趨。如今飣在盤筵上，得似江湖亂走無？"衆客皆笑。

（清）王士禛、鄭方坤：《五代詩話》卷二

貞白寄鄭谷曰:“五百首新詩,緘封寄與誰。祇憑夫子鑒,不要俗人知。火鼠重收布,冰蠶乍吐絲。直須天上手,裁作領巾披。”

(清)王士禛、鄭方坤:《五代詩話》卷二

李濤,長沙人也,篇咏甚著,如“水聲長在耳,山色不離門”,又“掃地樹留影,拂床琴有聲”,又“落日長安道,秋槐滿地花”,膾炙人口,温飛卿任太學博士,主秋試,濤與衛丹、張郃等詩賦,皆榜於都堂。

(清)王士禛、鄭方坤:《五代詩話》卷二

世言社日飲酒治聾,不知其何據。五代李濤有《春社從李昉求酒》詩云:“社公今日没心情,乞爲治聾酒一瓶。惱亂玉堂將欲遍,依稀巡到第三廳。”昉時爲翰林學士,有日給内庫酒,故濤從乞之,則其傳亦已久矣。社公,濤小字也。唐人在慶侍下,雖官高年長,皆稱小字。濤性疏達不羈,善諧謔,與朝士言亦多以社翁自名,聞者無不以爲笑,然亮直敢言,後官亦至宰相。

(清)王士禛、鄭方坤:《五代詩話》卷二

李濤相國性滑稽,爲布衣時,往來京洛間,泥水闕有僧舍,曰不動尊院。中有僧,不出院十餘載,濤每過,嘗謁其院,必省其僧。未幾,寺焚僧散,濤再過之,但有門扇而已,因題詩曰:“走却坐禪客,移將不動尊。世間顛倒事,八萬四千門。”

(清)王士禛、鄭方坤:《五代詩話》卷二

凝式詩什亦多,雜以詼諧,少從張全義辟,故作詩紀全義之德云:“洛陽風景實堪哀。昔日曾爲瓦子堆。不是我公重葺理,至今猶自一堆灰。”他類若此。石晉時,張從恩尹洛,凝式自汴還,時飛蝗蔽日,偶與之俱。凝式先以詩寄從恩曰:“押引蝗蟲到洛京,合消郡守遠相迎。”從恩弗怪也。然凝式詩句自佳,其題壁有“院似禪心静,花如覺性圓,自然知了義,争肯學神仙",清麗可喜也。

(清)王士禛、鄭方坤:《五代詩話》卷二

凝式仕後唐、晉、漢間落魄不自檢束,自號"楊風子",終能以智自脱。書法高妙,傑出五代,今洛中僧寺,尚多有其遺迹。《題華嚴院》一詩云:"院似禪心,静花如覺性圓,自然知了義,争肯學神仙。"用筆尤奔放奇逸。李西臺建中平生師凝式書,題詩於旁曰:"枯杉倒檜霜天老,松烟麝煤陰雨寒。我亦生來有書癖,一回入寺一回看。"

(清)王士禛、鄭方坤:《五代詩話》卷二

右楊景度行書,山谷有云:"俗書祇識蘭亭面,欲换凡骨無金丹。誰知洛陽楊風子,下筆便到烏絲闌。"爲前輩推重如此。王欽若在祥符天祝節,尚有暇及此邪?此帖絶無發風動氣處,尤可寶也。鮮于樞獲觀信筆書。

(清)王士禛、鄭方坤:《五代詩話》卷二

《楊柳枝》,即古折楊柳義也。本歌亡隋之曲,故陳子昂有詩云:"萬里長江一帶開,岸邊楊柳幾千栽。錦帆未落干戈起,惆悵龍舟去不回。"劉禹錫曰:"楊子江頭烟景迷,隋家宫樹拂金堤。嵯峨猶有當時色,半蘸波中水鳥栖。"又韓琮云:"昌樂隋堤事已空,萬條猶舞舊東風。"晉和凝云:"萬枝枯槁怨亡隋,似吊吴臺各自垂。"是也。

(清)王士禛、鄭方坤:《五代詩話》卷二

朱檢討竹垞貽所刻《十家宫詞》,爲倪檢討雁園家宋刻本。唐陜州司馬王建、蜀花蕊夫人、石晉丞相和凝、宋宣和御制丞相王珪、珪子仲修、學士宋白、中大夫張公庠、直秘閣周彦質、又胡偉集句,凡十家。

(清)王士禛、鄭方坤:《五代詩話》卷二

惡詩相傳,流爲里諺,此真風雅之厄也,如"世亂奴欺主,時衰鬼弄人”,唐杜荀鶴詩也;“今朝有酒今朝醉,明日愁來明日當”,羅隱詩也;“但知行好事,莫要問前程”,五代馮道詩也;“閉門不管庭前月,分付梅花自主張”,南宋陳隨隱自述其先人藏一警句,爲真西山、劉漫塘所擊賞者也。

(清)王士禛、鄭方坤:《五代詩話》卷二

馮瀛王鎮南陽,郡中宣聖廟壞,有酒户十餘輩,投狀乞修。瀛王未及判,有幕客題狀後云:“槐影參差覆杏壇,儒門弟子盡高官。若教酒户重修廟,覺我慚惶也大難。”瀛王遽罷其請,出己俸重修。

(清)王士禛、鄭方坤:《五代詩話》卷二

後唐裴尚書年老致政,其門生馬裔孫知舉,放榜後,引諸進士謁謝。裴賦詩云:“三主禮闈今八十,門生門下見門生。”按此即今榜下引見之禮,然門生門下見門生,今詞林相隔僅兩科即已有之,不足異也。

(清)王士禛、鄭方坤:《五代詩話》卷二

荆南高從誨,季興嫡子也。季興先時建渚宫於府庭西北隅,延袤十餘里,亭榭鱗次。從誨紹立,尤加完葺。從誨明音律,好彈胡琴,女樂數十,皆擅其技。王仁裕使荆渚,從誨出十輩彈胡琴,仁裕詩曰:“紅妝齊抱紫檀槽,一抹朱弦四十條。湘水凌波慚鼓瑟,秦樓明月罷吹簫。寒敲白玉聲何婉,暖逼黄鶯語自嬌。丹禁舊臣來側耳,骨清神爽似聞韶。”又曰:“玉纖挑落折冰聲,散入秋空韻轉清。二五指中過塞雁,十三弦上囀春鶯。譜從陶室偷將妙,曲向秦樓寫得成。無限細腰宫裏女,就中偏愜楚王情。”

(清)王士禛、鄭方坤:《五代詩話》卷二

王仁裕嘗從事於漢中,家於公署。巴山有采捕者,獻猿兒焉。憐其小而慧黠,使人養之,名曰“野賓”,呼之則聲聲應對;經年則充博壯盛,縻縶稍解,逢人必齧之,頗亦爲患。仁裕叱之,則弭伏而不動,餘人縱鞭棰亦不畏。其公衙子城繚繞,並是榆槐雜樹,漢高廟有長松古柏,上鳥巢不知其數。時仲春日,野賓解逸,躍入叢林,飛趠於樹梢之間,遂入漢高廟,破鳥巢,擲其雛卵於地。是州衙門有鈴架,群鳥遂集架引鈴,主使令尋鳥所來,見野賓在林間,即使人投瓦礫彈射,皆莫能中。薄暮腹枵,方餒而就縶,乃遣人送入巴山百餘里溪洞中。人方回,詢問未畢,野賓已在厨内謀餐矣,又復縶之。忽一日解逸,入主帥厨中,應動用食器之屬,並遭掀撲穢污,而後登屋,擲瓦拆磚。主帥大怒,使衆箭射之。野賓騎屋脊,而毁拆磚瓦,箭發如雨,野賓目不妨視,口不妨呼,手拈足擲,左右避箭,竟不能損其一毫。有使院老將馬元章曰:"市上有一人善弄胡猻。"乃使召至,指示之曰:"速擒來。"於是大胡猻躍上衙屋趕之,逾垣驀巷,擒得至前,野賓流汗沾體而伏罪。主帥亦不甚詬怒。衆皆看而笑之,於是頸上係紅綃一縷,題詩送之曰:"放爾丁寧復故林,舊來行處好追尋。月明巫峽堪憐静,路隔巴山莫厭深。栖宿免勞青嶂夢,躋攀應愜碧雲心。三秋果熟松梢健,任抱高枝徹曉吟。"又使人送入孤雲兩角山,且使縶在山家,旬日後方解而縱之,不復再來矣。後罷職入蜀,行次嶓冢廟前漢江之壖,有群猿自峭岩中連臂而下,飲於清流,有巨猿捨群而前,於道畔古木之間垂身下顧,紅綃仿佛尚在。從者指之曰:"此野賓也。"呼之聲聲相應。立馬移時,不覺惻然;及聳轡之際,哀叫數聲而去;及陟山路,轉壑回溪之際,尚聞嗚咽之音,疑其腸斷矣。遂繼之一篇曰:"嶓冢祠邊漢水濱,飲猿連臂下嶙峋。漸來仔細窺行客,認得依稀是野賓。月宿縱勞羈紲夢,松餐非復稻粱身。數聲腸斷和雲叫,識是前年舊主人。"

(清)王士禛、鄭方坤:《五代詩話》卷二

興元南有路通巴州,深谿峭岩,捫蘿摸石,三日始達於山頂。復登措大嶺,蓋稍平處也。其絶頂謂之孤雲兩角。彼中諺云:"孤雲兩角,去天一握。"淮陰侯廟在焉。昔韓信亡去,蕭何追及於兹山王。仁裕題詩云:"孤雲不掩興亡策,兩角曾懸去住心。"

(清)王士禛、鄭方坤:《五代詩話》卷二

王定保，唐光化三年，李渥侍郎下及第。吴子華侍郎鬻爲婿，子華即世，定保南游湖湘，無北歸意。吴假緇服自長安來，明日訪其良人，白於馬武穆王，令引見定保於定保寺。吴隔簾誚之曰："先侍郎重先輩，以名行，俾妾侍箕箒。侍郎没，慮先輩以妾改適，是以不遠千里，來明侍郎之志。"定保不勝慚赧，致書武穆，乞爲婿，吴確乎不拔定保爲盟，畢世不婚矣。吴歸吴中，外家沈彬有詩贈定保云："仙桂曾攀第一枝，薄游湘水阻佳期。皋橋已失齊眉願，蕭寺行逢落髮師。廢苑露寒蘭寂寞，丹山雪斷鳳參差。聞公已有平生約。謝絶女蘿依兔絲。"定保後爲馬不禮，奔五羊依劉氏，官至卿。

(宋)阮閲:《詩話總龜》卷二六

五代王仁裕知貢舉，王丞相溥爲狀元，時年二十六。後六年，遂相周世宗；猶及本朝，以太子太保罷歸班，年纔四十二，前此所未有也。溥初拜相，仁裕猶致仕無恙，嘗以詩賀溥云："一戰文場援趙旗，便調金鼎佐無爲。白麻驟降恩何極，黄髮初聞喜可知。跋敕按前人到少，築沙堤上馬歸遲。立班始得遥相見，親洽争如未貴時。"溥在位，每休沐必詣仁裕，從容終日。蓋唐以來，座主門生之禮尤厚。今王丞相將明，霍侍郎端友榜，南省奏名時，知舉四人：安樞密處厚，劉尚書彦修，與今鄧樞密子常，范右丞謙叔。吾亦忝點檢試卷。官鄧范不唯及見其登庸，可以繼仁裕；且同在政府，則仁裕所不及也。

(清)王士禛、鄭方坤:《五代詩話》卷二

乾祐元年，户部侍郎王仁裕放王溥狀元及第。溥不數年拜相，仁裕時爲太子少保，有詩賀曰："一戰文場援趙旗，便携金鼎贊無爲。白麻驟降恩何厚，黄閣初聞喜可知。跋敕案前人到少，築沙堤上馬行遲。押班長幸遥相見，親狎争如未貴時。"溥和曰："揮毫文戰偶搴旗，待詔金華亦偶爲。白社遽當宗伯選，赤心旋遇聖人知。九霄得路榮雖極，三接承恩出每遲。職在臺司多少暇，親師不及舞雩時。"

(清)王士禛、鄭方坤:《五代詩話》卷二

先生嘗言：恩門王公終於太子太保，七十後精力不衰，每天氣和暖，必乘小駟，從三四老蒼頭，携照袋。以皮爲之，四方，有蓋，其中可容一斗以來。中貯筆、硯、韻略、刀子、礪石、箋紙數十幅，並小樂器之屬，備酒炙三四人之具。門生侍行出郊野，遇園亭有竹樹之處，燕賞終日，賦詩，品小管，盡醉而歸。吾忝左拾遺日，適暮春，與同門生五六人，從公登繁臺，即梁孝王吹臺也。公飲酒賦詩甚歡，抵夜方散。公詩曰："柳陰如霧絮成堆。"其天才縱逸，風韻閑適，皆此類也。

（清）王士禛、鄭方坤：《五代詩話》卷二

公燕合樂，每酒行一終，伶人必唱催酒，然後樂作。此唐人送酒之辭，本作碎音，今多爲平聲，文士亦或用之，王仁裕詩："淑景易從風雨去，芳樽須用管弦催。"

（清）王士禛、鄭方坤：《五代詩話》卷二

李文正公言少保王仁裕與諸門生飲，出一詩板，樹於坐次，云："二百一十四門生，春風初長羽毛成。擲金换得天邊桂，鑿壁偷將榜上名。何幸不才逢聖世，偶將疏網罩群英。衰翁漸老兒孫小，異日知誰略有情。"又與諸門生飲於繁臺，賦詩云："柳陰如霧絮成堆，又引門生飲吹臺。好景即隨風雨去，芳樽宜命管弦來。漫誇列鼎鳴鐘貴，寧免朝烏夜兔催。爛醉也須詩一首，不能空放馬頭回。"

（清）王士禛、鄭方坤：《五代詩話》卷二

嗺酒，一作䏿酒，即催酒也。元有喝盞之儀。李涪《刊誤》言䏿酒三十拍，促曲名三臺。䏿合作啐，蓋送酒也。《資暇録》言與涪同。程大昌言内燕抗聲索樂，但云䏿酒。字書：䏿，屈破也。當是啐酒之轉。《名賢詩話》王仁裕詩"芳尊每命管弦嗺"，又趙勰《交趾事迹》言"嗺酒逐歌"，可知嗺酒乃唐人熟語。宋相沿不改也。義當用催，而别作䏿、嗺，何必强引啐字。三臺者，作樂時，部首拍版三聲，然後管色振作。李濟翁以爲鄴中三臺，《劉公嘉話》言高洋築三臺，愚謂乃曲名耳。

（清）王士禛、鄭方坤：《五代詩話》卷二

五代時鄭遨茶詩云:“嫩芽香且靈,吾謂草中英。夜臼和烟搗,寒壚對雪烹。惟憂碧粉散,常見緑花生。最是堪珍重,能令睡思清。”范文正公詩云:“黄金碾畔緑塵飛,碧玉甌中翠濤起。”茶色以白爲貴,二公皆以碧緑言之何耶?

(清)王士禛、鄭方坤:《五代詩話》卷二

張翼善詩,常投詩王相溥,王謝以詩曰:“清河詩客本賢良,惠我清吟六十章。詩格渾同羅給諫,工夫深似賈司倉。登山始覺天高廣,到海方知浪淼茫。好去蟾宫是歸路,明年應折桂枝香。”

(清)王士禛、鄭方坤:《五代詩話》卷二

龍鐲字琢成,乾德初任邠州守,有仁政。一日,群鶴翔於公庭,州民繪來鶴圖,以頌其德。時學士竇儀以使過邠,留題云:“多少樊籠不敢開,强拘物性要相陪。何時得似邠州守,德政臨民鶴自來。”

(清)王士禛、鄭方坤:《五代詩話》卷二

夜吟《竇鞏集》,追思夷門題處,已三稔矣,凄然感興書之:“往歲記時梁苑夜,今宵題處洛城秋。浮生瞥電人何在,懷舊傷心泪迸流。三徑竹風鄰笛怨,一庭霜月井梧愁。妻兒未會予惆悵,只怪燈前不舉頭。”北海王崧跋云:“余家藏和峴所校五竇詩,世少其本。和所跋甲子歲,乾德二年也。秘監尹公者,尹拙也;致政大夫者,吏部尚書致仕張昭也。昭字潜夫,題鞏詩一篇稱潜夫者,即昭也。刑部員外郎兼太常和者,即峴也。”

(清)王士禛、鄭方坤:《五代詩話》卷二

劉夢得言八音與政通,文章與時高下,昔人是之。五季道衰文喪,當時操筆牘士率皆哇俚淺下,亂雜無章。其間能遠不忘君,志在憂國,文雖膚近,而忠誠可取若曒者,蓋鮮儷也。余讀其“上國音書絶”二十篇,及晉末感興諸詩而悲之,蘇君又出當時集稿示余,雖不脱爾日風範,亦時有佳語,自可傳後無疑。

(清)王士禛、鄭方坤:《五代詩話》卷二

李成字咸熙,唐之後裔,五代時避地,徙家營丘,嗜酒善琴弈,妙畫山水,好爲歌詩。周世宗時,樞密使王朴與之友善。此宋白所撰志文大略云云。王著書,徐鉉篆。子覺,字仲明,仕太宗,至國子博士,列《三朝國史儒學傳》。覺子宥,仕至諫議大夫知制誥,有傳載《兩朝史》云:"祖成,五代末以詩酒游公卿間,善模寫山水,至得意處,殆非筆墨所成。"歐公《歸田録》乃云李成仕本朝,官尚書郎,誤矣。

(清)王士禛、鄭方坤:《五代詩話》卷二

郭忠恕戲嘲聶崇義云:"近貴全爲聵,攀龍即是聾。雖然三個耳,其奈不成聰。"崇義應聲,反以忠恕二字解嘲云:"勿笑有三耳,全勝畜二心。"

(清)王士禛、鄭方坤:《五代詩話》卷二

王仲舉,營道人,母嘗夢挾兩子入月。仲舉修進士業,長興二年赴舉,謁秦王登第,後有詩謝秦王曰:"三千里外抛漁艇,二十人前折桂枝。"太平興國中,仲舉有子曰嗣全,亦中進士第,乃挾兩子入月之祥。

(清)王士禛、鄭方坤:《五代詩話》卷二

周世宗幸廣陵,孟貫以詩獻之云:"不伐有巢樹,多移無主花。"謂貫曰:吊民伐罪,何有巢無主之有?遂釋褐授官。

(清)王士禛、鄭方坤:《五代詩話》卷二

閩嶺孟貫,性疏野,喜篇章,不以名宦爲意,大諫楊徽之稱之,如《寄張山人草堂》云:"掃葉林風後,拾薪山雨前。"

(清)王士禛、鄭方坤:《五代詩話》卷二

宰相李昉罷政家居,每宴,必宣赴坐,昉獻詩曰:"微臣自愧頭如雪,也向鈞天侍玉皇。"上俯和云:"珍重老臣純不已,我慚寡昧繼三皇。"時皆榮之。

(清)王士禛、鄭方坤:《五代詩話》卷二

李文正公昉少時,嘗以詩呈叔。侍中覽而喜,贈之詩曰:"及觀西裹盛,世世秉鈞衡。"李氏自五代至本朝,世居將相。

(清)王士禛、鄭方坤:《五代詩話》卷二

李昉《禁林春直》詩:"一院有花春晝永,八方無事詔書稀。"合是宋朝善言太平第一人,故不以入朝省類,而置之昇平選中。

(清)王士禛、鄭方坤:《五代詩話》卷二

雲間朱氏得宋刻《唐百家詩》,劉兼集中有《長春節》詩。長春爲宋太祖誕節,蓋五代人而入宋者。詩曰:"聖朝佳節遇長春,跪奉金爐祝又焚。寶藏發來天地秀,兵戈銷後帝皇尊。太平基址千年永,混一車書萬古存。更有馨香滿芳檻,和風遲日在蘭蓀。"

(清)王士禛、鄭方坤:《五代詩話》卷二

太宗棋品第一。待詔有賈元者,臻於絶格,時人以爲王積薪之比。元嗜酒病死,楊希粲、蔣元吉、李應昌、朱懷辟皆國手,然非元之敵。晚有李仲元棋絶勝,可侔於元,歲餘亦卒。朝士有蔣居中、潘慎修亦善棋,至三品;内士陳好元四品,多得侍棋。自元而下皆受三道,慎修受四道,好元受五道。慎修獻詩云:"如今縱得仙翁術,也怯君王四路饒。"

(清)王士禛、鄭方坤:《五代詩話》卷二

《玉堂嘉話》載陶穀草范質拜相制有云:"十年居調燮之司,一旦得變通之術。"質得之,泣訴藝祖,由是薄之。然袖中禪文亦變通之尤者,穀可謂明於責人而不知自責矣。瞿宗吉《香臺集》有詩云:"受禪文成識變遷,閑情猶到煮茶邊。可憐畫盡葫蘆樣,不與鸞膠續斷弦。"

(清)王士禛、鄭方坤:《五代詩話》卷二

陶穀來使,忠懿王宴之,因食蝤蛑,詢其族類。王命自蝤蛑至蟚螁,凡十餘種以進。穀曰:真所謂一蟹不如一蟹。蓋以譏王也。王因命進葫蘆羹,曰:此先王時有此品味,庖人依樣造者。穀在中朝,或作詩嘲之曰:"堪笑翰林陶學士,年年依樣畫葫蘆。"故王以此戲焉。

(清)王士禛、鄭方坤:《五代詩話》卷二

今人不用厮字,唐人作平音,五代時作入聲,陶穀詩云"尖檐帽子卑凡厮"是也。歐陽公記陶穀詩"末厥兵",不曉其義。余謂今人呼禿尾犬爲厥尾,衣之短者亦呼爲厥,然則此兵正謂其末賤耳。今人不以末厥相連言之,其義則是也。不然,則不可對卑凡厮。

(清)王士禛、鄭方坤:《五代詩話》卷二

陶穀尚書使江南,遇秦弱蘭作《風光好》詞,見宋人小說。或有以爲曹翰者,翰能作老將詩,其才固有之,終非武人本色。沈叡達《雲巢編》謂陶使吴越,惑娼女任秋娘,因作此詞。任大得陶貲,後用以創仁王院,落髮爲尼。李唐、吴越,未審孰是,要之近陶所爲耳。

(清)王士禛、鄭方坤:《五代詩話》卷二

明初唐肅題《陶穀郵亭圖》云:"紫鳳檀曹緑髪娼,玉堂見慣可尋常。作歌未必腸能斷,明日聽歌更斷腸。"徐惟和有題秦弱蘭一首云:"莫笑郵亭一夜春,此身原已落風塵。韓家亦有如花女,枕畔衣裳著向人。"此詩足爲陶學士解嘲。

(清)王士禛、鄭方坤:《五代詩話》卷二

猶子彛,年十二歲。余讀胡嶠茶詩,愛其造語新奇,因令效法之。

近晚成篇,有云:“生凉好唤雞蘇佛,回味宜稱橄欖仙。”對佛而言則雞蘇爲凡夫,對仙而言則橄欖爲俗士,非茗荈之奇,安可當此!

(清)王士禛、鄭方坤:《五代詩話》卷二

余嘗以鴨卵及蓮枝一稔紅餉符昭遠,介還,送一詩云:“聖胎初出赤志翁”,“醜杖旁扶赤志翁”。

(清)王士禛、鄭方坤:《五代詩話》卷二

周祖自鄴舉兵向闕,京師亂,魯公隱於民間,一日坐封丘巷茶肆中,有人貌怪陋,前揖曰:“相公無慮。”時暑中,公所執扇偶書“大暑去酷吏,清風來故人”詩二句。其人曰:“世之酷吏冤獄,何止如大暑也,公他日當深究此弊。”因携其扇去。公惘然久之,後至祆廟後門,見一土偶短鬼,其貌肖茶肆中見者,扇亦在其手中,公心異焉。亂定,周祖物色得公,遂至大用。公見周祖,首建議律條繁廣,輕重無據,吏得以因緣爲奸,周祖特詔詳定,是爲《刑統》。

(清)王士禛、鄭方坤:《五代詩話》卷二

范魯公戒子孫詩,其略曰:“戒爾學立身,莫若先孝悌。怡怡奉親長,不敢生驕易。戰戰復兢兢,造次必於是。戒爾學干禄,莫若勤道藝。嘗聞諸格言,學而優則仕;不患人不知,惟患學不至。戒爾遠耻辱,恭則近乎禮。自卑而尊人,先彼而後已。相鼠與茅鴟,宜鑒詩人刺。戒爾勿曠放,曠放非端士。周孔垂名教,齊梁尚清議。南朝稱八達,千載穢青史。戒爾勿嗜酒,狂藥非佳味。能移謹厚性,化爲凶險類。古今傾敗者,歷歷皆可記。戒爾勿多言,多言衆所忌。苟不慎樞機,灾厄從此始。是非毁譽間,適足爲身累。舉世重交游,擬結金蘭契。忿怨從是生,風波當時起。所以君子性,汪汪淡如水。舉世好奉承,昂昂增意氣。不知奉承者,以爾爲玩戲。所以古人疾,籧篨與戚施。舉世重任俠,俗呼爲氣義。爲人赴急難,往往陷刑制。所以馬援書,勤勤告諸子。舉世賤清素,奉身好華侈。肥馬衣輕裘,揚揚過間里。雖得市童憐,還爲識者鄙。”恭惟祖宗所用宰輔,皆忠厚篤實之士,獨魯公爲之稱首。余讀國史,得其詩,録以爲子孫之戒。

(清)王士禛、鄭方坤:《五代詩話》卷二

徽之少通群經,尤刻意於詩,與邑人江文蔚、江爲齊名,嘗肄業廬山白鹿洞。時李氏據有江表,徽之耻官僞廷,乃潜服至汴洛,以文投竇儀、王朴,深賞遇之,周顯德中,舉進士。

(清)王士禛、鄭方坤:《五代詩話》卷二

楊侍讀徽之以能詩聞,太宗知其名,索其所著,以百篇獻上。卒章曰:“少年牢落今何幸,叨遇君王問姓名。”太宗和賜,且語近臣曰:徽之文雅可尚,操履端正。拜禮部侍郎,選十聯寫於御屏。梁周翰詩曰:“誰似金華楊學士,十聯詩在御屏風”者是也。其《江行》云:“犬吠竹籬沽酒客,鶴隨苔岸洗衣僧。”《寒食》云:“天寒酒薄難成醉,地迥樓高易斷魂。”《塞上》云:“戍樓烟自直,戰地雨長腥。”《嘉陽川》云:“青帝已教春不老,素娥何惜月長圓。”又云:“浮花水入瞿塘峽,帶雨雲歸越巂州。”《哭江爲》云:“廢宅寒塘水,荒墳宿草烟。”《元夜》云:“春歸萬年樹。月滿九重城。”《僧舍》云:“偶題岩石雲生筆,閑繞松庭露濕衣。”《湘江舟行》云:“新霜染楓葉,皓月借蘆花。”《宿東林》云:“開盡菊花秋色老,落遲桐葉雨聲寒。”

(清)王士禛、鄭方坤:《五代詩話》卷二

楊徽之侍讀奏御獻詩,太宗選十聯書於御屏間,僧文瑩嘗謂:楊公必以天池浩渺,滌筆於冰甌雪碗中,則方與公詩神骨相副。

(清)王士禛、鄭方坤:《五代詩話》卷二

施璘字仲實,京兆藍田人,善畫生竹,爲當時絶技。余嘗觀璘畫十幅竹圖,凡老根薄石,笋枝附籜,扶疏交映,青翠滿庭,宛得三湘高秋之野色。後周起居郎韋重過留題曰:“枯籜危根皦石頭,千竿交映近清流。堪珍仲寶窮幽筆,留得荆湘一片秋。”

(清)王士禛、鄭方坤:《五代詩話》卷二

范杲閥閲之家,能刻志於學,以文名,而不善治生。再入史館,家益貧,端坐終日,不知計所出。史稱人皆笑之。母兄晞,性嗇,居京兆,殖貨鉅萬,不肯恤杲,然則時人何爲不笑其兄?杲可憫不可笑,晞不足笑者也。魯公質在時,杲求奏遷秩,質作詩曉之,時人傳誦,以爲勸戒。李昉作相,杲乃自言先公嘗授制誥一編,許其才堪此職。太宗書玉堂額賜翰林,杲又上記,因請備職,竟用躁競改官,不得意而卒。杲若誦其先公所授之詩,安有是事,是則其深可笑者也。

(清)王士禛、鄭方坤:《五代詩話》卷二

陶岳《五代史補》載馮道鎮同州,有酒務吏乞以家財修夫子廟,道以付判官,判官素滑稽,書一絶句於判後云:“荆棘森森繞杏壇,儒官高貴盡偷安。若教酒務修夫子,覺我慚惶也大難。”道有愧色,因出俸修之。又李穀爲陳州防禦使,三日謁夫子廟,惟破屋三間,中有聖像。有伶人李花開進口號曰:“破落三間屋,蕭條一旅人。不知負何事,生死厄於陳。”穀驚嘆,遽出俸以修之。五代學校廢壞如此,賴滑稽之言始得復故,可爲浩嘆。

(清)王士禛、鄭方坤:《五代詩話》卷二

曹翰性貪侈,爲周世宗樞密承旨,常著錦襪、金綫絲履,有朝士某者,托無名子作詩嘲之云:“不作錦衣裳,裁爲十指倉。千金包汗脚,慚愧絡絲娘。”

(清)王士禛、鄭方坤:《五代詩話》卷二

(嚴)球夜宿金山,嘗有詩云:“淮船分蝗點,江市聚蠅聲。”烈祖性多嚴忌,宋齊丘因而興譖,以竹籠盛之,沈於江口。

(清)王士禛、鄭方坤:《五代詩話》卷三

李建勛《送八分書與友人詩》云:"跁踦爲詩跁踦書,不封將去寄仙都。仙翁拍手應相笑,得似秦朝次仲無。"

(清)王士禛、鄭方坤:《五代詩話》卷三

元宗嗣位,李建勛出師臨川,將行,謂所親曰:"今主上寬仁大度,比於先帝遠矣。但性習未定,左右獻替,必得方正之士,若如目前所圖,終恐不守舊業。"及馮延魯、陳覺出師閩中,徵督軍糧,急於星火,建勛以詩寄延魯曰:"粟多未必爲全計,師老須防有援兵。"既而福州之軍果爲越人所敗。歸遷司空,累表致政,自稱鍾山公,詔授司徒,不起。學士湯悦致狀賀之,建勛以詩答曰:"司空猶不作,那敢作司徒。幸有山公號,如何不見呼?"捐館之夕,告門人曰:"時事如此,吾得保全,爲幸已甚。吾死,不須封樹立碑,冢土任民耕鑿,無致他日毁斵。"其後甲戌之難,公卿塋域爲兵發遍,獨建勛莫知葬所,訖不及禍。

(清)王士禛、鄭方坤:《五代詩話》卷三

八庚之"清"與九青不分,故清部中偏傍多從青、從令,而令、屏、熒、聲諸字,則清、青二部均有之。宋韻以删重之令,删青部聲字,而唐詩往往多見,此斷宜增入者。今但舉唐詩聲韻,如李白短律:"胡人吹玉笛,一半是秦聲。五月南風起,梅花落敬亭。"杜甫《客舊館》五律:"重來梨葉赤,依舊竹林青。風幔何時卷,寒砧昨夜聲。"李建勛《留題愛敬寺》五律:"空爲百官首,但愛千峰青。斜陽惜歸去,萬壑鳥啼聲。"喻鳧《酬王擅見寄》五律:"夜月照巫峽,秋風吹洞庭。竟晚蒼山咏,喬枝有鶴聲。"裴硎《題石室》七律:"文翁石室有儀刑,庠序千秋播德聲。古柏尚留今日翠,高山猶靄舊時青。"類可驗。

(清)王士禛、鄭方坤:《五代詩話》卷三

韓垂,唐之詩人也,題金山云:“靈山一峰秀,岌然殊衆山。盤根大江底,插影浮雲間。雷霆常間作,風雨時往還。象外懸清景,千載長躋攀。”其時偶爲庸僧所毁,江南時,李鍾山留一絶云:“不嗟白髮曾游此,不嘆征帆無了期。盡日憑欄誰會我,只悲不見韓垂詩。”鍾山公,建勛也。

(清)王士禛、鄭方坤:《五代詩話》卷三

李建勛鎮臨川,方與僚屬會飲郡齋,有送九江帥周宗書至者,訴以赴鎮日近,器用儀注或闕,求輟於臨川。李無復報簡,但乘醉大批一絶云:“偶罷阿衡來此郡,固無閑物可應官。憑君爲報群胥道,莫作循州刺史看。”

(清)王士禛、鄭方坤:《五代詩話》卷三

賈島有“落葉滿長安”之句,蘇拯云“落葉滿長道”,李建勛云“落葉滿長川”,皎然云“秋風落葉滿空山”皆好。

(清)王士禛、鄭方坤:《五代詩話》卷三

李建勛雖居極品,然惜花憐酒,解吐婉媚,辭如:“預愁多日謝,翻怕十分開。”空庭悄悄月如霜,獨倚闌干伴花立。如:“肺傷徒問藥,髮落不盈梳。携酒復携觴,朝朝一似忙。”足見得花酒風味。

(清)王士禛、鄭方坤:《五代詩話》卷三

李司徒建勛《蔣山寺》詩:“樓台雖少景何深,滿地青苔勝布金。松影晚留僧共坐,水聲閑與客同尋。清涼會擬歸蓮社,沈湎終須弃竹林。長愛寄吟經案上,石林秋霽向千岑。”又《題道林》詩:“雖向鐘峰數寺連,就中奇勝出其間。不教幽樹妨閑地,别著高窗向遠山。蓮沼水從雙澗入,客堂僧自九華還。無因得結香燈社,空倚王門玷玉班。”

(清)王士禛、鄭方坤:《五代詩話》卷三

李建勛年八十,謁宋齊丘於洪州,《題信果觀壁》云:"春來流水漲而活,曉起西山勢似行。玉洞主人經劫在,携竿步步就長生。"歸高安,無病而卒。

(清)王士禛、鄭方坤:《五代詩話》卷三

李建勛梅花詩:"雲鬟自黏飄處粉,玉鞭誰指出墻枝?"對句有風味。别有一詩,次聯云:"北客見皆驚節氣,群僚癡欲望杯盤。"不佳。

(清)王士禛、鄭方坤:《五代詩話》卷三

余每中酒,欲尋佳句不可得,偶見隴西公春雨詩云:"惟稱乖慵多睡者,掩門中酒覽閑書。"若爲余言者。

(清)王士禛、鄭方坤:《五代詩話》卷三

《小雅》"正月"本音政,周正、履端舉正之義也。自避秦始皇諱,乃音征。詩人多不能改正,如嚴維"海上新正逢故人",皇甫冉"客裏新正阻舊歡",岑參"正月今欲半",李建勛"更堪正月過",孟浩然"新正柏酒傳",杜審言"欲向正元歌萬壽",韓退之"共驚爛漫開正月",薛逢"相逢但祝新正壽",又王十朋答《賀正啓》:"賦椒花之頌,獻雖後於元正;占茅茹之爻,亨必同於他日。"是也。獨晉王沈《正會賦》:"伊月正之元吉兮,應三統之中靈。"高常侍《十月朝宴》詩:"歲時當正月,甲子入初寒。"則撥亂反正矣。今之人孰能改之!

(清)王士禛、鄭方坤:《五代詩話》卷三

章孝標"飲酣杯有浪",李建勛"新酒欲生波"。

(清)王士禛、鄭方坤:《五代詩話》卷三

今人止知錢塘江風濤甚險,故名爲羅刹江,不知其江之中舊有數石橫截江濤,舟楫經此,多爲所壞,因呼爲羅刹石,故江亦名之。唐李建勛詩云:"何年遺禹鑿,半里大江中。"正謂此也。《咸淳志》曰:"五代開平中,爲潮沙漲没,今不知所在。”

（清）王士禛、鄭方坤:《五代詩話》卷三

劍浦陳陶,唐末隱西山,《步虚引》云:“小隱山人十洲客,莓苔爲衣雙耳白。青編爲我忽降書,暮雨虹蜺一千尺。赤城門閉六丁直,曉日已燒東海色。朝天半夜聞玉雞,星斗離離礙龍翼。”奇峭不減李賀。

（清）王士禛、鄭方坤:《五代詩話》卷三

扶桑山有玉雞,鳴則金雞鳴,而後石雞鳴,天下雞皆鳴,所謂天雞也。李詩:“半壁見海日,空中聞天雞。”温庭筠詩:“漏轉霞高滄海低,玻璃枕上聞天雞。”俱用天雞耳。陳陶詩:“朝天半夜聞玉雞,星斗離離礙龍翼。”蓋用玉雞矣。詩人獨無用石雞者,毋乃貴玉賤石歟。

（清）王士禛、鄭方坤:《五代詩話》卷三

（陳）陶劍浦人,居南昌之西山,宋齊丘守南昌,因有蒲安之覲,乃自咏云:“中原莫道無麟鳳,自是皇家結網疏。”與水曹任畹郎中友善,寄畹詩云:“好向明時薦遺逸,莫教千里吊靈均。”江南後主即位,知其運祚衰替,以修養爲事,故詩云:“乾坤見了文章懶,龍虎成來印綬疏。”嚴尚書宇鎮豫章,遣小妓蓮花者往西山侍陶,陶殊不顧。妓爲詩曰:“蓮花爲號玉爲腮,珍重尚書遣妾來。處士不生巫峽夢,虚勞神女下陽臺。”陶答之曰:“近來詩思清如月,老大心情薄似雲。已向昇天得門户,錦衾深愧卓文君。”

（清）王士禛、鄭方坤:《五代詩話》卷三

處士陳陶者,有逸才,歌詩中似負神仙之術,或露王霸之説。雖文章之士亦未足憑,而以詩見志,乃宣父之遺訓也。其詩句云:“江湖水深淺,不足掉鯨尾。”又云:“飲冰狼子瘦,思日鷓鴣寒。”又云:“中原不是無麟鳳,自是皇家結網疏。”又云:“一鼎雄雌金液火,十年寒暑鹿麑衣。寄與東流任斑鬢,向隅終守鐵梭飛。”諸如此例,不可殫記。

著《癖書》十卷,聞其名而未嘗見之。

（清）王士禛、鄭方坤:《五代詩話》卷三

（陳）陶唐末自稱布衣,開寶中人或見之,或云已得仙矣。“蟬聲將月短,草色與秋長。比屋歌黄竹,何人撼白榆”。右張爲取作《主客圖》。

（清）王士禛、鄭方坤:《五代詩話》卷三

漢賈捐之《議罷珠崖疏》云:“父戰死於前,子鬥傷於後。女子乘亭障,孤兒號於道。老母寡婦,飲泣巷哭,遥設虚祭,想魂乎萬里之外。”後漢《南匈奴傳》、唐李華《吊古戰場文》全用其語意,總不若陳陶詩云:“誓掃匈奴不顧身,五千貂錦喪胡塵。可憐無定河邊骨,猶是春閨夢里人。”一變而妙,真奪胎换骨矣。

（清）王士禛、鄭方坤:《五代詩話》卷三

陳陶詩:“可憐無定河邊骨,猶是春閨夢里人。”按無定河,在今青澗縣東六十里,南入黄河,一名奢延水,又名銀水。《輿地記》:唐立銀州,東北有無定河,即圁水也。後人因潰沙急流,深淺無定,故更今名。又唐陳祐詩:“無定河邊暮笛聲,赫連臺畔旅人情。函關歸路千餘里,一夕秋風白髮生。”

（清）王士禛、鄭方坤:《五代詩話》卷三

《南唐書陳陶傳》:“陶所遁西山,先産藥物數十種,陶采而餌之。”開寶中,嘗見一叟角髪被褐,與一老媪貨藥於市,獲錢則市鮓對飲,旁若無人。既醉,行舞而歌曰:“籃采禾,籃采禾,塵世紛紛事更多。争如賣藥沽酒飲,歸去深崖拍手歌!”或疑爲陶夫婦云。按此即晚唐詩人陳陶,賦“一將功成萬骨枯”者。觀本傳,則知俗繪八仙中之藍采和豈人名哉?以禾爲和,以籃爲藍,謬矣。

（清）王士禛、鄭方坤:《五代詩話》卷三

陳陶咏竹詩:“青嵐帚亞思君祖,緑潤編多憶蔡邕。”陳張君祖《竹賦》:“青嵐運帚,碧空掃烟。”蔡邕《竹贊》云:“緑潤碧鮮,紺文紫錢。”

(清)王士禛、鄭方坤:《五代詩話》卷三

世傳陳陶詩數百篇,間有佳語,如“中原不是無麟鳳,自是王家結網疏”;“可憐無定河邊骨,猶是春閨夢里人”之類,人多傳誦之。龍衮《江南野録》爲陶傳,稱其得道不死,開寶間猶無恙。然唐末人曹松、方干之徒皆有哭陶詩,則陶之死久矣,不知衮何據乎。陶見於唐末,而集中乃有贈高閑歌,若爾亦自當年百餘歲。唐詩人劉商亦傳爲仙去,固不可知,但既有哭之人,則知其死不誣耳。

(清)王士禛、鄭方坤:《五代詩話》卷三

沈彬字子文,高安人也。天性狂逸,好神仙之事,少孤,西游,以三舉爲約。常夢著錦衣,貼月而飛,識者言雖有虚名,不入月矣。洪州解至長安,初舉納省卷,《夢仙謡》云:“玉殿大開從容入,金桃爛熟没人偷。鳳驚寶扇頻翻翅,龍悟金鞭忽轉頭。”第二舉《憶仙謡》云:“白榆風颯九天秋,王母朝回宴玉樓。日月漸長雙鳳睡,桑田欲變六鰲愁。雲翻簫管相隨去,星觸旌幢各自流。詩酒近來狂不得,騎龍却憶上清游。”第三舉納省卷,《贈劉象》一首云:“曾應大中天子舉,四朝風月鬢蕭疏。不隨世祖重携劍,却爲文皇再讀書。十載戰塵銷舊業,滿城春雨壞貧居。一枝向事於君惜,仙桂年年幸有餘。”時劉象孤寒,三十舉無成。主司覽彬詩,其年特放象及第。彬乾符中值駕遷三峰,四方多事,南游嶺表二十餘年。回吴中,江南僞命吏部郎中,致仕。彬詩有“九衢冠蓋暗争路,四海干戈多異心”之句。

(清)王士禛、鄭方坤:《五代詩話》卷三

桂林山皆平地拔起千百尺,石如染黛,陽朔縣尤佳。沈彬有詩曰:“陶潛彭澤五株柳,潘岳河陽一縣花;兩處争如陽朔好,碧蓮峰裏住人家。”

（清）王士禛、鄭方坤：《五代詩話》卷三

郴州城東，有山高秀，神仙蘇耽修真之所，唐封爲蘇仙山。沈彬詩：“眼穿林罅見郴州，井里相逢側局楸。味道不來閑處坐，勞生更欲幾時休。蘇仙宅古烟霞老，義帝墳荒草木愁。千古是非無處問，夕陽西去水東流。”

（清）王士禛、鄭方坤：《五代詩話》卷三

法華寺在永州東南一里，城郭林巒，互相掩映，名士多題咏之，沈彬云：“地偎一水巡城轉，天約群山負郭來。”孟賓于云：“匝地人家憑檻見，遠山秋色卷簾看。可謂得其狀。”

（清）王士禛、鄭方坤：《五代詩話》卷三

潘天錫員外與沈彬郎中同游古觀，分題，潘云：“風便磬聲遠，日斜樓影長。”沈云：松欹晚影離壇草，鐘撼秋聲入殿風。

（清）王士禛、鄭方坤：《五代詩話》卷三

廬山康王觀道士李穀神言：沈彬郎中袁州宜陽山，即谷神鄉里之鄰伍也。趨尚高邈，嘗謂簪組爲梏身，具狀卒年，自卜葬地，子孫不敢違，既兆穴，開之，下至七尺間，得大石數片；既啓之，下有隧道；漸次闢之，乃造成石墓一所。其中高九尺，前後一丈二尺，闊與高等。靈座前有青石蓮花臺三樹，上有石青蓮花燈碗三枝，皆覆之，後列數樹如前者。其鎸鑱之工，妙絶於世。靈席中又得青石銘記一片，朱字篆，若方填，云：“開成二年間，雖開不葬埋。漆燈猶未爇，留待沈彬來。”乃就葬之。

（清）王士禛、鄭方坤：《五代詩話》卷三

王定保，唐光化三年及第，吴子華侍郎巒爲婿。子華即世，定保南游湖湘,無北歸意。吴假緇服,自長安來訪其良人,白於馬武穆王;令引見定保。吴隔簾誚之曰:"先侍郎重先輩以名行,俾妾侍箕帚。侍郎歿,慮先輩以妾改適,是以不遠千里來明侍郎之志。"定保不勝慚赧,致書武穆,乞爲婿。吴確乎不拔,定保爲盟亦畢世不婚矣。吴歸吴中外家。沈彬有詩贈王云:"仙桂曾攀第一枝,薄游湘水阻佳期。皋橋已失齊眉願,蕭寺行逢落髮師。廢苑露寒蘭寂寞,丹山雲斷鳳參差。聞公已有平生約,謝絶女蘿依兔絲。"定保後爲馬不禮,奔五羊依劉氏,官至卿。

(清)王士禛、鄭方坤:《五代詩話》卷三

沈彬游長沙,會武穆方霸,彬獻頌德詩云:"金翅動身摩日月,銀河轉捩洗乾坤。"覽而喜之。

(清)王士禛、鄭方坤:《五代詩話》卷三

荆公詩云:"一水護田將緑繞,兩山排闥送青來。"蓋本五代沈彬詩地:"偎一水巡城轉,天約群山附郭來。"彬又本唐許渾"山形朝闕去,河勢抱關來"之句。

(清)王士禛、鄭方坤:《五代詩話》卷三

陳黯,東甌人,才思敏速,年十三,袖卷謁本郡牧。時面上有斑瘡新癒,其痕炳然,郡牧戲之曰:"藻才而花貌,何不咏歌?"黯應聲曰:"玳瑁寧堪比,斑犀詎可加。天嫌未端正,敷面與裝花。"

(清)王士禛、鄭方坤:《五代詩話》卷三

何昌齡宰廬陵,郡有衙將楊克儉,能媚州牧而移其權。昌齡以兄事之,嘗游其池館,貽之詩曰:"經旬因雨不重來,門有蛛絲徑有苔。再向白蓮亭上望,不知草木爲誰開。"未幾,克儉連延範,貸死而刑,其家破焉,識者以爲其詩之讖也。

(清)王士禛、鄭方坤:《五代詩話》卷三

丁咸序未第時，嘗夢乘龍而起，回顧又有一駱駝在其後。後二十年方捷科舉，作詩曰："嘗憶金陵應舉時，壯心頻望折丹枝。蹉跎二十年中夢，一度思量一泪垂。"殿試榜出，亞咸序之名者，乃龍起；又亞之者，乃駱起，方悟其夢。

（清）王士禛、鄭方坤：《五代詩話》卷三

《遯齋閑覽》謂金山寺佳句絶少，張祜"樹影中流見，鐘聲兩岸聞"；孫魴"天多剩得月，地少不生塵"，亦未爲工。熙寧中，荆公有"天末海雲横北固，烟中沙岸似西興"之句，始爲中的。余謂孫魴詩"過櫓妨僧定，驚濤濺佛身"下一句，金山何其卑也，前輩已能議之，今不以入選。張祜詩無可議矣，荆公此詩恐亦未能壓倒張處士也。

（清）王士禛、鄭方坤：《五代詩話》卷三

李益云"馬汗凍成霜"，孫魴云"驚濤濺佛身"，人謂冬月豈有汗馬，驚濤不入佛寺。然奇妙處正在此，以理論詩失之遠矣。

（清）王士禛、鄭方坤：《五代詩話》卷三

潤州金山寺，張祜、孫魴留詩爲第一。山居大江中，迥然孤秀，詩意難盡。羅隱云："老僧齋罷關門睡，不管波濤四面生。"孫生句云："結宇孤峰上，安禪巨浪間。"又曰："萬古波心寺，金山名日新。天多剩得月，地少不生塵。過櫓妨僧定，驚濤濺佛身。誰言張處士，題後更無人。"魴《夜坐》句云："劃多灰漸冷，坐久席成痕。"沈彬曰：此田舍翁火爐頭之作爾。魴，南昌人，唐末鄭谷避亂歸宜春，魴往依之，頗爲誘掖，後有能詩聲，終於南唐。魴父，畫工也。王徹爲中書舍人，草魴誥詞云："李陵橋上，不吟取次之詩；顧凱筆頭，豈畫尋常之物。"魴終身恨之。

（清）王士禛、鄭方坤：《五代詩話》卷三

張祜詩云："一宿金山頂，微茫水國分。僧歸夜船月，龍出曉堂雲。樹影中流見,鐘聲兩岸聞。因悲在朝市,終日醉醺醺。”祜詩全篇皆好,魴詩不及之,有疵病,如“驚濤濺佛身”之句,則金山寺何其低而且小哉?“誰言張處士”二句,仍自矜衒如此,尤可嗤鄙也。

(清)王士禛、鄭方坤:《五代詩話》卷三

《南唐書》云:夏寶松與詩人劉洞俱顯名,節度使陳德誠以詩美之曰:“建水舊傳劉《夜坐》,螺川新有夏《江城》。”蓋劉洞嘗有《夜坐》詩,最爲警策,而寶松有《江城》詩云:“雁飛南浦砧初斷,月滿西樓酒半醒。”又云:“晚來羸駟依前去,雨後遥山數點青。”皆佳句。

(清)王士禛、鄭方坤:《五代詩話》卷三

劉洞嘗以詩獻李煜,首篇名《石城懷古》云:“石城古岸頭,一望思悠悠。幾許六朝事,不禁江水流。”後主覽之,掩卷改容。金陵將危,爲七言詩大榜於路旁曰:“千里長江皆渡馬,十年養士得何人?”又云:“翻憶潘郎章奏内,愔愔日暮好沾巾。”蓋潘佑表云“家國愔愔,如日將暮”也。

(清)王士禛、鄭方坤:《五代詩話》卷三

史虛白與韓熙載歸江南,宋齊丘方柄用,虛白曰:“彼可取而代也。”齊丘不平,欲窮其技能,召與宴飲,設倡樂、奕棋、博戲、酒數行,雜出書、檄、詩賦、碑、頌,使製之。虛白方半醉,命數人執紙,口占,筆不停綴,俄而衆篇悉就,詞采磊落,坐客驚服。

(清)王士禛、鄭方坤:《五代詩話》卷三

宋齊丘鎮鍾陵,有布衣李匡堯,累贄謁於宋。知其忤物,托以它故,終不與之見。一日,宋公喪子,匡堯隨吊客造謁,賓司復却之,乃就賓次大署二十八字云:“安排唐祚挫强吳,盡見先生設廟謨。今日喪雛猶自哭,讓皇宫眷合何如?”

(清)王士禛、鄭方坤:《五代詩話》卷三

宋䌵仕江南爲縣令,甚疏逸,有詩云:“好是晚來香雨裏,擔簦親送綺羅人。”李璟聞之,處以閑曹。又有僧庭實獻詩云:“吟中雙鬢白,笑裏一生貧。”璟曰:詩以言志,終是寒薄。束帛遺之。

(清)王士禛、鄭方坤:《五代詩話》卷三

江南韓熙載稱左偃能詩,有集千餘首。偃不仕,居金陵,《寄廬山白上人》云:“潦倒門前客,閑眠歲又殘。連天數峰雪,終日與誰看。萬丈高松古,千尋落水寒。仍聞有新作,懶寄入長安。”又《昭君怨》云:“胡笳聞欲死,漢月望還生。”《寄韓侍郎》云:“謀身謀隱兩無成,拙計深慚負耦耕。漸老可堪懷故國,獨愁翻覺厭浮生。言詩幸偶名公許,守拙甘遭俗者輕。今日況聞搜草澤,獨悲憔悴卧昇平。”韓得詩感嘆,不逾月果病卒,年二十四。王操有詩哭之曰:“高堂垂白日,稚子欲行時。”

(清)王士禛、鄭方坤:《五代詩話》卷三

高越,燕人也。將舉進士,文價藹然,器宇森挺,時人無出其右者。鄂帥李公賢之,待以殊禮,將妻以愛女。越竊諭其意,因題鷹一絶,書於屋壁云:“雪爪星眸衆鳥歸,摩天專待振毛衣。虞人莫謾張羅網,未肯平原淺草飛。”遂不告而去。後過范陽王盧文納之爲婿,與王南歸烈祖。累居清顯,終禮部侍郎,與江文蔚俱以詞賦著名,故江南士人言體物者,以江高爲稱首焉。

(清)王士禛、鄭方坤:《五代詩話》卷三

朱匡業、劉存忠雖無勛略,然以宿舊嚴整,皆處環衛之長。劉彦貞壽陽既敗,我師屢北,京師危之,元宗臨軒旰食,問其守禦之方。匡業對曰:“時來天地皆同力,運去英雄不自由。”遂忤旨流撫州。存忠在側,贊美匡業之言不已,流饒州。

(清)王士禛、鄭方坤:《五代詩話》卷三

唐仁傑,全州人,好苦吟。陳德誠出守池陽,仁傑貽詩云:“紅旆渡江霞蘸水,青萍出匣雪侵衣。”德誠善之,勉之入金陵。會休沐,朝達集昇元寺,酒行,請仁傑賦登閣詩,有句云:“雲散便宜千里望,日長斜占半城陰。”嘗贈嘉禾寺僧云:“只住此山能有意,向來求佛本無心。”時論與之。

(清)王士禛、鄭方坤:《五代詩話》卷三

孟賓于《磻溪懷古》云:“良哉吕尚父,深隱始歸周。釣石千年在,春風一水流。松根蟠蘚石,花影卧沙鷗。誰更憐韜術,追思古渡頭。”又《懷連上舊居》云:“閑思連上景難齊,樹繞仙鄉路繞溪。明月夜舟漁父唱,春風平野鷓鴣啼。城邊寄信歸雲外,花下傾盆到日西。更憶海陽垂釣侶,昔年相遇草萋萋。”

(清)王士禛、鄭方坤:《五代詩話》卷三

賓于字國儀,連州人。天福中,自湖湘越京洛應舉,遠人無援,遂卜命於華山神珓,一年乞一珓,凡六擲,乃得上上大吉。第一年云:“蟾宫空手下,澤國更誰來。”二年云:“水國二親應探榜,龍門三月又傷春。”三年云:“仙島却回空説夢,清朝未達自嫌身。”四年云:“失意從他桃李,春嵩陽經過歇行塵。雲僧不見塵中事,問是今年第幾人。”五年云:“因逢日者教重應,忍被雲僧勸即歸。”天福九年,禮部侍郎符蒙下及第,果六舉。後往江南,官至水部郎中。

(清)王士禛、鄭方坤:《五代詩話》卷三

孟賓于,湖湘連上人,有詩百篇,號《金鰲集》獻於李若虛侍郎,使賓于馳詣洛陽,獻於朝,其譽藹然。明年與李昉同舉進士第。後事李後主,爲滏陽令,抵法當死,會昉遷翰林學士,以詩寄賓于曰:“初携書劍别湘潭,金榜標名第十三。昔日聲塵喧洛下,近來詩價滿江南。長爲邑令情終屈,縱處郎曹志未甘。莫學馮唐便休去,明君晚事未爲慚。”主見昉詩，宥之，復官。

（清）王士禛、鄭方坤：《五代詩話》卷三

五代孟賓于，少游鄉校，力學不怠。父以家貧，且鮮兄弟，題詩壁上云：“他家養兒三四五，我家養兒獨且苦。”賓于歸見之，續曰：“衆星不如孤月明，牛羊滿山獨畏虎。”父奇之。晉天福二年登進士，歷官水部郎，嘗作《公子行》云：“錦衣紅奪彩霞明，侵曉春游向野亭。不識農夫心力苦，驕驄馳處麥青青。”有詩數百篇，號《金鰲集》。與李昉同年相友善，昉入宋官翰林，而孟仕南唐爲郎，昉寄詩曰：“幼携書劍别湘潭，金榜標名第十三。昔日聲名喧洛下，只今詩價滿江南。”後隱玉笥山中，號群玉峰叟。

（清）王士禛、鄭方坤：《五代詩話》卷三

顏謝，魯公之後，所居有泉石松竹，創亭延客。孟賓于留題云：“園林瀟灑聞來久，欲往因循二十秋。今日開襟吟不盡，碧山重疊水長流。”

（清）王士禛、鄭方坤：《五代詩話》卷三

孟賓于獻主司詩云：“那堪雨後更聞蟬，溪隔重湖路七千。憶昔故園楊柳岸，全家送上渡頭船。”當年中第興國中，致仕歸，過廬陵，吉守贈以詩云：“曾聞洛浦綴神仙，火樹南樓幾十年。白首自忻丹桂在，詩名已得四方傳。行隨秋渚將歸雁，吟傍梅花欲雪天。今日還家莫惆悵，不同初上渡頭船。”

（清）王士禛、鄭方坤：《五代詩話》卷三

王轂宜春人，南唐初登第，長於樂府，有《玉樹曲》云：“内宴明朝日，玉樹新妝逞嬌逸。三閣霞明天上開，靈鼉鼓罷神仙出。天花數朵風吹綻，對舞輕盈瑞香散。金管紅弦旖旎隨，霓裳玉珮參差轉。璧月夜，瓊樓春，蓮舌泠泠詞調新。當時狎客盡尸禄，直諫犯顏無一人。

歌未闋,晉王殿上黏腥血。君臣猶在醉鄉中,一曲已無陳日月。聖唐馭宇三百祀,濮上桑間宜禁止。請停此曲歸正聲,願將雅樂調正氣。”爲一時所膾炙。轂未第時,常負氣忤人,人欲毆之。轂揚聲曰:莫無禮,我便是“吟君臣猶在醉鄉中,一曲已無陳日月”者。其人慚謝而退。

(清)王士禛、鄭方坤:《五代詩話》卷三

《緗素雜記》載《江南野録》云:江爲者,宋世淹之後。先祖仕於建陽,因家焉。余觀《南史江淹傳》,淹濟陽考城人,宋少帝時黜爲建安吴興令,終於梁天監中左衛將軍。又《吴均傳》云:濟陽江洪工屬文,爲建陽令,坐事死。竟陵王子良開西邸,招文學,洪以美詞藻游焉。淹與洪俱出考城,又俱仕齊梁間,淹爲建安吴興令,而後他遷;洪爲建陽令,而死於建陽,疑爲之乘出於洪,非出於淹。爲工詩,如“天形圍澤國,秋氣露人家”之句,極膾炙人口。少游江南,有詩云:“吟登蕭寺栴檀閣,醉倚王家玳瑁筵。”後主見之曰:“此人大是富貴家。”而劉夜坐、夏江城等,並就傳句法。後以讒死。今建陽縣之西七里,有靖安寺,即爲之故居,留題者甚衆,惟陳師道洙一篇最佳,云:“處士亡來幾百年,舊居牢落變祇園。詩名長伴江山秀,冤氣上摩星斗昏。臺榭幾人留雅句,漁樵何處問曾孫。當時泉石生涯地,日暮寒雲古寺門。”

(清)王士禛、鄭方坤:《五代詩話》卷三

《南唐書》云:江爲,其先宋人,避亂建陽,遂爲建陽人。爲有《題白鹿寺》詩云:“吟登蕭寺栴檀閣,醉倚王家玳瑁筵。”元宗南遷,駐於寺,見其詩,稱美久之。爲由是放肆,自謂俯拾青紫,乃詣金陵求舉,屢黜於有司。爲怏怏不能自已,欲東亡吴越,會同謀者上變,按得其狀,伏罪。余以二書考之。《藝苑》謂後主見爲詩有“富貴家”之語,及爲後以讒死,其言悉非是,當以《南唐書》爲正也。

(清)王士禛、鄭方坤:《五代詩話》卷三

江爲《山水障歌》云："適來一觀山水障，萬里江山在其上。遠近猶如二月春，咫尺分成百般象。一岩嵯峨在雲際，七賢鎮在青松裹。潭水澄泓不見波，孤帆晃漾張風勢。釣魚老翁無伴侶，孑然此地經寒暑。灘頭坐久鬢絲垂，手把漁竿不曾舉。樹婀娜，山崔嵬，片雲似去又不去，雙鶴如飛又不飛。良工巧匠多分佈，筆頭寫出江山路。垂柳風吹不動條，樵夫負重難移步。"

（清）王士禛、鄭方坤：《五代詩話》卷三

江爲《岳陽樓詩》云："倚樓高望極，展轉念前途。晚葉紅殘楚，秋江碧入吴。雲中來雁急，天末去帆孤。明月誰同我，悠悠上帝都。"

（清）王士禛、鄭方坤：《五代詩話》卷三

江爲有詩："吟登蕭寺栴檀閣，醉倚王家玳瑁筵。"或謂作此詩者，决非貴族。或又評"軸裝曲譜金書字，樹記花名玉篆牌"。乃乞兒口中語。

（清）王士禛、鄭方坤：《五代詩話》卷三

江爲詩"竹影橫斜水清淺，桂香浮動月黄昏"，林君復只改二字，爲"疏影""暗香"以咏梅，遂成千古絶調。詩字點化之妙，如丹頭在手，瓦礫皆金。

（清）王士禛、鄭方坤：《五代詩話》卷三

"殘雪未消雙鳳闕，新春先入五侯家。"晚唐張蠙詩也。劉孟熙易"殘"以"霽"，易"新春"以"春風"，攘爲己作，遂以此得名。人或少之，然"竹影橫斜水清淺，桂香浮動月黄昏"，非江爲詩乎？林君復易"疏""暗"二字，竟成千古名句。所云一字之師，與活剥生吞者有别也。

（清）王士禛、鄭方坤：《五代詩話》卷三

劉素字仲華，不事科舉，通遷、固、壽、曄之書，嘗有人貽之詩曰："不甘五等諸侯薦，直肯九重天子知。"然卒不及仕。

(清)王士禛、鄭方坤：《五代詩話》卷三

周顓處士鴻儒奥學，偶不中第，旅浙西，與從事歡飲，而昧於章程。座中皆戲之，有賓從贈詩曰："龍津掉尾十年勞，聲價當時門月高。惟有紅妝回舞手，似持雙刃向猿猱。"周和曰："十載文場敢憚勞，宋都回鷁爲風高。今朝甘伏花枝笑，任道尊前愛縛猱。"

(清)王士禛、鄭方坤：《五代詩話》卷三

南唐魏明好吟詩，動即數百言，而氣格卑下，嘗袖以謁韓熙載，熙載辭以目暗，且置几上。明曰：然則某自誦之可乎？曰：適耳忽聵。明慚而去。

(清)王士禛、鄭方坤：《五代詩話》卷三

(陳)貺有詩數百首，骨格强梗，出於常態。

(清)王士禛、鄭方坤：《五代詩話》卷三

陳貺《咏蟬》云："年年聞爾者，未有不傷情。"《畫虎》云："入夜雖無傷物意，向明還有動人心。"又有句云："出得風塵者，合知岐路人。"又云："拂榻燈未來，開門月先入。"又云："忽生雲是匣，高以月爲臺。"

(清)王士禛、鄭方坤：《五代詩話》卷三

葛敏修《南華竹軒》絶句："獨拳一手支頤卧，偷眼看雲生未生。"蓋用五代時陳貺詩："醒眼看諸峰，白雲開又集。"然唐吴融亦有"深感卞峰顔色好，晚雲才散又當門"之句。

(清)王士禛、鄭方坤：《五代詩話》卷三

鍾蒨字德林，仕爲勤政殿學士，死國難。按徐鉉有保大五年《送德林員外赴東府亞尹詩序》。鉉等餞於石頭城，分題爲詩，蒨有《賦山别諸知己》詩云："暮景江亭上，雲山日望多。只愁辭輦轂，長恨隔嵯峨。有意圖功業，無心憶薜蘿。親朋將遠别，且共醉笙歌。"又有《得新鴻别諸同志》詩云："隨陽來萬里，點點度遥空。影落長江水，聲悲半夜風。殘秋辭絶漠，無定似驚蓬。我有離群恨，飄飄類此鴻。"蒨之才譽亦可見矣。

（清）王士禛、鄭方坤：《五代詩話》卷三

《翰府名談》載寇萊公妾蒨桃《贈歌者》詩云："一曲清歌一束綾，美人猶似意嫌輕。不知織女寒窗下，幾度拋梭織得成。"余嘗記南唐李詢《贈織錦》詩云："扎扎機聲曉復晡，眼穿力盡意如何。美人一曲成千賜，心裏猶嫌花樣疏。"蒨桃詩意本此而不及也。

（清）王士禛、鄭方坤：《五代詩話》卷三

江文蔚，建陽人，長於詞賦，仕南唐，拜御史中丞，坐劾宰相，貶江州，治柴車奉母，欣然就道，嘗作詩曰："屈原若幸高堂在，終不懷沙葬汨羅。"

（清）王士禛、鄭方坤：《五代詩話》卷三

王沆游金陵昇元寺，見僧房壁上有繪金紫大夫，題詩云："陣前仙琕生無愧，鼓下鑾奴死合。羞三尺吴縑暗塵土，凛然蒼鶻欲横秋。"不能解，卷畫歸，示其父。平甫曰：此劉仁贍像、袁世弼詩也。此詩俊拔可喜。琕實呼瓆，袁誤呼也。

（清）王士禛、鄭方坤：《五代詩話》卷三

陳喬、張佖重陽日登高北山湖亭，不奏聲樂，因吟杜工部《九日宴藍田崔氏莊》詩云："明年此會知誰健，醉把茱萸仔細看。"員外郎趙宣父時亦在集，感慨流涕者數四。舉坐異之，未幾趙卒。

（清）王士禛、鄭方坤：《五代詩話》卷三

陳沆，廬山人，立性僻野，不接俗士，黄損、熊皎虚中師事之。《寒食後》云：“罷却兒女戲，放他花木生。”《閒居》云：“掃地雪枯帚，耕山鳥怕牛。”《題水》云：“點入旱雲千國仰，力浮塵世一毫輕。”齊己贈沆云：“四海方磨劍，深山自讀書。”

（清）王士禛、鄭方坤：《五代詩話》卷三

廬山九天使者廟有道士，忘其姓名，體貌魁偉，飲啖酒肉有兼人之量，晚節服餌丹砂，躁於冲舉。魏王之鎮潯陽也，郡齋有雙鶴，因風所飄，憩於道館，回翔嘹唳，若自天降。道士且驚且喜，焚香端簡，前瞻雲霓，自謂當赴上天之召，命仙童控而乘之。羽儀清弱，莫勝其載，毛傷背折，血灑庭除，抑按久之，是夕皆斃。翌日，馴養者詰知其狀，訴於公府，王不之罪。處士陳沆聞之，爲絶句以諷云：“啗肉先生欲上昇，黄雲踏破紫雲崩。龍腰鶴背無多力，傳語麻姑借大鵬。”

（清）王士禛、鄭方坤：《五代詩話》卷三

李羽能詩，五十方擢第，嘗獻江淮郡守詩云：“塞詔東來淝水濱，時情惟望秉陶鈞。將軍一陣爲功業，忍見沙場百戰人。”

（清）王士禛、鄭方坤：《五代詩話》卷三

余往在中都，見一士大夫家收南唐李後主一詞，下有“馮延巳”三字，詩中復云：“聖壽南山永同”，恐延巳作也。詞云：“銅壺漏滴初盡，高閣雞鳴半空。催啓五門金鎖，猶垂三殿珠櫳。階前御柳摇緑，仗下宫花散紅。鴛瓦數行曉日，鸞旗百尺春風。侍臣蹈舞重拜，聖壽南山永同。”

（清）王士禛、鄭方坤：《五代詩話》卷三

南唐元宗優待藩邸舊僚，馮延巳自元帥府書記，至中書侍郎，遂相，時論以爲非才。江文蔚因其弟延魯福州敗亡，請從退削，乃出撫州。秩滿還朝，因赴内宴，進詩曰：“青樓阿監應相笑，書記登壇又却回。"

(清)王士禛、鄭方坤:《五代詩話》卷三

南唐元宗謂馮延巳云:"'吹皺一池春水',干卿何事?"《舊唐書》明皇爲楚王,叱金吾將軍武懿宗曰:吾家朝堂,干汝何事?敢迫吾騎從!此語在前,見本紀。

(清)王士禛、鄭方坤:《五代詩話》卷三

《丹浦款言》云:杜詩"千人何事網羅求",當作"干人",杜牧之詩:"自摘階前大梧葉,干君何事動哀吟。"按此説,則南唐元宗戲馮延巳云:"'吹皺一池春水',干卿何事?"語固有本。然《千家注》、劉會孟本只作"千"字,錢本注云:晉作干,或作千、十字恐無義。千字對上句在字亦未切,子田之説是也。

(清)王士禛、鄭方坤:《五代詩話》卷三

《古今詩話》云:江南成文幼爲大理卿,詞曲妙絶,嘗作《謁金門》云:"風乍起,吹皺一池春水。"中主聞之,因按獄稽滯,召詰之,且謂曰:"卿職在典刑,一池春水又何干於卿?"文幼頓首。又《本事曲》云:南唐李國主嘗責其臣曰:"'吹皺一池春水',干卿何事?"蓋趙公所撰《謁金門》詞,有此一句,最爲警策。其臣即對曰:"未如陛下'小樓吹徹玉笙寒'。"若《本事曲》所記,但雲趙公,初無其名,所傳必誤。惟《南唐書》《古今詩話》二説不同,未詳孰是。

(清)王士禛、鄭方坤:《五代詩話》卷三

梅用南枝事,共知《青瑣》云云,李嶠云云,南唐馮延巳詞云"北枝梅蕊犯霜開",則南北枝事,其來遠矣。

(清)王士禛、鄭方坤:《五代詩話》卷三

南唐宰相馮延巳有樂府一章,名《長命女》云:"春日宴,緑酒一杯歌一遍,再拜陳三願:一願郎君千歲,二願妾身長健,三願如同梁上燕,歲歲長相見。"其後有以其詞改爲《雨中花》云:"我有五重深深願:第一願且圖久遠。二願恰如雕梁雙燕,歲歲後長相見。三願薄情相顧戀。第四願永不分散。五願奴收因結果,做個大宅院。"味馮公之詞,典雅丰容,雖置在古樂府,可以無愧,一遭俗子竄易,不惟句意重復,而鄙惡甚矣。

(清)王士禛、鄭方坤:《五代詩話》卷三

伍喬、張洎少相友善。張爲翰林學士,寵眷優異。伍爲歙州通判,作詩以寄張,戒僕曰:"張游宴時投之。"一日,張近郊會讌,歡甚,僕投詩。張得詩動容,爲言於上,召還,爲考工員外郎。詩曰:"不知何處好消憂,公退携壺即上樓。職事久參侯伯幕,夢魂長繞帝王州。黄山向晚盈軒翠,黟水含春繞郡流。遥想玉堂多暇日,花時誰伴出城游?"

(清)王士禛、鄭方坤:《五代詩話》卷三

《南唐書》云:韓熙載自江南奉使中原,爲《感懷》詩,題於館壁云:"僕本江北人,今作江南客。再來江北游,舉目無相識。秋風吹我寒,秋月爲誰白。不如歸去來,江南有人憶。"余家有韓熙載《家宴圖》,圖中題此詩。後四句嘗以問相識,云是古樂府,今覽此書,方知其誤也。

(清)王士禛、鄭方坤:《五代詩話》卷三

裴虔餘云:"滿額鵝黄金縷衣,翠翹浮動玉釵垂。從教水濺羅襦濕,疑是巫山雲雨歸。"《廣韻》《集韻》《韻略》垂與歸皆不同韻,此詩爲落韻矣。韓熙載云:"風柳摇摇無定枝,陽臺雲雨夢中歸。他年蓬島音塵絶,留取樽前舊舞衣。"此詩既言陽臺,又言蓬島,何用事重疊如此。二詩並載小説,稱爲佳句,余謂疵病如此,殆非佳句也。

(清)王士禛、鄭方坤:《五代詩話》卷三

韓熙載本高密人。後主即位,頗疑北人,鴆死者多。而熙載且懼,愈肆情坦率,不遵禮法,破其財貨,售集妓樂,迨數百人,日與荒樂,蔑家人之法,所受月俸,至即散爲妓女所有,而熙載不能制之以爲喜。而日不能給,遂敝衣屨作瞽者,持獨弦琴,俾舒雅執板挽之,隨房歌鼓,求丐以足日膳。旦暮亦不禁其出入,或竊與諸生糅雜而淫,熙載見之,趨過而笑曰不敢阻興而已。及夜奔客寢者,其客詩云:"苦是五更留不住,向人頭畔著衣裳。"時人議謂北齊徐之才豁達無以過之。故東坡詩云:"欲教乞食歌姬院,故與雲山舊衲衣。"蓋用熙載求丐事也。

(清)王士禛、鄭方坤:《五代詩話》卷三

大觀初,有危氏葬於西塔山。逾月雨過,視墳側有痕,掘之,得銀杯二,銅水缶及鏡一,又得埋銘石,其文曰:"瑯琊王氏女,江南熙載妻,丙申閏七月,葬在石城西。"云按熙載北海人,南唐時爲中書侍郎,有才氣,多藝能,談笑風流,爲當時冠。然少年疏傲,老忽細謹,畜妓四十輩,縱其與客雜居,曰:以自污避禍。後主短其少檢,貶右庶子,分司東都,乃盡斥諸妓。後主喜,留爲秘書監,俄復故官,欲遂大用之,而去妓悉還。今未知熙載妻是姓王與否,豈在四十餘人之列者乎?

(清)王士禛、鄭方坤:《五代詩話》卷三

宋子京曰:古人語有椎拙不可掩者,樂府曰:"何以銷憂,惟有杜康。"僕觀束晳賦"杜康咥其胃",樂天詩"杜康能解悶",潘佑詩"直擬將心付杜康",蓋祖此意。文士有因其人名,遂爲事用者,如東坡詩"獨對紅蕖傾白墮",按《洛陽伽藍記》"白墮春醪",自是造酒者,江東人,姓劉,名白墮,或謂因其能造酒,遂爲酒名。又近時稱主簿爲仇香,似此之類甚多,其與"湯燖右軍""醋浸曹公"之説何異。

(清)王士禛、鄭方坤:《五代詩話》卷三

前輩謂"深院無人杏花雨"之句極佳,此非四雨之數,當作去聲呼。此句正祖南唐潘佑之意,佑有詩曰:“誰家舊宅春無主,深院簾垂杏花雨。”佑兩句意,此作一句言耳。然佑句作上聲,非去聲也。其下曰:“香飛緑鎖人未歸,巢燕承塵燕無語。”豈語字亦當作去聲耶?唐《花間集》亦曰:“紅窗寂,無人語,黯淡梨花雨。”

(清)王士禛、鄭方坤:《五代詩話》卷三

予記太白有詩云:“野禽啼杜宇,山蝶舞莊周。”後又見潘佑有《感懷》詩:“幽禽唤杜宇,宿蝶夢莊周。席地一樽酒,思與元化浮。但莫孤明月,何必秉燭游。”余謂才思暗合,古今無殊,不可怪也。

(清)王士禛、鄭方坤:《五代詩話》卷三

太白《夜懷》有句云:“宴坐寂不動,大千入毫髮。”潘佑獨坐有句云:“凝神入混茫,萬象成空虚。”予愛二子吐詞精敏之力,入道深密之狀,合而書之,聊資己用。

(清)王士禛、鄭方坤:《五代詩話》卷三

南唐潘佑嘗應李後主令,作詞云:“樓上春寒山四面,桃李不須誇爛漫,已失了春風一半。”蓋諷其地漸侵削也。李元膺詞:“到清明時候,百紫千紅花正亂,已失了春風一半。”脱胎於此。

(清)王士禛、鄭方坤:《五代詩話》卷三

晏叔原詞:“今宵剩把銀釭照,猶恐相逢是夢中。”蓋出於老杜“夜闌更秉燭,相對如夢寐”之意。謝無逸詞:“我共扁舟,江上兩萍葉。”出於樂天“與君相遇知何處,兩葉浮萍大海中”之意。魯直詩:“趁此花開須一醉,明朝化作玉塵飛。”出於潘佑:“勸君此醉直須歡,明朝又是花狼借”之意。此類極多。

(清)王士禛、鄭方坤:《五代詩話》卷三

畫家有罨畫,雜彩色畫也。吴興有罨畫溪。然其字當用青盍;罨乃魚網，非其訓也。左思《蜀都賦》“罨翡翠，釣鰋鯉”，張泌詩“罨岸春濤打船尾”，謂魚網遮岸也，此用字最得字義。

（清）王士禛、鄭方坤：《五代詩話》卷三

張泌，淮南人，初官句容尉，上書言治道，後主徵爲監察御史，官至内史舍人；入宋，後歸，家毗陵，詩一卷。後主壬申歲，泌知貢舉，試“天雞弄和風”。泌但以《文選》中詩句爲題，未嘗詳究。有進士白云：《爾雅》：螒，天雞；鶾，天雞。未知孰是。泌大驚，不能對，亟取《爾雅》檢，一在《釋蟲》，一在《釋鳥》，果有二。因自失，放進士三人。學士張洎言泌多遺，復命洎試，放五人。金陵破，後主以藏金私遺近臣辦裝，泌得金二百，詣曹彬陳首，請奏其事。彬薄之，以金輸官，而不以聞。

（清）王士禛、鄭方坤：《五代詩話》卷三

張泌仕南唐爲内史舍人，初，與鄰女浣衣相善，作《江神子》詞云：“浣花溪上見卿卿。眼波明，黛眉輕。高綰緑雲，低簇小蜻蜓。好是問他來得麼？和笑道：莫多情。”後經年不復相見，張夜夢之，寄絶句云：“别夢依依到謝家，小廊回合曲闌斜。多情只有春庭月，猶爲離人照落花。”

（清）王士禛、鄭方坤：《五代詩話》卷三

進士黄可，字不可，孤寒朴野，深於雅道，詩句中多用驢字，如《獻高侍郎》詩云：“天下傳將《舞馬賦》，門前迎得跨驢賓”之類。又嘗謁舍人潘佑，潘教服槐子，云：“豐肌却老。”明旦，潘公趨朝，天階未曙，見槐樹烟霧中有人，若猿狙之狀，追而視之，即可也。怪問其故，乃擁條而謝曰：“昨蒙明公教服槐子法，故今日齋戒而掇之。”潘大噱而去。

（清）王士禛、鄭方坤：《五代詩話》卷三

張洎文章清贍，在江南日，將命入貢還，作詩以詆北，言京師風物有一堆灰之句,蘇易簡得其親書。洎歸朝爲學士,與易簡同院,争寵不相下。易簡語同列曰:清河更相矛盾,即將一堆灰之句進呈矣。洎聞,爲之屈。

(清)王士禛、鄭方坤:《五代詩話》卷三

張洎参知政事,江南李後主時爲大臣,國亡,受知太宗,復作輔臣。時王元之禹偁爲翰林學士,洎手書古律詩兩軸與之。元之以啓謝云:"追縱季札,辭賢盡變爲國風;接武韓宣,適魯獨明於易象。"謂其自他國入中朝也。

(清)王士禛、鄭方坤:《五代詩話》卷三

寇萊公給事中,知吏部選。時張洎亦爲給事中,掌考功。官序雖齊,視洎乃爲屬曹。寇少年進用,才鋭氣勇,復爲首曹,嫌洎不以本司長官奉。洎以老儒宿德,聞望自持,不屑委節事寇,整巾對書,終日危坐,伺候於省門,一揖而退,不交一談。寇一日忽作《庭雀》詩示洎,略云:"少年挾彈多狂逸,不用金丸用蠟丸。"蓋譏洎在江南重圍中,爲李煜草詔,於蠟丸中追上江救兵之事也。洎不免强顔附之,後稍親暱。

(清)王士禛、鄭方坤:《五代詩話》卷三

張洎家居城外,有一隱士名乃吕仙翁姓名。洎倒屣見之,索紙筆,八分書七言詩一章留與洎,頗言將作鼎鼐之意,其末句云:"功成當在破瓜年。"俗以破瓜字爲二八,洎六十四而卒,乃其讖也。

(清)王士禛、鄭方坤:《五代詩話》卷三

樂府"碧玉破瓜時",而《談苑》載吕洞賓謁張洎,贈詩云:"功成應在破瓜年。"洎後以六十四卒,破瓜者,二八也。老少男女,皆可稱破瓜,亦奇。

(清)王士禛、鄭方坤:《五代詩話》卷三

豐城毛炳，好學，不能自給，入廬山與諸生曲講，獲鏹即市酒盡醉。時彭會好茶，而炳好酒，時人爲之語曰："彭生作賦茶三片，毛氏傳經酒半升。"

（清）王士禛、鄭方坤：《五代詩話》卷三

廖凝字熙績，隱居南嶽，爲彭澤令，遷連州刺史，與李建勛爲詩友相善，集中《中秋月》《聞蟬》爲絶唱。《中秋月》云："九十日秋色，今宵已半分。孤光吞列宿，四面絶微雲。衆木排疏影，寒流叠細紋。遥遥望丹桂，心緒正紛紛。"《聞蟬》云："一聲初應候，萬木已西風。偏感異鄉客，先於離塞鴻。日斜金谷静，雨過石城空。此處不堪聽，蕭條千古同。"凝初宰彭澤，有句云："風清竹閣留僧宿，雨濕莎庭放吏衙。"解印有句云："五斗徒勞漫折腰，三年兩鬢爲誰焦。今朝官滿重歸去，還挈來時舊酒瓢。"江左學詩者競造其門。

（清）王士禛、鄭方坤：《五代詩話》卷三

史虚白，嵩洛人，廖凝寄之詩云："飯僧春嶺蕨，醒酒雪潭魚。"

（清）王士禛、鄭方坤：《五代詩話》卷三

西頭供奉官錢昭度嘗作咏方池詩云："東道主人心匠巧，鑿開方石貯漣漪。夜深却被寒星照，恰似山翁一局棋。"有輕薄子見而笑曰：此所謂"一局黑全輸"也。蓋唐廖凝有咏棋詩云"滿汀鷗不散，一局黑全輸"之句。

（清）王士禛、鄭方坤：《五代詩話》卷三

黄琬侍祖瓊，對日食之餘，如月之初，慧絶古今，僅七齡也。乃潮陽蘇福，八歲咏初月："却於無處分明有，恰似先天太極圖。"尤覺奇絶。異哉，泄陰陽之房，此兩童子也！又廖凝十歲咏棋："滿汀鷗不散，一局黑全輸。"

（清）王士禛、鄭方坤：《五代詩話》卷三

江南鍾輻者,金陵之才生,氣豪體傲。一老僧相之曰:"先輩壽則有矣,若及第,則家亡。記之。"生大誇曰:"吾方掇高第以起家,何亡之有!"時樊若水女才質雙盛,愛輻之才而妻之。始燕爾,科詔遂下。時後周都洛,輻入洛應書,果中選甲科第二,得意不還,携一女僕曰青箱,過華州之蒲城。其宰故人,亦蘊借之士,淹留久之。一夕,追涼縣樓,痛飲而卧,青箱侍之。是夕,夢其妻出一詩爲示,怨頗深,詩曰:"楚水平如練,雙雙白鳥飛。金陵幾多地,一去不言歸。"夢中懷愧,亦戲答一詩曰:"還吴東下過蒲城,樓上清風酒半醒。想得到家春已暮。海棠千樹欲凋零。"既寤,頗厭之,因理歸裝。將至采石,青箱暴卒。生感悼無奈,匆匆藁葬於一新墳之側,急圖歸家,則門巷空閴,妻亦亡已數月。其亡日,乃夢於縣樓之夕也。後數日,親友具舟,携輻致奠於葬所,即青箱藁葬之側,新墳乃是。惟海棠數枝,方葉凋萼謝,正合詩中之句。因拊膺長慟曰:"信乎浮屠師及第家亡之告!"因不仕,隱鍾山,著書守道,壽八十餘。潘佑集有《樊氏墓志》,與此稍同。

(清)王士禛、鄭方坤:《五代詩話》卷三

劉吉,江左人,事李主爲傳詔承旨,以忠於所事,歸朝供奉官,有刺字自稱南人,不忘本也。有詩三百首,目爲《釣鰲集》,徐鉉爲序。其首篇《隱者》詩云:"一箭不中鵠,五湖歸釣魚。"人多誦之。以塞河有方,人目爲"劉跋河"。

(清)王士禛、鄭方坤:《五代詩話》卷三

宋宣和中進士,永福吴元美作《夏二子傳》,略云:"天命商以代夏,是以伊尹相湯伐桀,而聲其刻剥之罪。當是時,清商颷起,義氣播揚,勁風四掃,宇宙清廓,夏告終於鳴條。二子之族,無大小長少,皆望風殞滅,殆無遺類。天下之民,始得安食酣飲,而鼓舞於清世矣。"夏二子,謂蚊蠅也。其鄉人鄭瑋得之,往訴秦檜,謂其譏毁大臣,編管容州,尋謫死於南雄。按韓昌黎《雜詩》曰:"朝蠅不可驅,暮蚊不可拍。蠅蚊滿八區,可盡與相格?得時能幾時,與汝恣唼咋。凉風九月到,掃不見蹤迹。”意正如元美所云。偶閲鄭文《寶江表志》,楊鸞詩曰:“白日蒼蠅滿飯盤,夜間蚊子又成團。每到更深人静後,定來頭上咬楊鸞。”鸞即南唐湯悦校文時舉子,問欲用堯舜字,不知是幾事者也。適友人棗陽王進士良璧琰至,相與質之。良璧謂曰:子謂元美本昌黎,安知鸞不本昌黎耶?二十八字真非苟作者。元美致禍,而鸞則幸免耳。余曰:“子可謂善爲鸞解嘲矣。”相與大笑,因書之。

(清)王士禛、鄭方坤:《五代詩話》卷三

南唐孟歸唐,能詩,肄業廬山國學,常得瀑布詩:“練色有窮處,寒聲無盡時。”鄰房生亦得此聯,遂交争之。助教不能辨,訟於江州,各以全篇意格定之,而歸唐爲勝。後歸京師,累遷大理丞。江州群吏往京師,猶指曰:“訟詩生也。”

(清)王士禛、鄭方坤:《五代詩話》卷三

鉉嘗奉御札,賦茱萸詩。御札云:“新酒初熟,偶與鄭王諸公,開嘗於清宴堂廡之間,既覽秋物,復矚霜篆,因賦茱萸一題,以遣此時之興。卿鴻才敏思,不可獨醒,宜應急徵,同賦前旨。”鉉因進詩云:“萬物慶西成,茱萸獨擅名。芳排紅結小,香透裌衣輕。宿露沾猶重,朝陽照更明。長和菊花酒,高宴奉西清。”又和御製詩,末云:“今朝聖藻偏流咏,黄菊無由更敢鄰。”

(清)王士禛、鄭方坤:《五代詩話》卷三

臨川郡圃,舊名金柅,今則没其名。徐鉉鼎臣《送從兄赴臨川幕》詩云:“石頭城下春潮滿,金柅亭邊緑柳繁。”謂此也。荆公集句送吴顯道詩亦云:“臨川樓上柅園中。”

(清)王士禛、鄭方坤:《五代詩話》卷三

徐鉉謫居舒州,贈彭芮云:“賈生去國已三年,裋褐閑吟皖水邊。

終日野雲生砌下,有時京信到門前。無人與和投湘賦,愧子來浮訪戴船。醉裏新詩好歸去,莫隨騷客住林泉。”

(清)王士禛、鄭方坤:《五代詩話》卷三

徐鉉事江南後主,爲文理院學士,隨煜納圖,卒於郿。晚年詩愈工,《游木蘭亭》云:“蘭橈破浪城陰直,玉勒穿花苑樹深。”《觀習水戰》云:“千帆日助陰山勢,萬里風馳下瀨聲。”《病中》云:“向空咄咄頻書字,與世滔滔莫問津。”《謫居》云:“野日蒼茫悲鵩舍,水風陰濕敝貂裘。”《送陳秘監歸泉州》云:“三朝恩澤馮唐老,萬里江山賀監歸。”《宿山寺》云:“落月依樓閣,歸雲擁殿廊。”

(清)王士禛、鄭方坤:《五代詩話》卷三

梅堯臣《贈朝集院鄰居》詩云:“壁隙透燈光,籬根分井口。”徐鉉亦有《喜李少保卜鄰》詩云:“井泉分地脉,砧杵共秋聲。”此句尤高遠矣。

(清)王士禛、鄭方坤:《五代詩話》卷三

茅山玉晨觀許長史舊宅,有井,色白而甘。徐鼎臣作銘云:“長史含道,栖神九天。人非邑改,丹井存焉。射兹谷鮒,洌彼寒泉;分甘玉液,流潤芝田。我來自西,尋真紫陽。若愛召樹,如升魯堂。敬刊翠琰,永識銀床。噫嗟後學,挹此餘光。

(清)王士禛、鄭方坤:《五代詩話》卷三

《明皇雜録》云:道士葉法善嘗引上至月宫,聆天樂。上自曉音律,默記其音,爲《霓裳羽衣曲》。此説雖怪,然唐人大抵如此言。按唐有兩《霓裳曲》。開成初,尉遲璋嘗仿古作《霓裳羽衣曲》以獻,詔以曲名賜貢院爲題,此自一曲也。是歲榜首李肱,所試詩即此題。其詩始言:“開元太平時,萬國賀豐歲。梨園獻舊曲,玉座流新製。”末言:“蓬壺事已空,仙樂功尤替。詎肯聽遺音,聖功知善繼。”則亦是祖述開元遺聲耳。此曲世無譜,好事者每惜之。《江表志》載周后獨能按譜求之。徐常侍鉉有《聽霓裳羽衣曲紀以詩》云:"此是開元太平曲,莫教編作别離聲。"則江南時猶在也。

(清)王士禛、鄭方坤:《五代詩話》卷三

江南馮延巳曰:凡人爲文,皆事奇語,不爾則不足觀。惟徐公率意而成,自造精極;詩冶衍遒麗,具元和風律,而無澒溷纖阿之習。初,嗣主以讒貶移饒州,適周世宗兵過淮,鉉即榜小舟,歸昇州,賦詩有云:"一夜黄星照官渡,本初何面見田豐。"其伉直如此。大梁以後,氣稍衰苶矣。蓋情鬱爲聲,凄楚宛折,則難言之意多焉。

(清)王士禛、鄭方坤:《五代詩話》卷三

徐鍇字楚金,仕江左,至中書舍人。時吴淑爲校理,古樂府中摻字,多改爲操字,蓋章草之變。鍇曰:非可一例言,若《漁陽摻》者,三撾鼓也。禰衡作《漁陽摻撾》,古歌云:"邊城宴聞《漁陽摻》,黄塵蕭蕭白日暗。"淑嘆服。

(清)王士禛、鄭方坤:《五代詩話》卷三

徐鍇年十餘歲,群從宴集賦詩,令爲秋詞,援筆立成。其略曰:"井梧紛墮砌,塞雁遠横空。雨久莓苔紫,霜濃薜荔紅。"

(清)王士禛、鄭方坤:《五代詩話》卷三

王師吊伐江左,城未破時,或夢緋衣女子行空中,以巨篚篚物,散落如豆,著地皆成人。問之,曰:"此當死於難者。"後見一貴人,盛冠服,纔墮於地,云徐舍人也。既寤,聞徐鍇歿。王文公兄弟在金陵,和王微之《登高齋》詩,押篚字,平甫曰:"當時徐氏擅筆墨,夜圍夢墮空中篚。"此事奇譎,而語崛强,可謂搏虎手也。

(清)王士禛、鄭方坤:《五代詩話》卷三

邵拙字拙之,雁門人,好學,博通經史。水曹郎趙慶有詩贈之曰:“邁古文章金鷟鸑,出群行止玉麒麟。”仕宦不達而卒,有詩傳於時,其中有云:“萬國不得雨,孤雲猶在山。”此其驗歟?

(清)王士禛、鄭方坤:《五代詩話》卷三

李古少貧賤,一舉成名,不二十年,自副樞除本州刺史,有《登祝融峰》云:“欲登祝融峰,先登古石橋。鑿開巇嶮處,取路到丹霄。”

(清)王士禛、鄭方坤:《五代詩話》卷三

江南太子校書周延翰,性好道,頗修服餌之事,嘗夢神人以一卷示之,其文皆七字爲句,惟記末句云:“紫髯之伴有丹砂。”延翰寤而自喜,以爲必得丹砂之效。後從事建業,卒,葬吴大帝陵側,無妻子,惟一婢名丹砂。

(清)王士禛、鄭方坤:《五代詩話》卷三

李平,關右人,《讀武帝内傳》云:“龍髯已斷嬪嬙老,豹尾不來岐路長。”《閑書》云:“至人無夢夢不到,天意惡盈盈有餘。”

(清)王士禛、鄭方坤:《五代詩話》卷三

鄭工部文寶謫監郢州京山縣税,過信陽軍白馬驛,作絶句,《郢州》《工部》詩集無之。詩云:“得罪前朝出粉闈,五原功業有誰知。年餘放逐無人識,白雪關前一望時。”在京山,又有《寒食紓秀上人禪房》詩云:“花時懶看花,來訪野僧家。勞師擊新火,勸我雨前茶。”詩篆書,刻石多寶寺中。

(清)王士禛、鄭方坤:《五代詩話》卷三

鄭文寶字仲賢,《南唐近事》《江表志》二書,其所作也。律詩多佳句,惜其全集不傳。《郊居》云:“百草千花路,斜風細雨天。”《送枝江秦長官》云:“官嫌容易達,家愛等閑貧。”《送曹緯》云:“小舟聞笛夜,微雨養花天。"《長安别友》云:"杜曲花香濃似酒,灞陵春色老於人。"又《緑野堂》云:"水暖凫鷖行哺子,春深桃李卧開花。"歐陽公亟稱之,謂不減王維、杜甫。

(清)王士禛、鄭方坤:《五代詩話》卷三

西洛故都,荒臺廢沼,遺迹依然,見於詩者多矣,惟錢文僖公一聯,最爲警絶云:"日上故陵烟漠漠,春歸空苑水潺潺。"裴晉公緑野堂在午橋南,往時嘗屬張僕射齊賢家,僕射罷相歸洛,日與賓客吟宴於其間,惟鄭工部文寶一聯,最爲警絶,云:"水暖凫鷖行哺子,春深桃李卧開花。"人謂不減王維、杜甫也。錢詩好句尤多,而鄭句不惟當時人莫及,雖其集中自及此者亦少。

(清)王士禛、鄭方坤:《五代詩話》卷三

"亭亭畫舸繫寒潭,直到行人酒半酣。不管烟波與風雨,載將離恨過江南。"嘗有人客舍壁間見此詩,莫知誰作,或云鄭兵部仲賢也。然集中無有。好事者或填入樂府。仲賢當前輩未貴杜詩時,獨知愛尚,往往造語警拔,但體小弱,多一律,可恨耳。歐陽文忠公稱其《張僕射園中》一聯,以爲集中少比,恐公未嘗見其全編。大抵仲賢情致深婉,比當時輩流,能不專使事,而尤長於絶句,如"一夜西風旅雁秋,背身調鏃索征裘。關山落盡黄榆葉,駐馬誰家唱石州"。又"江雲薄薄日斜暉,江館蕭條獨掩扉。梁燕不知人事改,雨中猶作一雙飛。"若此等類,須在王摩詰伯仲之間,劉禹錫、杜牧之不足多也。

(清)王士禛、鄭方坤:《五代詩話》卷三

余於《叢話》前集云:鄭兵部仲賢、鄭工部文寶,不知其果一人耶,果二人耶?今觀歐陽永叔詩話云:鄭工部文寶於張僕射園吟詩一聯,最爲警絶,云:"水暖凫鷖行哺子,溪深桃李卧開花。"《蔡寬夫詩話》云:鄭兵部仲賢,歐陽文忠公稱其張僕射園中一聯,以爲集中少比。即前一聯詩是也。以此考之,則文寶、仲賢,蓋是一人名與字耳。但工部、兵部之稱不同。《西清詩話》云：緱山王子晉祠詩，是鄭工部文寶題。則工部之稱，與歐公同，但寬夫誤作兵部耳。

(清)王士禛、鄭方坤：《五代詩話》卷三

緱山王子晉昇仙之地，有祠在焉。鄭工部文寶常題一絶云："秋陰漠漠秋雲輕，緱氏山頭月正明。帝子西飛仙馭遠，不知何處夜吹笙。"後晏元獻守洛，過見之，取白樂天語書其後云：此詩在在處處有神物護持。

(清)王士禛、鄭方坤：《五代詩話》卷三

余弟姚安太守未奄慥，字用能，酒邊誦一絶句云："亭亭畫舸繫春潭，只待行人酒半酣。不管烟波與風雨，載將離恨過江南。"兄以爲何人詩？余曰：按《宋文鑒》，是張文潛詩也。未奄取《草堂詩餘》周美成《尉遲杯》注云：唐鄭仲賢詩。余因嘆唐之詩人姓名隱而不傳者何限，或文潛愛而書之，遂以爲文潛作耳。

(清)王士禛、鄭方坤：《五代詩話》卷三

杜甫終於耒陽，藁葬之。至元和中，其孫始改葬於鞏縣，元微之爲志。而鄭刑部文寶謫官衡州，有《經耒陽子美墓》詩。豈但爲志而不克遷，或已遷而故冢尚存耶？

(清)王士禛、鄭方坤：《五代詩話》卷三

雷州及海外瓊崖，多香木，夷民以爲槽，飼雞犬。鄭文寶詩曰："沈檀香植在天涯，賤等荆衡水面槎。何必爲槽飼雞犬，不如煨燼向豪家。"

(清)王士禛、鄭方坤：《五代詩話》卷三

鍾隱，天臺人，少清悟，不嬰俗事，嘗卜居閑曠，結茆室，好畫花竹禽鳥以自娱。凡舉筆寫像，必致精絶，時無擬者。又善畫鷂子、白頭翁、鷚鳥、斑鳩,皆有生態,兼長草棘樹木。昇元中,齊安張校尉得隱畫鷚鳥二幅,張之賓次。時金昌宗題詩曰:"爲厭翻翔下葦叢,戢翰側腦思何窮。侍童莫便褰簾過,只恐驚飛入碧空。"其爲人珍賞多類此。

(清)王士禛、鄭方坤:《五代詩話》卷三

馬令《南唐書》:元宗賞花後苑,率近臣臨池垂釣,臣下皆登魚,惟元宗獨無所獲。優人李家明因進詩曰:"玉甃垂鉤興正濃,碧池春暖水溶溶。凡鱗不敢吞香餌,知是君王合釣龍。"元宗大喜,賜宴極歡。歐陽《歸田録》:真宗一日集群臣,賞花釣魚,臨池久之,而御釣不食。丁晉公應制詩曰:"鶯驚鳳輦穿花去,魚畏龍顔上釣遲。"真宗稱賞,群臣皆自以爲不及也。按李家明者優人,元子所謂諧臣顛官,怡愉天顔耳。然其進詩,有風道焉,夫緡微餌明,大魚且不食之,况龍乎?若謂之詩,則徒以捷給取寵,解人主顔面,其用意厝辭,且不及一優人,群臣皆自以爲不可及何耶?歐公言過矣。

(清)王士禛、鄭方坤:《五代詩話》卷三

江南李氏樂人王感化,建州人,隸光州樂籍。建州平,入金陵教坊。善爲詞。時本鄉節帥更代餞别,感化前獻詩曰:"旌旆赴天臺,溪山曉色開。萬家悲更喜,迎佛送如來。"至金陵,宴苑中,有白野鵲,李璟令賦詩,應聲曰:"碧雲深洞恣游遨,天與蘆花作羽毛。要識此來栖息處,上林瓊樹一枝高。"又題怪石,凡八句,皆用故事,但記其一聯云:"草中誤認將軍虎,山上曾爲道士羊。"

(清)王士禛、鄭方坤:《五代詩話》卷三

郭景《純江賦》"龜有六眸"。宋太始二年八月,六眼龜見於東陽,太守劉勰得之以獻。唐睿宗先天三年,江州獻靈龜,六眼,腹下有玄文。又嶺南欽州出六眼龜,實止兩眼,餘四目乃斑紋,與真目排比,端正不偏。唐莊宗時有進六目龜者,敬新磨獻口號曰:"不要鬧,不要鬧,聽取龜兒口號:六隻眼兒睡,一覺抵别人三覺。"又《説儲》載常熟水墩大士庵前，曾出六目龜，九十三翁繆道山得而畜之。又《廣聞録》載嘉靖二十年，興寧西河水漲，有大龜長丈餘，六目，金光射人，泝河而上，所過田陂皆壞。

（清）王士禛、鄭方坤：《五代詩話》卷三

李廷珪《藏墨訣》曰："贈爾烏玉玦，泉清硯須潔。避暑懸葛囊，臨風度梅月。"

（清）王士禛、鄭方坤：《五代詩話》卷三

晁叔用嘗作《書廷珪墨》詩："君不見江南星官有諸奚，老超尚不如廷珪。後來承晏頗秀出，喧然父子名相齊。百年相傳紋破碎，仿佛尚見蛟龍背。電光燭天星斗昏，雨痕倒海風雷晦。却憶當年清暑殿，黄門侍立才人見。銀鈎灑落桃花箋，牙床磨拭紅絲硯。同時書畫三萬軸，二徐小篆徐熙竹。御題四絶海内傳，秘府毫芒惜如玉。君不見建隆天子開國初，曹公受詔行掃除。王侯舊物人今得，更寫西天貝葉書。"

（清）王士禛、鄭方坤：《五代詩話》卷三

臨川李善寧之子，十歲能即席賦詩，親友嘗以貧家壁試之，略不構思，吟曰："椒氣從何得，燈光鑿處分。拖涎來藻飾，惟有篆愁君。"拖涎指蝸牛也。

（清）王士禛、鄭方坤：《五代詩話》卷三

鍾傅鎮西江日，客有以覆射之法求謁，傅以曆日包一橘致袖中，使射之。客口占一歌以揭之云："太歲當頭立，諸神莫敢當。其中有一物，常帶洞庭香。"

（清）王士禛、鄭方坤：《五代詩話》卷三

漢皋張君詩話謂鮑當吟孤雁詩云："更無聲接續，空有影相隨。"

當時號爲“鮑孤雁”。凡物有聲而孤者皆然,何獨雁乎?此人論詩,正如王君卿以林和靖梅花詩,亦可作桃李杏花之類,宜取東坡之笑也。余觀《司馬温公詩話》,乃謂當爲河南法曹,常忤知府薛映,因獻孤雁詩,所謂“天寒稻粱少,萬里孤難進。不惜充爲庖,爲帶邊城信。”薛大嗟賞,時號“鮑孤雁”。與張君所記不同,而詞句亦非前句可及。余後因讀《江南野録》,乃知張君所記,是南唐人詩。

(清)王士禛、鄭方坤:《五代詩話》卷三

僞唐贓臣褚仁規,竊禄泰州刺史,惡政不可縷舉。有智民請耆儒爲二詩,皆隱語。凡寫數千幅,詣金陵粘貼,事乃上聞。詩曰“多求囊白昧蒼蒼,兼取人間第一黄”云云,白黄隱金銀字。

(清)王士禛、鄭方坤:《五代詩話》卷三

李先主以國用不足,税民間鵝卵出雙子者、柳花爲絮者,伶人獻詞云:“唯願普天多瑞慶,柳條結絮鵝雙生。”

(清)王士禛、鄭方坤:《五代詩話》卷三

金陵有樂官山,相傳城下之日,軍營開宴,南唐樂人數輩大慟,奏不成曲,怒而殺之,聚埋此山。詩云:“城破轅門宴賞頻,伶倫執樂泪沾巾。駢頭就死緣家國,愧殺南朝結綬人。”

(清)王士禛、鄭方坤:《五代詩話》卷三

詩之作也,窮通之分可觀。韋莊詩壯,故至台輔;何贊詩愁,未幾而卒。莊《感懷》云:“長年方悟少年非,人道新詩勝舊詩。十畝野塘留客釣,一軒春雨對僧棋。花間醉任黄鸝語,池上吟從白鷺窺。大道不將爐冶去,有心重立太平基。”何贊《書事》云:“果决生涯向洛中,西投知己話恩榮。雲遮劍閣三千里,水隔瞿塘十二峰。闊步文翁坊底月,閑尋杜甫宅邊松。到頭須卜林泉隱,自愧無能繼卧龍。”

(清)王士禛、鄭方坤:《五代詩話》卷四

《感懷》詩云:"長年方悟少年非,人道新詩勝舊詩。十畝野塘留客釣,一軒春雨對僧棋。花間醉任黄鶯語,池上吟從白鷺窺。大道不將爐冶去,有心重築太平基。"或謂此詩包括生成,果爲台輔。

(清)王士禛、鄭方坤:《五代詩話》卷四

先是李遠有詩云:"人事三杯酒,流年一局棋。"唐宣宗以其非牧人之才,不與郡守,宰相爲言,然始俞允。蜀相韋莊應舉時,遇黄寇犯闕,著《秦婦吟》一篇,内一聯云:"内庫燒爲錦綉灰,天街踏盡公卿骨。"爾後公卿亦多垂訝,莊乃諱之。時人號"秦婦吟秀才"。他日撰家戒,内不許垂"秦婦吟"障子,以此止謗,亦無及也。

(清)王士禛、鄭方坤:《五代詩話》卷四

韋端已讀書,數米而炊,秤薪而爨。應舉時,遇黄巢犯闕,著《秦婦吟》云:"内庫燒爲錦綉灰,天街踏盡公卿骨。"時號"秦婦吟秀才"。又有《贈新進士》詩:"新馬杏花色,緑袍春草香。"杜荀鶴曾得句云:"舊衣灰絮絮,新酒竹篘篘。"韋曰:我道"印將金鎖鎖,簾用玉鈎鈎"。舉乾寧進士,後以才名寓蜀。王建割據,遂羈留之。莊有寵姬,姿質豔麗,兼善詞翰,建托以教内人爲詞,强奪去。莊作《謁金門》云:"空相憶,無計得傳消息。天上嫦娥人不識,寄書何處覓。新睡覺來無力,不忍把伊書迹。滿院落花春寂寂,斷腸芳草碧。"情意悽怨,人相傳播,姬後聞之,遂不食而卒。

(清)王士禛、鄭方坤:《五代詩話》卷四

韋又有《荷葉杯》詞云:"絶代佳人難得,傾國。花下見無期。一雙愁黛遠山眉,不忍更思惟。閑掩翠屏金鳳,殘夢。羅幕畫堂東。碧天無路信難通,惆悵舊房櫳。"詞意凄婉,亦爲姬作也。

(清)王士禛、鄭方坤:《五代詩話》卷四

陸機《文賦》:"清麗千眠。"轉作芊綿。韋莊:"可憐芳草更芊綿。"

(清)王士禛、鄭方坤:《五代詩話》卷四

韋莊詩:"西園公子名無忌,南國佳人字莫愁。"莫愁爲南國佳人,此實語也。《選》詩:"公子敬愛客,終宴不知疲。清夜游西園,飛蓋相追隨。"則西園公子乃子建事,謂名無忌可乎?此詩流利可喜,獨以一語之疵,終損連城之價。

(清)王士禛、鄭方坤:《五代詩話》卷四

韋莊窮時,賴内外奴僕之用,作詩慰之,有曰:"努力且爲田舍客,他年爲爾覓金魚。"又曰:"他年待我門如市,報爾千金與萬金。"其言雖俚,其事難期,而其情則可悲。後唐亡,入蜀爲平章,不知能報此二人否。百韻詩亦起於莊。

(清)王士禛、鄭方坤:《五代詩話》卷四

自漢以來,官曹冗濫之極者,如:更始,"竈下養,中郎將。爛羊頭,關内侯";晉趙王倫,"貂不足,狗尾續";《北史》周世,"員外常侍,道士比肩";唐武后,"補闕連車,拾遺平斗"之諺,皆顯顯著見者。中葉以後,尤爲泛濫,張巡在雍丘,纔領一縣千兵,而大將六人,官皆開府特進,然則大將軍告身博一醉,誠有之矣。德宗避難於奉天,渾瑊之童奴曰黄芩,力戰,即封渤海郡王。至於僖昭之世,遂有"捉船郭使君","看馬李僕射"。周行逢據湖湘,境内有"漫天司空,遍地太保"之譏。李茂正在鳳翔,内外持管籥者亦呼爲司空、太保。韋莊《浣花集》有《贈僕者楊金》詩云:"半年勤苦葺荒居,不獨單寒腹亦虚。努力且爲田舍客,他年爲爾覓金魚。"是時,人奴腰金曳紫者,蓋不難致也。

(清)王士禛、鄭方坤:《五代詩話》卷四

櫻桃有白者,韋莊詩云:"王母階前種九株,水晶簾外看如無。只應漢武金盤上,瀉得珊瑚白露珠。”

(清)王士禛、鄭方坤:《五代詩話》卷四

莊《浣花集》,弟藹編録,序略云:“家兄自庚子亂離前,凡著歌詩文章數十通,屬兵火迭興,簡編俱墜,惟餘口誦者,所存無幾。爾後流離漂泛,寓目緣情,迄於癸亥歲,又綴僅千餘首。辛酉春,應聘爲蜀奏記。明年,浣花溪尋得杜工部舊址,結茆爲室,思其人,欲成其處。藹因録兄稿,或默誦者,次爲十卷,目之曰《浣花集》,亦杜陵所居之義也。後所製用繼於右。時癸亥六月九日。”

(清)王士禛、鄭方坤:《五代詩話》卷四

余邵武《寒食詩》有“幕府健兒猶白打”之句,按王建詩“寒食内人常白打,庫中先散與金錢”,韋莊詩“内官初賜清明火,上相閑分白打錢”,楊用修曰:打錢,戲名。未明指爲何事。焦弱侯云:按《齊雲論》:白打,蹴踘戲也。兩人對踢爲白打,三人角踢爲官場。余謂白打,即今之手搏名短打者是也。昔人目手不持寸鐵爲白戰,似即其意。武藝十八,終以白打。以白打爲終,明乎其不持寸鐵也,以爲蹴踘者非。

(清)王士禛、鄭方坤:《五代詩話》卷四

有步打,有跌打,有白打。能懸空觔斗,脚不及地者,謂之跌打;不在馬上,能與人角力,謂之步打。唐僖宗好蹴毬鬥雞,自以爲能於步打,謂俳優石野猪曰:“朕若作步打進士,亦合得一狀元。”野猪對曰:“若遇堯舜禹湯作禮部侍郎,陛下不免且落第。”帝笑而已。王建《宫詞》云:“寒食内人長白打,庫家先散與金錢。”又唐詩云:“上相閑分白打錢。”按《武林舊事》云:宋理宗只應人有女廝撲十人。此即唐時步打之遺意,《齊雲論》曰:“白打,蹴毬戲也。兩人對踢爲白打,三人角踢爲官場。”

(清)王士禛、鄭方坤:《五代詩話》卷四

余每客游,寄息野店中,得句云:"酒香人欲歇,野店日初斜。"因思店字可入詩料,韋應物"楚山明月滿,淮店夜鐘微",岑參"野店臨官路,重城壓御堤",温庭筠"雞聲茅店月,人迹板橋霜",陳羽"都門雨歇愁分處,山店燈殘夢到時",韋莊詩"明日五更孤店裏,醉醒何處各沾巾",皆佳句也。如蘇子瞻"默數來時店",真擔夫語耳。

(清)王士禛、鄭方坤:《五代詩話》卷四

唐韋莊《金陵圖》詩:"江雨霏霏江草齊,六朝如夢鳥空啼。無情最是臺城柳,依舊烟籠十里堤。"謝叠山云:臺城,梁武餓死之地。國亡身滅,陵谷變遷,惟草木無情,只如前日,"無情""依舊"四字最妙。端平中,北使王楫詩:"到處江山是戰場,淮民依舊説耕桑。梅花不識興亡恨,猶向東風笑夕陽。"譏本朝臣子不知邊事之危急。景定間,北將胡諮議留江州詩:"寂寞武磯山上廟,蕭條羅伏水中船。垂楊不管興亡事,依舊青青兩岸邊。"亦譏本朝將相,不知國家將亡,猶隨時取樂,如平安無事時。皆從前詩變化來。

(清)王士禛、鄭方坤:《五代詩話》卷四

杜少陵詩:"雨脚但仍舊。""雨脚如麻未斷絶。"白玉蟾詩:"雨脚初收起暮烟。"江公著詩:"雲葉紛紛雨脚匀。"汪信民詩:"雨脚晨可歇。"蔡啓詩:"城響濤頭入,江昏雨脚斜。"雨脚二字,本《齊民要術》,少陵始用之。少陵又有"日脚下平地"句,韋莊詩:"遠水斜牽日脚流。"石曼卿詩:"花影長隨日脚流。"陳輔詩:"白下風輕日脚斜。"李賀詩:"露脚斜飛濕寒兔。"喻凫詩:"雁天霞脚雨。"東坡詩:"月脚垂孤光。"日月霧露,稱脚俱新。

(清)王士禛、鄭方坤:《五代詩話》卷四

韋莊《應天長詞》云:"想得此時情切,泪沾紅袖黦。"黦字義與涴同,而字則讀如涴字入聲,始得其叶。然《説文》《玉篇》俱無黦字,惟元詞中“馬驟駹，人語喧”，北音作平聲，四轉作入聲，正叶。

(清)王士禛、鄭方坤:《五代詩話》卷四

韋莊詩:“静極却嫌流水鬧，閑多翻笑野雲忙。”本於老杜之“水流心不競，雲在意俱遲”，但多著一嫌字、笑字，覺非真閑、真静耳。

(清)王士禛、鄭方坤:《五代詩話》卷四

《記事》曰:許渾《紀夢詩》叙云:“余嘗夢登山，有宫室凌雲，人云:此崑崙也。既入，見數人方欲招之，至暮而罷。”詩云:“曉入瑶臺露氣清，坐中唯有許飛瓊。塵心未盡俗緣在，十里山前空月明。”或云改第二句爲“天風飛下步虚聲”。韋莊《讀渾詩》云:“江南才子許渾詩，字字清新句句奇。十斛真珠量不盡，惠休空作碧雲詞。”

(清)王士禛、鄭方坤:《五代詩話》卷四

小詞以含蓄爲佳，亦有作决絶語而妙者，如韋莊“誰家年少，足風流。妾擬將身嫁與，一生休。縱被無情弃，不能羞”之類是也。牛嶠“須作一生拌，盡君今日歡”，抑亦其次。柳耆卿“衣帶漸寬終不悔，爲伊消得人憔悴”，亦即韋意，而氣加婉矣。

(清)王士禛、鄭方坤:《五代詩話》卷四

盧延讓光化三年登第。先是延讓師薛許下爲詩，詞意入僻，時人多笑之。吴翰林融爲侍御史，出官峽中，延讓時薄游荆渚，貧無卷軸，未遑贄謁。會融表弟滕籍者，偶得延讓百篇，融覽大奇之，曰:此無他，貴不尋常耳。於是稱之於府主成汭，時故相張公職大租於是邦，常以延讓爲笑端，及融言之，咸所改觀。延讓深所感激，然猶因循，竟未相面。後值融赴急徵入内廷，孜孜於公卿間稱譽不已。光化戊午歲，來自襄南，融一見如舊相識，延讓嗚咽流涕，於是攘臂成之矣。

(清)王士禛、鄭方坤:《五代詩話》卷四

盧延讓《苦吟》詩云:"莫話詩中事,詩中難更無。吟安一個字,撚斷數莖須。險覓天應悶,狂搜海亦枯。不同文賦易,爲著者之乎。"夫之、乎、也、矣、兮、哉,在古俱不爲韻,如"左右流之""寤寐求之""俟我於著乎而""河水清且漣漪""何其處也""必有以也""顏之厚矣""出自口矣""其實七兮""迨其吉兮""反是不思""亦已焉哉""是究是圖""亶其然乎"。諺云:"之乎者也矣焉哉,用得成章好秀才。"後之文人則往往用之叶韻矣,劉琨詩:"芻狗之談,其最得乎!"

(清)王士禛、鄭方坤:《五代詩話》卷四

盧延讓有詩云:"不同文賦易,爲有者之乎。"予以爲不然。嘗見張右史記衢州人王介,字仲甫,以制舉登第,作詩多用助語足句,有《送人應舉》詩落句云:"上林春色好,携手去來兮。"又《贈人落第》詩云:"命也豈終否,時乎不暫留。勉哉藏素業,以待歲之秋。"且云此格古所未有,予是以知延讓之詩未盡。

(清)王士禛、鄭方坤:《五代詩話》卷四

古今詩人,摹寫覓句景象。有極工者,如"吟安五個字,撚斷數莖須",如"險覓天應悶,狂搜海亦枯",如"竟日覓不得,有時還自來",如"句向夜深得,心從天外歸",如"是事精皆易,惟詩會却難",如"窮理多瞑目,含毫静倚松",如"終篇渾不寐,危坐到晨鐘",如"兩句三年得,一吟雙泪流",如"夜吟曉不休,苦吟神鬼愁",如"生應無輟日,死是不吟時",如"五七字中苦,百千年後清",如"宿客嫌吟苦,乖童恨睡遲"。宋林逋云:"只緣吟有味,不覺坐勞神。"此非深於詩者,不能道也。

(清)王士禛、鄭方坤:《五代詩話》卷四

盧延遜《漁洋詩話》:延遜當即延讓,宋避讓字故也。詩淺近,人多笑之,惟吴融獨重之,且云後必垂名。延遜詩亦有佳處,《宿東林》云:"兩三條電欲爲雨,七八個星猶在天。"《旅舍言懷》云:"名紙毛生五門下,家僮骨立六街中。"《蜀路》云:"雲間鬧鐸騾馱去,雪裏殘骸虎曳來。"《寄人》云:"吟成一個字,撚斷數莖髭。"又"樹上諮諏批頰鳥,窗間壁剥叩頭蟲"。余在翰林,常召對,上舉延遜詩云:"臂鷹健卒懸氈帽騎,馬佳人卷畫衫。"雖淺近,亦自成一體。

(清)王士禛、鄭方坤:《五代詩話》卷四

延遜吟詩,多著尋常容易語,如《送周大保赴浙西》云:"臂鷹健卒懸氈帽,騎馬佳人卷畫衫。"又《寄友人》云:"每過私第邀看鶴,長著公裳送上驢。"然於數篇見境尤妙,有《松寺》云:"山寺取涼當夏夜,共僧蹲坐石階前。兩三條電欲爲雨,七八個星猶在天。衣汗稍停床上扇,茶香時潑澗中泉。通宵聽論《蓮華》義,不借松窗一覺眠。"又《苦吟》云:"莫話詩中事,詩中難更無。吟安一個字,撚斷數莖須。險覓天應悶,狂搜海亦枯。不同文賦易,爲著者之乎?"又《贈僧》云:"浮世浮華一斷空,偶抛煩惱到蓮宫。高僧解語牙無水,老鶴能飛骨有風。野色吟餘生竹外,山陰坐久入池中。禪師莫問求名苦,滋味過於食蓼蟲。"

(清)王士禛、鄭方坤:《五代詩話》卷四

天下事有意爲之,輒不能盡妙,而文章尤然。文章之間,詩尤然。世乃有日鍛月鍊之説,此所以用功者雖多,而名家者終少也。晚唐諸人,議論雖淺俚,然亦有暗合者,但不能守之耳。所謂"盡日覓不得,有時還自來"者,使所見果到此,則"采菊東籬下,悠然見南山"之句,有何不可爲。惟徒能言之,此禪家所謂語到而實無見處也,往往有好句,當面蹉過。若"吟成一個字,撚斷數莖須",不知何處合費許辛苦,正恐雖撚盡須,不過能作"藥杵聲中搗殘夢,茶鐺影裏煮孤燈"句耳,人之相去,固不遠哉!

(清)王士禛、鄭方坤:《五代詩話》卷四

唐崔國輔詩:"松雨時復滴,寺門清且涼。"語最妙。宋初潘閬詩:

“夜凉疑有雨,院静若無僧。”亦佳,然不免作意。五代盧延遜山寺詩:“兩三條電欲爲雨,四五個星猶在天。”延遜好爲俚語,此一聯乃差有致。余門人崔華有句云:“一寺千松内,飛泉屋上行。”又《宿山寺》云:“此中枕簟客初到,夜半梧桐風起時。”不減古人。

(清)王士禛、鄭方坤:《五代詩話》卷四

延遜一聯,元文宗《早行》詩剿取之。

(清)王士禛、鄭方坤:《五代詩話》卷四

盧延遜詩目爲容易,如“每過私第邀看鶴,長著公裳送上驢”;“高僧解語牙無水,老鶴能飛骨有風”,其殆庶幾。又如“栗爆”“猫跳”,而楊文公愛之,不知何謂。

(清)王士禛、鄭方坤:《五代詩話》卷四

學詩者動輒言唐詩,便以爲好,不思唐人有極惡劣者,如薛逢、戎昱乃盛唐之晚唐。晚唐亦有數等,如羅隱、杜荀鶴,晚唐之下者;李山甫、盧延遜又其下下者,望羅杜又不及矣。其詩如“一個禰衡容不得”,又“一領青衫消不得”之句,其他如“我有心中事,不向韋三説”,“昨夜洛陽城,明月照張八”,又如“餓猫窺鼠穴,饑犬舐魚砧”,又如“莫將閑話當閑話,往往事從閑話生”,又如“水牛浮鼻渡,沙鳥點頭行”,此類皆下賤優人口中語,而宋人方采以爲詩法,入《全唐詩話》,使觀者曰:是亦唐詩之一體也。如今稱燕趙多佳人,其間有跛者、眇者、羝氲者、疥且痔者,乃專房寵之曰:是亦燕趙佳人之一種。可乎?

(清)王士禛、鄭方坤:《五代詩話》卷四

唐御膳,以紅綾餅餤爲重。昭宗光化中,放進士榜,得裴格等二十八人,以爲得人,會燕曲江,乃令大官特作二十八餅餤賜之。盧延讓在其間。後入蜀爲學士,既老,頗爲蜀人所易。延讓詩素平易近俳,乃作詩云:“莫欺零落殘牙齒,曾喫紅綾餅餤來。”王衍聞知,遂命供膳亦以餅餤爲上品,以紅羅裹之。至今蜀人工爲餅餤,而紅羅裹其外,公厨大燕,設爲第一。

(清)王士禛、鄭方坤:《五代詩話》卷四

盧延讓《哭邊將》詩曰:"自是硇砂發,非干礮石傷。牒多身上職,盎大背邊瘡。"人謂此是打脊詩也世。傳逸詩云:"窗下有詩留客宿,室中無事伴僧眠。"號曰自落便宜詩。

(清)王士禛、鄭方坤:《五代詩話》卷四

太白詩:"天山三丈雪,豈是遠行時。"又云:"水國秋風夜,殊非遠别時。"豈是、殊非,變幻二字愈出愈奇。孟蜀韓琮詩:"晚日低霞綺,晴山遠畫眉。青青河畔草,不是望鄉時。"亦祖太白句法。

(清)王士禛、鄭方坤:《五代詩話》卷四

唐張偉侍郎朝望甚高,有愛姬早逝,悼念不已。因入朝未回,其猶子右補闕曙,才俊風流,因增大阮之悲,乃製《浣溪紗》其詞曰:"枕障薰爐隔綉幃,二年終日兩相思,好風明月始應知。天上人間何處去,舊歡新夢覺來時,黄昏微雨畫簾垂。"置於几上。大阮朝退,憑几無聊,忽覩此詩,不覺哀慟,乃曰:必是阿灰所作。阿灰,即中諫小字也。然於風教,似亦不可,以其叔侄年顔相似,恕之可耳。諺曰:"小舅小叔,相追相逐。"謔戲固不免也。

(清)王士禛、鄭方坤:《五代詩話》卷四

詩人有沿襲而不失爲佳者,張曙《途中聞蟬》前四句云:"每歲聽蟬處,那將此際同。孤村寒色裏,野店夕陽中。"李中正《聞子規》前四句云:"何處正當聞,聲聲欲斷魂。暖風芳草岸,殘日落花村。"蔣鈞《孤雁》後四句云:"葦岸風吹雨,沙汀月照霜。還同我兄弟,零落不成行。"

(清)王士禛、鄭方坤:《五代詩話》卷四

沈君攸《羽觴飛上苑》云:"石徑斷絲閑蔓草,山流細沫擁浮花。"《外史檮杌》載張蠙詩:"墻頭細雨垂纖草,水面回風聚落花。"蓋本於沈耳。

(清)王士禛、鄭方坤:《五代詩話》卷四

蜀江三峽中,水波圓折者名曰盤。盤音漩。杜詩:"盤渦鷺浴底心性。"張蠙《黄牛峽》詩:"盤渦逆入嵌崆地,斷壁高分繚繞天。"

(清)王士禛、鄭方坤:《五代詩話》卷四

張蠙"共看今夜月,獨作異鄉人",善狀離别者。"塞深行客少,家遠識人稀",善狀邊地者。又《宫詞》云:"日透珠簾見冕旒,六宫争逐百花毬。回頭不覺君王去,已聽笙歌在遠樓。"甚工。

(清)王士禛、鄭方坤:《五代詩話》卷四

昭宗時,拾遺張道古貢《五危二亂》表,黜居於蜀。後聞駕走西岐,又遷東洛,皆契五危之事。悉歸二亂之源,因吟一章,上蜀王,詩曰:"封章才達冕旒前,黜詔俄離玉座端。二亂豈由明主用,五危終被佞臣彈。西巡鳳府非爲固,東播鑾輿卒未安。諫疏至今如尚在,誰能更與讀來看。"

(清)王士禛、鄭方坤:《五代詩話》卷四

道古,臨淄人,景福中進士,釋褐爲著作郎,遷右拾遺。播遷之後,方鎮阻兵,道古上《危亂疏》云:"只今劉備、孫權,已生於世矣。"謫施州司户參軍。後入蜀,王氏聞而憾之,乃變姓名,賣卜導江青城市中。建開國,召爲武部郎中,至玉壘關,謂所親曰:吾唐室諫臣,終不能拳跽與雞犬同食,雖召必再貶。於死之日,葬我於關東不毛之地,題曰:唐佐輔補闕張道古墓。後遇害,妻亦繼亡,蜀主憫之,俾祔葬焉。鄭雲叟在華聞之,有詩哭之曰:"曾陳章疏忤昭皇,撲落西南事可傷。豈使諫臣終屈辱,直疑天道惡忠良。生前賣卜居三蜀,死後馳名遍大唐。誰使後來修史者,言君力死正頹綱。”

(清)王士禛、鄭方坤:《五代詩話》卷四

巴蜀三紀以來,藝能之士精於詩話者衆矣。沙門曇彧學李陽冰篆,道士張昭嗣學柳公權書。工部元員外昭嘏仿韓擇木八分,皆杜光庭門人也。僧曉繼攻張芝草書,黄少監荃學邊鸞花竹,處士滕昌祐擬梁廣花艸,野人張道隱學張璪松石,相國李昊爲著名。李司議文才繼閻立本寫真。書畫常代野人平生讀莊老書,好圖龍之真形,飄飄然雲陰雨氣,有蜿蜒之勢,撰《龍證筆訣》三卷。彭州倅鄭昭請畫龍於州西門泰山府君祠。其夕三更,風雨大作,蔣貽恭留題詩曰:“世人空解競丹青,惟子通玄得墨靈。應有鬼神看下筆,豈無風雨助成形。咸疑噴浪歸滄海,勢欲拏雲上杳冥。静閉緑堂深夜後,曉來簾幙似聞腥。”

(清)王士禛、鄭方坤:《五代詩話》卷四

蔣貽恭《蠶詩》云:“辛苦得繭不盈筐,燈下繅絲恨更長。著處不知來處苦,但貪衣上綉鴛鴦。”

(清)王士禛、鄭方坤:《五代詩話》卷四

馮涓《蜀馱引》云:“自古皆傳蜀道難爾,何能過拔蛇山。忽驚登得雞翁磧,又恐礙著鹿頭關。昂藏大步蠶叢國,曲頸微伸高幾尺。卓女窺窗莫我知,嚴仙據案何曾識。”《題支機石》云:“不隨俗物皆成土,只待良時却補天。”《苦雨行》云:“釜魚化爲池中物,禾履浮爲天際船。”蜀城析體之際,幾至殍殕,因投鬻米家活,有詩云:“取水郎中何日了,破柴員外幾時休。早知蜀地區娵與,乃訓如此與也,悔不長安大比邱。即收足大坐也。”

(清)王士禛、鄭方坤:《五代詩話》卷四

《復齋漫録》云:《辨蜀論》云:“自頃諸公議論,頗以蜀人爲疑,苟可以防閑沮遏,無不爲矣。吾不知其説也。以公孫述嘗有蜀乎?是時王郎據邯鄲,盧芳據九原,劉永據梁宋,隗囂據秦隴,而秦豐、李憲之屬,不可勝數,何獨蜀也?以劉氏嘗有蜀乎?是時曹氏據河南,袁紹據河朔,袁術據九江,劉表據荆州,孫氏據江表,而公孫度、吕布之屬,不可勝數,何獨蜀也?以王孟嘗有蜀乎?是時劉隱稱南漢,李景稱南唐,錢鏐稱吴越,劉崇稱東漢,而馬殷、王審知、高季興之屬不可勝數,何獨蜀也?"其大略如此。余後因讀《外史檮杌》,見五代時,後唐魏王代蜀之後,朝廷頗疑蜀人,凡有勢力資産之族,悉令遣入洛,隱士張立爲詩以諷曰:"朝廷不用憂巴俗,稱伯何曾是蜀人。"乃知子西用其意。凡子西數百言,而立以十四字盡之,可謂簡而當矣。

(清)王士禛、鄭方坤:《五代詩話》卷四

後唐張立嘗爲詩曰:"朝廷不用憂巴蜀,稱霸何曾是蜀人。"人以爲名言。至本朝張次公序《蜀檮杌》,天覺送凌戡歸蜀,大抵亦皆爲蜀人辯數者也。忠義固臣子之常分,知不知庸何恤,而蜀人之大節表表在人,亦豈狂圖者之所能溷,三子者之撰,亦不洪矣。故不若東溪《辯蜀都賦》,蓋不專爲蜀辯,將以發左思抑蜀黜吴、借魏諛晉之罪,真有功於名教也。士之生蜀者,其自今宜知所愛重,毋使後人辯今,猶今辯昔焉。

(清)王士禛、鄭方坤:《五代詩話》卷四

蜀楊玢仕至顯官,隨王衍歸唐,以老致仕,歸長安,舊居多爲鄰里侵佔,子弟欲詣府訴,玢自批狀尾云:"四鄰侵我我從伊,畢竟須思未有時。試上含元殿基望,秋風秋草正離離。"子弟不敢復言。

(清)王士禛、鄭方坤:《五代詩話》卷四

唐前進士陳咏,眉州青神人,有詩名,善奕棋。昭宗刦遷,駐蹕陝郊,是歲策名歸蜀。韋書記莊以詩賀之。又有鄉人拓善者,屬和爲詩,其略云:"讓德已聞多士伏,沽名還得世人聞。"譏其比滌器當壚也。謬稱馮副使涓詩,以涓多諧戲故也。或云蜀之拓善者作此詩,假馮公之名也。潁川嘗以詩道自負,謁荆幕鄭準,準亦自負雄筆,謂潁川曰:今日多故,不暇操染,有三數處回緘,祈爲假手。潁川自旦及暮,起草不就,蓋欲以高之。其詩卷首有一對語云:"隔岸水牛浮鼻渡,傍溪沙鳥點頭行。"京兆杜光庭先生謂曰:先輩佳句甚多,何必以此爲卷首? 潁川曰:曾爲朝貴見賞,所以刻於卷首。都是假譽求售使然也。

(清)王士禛、鄭方坤:《五代詩話》卷四

徐振《雷塘》詩云:"九重城闕悲凉盡,一聚園林怨恨長。花憶所爲猶自笑,草知無道更應荒。詩名占得風流在,酒興催教運祚亡。若問皇天惆悵事,只應斜日照雷塘。"《古意》云:"擾擾都城曉又昏,六街車馬五侯門。箕山渭水空明月,可是巢由絶子孫?"右二詩,韋莊取爲《又玄集》。

(清)王士禛、鄭方坤:《五代詩話》卷四

顧敻醉草詞云:"高柳數聲蟬,魂銷似去年。"陳聲伯愛之,擬作一絶句云:"擁被忽聽門外雨,山中又作去年秋。"甚脱化。

(清)王士禛、鄭方坤:《五代詩話》卷四

顧太尉"换我心爲你心,始知相憶深",自是透骨情語。徐山民"妾心移得在君心,方知人恨深",全襲此,然已爲柳七一派濫觴。

(清)王士禛、鄭方坤:《五代詩話》卷四

杜陵《月夜》詩:"明是公憶鄜州之閨中及小兒女,却代閨中憶已,又分别之曰某解憶、某不解憶;明是公憶鄜州閨中及小兒女,遂於月下佇立,不覺長久,却云閨中看月許久,鬟必濕,臂必寒也;明是公憶閨中久立月下,而泪不乾,却云何時偕閨中倚幌雙照泪痕。身在長安,神游鄜州,恍若身亦在鄜州,神馳長安矣。曩讀顧敻《訴衷情》詞云:“换我心爲你心,始知相憶深。”是此一派神理。

(清)王士禛、鄭方坤:《五代詩話》卷四

詞中佳語多從詩出,如顧太尉“蟬吟人静,斜日傍,小窗明”,毛司徒“夕陽低映小窗明”,皆本黄奴“夕陽如有意,偏傍小窗明”。若蘇東坡之“與客携壺上翠微”,賀東山之“秋盡江南草木凋”,皆文人偶然游戲,非向《樊川集》中作賊。

(清)王士禛、鄭方坤:《五代詩話》卷四

畫家七十二色有檀色,淺赭所合,古詩所謂“檀畫荔枝紅”也,而婦女暈眉色似之,唐人詩詞多用之,試舉其略,徐凝《宫中曲》云:“檀妝惟約數條霞”《花間》詞云:“背人匀檀注”,又“鈿昏檀粉泪縱横”,又“臂留檀印齒痕香”,又“斜分八字淺檀蛾”是也。又云:“卓女燒春,醲美小檀霞。”則言酒色似檀色。伊孟昌《黄蜀葵》詩“檀點佳人噴異香”,杜衍《雨中荷花》詩:“檀粉不匀香汗濕”,則又指花色似檀色也。

(清)王士禛、鄭方坤:《五代詩話》卷四

蜀光天元年,太祖寢疾經旬,文州進白鷹,茂州貢白兔,群臣議曰:“聖人本命是兔,鷹兔至,甚相刑,貢二禽非以爲瑞。退鷹留兔,帝疾必痊。”敕命不從。是歲晏駕。又通正年,有大秃鶖鳥颺於摩訶池上,顧太尉夐時爲小臣,直於内庭,遂潛吟二十八字咏之曰:“昔日曾看《瑞應圖》,萬般祥瑞不如無。摩訶池上分明見,仔細看來是那胡。”至光天元年帝崩,乃秃鶖事之徵也。

(清)王士禛、鄭方坤:《五代詩話》卷四

陳裕秀才下第游蜀,誓弃舉業,唯事唇喙,睹物便嘲。其中數篇亦堪采擇,雖無教化於當代,誠可取笑於一時。咏《渾家樂》云:“晨起梳頭午不休,一窠精魅鬧啾啾。阿家解舞《清平樂》,新婦能抛白水毬。著緑挑牌吹觱篥,賜緋盟器和《梁州》。天晴任爾渾家樂,雨下還須滿舍愁。”又“北郡南州處處過,平生家業一驢馱。囊中錢物衣裝少,袋裹胭脂胡粉多。滿子面貼窮措大,蕭娘身瘦鬼姮娥。怪來唤作渾家樂,骨子猫兒盡唱歌。”《過舊居》云:“昔日顔回宅,今爲果飯家。不聞吟秀句,只會餉胡麻。豉汁鍋中沸,粕糕案上葩。朝朝宜早起,擔從自誰家。”有一秀才忽贖酒家青衣爲婦,裕嘲之曰:“秀才何事太忽忽,琴瑟無媒便自通。新婦旋裙纔離體,外姑托布尚當胸。菜闌個個皆鉗項,粳米頭頭盡剪鬃。一自土和逃走後,至今失却親家翁。”又咏大慈寺齋頭鮮于闍黎云:“酒熟終朝没缺時,高堂大舍養肥尸。行婆滿院多爲婦,童子成行半是兒。半折掇齋窮措大,笑迎搽粉阿尼師。一朝若也無常至,劍樹刀山不放伊。”又大慈寺東地有放生池,蜀人競以三元日,多將鵝鴨放在池中,裕當門書絶句,自此放生者稍息矣:“鵝鴨同群世所知,蜀人競送放生池。比來養狗圖雞在,不信闍黎是野狸。”裕後咏天王一絶,因暴疾而終,亦由神折天年,抑又神之靈也。詩曰:“睹眉努目張乾嗔,便作閻浮有力神。禍福豈由泥捏漢,燒香供養弄蛇人。”

(清)王士禛、鄭方坤:《五代詩話》卷四

唐沙門貫休,本婺州蘭溪人,能詩,善書,妙畫。王氏建國時,來居蜀中龍華之精舍,因縱筆用水墨畫羅漢一十六身,並一大士,巨石縈雲,枯松帶蔓,其諸古貌與他人畫不同,或曰夢中所睹,覺後圖之,謂之應夢羅漢。門人曇彧、曇弗等甚秘重之、蜀主曾宣入内。嘆其筆迹狂逸。供養經月。翰林學士歐陽炯亦曾觀之,贈以歌曰:“西嶽高僧名貫休,孤情峭拔凌清秋。天教水墨畫羅漢,魁岸古容生筆頭。時捎大絹泥高壁,閉目焚香坐禪室。或然夢裏見真儀,脱去袈裟點神筆。高擡節腕當空擲,窸窣毫端任狂逸。逡巡便是兩三軀,不似畫工虚費日。怪石安排嵌復枯,真僧列坐連跏趺。形如瘦鶴精神健,頂似伏犀頭骨粗。斜倚松根傍岩縫,曲録腰身長欲動。看經弟子擬聞聲,瞌睡山童疑有夢。不知夏臘幾多年,一手搘頤偏袒肩。口開或若共人語，身定復疑初坐禪。案前卧象低垂鼻，崖畔戲猿斜展臂。芭蕉花裹刷輕紅，苔蘚文中量深翠。硬筇杖，矮松床，雪色眉毛一寸長。繩開梵夾兩三片，綫補衲衣千萬行。林間亂葉紛紛墮，一印殘香斷烟火。皮穿木屐不曾拖，笋纖蒲團鎮長坐。休公逸藝無人加，聲譽喧喧遍海涯。五七字句一千首，大小篆書三十家。唐朝歷歷多名士，蕭子雲兼吴道子。若將書畫比休公，只恐當時浪生死。始自江南來入秦，於今到蜀無交親。詩名畫手皆奇絶，覷你凡人争是人。瓦棺寺裏維摩詰，舍衛城中辟支佛，若將此畫比量看，總在人間爲第一。

（清）王士禛、鄭方坤：《五代詩話》卷四

五代歐陽炯《應天寺門左壁天王畫歌》曰："匡山處士名稱樸，頭骨高奇連五嶽。曾持象簡累爲官，又有蛇珠常在握。昔年長老遇奇蹤，今日門師識景公。興來便請泥高壁，亂搶筆頭如疾風。"

（清）王士禛、鄭方坤：《五代詩話》卷四

蜀多紅豆樹，堅緻，紋如贏。土人不甚愛惜，每於成都市得之。"收紅豆，樹底纖纖擡素手"，歐陽舍人詞也。

（清）王士禛、鄭方坤：《五代詩話》卷四

孟蜀武德軍節度判官歐陽炯撰《花間集序》云："鏤玉雕瓊，擬化工而迥巧；裁花剪葉，奪春艷以争鮮。是以唱雲謡則金母詞清，挹霞醴則穆王心醉。名高《白雪》，聲聲而自合鸞歌；響遏青雲，字字而偏諧鳳律。楊柳大堤之句，樂府相傳；芙蓉曲渚之篇，豪家自製。莫不争歌門下，三千瑇瑁之簪；競富尊前，數十珊瑚之樹。則有綺筵公子，綉幌佳人，遞葉葉之花箋，文抽麗錦；舉纖纖之玉指，拍按香檀。不無清絶之詞，用助嬌嬈之態。自南唐之宫體，扇北里之倡風。何止言之不文，所謂秀而不實。有唐已降，率土之濱，家家之香徑春風。寧尋越豔；處處之紅樓夜月，自鎖嫦娥。在明皇朝，則有李太白應制《清平樂詞》四首，近代温飛卿復有《金筌集》。邇來作者，無愧前人。

今衛尉少卿字宏基,以拾翠洲邊,自得羽毛之異;織綃泉底,獨殊機杼之功。廣會衆賓,時延佳論。因集近來詩客曲子詞五百首,分爲十卷。以炯䴈預知音,辱請命題,仍爲序引。昔郢人有歌《陽春》者,號爲絶唱,乃命之爲《花間集》。庶以《陽春》之曲,將使西園英哲,用資羽蓋之歡;南國嬋娟,休唱蓮舟之引。時大蜀廣政三年四月日序。

(清)王士禛、鄭方坤:《五代詩話》卷四

鹿虔扆宫詞云:"金鎖重門荒院静,綺窗愁對秋空。翠華一去寂無蹤。玉樓歌吹,聲斷已隨風。烟月不知人事改,夜闌還照深宫。藕花相向野塘中,暗傷亡國,清露泣香紅。"花有嘆聲,史識之矣。

(清)王士禛、鄭方坤:《五代詩話》卷四

周美成《西河》詞云:"燕子不知何世。向尋常巷陌人家,相對如説興亡,斜陽裏。"瞿宗吉《西湖十景詞》云:"鈴音自語,也似説成敗。"許伯揚《咏隋河柳詞》云:"如將亡國恨,説與路人知。"哀感頑艷,都與此詞末句一例。

(清)王士禛、鄭方坤:《五代詩話》卷四

《復齋漫録》云:予讀唐楊巨源詩"江邊楊柳麴塵絲"之句,不知所本。後讀劉夢得《楊柳枝》詞云:"鳳闕輕遮翡翠帷,龍池遥望麴塵絲。御溝春水相暉映,狂殺長安年少兒。"乃知巨源取此。今巨源集作"緑烟絲",非也。苕溪漁隱曰:唐毛文錫詞云:"鴛鴦對浴銀塘暖,水面蒲梢短。垂楊低拂鞠塵波。"然則鞠塵亦可於水言之也。或云:《周禮》"鞠衣",注云:黄桑服也。色如鞠塵,象桑葉始生。鞠者草名,花色黄,世遂以鞠塵爲麴塵,其説非是。

(清)王士禛、鄭方坤:《五代詩話》卷四

李珣《巫山一段雲》詞:"古廟依青嶂,行宫枕碧流。水聲山色鎖妝樓。往事思悠悠。雲雨朝還暮，烟花春復秋。啼猿何必近孤舟。行客自多愁。"黄叔暘云：唐詞多緣題所賦，《臨江仙》則言仙事，《女冠子》則述道情，《河瀆神》則咏祠廟，大概不失本題之意，爾後漸變，去題遠矣。如珣此作，實唐本來詞體如此。

(清)王士禛、鄭方坤：《五代詩話》卷四

《墨莊漫録》考婦女弓足起於李後主。按樂府《雙行纏》，其詞云："新羅綉行纏，足趺如春妍。他人不言好，獨我知可憐。"以此知起於六朝。然《史記》云：臨淄女子彈弦纏足。又云：揄修袖，躡利屣。意古已有之。再考《襄陽耆舊傳》云：盗發楚王冢，得宫人玉屐。晉世履有鳳頭、重臺、分梢之制。陶南邨謂唐人題咏略不及之，亦未博考。杜牧詩："鈿尺裁量減四分，碧琉璃滑裹春雲。五陵年少欺他醉，笑把花前出畫裙。"段成式詩云："醉袂幾侵魚子纈，彯纓長戛鳳凰釵。知君欲作《閑情賦》，應願將身作錦鞋。"《花間集》毛熙震詞云："慢移弓底綉羅鞋。"亦屢見於詩咏矣。

(清)王士禛、鄭方坤：《五代詩話》卷四

宋柳如京《塞上詩》："鳴骹直上一千丈，天静無風聲正乾。碧眼健兒三百騎，盡提金勒向雲看。"其詩宋人盛稱之，好事者多圖於屏幛，今猶有其稿本。唐人好畫蕃馬於屏，《花間》詞云："細草平沙，蕃馬小屏風"是也，又曲名《伊州》《梁州》《氐州》，其後卒有禄山、吐蕃之變；宋人愛圖鳴骹健兒，卒有金元之禍；元人曲有《入破》《急煞》之名，未幾而亂。

(清)王士禛、鄭方坤：《五代詩話》卷四

婦人勻面，古惟施朱傅粉而已。至六朝，乃兼尚黄。《幽怪録》神女智瓊額黄，梁簡文帝詩"同安鬟裏撥，異作額間黄"，唐温庭筠詩"額黄無限夕陽山"，又"黄印額山輕爲塵"，又詞"蘂黄無限當山額"，牛嶠詞"額黄侵膩髮",此額妝也。北周静帝令宫人黄眉墨妝,温詩"柳風吹盡眉間黄",張佖詞"依約殘眉理舊黄",此眉妝也。段氏《酉陽雜俎》所載有黄星靨;遼時,燕俗婦人有顔色者,目爲細娘,面塗黄,謂之佛妝;温詞"臉上金霞細",又"粉心黄蘂花靨";宋彭汝礪詩"有女夭夭稱細娘,真珠落髻面塗黄"。此則面妝也。

(清)王士禛、鄭方坤:《五代詩話》卷四

古人咏柳,必比美人;咏美人,必比柳。不獨以其態相似,亦柔曼兩相宜也。若松檜竹柏,用之於美人,則乏婉媚耳。唐牛嶠《柳枝》詞云:"吴王宫裹色偏深,一簇纖條萬縷金。不憤錢塘蘇小小,與郎松下結同心。"亦謂美人不宜松下也,譽柳貶松,殊有深興。

(清)王士禛、鄭方坤:《五代詩話》卷四

牛嶠《楊柳枝》詞:"吴王宫裹色偏深,一簇烟條萬縷金。不分錢塘蘇小小,引郎松下結同心。"按古樂府《小小歌》有云:"妾乘油壁車,郎乘青驄馬。何處結同心,西陵松柏下。"牛詩用此意,咏柳而貶松,唐人所謂尊題格也。後人改松下作枝下,語意索然矣。

(清)王士禛、鄭方坤:《五代詩話》卷四

梓潼山人李堯夫,吟咏尚譏刺,謁蜀相李昊,昊戲曰:"何名之背時耶?"堯夫厲色對曰:"甘作堯時夫,不樂蜀中相。"因是爲昊所擯。知蜀主國柄隳紊,吟《苦熱》詩云:"炎暑鬱蒸無處避,凉風消息幾時來?"一云:太祖采聽明遠,邊事纖悉必知,有使者自蜀還,上問:"劍外有何事?"對曰:"但聞成都滿城誦朱山長《苦熱》詩曰:'煩暑鬱蒸無處避,凉風清冷幾時來?'"上曰:"蜀民望王師也。"

(清)王士禛、鄭方坤:《五代詩話》卷四

歐陽公愛王君玉《燕詞》:"烟徑掠花飛遠遠,曉窗驚夢語匆匆。"

梅聖俞以爲不若李堯夫"花前語澀春猶冷,江上飛高雨乍晴"。

(清)王士禛、鄭方坤:《五代詩話》卷四

堯夫《大内盆詩》云:"向外疑無地,其中别有天。"又《贈滕郎中》云:"方外共推爲道友,關中獨自占詩家。"

(清)王士禛、鄭方坤:《五代詩話》卷四

僧贊寧爲《笋譜》,掎摭古人詩咏,自梁元帝至唐楊師道,皆詩中言及笋者,惟孟蜀學士徐光溥等二人絶句,亦可謂勤篤,然未盡也,如退之《和侯協律咏笋二十六韻》,不收何耶?

(清)王士禛、鄭方坤:《五代詩話》卷四

卞震,蜀人,嘗吟《即事》云:"雨壁長秋菌,風枝落病蟬。"又"老笻撍瘦影,寒木憑吟身"。《春日偶題》云:"詩債到春無處避,離愁當醉暫時無。"《即事》云:"茶香解睡磨鐺煮,山色牽懷著屐登。"

(清)王士禛、鄭方坤:《五代詩話》卷四

幸夤遜仕僞蜀孟昶爲學士。王師將致討之前,歲除,昶令學士作詩兩句,寫桃符上。夤遜題曰:"新年納餘慶,嘉節號長春。"明年蜀亡,吕餘慶以參知政事知益州,長春乃太祖誕聖節名也。

(清)王士禛、鄭方坤:《五代詩話》卷四

(幸夤遜)又有《岷山句》云:"若教作鎮居中國,争得泥金在泰山。"

(清)王士禛、鄭方坤:《五代詩話》卷四

趙休,幸夤遜同時人,侍宴句云:"金莖來白露,玉宇起秋風。"

(清)王士禛、鄭方坤:《五代詩話》卷四

楊鼎夫，成都人，舉進士，爲安思謙幕吏，嘗游青城山，過皂江，中流過暴風，船抵巨石，覆洪濤間，同儕盡没。鼎夫似有物扶助達岸，有老人以枝接引。鼎夫未及致謝，旋失所之。因作詩以記之云："青城山峭皂江寒，欲渡當時作等閑。櫂逆狂風趨近岸，舟逢怪石碎前灣。手携弱杖倉皇處，命出洪濤頃刻間。今日深恩無以報，令人羞記雀銜環。"

(清)王士禛、鄭方坤:《五代詩話》卷四

王著字知微，一字成象，成都人，僞蜀明經及第。蜀平赴闕，太宗以字書訛舛，辟士人删定，有以著薦者，加著作佐郎，令模閣帖。著有《研格書奩銘》云："爰有愚叟，栖此陋室。風雨可蔽，户庭不出。知足爲富，娱老爲逸。貂冠蟬冕，虎皮羊質。處之勿疑，永爾終吉。"

(清)王士禛、鄭方坤:《五代詩話》卷四

楊義方，眉山人，少舉進士第，已而還蜀，仕高祖爲秘書郎。性强毅，長於吟咏，自謂才過羅隱，常有春詩云："海邊紅日半離水，天外暖風輕到花。"爲時人所稱許。後主時九頭鳥見成都，義方作詩，有"好惜羽毛還鬼窟，莫留灾害與蒼生"之句。宋光嗣疑其刺己，奏謫於沈黎。《贈王樞密》云："兩聲鞭自禁門出，一簇人從天上來。"

(清)王士禛、鄭方坤:《五代詩話》卷四

櫟樹多生岡阜之上，大則偃亞，小則聳岐，伐爲薪，鍛爲炭，力倍常木，王正已詩云："未可輕樗櫟，尤能濟雪霜。"

(清)王士禛、鄭方坤:《五代詩話》卷四

蒲中趙節，博贍剛正，鄉人敬之，嘗作爐火詩云："近冬附火爲泰火，透春擁爐成否爐。用否隨時有輕重，進身君子合知無?"

(清)王士禛、鄭方坤:《五代詩話》卷四

沙門愛英住池陽村,示人之語曰:“萬論千經,不如無念無營。”時郡娼滿瑩娘多姿而富情,真妓女中麟鳳。進士張振祖以“無念無營、有情有色”製一聯云:“門前草滿無無老,床底錢多有有娘。”

(清)王士禛、鄭方坤:《五代詩話》卷四

(羅)隱字昭諫,新登縣人,本名横,凡十上不中第,遂更名。始謁武肅王,懼不見納,以所爲夏口詩標於卷首云:“一個禰衡容不得,思量黄祖漫英雄。”王覽之大笑,因加殊遇,復命簡書辟之曰:“仲宣遠托劉荆州,都緣亂世;夫子辟爲魯司寇,只爲故鄉。”王初授鎮海節度,命沈崧草謝表,盛言浙西繁富,以示隱,隱曰:今浙西兵火之餘,日不暇給;朝廷執政,方切賄賂。此表入奏,豈無意要求耶?乃請更之。略曰:“天寒而麋鹿常游,日暮而牛羊不下。”朝廷見之曰:此羅隱之詞也。及爲賀昭宗更名表曰:“左則虞舜之全文,右則姬昌之半字。”當時京師稱爲第一。

(清)王士禛、鄭方坤:《五代詩話》卷五

羅隱與桐廬章魯風齊名。錢武肅崛起,以魯風善書札,召爲表奏孔目官,魯風不就,執之。後以羅隱爲錢塘令,因宴賦詩“一個禰衡”云云,自是始厚之。

(清)王士禛、鄭方坤:《五代詩話》卷五

隱字昭諫,餘杭人,隱池之梅根浦,自號江東生,爲唐相鄭畋、李蔚所知。畋女覽隱詩,諷誦不已,畋疑有慕才意。隱貌寢陋,女一日簾窺之,自此絶不咏其詩。

(清)王士禛、鄭方坤:《五代詩話》卷五

唐人尤重進士,其末也,如李振勸朱温一日殺司空裴贄等百餘人於白馬驛,蘇楷駁昭宗謚,李山甫教樂從訓害王鐸一家三百口,皆不得志於場屋者爲之。乃至巢寇,亦進士也。科目之弊如此。當時惟羅隱有詩名,屢擯於名場,然逢世亂離,依錢氏以庇身,未嘗失節,五言云:“四海霍光第,六龍張奉營。”此必是諸鎮皆封王賜功臣號,及岐汴劫質天子之時。又云:“陪臣無以報,西望不勝情。”又《聞幸蜀》七言云:“静憐貴族謀身易,危惜文皇創業難。”尤有惓惓本朝之意。

(清)王士禛、鄭方坤:《五代詩話》卷五

羅昭諫咏松曰:“陵遷谷變須高節,莫向人間作大夫。”其志亦可悲矣,唐六臣彼何人哉? 昭諫説錢鏐舉兵討梁,見《通鑒》,其忠義可見,視奴事朱温之杜荀鶴,猶糞土也。

(清)王士禛、鄭方坤:《五代詩話》卷五

曾庭聞曰:羅隱《京口見李侍郎》有句云:“屈指不堪言甲子,披風常記是庚申。”未若溉堂《壽晏夫人》詩:“雖然眉壽逢丁酉,只是心傷憶甲申。”轉語之妙。

(清)王士禛、鄭方坤:《五代詩話》卷五

吾杭附郭錢塘縣,舊有吴越時羅江東隱手植海棠一本,王黄州元之嘗題詩云:“江東遺迹在錢塘,手植庭花滿縣香。若使當年居顯位,海棠今日是甘棠。”觀此則杭州海棠亦香矣,不特昌州然也。但恐詩人重稱過實,徒誇其韻,不能慰彭淵材之恨耳。

(清)王士禛、鄭方坤:《五代詩話》卷五

鄴都羅紹威學隱爲詩,自號其文爲《偷江東集》。青州王師範遣使賫禮幣求一篇,隱以詩寄之曰:“盛業傳家有竇刀,况聞餘力更揮毫。腰間印綬黄金貴,卷内文章白雪高。宴罷佳賓吟鳳藻,獵回諸將問龍韜。登壇甲子纔三十,猶擬回頭奪錦標。”王得詩大喜。昭宗欲以甲科處之,有大臣奏曰:隱雖有才,然多輕易,明皇聖德,猶横遭乎譏謗;將相臣僚,豈能免乎凌轢。帝問譏謗之詞,對曰:“隱有《華清》

詩曰:‘樓殿層層佳氣多,開元時節好笙歌。也知道德勝堯舜,争奈楊妃解笑何。’”其事遂寢。

(清)王士禛、鄭方坤:《五代詩話》卷五

隱有《江東集》十卷,其詩自光啓以後,廣明以前,海内亂離,乘輿播遷,艱難險阻之事,多見之賦咏。時魏府節度使羅紹威學隱詩,自號詩卷爲《偷江東集》。

(清)王士禛、鄭方坤:《五代詩話》卷五

宣宗時,相國令狐綯最受恩遇而怙權,尤忌勝己,曾以故事訪於温岐,對以其事出《南華》,且曰:非僻書也。或冀相公燮理之暇,時宜覽古,綯益怒之,乃奏岐有才無行,不宜與第。會宣宗私行,爲温岐所忤,乃授方城尉。所以岐詩云:“因知此恨人多積,悔讀《南華》第二篇。”又李商隱,綯父楚之故吏也,殊不展分。商隱憾之,因題廳閣,落句云:“郎君官重施行馬,東閣無因許再窺。”亦怒之,官止使下員外。江東羅隱亦受知於綯,畢竟無成,有詩哭相國云:“深恩無以報,底是事柴荆。”以三才子怨望,即知綯之遺賢矣。

(清)王士禛、鄭方坤:《五代詩話》卷五

《江東集》中有《泪》詩云:“自從魯國潸然後,不是奸人即婦人。”未詳其所出,及觀《孔叢子》,言子高游趙,平原君客有鄒文、李節者,與子高相友善,臨别,文與節流涕交頤,子高徒抗手而已。其徒疑之,子高曰:“始吾謂二子丈夫,乃今知其婦人也。”曰:“二子之泣非耶?”曰:“二子良人也,有不忍之心,其於敢斷必不足矣。”曰:“凡泣者,一無取乎?”子高曰:“有二焉:大奸之人,以此自信;婦人懦夫,以泣著愛。”觀此,始解其説。

(清)王士禛、鄭方坤:《五代詩話》卷五

《藝苑雌黄》云:宋玉爲《高唐賦》,載巫山神女遇楚襄王,蓋有所諷也。而文士多效之者,又爲傳記以實之,而天地百神,舉無免者。余謂欲界諸天,當有配偶;有無偶者,則無欲者也。唐人記后土事,以譏武后耳。余謂武后何足譏也,而托之后土,亦大褻矣。後之妄人又復填入樂章,而無知者遂以爲誠是也。小説載高駢事云:駢末年惑於神仙之説,吕用之、張守一、諸葛殷等,皆言能役使鬼神,變化黄白。駢酷信之,委以政事。用之等援引朋黨,恣爲不法,嘗云后土夫人靈遣使就某借兵馬並李筌所注《太白陰經》。駢遽下兩縣,率百姓具葦席千領,畫作甲馬之狀,遣用之於廟庭燒之;又以五彩箋寫《太白陰經》十道,置於神座之側;又於神帳中,塑一緑衣年少,謂之韋郎。故羅隱詩有"韋郎年少今何在,端坐思量《太白經》"之語。今敕令中亦嘗禁止淫媟之詞,然蕃釐觀中所謂韋生者猶在,故伊川先生力欲去之,豈非惡其瀆神耶!

(清)王士禛、鄭方坤:《五代詩話》卷五

羅隱,梁開平中累徵夕郎不起,羅衮以詩寄之曰:"平日時風好涕流,《讒書》雖盛一名休。寰區嘆屈瞻天問,夷貊聞詩過海求。向夕便思青瑣拜,近年尋伴赤松游。何當世祖從人望,早以公臺命卓侯。"隱答曰:"崑崙水色九般流,飲即神仙憩即休。敢恨守株曾失意,始知緣木更難求。鴒原謾欲均餘力,鶴髮那堪問舊游。遥望北辰當上國,羡君歸棹五諸侯。"

(清)王士禛、鄭方坤:《五代詩話》卷五

隱《下第詩》曰:"名慚桂苑一枝緑,鱠憶松江滿箸紅。惟應鮑叔深知我,他日蒲帆百尺風。"

(清)王士禛、鄭方坤:《五代詩話》卷五

潤州甘露寺有塊石,狀如伏羊,形製略具,號恨石。相傳孫權常據其上,與劉備論曹公。壁間舊有羅隱詩板云:"紫髯桑蓋兩沈吟,恨石空存事莫尋。漢鼎未分聊把手,楚醪雖美肯同心。英雄已往時難問，苔蘚何知日漸深。還有市廛沽酒客，雀喧鳩聚話蹄涔。”時錢鏐、高駢、徐温鼎立三方，潤州介處其間，隱此詩比平時所作，亦差婉而有味也。

（清）王士禛、鄭方坤：《五代詩話》卷五

羅隱詩雖是晚唐，如“霜壓楚蓮秋後折，雨催蠻酒夜深酤”，亦自婉暢可諷。

（清）王士禛、鄭方坤：《五代詩話》卷五

杜荀鶴錢塘別隱詩云：“故國看看遠，前程寄在誰？五更吹角候，一葉渡江時。吾道天寧喪，人情日可疑。西陵向西望，雙泪爲君垂。”

（清）王士禛、鄭方坤：《五代詩話》卷五

許渾集中佳句甚多，然多用水字，故國初士人云“許渾千首濕”是也，謂如《洛中懷古》詩云：“水聲東去市朝變，山勢北來宫殿高。”若其他詩無水字，則此句當無愧於作者。羅隱詩篇篇皆有喜怒哀樂心志去就之語，而卒不離乎一身，故“許渾千首濕”，人以“羅隱一生身”爲對。又云“杜甫一生愁”，似優於前矣。

（清）王士禛、鄭方坤：《五代詩話》卷五

隱老不遇，有《歸五湖》詩云：“江東日暖花又開，江東行客思悠哉！高陽酒徒半凋落，終南山色空崔嵬。聖代也知無弃物，侯門未必用非才。一船明月一竿竹，家住五湖歸去來。”

（清）王士禛、鄭方坤：《五代詩話》卷五

進士劉贊贈隱詩云：“人皆言子屈，我獨謂君非。明主既難謁，青山何不歸。年虚侵雪鬢，塵枉汗麻衣。自古逃名者，至今名豈微？”

（清）王士禛、鄭方坤：《五代詩話》卷五

《藝苑雌黄》云:羅隱《牡丹》詩云:"自從韓令功成後,辜負穠華過一春。"余考之唐元和中,韓弘罷宣武節制,始至長安,私第有花,命斸去曰:吾豈效兒女輩耶!當時爲牡丹色羞之不暇,故隱有"辜負穠華"之語。

(清)王士禛、鄭方坤:《五代詩話》卷五

唐羅隱與周繇分深,謂隱曰:閣下有女障子詩極好,乃爲絶唱。隱不喻何爲也,曰:"若教解語應傾國,任是無情也動人。"是隱題花詩,隱撫掌大笑。

(清)王士禛、鄭方坤:《五代詩話》卷五

洪州楊軒咏牡丹曰:"楊妃歌舞態,西子巧讒魂。利劍砍不斷,餘妖鍾此根。光華日已盛,欄檻豈長存。寄語尋芳者,須知松柏尊。"羅隱曰:"若教解語應傾國,任是無情也動人。"二人用意不同如此。軒詩雖撚風花,而有警戒。

(清)王士禛、鄭方坤:《五代詩話》卷五

前輩作花詩,多用美女比其狀,如曰"若教解語應傾國,任是無情也動人",塵俗哉!山谷作酴醾詩曰:"露濕何郎試湯餅,日烘荀令炷爐香。"乃用美丈夫比之,特出類也。而吾叔淵材作海棠詩又不然,"雨過温泉浴妃子,露穠湯餅試何郎",意尤佳也。

(清)王士禛、鄭方坤:《五代詩話》卷五

詩人咏物,形容之妙,近世爲最,如梅聖俞"蝟毛蒼蒼攢不死,銅盤矗矗釘頭生。吴雞鬥敗絳幘碎,海蚌扶出真珠明",誦此則知其咏芡也。東坡"海山仙人絳羅襦,紅紗中單白玉膚。不須更待妃子笑,風骨自是傾城姝",誦此則知其咏荔支也。張文潛"平地碧玉秋波瑩,緑雲擁扇青摇柄。水宫仙女鬥新妝,輕步凌波踏明鏡",誦此則知其咏蓮花也。如唐彦謙咏牡丹詩云"爲雲爲雨徒虚語,傾國傾城不在人”,羅隱咏牡丹詩云“若教解語應傾國,任是無情也動人”,非不形容,但不能臻其妙處耳。

(清)王士禛、鄭方坤:《五代詩話》卷五

羅隱《中秋不見月》詩云:“只恐異時開霽後,玉輪依舊養蟾蜍。”本於盧仝《月蝕》詩,然尤簡明。

(清)王士禛、鄭方坤:《五代詩話》卷五

建德有金雞,石羅隱題云“金雞不向五更啼”,石遂破裂,有雞飛鳴而去。

(清)王士禛、鄭方坤:《五代詩話》卷五

羅隱詩:“只知事逐眼前過,不覺老從頭上來。”此語殊有味。

(清)王士禛、鄭方坤:《五代詩話》卷五

題是《封禪寺》,昭諫身居亂世,故起句曰“盛禮何由睹”,奇哉句也! 三四“周南太史泪。蠻徼長卿書”,好。豈可全不用事,善用事者不冗。

(清)王士禛、鄭方坤:《五代詩話》卷五

羅隱《雪》詩云:“曉窗呵筆尋詩句,一片飛來紙上消。”格雖不高,亦小巧可喜。

(清)王士禛、鄭方坤:《五代詩話》卷五

羅隱《送竈》詩云:“一盞清茶一縷烟,竈君皇帝上青天。玉皇若問人間事,爲道文章不值錢。”當今之選,非錢不行,自唐已然,豈獨今日。王季重有《無不可買謡》:“上好黄錢,童生買起到狀元。絶大元寶,童生買起到閣老。”即此可以覘時矣。

(清)王士禛、鄭方坤:《五代詩話》卷五

羅隱詩極淺俗,有《江南曲》云:"江烟濕雨鮫綃軟,漠漠遠山眉黛淺。水國多愁又有情,夜槽壓酒銀船滿。綳絲采怨凝曉空,吴王臺榭春夢中。鴛鴦鸂鶒唤不起,平鋪緑水眠東風。西陵路邊月悄悄,油壁輕車嫁蘇小。"奇麗可比温李,然亦不多得也。

(清)王士禛、鄭方坤:《五代詩話》卷五

余舊見顔持約所畫淡墨杏花,題小詩於後,仍題持約二字,意謂必其所作。因閲《唐宋類詩》,方知是羅隱詩,持約竊之耳。詩云:"暖氣潛吹次第春,梅花已謝杏花新。半開半落閑園裏,何異榮枯世上人。"

(清)王士禛、鄭方坤:《五代詩話》卷五

五代十國詩家,最著者多有唐遺士,韋正巳體近雅正,惜出之太易,義乏閎深;杜彦之俚淺,以衰調寫衰代事,情亦自真切;黄文江力孱韻清,呢呢如與人對語;羅昭諫酣情飽墨出之,幾不可了,未少佳篇,奈爲浮渲所掩,然論筆才,自在僞國諸吟流上。余即不乏片藻,付之自鄶。

(清)王士禛、鄭方坤:《五代詩話》卷五

記云:鸚鵡能言,不離飛鳥;猩猩能言,不離禽獸。羅隱詩云:"猩猩鸚鵡無端會,長向人間被網羅。"

(清)王士禛、鄭方坤:《五代詩話》卷五

白居易咏老柳樹:"但見半衰臨此路,不知初種是何人。"羅隱咏長明燈:"不知初點人何在,只見當年火至今。"語似祖述,而用法一順一倒不同。

(清)王士禛、鄭方坤:《五代詩話》卷五

唐昭宗播遷,隨駕伎藝人止有弄猴者。猴頗馴,能隨班起居。昭宗賜以緋袍,號"孫供奉",故羅隱有詩云:"十二三年就試期,五湖烟月奈相違。何如學取孫供奉,一笑君王便著緋。"後來梁篡位,取此猴,令殿下起居。猴望殿陛,見全忠,徑趨其所,跳躍奮擊,遂令殺之。唐臣愧此猴多矣。

(清)王士禛、鄭方坤:《五代詩話》卷五

羅隱咏紅梅詩云:"天賜臙脂一抹腮,盤中風味笛中哀。雖然未得和羹用,曾與將軍止渴來。"此却似軍官宿娼謎也。

(清)王士禛、鄭方坤:《五代詩話》卷五

今人諺語多古人詩:"瓜田不納履,李下不整冠",曹子建詩;"晚飯少吃口,活到九十九",古樂府句;"待予心肯日,是汝命通時",唐太宗詩;"何人更向死前休",韓退之詩;"公道世間惟白髮,貴人頭上不曾饒",杜牧之詩;"事向無心得",章碣詩;"世亂奴欺主,年衰鬼弄人","海枯終見底,人死不知心",杜荀鶴詩;"一朝權入手,看取令行時",朱灣詩;"自己情雖切,他人未肯忙",裴説詩;"日出事還生",武元衡詩;"難將一人手,掩得天下目",曹鄴李斯詩;"終日醉醺醺",張籍登金山寺詩;"林下何曾見一人",靈徹詩;"忍事敵灾星",司空圖詩;"但有路在上,更高人也行",龔霖詩;"長安有貧者,爲瑞不宜多",羅隱詩;"但知行好事,莫要問前程",馮道詩;"在家貧亦好",戎昱詩;"大樹大皮裹,小樹小皮纏。庭前紫荊樹,無皮也過年",宋僧行持詩;"但存方寸地,留與子孫耕",賀仙翁詩;"此去好憑三寸舌,再來不值半文錢",張叔仁送謝叠山入燕詩。

(清)王士禛、鄭方坤:《五代詩話》卷五

士人於棋酒間,好稱引戲語,以助談笑,大抵皆唐人詩。後生多不知所從出,漫識所記憶者於此:"公道世間惟白髮,貴人頭上不曾饒",杜牧送隱者詩也;"因過竹院逢僧話,又得浮生半日閑",李涉詩也;"只恐爲僧僧不了,爲僧得了盡輸僧","啼得血流無歇處,不如緘口過殘春",杜荀鶴詩也;"數聲風笛離亭晚,君向瀟湘我向秦",鄭谷詩也;"今朝有酒今朝醉,明日愁來明日當","勸君不用分明語,語得分明出轉難”,“自憐飛絮猶無定,争解垂絲絆路人”,“明年更有新條在,撓亂春風卒未休”,“采得百花成蜜後,不知辛苦爲誰甜”,羅隱詩也;高駢在西川築城禦蠻,朝廷疑之,徙鎮荆南,作風筝詩以見意曰:“昨夜筝聲響碧空,宫商信任往來風。依稀似曲才堪聽,又被吹將别調中。”今人亦好引此句也。

(清)王士禛、鄭方坤:《五代詩話》卷五

自唐末,無賴男子以劄刺相高,或鋪《輞川圖》一本,或砌白樂天、羅隱二人詩百首,至有以平生所歷郡縣飲酒蒱博之事,所交婦人姓名、年齒、行第、坊巷、形貌之詳,一一標表者,時人號爲針史。

(清)王士禛、鄭方坤:《五代詩話》卷五

余僑家後圃,有一大井,是武肅王外祖家舊物,井上有文曰:“於維此井,渟育坎靈。有莘有郘,實此儲英。時有長虹,上貫青冥。是惟王氣,宅相先徵。爰啓霸王,奠妥蒼氓。沛膏慚澤,配德東溟。臣羅隱謹頌。”

(清)王士禛、鄭方坤:《五代詩話》卷五

羅隱隸書《君平井碑》,在永昌縣嚴樂院後,文曰:“水不可以□爲清也,神不可□□慮寧也。”字大類岣嶁禹碑。井東南可五十步,即君平墓,碑曰“蜀莊之壟”。惜破壞,道士翛然出舊拓云:亦隱書。又絶似孟德,隱以詩名,字工妙又如此,乃知古文人無不善書也。

(清)王士禛、鄭方坤:《五代詩話》卷五

隱寢疾,武肅王親臨撫問,題其壁云:“黄河信有澄清日,後世應難繼此才。”隱起續末句曰:“門外旌旗屯虎豹,壁間章句動風雷。”以紅紗覆其上。其後果無文嗣,所著《江南甲乙集》。

(清)王士禛、鄭方坤:《五代詩話》卷五

羅塞翁乃錢塘令隱之子,爲吴中從事,善畫羊。隱以詩名於時,而塞翁獨寓意於丹青,亦詞人墨客之所致思也。

(清)王士禛、鄭方坤:《五代詩話》卷五

杜建徽字延光,新登縣人。仕吴越爲丞相,春秋高,尚能騎射,嘗從擊毬於廣場,興酣,有宿中箭鏃自臂中飛出,人皆壯之。徽爲詩自叙曰:"中劍斫耳缺,被箭射髀過。爲將須有膽,有膽即無價。"

(清)王士禛、鄭方坤:《五代詩話》卷五

林鼎字焕文,閩人也。父無隱。鼎生於明州大隱村。初,刺史黄晟頗好禮士,無隱依之,有詩名,嘗爲詩云:"雪消二月江湖闊,花發千山道路香。"知言者以無隱必生貴子,鼎仕吴越,果至丞相。

(清)王士禛、鄭方坤:《五代詩話》卷五

自貞元後,唐文甚振,以文學科第爲一時之榮。及其敝也,士子豪氣駡吻游諸侯門,諸侯望而畏之,如劉魯風、姚岩傑、柳棠、胡曾之徒,其文皆不足取。余故載之者,以見當時諸侯争譽於文士,此蓋外重内輕之牙蘖。如李益者,一時文宗,猶曰:"感恩知有地,不上望京樓。"其後如李山甫輩,以一名一第之失,至挾方鎮,劫宰輔,則又有甚焉者矣。一篇一韻,初若虚文,而治亂之萌係焉,余以是知其不可忽也。

(清)王士禛、鄭方坤:《五代詩話》卷五

元德昭字名遠,撫州南城縣人,仕吴越忠獻王至丞相,理家以孝愛聞,每時序置酒,環列几席者凡四從,嘗爲詩云:"滿堂羅綺兼朱紫,四代兒孫奉老翁。"

(清)王士禛、鄭方坤:《五代詩話》卷五

高英秀者,吴越國人,與贊寧爲詩友,口給,好駡,滑稽,嘗譏名人詩病云:李山甫《覽漢史》云:“王莽弄來曾半破,曹公將去便平沈。”定是破船詩。李群玉《咏鷓鴣》云:“方穿詰曲崎嶇路,又聽鈎輈格磔聲。”定是梵語詩。羅隱云:“雲中雞犬劉安過,月裏笙歌煬帝歸。”定是見鬼詩。杜荀鶴云:“今日偶題題似著,不知題後更誰題。”此衛子詩也。不然安有四蹄? 贊寧笑謝而已。

(清)王士禛、鄭方坤:《五代詩話》卷五

吴越司賓使沈韜文有《游西湖》詩云:“首句缺。菰米蘋花似故鄉。不是不歸歸未得,好風明月一思量。”武肅遂授以湖州刺史。

(清)王士禛、鄭方坤:《五代詩話》卷五

皮光業最耽茗事,一日中表請嘗新柑,筵具殊豐,簪紱叢集,才至,未顧尊罍,而呼茶甚急,徑進一巨甌,題詩曰:“未見甘心氏,先迎苦口師。”衆噱曰:“此師固清高,而難以療飢也。”

(清)王士禛、鄭方坤:《五代詩話》卷五

吴越王時,宰相皮光業每以詩爲己任,嘗得一聯云:“行人折柳和輕絮,飛燕銜泥帶落花。”自負警策,以示同僚。衆爭嘆譽,裴光約曰:二句偏枯不爲工,蓋柳當有絮,泥或無花。如此論真得詩之膏肓矣。

(清)王士禛、鄭方坤:《五代詩話》卷五

光禹業五七言詩,賈閬仙之儔也,有“燒平樵路出,潮弄海山高”之句,作者多許之。

(清)王士禛、鄭方坤:《五代詩話》卷五

杜詩“嬋娟碧鮮静”,碧鮮出《文選吴都賦》“玉潤碧鮮”,正謂竹也。五代扈蒙作《碧鮮詩》得名。

(清)王士禛、鄭方坤:《五代詩話》卷五

唐鄭綮云："詩思在灞橋驢子背上。"胡擢云："吾詩思若在三峽聞猿聲時也。"余少在廣陵，作《論詩絶句》，其一云："詩情合在空舲峽，冷雁哀猿和《竹枝》。"用擢語也。後壬子歲，典蜀試歸，舟下三峽，夜泊空舲，月下聞猿聲，忽悟前詩，乃知事皆前定爾。

（清）王士禛、鄭方坤：《五代詩話》卷五

張瀛，碧之子也，事廣南劉氏，官至曹郎，嘗爲歌贈琴棋僧，同列見之曰：非其父不生其子。詩曰："我嘗聽師法一説，波上蓮花水中月。不垢不净是色空，無法無空亦無滅。我嘗聽師禪一觀，浪溢鰲頭蟾魄滿。河沙世界盡空空，一寸寒灰冷燈畔。我又聽師琴一撫，長松唤往秋山雨。弦中雅弄若鏗金，指下寒泉流太古。我又聽師棋一著，山頂坐沉紅日脚。阿誰稱是國手人？羅浮道士賭却鶴，輸却藥；法懷斟下紅霞丹，束手不敢争頭角。"

（清）王士禛、鄭方坤：《五代詩話》卷五

黄損，龍德二年登進士第，喜作詩，《讀史》云："逐鹿走紅塵，炎炎火德新。家肥生孝子，國霸有謀臣。帝道雲龍合，民心草木春。須知烟閣上，一半老儒真。"

（清）王士禛、鄭方坤：《五代詩話》卷五

損，連州人，作《公子行》云："春草緑綿綿，驕驂驟暖烟。微風飄樂韻，半日醉花邊。打鵲抛金彈，招人舉玉鞭。田翁與蠶婦，平地看神仙。"又《出山吟》云："來書初出白雲扃，乍躡秋風馬足輕。遠近流連分岳色，别離嗚咽亂泉聲。休將巢許争喧雜，自共伊皋論太平。昨夜細書雲色裏，進賢星座甚分明。"

（清）王士禛、鄭方坤：《五代詩話》卷五

《鷓鴣詩》云："而今世上多離别，莫向相思樹下啼。"

（清）王士禛、鄭方坤：《五代詩話》卷五

淡塘在永州北三十里,其水有九十九源。長興初,黄損爲永州團練副使,求爲别業,有詩云:“傍水野禽通體白,飣盤山果半邊紅。”

(清)王士禛、鄭方坤:《五代詩話》卷五

虔州布衣賴仙芝言,連州有黄損僕射者,五代時人。僕射蓋事南漢,未老退歸,一日忽遁去,莫知其存亡,子孫畫像事之。凡三十二年,復歸,坐阼階,呼家人。其子適不在,孫出見之。索筆書壁上云:“一别人間歲月多,歸來人事已消磨。惟有門前鑒池水,春風不改舊時波。”投筆竟去,不復留,子歸,問其狀貌,孫云:甚似影堂老人也。

(清)王士禛、鄭方坤:《五代詩話》卷五

謝諤家南康,舍前有溪,兒時嘗夢浴溪中,有人以珠一器遺之曰:郎吞此,則明悟矣。諤即吞細者六十餘顆,及長,善爲詩。進士裴説選其善者六十餘篇,行於世。

(清)王士禛、鄭方坤:《五代詩話》卷五

(韓)偓於昭宗朝召入,院試學士,試文五篇:《萬邦咸寧賦》《禹拜昌言詩》《武臣授東川節度使制》《答佛誓國王進貢書》《批三功臣讓圖形表》。

(清)王士禛、鄭方坤:《五代詩話》卷六

朱全忠忌(韓)偓,貶濮州司馬,昭宗執偓手流涕曰:“左右無人矣。”再貶榮經尉,徙鄧州司馬。哀帝復召爲學士,還故官,偓不敢入朝,挈族來依王審知,僑居南安。天祐三年,復有前命,偓又辭,爲詩曰:“豈獨鴟夷解歸去,五湖漁艇且餔糟。”已而梁篡唐,復召,亦辭不往。龍德三年,卒於南安龍興寺。自貶後,以甲子歷歷自記所在,其詩皆手寫成帙。殁之日,家無餘財,惟燒殘龍鳳燭一器而已。

(清)王士禛、鄭方坤:《五代詩話》卷六

(韓)偓十歲能詩,嘗即席爲詩送父友李商隱,一坐盡驚。富才情,詞靡麗,初喜爲閨閤詩,後遭故遠遁,出語依於節義,得詩人之正焉。

(清)王士禛、鄭方坤:《五代詩話》卷六

山谷嘗爲余言:杜子美雖流離顛沛,心未嘗一日不在本朝,故善陳時事,句律精深,超古作者。蓋忠義之氣,奮發而然。韓偓貶逐後,依王審知,其集中所載:“手風慵展八行書,眼暗休看九局圖。窗裏日光飛野馬,案頭筠管長蒲盧。謀身拙爲安蛇足,報國危曾捋虎鬚。滿世可能無默識,未知誰擬試齊竽。”其詞凄楚,切而不迫,不忘其君也。

(清)王士禛、鄭方坤:《五代詩話》卷六

(韓)偓與吴融同時爲詞臣,偓忠於唐,爲朱三面斥,貶責不悔,如“捋虎鬚”之句,人未嘗誦,似爲《香奩》所掩。及朱三篡弑,偓羈旅於閩,時王氏割據,偓詩文止稱唐朝官職,與淵明稱晉甲子,異世同符。余讀其集,壯其志,録其警聯於編;内三數篇自述其玉堂遭遇,唐季非復承平舊觀,而待詞臣之禮猶然,存之以備《金鑾記》之闕。

(清)王士禛、鄭方坤:《五代詩話》卷六

韓致光天復二年隨駕鳳翔,《冬至夜作》:“不道慘舒無定分,却憂蚊響又成雷是。”時朱全忠圍岐甚急,李茂貞有連和之意,偓之孤忠處此,殆知其必一反一覆,終無定在歟?此關時事,不但咏至節也。

(清)王士禛、鄭方坤:《五代詩話》卷六

吴融、韓偓同時,慨嘆兵戈之間,詩律精切,皆善用事。

(清)王士禛、鄭方坤:《五代詩話》卷六

唐史(韓)偓傳,貶濮州後即不甚詳。吾家所得偓詩,皆以甲子歷歷自記，有天祐二年乙丑在袁州得人賀復除戎曹依舊承旨詩，又有丁卯年聞再除戎曹依前充職詩，蓋兩召皆辭不赴也。終身不食梁禄，大節與司空表聖略相等，惜乎唐史止書乙丑一召，不爲少發明之。

(清)王士禛、鄭方坤：《五代詩話》卷六

韓偓流寓閩中所作詩，僅傳《南臺懷古》一首云："無那離腸日九回，强舒懷抱立高臺。中華地向天邊盡，南國雲從島上來。四序有花長見雨，一冬無雪却聞雷。離宫紫氣生冠冕，却望扶桑病眼開。"偓卒於閩，其子寅亮與鄭文寶言，偓捐館日，温陵帥聞其家藏箱笥頗多，而緘鐍甚固，發觀，得燒殘龍鳳燭，金縷紅巾百餘條，蠟泪尚新，巾香猶鬱，乃偓爲學士日，視草金鑾，夜還翰苑，當時皆宫人秉燭以送，悉藏之。又文寶少游於延平，見一老尼，亦説斯事。尼乃偓之妾耳。第未考偓葬於何所也。

(清)王士禛、鄭方坤：《五代詩話》卷六

韓偓詩極清麗，有手寫詩百餘篇，在其四世孫奕處。偓天復中，避地泉州之南安，子孫遂家焉。廣曆中，余過南安，見奕，出其手集，字極淳古可愛。後詣闕獻之，以其忠臣之裔，得司士參軍，終於殿中丞。余在京師，見偓送晉光上人詩，亦墨迹也，與此無異。

(清)王士禛、鄭方坤：《五代詩話》卷六

(韓)偓自號玉山樵人，所著歌詩頗多，其間綺麗得意者數百篇，膾炙人口，或樂工配入聲律，粉墻椒壁，竊咏者不可勝計。行書亦可喜，《題懷素草書》詩云："怪石會秋澗，寒藤挂古松。若教臨水畔，字字恐成龍。"非潛心字學，作語不能逮此。

(清)王士禛、鄭方坤：《五代詩話》卷六

釣龍臺上有盤石，越王餘善釣白龍處也，又名越王臺。韓偓流寓閩中題詩云："無那離腸日九回，强舒懷抱立高臺。九華地向城邊盡，外國雲從島上來。四序有花常見,雨一冬無雪却聞雷。離宫紫氣生冠冕,試望扶桑病眼開。"

(清)王士禛、鄭方坤:《五代詩話》卷六

韓偓昭宗時爲翰林學士承旨,頗與國論,爲崔胤、朱全忠所不容,謫濮州司馬。其後復官,不敢入朝,挈其族依閩中王審知。嘗道沙陽,寓居天王院者歲餘,與老僧藴明善,以詩贈之。至後唐時,邑令張僚爲之記,叙偓始末甚詳,且述唐末亂離之事,頗與唐史合。余來沙陽聞之,竊欲一觀,而其碑因寺中廢,爲有力者取去,秘不示人。久之始得見其副本,感而賦之,且録偓詩卷中,傳諸好事者云:"偶訪明公大德,贈長句四韻。前翰林學士承旨、户部侍郎、知制誥韓偓上。寸髮如霜袒右肩,倚肩筇竹貌怡然。懸燈深屋夜分坐,移榻向陽齋後眠。刮膜且揚三毒論,攝心徐指二宗禪。清凉藥分能知否,各自胸中有醴泉。""詞臣謫去墮天南,詩墨從來榜寺檐。好事不須收拾去,世間遺集有香奩。"

(清)王士禛、鄭方坤:《五代詩話》卷六

韓致光、吴子華皆唐末詞臣,位望通顯,雖國蹙主辱,而賦咏唱和不輟。存於集者,不過流連光景之語,如感時傷事之作,絶未之見。當時公卿大臣,往往皆如此。

(清)王士禛、鄭方坤:《五代詩話》卷六

致光昭宗時以翰林承旨謫嶺表,道湖南,《謝人惠含桃》詩云:"金鑾歲歲長宣賜,忍泪看天憶帝都。"自注云:每歲初進之後,先宣賜學士。韓子蒼《謝人惠茶》云:"白髮前朝舊史官,風爐煮茗暮江寒。蒼龍不復從天下,拭泪看君小鳳團。"意本致光,而語益工。

(清)王士禛、鄭方坤:《五代詩話》卷六

余溺章句,信有年矣。誠知非丈夫所爲,不能忘情,天所賦也。

自庚辰、辛巳之際,迄辛丑、庚子之間,所著歌詩,不啻千首。其間以綺麗得意者,亦數百篇。往往在士大夫之口,或樂工配入聲律,粉墻椒壁,斜行小字,竊咏者不可勝計。大盜入關,緗帙都墜,遷徙不常厥居,求生草莽之中,豈復以吟諷爲意。或天涯逢舊識,或避地遇故人,醉咏之暇,時及拙唱。自爾鳩輯,復得百篇;不忍弃捐,隨時編録。遐思宫體,未敢稱庾信攻文,却誚《玉臺》,何必倩徐陵作叙。粗得捧心之態,幸無折齒之慚。柳巷青樓,未嘗糠粃;金閨綉户,始預風流。咀五色之靈芝,香生九竅;咽三危之瑞露,春動七情。如有責其不經,亦望以功掩過。翰林學士承旨、行尚書户部侍郎、知制誥韓偓序。

(清)王士禛、鄭方坤:《五代詩話》卷六

余自辛酉歲戲作《無題》十四韻,故奉常王公相國首於繼和,故内翰吴侍郎融、令狐舍人涣,閣下劉舍人崇譽,吏部王員外涣,相次屬和。余因作第二首,却寄諸公,二内翰及小天亦再和。余復作第三首,二内翰亦三和。王公一首,劉紫微一首,王小天二首,二學士各三首。余又倒押舊韻,成第四首,二學士笑謂余曰:謹豎降旗,何姸如是也! 遂絶筆。是歲十月末,余在内直,一旦兵起,隨駕西狩,文稿咸弃。更無孑遺。丙寅年九月,在福建寓止,有前東都度支院蘓暐端公,挈余淪落詩稿見授,中得《無題》一首。因追味舊作,缺亡甚多,惟第二、第四首仿佛可記,其第三首才得數句而已,今亦依次編之,以俟他時偶獲全本。余五人所和,不復憶省矣。

(清)王士禛、鄭方坤:《五代詩話》卷六

世傳《香奩集》江南韓熙載所爲,誤。沈存中《筆談》又謂晉相和凝所爲,後貴,惡其側艷,嫁名於偓,亦非也。余家有唐吴融詩一集,其中有《和韓致堯無題三首》,與《香奩集》中《無題》韻正同,而偓序中亦具載其事。又余曾在温陵,於偓裔孫駉處,見偓親書所作詩一卷,雖紙墨昏淡。而字畫宛然,其《裊娜》《多情》《春盡》等詩,多在卷中,此可驗矣。偓富於才情,詞致婉麗,能道人意外事,固非凝所及。

據《北夢瑣言》云:凝少年好爲小詞令,布於汴洛。洎作相,專令人收拾焚毁。契丹入寇,號爲曲子相公。然則凝雖有集名《香奩》與偓同,乃浮艷小詞耳,安得便以今世所行《香奩集》爲凝作耶?

(清)王士禛、鄭方坤:《五代詩話》卷六

韓偓《香奩集》百篇,皆艷體也。沈存中《筆談》云:乃和凝所作。凝後貴,悔其少作,故嫁名韓偓耳。今《香奩》集有《無題》詩,序云:"余辛酉年戲作《無題》詩十四韻,故奉常王公、内翰吴公、舍人令狐涣相次屬和。是歲十月,一旦兵起,隨駕西狩,文稿咸弃。丙寅歲在福建,有蘇暐以稿見授,得《無題》詩,因追咏舊詩,缺亡甚多。"余按《唐書韓偓傳》,偓嘗與崔嗣胤。辟諱改定策誅劉季述,昭宗反正爲功臣,與令狐涣同爲中書舍人。其後韓全誨等劫帝西幸,偓夜追及鄠,見帝慟哭。至鳳翔,遷兵部侍郎。天祐二年,挈其族依王審知而卒。以《紀運圖》考之,辛酉乃昭宗天復元年,丙寅乃哀帝天祐二年,其序所謂丙寅歲在福建,有蘇暐授其稿,則正依王審知之時也。稽之於傳與序,無一不合者,則此集韓偓所作無疑,而《筆談》以爲和凝嫁名於偓,特未考其詳耳。《筆談》云:偓又有詩百篇,在其四世孫奕處見之。豈非舊詩之缺亡者乎?

(清)王士禛、鄭方坤:《五代詩話》卷六

致光筆端甚高,唐之將亡,與吴融詩律皆全,不似晚唐,善用事,極忠憤。惟《香奩》之作,詞工格卑,豈非世事已不可救,姑流連荒亡,以紓其憂乎?

(清)王士禛、鄭方坤:《五代詩話》卷六

《香奩》之作,爲韓偓無疑也。或以爲和凝之作,嫁名於韓,劉潛夫誤信之。考諸同時吴融集,有依韻唱和者,何可掩哉?誨淫之言,不以爲耻,非唐之衰而然乎!

(清)王士禛、鄭方坤:《五代詩話》卷六

高秀實云：元氏艷詩，麗而有骨；韓偓《香奩集》，麗而無骨。時李端叔意喜韓偓詩，誦其序云："咀五色之靈芝，香生九竅；咽三危之瑞露，美動七情。"秀實云："勸不得也，勸不得也！"

（清）王士禛、鄭方坤：《五代詩話》卷六

韓偓詩："窗裏日光飛野馬，案頭筠管長蒲盧。"上句謂窗隙日影中多見飛塵，人猶易解。至次句，則案頭竹管豈長蘆葦耶？便相顧錯愕。按《中庸》：夫政也者，蒲盧也。舊注：蒲盧是蜾蠃名。《爾雅》云：即細腰蜂也。蜾蠃取螟蛉納書案筆管間，以泥封之，閱數日而化爲蜾蠃。其以之證政舉者，正以言民化之易也。是以《家語》曰：天道敏生，人道敏政，地道敏樹。夫政也者，蒲盧也，待化而成。其著"待化而成"四字，明明解敏政之譬。此夫子自言之，且自注之者。自宋人作章句，改盧爲蘆，以蒲葦當之，則不惟《中庸》《家語》《爾雅》《毛詩》俱不能解，即韓冬郎一七字詩亦無解處矣。嗟夫，讀經讀詩，皆不可無學如此。

（清）王士禛、鄭方坤：《五代詩話》卷六

《香奩集》云：後魏時，相州人作《李波小妹歌》，疑其未備，因補之："李波小妹字雍容，窄衣短袖蠻錦紅。未解有情夢梁苑，何曾自媚妒吴宫。誰教牽引知酒味，因令悵望成春慵。海棠花前鞦韆畔，背人掩鬢道忽忽。"韓偓所補，似言閨房之意，大非其實。《北史》：廣平人李波，宗族强盛，殘掠不已。百姓語云："李波小妹字雍容，褰裾逐馬如卷蓬。左射右射必疊雙。婦女尚如此，男子安可逢！"李安世設方略誘殺之，州内肅然。

（清）王士禛、鄭方坤：《五代詩話》卷六

韓偓詩："鵝兒唼喋梔黄嘴，鳳子輕盈膩粉腰。"不識鳳子定是何物，有問予，姑以蝶應之，問者依違而已。退念藏書萬數，不能貯心，亦病也。徐悟，乃崔豹《古今注》耳，謂蛺蝶大者爲鳳子。

（清）王士禛、鄭方坤：《五代詩話》卷六

子規,人但知其爲催春歸去之鳥,蓋因其聲曰歸去了,故又名思歸鳥,而不知亦爲先春而鳴之鳥。《史記曆書》:百草奮興,姊鴂先嗥。《索隱》曰:子規,春氣發動,則先出野澤而鳴是也。韓致光《春恨》詩:"殘夢依依酒力餘,城頭批頰伴啼烏。"批頰鳥,即鵯鵊也,催明之鳥。

(清)王士禛、鄭方坤:《五代詩話》卷六

唐盧延遜詩:"樹上諮諏批頰鳥,窗間壁剥叩頭蟲。"王半山詩:"翳木窺摶黍,借草聽批頰。"元人《送春》詩:"批頰穿林叫新緑。"韓致光《春恨》詩云:"殘夢依依酒力餘,城頭批頰伴啼烏。平明乍卷西樓幙,院静初聞放轆轤。"批頰,蓋鳥名,但不詳爲何形狀耳。或曰:即鵯鵊也,催明之鳥。

(清)王士禛、鄭方坤:《五代詩話》卷六

韓偓詩云:"洞門深閉不曾開,横卧烏龍作妒媒。"又云:"相風不動烏龍睡,時有幽禽自唤名。"又云:"遥知小閤還斜照,羨殺烏龍卧錦茵。"祝鎡子權賢良窮探古詩,無不貫通,一日問余曰:"韓致光詩用烏龍爲何事?"余答曰:"樂天和元微之《夢游春》詩云:'烏龍卧不驚,青龍飛相逐',當是犬爾。"子權曰:"何所據?"余戲之曰:"豈不聞俚語云:拜狗作烏龍。"後閲沈汾《續仙傳》云:"韋善俊携一犬,號烏龍。化爲龍,乘之飛昇而去。"樂天、致光詩未必不用此事。

(清)王士禛、鄭方坤:《五代詩話》卷六

北都使宅舊有過馬廳,按唐韓偓詩云:"外使進鷹初得按,中官過馬不教嘶。"注云:乘馬必中官馭以進,謂之過馬。既乘之,然後蹀躞嘶鳴也。蓋唐方鎮亦效之,因而名廳事也。

(清)王士禛、鄭方坤:《五代詩話》卷六

《墨莊漫録》云:婦人之纏足,起於近世。《南史》:齊東昏侯爲潘貴妃鑿金爲蓮花以帖地,令妃行其上,曰:此步步生蓮花。然亦不言其弓小也。如古樂府、《玉臺新咏》，皆六朝詞人纖艷之言，類多體狀美人容色姝麗，及言妝飾之華，眉目、唇口、要支、手指之類，無一言稱纏足者。如唐杜牧、李白、李商隱之輩，作詩多言閨幃之事，亦無及之者。韓偓《香奩集》咏屧子詩云："六寸膚圓光緻緻。"唐尺短，以今較之，亦自小也，而不言其弓。惟《道山新聞》云：李後主宫嬪窅娘，纖麗善舞。後主作金蓮，高六尺，飾以寶物，細帶纓絡，蓮中作品色瑞蓮。令窅娘以帛纏脚，令纖小，屈上作新月狀，素襪舞蓮中，迴旋有凌雲之態。唐鎬詩曰："蓮中花更好，雲裏月長新。"因窅娘作也。由是人皆效之，以纖弓爲妙。以此知扎脚自五代以來方爲之。

（清）王士禛、鄭方坤：《五代詩話》卷六

婦人纏足不知始自何時。或云始於齊東昏，然余向年觀《唐文皇長孫后綉履圖》，則與男子無異，又見則天后畫像，其芳趺亦不下長孫。可見唐初大抵俱然。唯大曆中夏侯審咏被中睡鞋云："雲裏蟾鈎落鳳窩，玉郎沉醉也摩挲。"蓋弓足始見此。至杜牧詩云："細尺裁量減四分，纖纖玉笋裹輕雲。"又韓偓詩云："六寸膚圓光緻緻。"唐尺秪抵今制七寸，則六寸當爲今四寸二分，亦弓足之尋常者矣。因思此法，當始於唐之中葉。今又傳南唐後主爲宫婢窅娘作新月樣，以爲始此，似亦未然也。

（清）王士禛、鄭方坤：《五代詩話》卷六

韓致堯詩："白玉堂東遥見後，令人評泊畫楊妃。"李子田云：評泊者，論貶人、是非人也。今作評駁者，非。近諸本或作斗薄，或轉訛陟薄，殊無意義。《萬首絶句》本作評泊，當猶近古。

（清）王士禛、鄭方坤：《五代詩話》卷六

梅聖俞《河豚》詩云"春岸飛楊花"，永叔謂河豚食楊花則肥。韓偓詩"柳絮覆溪魚正肥"，大抵魚食楊花則肥，不必河豚也。

（清）王士禛、鄭方坤：《五代詩話》卷六

韓致光《湖南食櫻桃》詩云:“苦筍恐難同象匕,酪漿無復瑩蠙珠。”自注云:秦中謂三月爲櫻筍時。乃知李綽《秦中歲時紀》所謂四月十五日,自堂厨至百司厨,通謂之櫻筍厨,非妄也。陳無已《春懷》詩云:“老形已具臂膝痛,春事無多櫻筍來。”

(清)王士禛、鄭方坤:《五代詩話》卷六

李賀“桃花亂落如紅雨”,韓偓“杏花飄雪小桃紅”,桃花紅,而長吉以雨比之;杏花紅,而致光以雪比之,皆可爲善用,不拘拘於故常者,所以爲奇。不然,則柳雪、李月、梨雪、桃霞,誰不能道。

(清)王士禛、鄭方坤:《五代詩話》卷六

杜子美云“魚吹細浪摇歌扇”,李洞云“魚摇清影上簾櫳”,韓偓云“池面魚吹柳絮行”,此三句皆言魚戲,而韓爲優。

(清)王士禛、鄭方坤:《五代詩話》卷六

五七言絶句最少而最難工,雖作者亦難得四句全好者,晚唐人與王介甫最工於此,如韓偓云:“昨夜三更雨,臨明一陣寒。薔薇花在否,側卧卷簾看。”四句皆好。

(清)王士禛、鄭方坤:《五代詩話》卷六

農圃家風,漁樵樂事,唐人絶句模寫精矣。余摘十首題壁間,每菜羹豆飯後,啜苦茗一杯,偃卧松窗竹榻間,令兒童吟誦數過,自謂勝如吹竹彈絲,今記於此。韓偓云:“聞説經旬不啓關,藥窗誰伴醉開顔。夜來雪壓前村竹,剩看溪南幾尺山。”又云:“萬里清江萬里天,一村桑柘一村烟。漁翁醉著無人唤,過午醒來雪滿船。”長孫佐輔云:“獨訪山家歇還涉,茅屋斜連隔松葉。主人聞語未開門,繞籬野菜飛黄蝶。”薛能云:“邵平瓜地接吾廬,穀雨乾時偶自耡。昨夜春風欺不在,就床吹落讀殘書。”韋莊云:“南鄰酒熟愛相招,蘸甲傾來緑滿瓢。一醉不知三日事,任他童穉作漁樵。”杜荀鶴云:“山雨溪風卷釣絲,瓦甌篷底獨斟時。醉來睡著無人唤,流下前灘也不知。”陸龜蒙云:“雨後沙虚古岸崩,漁梁携入亂雲層。歸時月落汀洲暗,認得山家結網燈。”鄭谷云:“白頭波上白頭翁,家逐船移浦浦風。一尺鱸魚新釣得,兒孫吹火荻花中。”李商隱云:“城郭休過識者稀,哀猿啼處有柴扉。滄江白石漁家路,薄暮歸來雨濕衣。”張演云:“鵝湖山下稻粱肥,豚栅雞栖對掩扉。桑柘影斜春社散,家家扶得醉人歸。”

(清)王士禎、鄭方坤:《五代詩話》卷六

《松江詩話》曰:有《松棚》詩一聯:“采來猶帶烟霞氣,月明滿地金釵細。”以爲佳句,恨不見全篇。僕謂月照松影,但見參差黑影耳,安知其爲金釵。松葉比之金釵者,謂架上月照映則可,不可謂地上之影也,不如曰“月明滿架金釵細”,此語爲得。前輩謂退之聯句中“竹影金瑣碎”之語,所謂金瑣碎者,非直謂竹影也,謂竹間之日影耳。以此驗之,益信僕之説爲然。韓偓詩曰“長松夜落釵千股”,此語無病。李涉詩曰:“疏林透明月,散亂金光滴。”此正退之“竹影金瑣碎”。

(清)王士禎、鄭方坤:《五代詩話》卷六

《咏浴》詩:“初似洗花難抑按,終憂沃雪不勝。任豈知侍女簾帷外,賸取君王幾餅金。”按《趙后外傳》:昭儀浴,帝竊觀之,令侍女勿言。投贈以金,一浴賜百餅。此詩尚有所諷,謂世之爲君者亦惑乎此也。

(清)王士禎、鄭方坤:《五代詩話》卷六

意有餘而不及於褻,則風懷之作猶之可也。書婦人之言於雅什,不已卑乎?故《香奩》之作,唯取七言律六首。此詩“仙樹有花難問種,御香聞氣不知名”,句佳,尾句太猥。

(清)王士禎、鄭方坤:《五代詩話》卷六

凡寫迷離之況者,止須述景,如“小窗斜日到芭蕉”,“半床斜月疏鐘後”,不言愁而愁自見。因思韓致光“空樓雁一聲,迷屏燈半滅”,已足色悲涼,何必又贅“眉山正愁絶”耶? 覺首篇“時復見殘燈,和烟墜金穗”,如此結句,更自含情無限。

(清)王士禛、鄭方坤:《五代詩話》卷六

詩有銷魂者三,《香奩集》其一也。夫銷魂者,即壞心田之謂也。其曰“打叠紅箋書恨字,與奴方便寄卿卿”,詩媒詞逗也;其曰“但得暫從人繾綣,何妨長任月朦朧”,逾墻鑽穴也;其曰“最是斷腸禁不得,殘燈影裏夢初回”,旦氣梏亡也;其曰“欲把禪心銷此病,破除纔盡又重生”,淫惡不悛也。聞之必增益淫邪之念,故當以綺語爲戒。

(清)王士禛、鄭方坤:《五代詩話》卷六

飛燕於太液池歌《歸風送遠之曲》,酒酣風起,揚袖曰:仙乎,仙乎! 帝令馮無方持后裙,裙爲之縐。唐人艷句“餘煖戀香韉”,讀之心妒,况持湘江六幅耶? 然宫奴赤鳳早並温柔鄉竊之。

(清)王士禛、鄭方坤:《五代詩話》卷六

余嘗愛韓致光《宫詞》云:“綉裙斜立正銷魂,宫女移燈掩殿門。燕子不歸花著雨,春風應是怨黄昏。”

(清)王士禛、鄭方坤:《五代詩話》卷六

致光《醉著》絶句云:“萬里清江萬里天,一村花柳一村烟。漁翁醉著無人唤,過午醒來雪滿船。”葛亞卿集句云:“萬里清江萬里天,一村桑柘一村烟。漁翁醉睡眠未醒,高唱夕陽孤島邊。”前輩集句詩,每一句取一家詩,今亞卿全用致光前兩句,極爲無味。又後兩句不是好句,不稱前兩句,豈若致光之渾成也。杜荀鶴亦有《溪興》絶句曰:“山雨溪風捲釣絲,瓦甌篷底獨斟時。醉來睡著無人唤,流下前溪也不知。”語句俱弱,亦不若致光之雅健也。

(清)王士禛、鄭方坤:《五代詩話》卷六

丙戌之冬,余初病起,深居簡出,終日曝背晴檐,萬事不到。自以荆公所選《唐百家詩》反復熟味之,雖無豪放之氣,而有修整之功,高爲不及,卑復有餘,適中而已。荆公謂欲觀唐人詩,觀此足矣,詎不然乎。集中佳句所以稱道者,不復録出,唯余別所喜者,命兒輩筆之,以備遺忘。七言六聯:韓偓《殘春》云“樹頭蜂抱花鬚落,池面魚吹柳絮行”。又云:“細水流花歸别澗,斷雲含雨入孤村。”又《訪王同年村居》云:“門庭野水襬褷鷺,鄰里斷墻咿喔雞。”吴融《閑望》云:“三點五點映山雨,一枝兩枝臨水花。”許渾《山居》云:“龍歸曉洞雲猶濕,麝過春山草自香。”崔櫓《春日》云:“杏酪漸香鄰舍粥,榆烟欲變舊爐灰。”

(清)王士禛、鄭方坤:《五代詩話》卷六

閒之爲義,或曰“月到門庭方是閒”也。古皆從月,與間同,其音稍異耳。閒亦人之所難得者,杜牧之有云:“不是閒人閒不得,願爲閒客此閒行。”吴興因建得閒亭。余性極愛閒,而閒中不能静處,尋詩問酒,灌卉調禽,實無閒時。因憶韓致堯有詩云:“書墻暗記移花日,洗甕先知醖酒期。須信閒人有忙事,早來冲雨覓漁師。”玉山樵人可謂同調矣。

(清)王士禛、鄭方坤:《五代詩話》卷六

閩中壤狹田少,山麓皆治爲隴畝,昔人所謂磳田也。喪亂以來,逃亡略盡,磳田蕪穢盡矣。余《寒食登邵武詩話樓》詩,有“遺令不須仍禁火,四郊茆舍久無烟”之句。及觀唐韓偓《過閩中》,有“千村冷落如寒食,不見人烟只見花”之句。明張式之撫閩,亦有“除夜不須燒爆竹,四山烽火照人紅”之句,千古有同悲也。

(清)王士禛、鄭方坤:《五代詩話》卷六

徐寅,莆田人,乾寧中進士,海内多故,依王審知,嘆曰:丈尺之水,安能容萬斛之舟!隱居終身,其妻字月君。有《贈内》詩,中一聯:

“神傳《尊聖陀羅咒》，佛授《金剛般若經》。”即此堪偕隱者矣。寅有《探龍》《釣磯》二集，作詩甚多，中以東西南北爲題。

(清)王士禛、鄭方坤:《五代詩話》卷六

延壽溪，唐徐正字寅隱此。溪有延壽橋，橋北有石微露者，寅釣磯也。有潭名徐潭，亦以寅故。寅嘗作《斬蛇》及《人生幾何》二賦，渤海高元固入閩求識之，言其國得其二賦，家家以泥金書幛。及隱此，自賦詩云:“賦就神都振大名，《斬蛇》工與樂天争。歸來延壽溪頭住，終日無人問一聲。”劉克莊《溪潭》詩有“門外青山皆我有，從今不必唤徐潭”之句，夜夢寅拊背云:“我昔勝君昔，君今勝我今。有隆還有替，何必苦相侵?”良一異也。

(清)王士禛、鄭方坤:《五代詩話》卷六

余友貢士徐君端衡，請跋其八世祖諱昶，雍熙、端拱二誥。余既著語於雍熙之後矣，因問貢士家譜。君曰:本徐彦伯之後。彦伯見唐史，與蘇味道、李嶠、崔融同時以文章擅名。彦伯生務，天寶末，避亂入閩，居泉州莆田縣崇仁里徐村。務生在蒙，始居延壽，又五傳至先輩，是爲延壽之徐。先輩晚年，有“歸來延壽溪頭坐，終日無人問一聲”之句，今釣磯、草堂猶存。至曾孫，以俸薄能廉，官卑不屈，爲詞臣王黄州所稱。蓋徐氏自彦伯後，種詩書，遺子孫，綿綿不絶。貢士於先輩爲十一世祖，於曹州郡掾爲八世祖，詞章似先輩，操履似郡掾，其淵源所漸遠矣。復書此於端拱誥之後。

(清)王士禛、鄭方坤:《五代詩話》卷六

黄巷山，唐校書黄璞所居山也。璞家在福州，人名其居巷曰黄巷。後避黄巢寇，徙是山下，尚以黄巷名之。徐寅《黄校書閑居》詩:“取得驪龍第四珠，退依僧寺卜貧居。青山入眼不干禄，白髪盈頭猶著書。”

(清)王士禛、鄭方坤:《五代詩話》卷六

徐寅先輩詩,如:"豐年甲子春無雨,良夜庚申夏足眠。身閑不厭常來客,年老偏憐最小兒。"又五言"歲計懸僧債",以此知閩人苦貧,貸僧而取其息,自唐末已然矣。

(清)王士禛、鄭方坤:《五代詩話》卷六

黄滔字文江,乾寧二年進士,除四門博士。朱梁移國,因歸閩不復西,以監察御史裏行充威武軍節度推官。王審知據有全閩,而終其身爲節將者,滔規正有力焉。中州名士避地於閩者,若李絢、韓偓、王滌、崔道融、王標、夏侯淑、王拯、楊承休、楊贊圖、王倜、歸傳懿輩,悉主於滔。有《泉山秀句集》及文集行世,洪邁序。滔文贍蔚典則,策扶教化;詩清淳豐潤,若與人對語,鬱鬱有貞元、長慶風。祭陳林先輩諸文,悲愴激越。《馬嵬》《館娃》《景陽》《水殿》諸賦,雄新雋永,使人讀之,如身生是時,目擂其故。楊萬里稱滔詩,如《聞新雁》:"一聲初觸夢,半白已侵頭。餘燈依古壁,片月下滄洲。"《游東林》:"寺寒三伏雨,松偃數朝枝。"《上李補闕》:"諫草封山藥,朝衣施衲僧。"《退居》詩:"青山寒帶雨,古木夜啼猿。"與韓偓、吴融輩並游,未知何人徐行後長者也。

(清)王士禛、鄭方坤:《五代詩話》卷六

囊山形如懸囊,僧涅槃隱其下,曰囊山院,廟階甚爲宏壯,外有放生池。唐黄滔詩:"山有重囊勢,門開兩徑斜。溪聲寒走雨,海色月流沙。庵外曾游虎,堂中舊雨花。不知遺讖地,一一落誰家。"

(清)王士禛、鄭方坤:《五代詩話》卷六

天祐元年,翁承贊以右拾遺授詔册王審知爲瑯琊王,賜金紫以行,易其鄉名里號曰文秀、光賢、書錦。黄滔贈以詩,有"建水閩山無故事,長卿嚴助是前身"之語。梁開平四年,復爲閩王册禮副使,滔復贈詩曰:"衣錦還鄉翻是客,回車謁帝却爲歸。"

(清)王士禛、鄭方坤:《五代詩話》卷六

俗傳羅隱出語成讖，著有異迹，若羅裳山之畫馬石，深滬之石壁山書字，及建安書筒灘所載。余初尚未信其果此羅隱與否，及讀楊文敏《書筒灘記》，已稍信之，因閱黄滔贈隱詩："三徵不起時賢議，九轉終成道者言。"方知隱學道修真人也。

(清)王士禛、鄭方坤：《五代詩話》卷六

茅鹿門先生晚喜作詩，自稱半路修行，語多率易。次子國縉登第，喜而口占曰："堂前正索千金賞，門外高懸五丈旗。"聞者皆笑。然黄滔已先之矣，滔《放榜》詩曰："白馬嘶風三十轡，朱門秉燭一千家。"《御試》曰："九華燈作三條燭，萬乘君懸四首題。"以古準今，如出一手，然則先生未可笑也。

(清)王士禛、鄭方坤：《五代詩話》卷六

黄滔《省試内出白鹿宣示百官詩》："上瑞何曾乏，毛群表色難。推於五靈少，宣示百僚觀。形奪場駒潔，光交月兔寒。已馴瑶草列，孤立雪花團。戴豸慚端士，抽毫躍史官。貴臣歌咏日，皆作白麟看。"又《省試奉詔漲曲江池》："地脉寒來淺，恩波注後新。引將諸派水，别貯大都春。幽咽疏通處，清泠迸入辰。漸平連杏岸，旋闊映梅津。沙没迷行徑，洲寬恣躍鱗。願當舟楫便，一附濟川人。"此題一本無省試字，且云詔字當是試字之誤。按：唐制，登進士後，又有試名奉試，前崔曙、荆冬倩皆有奉試題是也。且此試不用題韻，似特試者。况省試二字，亦决有誤。按此題注乾符二年，在僖宗朝；而《前内出白鹿》題注乾寧二年，在昭宗朝，則自乾符至乾寧約二十餘年，未有乾符既中省試，而復赴乾寧省試者也，此必有一試係制試或奉試，而題誤注作省字耳，然不可考矣。

(清)王士禛、鄭方坤：《五代詩話》卷六

楊誠齋云後唐人崔道融咏梅花："香中别有韻，清極不知寒。"方虚谷云：惜不見全篇。余近見雜鈔唐詩册子，此首適全，今載之："數萼初含雪,孤標畫本難。香中别有韻,清極不知寒。橫笛和愁聽,斜枝倚病看。朔風如解意,容易莫摧殘。”因思古人詩文,前代不傳,或又出於後,未可知也。如蒲城縣李邕書《雲麾將軍碑》,已爲人鑿斷,正德中,劉東阜謫居蒲城,乃用鐵檈束之復完;饒州《薦福寺碑》,宋代爲雷所轟,近日商人取其三段合爲一,尚可印摹。吁,亦奇事矣!

(清)王士禛、鄭方坤:《五代詩話》卷六

唐崔道融《題班婕妤》曰:“寵極辭同輦,恩深弃後宫。自題秋扇後,不敢怨春風。”曹鄴《題庭草》曰:“庭草根自淺,造化無遺功。低迴一寸心,不敢怨春風。”元陳白堂《題春風》曰:“著柳成新緑,吹桃作故紅。衰顔與華髮,不敢怨春風。”三詩句意相似,而工拙自異。首詩婉轉含藴,著題説到不怨處;第二詩婉轉亦工,似無藴藉矣;第三詩直致全無唐人氣味,若曰元詩巧而成唐晚風,信乎哉!

(清)王士禛、鄭方坤:《五代詩話》卷六

古之善書,鮮有得筆法者,(陸)希聲得之,凡五事:擫、押、鈎、格、抵。用筆雙鈎,則點畫遒勁而盡妙矣,謂之撥鐙法。希聲自言,昔二王皆傳此法,至陽冰亦得之。希聲以授沙門辯光,辯光入長安,爲翰林供奉,得幸於昭宗。希聲猶未達,以詩寄辯光云:“筆下龍蛇似有神,天池雷雨變逡巡。寄言昔日不龜手,應念江湖洴澼人。”辯光感其言,引薦,遂得召,後至相,其力也。

(清)王士禛、鄭方坤:《五代詩話》卷六

陳誼,吉州人,《題螺江廟》云:“廟裏杉松蕭颯風,廟前江水碧溶溶。憑欄不見當時事,落日遠山千萬重。”太平興國中,史館學士張齊賢出爲本道轉運使,至其廟,覽留題,詩牌甚多,俱打去,獨留誼詩,方知名。

(清)王士禛、鄭方坤:《五代詩話》卷六

陳後山云：歐陽公謂"袖中諫草朝天去，頭上宮花侍燕歸"，誠爲佳句，但進諫必以章疏，無直用稿草之理。按此詩乃太宗朝王操投贈李昉相國詩，不若印粲與徐翰林詩云："諫章未上先焚草，御筆曾傳立制麻。"粲，五代人。然余見《雅言系述》載操詩乃詔草，非諫字。

（清）王士禛、鄭方坤：《五代詩話》卷六

承贊字文饒，福清人，舉唐乾寧三年進士，累官右拾遺、户部員外郎，後失節爲梁諫議大夫，自號狎鷗公。有詩集一卷，見《唐書藝文志》，並《書錦集》《宏詞前後集》，共二十卷，俱軼不傳。余家收得册封閩王時律詩三十餘首，中多佳句，如："窗含孤岫影，牧卧斷霞陰。""早凉生户牖，孤月照關河。""参差雁陣天初碧，寥落漁家蓼欲紅。""長淮月上魚翻鬣，荒渚人稀獺印蹄。""松都舊日門人種，路是前朝釋子開。"誠晚唐作手也。

（清）王士禛、鄭方坤：《五代詩話》卷六

翁承贊唐末爲諫議大夫，使福州，至劍浦，見舊識僧亞栖，贈詩云："蕭蕭風雨建陽溪，溪畔維舟見亞栖。一軸新詩劍潭北，十年舊識華山西。吟魂惜向江村老，空性原知世路迷。應笑乘軺青瑣客，此時無暇聽猿啼。"

（清）王士禛、鄭方坤：《五代詩話》卷六

俗云："槐花黄，舉子忙。"翁承贊詩云："雨中妝點望中黄，勾引蟬聲送夕陽。憶得當年隨計吏，馬蹄終日爲君忙。"乃知俗語亦有所自也。

（清）王士禛、鄭方坤：《五代詩話》卷六

出寧越門二里曰横山，迤西南爲惠澤山，一名獨山，爲南臺山，崇阜屹立，俯瞰巨潭，臺上可坐百餘人。舊記：越王餘善釣得白龍於此，遂築臺表瑞。臺高四丈，周回三十六步，名釣龍臺。今市廛矣。有宋米芾書“全閩第一江山”，趙汝愚隸“古南臺”，皆刻石上。臺西有靈溝廟，其地故名洪溝，有堤名新豐市堤，唐翁承贊册封閩王審知還朝，於此餞别，承贊詩有“登雲樓上方停樂，新市堤邊又舉杯”之句。

（清）王士禛、鄭方坤：《五代詩話》卷六

龍尋邑東，有顔長官仁郁祠。長官五代時，能撫循其民，使不見兵革，《龍尋志》所刻詩百篇，皆道民疾苦，皇皇不給之狀。余生三百年後，奉天子命字兹邑，首謁祠下，因次韻以寄甘棠之思，且使來者知我愛桐鄉之意云。

（清）王士禛、鄭方坤：《五代詩話》卷六

楊夔字烏之，閩人，《山中》云：“背日流泉生凍早，逆風歸鳥入巢遲。”

（清）王士禛、鄭方坤：《五代詩話》卷六

永福之澄潭山，去城六十里，五代時陳嵩居此。嵩嘗出游，有《辭父墓》詩云：“高蓋山頭日影微，野風吹動紙錢飛。墳前滴酒空垂泪，不見丁寧道早歸。”《萬首唐人絶句》又作陳去疾詩。按《大明一統志》載此詩於南安縣高蓋山下，以爲歐陽詹所作，閲歐陽集無載，乃知纂修當有考也。

（清）王士禛、鄭方坤：《五代詩話》卷六

閩詹敦仁《復留從效問劉巖改名龑字音義》詩云：“伏羲初畫卦，蒼氏乃製字。點畫有偏傍，陰陽貴協比。古者不嫌名，周人始稱諱。始諱猶未酷，後習轉多忌：或援他代易，或變文回避。濫觴久滋蔓，傷心日益熾。孫休命子名，吴國尊王意：𩅦莔𩃙羿僻，䂨昷褒㷩異。梁復踵已非，時亦迹舊事：䚕杰自其一，蜀闖是其二。鄙哉化胥名，陋矣𧺝黼義。大唐有天下，武后擁神器。私制迄無取，古音實相類。乖䖍𡆠囝星，䖍恖厓西埊。𠦚圀及𡔈䖍，作史難詳備。唐祚值傾危，劉龑懷僭僞。吁嗟毒蛟輩，睥睨飛龍位。龔儼雖同音，形體殊乖致。廢學愧未宏，來問辱不弃。奇字難雄博，摛文伏韓智。因誦鄙所聞，敢布諸下吏。”從效得詩，大加嘆服。

(清)王士禛、鄭方坤：《五代詩話》卷六

鳳山，安溪縣主山也，五代劉乙隱其下。乙字子真，不知何許人，仕閩爲鳳閣舍人，後隱是山。與周樸、詹君澤友，所爲詩有“掃石雲隨帚，耕山鳥傍人”之句。君澤嘗遣子琲訪之，贈以詩：“掃石耕山舊子真，布衣草履自隨身。石崖壁立題詩處，知是當年鳳閣人。”觀君澤所贈乙詩，乙蓋高士也。

(清)王士禛、鄭方坤：《五代詩話》卷六

南安九日山，山麓有寺曰延福，晉太康中所創，去山二里許；其移山麓，則唐大曆三年。寺額歐陽四門所書也，五代劉乙詩：“曾見畫圖勞健羨，如今親見畫猶粗。”山之勝，故可見矣。寺故五十有四，宋元豐間合爲延福禪寺云。

(清)王士禛、鄭方坤：《五代詩話》卷六

世以考亭稱文公。余癸巳陪巡過建陽，宿麻沙，見晦翁後人所藏家譜，知考亭是黄氏之亭，後從徐存永得見黄詩。按五季亂，黄端公子棱隨父禮部尚書入閩，見建陽山水秀麗，遂家焉。子棱詩云：“青山木笏尚初官，未老金魚是等閑。世上幾多名將相，門前無此好溪山。市樓晚日紅高下，客艇春波緑往還。人過小橋頻指點，全家都在畫圖間。”殁而葬於三桂里，子棱乃築亭於半山以望其考，因名曰望考。文公居近其地，世因以考亭稱之。以地稱人可也，以他人之考稱文公，於理甚悖。然公在日實無以此稱之者，後人誤謬，急當改正。

(清)王士禛、鄭方坤：《五代詩話》卷六

唐末侍御史黄子稜，自洛陽寓居建陽東觀山，築亭以望其父之墓，曰望考亭，因以名里。朱文公之父韋齋先生，愛建陽山水，未及卜居。公築考亭以承先志，正取黄侍御之意。後人專以考亭屬文公，侍御之名湮矣。"人過小橋頻指點，全家都在畫圖間。"侍御詩中句。

(清)王士禛、鄭方坤:《五代詩話》卷六

僞閩中書吏韋添天字謎云:"露頭更一日，真是艷陽根。"

(清)王士禛、鄭方坤:《五代詩話》卷六

劉昌言，泉州人，先仕陳洪進爲幕客，歸朝願補校官，舉進士，三上始中第，後判審官院，未百日爲樞密副使。時有言其太驟者，太宗不聽。言者不已，乃謂昌言閩人，語夷獠，恐奏對間，陛下難會。太宗怒曰:我自會得。其眷如此。然昌言極有才思，當下第作詩，落句云:"唯有夜來蝴蝶夢，翩翩飛入刺桐花。"後爲商州記室，王禹偁贈詩曰:"年來復覺事堪嗟，載筆商州鬢欲華。酒好未陪紅杏宴，詩狂多憶刺桐花。"蓋爲是也。刺桐花深紅，每一枝數十蓓蕾，而葉頗大，類桐，故謂之刺桐，唯閩中有之。

(清)王士禛、鄭方坤:《五代詩話》卷六

世人嘗言"一舉首登龍虎榜，十年身到鳳凰池"之句，不知此乃宋太宗朝，泉州劉昌言上吕蒙正詩也:"重名清望遍華夷，恐是神仙不可知。一舉首登龍虎榜，十年身到鳳凰池。廟堂只似無言者，門館長如未貴時。除却洛京居守外，聖朝賢相復書誰。"昌言仕至工部侍郎，嘗獻聖德詩五十韻，得君之盛，未有其比。

(清)王士禛、鄭方坤:《五代詩話》卷六

閩士赴科，臨川人赴調，會京師旗亭，各舉鄉產。閩士曰:我土荔子，真壓枝天子，飣坐真人，天下安有並駕者！撫人不識荔枝之未臘者，故盛主楊梅。閩士不忿，遂成喧競。旁有滑稽子徐爲一絶云:"閩鄉玉女含香雪，吴會星郎駕火雲。草木無情争底事，青明經對赤參軍。”

（清）王士禛、鄭方坤：《五代詩話》卷六

廖圖字贊禹，虔州人，文學博贍，爲時輩所服。湖南馬氏辟幕下，奏天策府學士，與劉昭禹、李宏皋、徐仲雅、蔡昆、韋鼎、釋虚中、齊己，俱以文藻知名，更唱迭和，今有集行於世。《贈上人》云：“暫把枯藤倚壁根，禪堂初創楚江濆。直疑松小難留鶴，未信山低住得雲。草接寺橋牛笛近，日銜村樹鳥行分。每來共憶曾游處，萬壑泉聲絶頂聞。”《贈沈彬》云：“冥鴻迹在烟霞上，燕雀休誇大厦巢。名利最爲浮世重，古今能有幾人抛。逼真但使心無著，混俗何妨手强抄。深喜卜居連岳色，水邊松下得論交。”齊己寓渚宫，與圖相去千里，而每有書，臨終寄圖兄弟云：“僧外閑吟樂最清，年登八十喪南荆。風騷作者爲商榷，道去碧雲争幾程。”

（清）王士禛、鄭方坤：《五代詩話》卷七

廖圖在永州有《江干感懷》詩云：“正悲世上事無限，細看水中塵更多。”

（清）王士禛、鄭方坤：《五代詩話》卷七

劉昭禹字休明，婺州人，少師林寬爲詩，刻苦不憚風雪，有詩云：“句向夜深得，心從天外歸。”言不虚耳。《懷蕭山隱者》云：“先生入太華，杳杳絶良音。秋夢有時見，孤雲無處尋。神清峰頂立，衣冷瀑邊吟。應笑干名者，六街塵土深。”

（清）王士禛、鄭方坤：《五代詩話》卷七

昭禹嘗與人論詩曰：五言如四十個賢人，著一字如屠沽不得。覓句者，若掘得玉合子，底必有蓋，但精心求之，必獲其寶。在湖南累爲宰，後署天策府學士、嚴州刺史，卒於桂州幕中，有詩三百首。

（清）王士禛、鄭方坤：《五代詩話》卷七

劉昭禹《聞蟬》云:"一雨一番晴,山林冷落青。莫侵殘日噪,正在異鄉聽。孤館宿漳浦,扁舟離洞庭。年年當此際,那免鬢凋零。"

(清)王士禛、鄭方坤:《五代詩話》卷七

羅漢條後洞有草蔓結如帶,長丈餘,附木而生,相傳謂之"羅漢絛"。畢田詩云:"五百移栖絶洞深,空留轍迹杳難尋。緑絲絛帶何人施,長到春來挂滿林。"

(清)王士禛、鄭方坤:《五代詩話》卷七

香水,《湘中記》云:在縣郭内,其水甚香。湘鄉本名湘香,以此水而名。畢田詩云:"坎上浮圖已拂天,椒蘭餘馥尚依然。九重無復修常貢,空有香名與邑傳。"神鼎山在湘陰東北,絶頂有丹井,上有巨人迹,畢田詩:"玉趾分明印絶巔,藥成仙去幾千年。深藏寶鼎今方出,合得丹經與世傳。"大哀洲在湘陰縣四十里,《博物志》云:舜崩於蒼梧,二女以泪揮竹,竹盡成斑。畢田詩:"玉輦南巡去不還,翠蛾望斷楚雲間。波寒剩寫湘弦怨,露冷偏滋泪篠斑。一水盈盈傷遠目,九峰嶁嶁慘愁顔。荒洲千古淒涼地,半掩空祠向暮山。"石霜山在瀏陽南,有崇勝禪寺,昔普會禪師居,衆千餘名,其堂曰枯木,廉使丞相裴公常留玉環、象笏於此,畢田詩:"石上泉華噴猛霜,境奇因此辟禪場。使君環笏留何用,枯木千餘滿一堂。"擲鉢峰,《湘中山水記》云:昔惠思禪師居般若臺,常擲鉢乘之,赴陳帝召,畢田詩:"應將鉢渡鬥神通,擲去乘時赴帝宫。争似嶺頭提不起,於今相續闡宗風。"凝碧在南岳石橋,畢田詩:"四面山屏叠萬重,古嵐濃翠鎖寒空。清秋獨倚危闌立,身在琉璃世界中。"朱陵洞口有泉飛下千仞,名水簾,畢田詩:"洞門千尺挂飛流,玉碎珠聯冷噴秋。今古不知誰卷得,緑羅爲帶月爲鈎。"鵝羊山在長沙北二十里,上有仙壇丹竈,畢田詩:"羽客何年此煉丹,尚留空竈鎮孱顔。雲中鷄犬仙應遠,山下鵝羊石轉頑。湘渚幾因滄海變,遼城無復令威還。何年仙馭重來此,盡遣飛騰上九關。"醉鄉,《湘中別記》云:後漢有鄉人忽醉,經三晝夜,言與天神共飲,後任陽羨令,俄仙去。畢田詩:“三宿酣神酎,鄉名因此呼。山中千日者,自合是仙都。”

(清)王士禛、鄭方坤:《五代詩話》卷七

王鼎,湖湘人,字則之,有《洪州西山》詩云:“林泉空有東西路,風月難尋十二家。”議者謂必無名第,後果然嘗作《鸂鷘詩》云:“栖息應難近小池,性靈閑雅衆禽希。蒲洲日暖依花立,漁浦烟深貼浪飛。遺羽參差沾水沫,餘蹤稠疊印苔衣。晚來林徑微風起,何處相呼著對歸。”

(清)王士禛、鄭方坤:《五代詩話》卷七

李弘臯,唐末八座善夷之子。善夷左遷武陵,卒官,弘臯爲馬氏擁入湖湘。文昭王授學士,每箋奏至京,詞臣降嘆。少攻詩,《題桃源》云:“山翠參差水渺茫,秦人昔在楚封疆。當時避世乾坤窄,此地安家日月長。草色幾經壇杏老,岩花猶帶澗桃香。他年倘遂平生志,來著霞衣侍玉皇。”

(清)王士禛、鄭方坤:《五代詩話》卷七

廖融字元素,隱於衡山,與逸人任鵠、王正已、陸蟾、王元皆一時名士,爲詩相善。湘守楊徽之代歸闕,枉道南岳,宿融山齋,留詩云:“清和春尚在,歡醉日何長。谷鳥隨柯轉,庭花奪酒香。初晴岩翠滴,向晚樹陰凉。別有堪吟處,相留宿草堂。”融《贈天台逸人》云:“移檜托禪子,携家上赤城。拂琴天籟寂,欹枕海濤生。雪白寒峰晚,鳥歌春谷晴。又聞求桂楫,載月十洲行。”又《題寺中古檜》云:“何人見植初,老對梵王居。山鬼暗栖托,樵夫難破除。聲高秋漢回,影倒月潭虚。盡日無僧倚,清風長有餘。”《夢仙謡》云:“琪樹扶疏繋辟邪,麻姑夜宴紫皇家。銀河旌節摇波影,珠閣笙簫吸月華。翠鳳引游三島路,赤龍齊到五雲車。星稀猶倚虹橋立,擬就張騫搭漢槎。”《退宫伎》云:“神仙風格本難儔,曾從前皇翠輦游。紅躑躅繁春殿暖,碧芙蓉笑水宫秋。寶車鈿剥陰塵覆,錦帳香銷畫燭幽。一旦色衰歸故里,月明猶夢《按梁州》。"《左司諫張觀過衡山留詩》云:"未向漆園爲傲吏,定應明代作徵君。傳家弈世無金玉,樂道經年有典墳。帶雨小舟横别澗,隔花幽犬吠深雲。到頭終爲蒼生起,休戀耕烟楚水濆。"融卒,刺史何承矩葬之,進士鄭鉉表其墓。

(清)王士禛、鄭方坤:《五代詩話》卷七

廖融處士衡山人,有詩云:"雲穿搗藥屋,雪壓釣魚船。"因自解曰:屋破而雲穿,其中無人也;船爲雪壓,無用也。後六十日果卒。

(清)王士禛、鄭方坤:《五代詩話》卷七

潘若冲罷桂林,經南岳,留鶴一隻與廖融,贈詩一章云:"峭格數年同野興,一官纔罷共船歸。稻粱少飼教長瘦,羽翼無傷任遠飛。側耳聽吟侵静燭,銜花作舞帶斜暉。朝天萬里不將去,留伴高人向釣磯。"又有詩寄融云:"秋來頻夢岳雲白,别後應添鶴頂紅。"後至維揚,聞融與鶴相繼而亡,感賦絶句云:"南岳僧來共嘆吁,風亭月榭已荒蕪。先生去世無十日,留伴高僧鶴亦徂。"

(清)王士禛、鄭方坤:《五代詩話》卷七

任鵠字射己,富有學問,《題君山》云:"不礙揚帆路,盤根壓洞庭。波濤四面白,雲霧一堆青。魚躍晴波動,龍歸石洞腥。終期托名畫,爲我簇爲屏。"《送王正己歸山》云:"五峰青拄天,直下挂飛泉。琴鶴同歸去,烟霞到處眠。鼯跳霜葉徑,虎嘯夕陽川。獨酌應懷我,排空樹影連。"

(清)王士禛、鄭方坤:《五代詩話》卷七

廖齊父爽直,嘗爲永州刺史。齊後游零陵,於民舍見父題壁,感而成詩曰:"下馬連聲叩竹門,主人何事感遺恩。回頭泣向兒童道,重見甘棠舊子孫。"

(清)王士禛、鄭方坤:《五代詩話》卷七

王元字文元，桂林人，貧病苦吟。妻黄氏，共持雅操，每遇得句，中夜必先起，燃燭，具紙筆。元甚重之，有《聽琴》詩云："拂琴開素匣，何事獨顰眉。古調俗不樂，正聲公自知。寒泉出澗澀，老檜倚風悲。復有來聽者，誰堪繼子期。"

（清）王士禛、鄭方坤：《五代詩話》卷七

《登祝融峰》詩云："萬叠到孤頂，身齊高鳥翔。勢疑撞翼軫，翠欲滴瀟湘。雲濕幽崖滑，風梳古木香。晴空聊縱目，杳杳極窮荒。"《題鄧真人遺址》云："三千功滿輕昇去，留得山前舊隱基。但見白雲常掩映，不知浮世幾興衰。松梢風觸霓旌動，檉葉霜沾鶴翅垂。近代無人尋異事，野泉噴月瀉秋池。"《贈廖融》云："伴行惟瘦鶴，尋寺入深雲。"

（清）王士禛、鄭方坤：《五代詩話》卷七

元有吊賈島句云："江城賣藥常將鶴，古寺看碑不下驢。"

（清）王士禛、鄭方坤：《五代詩話》卷七

李韶，郴州人，苦吟固窮，《題司空山觀》云："梁代真人上紫微，水盤山脚五雲飛。杉松老盡無消息，猶得千年一度歸。"識者謂韶必無名，果如其言。王元悼之云："韶也命何奇，生前與世違。貧栖古梵刹，終著舊麻衣。雅句僧抄遍，孤墳客吊稀。故園今孰在，應見夢中歸。"

（清）王士禛、鄭方坤：《五代詩話》卷七

翁宏字大舉，桂嶺人，寓居韶、賀間，不仕，能詩，《宫詞》云："又是春殘也，如何出翠帷？落花人獨立，微雨燕雙飛。寓目魂將斷，經年夢亦非。那堪向秋夕，蕭颯暮蟬輝。"《秋風》云："又是秋殘也，無聊意若何？客程江外遠，歸思夜深多。峴首飛黄葉，湘濱走白波。仍聞漢都護，今歲合休戈。"《塞上曲》云："風高弓力大，霜重角聲乾。"《海山》云："客帆來異域，别島落蟠桃。"《中秋月》云："寒清萬國土，冷門四維根。”《曉月》云:“漏光殘井甃,缺影背山椒。”《送人下峽》云:“萬木殘秋裏,孤舟半夜猿。”《南越行》云:“因尋賣珠客,誤入射猿家。”《細雨》云:“何處殘春夜,和花落故宫。”《途中逢故人》云:“孤舟半夜雨,上國十年心。”衡山處士廖融南游,宏有詩云:“病卧瘴雲間,莓苔漬竹關。孤吟牛渚月,老憶洞庭山。壯志潛消盡,淳風竟未還。今朝忽相遇,執手一開顔。”宏以百篇示融,融謝云:“高奇一百篇,造化見工全。積思游滄海,冥搜入洞天。神珠迷罔象,瑞玉失雕鎸。休嘆不得力,《離騷》萬古傳。”王元懷宏云:“獨夜思君切,無人知此情。滄洲歸未得,華髮别來生。孤館木初落,高空月正明。遠書多隔歲,猶念没前程。”

(清)王士禛、鄭方坤:《五代詩話》卷七

洵美,唐相岩之元孫,有《夜坐》詩云:“簾捲竹軒清,四鄰無語聲。漏從吟裏轉,月自坐來明。草木露華濕,衣裳寒氣生。難逢知鑒者,空復此時情。”競傳於湖南。

(清)王士禛、鄭方坤:《五代詩話》卷七

伍彬,祁陽人,初事馬氏,《題分水嶺》云:“前賢功及物,禹後杳難儔。不及古今色,平分南北流。寒冲山影岸,清繞荻花洲。盡是朝宗去,潺湲早晚休。”《夏日喜雨》云:“稚子出看莎徑没,漁翁來報竹橋流。”《辭官》云:“蹤迹未辭鴛鷺客,夢魂先到鷓鴣村。”洎歸隱,廖融書其屋云:“圓塘緑水清,魚躍紫蓴生。要路貧無力,深�老退畊。犢隨原草遠,蛙傍塹籬鳴。撥棹茶川去,初逢穀雨晴。”路振詩云:“考終秋鬢白,歸隱舊峰前。庭樹鳥頻啄,山房人尚眠。寒岩落桂子,野水過茶烟。已絶勞生念,虔心向竺乾。”

(清)王士禛、鄭方坤:《五代詩話》卷七

湖南徐仲雅,與李弘皋、劉昭禹齊名,所業百餘卷,並行於世。《耕夫謡》一首云:“張緒逞風流,王衍事輕薄。出門逢耕夫,顔色必不樂。肥膚如玉潔,力拗絲不折。半日無耕夫,此輩總餓殺。”

(清)王士禛、鄭方坤:《五代詩話》卷七

徐仲雅《題合歡牡丹》云:“平分造化雙苞去,拆破春風兩面開。”

(清)王士禛、鄭方坤:《五代詩話》卷七

徐仲雅,長沙人,因馬希範夜晏迎四儀夫人,賦云:“雲路半開千里月,洞天斜掩一天春。”又《宫詞》云:“内人曉起怯春寒,輕揭珠簾看牡丹。一把柳絲收不得,和風搭在玉闌干。”曾獻《家晏詞》十首,時稱冠絶。

(清)王士禛、鄭方坤:《五代詩話》卷七

《西清詩話》云長沙徐仲雅《宫詞》曰:“内人曉起怯春寒,輕揭珠簾看牡丹。一把柳絲收不盡,和風搭在玉闌干。”其富貴瀟灑可愛。苕溪漁隱曰:余嘗作《春寒》絶句云“小院春寒閉寂寥,杏花枝上雨瀟瀟。午窗歸夢無人唤,銀菜龍涎香漸銷”。聊效其體也。

(清)王士禛、鄭方坤:《五代詩話》卷七

東華觀在邵州城下江岸,俗謂之水北觀,有松偃亞數枝,凡八面。上有一枝中折,搭在半樹間,復生垂下,游人以手撼之,則千萬枝皆動。霸國時,天策府學士徐東野謫居於郡,賞玩無已,題詩並爲序云:“摇一枝則萬枝動,看一面則八面同。白犬出其根,青羊入其腹。漢高帝琥珀枕,虚真君茯苓人,疑其孕也。詩云:半已化爲石,有靈通碧湘。生逢堯雨露,老值漢風霜。月滴蟾心水,龍遺蜕骨香。應於毫末後,曾見幾興亡。”

(清)王士禛、鄭方坤:《五代詩話》卷七

湖南馬氏作會春園,開宴,徐東野作詩,有數聯爲時所稱,云:“珠璣影冷偏粘草,蘭麝香濃却損花。”“山色遠堆螺黛雨,草梢春戛麝香風。""衰蘭寂寞含愁緑,小杏妖嬈弄色紅。""旁搜水脉湘心滿,遍謁靈根楚底通。""深浦送回芳草日,急灘牽斷緑楊風。""藕梢逆入銀塘裏,蘋迹潛來玉井中。""敗菊籬疏臨野渡,落梅村冷隔江楓。""剪開净潤分苗稼,劃破漣漪下釣筒。"

(清)王士禛、鄭方坤:《五代詩話》卷七

《西江詩話》曰:許昌西湖展江亭成,宋元憲留題,有"鑿開魚鳥忘情地,展盡江湖極目天"之句,皆以爲曠古未有此詩。然本於五代馬殷據潭州時,建明月圃,幕客徐仲雅詩云:"鑿開青帝春風圃,移下姮娥夜月樓。"僕謂又不止此,觀唐沈彬《望廬山》詩:"壓低吴楚穀涵水,約破雲霞獨倚天。"前此蓋有是意。皮日休《潺湲洞》詩亦曰:"敲碎一輪月,鎔銷半段天。"

(清)王士禛、鄭方坤:《五代詩話》卷七

歐陽彬,衡山人,世爲縣吏,至彬特好學,工於詞賦。馬氏之有湖南也,彬將希其用,乃携所著詣府。求見之禮,必先通名紙。有掌客吏,衆謂樊知客,好賄,陰使人謂彬曰:"足下之來,非徒然也,實欲顯族致身而不以一物爲貺,其可乎?"彬耻以賄進,竟不與。既而樊氏怒,擲名紙於地曰:"吏人子欲干謁王侯耶!"彬深恨之,因退而爲詩曰:"無錢將乞樊知客,名紙生毛不爲通。"因而落魄街市,歌姬酒徒,無所不狎。有歌人瑞卿者,慕其才,遂延於家。瑞卿能歌,每歲武穆王生辰,必歌於筵上。時湖南自舊管七郡外,又加武陵、岳陽,共九州,彬作《九州歌》以授瑞卿,至時使歌之,實欲感動武穆。既而竟不問,彬嘆曰:"天下分裂之際,厮徒負養皆能自奮,我何負而至此耶!"計無所出,思欲竄入鄰道,但未有所向。居無何,聞西蜀圖綱將發,彬遂謀入蜀,私謂瑞卿曰:"吾以干謁不遂,居於汝家,未嘗有倦色,其忍汝弃乎?然士以功名爲不朽,一失此時,恐貽後悔。今將他適,庶幾有成,勿以爲念。"瑞卿曰:"君於妾不可謂之無情,一旦割愛而去,得非功名之將至耶?妾誠異之。家財雖不豐,願分其半,以資路途。"彬亦不讓,因以瑞卿所贈,盡賂綱吏,求爲駕船僕夫,綱吏許之。既至蜀,遂獻《獨鯉朝天賦》。蜀王大悦,擢居清要。其後官至尚書左丞相,出爲夔州節度使。既領夔州,穆王已薨,其子希範繼立,因致書於希範,叙疇昔入蜀之由,仍以衡宗族爲托。希範得書大慚,彬之親友悉免其賦役。遂與瑞卿偕老焉。

(清)王士禛、鄭方坤:《五代詩話》卷七

劉章字克明,江左人,事湖南馬氏,有《蒲鞋》詩云:"吴江浪浸白蒲春,越女初挑一樣新。纔自綉窗離玉指,便隨羅韈上香塵。石榴裙下從容久,玳瑁筵前整頓頻。今日高栖鴛瓦上,不知抛擲是何人。"

(清)王士禛、鄭方坤:《五代詩話》卷七

陸蟾寓居攸縣司空山,好神仙,辟穀累月,《題廬山瀑》云:"真源人莫測,千尺挂雲端。岳色染不得,神功裁亦難。夏噴猿鳥浴,秋射斗牛寒。流到滄溟日,翻濤更好看。"《春莫經石頭城》云:"六朝多少事,揞肘思悠悠。落日空江上,子規啼渡頭。蒹葭侵廢壘,烟霧接滄洲。今古分明在,那堪向九秋。"

(清)王士禛、鄭方坤:《五代詩話》卷七

《聞子規》云:"後夜入清明,游人何處聽。花殘斑竹廟,雨歇峴山亭。樹罅月欲落,窗間酒正醒。衆禽方在夢,誰念爾勞形。"

(清)王士禛、鄭方坤:《五代詩話》卷七

五代李觀象爲周行逢節度使,因行逢嚴酷,恐及禍,乃寢紙帳,卧紙被。《紙帳》詩云:"清懸四面剡溪霜,高卧梅花月半床。藹瓮有天春不老,瑶臺無夜雪生香。覺來虚白神光發,睡去清閑好夢長。一枕總無塵土氣,何妨留我白雲鄉。"

(清)王士禛、鄭方坤:《五代詩話》卷七

張子明，攸縣人，居鳳巢山，有詩名，《孤雁》一篇最佳，云：“隻影翩翩下碧湘，傍他鴛鷺下銀塘。雖逢夜雨迷深浦，終向晴天著舊行。憶伴幾回思片月，蜕翎多爲繫繁霜。江南塞北俱關念，兩地歸飛似故鄉。”

（清）王士禛、鄭方坤：《五代詩話》卷七

九華山人熊皎能詩，《早行》云：“山前猶見月，陌上未逢人。”《山居》云：“果熟秋先落，禽寒夜未栖。”《閑居》云：“深逢野草皆爲藥，静見樵人恐是仙。”又云：“厭聽啼鳥夢醒後，慵掃落花春盡時。”

（清）王士禛、鄭方坤：《五代詩話》卷七

高仁矩，宣城人，《贈宣城宰》云：“硯貯寒泉碧，庭堆敗葉紅。”《贈徐學士》云：“燕掠琴弦穿静院，吏收詩草下閑庭。”

（清）王士禛、鄭方坤：《五代詩話》卷七

曹崧，衡陽人，《題衡山尋仙觀》云：“千年松引東陵鶴，三級芝田草木香。”《贈陳先生》云：“讀《太玄經》秋醮罷，注《參同契》夜燈微。”《羅大夫故居》云：“鹿眠荒圃寒蕪白，鴉噪殘陽敗葉飛。”

（清）王士禛、鄭方坤：《五代詩話》卷七

張迥少年苦吟，夢五色雲自天而下，取一團吞之，遂精雅道，有《寄遠》詩云：“錦字憑誰達，閑庭草又枯。夜長燭影滅，天遠雁聲孤。蟬鬢凋將盡，虬髯白也無。幾回愁不語，因看朔方圖。”携卷謁齊己，點頭吟諷，爲改“虬髯黑在無”，回拜爲一字師。

（清）王士禛、鄭方坤：《五代詩話》卷七

《南唐野史》載張迥《寄遠詩》：“蟬鬢雕將盡，虬髭白也無？”齊己改爲“虬髭黑在無”，迥拜爲一字師。陶岳《五代史補》齊己携詩詣鄭谷，《咏早梅》云：“前村深雪裏，昨夜數枝開。”谷曰：數枝非早也，未若一枝。齊已拜谷爲一字師。一謂張迴禮齊已,一謂齊已禮鄭谷,豈一事訛爲兩人,將齊已以其師人者還爲人師耶? 然改"白也"爲"黑在"則是兩字師也。《陳輔之詩話》云:蕭楚才知溧陽,乖崖作牧,有一絶云:"獨恨太平無一事,江南閑殺老尚書。"蕭改恨作幸,一字師也,此却用前故事。

(清)王士禛、鄭方坤:《五代詩話》卷七

狄煥《南嶽曉望》云:"數點當秋霽,不知何處峰。"《嶽路松》云:"一嶂雨聲歸洞壑,兩條翠色下瀟湘。"

(清)王士禛、鄭方坤:《五代詩話》卷七

煥字子炎,梁公之裔,寄於南嶽,以林泉自適,《題柳》云:"天南與天北,此處影婆娑。翠色折不盡,離情生更多。雨餘籠灞岸,烟暝夾漳河。自有佳名在,秦松繼得麽?"

(清)王士禛、鄭方坤:《五代詩話》卷七

《孤雁》云:"更無聲接續,空有影相隨。"聞此句者皆云必無後,果如其言。

(清)王士禛、鄭方坤:《五代詩話》卷七

《送人游邵》云:"春江正渺渺,送别兩依依。烟裏棹將遠,渡頭人未歸。漁家侵疊浪,島樹挂殘暉。况入湖湘路,那堪花亂飛。"

(清)王士禛、鄭方坤:《五代詩話》卷七

曾弼,長沙人,與逸人王元爲詩友,《宿玉泉寺》云:"山偷半庭月,池印一天星。"《君山》云:"翠壓魚龍窟,寒堆波浪心。"

(清)王士禛、鄭方坤:《五代詩話》卷七

蔣鈞字不器,營道人,與劉洞、陳甫爲詩友,《寄柳宣》云:"因借夢書過竹寺,學耕秋粟繞茅原。”戎昱詩“有一夜不眠孤客耳,主人門外有芭蕉”。鈞代答云:“芭蕉葉上無愁雨,自是多情聽斷腸。”

(清)王士禛、鄭方坤:《五代詩話》卷七

林楚材,賀州富川人,《贈黄損》云:“身閑不恨辭官早,詩好常甘得句遲。”

(清)王士禛、鄭方坤:《五代詩話》卷七

陳甫字維岳,吉水人,《贈黄岩》云:“清時不作登龍客,緑鬢閑梳傍草堂。”《漳江感懷》云:“一雨洗殘暑,萬家生早凉。”《村居》云:“暮鳥歸巢急,寒牛下壠遲。”

(清)王士禛、鄭方坤:《五代詩話》卷七

鄧洵美,連山人,乾祐二年中第,與司空昉、少保溥同年,謁劉氏,不禮,歸武陵。時周氏有其地,辟之幕府。未幾,司空自禁林出使武陵,與洵美相遇,贈詩曰:“憶昔詞場共著鞭,當時鶯谷喜同遷。關河契闊三千里,音訊稀疏二十年。君已遇知依玉帳,我無才藻繼花磚。時情人事堪惆悵,天外相逢一泫然。”洵美和云:“詞場幾度讓先鞭,又向清朝賀九遷。品秩雖然殊此日,歲寒終不改當年。馳名早已超三院,侍直仍忻步八磚。今日相逢翻自愧,閑吟對酒倍潸然。”相國歸,邀偕載,辭以疾,不行。相國語同年少保公,公又爲詩寄云:“衡陽歸雁别重湖,銜到同人一紙書。忽見姓名雙泪落,不知消息十年餘。彩衣我已登黄閣,白社君猶葺舊居。南望荆門千里外,暮雲重叠滿晴虚。”周氏疑洵美泄其密謀,急追補易俗場官而遇害。建隆初,王師下湖湘,相國復經衡陽,吊之曰:“侯門寂寞非知己,澤國凄惶似旅人。今日向君墳畔過,不勝懷抱暗酸辛。”

(清)王士禛、鄭方坤:《五代詩話》卷七

何涓,襄陽人,少爲《瀟湘賦》,爲時所稱。潘緯以《古鑒》詩得名,或曰:“潘緯十年吟古鑒,何涓一夜賦瀟湘。”

(清)王士禛、鄭方坤:《五代詩話》卷七

張觀性沉静,未嘗草書,《自咏》云:“保心如止水,爲行見真書。”以爲著題。

(清)王士禛、鄭方坤:《五代詩話》卷七

蔣維東字孟陽,零陵人,《旅中》云:“未有一夜夢,不歸千里家。”《落花》云:“流水從將去,春風解送來。”

(清)王士禛、鄭方坤:《五代詩話》卷七

李觀象爲節度使,以行逢嚴酷,恐及禍,乃寢紙帳,卧紙被,行逢信用之,凡軍府事無輕重,皆取决焉。而觀象性多嫉忌,好蔽人之善,零陵儒士蔣密能吟咏,頗得風騷之旨,嘗題桑云:“綺羅因片葉,桃李謾同時。”爲作者所許。觀象聞之,佯驚曰:“此僕詩,何蔣密之能爲!”士林鄙之。

(清)王士禛、鄭方坤:《五代詩話》卷七

映山紅,高不過五七尺,花繁而紅,開時杜鵑始啼,又名杜鵑花。成幹詩云:“杜鵑花與鳥,怨艷兩相賒。疑是口中血,滴成枝上花。一聲寒食夜,數朵野僧家。謝豹出不出,日遲遲又斜。”

(清)王士禛、鄭方坤:《五代詩話》卷七

馮道詩

馮道詩雖淺近而造理,有詩云:“窮達皆由命,何勞發嘆聲。但知行好事,莫要問前程。冬去水須泮,春來草自生。請君觀此理,天道甚分明。”又云:“莫爲危時便愴神,前程往往有期因。須知海岳歸明主,未省乾坤陷吉人。道德幾時曾去世,舟車何處不通津。但教方寸無諸惡,狼虎叢中也立身。”

(宋)曾慥:《類説》卷四《青箱雜記》

王延少學爲儒,著詞賦,欲從科舉。會鄉里亂,客浮陽,屬滄帥戴思遠弃鎮歸梁,延挈族從之。以家人貧,游丐侯門。嘗以所爲賦謁侍郎李琪,琪覽而欣然曰:“此道近難其人,王生昇我堂矣。”繇是人士稱之,延後爲太子少傅致仕。

(宋)王欽若等編纂:《册府元龜》卷八四一《總録部》

賈緯有文集三十卷,目之爲《草堂集》,終青州行軍司馬。

(宋)王欽若等編纂:《册府元龜》卷八四一《總録部》

扈載少好學,善屬文,賦、頌、碑、贊尤其所長。廣順初,隨計於禮部,文價爲一時之最。是歲,昇高等,位至翰林學士。

(宋)王欽若等編纂:《册府元龜》卷八四一《總録部》

周世宗時,扈載初爲監察御史,嘗游相國寺僧院,睹其庭竹,翠色可愛,乃抒《碧鮮賦》,留題於其院。帝聞之,命黄門就其院録之以進。俄拜兵部員外郎、知制誥。

(宋)王欽若等編纂:《册府元龜》卷四〇《帝王部》

沒了期

錢鏐封吴越國王,工役大興,士卒嗟怨,或夜書府門曰:“沒了期,沒了期,修城纔了又開池。”鏐出見之,命吏書曰:“沒了期,沒了期,春衣纔罷又冬衣。”嗟怨頓息。

(宋)曾慥:《類説》卷二六《五代史補》

錢王詩

錢王有詩曰:“士悲秋色女懷春,此語由來未是真。若也有情相眷戀,四時天氣總愁人。”

(宋)曾慥:《類説》卷一五《侯鯖録》

錢元瓘,爲兩浙節度使。幼聰敏,少親吏事,有詩千篇,編尤者三百篇,命曰《錦樓集》。

(宋)王欽若等編纂:《册府元龜》卷三八八《將帥部》

皮光業詩

吴越王錢鏐時,宰相皮光業有詩云:“行人折柳和輕絮,燕子銜泥帶落花。”衆争嘆譽,裴光約抗聲曰:“二句偏枯不工,柳當有絮,泥或無花。”

(宋)曾慥:《類説》卷五七《西清詩話》

十二時中兩度潮

閩僧契盈陪吴越王登渌波亭,王喜曰:“三千里外一條水。”契盈曰:“十二時中兩度潮。”人以爲切對。時兩浙貢賦自海路至青州出,故云三千里。

(宋)曾慥:《類説》卷二六《五代史補》

黄夷簡,閑雅有詩名。在錢忠懿王俶幕中陪樽俎二十年。開寶初太祖賜俶“開吴鎮越崇文耀武功臣”,遣夷簡謝於朝。將歸,上謂夷簡曰:“歸語元帥,言朕已於薰風門外建離宫,規模華壯,不減江浙,兼賜名‘禮賢宅’,以待李煜與元帥,先朝者即賜之。今煜崛强不朝,吾將討之,元帥助我乎?無爲他謀所惑。果然,則將以精兵堅甲奉賜。向克常州,元帥有大功,俟江南平,可暫來相見否。無他,但一慰延伺耳,固不久留。朕執圭幣三見於天矣,豈敢自誣,即當遣還也。”夷簡受天語,俯首而歸,私自籌曰:“兹事大難。王或果以去就之計見决於我,胡以爲對?”殆歸見俶因不匿,盡以天訓授之,遂稱疾於安溪别墅,保身潛遁。夷簡山居詩有“宿雨一番蔬甲嫩,春山幾焙茗旗香”之句,雅喜治釋。咸平中,歸朝爲光禄少卿,後以壽終焉。

(宋)釋文瑩:《玉壺清話》卷一

蜀王衍自童年即能屬文,甚有才思,尤能爲艷歌。或有所著,蜀人皆傳誦焉。

(宋)王欽若等編纂:《册府元龜》卷二二八《僭僞部》

葬玉埋香

王蜀時,秦州築城,瓦棺中石刻曰:"隋開皇二年,渭州刺史張崇妻王氏。"銘文有:"深深葬王,鬱鬱埋香"之語。

(宋)曾慥:《類説》卷五八《書法苑》

蜀主詩詞

蜀後主荒於酒色,月夜每言:"惆悵,惆悵。"又云:"切道斷人生幾何,有分者任作傀儡。"入秦,至劍州,悦江水之美,詩云:"不緣朝帝闕,好此結茅廬。"至咸陽撰曲子云:"盡是一場傀儡。"

(宋)曾慥:《類説》卷四三《北夢瑣言》

作感懷詩

歐陽彬,王蜀時爲翰林學士。唐明宗時入洛,責令歸蜀。孟氏開國,復爲翰林。作詩云:"昔年追感泪横流,今日尋思是漫愁。容易得來容易失,等閑成了等閑休。皇圖本謂兒孫置,白刃番成骨肉讎。梁漢後唐三世主,九泉相見大悠悠。"

(宋)曾慥:《類説》卷一九《駭聞録》

題金剛詩

蜀主季年,臣僚多尚權勢。蔣貽恭題金剛以諷曰:"揚眉努目惡精神,揑合將來却似真。附彼時流借權勢,不知身自是泥人。"

(宋)曾慥:《類説》卷一九《駭聞録》

經體字

僞蜀句中正有文學,善筆勢,蜀平赴闕,修啓謁宰相,皆經體字,閽吏不識,笑曰:"今日句中正又來參相公也。"蓋以句爲章句字,參爲曾參字。

(宋)曾慥:《類説》卷一九《駭聞録》

花蕊夫人詩

孟蜀時,花蕊夫人詩大約似王建,宫詞有云:"厨舡進食索嘗新,列坐無非侍從臣。日午殿頭宣索膾,隔花催唤打漁人。"又云:"月頭支給買花錢,滿殿宫娥近數千。遇著唤名多不語,含羞走過御床前。"

(宋)曾慥:《類説》卷五六《劉貢父詩話》

鄰里侵舊居

楊玠仕蜀至顯官,隨王衍歸唐,後以致仕,歸長安。舊居多爲鄰里侵佔,子弟欲詣府訴,玠批狀尾云:"四鄰侵我我從伊,畢竟須思未有時。試上含元殿基處,秋風秋草正離離。"子弟不敢復言。

(宋)曾慥:《類説》卷五三《談苑》

月詩

圜丘之際,太史奏月延二刻。時上旬月,當三更而壇之際,皎然如日,禮畢而落。初有禪代之志,忽半夜寺僧撞鐘,滿城皆驚,旦將斬之,云:"夜來偶得月詩曰:'徐徐東海北,漸漸出天衢。此夜一輪滿,清光何處無。'"先主喜而釋之。又天祐中,童謡云:"東海鯉魚飛上天。"東海,徐氏之望,鯉,姓也,天時人事相符如此。

(宋)曾慥:《類説》卷一八《江南野録》

畫山水圖詩

先主移鎮金陵,沈彬有詩名,知先主欲取楊氏,因獻親畫《山水圖》,詩:"須知手筆安排定,不怕山河整頓難。"

(宋)曾慥:《類説》卷一八《江南野録》

元宗友愛之分,備極天倫。登位之初,太弟景遂,江王景遏,齊王景達,出處游宴,未嘗相捨,軍國之政同爲參决。保大五年元日,天忽大雪。上召太弟以下登樓展宴,咸命賦詩。令中使就私第賜進士李建勛。建勛方會中書徐鉉、勤政殿學士張義方於溪亭,即時和進。元宗乃召建勛、鉉、義方同入,夜分方散。侍臣皆有興咏,徐鉉爲前後序,太弟合爲一圖,集名公圖繪,曲盡一時之妙。御容,高冲古主之;太弟以下侍臣、法部絲竹,周文矩主之;樓閣宮殿,朱澄主之;雪竹寒林,董元主之;池沼禽魚,徐崇嗣主之。圖成,無非絶筆。侍宴詩纔記數篇而已。御製詩云:"珠簾高捲莫輕遮,往往相逢隔歲華。春氣昨宵飄律管,東風今日放梅花。素姿好把芳姿掩,落勢還同舞勢斜。坐有賓朋尊有酒,可憐清味屬儂家。"建勛詩云:"紛紛忽降當元會,著物輕明似月華。狂灑玉墀初散絮,密粘宮樹未妨花。回封雙闕千尋峭,泠壓南山萬仞斜。寧意晚來中使出,御題宣賜老僧家。"鉉詩云:"一宿東林正氣和,便隨仙仗放春華。散飄白絮惟分影,輕綴青旂始見花。落砌更依宮舞轉,入樓偏向御衣斜。嚴徐更待金門詔,願布堯言賀萬家。"義方詩云:"恰當歲日紛紛落,天寶瑶花助物華。自古最先標瑞牒,有誰輕擬比楊花。密飄粉署光同冷,静壓青松勢欲斜。豈但小臣添興味,狂歌醉舞一千家。"

(宋)鄭文寶:《江表志》卷中

割江賦

保大末,處士史虚白爲《割江賦》以諷曰:"舟車有限沿,河島以俱閑。魚鼈無知尚,交游而不止。"又賦《隱士詩》曰:"風雨揭却屋,渾家醉不知。"

(宋)曾慥:《類説》卷二一《南唐近事》

好青峭數峰

嗣主幸南都。時既劃江,舟楫多行南岸,北望皖公山曰:"好青峭數峰。"李家明曰:"龍舟輕颭錦帆風,正值宸游望遠空。回首皖公山色翠,影斜不過壽杯中。”嗣主慚,俯首而過。

(宋)曾慥:《類説》卷一八《江南野録》

好物不在多

元宗曲宴,命從臣賦詩。學士朱鞏唯進一聯,不能終篇,乃曰:“好物不在多。”左右掩口而笑。自是士庶餉遺不豐好者,皆以朱爲口實。

(宋)曾慥:《類説》卷二一《南唐近事》

好物不在多

元宗曲保和堂,命從官賦詩。學士朱鞏詩成獨晚,洎衆制皆就,鞏已醉矣,唯進一聯。上疑其構思大,久不終篇,鞏再拜致謝曰:“好物不在多。”左右掩口而笑。自是金陵士庶遺餉不豐好者,皆以朱公爲口實。

(宋)鄭文寶:《南唐近事》集外逸文

後主長短句

南唐後主圍城中作長短句,未就而城破:“櫻桃落盡春歸去,蝶翻金粉雙飛,子規月小樓西,曲瓊鈎箔,惆悵卷金泥。門巷寂寥人去後,望殘烟草低迷。”

(宋)曾慥:《類説》卷五七《西清詩話》

李後主長短句

南唐李後主歸朝後,每懷江國,且念嬪妾散落,長短句云:“簾外雨潺潺,春意將闌,羅衾不耐五更寒。夢裏不知身是客,一餉貪歡。獨自莫憑欄,無限江山,别時容易見時難。流水落花春去也,天上人間。”未幾下世云。

(宋)曾慥:《類説》卷五七《西清詩話》

南唐李後主歸朝後，每懷江國，且念嬪妾散落，鬱鬱不自聊，嘗作長短句："簾外雨潺潺，春意將闌，羅衾不耐五更寒。夢裏不知身是客，一餉貪歡。獨自莫憑闌，無限江山，别時容易見時難。流水落花春去也，天上人間。"含意凄惋，未幾下世云。

(明)陶宗儀:《説郛》卷四九《金玉詩話》

李後主詩

江南李主，一目重瞳，務長夜之飲，内日給酒三石。藝祖敕不與酒，奏曰："不然何計使之度日。"遂復給之。李主姿貌絶美，藝祖曰："公非貴貌也，乃一翰林學士耳。"有詩曰："鬢從近日添新白，菊是去年依舊黄。"又云："青鳥不傳雲外信，丁香空結雨中愁。"皆是氣不滿，有亡國之悲。臨終有詩云："萬古到頭爲一醉，死鄉葬地有高原。"

(宋)曾慥:《類説》卷五二《翰府名談》

牡丹偈

太祖將問罪江南，李後主欲拒王師，法眼禪師觀大内牡丹，作偈諷之，曰："擁毳對芳叢，由來趣不同。髮從今日白，花是去年紅。艷曳隨朝露，馨香逐曉風。何須待零落，然後始知空。"後主不省，師乃渡江。

(宋)曾慥:《類説》卷五五《冷齋夜話》

鍾山翁

元宗嗣位，李建勛出師臨川。將行，謂所親曰："主上性習未定，若如日者，恐不能守業。"及馮延魯討閩中，督糧甚急，建勛寄詩曰："粟多未必爲全計，師老須防有伏兵。"既而果爲越人所敗。及歸，拜司空，累乞致政，自稱鍾山公，詔授司徒，不起。學士湯説致書賀之，勛答曰："司空猶不作，那敢作司徒。幸有山翁號，如何不見呼。"先是，宋齊丘歸退，號九華先生，未幾而起，時論薄之。或以建勛比宋者,因爲詩曰:"桃花流水須相信,不學劉郎去不來。"

(宋)曾慥:《類説》卷二一《南唐近事》

鍾山公

後唐李建勛出帥臨川,歸拜司空,累表乞致仕,自稱鍾山公。詔授司徒,不起。學士湯悦致狀賀之,建勛答詩曰:"司空猶未許,那敢作司徒。幸有山公號,如何不見呼。"先是,宋齊丘退歸九華,未期一徵而起,時論少之。或以建勛比宋者,因作詩曰:"桃花流水須相信,不學劉郎去又來。"

(宋)曾慥:《類説》卷五六《古今詩話》

李後主詩

王師既入建業,後主已下,登舟赴闕。舟中泣下,賦詩曰:"江南江北舊家鄉,三十年來夢一場。吴苑宫闈今冷落,廣陵臺殿已荒凉。雲投遠岫愁千片,雨打孤舟泪萬行。兄弟四人三百口,不堪閒坐細思量。"

(宋)曾慥:《類説》卷一八《江南野録》

登臺望雨

李家明滑稽善諷諫,從後主登臺,望鍾山雨曰:"其勢即至矣。"家明曰:"雨雖必來,不敢入城,懼陛下重税。"嗣主遂令榷務,降半而徵。又見牛卧樹陰,嗣主曰:"牛且熱矣。"家明上一絶句曰:"曾遭甯戚鞭敲角,又被田單火燎身。閑背斜陽嚼枯草,近來問喘更無人。"

(宋)曾慥:《類説》卷一八《江南野録》

江南馮延巳詞

有士人家收江南李後主書一詞,云馮延巳撰詞。云:"銅壺滴漏初盡,高閣鷄鳴半空。催啓五門金鎖,猶垂三殿珠櫳。階前御柳摇緑,仗下宫花散紅。鴛瓦數行曉日,鸞旗百轉春風。侍臣蹈舞重疊,聖壽南山永同。”

(宋)曾慥:《類説》卷一五《倈鯖録》

韓熙載書

韓熙載舉進士,投書李鼎,曰:“釣大鰲者,不投取魚之餌;斷長鯨者,焉用割雞之刀。”又云:“腰有劍而袖有鐘,口有舌而手有筆。”

(宋)曾慥:《類説》卷二七《南唐野史》

李韓書詞

李穀與韓熙載早同筆硯,分携約曰:“各以才命選其主。”穀,顯德中,仕周爲平章事。熙載,仕江南李先主爲光政殿學士。熙載貽穀書曰:“江南果相我,長驅以定中原。”穀答曰:“中原苟相我,下江南如探囊中物耳。”後果作相,親征江南,而熙載已卒。

(宋)曾慥:《類説》卷五五《玉壺清話》

韓熙載居戚家,常有蒼頭挈龍水圖貨於韓第,即吴淮王筆迹也。韓愛而不受,爲鄰家所得。翌日,將練爲服。忽見釜中浪涌雲蒸,有二事物若獺狀,穿屋而去。里人咸集,謂之起火,相將撲滅。及視之,惟烟霧而已。韓甚追惜,復異其事。

(明)陶宗儀:《説郛》卷三《江南别録》

曆日包一橘

鍾傳鎮江西,客有以覆射求謁。傳以曆日包一橘致袖中,客口占曰:“太歲當頭立,諸神莫敢當。其中有一物,常帶洞庭香。”

(宋)曾慥:《類説》卷二一《南唐近事》

托病目不覽詩

魏明好作詩詞,多而不格。嘗携近詩詣韓熙載,韓托以病目,請置几案徐覽。明曰:“侍郎目昏,請自爲吟之。”韓曰:“耳聾加劇,切忌不聞。”

（宋）曾慥：《類説》卷二一《南唐近事》

蘇洪至揚州版築，發一冢，不題姓名，刊石爲銘曰：“日爲箭兮月爲弓，射四方兮無終窮。但見天將明月在，不覺人隨流水空。南山石兮高穹隆，夫人墓兮在其中。猿啼馬叫烟蒙蒙，千年萬歲松柏風。”

（宋）鄭文寶：《江表志》卷中

胡則守江州，堅壁不下，曹翰攻之危急，忽有旋風吹文字一紙墜於城中。其詞曰：“由來秉節世無雙，獨守孤城死不降。何似知機早回顧，免教流血滿長江。”翰攻陷江州，殺戮殆盡，謂之洗城焉。

（明）陶宗儀：《説郛》卷五八《江表志》

田舍翁火爐頭之作

孫魴有詩名，李建勛先匿魴齋中，候沈彬至，問魴詩如何，彬曰：“非有國風雅頌之體，實得田舍翁火爐頭之作。”魴時出曰：“田舍翁無乃太過乎？”彬曰：“子《夜坐》句云：‘劃多灰漸冷，坐久席成痕。’此非田舍翁火爐上作而何？”魴《題金山寺詩》云：“萬古波心寺，金山名日親。天多剩得月，地少不生塵。過櫓妨僧夢，驚濤濺佛身。誰言張處士，題後更無人。”

（宋）曾慥：《類説》卷一八《江南野録》

紙鳶上詩

宋齊丘止生一子，輒死，哀慟不已。李家明作大紙鳶，上書云：“欲興唐祚革强吴，盡是先生設計謨。一個孩兒拚不得，讓王千古合何如。”乘風度至齊丘第，遂絶其縷令墜，齊丘見之，慚感而止。

（宋）曾慥：《類説》卷一八《江南野録》

孤雁詩

狄子炎《孤雁詩》云:"更無聲接續。"人以爲戟,竟亡兒女終身。

(宋)曾慥:《類説》卷二七《南唐野史》

二子夭壽

范櫄有子七歲,《贈隱者詩》云:"掃葉隨風便,澆花趁日陰。"《夏日詩》云:"閑雲生不雨,病葉落非秋。"方干云:"必不享壽。"未十歲而卒。歐陽彬一子《贈田父詩》云:"桑柘殘陽裏,兒孫落葉中。"尋亦夭逝。

(宋)曾慥:《類説》卷二七《南唐野史》

一字師

張迥少夢五色雲,自天而下,取一團吞之,遂精於詩。有《寄遠》云:"錦字憑誰達,閑庭草又枯。夜長燈影滅,天遠雁聲孤。蟬鬢雕將盡,虬髭白也無。幾回愁不語,因看朔方圖。"僧齊己改爲"虬髭黑在無",迥遂拜爲一字師。

(宋)曾慥:《類説》卷二七《南唐野史》

聯句

馬希振與雍僧貫假多爲聯句,希振曰:"蟻子子銜蟲子子。"雍曰:"猫兒兒捉雀兒兒。"

(宋)曾慥:《類説》卷二七《南唐野史》

徐仲雅詩

徐仲雅因文昭王迎四儀夫人,賦詩云:"雲路半開千里日,洞門斜掩一天春。"又作宫詞云:"内人曉起怯春寒,輕揭羅幃看牡丹。一把柳絲收不得,和風斜搭玉欄干。"

(宋)曾慥:《類説》卷二七《南唐野史》

白賦赤賦

寇豹、謝觀同入崔裔相公門下，觀嘗作《白賦》，有曰："晚入梁王之苑，雪滿群山；夜登庾亮之樓，月明千里。"豹作《赤賦》云："田單破燕之日，火燎平原；武王伐紂之時，血流漂杵。"豹尋辭去，觀猶依托。祖席多蠅，觀曰："青蠅被扇扇離席。"豹舉目見户上《白澤圖》，答云："白澤遭釘釘在門。"

(宋)曾慥：《類説》卷二七《南唐野史》

胡蝶詩

王著《胡蝶詩》云："今夜若栖芳草裏，爲傳消息到王孫。"

(宋)曾慥：《類説》卷二七《南唐野史》

中秋無月詩

前進士高若訥，袖所業詣荆見高從誨，有《中秋無月詩》云："人間雖不見，天外自分明。"從誨曰："此詩雖好，將來但恐喪明。"後如其言。又有僧可隆詩曰："萬般思後行，一失廢前功。"從誨曰："此詩必因事而得。"隆曰："本姓慕容氏，與桑維翰同學。少負氣多忽之，維翰入相，某猶在場屋，頻年敗劫，皆維翰所挫，因削髮爲僧，其句實感前事。"

(宋)曾慥：《類説》卷二七《南唐野史》

螃蟹賦

嚴續在中書，備位而已。無學術，爲朋列所輕。江文蔚作《螃蟹賦》以譏之，曰："口裏雌黄，每失途而相照；胸中兵甲，嘗聚衆以横行。"又云："外視多足，中無寸腸。"

(宋)曾慥：《類説》卷二七《南唐野史》

廖凝居南嶽，韋鼎贈詩云："君與白雲鄰，生涯久忍貧。姓名高雅道，寰海許何人。岳氣秋來早，亭寒果落新。幾回吟石畔，孤鶴自相親。"

（清）王士禛、鄭方坤：《五代詩話》卷七

（高）若拙善詩，從誨辟於幕下，嘗作《中秋不見月》云："人間雖不見，天外自分明。"從誨覽之，謂賓佐曰：此詩雖好，不利於己，將來但恐喪明。後果如其言。

（清）王士禛、鄭方坤：《五代詩話》卷七

王處厚字元美，益州華陽縣人，嘗遇一老僧，論浮世若空事。登第後，出部徘徊古陌，軫懷長吟曰："誰言今古事難窮，大抵榮枯總是空。算得生前隨夢蝶，争如雲外指冥鴻。暗添雪色眉根白，旋落花光臉上紅。惆悵荒原懶回首，暮林蕭索起悲風。"及暮還家，心疾而卒。

（清）王士禛、鄭方坤：《五代詩話》卷七

王右丞詩"楊花惹暮春"，李長吉詩"古竹老梢惹碧雲"，温庭筠"暖香惹夢鴛鴦錦"，孫光憲"六宫眉黛惹春愁"，用惹字凡四，皆絶妙。

（清）王士禛、鄭方坤：《五代詩話》卷七

孫光憲，蜀之資州人，事荆南高氏爲從事，有文學名，著《北夢瑣言》，其詞見《花間集》。"一庭疏雨濕春愁"，秀句也，李後主之"細雨濕流光"本此。

（清）王士禛、鄭方坤：《五代詩話》卷七

孫光憲《竹枝詞》云："門前春水白蘋花，岸上無人小艇斜。商女經過江欲暮，閑抛殘食飼神鴉。"又："亂繩寸結絆人深，越羅萬丈表長尋。楊柳在身垂意緒，藕花落盡見蓮心。"

（清）王士禛、鄭方坤：《五代詩話》卷七

光憲每患兵戈之際書籍不備，遇發使諸道，未嘗不厚與金帛購求焉。於是三年間，收書及數萬卷。然自負文學，常怏怏不得志，又常慕史氏之作，自恨諸侯幕府，不足展其才力，每謂交親曰：安知獲麟之筆，反爲倚馬之用。因吟劉禹錫詩曰："一生不得文章力，百口空爲飽暖家。"

（清）王士禛、鄭方坤：《五代詩話》卷七

顧況著作披道服在茅山，有一秀才行吟曰："駐馬上山阿。"久思不得。顧云："何不道'風來屎氣多'？"秀才云："賢莫無禮。"顧曰："是況。"其人慚惕而退。僕早歲嘗和南越詩云："曉厨烹淡菜，春杼織橦花。"牛翰林覽而絶倒，莫喻其旨。牛公曰："吾子只知名，安知淡菜非雅物也。"後方曉之。學吟者可不以斯爲戒？

（清）王士禛、鄭方坤：《五代詩話》卷七

《左傳》昭公二十八年：叔向之母曰：子靈之妻殺三夫一君一子而亡一國兩卿矣，可無懲乎？吾聞之，甚美者必有甚惡。此《春秋》爲之深戒矣。前蜀徐公有二女，美而奇艷。初，王太祖搜求國色，亦不知徐公有美女，徐以獻，太祖遂納之，各有子焉。長曰翊聖太后，生彭王；次曰順聖太后，生後主。後主性多狂率，不守宗祧，頻歲省方，政歸國母，多行淫佚，殺戮重臣。乾德中，姊妹以巡禮至境爲名，恣風月烟花之性，駕輜輧於綠野，擁金翠於青山，倍役生靈，頗消經費。凡經過之所，宴寢之宫，皆有篇章刊於立石。自秦漢以來，妃后省巡，未有富貴如斯之盛者也。順聖太后題青城山丈人觀詩曰："早與元妃慕至玄，同躋靈岳訪真仙。當時信有壺中景，今日親來洞裏天。儀仗影交寥廓外，金絲聲揭翠微巔。惟慚未致華胥理，徒祝昇平卜萬年。"翊聖太后繼曰："獲陪翠輦喜殊常，同涉仙壇豈厭長。不羡乘鸞入烟霧，此中便是五雲鄉。"順聖太后又題謁丈人觀先帝聖容云："舜帝歸梧野，躬來謁聖顔。旋登三徑路，似陟九疑山。日照堆嵐回，雲横積翠間。期修封禪禮，方俟再躋攀。"翊聖繼曰："共謁御容儀，還同在禁闈。笙歌喧寶殿,彩仗耀金徽。清泪沾羅袂,紅霞拂綉衣。九疑山水遠,無路繼湘妃。"順聖又題玄都觀云:"千尋緑嶂夾流溪,登眺因知衆嶽低。瀑布遥舂青石碎,輪茵横剪翠峰齊。步粘苔蘚龍橋滑,目閃烟羅鳥徑迷。莫道穹天無路到,此山便是碧雲梯。"翊聖和云:"登尋丹壑到玄都,接日紅霞照座隅。即向周回岩上看,似開曾進畫圖無。"順聖又題金華宫云:"再到金華頂,玄都訪道回。雲披分景象,黛鎖並樓臺。雨滌前山净,風吹去路開。翠屏夾流水,何必羡蓬萊。"翊聖曰:"碧烟紅霧撲人衣,宿露蒼苔石徑危。風巧解吹松上笛,蝶嬌頻采臉邊脂。同尋僻境思携手,暗指遥山學畫眉。好把身心清净處,角冠霞帔事希夷。"順聖又題丹景山至德寺云:"周回雲水游丹景,因與真妃眺上方。晴日曉昇金照耀,寒泉夜落玉玎當。松梢月轉禽栖影,柏徑風牽麝食香。虔揲六銖冥禱祝,惟期祚曆保遐昌。"翊聖繼曰:"丹景山頭宿梵宫,玉軒金輅住遥空。軍持無水注寒碧,蘭若有花開曉紅。武士盡排青障下,内人皆在講筵中。我家帝子傳王業,積善終期四海同。"順聖又題彭州歸平詩云:"尋真游聖境,巡撫到陽平。水遠波瀾碧,山高氣象清。殿嚴孫氏號,碑暗祖師名。夜月登壇照,松風森磬聲。"翊聖繼曰:"雲浮翠輦届陽平,直似驂鸞至上清。風起半崖聞虎嘯,雨來當面見龍行。曉尋水澗聽松韻,夜上星壇看月明。長恐前身居此境,玉皇教向錦城生。"順聖又題彭州三學山至夜看聖燈云:"虔禱游靈境,元妃夙志同。玉香焚静夜,銀燭炫遼空。泉漱雲根月,鐘敲樹杪風。印金標聖迹,飛石顯神功。滿望天涯極,平臨日脚窮。猿來齋室上,僧集講筵中。頓覺超三界,渾疑證六通。願成修堰化,社稷保延洪。"翊聖繼曰:"聖燈千萬炬,旋向碧空生。細雨濕不暗,好風吹更明。磬敲金地響,僧唱梵天聲。若説無心法,此光如有情。"順聖又題天回驛云:"周游靈境散幽情,千里江山暫得行。即恨烟光看未足,却驅金輦入龜城。"翊聖繼曰:"翠驛紅亭近玉京,夢魂尤自在青城。比來出看江山景,盡被江山看出行。"議者以爲翰林之能,非婦人女子之事,所以謝女無長城之志,空振才名;班姬有團扇之辭,亦彰淫志。今徐氏逞乎妖志,餌自倖臣,假以風騷,庇其游幸,取女史一時之美,爲游人曠代之嗤。及唐朝興吊伐之師,遇蜀荒淫之主,三軍不戰,束手而降。良由子母盤游、君臣凌替之所致也。於是亡一君,破一國,殺九子,誅十臣,殄滅萬家,流移百郡;其次六宫嬪御,挫紅緑於征途;十宅公主,碎金珠於逆旅。子靈之室,何以比方。故興聖太子隨軍王乘旨有咏後主出降詩曰:"蜀朝昏主出降時,銜璧牽羊倒繫旗。二十萬軍高拱手,更無一個是男兒。"又僧遠公有《傷廢國詩》云:"樂極悲來數有涯,歌聲纔歇便興嗟。牽羊廢主尋傾國,指鹿奸臣盡喪家。丹禁夜凉空鎖月,後庭春暖漫開花。兩朝帝業都成夢,陵樹蒼蒼噪暮鴉。"

(清)王士禛、鄭方坤:《五代詩話》卷八

李珣,蜀之梓州人,事王衍,詞名《瓊瑶集》。其妹爲昭儀,亦饒詞藻,有"鴛鴦枕上忽然聲"一首,誤入花蘂夫人集。

(清)王士禛、鄭方坤:《五代詩話》卷八

陳金鳳,閩主王延鈞之后也。端陽日,造彩舫數十於西湖,延鈞御龍舟觀之,金鳳作《樂游曲》,使宫女同聲歌之。曲曰:"龍舟摇曳東復東,采蓮湖上紅更紅。波淡淡,水溶溶,奴隔荷花路不通。"又曰:"西湖南湖鬥彩舟,青蒲紫蓼滿中洲。波渺渺,水悠悠,長奉君王萬歲游。"

(清)王士禛、鄭方坤:《五代詩話》卷八

小吏歸守明,弱冠,白皙如玉,延鈞嬖之,日侍禁中,夤緣與金鳳通。百工院使李可殷,因歸郎以通於金鳳,造縷金九龍帳於長春宫,極其靡麗。延鈞歡甚,益昵歸郎,日留宿於内不出。國人歌之曰:"誰謂九龍帳,惟貯一歸郎。"後李仿盛飾其妹春燕以進,册爲賢妃,不復御九龍帳矣。元夕,御大酺殿,觀燈賜宴,各賦《大酺樂》,前翰林學士承旨韓偓感長春宫失寵,賦詩曰:"泪滴珠難盡,容殘玉易消。倘隨明月去,莫道夢魂遥。"

(清)王士禛、鄭方坤:《五代詩話》卷八

王平甫安國奉詔定蜀民、楚民、秦民三家所獻書可入三館者,令令史李希顔料理之。其書多剥脱,而中有弊紙所書花蘂夫人詩,乃花蘂手寫,而其辭甚奇,與王建《宫詞》無異。建之辭,自唐至今誦者不絶口,而此獨遺弃不見取,受詔定三家書者,又斥去之,甚爲可惜也。遂令令史郭祥繕寫入三館。既歸,口誦數篇與荆公。荆公明日在中書語及之,而禹玉相公、當世參政願傳其本,於是盛行於時。文瑩親於平甫處得副本,凡三十二章,因録於此。其詞曰:"五雲樓閣鳳城間,花木長新日月閑。三十六宫連内苑,太平天子住崑山。""會真廣殿約宫墻,樓閣相扶倚太陽。净甃玉階横水岸,御爐香氣撲龍床。""龍池九曲遠相通,楊柳絲牽兩岸風。長似江南好春景,畫船來往碧波中。""東内斜將紫禁通,龍池鳳苑夾城中。曉鐘聲斷嚴妝罷,院院紗窗海日紅。""殿名新立號重光,島上亭臺盡改張。但是一人行幸處,黄金閤子鎖牙床。""安排諸院接行廊,水檻周回十里强。青錦地衣紅綉毯,盡鋪龍腦鬱金香。""夾城門與内門通,朝罷巡游到苑中。每日日高祗候處,滿堤紅艷立春風。""厨船進食簇時新,侍宴無非列近臣。日午殿頭宣索鱠,隔花催唤打魚人。""立春日進内園花,紅蘂輕輕嫩淺霞。跪到玉階猶帶露,一時宣賜與宫娃。""三面宫城盡夾墻,苑中池水白茫茫。亦從獅子門前入,旋見亭臺繞岸傍。""離宫别院繞宫城,金板輕敲合鳳笙。夜夜月明花樹底,傍池長有按歌聲。""御製新翻曲子成,六宫纔唱未知名。盡將觱篥來抄譜,先按君王玉笛聲。""旋移紅樹劚青苔,宣賜龍池再鑿開。展得緑波寬似海,水心宫殿勝蓬萊。""太虚高閣凌波殿,背倚城墻面枕池。諸院各分娘子位,羊車到處不教知。""修儀承寵住龍池,掃地焚香日午時。等候大家來院裏,看教鸚鵡念宫詞。""才人出入每參隨,筆硯將行繞曲池。能向彩箋書大字,忽防御製寫新詩。""六宫官職總新除,宫女安排入畫圖。二十四司分六局,御前頻見錯相呼。""春風一面曉妝成,偷折花枝傍水行。却被内監遥覷見,故將紅豆打黄鶯。""梨園弟子簇池頭,小樂携來俟燕游。旋炙銀笙先按拍,海棠花下合《梁州》。""殿前排晏賞花開,宫女侵晨探幾回。斜望苑門遥舉袖,傳聲宣唤近臣來。"

“小毬場近曲池頭,宣唤勛臣試打毬。先向畫樓排御幄,管弦聲動立浮油。”“供奉頭籌不敢争,上棚專唤近臣名。内人酌酒纔宣賜,馬上齊呼萬歲聲。”“殿前宫女總纖腰,初學乘騎怯又嬌。上得馬來纔欲走,幾回抛鞚把鞍鞽。”“自教宫娥學打毬,玉鞍初跨柳腰柔。上棚知是官家認,遍遍長贏第一籌。”“翔鸞閣外夕陽天,樹影花光杳接連。望見内家來往處,水門斜過罨樓船。”“内人追逐采蓮時,驚起沙鷗兩岸飛。蘭槳棹來齊拍水,並船相鬥濕羅衣。”“新秋女伴各相逢,罨畫船飛别浦中。旋折荷花伴歌舞,夕陽斜照滿衣紅。”“少年相逐采蓮回,羅帽羅衫巧製裁。每到岸頭齊拍水,竟提縴手出船來。”“早春楊柳引長條,倚岸緣堤一面高。稱與畫船牽錦纜,暖風搓出緑絲絛。”“婕好生長帝王家,常近龍顔逐翠華。楊柳岸長春日暮,傍池行困倚桃花。”“月頭支給買花錢,滿殿宫人近數千。遇著唱名多不語,含羞走過御床前。”“寒食清明小殿旁,彩樓雙夾鬥雞坊。内人對御分明看,先賭紅羅十擔床。”

(清)王士禛、鄭方坤:《五代詩話》卷八

余閲此詩,如:“龍池九曲遠相通,楊柳絲牽兩岸風。長似江南好風景,畫船來往碧波中。”“梨園弟子簇池頭,小樂携來俟宴游。試炙銀笙先按拍,海棠花下合《梁州》。”“月頭支給買花錢,滿殿宫人近數千。遇著唱名多不語,含羞走過御床前。”“内人追逐采蓮時,驚起沙鷗兩岸飛。蘭棹把來齊拍水,並船相鬥濕羅衣。”“厨船進食簇時新,侍座無非列近臣。日午殿頭宣索鱠,隔花催唤打魚人。”皆清婉可喜。花蘂又别有逸詩六十六篇,乃近世好事者旋加搜索續之,篇次無倫,語意與前詩相類者極少,誠爲亂真矣。聊摘其一二云:“羅衫玉帶最風流,斜插銀篦慢裹頭。閑向殿前騎御馬,掉鞭横過小紅樓。”“春日龍池小宴開,岸邊亭子號流杯。沉檀刻作神仙女,對捧金杯水上來。”

(清)王士禛、鄭方坤:《五代詩話》卷八

今世女子之笄曰上頭,花蘂夫人《宫詞》:“年初十五最風流,新賜雲鬟始上頭。”

（清）王士禛、鄭方坤:《五代詩話》卷八

世之曰乞求,蓋謂正欲若是也。然唐時已有此言,王建《宫詞》:“只恐他時身到此,乞求自在得還家。”又花蘂夫人《宫詞》:“種得海榴貪結子,乞求自過與君王。”

（清）王士禛、鄭方坤:《五代詩話》卷八

娘字,俗書也,當作孃,今通爲婦女之稱。花蘂夫人《宫詞》:“諸院各分娘子位。”

（清）王士禛、鄭方坤:《五代詩話》卷八

東坡《牡丹詩》云:“一朵妖紅翠欲流。”初不曉翠欲流爲何語,及游成都,過木行街,有大署市肆曰:“郭家鮮翠紅紫鋪。”問土人,乃知蜀語鮮翠,猶言鮮明也。東坡蓋用鄉語云。蜀人又謂糊窗曰泥窗,花蘂夫人《宫詞》云:“紅錦泥窗繞四廊。”非曾游蜀,亦所不解。

（清）王士禛、鄭方坤:《五代詩話》卷八

王建《宫詞》云:“御厨不食索時新,每見花開即若春。白日卧多嬌似病,隔簾教唤女醫人。”花蘂夫人《宫詞》云:“厨船進食簇時新,侍宴無非列近臣。日午殿頭宣索鱠,隔花催唤打漁人。”二詞記事則異,造語頗同,第花蘂之詞工,王建爲不及也。

（清）王士禛、鄭方坤:《五代詩話》卷八

杜工部“關山同一點”,岑嘉州“嚴灘一點舟中月”,又《赤驃馬歌》“草頭一點疾如飛”,又“西看一點是關樓”,朱灣《白鳥翔翠微》詩“净中雲一點”,花蘂夫人云:“冰肌玉骨清無汗,水殿風來暗香滿。綉簾一點月窺人,欹枕釵横雲鬢亂。起來庭户悄無聲,時見疏星渡河漢。屈指西風幾時來,不道流年暗中换。”宋張安國詞:“洞庭青草近中秋,更無一點風色。玉界瓊田三萬頃,著我扁舟一葉。”夫月、雲,風也,馬也,樓也,皆謂之一點,甚奇。

(清)王士禛、鄭方坤:《五代詩話》卷八

《後山詩話》云:費氏,蜀之青城人,以才色入,蜀後主嬖之,號花蘂夫人。效王建作《宫詞》百首,國亡,入備後宫。太祖聞之,召使陳詩,誦其《國亡》詩曰:“君王城上竪降旗,妾在深宫那得知。十四萬人齊解甲,寧無一個是男兒?”太祖悦。蓋蜀兵十四萬,而王師纔數萬耳。

(清)王士禛、鄭方坤:《五代詩話》卷八

蜀王昶好衣紫挾彈,所幸花蘂夫人善詩,即世傳《宫詞》也。蜀既破,其《亡國》詩云:“君王城上竪降旗,妾在深宫那得知。十四萬人齊解甲,更無一個是男兒。”亦憤而悲矣。夫人業入宋宫中,藝祖一日臨之,見壁上畫像,不知是昶,問何神也。夫人乃謬言此張仙耳,婦人奉之者宜子,至今有張仙祠云。夫人下比緑珠則不足,上擬息嬀則有餘。

(清)王士禛、鄭方坤:《五代詩話》卷八

花蘂夫人《宫詞》之外,尤工樂府,蜀亡入汴,道經葭萌,題驛壁云:“初離蜀道心將碎,離恨綿綿。春日如年,馬上時時聞杜鵑。”書未畢,爲軍騎催行。後人續之云:“三千宫女皆花貌,妾最嬋娟。此去朝天,只恐君王寵愛偏。”花蘂見宋祖時,猶作“四十萬人齊解甲,更無一個是男兒”之詩,焉有隨昶行而書此敗節語乎?續之者,不惟虚空架橋,而詞之鄙亦狗尾續貂矣。

(清)王士禛、鄭方坤:《五代詩話》卷八

“君王城上竪降旗,妾在深宫那得知。二十萬軍皆解甲,更無一個是男兒。”世傳此詩乃花蘂夫人蜀亡輦入後宫,宋祖問而作者。傳記雜編又載爲前蜀王衍降唐時,興聖太子作詩曰:“蜀朝昏主出降時,銜璧牽牛繫鼓旗。二十萬軍皆拱手,更無一個是男兒。”既皆蜀亡之作,其辭又類,正史不載者也,當存疑以俟。

(清)王士禛、鄭方坤:《五代詩話》卷八

孟昶敗時,精兵尚十四萬,宋師止三萬耳。太祖以蜀亡問,費答詩云云,太祖更寵愛之。尤工填詞,入汴時,題葭萌驛壁云:“初離蜀道心將碎,離恨綿綿。春日如年,馬上時時聞杜鵑。”調《醜奴兒令》也。書未畢,軍騎催行,遂止半闋。有人續之云:“三千宫女皆花貌,妾最嬋娟。此去朝天,只恐君王寵愛偏。”使費能抗節從昶母,此詞不幾爲輕薄惡札哉?然審徵奉表,寅遜促裝,一女子與十四萬小人又何責也。世傳其《宫詞》百首,清新艷麗,足奪王建、張籍之席。蓋外間摹寫,自多泛設,終是看人富貴語,固不若内家本色,天然流麗也。王平甫考王恭簡所集,云止二十八首,然其餘别無可據,且手筆一格,故仍之。

(清)王士禛、鄭方坤:《五代詩話》卷八

耿先生,軍大校耿謙女,好書善畫,爲詩往往有佳句,雅通黄白之術,能拘制鬼魅,奇瑰怳忽,莫知其所由來。爲女道士,自稱天自在山人。保大中,因宋齊丘以入宫,元宗處之别院,號曰先生。嘗被碧霞帔,手如鳥爪,題詩墻壁,又自稱比大先生。

(清)王士禛、鄭方坤:《五代詩話》卷八

芳儀,江南國主李景女也。納土後在京師,初嫁供奉官孫某,爲武强都監。後爲遼聖宗所獲,封芳儀,生公主一人。趙至忠虞部自北虜歸朝,嘗仕遼爲翰林學士,修國史,著《虜庭雜記》,載其事。時晁補之爲北都教官,覽其書而悲之,與顔復長道作《芳儀曲》云:“金陵宫殿春霏微,江南花發鷓鴣飛。風流國主家千口,十五吹簫粉黛稀。滿堂詩酒皆詞客,奪錦揮毫在瑶席。《後庭》一曲風景改,收泪臨江悲故國。令公獻籍朝未央,敕書築第優降王。魏俘曾不輸織室,供奉一官奔武强。秦淮潮水鍾山樹,塞北江南易懷土。雙燕清秋夢柏梁,吹落天涯猶並羽。相隨未是斷腸悲,黄河應有碧波時。寧知翻手明朝事,咫尺山河不可期。倉皇三鼓滹沱岸,良人白馬今誰見。國亡家破一身存,薄命如雲信流轉。芳儀加我名字新,教歌遣舞不由人。采珠拾翠衣裳好,深紅暗紫驚胡塵。陰山射虎邊風急,嘈雜琵琶酒闌泣。無言數遍天河星,知有南箕近鄉邑。當年千指渡江來,千指不知身獨哀。中原骨肉盡零落,《黄鵠》寄意何當回。生男自有四方志,女子那知出門事。君不見李陵椎髻泣窮邊,丈夫漂泊尤堪憐。"江州廬山真風觀,李主有國日施財修之,刊姓氏於石,有大寧公主、永嘉公主,皆李景女,不知芳儀者孰是也。

(清)王士禛、鄭方坤:《五代詩話》卷八

蜀尚書侯繼圖,本儒士。一日秋風四起,偶倚闌於大慈寺樓,有大桐葉飄然而墜,上有詩云:"拭翠斂雙蛾,爲鬱心中事。搦管下庭除,書作相思字。此字不書石,此字不書紙。書向秋葉上,願逐秋風起。天下有心人,盡解相思死。天下負心人,不識相思意。有心與負心,不知落何地。"侯貯篋中,凡五六年,方卜任氏爲婚,嘗諷此詩。任曰:"此是妾書桐葉詩,争得在君所?"侯曰:"向在大慈寺閣上,倚闌得之。即知今日之聘,非偶然也。"以今書較之,與葉上無異。

(清)王士禛、鄭方坤:《五代詩話》卷八

王蜀有僞相周庠者,初在邛南幕中,留司府事。時臨邛縣送失火人黄崇嘏,纔下獄,便貢詩一章,曰:"偶離幽隱住臨邛,行止堅貞比澗松。何事政清如水鏡,絆他野鶴向深籠?"周覽詩,遂召見,稱鄉貢進士,年三十許,祗對詳敏,即命釋放。後數日獻歌。周極奇之,召於學院,與諸生侄相伴,善棋琴,妙書畫。翌日,薦攝府司户參軍,頗有三語之稱,胥吏畏服,案牘麗明。周既重其英聰,又美其風彩,在任將逾一載,遂欲以女妻之。崇嘏又袖封狀謝,仍貢詩一篇,曰:"一辭拾翠碧江涯,貧守蓬茆但賦詩。自服藍衫居郡掾,永抛鸞鏡畫蛾眉。立身卓爾青松操,挺志鏗然白璧姿。幕府若容爲坦腹,願天速變作男兒。”周覽詩,驚駭不已,遂召見詰問,乃黄使君之女,幼失覆蔭,唯與老嫗同居,元未從人。周益仰貞潔,郡内咸嘆異。旋乞罷,歸臨邛之舊隱,竟莫知存亡焉。

(清)王士禛、鄭方坤:《五代詩話》卷八

女侍中,魏元義妻也;女學士,孔貴嬪也;女校書,唐薛濤也;女進士,宋女郎林妙玉也;女狀元,孟蜀黄崇嘏也。崇嘏臨邛人,作詩上蜀相周庠,庠首薦之,屢攝府縣,吏事精敏,胥徒畏服。庠欲妻以女,嘏以詩辭之曰:“一辭拾翠碧江湄,貧守蓬茆但賦詩。自服藍衫居郡掾,永抛鸞鏡畫蛾眉。立身卓爾青松操,挺志鏗然白璧姿。幕府若容爲坦腹,願天速變作男兒。”庠大驚,具述本末,乃嫁之。傳奇有《女狀元春桃記》,蓋黄事也。

(清)王士禛、鄭方坤:《五代詩話》卷八

五代末,濠梁人南楚材游陳潁間,潁守欲以女妻之,而楚材已娶薛氏,以受潁守之恩遣人歸取琴書之屬,似無還意。薛氏善書畫,能屬文,自對鑒圖其形,並作詩題寄之曰:“欲下丹青筆,先拈玉鏡端。已驚顔寂寞,漸覺鬢凋殘。泪眼描將易,愁腸寫出難。恐君渾忘却,時展畫圖看。”

(清)王士禛、鄭方坤:《五代詩話》卷八

韋洵美先輩開平歲及第,受鄴都從事辟焉,乃挈所寵素娥行。羅紹威聞其姝麗,纔達臨河,令女使賫二百匹及生饘而露意焉。洵美無所容足,遂令妝束更衣,修緘獻之。素娥姓崔氏,亦大梁良家子,善諧謔、筆札,和泪作詩曰:“妾閉閑房君路岐,妾心君恨兩依依。魂神儻遇巫娥伴,猶逐朝雲暮雨歸。”洵美乃不受辟,夜渡河,宿一寺,長吁而寢曰:“何處人能報不平!”寺有行者,排闥而揖曰:“先輩蓄何不平事?”洵美具語之,欻然出門而去。至三更,忽擲一皮囊入門,乃貯素娥而至。侵曉問寺僧,言在寺打鐘,勤苦三十餘年,已不知所之。洵美即遁迹他所。

(清)王士禛、鄭方坤:《五代詩話》卷八

成都妓人單氏贈陳希夷詩云:“帝王師不得,日月老應難。”名士多稱之。

(清)王士禛、鄭方坤:《五代詩話》卷八

廣政初,蜀後主與妃張太華同輦游青城山九天丈人觀,月餘不返。李廷珪諫不聽。又數日,雷雨大作,太華震殞,以紅錦龍褥裹瘞觀前白楊樹下。翌日,趣回鑾,悲痛無已。既數年,鍊師李若冲晚霽閑步,見樹下一美人,翠眉雪肌,吟詩曰:“一别鑾輿今幾年,白楊風起不成眠。常思往日椒房寵,泪滴衣襟損翠鈿。”若冲前問之,斂衽答曰:我蜀王妃張太華也。幽魂尚滯,乞賜超拔。若冲爲奠《長生金簡》《生神玉章》,度生人世,夢太華來謝,壁間堊書一絶云:“符吏匆匆叩夜扃,便隨金簡出幽冥。蒙師薦拔恩非淺,領得生神九卷經。”蜀主聞之,厚賜若冲。是後惟花蘂夫人寵冠後宫矣。

(清)王士禛、鄭方坤:《五代詩話》卷八

李西美帥成都,士人陳甲館於便齋。月夜,有危髻古衣裳婦人數輩,笑語花圃中,有甚麗者誦詩云:“舊時衣服盡雲霞,不到迎仙不是家。今日樓臺渾不識,只餘古木記宣華。”“小雨廉纖梅子黄,晚雲收盡月侵廊。樹陰把酒不成醉,何處無情枉斷腸。”忽不見。今府第故蜀宫,豈當時宫女猶有鬼耶?按《蜀檮杌》:宣華,故苑名。

(清)王士禛、鄭方坤:《五代詩話》卷八

南唐盧絳病痁,夢白衣美婦歌曰:“玉京人去秋蕭索,畫檐鵲起梧桐落。攲枕悄無言,月和清夢圓。背燈惟暗泣,甚處砧聲急。眉黛小山攢，芭蕉生暮寒。”歌罷，勸酒曰：“妾耿玉真也。他日富貴，相見於固子坡。”後入宋，臨刑有白衣婦人同斬，宛如所夢，問其姓名，曰耿玉真，其地則固子坡也。一說盧病痁，夢一白衣婦人令食蔗，遂愈，且曰：“太尉當富貴，可詣都下，妾有一詩一緡以助行。妾乃玉真也，他日孟家陂相見。”其詩云：“清風明月夜深時，箕帚盧郎恨已遲。他日孟家陂上約，再來相見是佳期。”絳後於孟家陂賜死，同刑婦人曰耿玉真，宛然夢中所遇也。

（清）王士禛、鄭方坤：《五代詩話》卷八

莘七娘，五代時人，從夫征討，夫歿於明溪鄉，七娘葬焉，而即居於明溪。七娘死，合夫葬。人莫之靈也。明溪者，延汀接境要道，是有巡簡司驛，驛在七娘葬處。一夕，客假館驛中，夜聞吟詩聲甚悲。客驚異，使反之，再誦琅然，其詞曰：“妾身本是良家女，幼習女工及書史。笄年父母常愛憐，遂使良人作鴛侶。五季亂離多寇盜，良人被命事征討。因隨奔逐道途間，忽染山氣命喪夭。軍令嚴肅行緊急，良人命没難收拾。獨將骸骨葬明溪，數尺孤墳空寂寂。屈指經今二百年，四時絶祀長蕭然。未能超脱紅塵路，妾心積恨生雲烟。”達旦，客語鄰，並書其詞壁間去。自是鄉人構室墓前祀之，禱祈響應，每有草寇攻掠，屢獲神助。宋嘉定中，敕封惠利夫人，復加福順夫人。相傳六月十一日爲神誕，自宋元迄今，士庶虔恭賽饗，毋敢少懈。宋文天祥題廟詩曰：“百萬貔貅掃犬羊，家山萬里受封疆。男兒若不平妖虜，死愧明溪莘七娘。”

（清）王士禛、鄭方坤：《五代詩話》卷八

羅源紫霄岩有二女神，號石真妃，靈顯頗著。二妃者，羅源徐公里石氏女也，姊曰月華，妹曰雪英，皆有姿色，涉書史。五季末，處州青巾賊作亂，二女被擄，義不受辱，相繼投河死。宋時，林孝子蘐孫入山采樵，遇二女明妝儼然，肅入其家，延茶久之，吟咏閑雅。月華有“百尺潺湲探禹穴，寸心皎潔付陶弘”，雪英有“肉芝勝比蓮花鮮，甘露何如竹葉釀”之句,謂蘙孫曰:“吾石氏女,遭難而死,上帝憫吾貞烈,敕吾爲火部曜靈真妃,吾妹爲水部風毒真妃,封此岩爲紫霄岩,命吾主之,俗呼曰石八娘岩是也。君以孝聞,今雖貧,不久當貴。”已而,相別送出,蘙孫回望,無復人宇矣。

(清)王士禛、鄭方坤:《五代詩話》卷八

同州澄城縣有九龍廟,然祇一妃耳。土人云:馮瀛王之女也。夏縣司馬才仲戲題詩云:“身既事十主,女亦妃九龍。”過客讀之,無不一笑。

(清)王士禛、鄭方坤:《五代詩話》卷八

素馨斜在廣州城西十里三角市,南漢葬美人之所也。有美人喜簪素馨,死後遂多種素馨於冢上,故曰素馨斜。至今素馨酷烈,勝於他處。以彌望悉是此花,又名曰花田。方信孺詩:“千年艷骨掩塵沙,尚有餘香入野花。何似原頭美人草,風前猶作舞腰斜。”余詩:“花田舊是内人斜,南漢風流此一家。千載香銷珠海上,春魂猶作素馨花。”

(清)王士禛、鄭方坤:《五代詩話》卷八

花田人以種素馨爲業,其神爲南漢美人,故采摘必以婦女,而彼中婦女多不簪戴。有咏者曰:“花田女兒不愛花,縈絲結縷餉他家。貧者穿花富者戴,明珠十斛似泥沙。”

(清)王士禛、鄭方坤:《五代詩話》卷八

廣東劉王女素馨,冢上生白花,因其名亦名素馨。宋傅伯成詩:“昔日雲鬟鎖翠屏,只今烟冢伴荒城。香魂斷續無人問,空有幽花獨擅名。”

(清)王士禛、鄭方坤:《五代詩話》卷八

東南復州門街東,有劉氏舊宅,宇舍横斷敝壞,鮮有人居。梁太保震有遠房弟伯昇秀才請居之,既憩居月餘,晨夕甚安。一日,晝寢夢魘,久之方寤,乃曰:適夢一女子,泣而呼曰:"聽妾幽恨之句。詩曰:'卜得上峽日,秋江風浪多。巴陵一夜雨,腸斷木蘭歌。'"梁因稱嘆而覺,竟無他説。

(清)王士禛、鄭方坤:《五代詩話》卷八

《荔枝譜》:十八娘荔枝,色深紅而細長,時人以少女比之。俗傳閩王王氏有女第十八,好啖此品,因而得名。周必大詩:"白蓮近憶三千女,丹荔遥招十八娘。"

(清)王士禛、鄭方坤:《五代詩話》卷八

唐詩僧貫休字德隱,姓姜氏,婺州人,號禪月大師,往投詩於吴越王曰:"貴逼身來不自由,龍驤鳳翥勢難收。滿堂花醉三千客,一劍霜寒十四州。萊子彩裳宫錦窄,謝公篇咏綺霞羞。他時名上凌烟閣,豈羨當年萬户侯。"王語之曰:"詩則美矣,若能改作四十州,當得相見。"貫喟然曰:"州不可增,詩亦不可改,孤雲野鶴,何天不可飛耶!"遂杖錫去,獨往申屠山大雄寺南,誅茅栖息。後入蜀,以詩投王建曰:"河北河南處處灾,惟聞全蜀少塵埃。一瓶一鉢垂垂老,萬水萬山得得來。秦苑幽栖多勝景,漢廷陳貢愧非才。自慚林藪龍鍾者,亦得親登郭隗臺。"建遇之甚厚,終於蜀,有《西岳集》十卷。

(清)王士禛、鄭方坤:《五代詩話》卷八

羅隱與桐廬章魯封齊名。錢鏐初起,以魯封爲表奏孔目官,不就,執之。後以隱爲錢塘令,懼而受命,因宴,獻口號曰:"一個禰衡容不得,思量黄祖謾英雄。"鏐自是厚禮之。僧貫休《懷二子》詩云:"二子依公子,雞鳴狗盗徒。青雲千里遠,白髪一莖無。風澀潮聲惡,天空角韻孤。别離千萬里,何以慰榮枯。"

(清)王士禛、鄭方坤:《五代詩話》卷八

王建游龍華禪院，召僧貫休坐，賜茶藥彩段，仍令口誦近詩。時諸王貴戚皆賜坐，貫休欲諷之，因誦《公子行》曰："錦衣鮮華手擎鶻，閑行氣貌多輕忽。艱難稼穡皆不知，五帝三王是何物。"建稱善，貴幸皆怨之。貫休本蘭溪人，善詩，與齊己齊名，有《西岳集》十卷。

(清)王士禛、鄭方坤：《五代詩話》卷八

釋貫休字德隱，姜姓，蘭溪人。七歲出家，日誦書過千字，不復遺忘，工爲歌詩，多警句，膾炙人口，以至丹青之屬，皆怪古不媚，草書尤奇崛。天復中入蜀，賜號禪月，有歌詩千餘首，號《禪月集》。今御府所藏，有《夢游仙》詩。

(清)王士禛、鄭方坤：《五代詩話》卷八

貫休，婺州蘭溪人，死於蜀。爲詩有極奇處，亦有太粗處，"盡日覓不得，有時還自來"，爲人嘲作失猫詩，此類是也。然道價甚高，年壽亦高，蚤與李頻交，而老依錢鏐，不肯改"一劍霜寒十四州"，遂入蜀。《秋寄李頻使君》詩云："務簡趣誰陪，清吟共緑苔。葉和秋蟻落，僧帶野風來。留客朝嘗酒，憂民夜畫灰。終期冒風雪，江上見宗雷。"第四、第六句好。

(清)王士禛、鄭方坤：《五代詩話》卷八

"舉世只知嗟逝水，何人微解悟空花。"此貫休禪師句，温日觀書之，爲後人策勵之端，仍爲寫龍鬚於後。

(清)王士禛、鄭方坤：《五代詩話》卷八

"赤栴檀塔六七級，白菡萏花三四枝。禪客相逢只彈指，此心能有幾人知。"石霜問云："如何是此心？"休不能答。石霜云："汝問我答。"休即問之，霜云："能有幾人知。"

(清)王士禛、鄭方坤：《五代詩話》卷八

沈約《宋書》曰:“王者不藏金玉,則紫玉見於深山。”貫休詩“欲贈之紫玉尺、白銀鐺”,蓋用此也。

(清)王士禛、鄭方坤:《五代詩話》卷八

貫休云:“千人萬人中,一人兩人知。”是詩之難知也久矣。或問:“詩如何則高?”曰:“必如貫休云:‘真風含素發,秋色入靈臺。’方可言詩。”

(清)王士禛、鄭方坤:《五代詩話》卷八

包何云:“一官何幸得同時,十載無媒獨見遺。”錢起《送鄔三落第》云:“名宦無媒自古遲,窮通此别不堪悲。”貫休《逢周朴》云:“倘遇中興主,還應不用媒。”夫自登第而居官,未有不用媒者,世事可知矣。又不得用於當時之君,而反思乎中興之主,不亦可悲之甚乎?

(清)王士禛、鄭方坤:《五代詩話》卷八

貫休《書西人陳陶處士隱居》云:“有叟傲堯日,發白肌膚紅。妻子亦讀書,種蘭清溪東。白雲有奇色,紫桂含天風。即應迎鶴書,肯羡於洞洪。”又云:“高步前山前,高歌北山北。數載賣柑橙,山資近又足。”

(清)王士禛、鄭方坤:《五代詩話》卷八

何燕泉謂,杞殖字梁,春秋齊人,距趙及秦築長城時,不啻數百年。而《列女傳》及《樂府》注所謂城崩,乃杞都城,非長城也。秦趙所築,去杞不啻數千里。唐僧貫休賦《杞梁妻》云:“秦之無道兮四海枯,築長城兮遮北胡。築人築土一萬里,杞梁貞婦啼烏烏。”二事打合成調,不知何據。余按貫休賦杞梁妻事,正無據而誤,亦有因。秦築長城以拒胡,齊亦嘗築長城以備楚。《括地志》云:“齊長城,西北起濟州平陰縣,緣河,歷太山北岡上,經濟州、淄州,即西南兖州博城縣北,東至密州瑯琊臺入海。而《齊記》以爲齊宣王築,《竹書紀年》曰齊閔王,未知的自何時。但既曰備楚,則楚之抗衡中國宜莫盛於春秋,蓋春秋齊既有之,其杞梁妻哭而崩者,即齊之長城。澒洞相傳,世遂以爲秦之長城,而詩家不考所出,又未審杞梁何時何地人,死於何事,遽以梁爲死於秦築長城之役耳。今遼東前屯衛中所芝麻灣有石人立海澨,若世所謂望夫石者,而世又相傳以爲杞梁妻孟姜者哭夫死,因葬於此。則影響附會,而形音逾遠逾失其本真者也。

(清)王士禛、鄭方坤:《五代詩話》卷八

唐人善形容人情物態,杜公云"已經十日竄荆棘",困厄極矣,然"腰下寶玦青珊瑚"終不解去,何也?義山云:"不收金彈拋林外,却憶銀床在井頭。"亦曲盡貴公子之憨態。若貫休輩"自拳五色毬,迸入它人宅。却捉蒼頭奴,玉鞭打一百"之句,拙俚甚矣。

(清)王士禛、鄭方坤:《五代詩話》卷八

王貞白《御溝水》詩"此波涵帝澤",貫休改作"此中"固好,孫逖《上陽水窗賜宴》云"此中歌在藻",沈佺期《紅樓院應制》云"誰謂此中難可到",則先已有人道之矣。

(清)王士禛、鄭方坤:《五代詩話》卷八

魯直詩曰:"管城子無食肉相,孔方兄有絕交書。"謂此體魯直創見,僕謂不然,唐詩此體甚多,張祐曰:"賀知章口徒勞説,孟浩然身更不顛。"李益曰:"柳吴興近無消息,張長公貧苦寂寥。"貫休曰:"郭尚父休誇塞北,裴中郎莫説淮西。"杜荀鶴曰:"卷一箔絲供釣綫,種千林竹作漁竿。"皆此句法也。

(清)王士禛、鄭方坤:《五代詩話》卷八

李白《廬山東林寺夜懷》詩云:"天香生虚空,天樂鳴不歇。"又貫休《山居》詩:"自古浮華能幾幾,逝波終日去滔滔。漢王廢苑生秋草,吴主荒宫入夜濤。滿屋黄金機不息,一頭白髮氣猶高。豈如知足金仙子,霞外天香滿毳袍。”余因思勝境中當有自然清氣,名曰天香;自然清意,名曰天樂。余故以所聞靈響,目爲天簧,亦取天籟之義。此蓋唯變所適,不可致詰也。

(清)王士禛、鄭方坤:《五代詩話》卷八

白樂天爲翰林學士時,有詩名曰《松齋自題》,其詩云:“非老亦非少,年過三紀餘。非賤亦非貴,朝登一命初。才小分易足,心寬體長舒。充腸皆美食,容膝即安居。况此松齋下,一琴數帙書。書不求甚解,琴聊以自娱。夜直入君門,晚歸卧吾廬。形骸委順動,方寸付空虚。持此將過日,自然多晏如。昏昏復默默,非智亦非愚。”又詩僧貫休有《山居》詩云:“一巷瞑目在穹冥,菌枕松床蘚陣青。乳鹿暗行檉徑雪,瀑泉微濺石樓經。閑行不覺過天井,長嘯深能動岳靈。應恐無人知此意,非凡非聖獨惺惺。”予以致政閑居,居常逍遥,因覽二公詩而知二公意。是知道同者,無隱顯,無古今。遽自抽毫,合而書之,得趣欽味,逌然適悦。

(清)王士禛、鄭方坤:《五代詩話》卷八

晁公《寄陳叔易》云:“處士何人爲作牙,盡携猿鶴到京華。”牙即市井牙行也。以仕宦而倚駔獪之人,則又下於媒妁一等矣,烏在其爲處士哉!善乎于濆有云:“白玉若無玷,花顔須及時。國色久在室,良媒亦生疑。鴉鬢未成髻,鸞鏡徒相知。翻慚效顰者,欲笑從人遲。”寓意最深。良媒亦疑,况他人乎?效顰亦笑,况他人乎?

(清)王士禛、鄭方坤:《五代詩話》卷八

遠法師居廬山下,持律精苦,過中不受蜜湯,而作詩换酒,飲陶彭澤。送客,無貴賤不過虎溪,而與陸道士行過虎溪數百步,大笑而别。故禪月作詩云:“留陶淵明把酒碗,送陸静修過虎溪。胸次九流清似鏡,人間萬事醉如泥。”

(清)王士禛、鄭方坤:《五代詩話》卷八

因讀禪月《有懷王慥使君》詩云:“刳剥生靈爲事業,巧通豪俊作梯媒。”令人嘆息,古已如此。

(清)王士禛、鄭方坤:《五代詩話》卷八

唐人作富貴詩,多記其奉養器服之盛,乃貧眼所驚耳。如貫休《富貴曲》云“刻成箏柱雁相挨”,此下里鬻彈者皆有之,何足道哉!又韋楚老《蚊》詩云“十幅紅綃圍白玉”,十幅紅綃爲帳,方不及四五尺,不知如何伸脚,此所謂不曾近富家兒。

(清)王士禛、鄭方坤:《五代詩話》卷八

休每得句,云只堪供養佛,故《懷贈武昌栖一》云:“風清江上月,霜灑月中砧。得句先呈佛,無人知此心。”

(清)王士禛、鄭方坤:《五代詩話》卷八

杜甫詩云“嘗果栗皺開”,或作雛字,殊不可解。《集韻》:皺,側尤切,革紋蹙也。《漢上題襟周繇》詩云“開栗弋之紫皺”,貫休云“新蟬避栗皺”,又云“栗不和皺落”,即栗蓬也。

(清)王士禛、鄭方坤:《五代詩話》卷八

温州雁蕩山,天下奇秀,然自古圖牒未嘗有言者。祥符中,因造玉清宫,伐山取材,方有人見之,此時尚未有名。按《西域書》:阿羅漢諾矩羅,居震旦東南大海際雁蕩山芙蓉峰龍湫。唐僧貫休爲《諾矩羅贊》,有“雁蕩經行雲漠漠,龍湫宴坐雨蒙蒙”之句。此山南有芙蓉峰,下芙蓉驛,前瞰大海,然未知雁蕩、龍湫所在。後因伐木,始見此山山頂有大池,相傳以爲雁蕩;下有二潭水,以爲龍湫。又有經行峽、宴坐峰,皆後人以貫休詩名之也。

(清)王士禛、鄭方坤:《五代詩話》卷八

“霜月夜徘徊,樓中羌管催。晚風吹不盡,江上落殘梅。”此貫休絶句也。休在晚唐有詩名,然無可取,獨此首有樂府聲調,雖非僧家本色,亦猶惠休之《碧雲》也。

(清)王士禛、鄭方坤:《五代詩話》卷八

作詩者,陶冶物情,體會光景,必貴乎自得。蓋體格有高下,才有分限,不可强力至也。譬之秦武陽,氣蓋全燕,見秦王則戰慄失色;淮南王安雖爲神仙,謁帝猶輕其舉止,此豈由素習哉?余以謂少陵、太白,當險阻艱難,流離困躓,意欲卑而語未嘗不高;至於羅隱、貫休,得志於偏霸,争雄逞奇,語欲高而意未嘗不卑。乃知天禀自然,有一定而不能易者。

(清)王士禛、鄭方坤:《五代詩話》卷八

南唐僧謙明賦《中秋月》詩云"此夜一輪滿",至來秋方得下句云:"清光何處無。"喜躍,半夜起撞寺鐘,城人盡驚。李後主擒而訊之,具道其事,得釋。嘗見《使燕録》云:"惟中秋,天色陰晴與夷狄同。"苕溪漁隱曰:"東坡《中秋月》詩云:'嘗聞此宵月,萬里同陰晴。'"注云:"故人史生爲余言,嘗見海賈云:中秋有月,則是歲珠多而圓。常以此候之,雖相去萬里,他日會合,相問陰晴,無不同者。"

(清)王士禛、鄭方坤:《五代詩話》卷八

五代文章衰盡,詩有貫休、亞栖,村俗之氣,大率相似。如蘇子美家收藏張長史書云:"隔簾歌已俊,對面貌彌精。"詩既凡惡,而字畫真亞栖之流。近見曾子固編《李太白詩》,有《懷素草書歌》及《笑矣乎》數篇,皆貫休已下詞格。

(清)王士禛、鄭方坤:《五代詩話》卷八

《吴越紀事》:越僧處默賦詩有奇句,嘗云:"到江吴地盡,隔岸越山多。"羅隱見曰:"此吾句,失之久矣,乃爲吾師丐得。"識者鄙其儇薄太甚。

(清)王士禛、鄭方坤:《五代詩話》卷八

楊蟠《金山詩》:“天末樓臺横北固,夜深燈火見揚州。”王平甫曰:“莊宅牙人語也,解量四至。”吴僧《錢塘白塔院》詩:“到江吴地盡,隔岸越山多。”陳後山謂分界堠子語也。

(清)王士禛、鄭方坤:《五代詩話》卷八

寺在錢塘,故有吴地越山之聯,或以田莊牙人譏之,似不害寫物之妙。後山縮爲一句“吴越到江分”,高矣。譬之“共君一夜話,勝讀十年書”,山谷縮爲一句曰“話勝十年書”是也。因書諸此,以見詩法之無窮。

(清)王士禛、鄭方坤:《五代詩話》卷八

饌茶而幻出物象於湯麵者,茶匠神通之藝也。沙門福全,生於金鄉,長於茶海,能注湯幻茶成詩一句,共點四甌,共一絶句,泛乎湯表。小小物類,唾手辦耳,檀越日造門求觀湯戲,全自咏曰:“生成盞裏水丹青,巧畫工夫學不成。却笑當時陸鴻漸,煎茶贏得好名聲。”

(清)王士禛、鄭方坤:《五代詩話》卷八

河陽釋法常,性英爽,酷嗜酒,無寒暑風雨常醉。醉即熟寢,覺即朗吟曰:“優游曲世界,爛漫枕神仙。”嘗謂同志云:“酒天虚無,酒地綿邈,酒國安恬。無君臣貴賤之拘,無財利之圖,無刑罰之避。陶陶焉,蕩蕩焉,其樂可得而量也!轉而入於飛蝭都,則又蒙騰浩渺而不思覺也。”

(清)王士禛、鄭方坤:《五代詩話》卷八

秭歸郡僧懷濬,不知何所人。乾寧初,知來識往,皆有神驗。刺史於公以其惑衆,縶而詰之,乃以詩代通狀云:“家在閩山西復西,其中歲歲有鶯啼。如今不在鶯啼處,鶯在舊時啼處啼。”又詰之,復有詩云:“家在閩山東復東,其中歲歲有花紅。而今不在花紅處,花在舊時紅處紅。”守異而釋之。詳其詩意,似在海中,得非杯渡之流乎?

(清)王士禛、鄭方坤:《五代詩話》卷八

可朋,丹棱人,少與盧延讓爲風雅之交,有詩千餘篇,號《玉壘集》。曾題《洞庭》詩曰:“水涵天影闊,山拔地形高。”《贈友人》曰:“來多不似客,坐久却垂簾。”歐陽炯以此比孟郊、賈島。言其好飲酒,貧無以償酒債,故時賙之。可朋自號醉髡。《贈方干》詩云:“月裏豈無攀桂分,湖中空賞釣魚休。”《杜甫舊居》云:“傷心盡日有啼鳥,獨步殘春空落花。”《寄齊己》云:“雖陪北楚三千客,多話東林十八賢。”劉公《詩話》云:“有詩僧讀洪州滕王閣詩,謂守者,詩總不佳,何不除却?”守曰:“僧能佳乎?”即吟曰:“洪州太白方,積翠滿空蒼。萬古遮新月,半江無夕陽。”守異之。然南方浮屠能詩者多矣,余嘗見可朋詩云:“虹收千嶂雨,潮落半江天。”又云:“詩因試客分題僻,棋爲饒人下著低。”不減古人。

(清)王士禛、鄭方坤:《五代詩話》卷八

林廬暇日,花蝶怡情,宜有見於篇章者。往往精睨,始能逼真,而閑淡之氣,易至偏失,要在不相謀而兩得也。咏蝶,如唐僧可朋:“乍當暖景飛仍慢,欲就芳叢舞更高。”僧懷古:“霧開離草回,風逆到花遲。”俱未若“陌上斜飛去,花間倒翅回”尤精。

(清)王士禛、鄭方坤:《五代詩話》卷八

湘南僧文喜《失鶴》詩云:“一向亂雲尋不得,幾回臨水待歸來。”上潭州劉相,大稱許。

(清)王士禛、鄭方坤:《五代詩話》卷八

祝融峰留題甚多,謝元云:“雲濕幽岩滑,風梳古木香。”僧栖岩云:“閑雲四邊盡,浮世一齊低。”

(清)王士禛、鄭方坤:《五代詩話》卷八

僧乾康,零陵人。齊己居湘西道林寺,康往謁之,齊己使謂曰:我師門非詩人不游,大德來,非詩人耶? 請爲一詩,以代門刺。康吟云:

“隔岸紅塵忙似火,當軒青嶂冷如冰。烹茶童子休相問,報道門前是衲僧。”己大喜,及别,送之以詩。《康有經方干故居》云:“鏡湖中有月,處士後無人。荻笋抽高節,鱸魚躍老鱗。”爲齊己所稱。乾德中,左補闕王伸知永州,康持詩謁。王睹其老醜,試以詩,時積雪初消,命咏之,曰:“六出奇花已住開,郡城相次見樓臺。時人莫把和泥看,一片飛從天上來。”伸驚曰:“其旨不淺,因待以殊禮。”

(清)王士禛、鄭方坤:《五代詩話》卷八

雪峰難提塔,義存禪師所預造,自序曰:“夫從緣得者,始終成壞;非從緣得者,歷劫常堅。堅則在,壞則損。雖然離散未至,何妨預置者哉!所以石室木函,搬土爲龕。諸事已備,脚北頭南。比至其時,横山睡酣。”塔後黄滔爲作銘者也。蘸月池旁有古杉,乃閩王審知與義存手植,皆數十圍。義存植者直而參天,閩王植者樛而逮地。水磨下絶雀,初義存題云:“庵前永日無狼子,磨下終年絶雀兒。”至今信然。

(清)王士禛、鄭方坤:《五代詩話》卷八

廬山佛手岩在絶頂,李氏有國日,行因禪師居焉。李氏詔居栖賢寺,一夕大雪,逃歸舊隱,嘗煮茶延僧,托岩扉立化,作偈曰:“前朝詔住栖賢寺,雪夜逃居岩石間。想見煮茶延客處,直緣生死不相關。”

(清)王士禛、鄭方坤:《五代詩話》卷八

湖南幕府多才,而徐東野尤好輕忽,雖王公不避也。每見齊己必悚然,不敢以衆人待之。嘗謂同列曰:我輩所作,皆拘於一途,非所謂通方之士。若齊己才高思遠,無所不通,殆難及矣。論者以徐東野爲知言。東野亦常贈之詩曰:“我唐有僧號齊己,未出家時宰相器。爰見夢中逢武丁,毁形自學無生理。骨瘦神清風一襟,松老霜天鶴病深。一言悟得生死海,芙蓉吐出琉璃心。悶見唐風雅容缺,敲破冰天飛白雪。清塞清江却有靈,遺魂泣對荒郊月。格何古?天工未生誰知主。混沌鑿開雞子黄,散作純風如膽苦。意何新?織女星機挑白雲。真宰夜來調暖律,聲聲吹出嫩青春。調何雅?澗底孤松秋雨灑。嫦娥月裏學步虚,桂風吹落玉山下。語何奇?血潑乾坤龍戰時。祖龍跨海日方出,一鞭風雨萬山飛。己公己公道如此,浩浩寰中如獨自。一簟松風冷如水,長伴巢由伸脚睡。"其爲名士推重如此。

(清)王士禛、鄭方坤:《五代詩話》卷八

鄭谷與僧齊己、黄損等,共定今體詩格云:凡詩用韻有數格,一曰葫蘆,一曰轆轤,一曰進退。葫蘆韻者,先二後四;轆轤韻者,雙出雙入;進退韻者,一進一退。失此則繆矣。余按《倦游雜録》,載唐介爲臺官,廷疏宰相之失,仁廟怒,謫英州别駕,朝中士大夫以詩送行者頗衆,獨李師中待制一篇,爲人傳誦。詩曰:"孤忠自許衆不與,獨立敢言人所難。去國一身輕似葉,高名千古重於山。並游英俊顔何厚,未死奸諛骨已寒。天爲吾君扶社稷,肯教夫子不生還。"此正所謂進退韻格也。按《韻略》:難字第二十五,山字第二十七;寒字又在二十五,而還又在二十七,一進一退,誠合體格,豈率爾爲之哉!近閲《冷齋夜話》,載當時唐李對答,乃以此詩爲落韻詩。蓋渠不見鄭谷所定詩格有進退之説,而妄爲云云也。

(清)王士禛、鄭方坤:《五代詩話》卷八

僧齊己《白蓮集》十卷,光憲爲荆南節度副使序之曰:風雅之道,孔聖之删備矣;美刺之説,卜商之序明矣。降自屈宋,逮乎齊梁,窮詩源流,權衡辭義,曲盡商榷,别成格言,其惟劉氏之《文心》乎!後之品評,不復過此。有唐御宇,詩律尤精,列姓字,綴英秀,不啻十數家。丹陽殷璠,優劣升黜,咸當其分。世之深於詩者,謂其不誣。顧我何人,敢議臧否,苟成美有闕,得非交游之罪耶?禪祖齊己,本胡氏子,實長沙人,家邇潙山,慕大禪伯,悟入頓門,落髮擁毳,游方宴坐,宿念未忘,存乎篇咏。師趣尚孤潔,詞韵清潤,平淡而意遠,冷峭而□□。鄭谷郎中有與師云:"應是逢新雪,高吟得好詩。格清無俗字,思苦有蒼髭。"其爲詩家稱許如此。晚歲將之岷峨,假途渚宫,太師南平王築浄室以居之,捨浄財以供之,雖入朱門,而不移素履。議者以唐來詩僧,惟貫休禪師骨氣渾成,境意倬異,殆難儔敵。至於皎然、靈一,將談禪者並驅於風騷之途,不近不遠也。江之南,漢之北,緇流以儒業緣情者,靡不希其聲彩。自非雅道昭著,安得享兹大名,鄙以旅官荆臺,最承款狎,較風人之情致,賾文士之旨歸,周旋十年,互見閫域。師平生詩稿,未遑删汰,俄驚遷化,門人西文並以所集見授,因得編就八百一十篇,勒成一十卷,題曰《白蓮集》。蓋以久栖東林,不忘勝事,余既繕寫,歸於廬岳,附遠大師文帙之末,遞爲輝光。其佳句、全篇或對偶,開卷輒得,無煩指摘。濡豪梗概,良深悲慕。天福三年戊戌三月一日序。

(清)王士禛、鄭方坤:《五代詩話》卷八

《東坡志林》云:唐末五代,文章衰盡。詩有貫休、齊己,書有亞栖,村俗之氣,大略相似。此論固然,然齊己《白蓮集》至今尚傳,余嘗見海虞馮氏寫本,有荆南孫光憲序,篇帙完好,略無闕佚。文章流傳,信有命乎!

(清)王士禛、鄭方坤:《五代詩話》卷八

僧齊己往袁州謁鄭谷,獻詩云:"高名喧省闥,雅頌出吾唐。叠巘供秋望,飛雲到夕陽。自封修藥院,别下著僧床。幾許中朝事,久離鴛鷺行。"谷覽之曰:"請改一字,方得相見。"經數日,再見云:"已改得,作'别掃著僧床'。"谷大嘉賞,結爲詩友。

(清)王士禛、鄭方坤:《五代詩話》卷八

東坡言僧詩要無蔬笋氣,固詩人龜鑒,便作世網中語,殊不知本分家風,水邊林下氣象,蓋不可無。若盡洗去清拔之韻,便與俗同科,又何足尚?齊己云:"春深游寺客,花落閉門僧。"僧惠崇有"曉風飄磬遠,暮雪入廊深"之句,華實相副,顧非佳句耶?

(清)王士禛、鄭方坤:《五代詩話》卷八

今言中酒之中,多以爲平聲,祖《三國志》中聖人、中賢人之語。然齊己《柳》詩曰:“穠低似中陶潛酒,軟極如傷宋玉風。”乃作仄聲。或者謂平仄一意。僕謂中酒之中,從仄聲自有出處,按前漢《樊噲傳》:“軍士中酒。注:竹仲反。”齊己祖此。

(清)王士禛、鄭方坤:《五代詩話》卷八

瀟水在永州西三十步,湘水在州北十里,自零陵合流,謂之瀟湘。齊已詩云:“二水遠難論,從離到坎奔。冷穿千嶂陌,清過幾州門。”沈彬云:“數家漁網秋雲外,一岸殘陽細雨中。”何涓云:“雁影數行秋半逢,漁歌一聲夜深發。”皆曲盡其妙。

(清)王士禛、鄭方坤:《五代詩話》卷八

太白寧放弃而不作眷戀之態,寧狂蕩而不作規矩之語,子美不能不讓此兩者。元微之謂太白不能窺杜甫之藩籬,況堂奥乎! 此非公論。退之云:“李杜文章在,光焰萬丈長。不知群兒愚,那用故謗傷。”齊已云:“須知一一丈夫氣,不是綺羅兒女言。”此真知太白者。

(清)王士禛、鄭方坤:《五代詩話》卷八

僧齊已《松》詩云:“雷電不敢伐,鱗皴勢萬端。蠹依乾節死,蛇入朽根蟠。影浸僧禪濕,風吹鶴夢寒。尋常風雨夜,疑有鬼神看。”《小松》云:“發地纔盈尺,蟠根已有靈。嚴霜百花死,深院一株青。後夜蕭騷動,空階蟋蟀聽。誰於千載外,吟倚老龍形。”

(清)王士禛、鄭方坤:《五代詩話》卷八

古人殿閣檐棱間,有風琴、風箏,皆因風動成音,自諧宫商。元微之詩:“鳥啄風箏碎珠玉。”高駢有《夜聽風箏》詩云:“夜静弦聲響碧空,宫商信任往來風。依稀似曲才堪聽,又被風吹别調中。”僧齊已有《風琴引》云:“按吴絲,雕楚竹,高托天風拂爲曲。一一宫商在素空,鸞鳴鳳語翹梧桐。夜深天碧松風多,孤窗寒夢驚流波。愁魂傍枕不肯去,翻疑住處鄰湘娥。金風聲盡薰風發,冷泛虛堂韻難歇。常恐聽多耳漸煩,清音不絶知音絶。”王半山有《風琴》詩云:“風鐵相敲固可鳴,朔兵行夜響行營。如何清世容高枕,翻作幽窗枕上聲。”此乃檐下鐵馬也。今名紙鳶曰風筝,亦非也。

(清)王士禛、鄭方坤:《五代詩話》卷八

遠法師在廬山,初修净土之社,凡百有二十三人。謝康樂爲鑿東西二池種白蓮,求入净社,故號白蓮社。然遠公以靈運心雜,止之。世傳十八賢,乃彭城劉遺民、豫章雷次宗、雍門周續之、南陽宗炳、南陽張野、南陽張銓、西林覺寂大師、東林普濟大師、惠持法師、罽賓佛馱耶舍尊者、蜀賓佛馱陀羅尊者、慧睿法師、曇順法師、曇恒法師、道炳法師、道敬法師、曇詵法師、道生法師。李伯時畫《蓮社圖》,陶淵明乘籃輿,謝康樂乘馬張曲笠。二公雖不入净社,常往來山中,僧齊己《遠公影堂》詩云“陶令醉多招如得,謝公心亂入無方”是也。

(清)王士禛、鄭方坤:《五代詩話》卷八

洞庭湖闊數百里,秋水歸壑,惟一條湘川而已。僧齊己欲吟一詩,徘徊未就。有蔡押衙者,輒高吟曰:“可憐洞庭湖,恰到三冬無髭須。”人怪問之,答曰:“以其不成湖也。”

(清)王士禛、鄭方坤:《五代詩話》卷八

茶之佳品,造在社前;其次則火前,謂寒食前也;其下則雨前,謂穀雨前也。佳品其色白,若碧绿者,乃常品也。佳品芽蘖細微,不可多得。若取數多者,皆常品也。齊己《茶》詩曰:“甘傳天下口,貴占火前名。”又曰:“高人愛惜藏岩裏,白甀封題寄火前。”丁謂詩曰:“開緘試新火,須汲遠山泉。”凡此皆言火前,蓋未知社前之品爲佳也。鄭谷詩曰:“入坐半甌輕泛绿,開緘數片淺含香。”鄭雲叟詩曰:“羅憂碧粉散,嘗見绿花生。”沈存中論茶,謂“黃金碾畔绿塵飛,碧玉甌中翠濤起”,宜改緑爲玉,翠爲素,此論可也。而舉“一夜風吹一寸長”之句,以爲茶之精美,不必以雀舌鳥嘴爲貴。今按茶至一寸,則芽葉大矣,非佳品也,存中此論曲矣。盧仝《茶》詩曰:“開緘宛見諫議面,手閱月團三百片。”薛能《謝劉相公寄茶》詩曰:“兩串春團敵夜光,名題天柱印維揚。”茶之佳品,珍逾金玉,未易多得,而以三百片惠盧仝,以兩串寄薛能者,皆下品可知也。齊已詩:“角開香滿室,爐動緑凝鐺。”丁謂詩曰:“末細烹還好,鐺新味更全。”此皆煎啜之也。煎啜之者,非佳品也。唐人於茶,雖有陸羽爲之説,而持論未精。至本朝蔡君謨《茶録》既行,則持論精矣。以《茶録》而覆前賢之詩,皆未知佳味者也。

(清)王士禛、鄭方坤:《五代詩話》卷八

齊已,潭州人,與貫休並有聲,同師石霜。二僧詩唐之尤晚者。已詩如“夜過秋竹寺,醉打老僧門”最佳。

(清)王士禛、鄭方坤:《五代詩話》卷八

僧齊已《聽琴》詩云:“萬物都寂寂,堪聞彈正聲。人心盡如此,天下自和平。”同時徐東野有詩云:“我唐有僧號齊已,未出家時宰相器。爰見夢中逢武丁,毁形自學無生理。”如《聽琴》絶句,正宰相詩也。

(清)王士禛、鄭方坤:《五代詩話》卷八

“沙泉帶草堂,紙帳卷空床。静是真消息,吟非俗肺腸。園林坐清影,梅杏嚼紅香。誰住原西寺,鐘聲送夕陽。”此齊已自賦草堂中事也。洪覺範取此八句,賦爲八詩,以其句句有味故耶? 此詩爲僧徒所重,其來久矣,實亦清麗。

(清)王士禛、鄭方坤:《五代詩話》卷八

“南中榮橘柚,寧知鴻雁飛。”許渾云:“地蒸川有毒,天暖樹無秋。”即諺所謂“樹蠻不落葉”也。沈雲卿云:“南浮漲海人何處,北望衡陽少雁飛。”韓翃云:“前臨漲海無人過,却望衡陽雁幾群。”齊已云:“瘴國頻聞説,邊鴻亦不游。”又唐李明遠爲潘州司馬,即今高州,嘗有詩云:“北鳥飛不到,南人誰與游。”即諺所謂“雁飛不到處,人被利名牽”者也。

(清)王士禛、鄭方坤:《五代詩話》卷八

齊己《早梅》詩:“萬木凍欲折,孤根暖獨回。前村深雪裏,昨夜一枝開。風遞幽香去,禽窺素艷來。明年猶應律,先發映春臺。”尋常只將前四句作絶讀,其實二十字絶妙。五、六亦幽致。王荆公選《唐百家詩》,梅花僅有五首。五言律僅有韓致光一首。五言絶句一首,王適云:“忽見寒梅樹,開花漢水濱。不知春色早,疑是弄珠人。”亦佳句也。七言絶句二首,戎昱云:“一樹寒梅白玉條,迥臨邨落傍溪橋。應緣近水花先發,疑是經春雪未消。”劉言史云:“竹與梅花相並枝,梅花正發竹枝垂。風吹總向竹枝上,真似王家雪下時。”崔魯七言律一首,見此卷後。今以余所選五言律增廣之。

(清)王士禛、鄭方坤:《五代詩話》卷八

齊己詩清潤平淡,亦復高遠冷峭,一經都官點化,《白蓮》一集駕出《雲臺》之上,可謂智過其師。

(清)王士禛、鄭方坤:《五代詩話》卷八

戊辰歲,《湖中寄鄭谷郎中》云:“白髮久慵簪,常聞病亦吟。瘦應成鶴骨,閑想似禪心。上國楊花亂,滄洲荻笋深。不堪思翠巘,西望獨沾襟。”

(清)王士禛、鄭方坤:《五代詩話》卷八

福州師貴禪師問牛頭:“未見四祖時,百鳥銜花供養,見後爲甚不來?”師曰:“曙色未分人盡,望及乎天曉也如常。”

(清)王士禛、鄭方坤:《五代詩話》卷八

福州芙蓉山如體禪師。僧問:“如何是古人曲調?”師示頌曰:“古曲發聲雄,今時韻亦同。若教第一指,祖佛盡迷蹤。”

(清)王士禛、鄭方坤:《五代詩話》卷八

後唐同光三年,體静禪師住郡城東山華嚴寺。未幾,莊宗徵入輦下。衆僧看經,惟師與徒衆不看。帝問師爲甚不看經,師曰:“道泰不傳天子令,時清休唱太平歌。”帝曰:“衆徒爲甚也不看?”師曰:“獅子窟中無異獸,象王行處絶狐踪。”帝曰:“衆僧爲甚看?”經師曰:“水母元無眼,求食須賴蝦。”帝曰:“師是後生,爲甚却稱長老?”師曰:“三歲國家龍鳳種,百年殿下老朝臣。”

(清)王士禛、鄭方坤:《五代詩話》卷八

泉州開元寺法輝禪師,禪餘頗以詩自娱,與吕縉叔、石聲叔、陳原道、釋居億、居全爲同社,嘗題憲師壁曰:“遠浸溪光碧,寒生松檜陰。漁舟驚暮雨,高吹入秋林。此境長年在,吾師静隱心。”

(清)王士禛、鄭方坤:《五代詩話》卷八

雲門偃禪師嘗作《北邙行》曰:“前山後山高峨峨,喪車轔轔日日過。哀歌幽怨滿岩谷,聞者潸悲《薤露歌》。哀歌一聲千載别,孝子順孫徒泣血。世間何物得堅牢,大海須彌竟磨滅。人生還如露易晞,從來有會終别離。苦海哀傷不暫輟,況復百年驚夢馳。去人悠悠不復至,今人不會古人意。栽松起石駐墓門,欲爲死者長年計。魂魄悠揚形化土,五趣茫茫井輪度。今人還葬古人墳,今墳古墳無定主。洛陽城裹千萬人,終爲北邙山下塵。沈迷不計歸時路,爲君孤坐長悲辛。昔日送人哭長道,今爲孤墳卧芳草。妖狐穿穴藏子孫,耕夫撥骨尋珠寶。老木蕭蕭生野風,東西壞冢連晴空。寒食已過誰享祀,冢畔餘花寂寞紅。日月相催若流矢,貧富賢愚盡如此。安得同游常樂鄉,縱經劫火無生死。”

(清)王士禛、鄭方坤:《五代詩話》卷八

虚中，宜春人，游瀟湘山，與齊己、尚顔、栖蟾爲詩友，住湘江西宗成寺。潭州馬氏子希振侍中好事，每延納於書閣中，好燒柴火，烟皆彩翠，《題侍中池亭》云："嘉魚在深處，幽鳥立多時。"《寄司空圖侍郎》云："門徑放莎垂，往來投刺稀。有時開御札，特地挂朝衣。嶽信僧傳去，天香鶴帶歸。他時周召作，無復更衰微。"司空侍郎《言懷》云："十年華嶽峰前住，只得虚中一首詩。"

（清）王士禛、鄭方坤：《五代詩話》卷八

司空圖歸山，時多以四皓、二疏譽之，唯僧虚中云："道裝汀鶴識，春醉野人扶。"言其操履檢身，非傲世者也；又云："有時看御札，特地挂朝衣。"言其尊戴存誠，非邀君者也。

（清）王士禛、鄭方坤：《五代詩話》卷八

蜀沙門僧爾鳥，詩慕李白，鄙賈島蹇澀，乃自諷其詞云："鯨目光燒半海紅，鰲頭浪蹙掀天白。"而云："我不能措思於藩籬蹄涔之間。"仍精於《周易》、佛經，爲歌行所掩。

（清）王士禛、鄭方坤：《五代詩話》卷八

太祖將問罪江南，李後主用謀臣計，欲拒王師。法眼禪師觀牡丹於大内，作偈諷之云："擁毳對芳叢，由來趣不同。髮從今日白，花是去年紅。艷冶隨朝露，馨香逐晚風。何須待零落，然後始知空。"後主不悟，而宋師渡江。

（清）王士禛、鄭方坤：《五代詩話》卷八

唐僧栖蟾《題豫章邑中》云："楚樹七回凋茂葉，江人三至宿秋風。蟾蜍竹老摇疏白，菡萏池乾滴碎紅。"山谷諸人皆和此詩。又一僧《題豫章》云："古木疑撑月，危峰欲渡江。"亦佳句也。

（清）王士禛、鄭方坤：《五代詩話》卷八

僧可隆善詩歌,從誨閲其卷,有《觀棋》句云:“萬般思後行,一失廢前功。”從誨謂曰:“吾師此詩,必因事而得。”隆答曰:“某本姓慕容,與桑維翰同學,少負志氣,多忤維翰。維翰登第,以至入相,某猶在場屋,頻年敗衂,皆維翰所挫也,因削髮爲僧。”其句實感前事而露意焉。從誨識鑒,皆此類也。

(清)王士禛、鄭方坤:《五代詩話》卷八

吴越時贊寧傳載浙江晝夜二潮甚信,上人以詩括之曰:“午未未未申,申卯卯辰辰,巳巳巳午午:朔望一般掄。”此晝候也。

(清)王士禛、鄭方坤:《五代詩話》卷八

僧贊寧《寄題洞庭山水月禪院》云:“參差峰岫晝雲昏,入望交蘿濁浪奔。震澤涌山來北岸,華陽連洞到東門。日生樹挂紅霞脚,風起波摇白石根。聞有上方僧住處,橘花林下采蘭蓀。”“積翠湖心迤邐長,洞臺蕭寺兩交光。雁行黑點波濤白,楓葉紅連橘柚黄。人我絶時限樹石,是非來處接帆檣。如何遂得追游性,擺却營營不急忙。”

(清)王士禛、鄭方坤:《五代詩話》卷八

戴雲山有戴雲寺,居山中麓,上山下山各十五里。南唐時,釋智亮者居之。智亮不筆硯而能句,有《山中》詩:“人間漫説上天梯,上萬千回總是迷。争似老夫岩下坐,清風明月與心齊。”人駭服其天得云。

(清)王士禛、鄭方坤:《五代詩話》卷八

王仁裕《洛城漫録》云:張全義爲西京留守,識黄巢於衆僧中。陶穀《五代亂紀》云:巢既遁免,祝髮爲浮屠,有詩云:“三十年前馬上飛,鐵衣著盡著僧衣。天津橋上無人識,獨倚危闌看落暉。”又《僧史》言巢有塔在西京龍門,號翠微禪師。而世傳巢住雪竇,所謂雪竇禪師即巢也,明州雪竇山有黄巢墓。

(清)王士禛、鄭方坤:《五代詩話》卷八

陶穀《五代亂紀》載黄巢遁免後，祝髮爲浮屠，有詩云："三十年前草上飛，鐵衣著盡换僧衣。天津橋上無人問，獨倚危欄看落暉。"近世王仲言亦信筆書《揮麈録》，殊不知此乃元微之《贈智度》詩，竄易磔裂，合二爲一，原集可考也。其一云："四十年前馬上飛，功名藏盡擁禪衣。石榴園下擒生處，獨自閑行獨自歸。"其二云："三陷思明三突圍，鐵衣抛盡衲禪衣。天津橋上無人識，閑憑闌干望落暉。"

（清）王士禛、鄭方坤：《五代詩話》卷八

五代時，有一僧號至聰禪師，祝融峰修行十年，自以爲戒行具足，無所誘掖也。無何，一日下山，於道旁見一美人號紅蓮，一瞬而動，遂與合歡。至明，僧起沐浴，與婦人俱化。有頌曰："有道山僧號至聰，十年不下祝融峰。腰間所積菩提水，瀉向紅蓮一葉中。"

（清）王士禛、鄭方坤：《五代詩話》卷八

錢氏時，杭州還鄉和尚每喝云："還鄉寂寂杳無蹤，不挂征帆水陸通。踏得故鄉田地穩，更無南北與西東。"人問，云："明年大家都去。"果爲錢家納土還朝之兆。

（清）王士禛、鄭方坤：《五代詩話》卷八

王中令既平蜀，捕逐餘寇，與部隊相遠，飢甚，入一村寺中。主僧醉甚，箕踞。公怒，欲斬之，僧應對不懼，公奇而赦之，問求蔬食。僧曰："有肉無蔬。"公更奇之，饋以蒸豚頭，食之甚美。公喜，問僧："止能飲酒食肉耶，爲有他枝耶？"僧自言能爲詩，公令賦食蒸豚詩，操筆立成曰："嘴長足短淺含臕，久向山中食藥苗。蒸處已將蕉葉裹，熟時兼用杏漿澆。紅鮮雅稱金盤薦，軟熟真堪玉筯挑。共把羶根來比並，羶根只合吃藤條。"公大喜，與紫衣。

（清）王士禛、鄭方坤：《五代詩話》卷八

羶根，羊肉也。唐薛昭緯遭黄巢亂，流離飢餓，遇舊識銀工，延接,飲饌甚豐。昭緯以詩謝之曰:“一碟羶根數十皴,盤中猶更有鮮鱗。早知文字多辛苦,悔不當初學冶銀。”而王中令令寺僧賦蒸豚詩,亦有“羶根自合吃藤條”之語。

(清)王士禛、鄭方坤:《五代詩話》卷八

梓潼雙燈寺僧書一頌曰“撞來好個寄生囊”云云,趺坐而化。

(清)王士禛、鄭方坤:《五代詩話》卷八

張居士名蟜,字平雲,學釋氏法,人謂之居士。時有勾居士問:“不拘生死者,願師直指。”答曰:“非干日月照,晝夜自分明。”又問:“百億往來非指的,光明終不礙山河。”時如何? 答曰:“紅尾漫摇三尺浪,真龍透石本無蹤。”嘗撰《參玄録》《玄珠集》,歌行句偈百餘篇,云:“毳流來往我家風,我道玲瓏處處通。頃刻萬邦皆遍到,途中曾未見人逢。”其仙化三日,口吐香氣,滿屋氤氲。有弟子告曰:“居士嘗言宗門祇以眼目爲先,不以睡相爲事。居士今日何以如此?”言訖,香氣乃絶。

(清)王士禛、鄭方坤:《五代詩話》卷八

句居士名令玄,蜀都人也,宗嗣張平雲,有學人問答,隨機應響。著《火蓮集》《無相寶山論》《法印傳》《況道雜言》百餘篇,有《敬禮瓦屋和尚塔偈》曰:“大空無盡劫成塵,玄步孤高物外人。日本國來尋彼岸,洞山林下過迷津。流流法乳誰無分,了了教知我最親。一百六十三歲後,方於此塔葬全身。”瓦屋和尚名能光,日本國人也,嗣洞山悟本禪師。天復年初入蜀,僞永泰軍節度使禄虔扆,捨碧雞坊宅爲禪院,居之。至孟蜀長興年末遷化,時齒一百六十三,故有是句。

(清)王士禛、鄭方坤:《五代詩話》卷八

吕岩真人字洞賓,京川人也。唐末三舉不第,偶於長安酒肆遇鍾離權,授以延命術,自爾人莫之究。嘗游廬山歸宗,書鐘樓壁曰:“一日清閑自在身,六神和合報平安。丹田有寶休尋道,對境無心莫問禪。"未幾,道經黄龍山,睹紫雲成蓋,疑有異人,乃入謁,值龍擊鼓升堂。龍見,意必吕公也,欲誘而進,厲聲曰:"座旁有竊法者!"吕毅然出問:"'一粒粟中藏世界,半升鐺内煮山川',且道此意如何?"龍指曰:"這守尸鬼!"吕曰:"争奈囊有長生不死藥。"龍曰:"饒經八萬劫,終是落空亡。"吕薄訝,飛劍脅之,劍不能入,遂再拜求指歸。龍詰曰:"'半升鐺内煮山川'即不問,如何是'一粒粟中藏世界'?"吕於言下頓契,作偈曰:"弃却瓢囊摵碎琴,如今不戀汞中金。自從一見黄龍後,始覺從前錯用心。"龍囑令加護。

(清)王士禛、鄭方坤:《五代詩話》卷九

《復齋漫録》云《異聞集》載沈既濟作《枕中記》云:開元中,道者吕翁經邯鄲道上,邸舍中以囊中枕借盧生睡事。此之吕翁,非洞賓也。蓋洞賓嘗自叙以爲吕渭之孫,仕德宗朝,今云開元,則吕翁非洞賓無可疑者。《苕溪漁隱》曰回仙嘗有詞云:"黄粱炊未熟,夢驚殘。"尚用《枕中記》語,此可見其非吕翁也。《靈怪集》載《南柯太守傳》,與《枕中記》事絶相類。浮世榮枯固已如夢矣,此二事又於夢中作夢,既可笑,亦可嘆。

(清)王士禛、鄭方坤:《五代詩話》卷九

吴虎臣辯《唐異聞集》所載開元中,道者吕翁經邯鄲道上,邸舍中以囊中枕借盧生睡事,謂此吕翁非洞賓。自序以爲吕渭之孫,渭仕德宗朝,今曰開元中,則吕翁非洞賓無可疑者。而或者又以爲開元恐是開成字,亦非也。開成雖文宗時,然洞賓此時未可稱翁。本朝國史稱關中逸人吕洞賓,年百餘歲,而狀貌如嬰兒,世傳有劍術,時至陳摶室。若以國史證之,止云百餘歲,則非開元人明矣。《雅言系述》有《吕洞賓》傳云:關右人,咸通中舉進士不第。值巢賊爲梗,携家隱居終南,學老子法。以此知洞賓乃唐末人。此皆吴説。蕭東夫《吕公洞》詩云:"復此經過三十年,唯應岩谷故依然。城南老樹朽爲土,檜外稚松青拂天。枕上功名祇擾擾,指端變化又玄玄。刀圭乞與起衰病,稽首秋空一劍仙。"第五句誤用吕翁事。

(清)王士禎、鄭方坤:《五代詩話》卷九

自王重陽全真教行,而趙昌父選唐絶,尤延之紀唐詩,皆取鍾吕作,世遂亡弗以二子爲唐人者。以余考之,吕蓋五代人,而鍾顯宋世,其不得爲唐人一也。何以明之?《鍾吕傳道集》,稱施肩吾撰。肩吾中唐後人,於吕爲前輩,不應爲其弟子。藉令受道之士齒非所拘,則唐人之好奇語誕,什倍宋時,如《玄怪》《杜陽》《異聞》《甘饌》之類,往往假稱神怪,以自發其詞。而吕之顯迹,宋世婦人童子稔能傳述,胡唐之小説無片詞及之,僅《傳道》一集耶?此其不得爲唐人一也。又《太平廣記》采摭累朝小説數百家,至唐人撰述宋初存者,什九亡弗備收,如神仙一類卷至數十,即杜子春輩之無稽,紀録不遺,乃《鍾吕傳道集》竟不見采,考之總目亦無其名,其書雖見於《文獻通考》,而劉昫《舊唐書》志中不列,則其僞作而托名肩吾,無可疑者。此其不得爲唐人二也。鍾之詩可見者惟二絶句,吕之詩可見者僅一絶一律。然尤延之所采竟不知得之何書,趙昌父因延之,計敏夫《紀事》又本之尤趙,而元好問《鼓吹》一律,又不審得之何書者也。然則三絶一律,庸知非鍾吕宋時之作,諸公因其自稱唐人,故從而匯之於唐耶?庸知非當時因二公顯迹,而好奇者托附其名,好事者遂目爲其作耶?觀虞伯生《旅店》一詩,滕玉霄《訪友》一詩,當時皆以爲吕作,則他可例見矣。

(清)王士禎、鄭方坤:《五代詩話》卷九

考吕之顯迹,五代見於雜説者,其句有"飲海龜兒人不識,燒山符子鬼難看";見於詩話者,其句有"一粒粟中藏世界,半升鐺裏煮山川",似是本詩;而"朝游北海暮蒼梧",亦可信者。然皆五代小説所載也。鍾之詩句可徵者,"莫厭追歡笑語頻"一首,然僅《宣和書譜》及之也。自餘吕之顯迹幾遍天下,率宋南渡以前;鍾之顯迹惟王定國一書,及王老志爲弟子耳。其謂鍾爲吕師,止《宣和書譜》一言。餘雖吕自言,未數數也。《賓退録》引《宋朝國史》載關中逸人吕洞賓,年百餘歲,狀如嬰兒,時至陳摶室,贈以詩。宋得天下,距五代又數十年,而吕纔云百歲,則洞賓之爲五代時人灼然可見,而施肩吾《傳道集》之贋不加辯而自明矣。

(清)王士禛、鄭方坤:《五代詩話》卷九

世傳神仙吕洞賓名岩,洞賓其字也。唐吕渭之後,五代間從鍾離權得道。權,漢人。邇者自本朝以來,與權更出没人間。權不甚多,而洞賓蹤迹數見,好道者每以爲口實。余記童子時,見大父魏公自湖外罷官還,道岳州,客有言洞賓事者云:近歲常過城南一古寺,題二詩壁間而去。其一云:"朝游岳鄂暮蒼梧,袖有青蛇膽氣粗。三入岳陽人不識,朗吟飛過洞庭湖。"其一云:"獨自行時獨自坐,無限時人不識我。惟有城南老樹精,分明知道神仙過。"説者云:寺有大古松,吕始至時,無能知者,有老人自松顛徐下致恭,故詩云然。先大父使余誦之。後得李觀所記洞賓事碑,與少所聞正同。青蛇,世多言吕初由劍俠入,非是。此正道家以氣鍊劍者,自有成法。神仙事渺茫不可知,疑信者蓋相半。然是身本何物,固自有主之者,區區百骸亦何足言,弃之則爲佛,存之則爲仙,在去留間爾。洞賓雖非余所得見,然世要必有此人也。

(清)王士禛、鄭方坤:《五代詩話》卷九

吕岩字洞賓,幼名紹先,京川人。二十不從婚娶。會昌、咸通時舉進士,滞場屋者二十三年,五十道始成。祖渭,禮部侍郎;父讓,海州刺史。予嘗召箕,洞賓降書云:"輕揮羽扇,平分湘水,烟霞泉石爲佳侣。清風兩袖氣粗豪,洞庭飛過經千里,飽嚼瑶華,醉斟玉髓,乾坤收拾葫蘆裹。一聲長嘯海天秋,數著殘棋山月起。"末書曰《踏莎行》。予請作《西湖賦》,即運箕如飛,筆不停輟,有云:"攀碧落之兩峰,卧白雲於三竺。六橋水流魚與俱,四賢堂寂鹿獨宿。"真佳句也。

(清)王士禛、鄭方坤:《五代詩話》卷九

世傳吕先生詩:“黄鶴樓前吹笛時,白蘋紅蓼對江湄。衷情欲許誰能會,惟有清風明月知。”吕先生,非洞賓,乃名元圭者也。其詩元題於石照亭窗上,仍記歲月云:乙丑七月二十六日。當元豐間。喻涉爲湖北提刑,題詩其後云:“黄鶴樓邊横笛吹,石亭窗上更題詩。世人不識還歸去,江水雲山共渺彌。”或曰:元圭乃先生之别字也。

(清)王士禛、鄭方坤:《五代詩話》卷九

世傳上中下八洞皆有仙人,故俗動稱八仙云,如所謂鍾離、鐵拐、韓湘子、張果老之屬,皆《列仙傳》采拾而强合之耳。張果乃明皇時術士,與羅公遠、葉法善同在朝,非仙也。獨吕洞賓者,史傳所載靈異之迹,昭彰在人耳目,想不可謂之全誣。今世所謂純陽詩字甚多,如“朝游北海暮蒼梧”,及“石池清水是吾心”者,好事者裒爲之集,但純陽唐人,既舉進士,又列仙籍,而其詩乃類宋人口吻,豈亦後人傳會所成耶?不然,既遺世高舉,而又屢降人間,若戀戀不忍捨者何也?退之云:“我自屈曲住世間,安能從汝求神仙。”此視純陽去而復來者,過之遠矣。

(清)王士禛、鄭方坤:《五代詩話》卷九

後周末,汴京民石氏開茶肆,有丐者索飲,其幼女敬而與之。如是月餘,父怒笞女,女供奉益謹。丐謂女曰:汝能啜我殘茶否?女頗嫌之,少覆於地,即聞異香,亟飲之,便覺神體清健。丐者曰:我吕仙也,汝雖無緣盡飲我茶,亦可隨汝所願。女只求長壽,不乏財物。吕仙遺詞曰:“子午當餐日月精,玄關門户啓還扃。長似此,過平生,且把陰陽仔細烹。”遂不復見。宣和中,又遺吴興倡女張珍奴詞曰:“坎離坤兑分子午,須認取,自家宗祖。地雷震動兩山頭,漸洗濯,黄芽出土。捉得金精牢閉固,煉庚申,要生龍虎。待他問汝甚人傳,但只道:先生姓吕。”蓋《步蟾宫》詞也。

(清)王士禛、鄭方坤:《五代詩話》卷九

東坡云:“回先生過湖州東林沈氏,飲醉,以石榴皮書其家東老庵之壁云:‘西鄰已富憂不足,東老雖貧樂有餘。白酒釀來緣好客,黄金散盡爲收書。’東老,沈氏之老自謂也。”余次其韻云:“世俗何知貧是病,神仙可學道之餘。但知白酒留佳客,不問黄公覓素書。”“符離道士晨興際,華岳先生尸解餘。忽見《黄庭》丹篆句,猶傳青紙小朱書。”“凄凉雨露三年後,仿佛塵埃數字餘。至用榴皮緣底事,中書君豈不中書。”

(清)王士禛、鄭方坤:《五代詩話》卷九

山谷云:“秋風吹渭水,落葉滿長安。黄塵車馬道,獨清閑。自然爐鼎,虎繞與龍盤。九轉丹砂就,琴心三叠,蘂珠看舞胎仙。便萬釘寶帶貂蟬,富貴欲薰天。黄粱炊未熟,夢驚殘。是非海裏,直道作人難。袖手江南去,白蘋紅蓼,再游溢浦廬山,往三十年。”有人書此曲於州東茶圈酒肆之柱間,或愛其文指趣,而不能歌也。中間樂工或按而歌之,輒以徑語竄入,有市井氣,不類神仙中人語。十年前,有醉道士歌此曲廣陵市上,童兒和之,乃合其故時語。此道士去後,以物色迹逐之,知其爲吕洞賓也。

(清)王士禛、鄭方坤:《五代詩話》卷九

鄱陽胡咏之朝散,生平好道,元符初,嘗於信州弋陽縣見一道人,青巾葛衣,神氣特異,因揖而延之對飲。道人指取大白,滿引無算,曰:“君有從軍之行,去否?”胡竦然曰:“當去。”蓋是時欲就熙河帥姚雄之辟也。道人曰:“西陲方用師,好去。”索紙書詩曰:“濟世應須不世才,調羹重見用鹽梅。種成白璧人何處,熟了黄粱夢未回。相府舊開延士閣,武夷新築望仙臺。青雞唱徹函關曉,好卷游幃歸去來。”授咏曰:“爲我以此寄章相公。”且曰:“章相公好個人,又錯了路徑也。”咏叩其説,但云未可立談。咏問其姓名,亦不肯言,曰:“吾早晚亦游邊,可以復相見。”夜艾,咏曰:“先生可就此寢。”曰:“吾歸邸中,只在河下。”乃拂衣去。明日遣人往諸邸尋問,皆云未嘗有道人。因告縣令,遍邑物色,竟無曾見者。咏至京師,見王副車詵,具告以此,欲持詩謁子厚。詵曰:“慎不可。”上方以邊事倚辦相公,丞相得此必堅請去,上必疑怪,詰其所以然,君且得罪。咏以爲然,徑趍姚幕,從取青唐。暨還闕,則子厚已去矣。他日子厚北歸,聞有此詩,就咏求之。其真本已爲駙車奄有,乃録寄之。子厚見詩嘆曰:“使吾早得此詩,去位久矣,豈復有今日之事乎?”方咏之在邊日,嘗至秦州天慶觀,聞説吕先生在此月餘,近日方去矣。問何以知其爲吕,道士云:“道人去時,適道衆皆赴鄰郡醮。”道人顧小童曰:“吾且去,借筆書壁,候師歸示之。”小童辭以觀新修,師戒勿令題涴。乃曰:“煩貯火殿爐,吾欲禮三清而去。”既而行殿後,砌下有石池,水甚清泚,乃以爪畫殿壁留詩云:“石池清水是吾心,漫被桃花倒影沈。一到邽山空闕内,消閑塵累七弦琴。”後題回字,衆驚嘆,以爲必吕翁也。壁甚高,其字非手可能及。邽山,即秦山也。咏思弋陽所遇,有游邊之約,豈非斯人歟?此説予聞江元一太初云。

(清)王士禛、鄭方坤:《五代詩話》卷九

西湖諸寺,所存無幾,唯南山靈石,猶是舊屋。寺僧言:頃時有數道人來丐食,拒而不與,乃題詩屋山而去,至今猶存。字畫頗類李北海,是唐人書也。其詩云:“南塢數回泉石,西峰幾疊烟雲,登携孰以爲似?顔寓李甲蕭耘。”後好事者譯之,前一句乃吕字,第二句洞字,第三句賓字,是洞賓與三人者來耳。李甲近世人,東坡以比郭恕先,善畫而有文。餘不知其爲何人,當是神仙也。

(清)王士禛、鄭方坤:《五代詩話》卷九

鍾弱翁帥平原,一方士通謁,從牧童牽黄犢,立於庭下。弱翁異之,指牧童曰:“道人頗能賦此乎?”笑曰:“不煩吾語,是兒能之。”牧童乃操筆大書云:“草鋪横野六七里,笛弄晚風三四聲。歸來飽飯黄昏後,不脱簑衣卧月明。”既去,郡人見方士擔兩大瓮,長歌出郭,迹之不見。兩瓮乃二口,豈洞賓耶?

(清)王士禛、鄭方坤:《五代詩話》卷九

襄漢隱者躬耕數畝,因古冢爲亭,往來題詩甚富。一日,柱間得一絶,相傳吕公作也:"冢上爲亭鬼莫嗔,冢頭人即冢中人。憑欄莫起存亡意,除却虚空總是塵。"

(清)王士禛、鄭方坤:《五代詩話》卷九

破瓜者,謂二八也。蓋以瓜剖四界,其形如兩八字。故女子初破體曰破瓜,年當二八也。吕洞賓《贈張洎》詩云:"功成當在破瓜年。"蓋二八,八八六十四也,洎以六十四卒。

(清)王士禛、鄭方坤:《五代詩話》卷九

大梁景德寺峨眉院壁間有吕洞賓題字。寺僧相傳,以爲頃時有蜀僧,號峨眉道者,戒律甚嚴,不下席者二十年。一日有布衣青裘,昂然一偉人,求與語,良久,期以明年是日復相見於此,願少見待也。明年是日,日方午,道者沐浴端坐而逝。至暮,偉人果來,問道者安在,曰亡矣。偉人嘆息良久,忽復不見。明日,書數語於堂壁間絶高處,其語云:"落日斜,西風冷。幽人今夜來不來?教人立盡梧桐影。"字畫飛動,如翔鸞舞鳳,非世間筆也。宣和間,余游京師,猶及見之。

(清)王士禛、鄭方坤:《五代詩話》卷九

潭州士人夏鈞,罷官過永州,謁何仙姑而問曰:"世人多言吕先生,今安在?"何笑曰:"今日在潭州興化寺設齋。"鈞專記之,到潭日,首於興化寺取齋簿視之,果其日有華州回客設供。頃年滕亮宗謫守巴陵郡,有華州回道士上謁,風骨神秀,眉宇清邁。滕知其異,口占一詩贈之曰:"華州回道士,來到岳陽城。别我游何處,秋空一劍横。"回聞之怳然,大笑而别,不知所之。

(清)王士禛、鄭方坤:《五代詩話》卷九

宿州天慶觀,有神仙題詩二絶於五星門扉之上,俗傳云吕先生神篆。其詩曰:"秋景蕭條葉亂飛,庭松影裏坐移時。雲迷鶴駕何方去,仙洞朝元失我期。”又曰:“肘傳丹篆千年術,口誦《黄庭》兩卷經。鶴觀古壇槐影裏,悄無人迹户長扃。”後爲人刮去,墨迹猶存,乃知非常人書也。

(清)王士禛、鄭方坤:《五代詩話》卷九

全州道士蔣暉,志行高卓。洞賓謁之,適蔣他出,帝君題詩於壁曰:“醉舞高歌海上山,天瓢承露浴金丹。夜深鶴透秋空碧,萬里西風一劍寒。”後書“無上宫主訪蔣暉作”遂去,字徹壁。暉歸,大驚曰:“宫字無上,此吕翁也。”追之,不復得矣。

(清)王士禛、鄭方坤:《五代詩話》卷九

三界廟一名青蛇廟,廟有小蛇,背緑腹赤,穴神衣袖,饗神飲食,或以手接玩之,甚馴。倘有虚誓愆祈家,數百里蛇輒至,爲其神索願。其家爲蛇挂紅,刻日賽之,呼曰青蛇使云。按三界姓許,平南人,采樵得一衣,輕如一葉,上下無縫,帶内有回字,能召風雨,知來物,播術聚衆。弘治中,制府逮至,覆以洪鐘,環以積薪,晨夜煅之,發之無有也。仙衣所披,僅乃得免。余先一日與袁元約、趙平笥談青蛇之異,余謂青蛇必金精也,昔先師純陽詩云:“朝游北海暮蒼梧,袖有青蛇膽氣粗。三醉岳陽人不識,朗吟飛過洞庭湖。”此時三彭雖靖,一氣未降,及參黄龍,頓超圓覺。銖衣蛇劍,弃若浮烟,辱於非人,有弗顧也。夫君子藏器於身,待時而用,慢藏誨禍,亦何神之靈?而青蛇有知,必不拳拳於兹廟也。二客稱快。次早入廟,取酒酹蛇,群若愧匿,深穴於神座之下。以火燭之,得寶劍一函,翠色欲滴。是夜二客夢一緑衣少年與余結佩,後青蛇遂無有見者。

(清)王士禛、鄭方坤:《五代詩話》卷九

回仙於京師景德寺僧房壁上題詩云:“明月斜,秋風冷。今夜故人來不來,教人立盡梧桐影。”相傳此詞,自國初時即有之。柳耆卿詞云:“愁緒終難整,人立盡,梧桐碎影。”用回仙語也。《古今詞話》乃云：耆卿作《傾杯樂秋景》一闋，忽夢一婦人云：妾非今世人，曾作前詩，數百年無人稱道。公能用之。夢覺，記其事，世傳乃鬼謡也。此語怪誕，無可考據。蓋不見回仙留題詩，遂妄言耳。

（清）王士禛、鄭方坤：《五代詩話》卷九

回仙有《沁園春》一闋，明内丹之旨，語意深妙，惜乎世人但歌其詞，不究其理，吾故表顯之，云："七返還丹，在人先須，煉已待時。正一陽初動，中宵漏水，温温鉛鼎，光透簾幃。造化争馳，虎龍交合，進火功夫猶鬥危。曲江上，看月華瑩静，有個烏飛。當時，自飲刀圭，又誰信無中養就兒。辨水源清濁，木金間隔，不因師指，此事難知。道要玄微，天機深遠，下手速修休太遲。蓬萊路，仗三千行滿，獨步雲歸。"

（清）王士禛、鄭方坤：《五代詩話》卷九

武昌瀕江有吕公磯，上有黄鶴樓。一日，有題《漢宫春》於其上云："横吹聲沈，倚危樓紅日，江轉天斜。黄塵邊火澒洞，何處吾家。胎禽怨夜，半乘風、玄露丹霞。先生笑，飛空一劍，東風猶自天涯。情知道山中好，早翠囂含隱，瑶草新芽。青溪故人信斷，夢逐飈車。乾坤星火，歸來兮、煮石煎砂。回首處，幅巾蒲帳，雲邊獨笑桃花。"不知爲何人作，或言洞賓語也。後三十年己未，元兵渡江。

（清）王士禛、鄭方坤：《五代詩話》卷九

邢州開元寺僧院，有五代時隱士鍾離權草書詩二絶，筆勢遒逸，詩曰："得道真僧不易逢，幾時歸去願相從。自言住處連滄海，别是蓬萊第一重。""莫厭追歡笑語頻，尋思離亂可傷神。閑來屈指從頭數，得見昇平有幾人。"後從廣知邢州，勒詩於石。

（清）王士禛、鄭方坤：《五代詩話》卷九

劉元英，號海蟾子，初名操，燕地廣陵人，以明經擢第，仕燕王劉守光爲相。一旦，忽有道人來謁，自稱正陽子，索雞卵十枚，金錢十枚,以一文置几上,累十卵於錢,若浮圖之狀。海蟾驚嘆曰:“危哉!”道人曰:“人居榮樂之場,履憂患之地,其危有甚於此者。”復盡以其錢擘爲二,擲之而去。海蟾由此大悟,遂易服從道。宋仁宗天聖九年,游歷名山,所至多有遺迹。一日,於潭州壽寧觀題古詩十韻云:“醉走白雲來,倒提銅尾秉。引個碧眼奴,擔着獨壺癭。自言秦世事,家住葛洪井。不讀《黄庭經》,豈燒龍虎鼎。獨立都市中,不受俗人請。欲携霹靂琴,去上芙蓉頂。吴牛買十角,溪田耕半頃。種秫釀白醪,總是仙家境。醉眠松陰下,閑過白雲嶺。要去即便去,直入秋霞影。”仍自寫真其旁,撮襟書“龜鶴齊壽”四字,題云:“廣陵閒民劉某書。”丹成尸解。

(清)王士禛、鄭方坤:《五代詩話》卷九

五代時有張逸人,嘗題崔氏酒壚云:“武陵城裏崔家酒,地上應無天上有。雲游道士飲一斗,醉卧白雲深洞口。”自是酤者愈衆。

(清)王士禛、鄭方坤:《五代詩話》卷九

李真,不知何許人,唐末五代仙人,有《丈人山》詩云:“春凍曉鞲露重,夜寒幽枕雲生。豈是與山無素,丈人著帽相迎。”

(清)王士禛、鄭方坤:《五代詩話》卷九

杜光庭題仙居觀云:“往歲真人朝玉皇,四真三代住繁陽。初開九鼎丹華熟,繼躡五雲天路長。烟鎖翠嵐迷舊隱,池凝寒鏡貯秋光。時騎白鹿岩前去,應許潛通不死鄉。”鴻都觀云:“亡吴霸越已功全,深隱雲林始學仙。鸞鶴自飄三蜀駕,波濤猶憶五湖船。雙溪夜月鳴寒玉,衆籟秋空斂翠烟。也有扁舟歸去興,故鄉東望思悠然。”慶都觀云:“三仙一一駕紅鸞,仙去雲閑遠古壇。煉藥舊臺空處所,挂衣喬木兩摧殘。清風嶺接猿聲近,白石溪涵水影寒。二十四峰皆可隱,振衣長往亦何難。”

(清)王士禛、鄭方坤:《五代詩話》卷九

鍾傳鎮南昌,有李夢符者,放宕豪飲,應口成詩。桂州刺史李瓊遣人謂傳曰:夢符,吾弟,可遣歸。傳令求於市邸,不知所之。有《回常學士》詩云:"罷修儒業罷修真,養拙藏愚春復春。到老不疏林裏鹿,平生難見日邊人。洞桃深處千株錦,岩雪鋪時萬草新。深謝名賢遠相訪,求聞難禱鳳爲鄰。"

(清)王士禛、鄭方坤:《五代詩話》卷九

李夢符,不知何許人。梁開平中,鍾傳鎮洪州,日與布衣飲酒,狂吟放逸。嘗以釣竿懸一魚,向市肆唱《漁父引》,賣其詞,好事者争買之,得錢便入酒家。其詞有千餘首,傳於江表,略記其一兩首云:"村寺鐘聲度遠灘,半輪殘月落前山。徐徐撥棹却歸灣,浪叠朝霞錦綉翻。"又曰:"漁弟漁兄喜到來,婆官賽了坐江隈。椰榆杓子木瘿杯,爛煮鱸魚滿岸堆。"察考取狀,答曰:"插花飲酒何妨事,樵唱漁歌不礙時。"遂不敢復問。或把冰入水,及出,身上氣如蒸。鍾氏亡,亦不知所在。

(清)王士禛、鄭方坤:《五代詩話》卷九

漳州之鶴鳴山有題詩石,毀落莫辨,可辨者九字,曰:"保大與許碏尋偃月子。"碏,唐末許真人也,自稱高陽人,少爲進士,累舉不第,晚學道王屋山,周游五嶽名山洞府,後從峨眉山經兩京,復自襄汴來抵江淮茅山,遍歷天台、四明、仙都、委羽、武夷、霍童、羅浮,到處皆於石崖峭壁題云:"許碏自峨眉山尋偃月子到此。"筆蹤神異,竟莫詳偃月子何人也。後多游廬江間,常醉吟曰:"閬苑花前是醉鄉,拈翻王母九霞觴。群仙拍手嫌輕脱,謫向人間作酒狂。"一日,當春和氣候,插花滿頭,把花作舞,上酒家樓醉歌,昇雲飛去。

(清)王士禛、鄭方坤:《五代詩話》卷九

盧道者精於卜。後唐同光二年,有郡倅因内孕歲餘不産,求盧道者卜之,書一醋字,遂不逾月,二十一日酉時娩。倅以爲神,建塔居之。後坐化,遺詩云:"三十年前賣卜,化得一間茅屋。"末云:"撒手永超三界,一去定無反復。"

(清)王士禛、鄭方坤:《五代詩話》卷九

石仲元,桂人,號桂華子,七星山道士也。負能詩名,世傳其警句,如"石壓木斜出,岸懸花倒生"之類甚多。學詩者不遠千里而來,有南嶽處士廖融者亦至。時楊徽之守湘源,融因誦仲元數篇,徽之大稱賞,目爲玉方響。然仲元於詩,自謂妙究精微,雖權貴求索,未嘗輕予。或咎其太執,仲元曰:"詘道而信人,吾不爲也。"復請去集中巧麗者,則曰:"詩者,假象而達意也。象非綺靡可見,言非迂疏可傳。象麗而意達,不亦至乎?"天禧中將歿,召門人潘著,謂昨夢得句云:"'地連錦野東西去,水接朱川次第來',此吾有生之患,榮謝當然。未喪之文,子其嗣之。"盡出平生所作詩三百餘篇授之,使傳焉。浹旬而歿。有《桂華集》行於世。先是,于群玉與仲元爲詩酒交,至京,以其詩示左正言夏侯嘉正。嘉正驚異,爲之序,略曰:詩人之旨,屈而不伸久矣。今石君復以玆道振於楚國。石君負不羈之才,松筠讓其節,冰玉湛其懷,每一聯一句,未嘗不以正得失、厚人倫、美教化、敦風俗爲體也。惜其詩今不傳。

(清)王士禛、鄭方坤:《五代詩話》卷九

許堅,江左人,爲性樸野,似非今之人,年高,絶不知曉人事。少言,人不問,終日不啓口。多居三茅山,不知年歲,形容不變。好飡魚,能爲詩,多談神仙事。題茅山觀曰:"常恨清風千載鬱,洞天今得恣游遨。松楸古色玉壇静,鸞鶴不來青帝高。茅氏井寒丹已化,玄宗碑斷夢仍勞。分明有個長生路,休向紅塵嘆二毛。"早年堅以時事干江南李氏,人訝其狂戇,以爲風恙,莫與之禮。一絶《上舍人徐鉉》云:"幾宵烟日鎖樓臺,欲寄侯門薦稱才。滿面塵埃人不識,漫隨流水出山來。"因拂衣歸隱,今尚在,隱迹江淮間。

(清)王士禛、鄭方坤:《五代詩話》卷九

許堅,不知何許人,遇酒筵,不問尊卑遠近必到,乘興止三五杯便去。性嗜魚,將魚火上旋炙,熟處即吃,生處復炙,殊不去其鱗腸。每和巾帶入溪澗内浴,度目浸身,出水即於風日中坐,候乾,其衣服多有腥氣,人惡之。或有人與物,忻然而受,將散於貧者。多於夢中吟詩,宿溧陽縣靈泉精舍,僧出白字韻請留詩,堅對榻熟睡,至晚起,出七言詩云:"近枕吴溪與越峰,前朝恩錫雲泉額。竹林晴見雁塔高,石室曾栖幾禪伯。荒碑字没秋苔深,古池香泛荷花白。客有經年别故林,落日猿啼情脉脉。"太平興國九年,自茅山再游廬山,於方先生房内安下。至夜深,常與數人談笑,人疑聽,堅已知之,高聲云:"不得來,不得來。"今在洪州西山,或吉州玉笥山。

(清)王士禛、鄭方坤:《五代詩話》卷九

吴仁璧,關右人,舉進士,游羅浮洞,學老莊於張先生,得其大旨。辭歸,謀入京取應。先生曰:"觀子氣法可住此,吾授子長生之道。"仁璧辭以老母缺甘旨,俟名遂身退,學亦末晚。先生曰:"此去必遂其志,亦須早來。"是年中第,入浙謁錢武肅,殊禮之,累辟入幕,堅辭不就,以詩謝云:"東門上相好知音,數盡臺前郭隗金。累重雖然容食椹,力微無計報焚林。弊貂不稱芙蓉幕,衰朽仍慚玳瑁簪。十里溪光一山月,可堪從此負歸心。"武肅復遣人詩撰《羅城記》,仁璧堅不從,武肅怒,沉於江。吴人惜之。仁璧有一女,有《閑居》詩云:"爲惜苔錢妨换砌,因憐山色旋開尊。"又贈道士云:"五龍金角向星斗,三洞玉音愁鬼神。"又《題罌粟》云:"蒲草薄栽連蒂白,臙脂濃染半葩紅。"又《游法華寺》云:"高閣烟霞禪客睡,滿城塵土世人忙。"建隆初,廣南劉隱遣中人翁光溥同禮丞寧昱,就羅浮山設醮。醮畢,昱游諸岩洞至山頂,見一石門,有老叟衣薜蘿,據門而坐。昱問其由,云羅浮先生宅。再問誰氏,叟促聲對曰:"吴先生也,名仁璧。"言訖户闔,了無所見。其後或有人於羅浮、勾曲諸山,見仁璧復引一十許歲女子,是其女也。

(清)王士禛、鄭方坤:《五代詩話》卷九

沈道士,筠州高安人,故吏部郎中彬第二子也。性孤僻,形貌秀徹,初名有鄰,弃妻入道,居玉笥山,易名廷瑞。每遇深山古洞,經日不返。嚴寒風雪,常單衣危坐。或絶食經月,或縱酒行歌。緣峭壁,升喬木,若猿猱之狀。骨肉相尋,便却走避,忘情混俗,人莫測之,往往爲同道者困。雍熙二年正月内,於玉笥山先不食七日,至上元日甲辰,辭道侣,歸所居院集賢亭,念《人生幾何賦》,無病而終。遺言於弟子,將畫者土宿一幀、《度人經》一卷隨葬。後二年二月二十日,有閣皂山僧昭瑩,於山門數里相遇,且閣皂山相去玉笥山一百六十里。僧昭瑩問所往,云暫到廬山尋知己。留下土宿一幀、《度人經》一卷,五言詩一首爲别云:"南北東西路,人生會不無。早曾依閣早,又却上玄都。雲片隨天闊,泉聲落石孤。何斯早相遇,樂共煮菖蒲。"後昭瑩到玉笥山話及,方知沈道士已亡。具説途中相遇,並留土宿及經、詩示於人。衆皆駭異,遂往墳上看,見土交横拆裂,闊及尺餘,至今不敢發。質其文,驗其事,即尸解而去。

(清)王士禛、鄭方坤:《五代詩話》卷九

廷瑞寄食閣皂山,舉作異俗輩,盛夏向火,嚴寒單衣,問其故,終不答。與袁州陳智周相善。興國中,無病卒於玉笥觀。數年,有人於江筠路次見廷瑞,共語久之,令人將詩寄智周。智周得詩甚訝,馳出門求送詩者,已不知所在。詩曰:"名士相别後,别後會難期。金鼎銷紅日,丹田老紫芝。訪君雖有路,懷我豈無詩。休羡繁華事,百年能幾時。"智周於端拱二年登第,授衡陽尉卒。

(清)王士禛、鄭方坤:《五代詩話》卷九

丁元和自幼好道,不慕聲利,疏傲無羈束,或晴霽負琴出郭飲酒,杖策逍遥於田畝間。常言祖父長興元年於遂州,值孟先主與東川董太尉會兵,攻圍州城。先是,城中有一貧士,曰宋自然,常於街市乞丐,里人不能辨之。至重圍中,人皆餓殍,宋亦餓殕於州市。相識者以簟裹埋城下,俟時平焚之。至明年,有遂州驅使吏李彦者,先往潞州句當,至城破方歸,説見宋自然在潞州,告云:"君若歸州事,須與我傳語相識五七家,那時甚勞煩。"人答以自然於重圍中已死,因與發埋處,只存空簟。其間有一紙文字,云:"心是靈臺神之室,口爲玉池生玉液。常將玉液溉靈臺,流利關元溢百脉。百脉潤,柯葉青,葉青柯潤便長生。世人不會長生藥,煉石燒丹勞爾形。"元和因是學道,深得其用。

(清)王士禛、鄭方坤:《五代詩話》卷九

汪彦章云:賀水部,唐末五代人,得道不死。東坡以五詩紀其事云:"生長兵間早脱身,晚爲元祐太平人。不驚滄海桑田變,來看龜蒙漏澤春。"毗陵汪達道家,有其書畫。畫爲佛像,而書則世傳"有客來相問,如何是治生",蓋其所作詩也。達道求詩,故東坡賦此。其二云:"枕中鴻寶漫紛如,尺素題詩已有餘。何物彌明兒女語,剛云不解世間書。"

(清)王士禛、鄭方坤:《五代詩話》卷九

《王直方詩話》云:"張嘉甫言:余少見人誦一詩云:'但存方寸地,留與子孫耕。'不知何人作。"後過毗陵汪迪家,出所藏晉水部賀公手書,乃知賀所作也。

(清)王士禛、鄭方坤:《五代詩話》卷九

吴崇岳,泉州人,爲龍興觀道士,辟穀多年,常登其宫松梢,禮拜處松枝可六七十尺。福建漕使周謂因請隨行,抵於德化縣。縣治之東,有古松一株,高八九十尺,上有鶴巢,乃命崇岳登之,輕若猿狖,容易直上,出鶴巢之外,端身飛步,手無攀援,就纖枝拜如平地。其松枝柔軟,隨步低昂,略無損處。謂乃爲詩贈曰:"楮爲冠子布爲裳,吞得丹霞壽最長。混俗性靈常樂道,出塵風格早休糧。枕中經妙誰傳與,肘後方新自寫將。百尺松梢幾飛步,鶴栖枝上禮虚皇。"太平興國中詔見。

(清)王士禛、鄭方坤:《五代詩話》卷九

孟嘏，連山人，性落魄，狂溺於歌酒，賦咏後捷，名不欲止江左，士人頗奇之。《贈史虛白》云："詩酒獨游寺，琴書多寄僧。"聖朝奄有金陵，孟賓于先居連上，嘏興國中亦自吉水還故鄉，逾年卒。書生成務崇因在廬山，與嘏有忘年之分。興國中見嘏，且言自連上來游江左，時有詩送成云："同呼碧嶂前，已是十餘年。話别非容易，相逢不偶然。多爲詩酒役，早免利名牽。幸有歸真路，何妨學上玄。"務崇詢於連上知交，皆言嘏卒已十餘年矣。

（清）王士禛、鄭方坤：《五代詩話》卷九

陳省躬，金陵人，於僞朝頗歷政事。顯德中，出爲臨川宰，泛舟闕下，道經章江，泊女兒浦。抵暮，有書生不通姓名，登舟求見，與省躬語論甚奇，問今晉朝第幾帝，省躬具以實對，微笑而已。坐間高吟云："西去長沙東上船，思量此事已千年。長春殿掩無人掃，滿眼梨花哭杜鵑。"省躬疑是神仙，再拜告問，無言而退，出船不見所之。

（清）王士禛、鄭方坤：《五代詩話》卷九

石恪，西蜀人，善畫，尤長於山水禽魚，亦工歌詩，言論粗暴，多誚人短。開寶中，王師下西蜀，遣名畫入京，恪在其數。宣於相國寺畫壁，工畢，上狀乞歸，奉敕任便，出京，卒於道中。雍熙元年，殿直雷承昊奉命來衡陽，忽遇恪，爲七言詩送承昊。至暮，與恪宿於公舍，達曉分携。承昊行經數里，思恪卒已數年，遽出所贈詩，多言衡陽風物，其詩曰："衡陽去此正三千，一路程途甚坦然。深邃門墻三楚外，清風池館五峰前。西邊市井來商客，東岸汀洲簇釣船。公退祇應無别事，朱陵後洞看神仙。"及到任，公宇一如恪言，詩章好事者競傳之。

（清）王士禛、鄭方坤：《五代詩話》卷九

僞吴春坊吏郭仁表，居冶城北。甲寅歲，因得疾沈痼，忽夢一道士，衣金花紫帔，從一小童，自門入，坐其堂上。仁表初不甚敬，因問疾何時可愈。道士厲色曰："甚則有之。"既寤，疾甚。數夜復夢前道士至,因叩頭遜謝,久之,道士色解,索紙筆。仁表以爲將疏方,即跪奉之。道士書而授之,其辭曰:"飄風暴雨可思惟,鶴望巢門斂翅飛。吾道之宗正可依,萬物之先數在兹。不能行此欲何爲?"夢中不曉其意,將問之,童子摇手曰:不可。因拜謝。道士自西北而去,因而疾愈。

(清)王士禛、鄭方坤:《五代詩話》卷九

孫咸,不知何許人,而長於預知灾異,又善爲詩。開寶初,客於九江,因游廬山,有詩留題九天使者廟云:"獨入元宫禮至真,焚香不爲賤貧身。秦淮兩岸沙理骨,湓浦千家血染塵。廬阜烟霞誰是主,虎溪風月屬何人。九江太守勤王事,好放天兵渡要津。"不逾數年,金陵板蕩,九江重圍,人受塗炭,並應此詩。咸後卒於南昌,衆人弃尸於江中,溯流而上,人咸異之。

(清)王士禛、鄭方坤:《五代詩話》卷九

陳摶,譙郡真源人,與老聃同鄉里。嘗舉進士不第,去隱武當山九室岩,辟穀練氣,作詩八十一章,號《指元篇》,言修養之事。

(清)王士禛、鄭方坤:《五代詩話》卷九

華山隱士陳摶,字圖南,唐長興中進士,游四方,有大志。《隱武當山》詩云:"他年南面去,記得此山名。"本朝張鄧公改南面爲南嶽,題其後云:"藓壁題詩志何大,可憐今老華圖南。"蓋唐末時詩也。常乘白騾,從惡少年數百,欲入汴州,中途聞藝祖登極,大笑墜騾曰:"天下於是定矣。"遂入華山爲道士,葺唐雲臺觀居之。

(清)王士禛、鄭方坤:《五代詩話》卷九

陳摶負經綸才,歷五季亂離,志不遂,入武當山,後隱居華山。自晉漢以後,每聞一朝革命,顰蹙數日,人有問者,瞪目不答。一日,方乘驢游華陰市,聞太祖登極,驚喜,大笑墮驢。人問其故,又笑曰:"天下自此定矣。”太祖方潛龍時,搏嘗嘆天日之表,知太平之有自矣。遁迹之初,有詩云:“十年蹤迹走紅塵,回首青山入夢頻。紫陌縱榮争及睡,朱門雖貴不如貧。愁聞劍戟扶危主,悶見笙歌聒醉人。携取舊書歸舊隱,野花啼鳥一般春。”豈淺識哉!

(清)王士禛、鄭方坤:《五代詩話》卷九

先生生唐德宗時,至僖宗,封清虚處士,賜宫女三人。先生貯之别室,以詩謝云:“雪爲肌膚玉爲腮,深謝君王送到來。處士不生巫峽夢,虚勞雲雨下陽臺。”章聖累召不起,有學士譏之曰:“袛是先生詔不出,若還詔出一般人。”先生答曰:“萬頃白雲獨自有,一枝丹桂阿誰無。”後歸華山,華陰令王睦强起之於溪岩,先生爲詩曰:“華山高處是吾宫,出即凌空跨晚風。臺殿不將金鎖閉,來時自有白雲封。”睦得詩愧謝。

(清)王士禛、鄭方坤:《五代詩話》卷九

陳希夷居雲臺觀日,多閉門獨卧,累月不起。周世宗召入禁中,扃户試之,月餘始開。搏熟睡如故,對御歌云:“臣愛睡,不卧氈,不蓋被。片石枕頭,簑衣鋪地。震雷掣電鬼神驚,臣當其時正鼾睡。閑思張良,悶想范蠡,説甚孟德,休言劉備。三四君子,只是争些閑氣。怎如臣向青山頂上,白雲堆裏,展開眉頭,解放肚皮,且一覺睡,管甚玉兔東升,紅輪西墜!”

(清)王士禛、鄭方坤:《五代詩話》卷九

陳搏,周世宗常召見,賜號白雲先生。太平興國初,召赴闕,太宗賜御詩云:“曾向前朝號白雲,後來消息杳無聞。如今若肯隨徵召,總把三峰乞與君。”先生服華陽巾,草履垂縚,以賓禮見。恩禮特異,賜號希夷。久之辭歸,進詩以見志云:“草澤吾皇詔,圖南搏姓陳。三峰千載客,四海一閑人。世態從來薄,詩情自得真。乞全麋鹿性,何處不稱臣。”上知不可留,賜宴,使宰相兩禁傳坐爲詩,以寵其歸。

(清)王士禛、鄭方坤:《五代詩話》卷九

陳希夷先生每睡則半載，近亦不下月餘，《贈金勵睡》詩曰："常人無所重，惟睡乃爲重。舉世皆爲息，魂離神不動。覺來無所知，貪求心愈懵。堪笑塵中人，不知夢是夢。"又曰："至人本無夢，其夢本游仙。真人本無睡，睡則浮雲烟。壚裹近爲藥，壺中别有天。欲知睡裏夢，人間第一玄。"又嘗題《石水澗》曰："銀河灑落翠光冷，一派迴環湛晚暉。幾恨却爲頑石礙，琉璃滑處玉花飛。"又《冬日晚望》云："山鬼暖或呼，溪魚寒不跳。晚景愈堪觀，危峰露殘照。"又《與毛女游》云："藥苗不滿笥，又更上危巔。回指歸去路，相將入翠烟。"又曰："曾折松枝爲寶櫛，又編粟葉作羅襦。有時問著秦宫事，笑撚仙花望太虚。"

（清）王士禛、鄭方坤：《五代詩話》卷九

華陽隱士李奇，自言開元中郎官，年數百歲，吕洞賓有劍術，百餘歲貌如嬰兒，皆常至摶齋中，嘗以朱書青紙詩，令小童持寄摶，摶與酬和。

（清）王士禛、鄭方坤：《五代詩話》卷九

予游邛州天慶觀，有陳希夷詩石刻云："因奉攀縣尹尚書水南小酌，回捨轡，特扣松扃，謁高公，茶話移時，偶書二十八字。道門弟子圖南上，其詩云：我謂浮榮真是幻，醉來捨轡謁高公。因聆玄論冥冥理，轉覺塵寰一夢中。"末書太歲丁酉，蓋蜀孟昶時，當石晉天福中也。天慶本唐天師觀。詩後有文與可跋，大略云："高公者，此觀都威儀何昌一也。希夷從之學鎖鼻術。予是日，迫赴太守宇文衮臣約飯，不能盡記，後卒不暇再到，至今以爲恨。"

（清）王士禛、鄭方坤：《五代詩話》卷九

陳希夷題西峰云："爲愛西峰好，吟頭盡日昂。岩花紅作陣，溪水緑成行。幾夜礙新月，半江無夕陽。寄言嘉遯客，此處是仙鄉。"又題華山云："半夜天香入岩谷，西風吹落嶺頭蓮。空愛掌痕侵碧漢，無人解嘆巨靈仙。"

（清）王士禛、鄭方坤：《五代詩話》卷九

圖南有詩云:"我見世人忙,個個忙如火。忙者不爲身,爲身忙却可。"

(清)王士禛、鄭方坤:《五代詩話》卷九

《經籍志》載陳希夷詩二卷,今佚弗存。又《古今書刻》載《陳希夷集》,建寧府有鍥本,今亦不存。曹能始蒐刻宋詩,希夷缺焉。余考《華山志》,有《西峰》一首云:"爲愛西峰好,吟頭盡日昂。岩花紅作陣,溪水緑成行。幾夜礙新月,半山無夕陽。寄言嘉遯客,此處是仙鄉。"又《答使者辭不赴召》:"九重特降紫泥宣,才拙深居樂静緣。山色深庭供畫障,松聲萬壑即琴弦。無心享禄登臺鼎,有意求仙到洞門。軒冕浮雲絶塵念,三峰長乞睡千年。"又《赴召答葛守忠》云:"鶴氅翩翩即散仙,蒲輪争忍利名牽。留連華岳傷心别,四顧雲亭望眼穿。涉世風波真險惡,忘機鷗鳥自悠然。三峰纔欲和衣卧,又被天書下日邊。"又《辭朝歸華山》云:"十年踪迹踏紅塵,爲憶青山入夢頻。紫陌縱榮争及睡,朱門雖貴不如貧。愁聞劍戟扶危主,悶聽笙歌聒醉人。携取舊書歸舊隱,野花啼鳥一般春。"又《别麻衣道人》云:"華嶽峰前兩路分,數間茆屋一溪雲。師言耳重知師意,人是人非總不聞。"又《咏華山》云:"半夜天香入岩谷,西風吹落嶺頭蓮。空愛掌痕侵碧漢,無人曾嘆巨靈仙。"又於《宋藝圃集》見《題水石澗》云:"銀河灑落睡光冷,一派回環淡晚暉。幾恨却爲頑石礙,琉璃滑處玉花飛。"又《冬日晚望》云:"山鬼暖或呼,溪魚寒不跳。晚景愈堪觀,危峰露殘照。"又《與毛女遇》云:"藥苗不滿笥,又更上危巔。回指歸去路,相將入翠烟。"余所見僅止此耳。

(清)王士禛、鄭方坤:《五代詩話》卷九

田徵君吉,字象宜,學詩於希夷,希夷以詩評授之,故詩尤清麗。得水樹於濟南之明水,將隱居焉,致書徐常侍鉉,決其去就。鉉答之曰:"負鼎扣角,顧廬築岩,各因其時,不失其道,在我而已,何常之有?"發《易》筮之,遇暌,因自號暌叟,決高蹈之計。皇祐中,濟南崔書耽伯哀其遺文,得四十八篇,析爲二卷,又次其出處,作《睽叟别傳》。

(清)王士禛、鄭方坤:《五代詩話》卷九

僞蜀大東市有養病院,凡乞丐貧病者,皆得居之。中有携畚鍤日循街坊溝渠内淘泥沙,時獲碎銅鐵及諸物,以給口食,人呼爲淘沙子焉。辛酉歲,有隱迹於淘沙者,不知所從來及名氏,常戴故帽,携鐵把竹畚,多於寺觀閴静處坐卧。進士文谷,因下第,往聖興寺訪相識僧,見淘沙子披褐於佛殿上坐。谷見其狀貌古峭,辭韻清越,以禮接之。因念谷新吟者詩數首,谷愕然。又諷其自作者數篇,其詩或譏諷時態,或警勵流俗,或説神仙之事,谷莫之測。因問谷今將何往,谷曰:"謁此寺相識僧,求少紙筆之資,别謀投獻。"其人於懷内探一布囊,中有麻繩,貫數小鋌銀,遂解一鋌遺谷,戴帽,將所携器,長揖出寺而去。谷後得僞通奏使王昭遠禮於賓席,因話及感遇淘沙子之事,念其詩曰:"九重城裹人中貴,五等諸侯閫外尊。争似布衣雲水客,不將名字挂乾坤。"

(清)王士禛、鄭方坤:《五代詩話》卷九

長沙獄掾任福祖,擁騶吏出行,有賣藥道人行吟曰:"無字歌,呵呵亦呵呵,哀哀亦呵呵,不似荷葉參軍子,人人與個拜□木,大作廳上假閻羅!"福祖審思,豈非異人,急遣訪求,已出城矣。

(清)王士禛、鄭方坤:《五代詩話》卷九

顯德中,齊州有人病狂,每歌曰:"踏陽春,人間二月雨和塵。陽春踏盡秋風起,腸斷人間白髮人。"又歌曰:"五雲華蓋曉玲瓏,天府由來入腑中。惆悵此情言不盡,一丸蘿蔔火吾宫。"後遇一道士,作法治之,云:"每見一紅衣小女引入,宫殿皆紅,多召紫州小姑令歌。"道士曰:"此正犯天麥毒。女郎,心神;小姑,脾神也。按醫經:蘿蔔治麫毒。故曰'火吾宫'。"即以藥兼蘿蔔食之,其疾遂愈。

(清)王士禛、鄭方坤:《五代詩話》卷九

王著,洛陽人也,七歲能屬文,十四進士及第。初依師宛句縣張郶,東京應舉,久不知消息。賃居相國寺東,因出通衢,忽遇張郶,遂邀茶肆敘闊,至,乃賦蝴蝶詩云:"今夜君栖芳草裏,爲傳消息到王孫。"著嘉嘆,郶無言,忽然不見。但驚問鄉人,云卒已半年。

(清)王士禛、鄭方坤:《五代詩話》卷九

王仲簡,潭州人,少修進士業,未諧隨計,性寬厚,敦孝弟。周顯德中,攝長沙縣丞,累任甚能爲理,與潭州通判耿振相善。太平興國二年,忽染患而亡。兄仲偉夜夢莊客持書一封云:"評事差送來。"偉便開其書,乃詩一章,題云《贈耿郎中》,曰:"得接英賢喜可知,人生能得幾多時。自從别後容顔改,恰似庭前雨舊碑。"仲偉夢覺,而記分明。衆嘆訝。振不十年而終。

(清)王士禛、鄭方坤:《五代詩話》卷九

進士于則謁外親於汧陽,未至十餘里,飯於野店。旁有紫荆樹,村民祠以爲神,呼曰紫相公。則烹茶,因以一杯置相公前,策馬徑去。是夜夢峨冠紫衣人來見,自陳余即紫相公,主一方菜蔬之屬,隸有天平吏掌豐,辣判官主儉,然皆嗜茶,而奉祠者鮮以是品爲供。蚤蒙厚飲,可謂非常之惠。因口占贈詩曰:"降酒先生風韻高,攪銀公子更清豪。碎牙粉骨功成後,小碾當銜馬脚槽。"蓋則是日以小分鬚銀匙打茶,故目爲攪銀公子。則家業蔬,圃中祠之,年年獲收。

(清)王士禛、鄭方坤:《五代詩話》卷九

廬陵有賈人田達誠,富於財業,頗以周給爲務。治第新成,有夜扣門者,就視無人。如是再三,因呵問之:"爲人耶,鬼耶?"良久答曰:"實非人也。比居龍泉,舍爲暴水所漂,求寄君家,治舍畢,乃去耳。"達誠不許,曰:"人豈可與鬼同居耶?"對曰:"暫寄居耳,無害於君。且以君義氣,故告耳。不然,君又能禁之乎?"達誠許之。因問:"當止我何所?"達誠曰:"唯有廳事耳。"辭謝而去。數日復來曰:"吾家已至廳中,亦無妨君賓客。然亦嚴整家中人慎火,萬一不虞,或當云吾等所爲也。”達誠亦虚其廳以付之。達誠嘗爲詩,鬼忽空中言曰:“君乃能詩耶?吾亦嘗好之,可唱和耳。”達誠即具酒具紙筆於前,談論無所不至。衆目視之,酒與紙筆儼然不動,試暫回顧,則酒已空、字亦著紙矣。前後數十篇,皆有意趣,筆迹勁健作柳體。或問其姓氏,曰:“吾倘言之,將不益於主人,可詩以寄言也。”乃賦詩曰:“天然與我亦靈通,還與人間事不同。要識吾家真姓氏,大字南頭一段紅。”衆不諭也。一日復告曰:“吾有少子,婚樟樹神女,以某日成禮,欲復借君後堂三日,以終君大恵,可乎?”達誠亦虚其堂,以幙帷之。三日,復謝曰:“吾事訖矣,還君此堂。主人之恩,可謂至矣。然君家老婢某,可笞一百也。”達誠辭謝,即召婢笞數下。鬼曰:“使之知過,可止矣。”達誠徐問其婢,云:“曾穴幕竊視,見賓客男女,厨膳花燭,與人間不殊。”後歲餘,乃辭謝而去。達誠後以事至廣陵,久之不歸,其家憂之。鬼復至曰:“君家憂主人耶?吾將省之。”翌日乃還曰:“主人正在揚州,甚無恙,行當歸矣。新納一妾,與之同寢,吾燒其帳後幅,以戲之耳。”大笑而去,達誠歸,問其事皆同。後至龍泉訪其居,亦竟不獲。

(清)王士禛、鄭方坤:《五代詩話》卷九

吴越時,有人夜泊於富春間,月色淡然,見一人於沙際吟曰:“墮江三十年,潮打形骸朽。家人都不知,何處奠杯酒。”舟人問:“君是誰,可示姓名否?”又吟曰:“莫問我姓名,向君言亦空。潮生沙骨冷,魂魄悲秋風。”

(清)王士禛、鄭方坤:《五代詩話》卷九

徐鉉帖:鄱陽山中有木客,秦時造阿房宫者,食木實,得不死,時下山就民間取酒。爲詩云:“酒盡君莫沽,壺傾我當發。城市多囂塵,還山弄明月。”

(清)王士禛、鄭方坤:《五代詩話》卷九

幽薊數州,自石晉賄入戎後,懷中華不已。有使北者,見燕中傳舍壁畫墨鴉甚工,旁題詩云:“星稀月明夜,皆欲向南飛。”

(清)王士禛、鄭方坤:《五代詩話》卷一〇

汾晉村野間語曰:“欲作千箱主,問取黄金母。”意謂多稼厚畜,由耕耘所致。

(清)王士禛、鄭方坤:《五代詩話》卷一〇

胡則守江州,堅壁不下,曹翰攻之危急,忽有旋風吹文學之紙墜於城中,其詞曰:“由來秉節世無雙,獨守孤城死不降。何似知機早回顧,免教流血滿長江。”翰攻陷江州,殺戮殆盡,謂之洗城焉。

(清)王士禛、鄭方坤:《五代詩話》卷一〇

蘇洪進,揚州版築,發一冢,不顯姓名,刻石爲銘曰:“日爲箭兮天爲弓,射四方兮無終窮。但見天將明月在,不覺人隨流水空。南山石兮高穹窿,夫人墓兮在其中。猿啼鳥嘯烟濛濛,千年萬歲松柏風。”

(清)王士禛、鄭方坤:《五代詩話》卷一〇

熊博爲建州刺史,寓治建陽,嘗乘舟江上,見山岸崩嚙處,有棺將墜。博使人往視之,則有銘焉,其詞曰:“筮卦吉,龜卦凶,三十年後洪水冲。欲陷不陷被藤縛,欲落不落被沙閣,五百年後遇熊博。”博感嘆,爲移葬他里,後仕至工部尚書。

(清)王士禛、鄭方坤:《五代詩話》卷一〇

江南保大中,秋八月,伏龜山圮,得一石函,長二丈,闊八寸,中有鐵銘,文云:梁天監十四年秋八月,葬寶於是。銘背有引曰:寶公嘗爲此偈,大書於木版之上,以白巾冪之。人或欲讀者,必施錢,方得一讀。讀畢覆之,當時名臣自陸倕、王筠、姚容而下,皆莫知其旨。或問其意,答云:“事在五百年後,非今也。”至卒日,乃書其偈,同葬之,以

志其事。銘曰:“莫問江南事,江南自有憑。乘鷄登寶位,跨犬出金陵。子建司南位,安仁秉夜燈。東鄰家道闕,隨虎遇明徵。”其字皆小篆,體勢完具,無缺落處。當日二徐、韓、張之徒,亦不能解其意。至李氏國亡,好事者稍稍尋見其意,蓋應在江浙也。後主丁酉生,又以辛酉年即僞位,是乘鷄登寶位之應;至甲戌年國破,是跨犬出金陵之應;時曹侯翰按甲於城南,是子建司南位之應;潘太師美統兵於城北,是安仁秉夜燈之應。後二句亦未見其旨,至戊寅年,淮海王錢氏舉國入覲,方驗其東鄰之句。俗諺云家道闕者,是無錢也。所云隨虎者,蓋戊寅年矣。又淮海王小字虎子。

(清)王士禛、鄭方坤:《五代詩話》卷一〇

周顯德歲,漣水軍使秦晉崇修城,獲一瓶,黄磁黑文,成隸字云:“一雙青鳥子,飛來五兩頭。借問船輕重,寄借到揚州。”

(清)王士禛、鄭方坤:《五代詩話》卷一〇

後周至真觀小鑾橋下,掘得石碑,刻《度世古玄歌》云:“始青之下月與日,兩半同升合爲一。大如彈丸甘如蜜,出彼玉堂入金室。子若得之慎勿失!”

(清)王士禛、鄭方坤:《五代詩話》卷一〇

今黄鍾調有《楊柳枝》曲,仍是七字四句詩,與劉白及五代諸子所製並同,但每句下各增三字一句,此乃唐時和聲,如《竹枝》《漁父》,今皆有和聲也。舊詞多側字起,第三句亦復側字起,聲度差穩耳。

(清)王士禛、鄭方坤:《五代詩話》卷一〇

《洞微志》云:屯田員外郎馮敢,景德三年爲開封府丞,檢澇户田,宿史胡店。日落,忽見三婦人過店前,入西畔古佛堂。敢料其鬼也,携童王侃詣之。延坐飲酒,稱二十六舅母者請王侃歌,送酒二女側

聽,十四姨者曰:"何名也?"侃對曰:"《喝馱子》。"十四姨曰:"非也。此曲單州營妓教頭葛大娘所撰新聲。"梁祖作四鎮時,駐兵魚臺,值十月二十一日生日,大娘獻之。梁祖令李振填辭,付後騎唱之,以押馬隊,因號《葛大娘》。及戰得勝日,始流傳河北,軍中競唱,以押馬隊,故訛曰《喝馱子》。莊皇入洛,有歌此曲者,謂左右曰:"此亦古曲,葛氏但更五七聲耳。"李珣《瓊瑶集》有《鳳臺曲》,注云:俗謂之《喝馱子》。不載何宫調。今世羽調宫有慢,句讀與古不類耳。

(清)王士禛、鄭方坤:《五代詩話》卷一〇

李巽伯云:"先公得雷威琴,錢氏物也。中題云:'嶧陽孫枝,匠成雅器。一聽秋堂,三月忘味。'"故號忘味云,爲當代第一。

(清)王士禛、鄭方坤:《五代詩話》卷一〇

東坡云:余家有歙硯,底有款識云:吴順義元年,處士汪少微銘之:"松操凝烟,楮英鋪雪,毫穎如飛,人間五絶。"所頌者三物耳,蓋研與少微爲五耶。

(清)王士禛、鄭方坤:《五代詩話》卷一〇

趙光逢薄游襄漢,濯足溪上,見一方磚類碑,上題字云:"秃友退鋒郎,功成鬢髮傷。冢頭封馬鬣,不敢負恩光。獨孤貞節立。"磚後積土如盎,微有苔蘚,蓋好事者瘞筆所在。

(清)王士禛、鄭方坤:《五代詩話》卷一〇

《寶晉齋硯山圖》:"右此石是南唐寶石,久爲吾齋研山,今被道祖易去。中美舊有詩云:'研山不易見,移得小翠峰。潤色裛書几,隱約烟朦朧。巉岩有自古,獨立高崧巃。安知無雲霞,造化與天通。立壁照春野,當有千丈松。崎嶇浮波瀾,偃仰蟠蛟龍。蕭蕭生風雨,儼若山林中。塵夢忽不到,觸目萬慮空。公家富奇石,不許常人同。研山出層碧,峥嶸實天工。淋漓上山泉,滴瀝助毫端。揮成驚世文,主

意皆逢原。江南秋色起,風遠洞庭寬。往往入佳趣,揮掃出妙言。願公珍此石,美與衆物肩。何必嵩少隱,可藏爲地仙。'今每誦此詩,必懷此石。近余亦有作云:'研山不復見,哦詩徒嘆息。唯有玉蟾蜍,向余頻泪滴。'此石一入渠手,不得再見,每同交友往觀,亦不出示,紹彭公真忍人也。余今筆想成圖,仿佛在目,從此吾齋秀氣,尤不復泯矣。崇寧元年八月望,米芾書。"余二十年前,嘉興吴仲圭爲畫圖,錢塘吴孟思書文,後携至吴興,毁於兵。偶因清暇,默懷往事,漫記於此。

(清)王士禛、鄭方坤:《五代詩話》卷一〇

米海嶽研山,是南唐寶石,其圖及得失始末,具陶南村《輟耕録》第六卷中。初爲寶晉齋物,薛紹彭易之,元章詩云:"研山不復見,哦詩徒嘆息。唯有玉蟾蜍,向余頻泪滴。"因筆想爲之圖。元梅花道人吴仲圭又畫《硯山圖》。《癸辛雜識》云:米氏研山,後歸宣和御府,流落台州戴氏家。此石今在朱竹垞太史所。所謂華蓋峰、月岩、翠巒、方壇、玉筍、上洞、下洞、龍池諸勝,宛然皆具。上有"寶晉齋"三篆字,及"襄陽米氏世珍"印。

(清)王士禛、鄭方坤:《五代詩話》卷一〇

南唐李主研山,後歸米元章。米與蘇仲恭學士家易北固甘露寺海嶽庵地,宣和入御府。事詳《避暑漫鈔》。後又四百餘年,不知更易幾姓,而至新安許文穆家,已而歸嘉禾朱文恪。余戊辰春,從文恪曾孫檢討彝尊京邸見之,真奇物也。檢討請余賦詩,既爲作長句,又題一絶句云:"南唐寶石劫灰餘,長與幽人伴著書。青峭數峰無恙在,不須泪滴玉蟾蜍。"後二年,復入京師,則研山又爲崑山徐司寇購去矣。今又十五年,不知尚藏徐氏否。青峭數峰,蓋用南唐元宗語。元章既失研山,賦詩云:"研山不可見,哦詩徒嘆息。唯有玉蟾蜍,向予頻泪滴。"皆用本事也。

(清)王士禛、鄭方坤:《五代詩話》卷一〇

建業澄心堂,即今内橋中兵馬司遺趾也。李後主時,製紙極光潤滑膩,往往書畫多藉之。故劉貢父詩云:"後人聞名寧復得,就令得之當不識。"梅聖俞詩云:"静几鋪寫無塵埃。"又詩云:"堪入右軍迹,慚無幼婦辭。"劉原父云:"斷冰折圭作宮紙。"王文正公云:"魚淵肯數荆州池。"余嘗獨步月下,至内橋上,因誦諸詩,想見此紙之妙。

(清)王士禎、鄭方坤:《五代詩話》卷一〇

澄心堂紙乃江南李後主所製,國初亦不甚以爲貴,自劉貢父始爲題咏,又邀諸公賦之,然後世争貴重。貢父詩云:"當時百金售一幅,澄心堂中千萬軸。後人聞名寧復得,就令得之當不識。"歐陽文忠公詩云:"君不見曼卿子美真奇才,久矣零落埋黄埃。君家雖有澄心紙,有敢下筆知誰哉。"梅聖俞云:"寒溪浸楮春夜月,敲冰舉簾匀割脂。焙乾堅滑若鋪玉,一幅百金曾不疑。"東坡云:"詩老囊空一不留,一番曾作百金收。"又從宋肇求此紙云:"知君也厭雕肝腎,分我江南數斛愁。"

(清)王士禎、鄭方坤:《五代詩話》卷一〇

陶器始舜時,三代迄秦漢所謂甓器是也。近世不貴金玉,而貴銅瓷,遂有秘色窑器。乃錢氏有國日,越州燒進,臣庶不得用,故云秘色。然陸龜蒙詩云:"九秋風露越窑開,奪得千峰翠色來。如向中宵承沆瀣,共嵇中散鬥遺杯。"則越窑又非始錢氏。

(清)王士禎、鄭方坤:《五代詩話》卷一〇

晁氏嘗於中壺緘綫纊夾中,得吴越時人寫本杜詩,諱"流"字之類,乃盛文肅故書也。如"日出籬東水"絶句六首,乃九首,其一云"漫道春來好"云云。

(清)王士禎、鄭方坤:《五代詩話》卷一〇

唐末五代,俗流以詩自名者,多好妄立格法,取前人詩句爲例,議

論蜂出,甚有師子跳擲、毒龍顧尾等勢,覽之每使人拊掌不已。大抵皆宗賈島輩,謂之賈島格,而於李杜特不少假借。李白:"女媧弄黄土,摶作愚下人。散在六合間,蒙蒙若埃塵。"目曰調笑格,以爲談笑之資。杜子美:"冉冉谷中寺,娟娟林外峰。欄干更上處,結構坐來重。"目爲病格,以爲言語突兀,聲勢寒澀。此韓退之所謂"蚍蜉撼大樹,可笑不自量"者耶!

(清)王士禛、鄭方坤:《五代詩話》卷一〇

會昌時,有題《三鄉》者曰:"余本若耶溪東,與同志者二三,紉蘭佩蕙,每貪幽閑之境,玩花光於松月之亭,竟晝綿宵,往往忘倦。洎乎初笄,至於五换星霜矣。自後不得已,從良人西入函關,寓居晉昌里第。其居迥絶囂塵,花木叢翠,東西鄰二佛宫,皆上國勝游之最。伺其閑寂,因游覽焉,亦不幸一時之風月也。不意良人已矣,邈然無依。帝里方春,光景東邁。涉滻水,歷渭川,背終南,陟太華,經虢略,抵陝郊。揖嘉祥之清流,面女几之蒼翠。凡經過之所,皆曩昔讌笑之地,銜冤加嘆,舉目魂銷。雖殘骸尚存,而精爽都失。假使潘岳復生,無以悼其幽思也。遂命筆聊題,終不能滌其懷抱,絶筆慟哭而東。時會昌壬戌歲,仲春十九日也。詩曰:'昔逐良人西入關,良人身殁妾空還。謝娘衛女不相待,爲雨爲雲歸舊山。'"和者十人,其二失傳。王祝《和三鄉》詩云:"女几山前嵐氣低,佳人留恨此中題。不知雲雨歸何處,空使王孫見即迷。"劉谷《三鄉詩》云:"蘭惠芬芳見玉姿,路傍花笑景遲遲。苧蘿山下無窮意,併在三鄉惜别時。"李昌鄴《三鄉詩》云:"紅粉蕭娘手自題,分明幽怨發雲閨。不應更學文君去,泣向殘花歸剡溪。"王滌《三鄉詩》云:"浣紗游女出關東,舊迹新詞一夢中。槐陌柳亭何限事,年年回首向東風。"李縞《三鄉詩》云:"當時王謝兩風流,王子沉淪謝女愁。歸思若隨文字在,路傍空爲感千秋。"高衢《三鄉詩》云:"南北千山與萬山,軒車誰不思鄉關。獨留芳翰悲前迹,陌上恐傷桃李顔。"張綺《三鄉詩》云:"洛川依舊好風光,蓮帳無因見女郎。雲雨散來音信斷,此生遺恨寄三鄉。"韋冰《三鄉詩》云:"來時歡

喜去時哀,家國迢迢向越臺。待寫百年幽思盡,故宫流水莫相催。"

(清)王士禛、鄭方坤:《五代詩話》卷一〇

《涌幢小品》云,杭州有保俶塔,因錢忠懿王入朝,恐其被留,作此以保之。稱名者,尊天子也。後誤爲保叔。至有"保叔緣何不保夫,叔情何厚丈夫疏。縱饒决盡西湖水,難洗心頭一點污"之詩,今古流傳,誰爲杭之婦人灑此奇冤也?郎仁寶云:"咸平中,僧永保化緣築塔,人以師叔稱之,故名塔曰保叔。"又《霏雪録》以爲保所塔,不知何據。

(清)王士禛、鄭方坤:《五代詩話》卷一〇

曲子相公,晉和凝也;判詩博士,五代王仁裕也;《秦婦吟》秀才,蜀相韋莊也。五代周張昭遠好學,積書萬卷,號書樓張家;五代蔣維東好學,能屬文,隱居衡岳,從而受業者號山長;五代唐帝謂史虚白曰真處士;風月主人,蜀歐陽彬也;皂江漁翁,蜀張立也;南漢劉龑才人蘇氏,通經史,宫中呼爲蘇大家;蜀黄崇嘏,號女狀元。

(清)王士禛、鄭方坤:《五代詩話》卷一〇

紙窗

郭希聲《紙窗詩》曰:"偏宜薜壁稱閑吟,白似溪雲薄似水。不是野人嫌月色,免教風弄讀書燈。"《聞蛩詩》曰:"愁殺離家未達人,一聲聲到枕前聞。苦吟莫向朱門裏,滿耳笙歌不聽君。"

(宋)曾慥:《類説》卷二七《南唐野史》

歸隱詩

王易簡拜左拾遺,辭官歸隱,詩曰:"汩没朝班愧不才,誰能低折向塵埃。青山得去且歸去,官職有來還自來。"

(宋)曾慥:《類説》卷二七《南唐野史》

咏白詩

廖凝十歲作《咏白詩》,云:"滿汀鷗不散,一局黑全輸。"

(宋)曾慥:《類説》卷二七《南唐野史》

蜂窠蟻穴

開寶八年,王師圍金陵,朝廷殿試《橋梁渡長江賦》《習水戰詩》。江南亦試《王德惟親賦》《談笑却秦詩》。太祖笑曰:"江南畜文臣武將,迨同飛走,豈不知中原有真主耶?"趙普曰:"蜂窠蟻穴,不足挂聖慮。"

(宋)曾慥:《類説》卷一九《見聞録》

老婦嫁詩

曹衍撰《馬氏野史》,投進,年已衰耄,獻《老婦嫁詩》云:"滿頭白髮爲新婦,笑殺年少豪家兒。"又咏《鷺鷥》云:"終日灘頭延頸望,能消大海幾魚多。"

(宋)曾慥:《類説》卷二二《荆湖近事》

大市裹賣平天冠

廖融詩云:"遠山秋帶雨,水館夜多風。"潘若冲陽朔縣詩云:"門連百越水,地管數千峰。郭影雲連樹,林聲月帶春。"二人更唱迭和,詩家之勁敵。太宗懲五代場屋之弊,以詞賦策論取士,融冲之徒稍稍引去。融曰:"豈知今日之詩道,一似大市裹賣平天冠,並無人問耶?"又素性重僧,前後贈詩甚多,或問其故,融曰:"僧是詩家奴,一人贈一篇,且圖帶往東西南北去耳。"

(宋)曾慥:《類説》卷二二《荆湖近事》

鄧公池亭

孫逢吉游鄧公池亭,問創置之由,云:"馬氏諸公子舊園。"逢吉留詩曰:"馬家公子鬥亭臺,斸斷山根碧沼開。啼鳥不知人事變,數聲猶傍水邊來。"

(宋)曾慥:《類説》卷二二《荆湖近事》

旋風偃月

李皋與弟節俱在湖南幕下,爲馬氏作《謝戰馬》。李皋曰:"馬有旋風之隊,安得一對。"節曰:"軍有偃月之營。"皋乃云驟尋偃月之營,擺作旋風之陣。

(宋)曾慥:《類説》卷二六《五代史補》

牡丹詩

曹唐、羅隱皆有詩名。隱題牡丹云:"若教解語應傾國,任是無情也動人。"唐曰:"此乃咏子女障子耳。"隱曰:"猶勝足下作鬼詩。"乃誦唐《漢武帝宴西王母詩》曰:"'樹底有天春寂寂,人間無路月茫茫。'豈非鬼詩?"唐無以對。

(宋)曾慥:《類説》卷二六《五代史補》

秋日晚望詩

何仲舉能詩,李皋對仲舉吟其《秋日晚望詩》云:"樹迎高鳥歸深野,雲傍斜陽過幾山。"乃以足扣地,曰:"仲舉詩家之高逸者,其餘奴兵乃閏氣耳。"

(宋)曾慥:《類説》卷二六《五代史補》

謝魚箋

黄滔爲王審知推官,審知遺之魚,徐寅代爲謝箋曰:"銜諸斷索,纔從羊續懸來。列在雕盤,便到馮歡食處。"時大稱之。

(宋)曾慥:《類説》卷二六《五代史補》

一字師

鄭谷在袁州府,齊己携詩詣之,有《早梅詩》云:"前村深雪裏,昨夜數枝開。"谷曰:"數枝非早也,未若一枝。"齊己不覺投拜。自是士林以谷爲一字師。

(宋)曾慥:《類説》卷二六《五代史補》

劫墓賊

廖凝覽裴説《經杜工部墓詩》曰:"擬鑿孤墳破,重教大雅生。"笑曰:"裴説劫墓賊耳。"

(宋)曾慥:《類説》卷二六《五代史補》

五禽以客名

李昉爲詩,慕白居易。園林畜五禽,皆以客名,白鷴曰佳客,鷺鷥曰白雪客,鶴曰仙客,孔雀曰南客,鸚鵡曰隴客。又慕居易七老之會,得宋琪等八人,爲九老會。

(宋)曾慥:《類説》卷五三《談苑》

李瀚及第於和凝相榜下,後與座主同任學士。會凝作相,瀚爲承旨,適當批詔,次日於玉堂輒開和相舊閣,悉取圖書、玩器,留一詩於榻,携之盡去。云:"座主登庸歸鳳閣,門生批詔立鰲頭。玉堂舊閣多珍玩,可作西齋潤筆否?"

(明)陶宗儀:《説郛》卷八《玉壺清話》

西齋潤筆

李翰於和凝榜及第,後與座主同任學士。凝作相,翰爲承旨。適當批詔,次日於玉堂輒開和相舊閣,悉取圖畫器玩,留詩云:"座主登庸歸鳳閣,門生批詔主鰲頭。玉堂舊閣多珍玩,可作西齋潤筆不?"

(宋)曾慥:《類説》卷五五《玉壺清話》

陶穀鸞膠曲

國初,朝廷遣陶穀使江南,以假書爲名,寔使覘之。丞國李獻以書抵韓熙載,云:“五柳公驕甚,其善待之。”穀至,果如李所言。熙載曰:“陶秀實非端介者,其守可隳。”因令留宿,候寫六朝書畢,館留半年。熙載遣歌兒秦弱蘭詐爲驛卒之女,敝衣竹釵,擁箒灑掃,穀見之而喜,遂犯慎獨之戒,作小闋贈之。後數日,李主宴於清心堂,命玻璃巨鍾滿酌之,穀毅然不顧。出蘭於席,歌前闋以侑之。穀大慚,倒載吐茵,尚未許罷,大爲李主所薄。詞名《風光好》云:“好姻緣,惡姻緣,衹得郵亭一夜眠,别神仙。琵琶撥盡相思調,知音少,待得鸞膠續鳳弦,是何年。”逮歸京師,鸞膠之曲已喧,因是卒不大用。

(宋)曾慥:《類説》卷五五《雜説》

陶尚書穀奉使江南,邂逅驛女秦蒻蘭,犯謹獨之戒,作《春光好》詞。前人小説或有以爲曹翰者,疑以傳疑,本不足論也。僕比見括蒼所刻沈叡達遼《雲巢編》中所紀,獨以爲陶使吴越,惑娼妓杜娘,遂作此詞。又以求遺猫爲尋逸犬,且娼既得陶詞,後還落髮,創仁王院,與諸家之説大異。審如其實,則此娼亦不凡矣。叡達杭州所聞,當不謬。院不知在何地,今城中吴山自有仁王院,建於近年,非也。

(明)陶宗儀:《説郛》卷一二《野雪鍛排雜説》

馮寇二公詩

馮長樂,七歲吟《治圃詩》。云:“已落地花方遣掃,未經霜草莫教鋪。”仁厚天性,全生靈性命,已兆於此。寇萊公八歲吟《華詩》,云:“只有天在上,更無山與齊。”其師謂萊公父曰:“賢郎怎不作宰相。”

(宋)曾慥:《類説》卷五七《陳輔之詩話》

月沉湘浦

石文德工詩,馬文昭以其貌寢,未嘗接待,南宅王子延之門下。

無何，彭夫人薨，文昭傷悼，文德獻挽詞有云："月沉湘浦冷，花謝漢宫秋。"文昭驚曰："文德有如此作用，吾反不如南宅小兒知鑒耶。"乃接見之。

（宋）曾慥：《類説》卷二六《五代史補》

艷陽根

僞閩中書吏韋添天字謎云："露頭更一日，真是艷陽根。"

（明）陶宗儀：《説郛》卷六一《清異録》

杜審琦，昭憲皇太后之兄也，建寧州節。一旦請覲，審琦視太祖、太宗皆甥也。一日，陳内宴於福寧宫，昭憲后臨之。祖、宗以渭陽之重終侍宴焉，及爲壽之際，二帝皆捧觴列拜。樂人史金著者，粗能屬文，致詞於簾陛之外，其略曰："前殿展君臣之禮，虎節朝天；後宫伸骨肉之情，龍衣拂地。"祖、宗特愛之。

（明）陶宗儀：《説郛》卷八《玉壺清話》

路德延，儋州岩相之猶子也，數歲能爲詩。居學舍中，嘗賦芭蕉詩曰："一種靈苗異，天然體性虚。葉如斜界紙，心似倒抽書。"詩成，翌日傳於都。會儋州坐事誅，故德延久不能振。光化初，方就舉擢第，大有詩價。又爲感舊詩曰："初騎竹馬咏芭蕉，嘗忝名卿誦滿朝。五字便容過絳帳，一枝尋許折丹霄。豈知流落萍篷遠，不覺推遷歲月遥。國境永寧身未立，至今顔巷守簞瓢。"天祐中，授左拾遺。會河中節度使朱友謙領鎮，辟掌書記。友謙初頗禮待之，然德延性浮薄驕慢，動多忤物。友謙稍解體，德延乃作孩兒詩五十韻以刺友謙。友謙聞而大怒，有以掇禍，乃因醉沉之黄河。詩實佳作也，爾後雖繼有和者，皆去德延遠矣。詩曰："情態任天然，桃紅兩頰鮮。乍行人共看，初語客多憐。臂膊肥如瓠，肌膚軟勝綿。長頭纔覆額，分角漸垂肩。散誕無塵慮，逍遥占地仙。排衙朱榻上，喝道畫堂前。合調歌楊柳，齊聲踏采蓮。走堤冲細雨，奔巷趁輕烟。嫩竹乘爲馬，新蒲掉作鞭。

鶯雛金鏇繫,猧子采絲牽。擁鶴歸晴島,驅鵝入暖泉。楊花争弄雪,榆葉共收錢。錫鏡當胸挂,銀珠對耳懸。頭依蒼鶻裹,袖學拓枝揎。酒殢丹砂暖,茶催小玉煎。頻邀壽花插,時乞綉針穿。寶匣拿紅豆,妝奩拾翠鈿。短袍披案褥,尖帽戴靴氈。展畫趨三聖,開屏笑七賢。貯懷青杏小,垂額緑荷圓。驚滴沾羅泪,嬌流污錦涎。倦書饒婭姹,憎藥巧遷延。弄帳鸞綃映,藏衾鳳結纏。指敲迎使鼓,箸撥賽神弦。簾拂魚鈎動,箏推雁柱偏。棋圖添路畫,笛管欠聲鐫。惱客初酣睡,驚僧半入禪。尋蛛窮屋瓦,探雀遍樓椽。抛果忙開口,藏鈎亂出拳。夜分圍榾柮,朝聚打鞦韆。折竹裝泥燕,添絲放紙鳶。互誇輪水碓,相效放風旋。旗小裁紅絹,書幽截碧箋。遠鋪張鴿網,低控射蠅弦。吉語時時道,謡歌處處傳。匿窗肩乍曲,遮路臂相連。鬥草當春逕,争球出晚田。柳旁慵獨坐,花底困横眠。等鵲潛籬畔,聽蛩伏砌邊。傍枝拈舞蝶,隈樹捉鳴蟬。平島跨蹻上,層崖逞捷緣。嫩苔車迹小,深雪履痕全。競指雲生岫,齊呼月上天。蟻窠尋逕斸,峰穴繞階填。樵唱回深嶺,笙歌下遠川。壘材爲屋木,和土作盤筵。險砌高臺石,危挑峻塔磚。忽升鄰舍樹,逾上後池船。項橐稱師日,甘羅作相年。明時方在德,勸爾減狂顛。"

(宋)李昉:《太平廣記》卷一七五《幼敏·路德延》

論詩

唐末五代,文物衰盡,詩有實體,書有亞栖,村俗之氣,大率相似。蘇子美有長文書云:"隔簾歌已俊,對坐貌彌精。"語既凡惡,而字法真亞栖之流。曾子固編《李太白集》,有《贈懷素草書歌》及《笑已乎》數首,皆貫休以下,格調卑陋,子固號有識知者,故深可怪。如白樂天《贈徐凝》,退之《贈賈島》,皆世俗無知者所托,不足多怪。

(宋)曾慥:《類説》卷九《仇池筆記》上

羅隱牡丹詩云:"自從韓令功成後,辜負穠華過一生。"余考之,唐元和中,韓弘罷宣武節制,始至長安私第開花,命斸之曰:"吾豈效兒女輩耶!”當時爲牡丹包羞之不暇,故應有辜負穠華之語。

(宋)祝穆:《古今事文類聚》後集卷三〇

“帝城五夜宴游歇。殘燈外、看殘月。都人猶在醉鄉中,聽更漏初徹。行樂已成閑話説,如春夢覺時節。大家重約探春行,問甚花先發。”李駙馬正月十九日所撰《滴滴金》詞也。京師上元,國初放燈,止三夕,時錢氏納土進錢買兩夜,其後十七、十八兩夜燈,因錢氏而添,故詞云五夜。

(宋)吴曾:《能改齋詞話》卷二《五夜放燈》

錢氏時,杭州還鄉和尚每唱云:“還鄉寂寂杳無蹤,不挂征帆水陸通。踏得故鄉田地穩,更無南北與西東。”人問,云:“明年大家都去。”果然,錢家寫本氏納土還朝之兆。

(宋)趙令畤:《侯鯖録》卷六

予僑家後圃有一大井,是武肅王外祖家舊物。井上有文,曰:“於維此井,渟育坎靈。有萃有部,實此儲英。時有長虹,上貫青冥。是惟王氣,宅相先徵。爰啓霸主,奠綏蒼氓。沛膏漸澤,配德東溟。臣羅隱謹頌。”

(宋)袁褧:《楓窗小牘》卷上

(羅)隱,字昭諫,錢塘人也。少英敏,善屬文,詩筆尤俊拔,養浩然之氣。乾符初舉進士,累不第。廣明中,遇亂歸鄉里,時錢尚父鎮東南,節鉞崇重,隱欲依焉。進謁投素作,卷首《過夏口》云:“一個禰衡容不得,思量黄祖謾英雄。”鏐得之大喜遇,以書辟曰:“仲宣遠托劉荆州,蓋因亂世;夫子樂爲魯司寇,祇爲故鄉。”隱曰:“是不可去矣。”遂爲掌書記。性簡傲,高談闊論,滿座風生。好諧譃,感遇輒發。鏐愛其才,前後賜予無數,陪從不頃刻相背。表遷節度判官、鹽鐵發運使。未幾,奏授著作郎。鏐初授鎮,命沈崧草表謝,盛言浙西富庶。

隱曰:"今浙西焚蕩之餘,朝臣方切賄賂,表奏,將鷹犬我矣。"鏐請隱爲之,有云:"天寒而麋鹿曾游,日暮而牛羊不下。"又爲賀昭宗改名表云:"左則姬昌之半字,右爲虞舜之全文。"作者稱賞。轉司勛郎中。自號"江東生"。魏博節度羅紹威慕其名,推宗人之分,拜爲叔父,時亦老矣,嘗表薦之。隱恃才忽睨,衆頗憎忌。自以當得大用,而一第落落,傳食諸侯,因人成事,深怨唐室。詩文凡以譏刺爲主,雖荒祠木偶,莫能免者。且介僻寡合,不喜軍旅。獻酬俎豆間,綽綽有餘也。隱初貧來赴舉,過鍾陵,見營妓雲英有才思。後一紀,下第過之。英曰:"羅秀才尚未脱白。"隱贈詩云:"鍾陵醉别十餘春,重見雲英掌上身。我未成名英未嫁,可能俱是不如人。"與顧雲同謁淮南高駢,駢不禮。駢後爲畢將軍所殺,隱有延和閣之譏。又以詩投相國鄭畋。畋有女殊麗,喜詩咏,讀隱作至"張華謾出如丹語,不及劉侯一紙書",由是切慕之,精爽飛越,莫知所從。隱忽來謁,女從簾後窺見迂寢之狀,不復念矣。隱精法書,喜筆工甚鳳,謂曰:"筆,文章貨也。今助子取高價。"即以雁頭箋百幅爲贈,士大夫踵門問價,一致千金,率多借重如此。所著《讒書》《讒本》《淮海寓言》《湘南應用集》《甲乙集》《外集》《啓事》等,並行於世。《易》戒毋以小善爲無益而弗爲,小惡爲無傷而弗去也。羅隱以褊急性成,動必嘲訕,率成謾作,頃刻相傳。以其事業非不五鼎也,學術非不經史也,夫何齊東野人,猥巷小子,語及譏誚,必以隱爲稱首。凋喪淳才,揄揚穢德,白日能蔽於浮翳,美玉曾玷於青蠅,雖亦未必盡然,是皆闕慎微之豫。阮嗣宗臧否不挂口,欲免其身。如滑稽玩世東方朔之流,又不相類也。

(元)辛文房:《唐才子傳》卷九

羅隱,梁開平中累徵夕郎不起。羅衮以小天倅大秋姚公使兩浙,衮以詩贈隱曰:"平日時風好涕流,讒書雖盛一名休。寰區嘆屈瞻天問,夷貊聞詩過海求。向夕便思青瑣拜,近年尋伴赤松游。何當世祖從人望,早以公臺命卓侯。"隱答曰:"崑崙水色九般流,飲即神仙憩即休。敢恨守株曾失意,始知緣木更難求。鴒原謾欲均餘力,鶴髮那堪問舊游。遥望北辰當上國,羡君歸棹五諸侯。"

（五代）王定保:《唐摭言》卷一〇

羅隱,光化中猶佐兩浙幕。同院沈嵩得新榜,封示隱,隱批一絶於紙尾曰:"黄土原邊狡兔肥,矢如流電馬如飛。灞陵老將無功業,猶憶當時夜獵歸。"

（五代）王定保:《唐摭言》卷一〇

羅隱詩云:"只知事逐眼前過,不覺老從頭上來。"此語殊有味。

（宋）許顗:《彦周詩話》

羅隱留金山云:"老僧齋罷關門睡,不管波濤四面生。孫山雲結宇孤峰,上安禪巨浪間亦。"可亞張祜詩。

（宋）阮閱:《詩話總龜》卷一六

羅隱題《杜甫集》曰:"楚水悠悠浸耒亭,楚南天地兩無情。忍交孫武重泉下,不見時人説用兵。"

（宋）阮閱:《詩話總龜》卷二四

羅隱以諷刺之深文而不第,劉贊贈之詩曰:"人皆言子屈,我獨以爲非。明主既難謁,青山何不歸。年虚侵白鬓,塵枉污麻衣。自古逃名者,至今名豈微。"隱見之遂起,歸與之興,作《五湖詩》曰:"江東日暖花又開,江東行客思悠哉。高陽酒徒半凋落,終南山色空崔嵬。聖代也知無弃物,侯門未必用非才。一船明月一竿竹,家在五湖歸去來。"

（宋）阮閱:《詩話總龜》卷二六

羅隱性傲睨。初赴舉過鍾陵,見營妓雲英一絶,後下第,又過復見之。雲英曰:"羅秀才尚未脱白?"隱以詩嘲之曰:"鍾陵醉别十餘春,重見雲英掌上身。我未成名英未嫁,可能俱是不如人。”隱與顧雲同謁淮南相國高駢,雲爲人雅律,高公遂届雲而遠隱。隱欲歸武陵,與賓幕酌餞於雲亭,盛暑青蠅入坐,高公命扇驅之,謔隱曰:“青蠅被扇扇離席。”隱聲曰:“白澤遭釘釘在門。”偶見白澤圖釘在門扇,乃譏雲也。時高公欲繼淮南王求仙,方爲妖亂,後爲畢將軍所害。隱作《妖亂志》以譏之,故有題延和閣云:“延和高閣勢凌雲,輕語猶疑太一聞。燒盡餘香無一事,開門迎得畢將軍。”僖宗在蜀,隱作詩數首,以刺諸侯。及還梁,爲朝貴所疾,乃謁錢武肅焉。獻僖宗在蜀詩曰:“白丁攘臂犯長安,翠輦倉惶路屈蟠。丹鳳有情雲外遠,玉龍無迹渡頭寒。静思貴族謀身易,危惜文皇創業難。不將不侯何計是,釣漁船上泪欄干。”又作僖宗還京曰:“馬嵬楊柳尚依依,又見鑾輿幸蜀歸。泉下阿瞞應有語,這回休更怨楊妃。”

(宋)阮閲:《詩話總龜》卷三五

羅隱與桐廬章魯風齊名。錢武肅崛起,以魯風善筆札,召爲表奏孔目官。魯風不就,執之。後以羅隱爲錢塘令,懼而受命,因宴獻詩云:“一個禰衡容不得,思量黄祖謾英雄。”自是始厚之。

(宋)阮閲:《詩話總龜》卷三五

潤州甘露寺有三賢亭,乃劉備、孫權、曹操微時嘗會此。羅隱詩云:“漢鼎未分聊把手,楚醪雖美肯同心。”過者心服焉。

(宋)阮閲:《詩話總龜》卷一六

袁筠婚蕭楚女,言定,未幾擢進士第。羅隱以一絶刺之云:“細看月輪還有意,定知青桂近嫦娥。”

(宋)阮閲:《詩話總龜》卷三六

光化中,羅隱佐兩浙幕。同院沈嵩得新榜,封示隱,隱批一絶於紙尾曰:“黄土原邊狡兔肥,犬如流電馬如飛。灞陵老將無功業,尤憶當時夜獵歸。"

(宋)阮閱:《詩話總龜》卷三六

曹唐、羅隱同時,才情不殊。羅曰:"唐有鬼詩。"或曰:"何也?"曰:"水底有天春寂寂,人間無路月茫茫。"唐曰:"羅有女子詩。"或曰:"何也?"曰:"若教解語應傾國,任是無情也動人。"此蓋羅《牡丹詩》也。

(宋)阮閱:《詩話總龜》卷三七

五代僧《錢塘》詩云:"到江吴地盡,隔岸越山多。"不知略至。

(宋)車若水:《脚氣集》卷上

吴越王錢鏐嘗游衣錦軍,作還鄉歌,歌曰:"玉節還鄉兮挂錦衣,父老遠來相追隨。牛斗無孛人無欺,吴越一王駟馬歸。"

(元)王惲:《玉堂嘉話》卷五

吴越王錢鏐,游衣錦軍,宴故老,作《還鄉曲》歌曰:"三郎還鄉兮,挂錦衣;父老遠來兮,相追隨;吴越一主兮,駟馬歸。"

(明)彭大翼:《山堂肆考》卷一六〇

器皿,人多云受用,其實名售用。《談苑》云:"吴越王錢俶以妃平生售用凡百箱賜孫承祐。"承祐蓋妃之弟也。

(宋)袁文:《甕牖閒評》卷六

陶穀使越,越王因舉酒,令曰:"白玉石,碧波亭上迎仙客。"陶對曰:"口耳王,聖明天子要錢塘。"

(明)陳耀文:《天中記》卷四四

吴越司賓使沈韜文,湖州人。有游西湖詩云:"菰米蘋花似故鄉,不是不歸歸未得,好風明月一思量。"武肅憫其思鄉,授以湖州刺史。

(宋)阮閱:《詩話總龜》卷四

曹唐、羅隱同時,有詩名。羅曰:"唐有鬼詩。"或曰:"何也?"曰:"樹底有天春寂寂,人間無路月茫茫。"唐曰:"隱有女子詩。"或曰:"何也?""若教解語應傾國,任是無情也動人。"

世傳盧絳夢女子唱《菩薩蠻》云:"眉黛遠山攢,芭蕉生暮寒。"此詞人能道之。楊大年云:"獨自憑闌干,衣襟生暮寒。"未知孰是?

(宋)阮閱:《詩話總龜》卷六

吴越後王來朝,太祖爲置宴,出内妓彈琵琶,王獻詞曰:"金鳳欲飛遭掣搦,情脉脉,看即玉樓雲雨隔。"太祖起,拊其背曰:"誓不殺錢王。"

(宋)阮閱:《詩話總龜後集》卷三二

《西清詩話》云,高英秀者,吴越國人,與贊寧爲詩友。口給好罵,滑稽,每見眉目有異者,必噂短於其後,人號"惡啄薄徒"。嘗譏名人詩病云:"李山甫覽漢史,云:'王莽弄來曾半破,曹公將去便平沉。'定是破船詩。李群玉咏鷓鴣云:'方穿詰曲崎嶇路,又聽鈎輈格磔聲。'定是梵語詩。羅隱云:'雲中鷄犬劉安過,月裏笙歌煬帝歸。'定是鬼詩。杜荀鶴云:'今日偶題題似着,不知題後更誰題。'此衛子詩也,不然安有四蹄?"贊寧笑謝而已。

(宋)阮閱:《詩話總龜後集》卷三八

僞閩中書吏韋添天字謎云:"露頭更一日,真是艷陽根。"

(宋)陶穀:《清異録》卷上

(翁)承贊,字文堯,乾寧三年禮部侍郎獨孤損下第四人進士,又中宏詞敕頭。承贊工詩,體貌甚偉,且詼諧,名動公侯。唐人應試,每在八月,諺曰:"槐花黄,舉士忙。"承贊《咏槐花》云:"雨中妝點望中黄,勾引蟬聲送夕陽。憶得當年隨計吏,馬蹄終日爲君忙。"甚爲當時傳誦。嘗奉使來福州,見友僧亞齊,贈詩云:"蕭蕭風雨建陽溪,溪畔維舟見亞齊。一軸新詩劍潭北,十年舊識華山西。吟魂昔向江村老,空性元知世路迷。應笑乘軺青瑣客,此時無暇聽猿啼。"他詩高妙稱是。仕王審知,終諫議大夫。有詩,以兵火散失,尚存百二十餘篇,爲一卷,秘書郎孫郃爲序云。

(元)辛文房:《唐才子傳》卷一〇

王審知據閩,黄滔爲其判官,幕府應用文及塔廟碑碣,半出其手。爲詩清淳豐潤,有貞元、長慶風,概如:"寺寒三伏雨,松偃數朝枝。"又有:"青山寒帶雨,古木夜啼猿。"又:"如聞雁云一聲初,觸夢半白已侵頭。"

(宋)阮閲:《詩話總龜》卷一〇

劉昌言,泉州人。常侍陳洪進爲幕客,入朝爲副樞。嘗作下第詩,落句云:"唯有夜來蝴蝶夢,翩翩飛入刺桐花。"後爲商丘記室,王元之贈詩曰:"年來濩落事堪嗟,載筆商丘鬢欲華。酒好未陪紅杏宴,詩狂多憶刺桐花。"蓋爲是也。

(宋)阮閲:《詩話總龜》卷二六

徐寅,興化軍莆田人。以秘書省正字歸老鄉里,既死,節度使王延賓以詩哭之曰:"延壽溪頭嘆逝波,古今人事半銷磨。昔除正字今何在?所謂人生能幾何。"延壽溪,寅所居也。

(宋)阮閲:《詩話總龜》卷四三

文瑩至長沙,首訪故國馬氏天策府,諸學士所著文章,擅其名者,惟徐東野、李宏皋爾。遂得東野詩,浮脆輕豔,皆鉛華嫵媚,侑一時尊俎爾。其句不過"牡丹宿醉,蘭蕙春悲,霞宫日城,翦紅鋪翠"而已。

獨貽汪居士一篇,庶乎可采,曰:"門在松陰裏,山僧幾度過。藥靈圓不大,棋妙子無多。薄霧籠寒徑,殘風戀緑蘿。金烏兼玉兔,年歲奈君何?"又得宏皋雜文十卷,皆胼枝章句,雖齷齪者亦能道。信乎,文之難也。

(宋)文瑩:《玉壺清話》卷七

圖,字贊禹,虔州虔化人。文學博贍,爲時輩所服。湖南馬氏辟致幕下,奏授天策府學士。與同時劉昭禹、李宏皋、徐仲雅、蔡昆、韋鼎、釋虚中,俱以文藻知名,賡唱迭和。齊己時寓渚宫,相去圖千里,而每詩筒往來不絶,警策極多,必見高致。集二卷,今行於世。時有荆南從事鄭准,亦工詩,與僧尚顔多所酬贈,詩亦傳。

(元)辛文房:《唐才子傳》卷一〇

齊己,長沙人。姓胡氏,早失怙恃。七歲穎悟,爲大溈山寺司牧,往往抒思,取竹枝畫牛背爲小詩。耆夙異之,遂共推挽入戒。風度日改,聲價益隆。游江海名山,登岳陽,望洞庭,時秋高水落,君山如黛,唯湘川一條而已。欲吟杳不可得,徘徊久之。來長安數載,遍覽終南、條、華之勝。歸過豫章,時陳陶近仙去,已留題有云:"夜過修竹寺,醉打老僧門。"至宜春,投詩鄭都官云:"自封修藥院,别下著僧床。"谷曰:"善則善矣,一字未安。"經數日,來曰:"别掃如何?"谷嘉賞,結爲詩友。曹松、方干,皆已良契。性放逸,不滯土木形骸,頗任琴樽之好。嘗撰《玄機分别要覽》一卷,摭古人詩聯,以類分次,仍别諷、賦、比、興、雅、頌。又撰《詩格》一卷。又與鄭谷、黄損等共定用韻爲葫蘆、轆轤、進退等格,並其詩《白蓮集》十卷,今傳。

(元)辛文房:《唐才子傳》卷九

虚中,袁州人。少脱俗從佛,雖然讀書工吟不綴。居玉笥山二十寒暑,後來游瀟湘,與齊己、顧栖蟾爲詩友。住湘西宗城寺。長沙馬侍中希振敬愛之,每其來,延納於書閣中。虚中好炙柴火,燒豆煮茶,烟燻彩翠塵暗,去必復飾,初不介意。嘗題閣中曰:"嘉魚在深處,幽鳥立多時。"益見賞重。時司空圖懸車告老,却掃閉門,天下懷仰。虚中欲造見論交未果,因歸華山人寄詩曰:"門徑放莎垂,往來投刺稀。有時開御札,特地挂朝衣。嶽信僧傳去,天香鶴帶歸。他時周召化,無復更衰微。"圖得詩大喜,《言懷》云:"十年華嶽山前往,只得虚中一首詩。"其見重如此。今有《碧雲集》一卷傳世。顧栖蟾者,亦洞庭人,以聲律聞,今不見其作也。

(元)辛文房:《唐才子傳》卷八

五代李觀象爲周行逢節度使,固行逢嚴酷,恐及禍,乃寢紙帳,卧紙被,《名物通》載紙帳詩云:"清懸四面剡溪霜,高卧梅花月半床。璽瓮有天春不老,瑶臺無夜雪生香。覺來虚白神光發,睡去清閑好夢長。一枕總無塵土氣,何妨留我白雲鄉。"

(清)褚人獲:《堅瓠集》卷一

廖圖,字贊禹,虔州人。文學博贍,爲時輩人所服。湖南馬氏辟幕下,奏天策府學士,與劉禹、李宏皋、徐仲雅、蔡昆、韋鼎、釋虚中、齊己,俱以文藻知名,更唱迭和,今有集行於世。《贈家陵上人》云:"暫把枯藤倚壁根,禪堂初創楚江濆。直疑松小難留鶴,未信山低住得雲。草接寺橋牛笛近,日銜村樹鳥行分。每來共憶曾游處,萬壑泉聲絶頂聞。"又和人《贈沈彬詩》云:"冥鴻迹在烟霞上,燕雀休誇大厦巢。名利最爲浮世重,古今能有幾人抛?逼真但使心無着,混俗何妨手强抄。深喜卜居連岳邑,水邊松下得論交。"僧齊己寓渚宫,與圖相去千里,而每有書往來,臨終有絶句《寄圖兄弟》云:"僧外閑吟樂最清,年登八十喪南荆。風騷作者爲商榷,道去碧雲争幾程。"

(宋)阮閲:《詩話總龜》卷四

廖圖在永州,有《江干感興詩》云:"正悲世上事無限,細看水中塵更多。"甚爲識者所誚。

（宋）阮閱:《詩話總龜》卷二五

僧虚中,宜春人。游瀟湘山,與齊己、顧栖蟾爲詩友,住湘江西宗成寺。潭州馬氏子希振侍中好事,每出即延納於書閣中,好燒柴火,烟皆彩翠。去後復節《題馬侍中池亭》云:"嘉魚在深處,幽鳥立多時,集首寄華山。"司空圖侍郎云:"門徑放莎垂,往來投刺希。有時開御札,特地挂朝衣。嶽色僧傳去,天香鶴帶歸。他時周召作,無復更衰微。"司空侍郎有詩言懷云:"十年華嶽峰前住,只得虚中一首詩。"

（宋）阮閱:《詩話總龜》卷一〇

徐休雅,長沙人。因馬希範夜宴迎四儀夫人,賦詩云:"雲路半開千里月,洞門斜掩一天春。"又作宫詞云:"内人曉起怯春寒,輕揭珠簾看牡丹。一把柳絲收不得,和風搭在玉欄杆。"曾獻家宴堂十首,時稱冠絶。

（宋）阮閱:《詩話總龜》卷一〇

伍彬,邳陽人。初事馬氏,王師下湖湘,授官爲安邑簿。秩滿歸隱,題全義分水嶺云:"前賢功及物禹後,杳難儔不及古今。色平分南北流寒,冲山影岸清繞荻。花洲盡是朝宗去,潺湲早晚休夏日。"喜雨云:"稚子出看莎徑没,漁翁來報竹橋流。"辭解牧云:"蹤迹未辭鴛鷺客,夢魂先到鷓鴣村。"洎居隱,廖融書其屋曰:"圓塘緑水平,魚躍紫蓴生。要路貧無力,深村老退耕。犢隨原草遠,蛙傍塹籬鳴。撥棹茶川去,初逢穀雨晴。"路振贈詩云:"考終秋鬢白,歸隱舊峰前。庭樹鳥頻啄,山房人尚眠。寒岩落桂子,野水過茶烟。已絶勞生念,虔心向竺乾。"

（宋）阮閱:《詩話總龜》卷一一

僧乾康,零陵人。齊己在長沙,居湘西道林寺,乾康往謁之。齊己知其爲人,使謂曰:"我師門仞,非詩人不游,大德來非詩人耶?請爲一絶以代門刺。"乾康詩曰:"隔岸紅塵忙似火,當軒青嶂冷如冰。烹茶童子休相問,報道門前是衲僧。"齊己大喜,日款接,及别以詩送之。乾康有經方干舊居詩云:"鏡湖中有月,處士後無人。荻笋抽高節,鱸魚躍老鱗。"爲齊己所稱。乾德中,左補闕王伸知永州,康捧詩見伸,睹其老醜,曰:"豈有狀貌如此能爲詩乎?宜試之。"時積雪方消,命爲詩。康曰:"六出奇花已住開,郡城相次見樓臺。時人莫把和泥看,一片飛從天上來。"伸驚曰:"其旨不淺,吾豈可以貌相人也。"待以殊禮。

(宋)阮閲:《詩話總龜》卷一一

僧齊己往袁州謁鄭谷,獻詩曰:"高名喧省闥,雅頌出吾唐。叠巘供秋望,飛雲到夕陽。自封修藥院,别下着僧床。幾許中朝事,久離鴛鷺行。"谷覽之云:"請改一字,方得相見。"經數日再謁,稱已改得詩,云"别掃着僧床"。谷嘉賞,結爲詩友。

(宋)阮閲:《詩話總龜》卷一一

鄧洵美,連山人。乾祐二年,中進士第,與司空昉、少保傅同年。謁劉氏,不禮,歸武陵。時周氏有其地,且辟在幕府。未幾,司空氏自禁林出使武陵,與洵美相遇,贈詩曰:"憶昔詞場共着鞭,當時鶯谷喜同遷。關河契闊三千里,音信稀疏二十年。君遇已知依玉帳,我無才藻步花磚。時情人事堪惆悵,天外相逢一泫然。"洵美和云:"詞場幾度讓長鞭,又向清朝賀九遷。品秩雖然殊此日,歲寒終不改當年。馳名早已超三院,侍直仍忻步八磚。今日相逢番自愧,閑吟對酒倍潸然。"相國歸闕,率偕載,而辭以疾,不行。相國語同年少保公,公時在黄閣。洵美在武陵,又爲詩寄之云:"衡陽歸雁别重湖,銜到同人一紙書。忽見姓名雙泪落,不知消息十年餘。彩衣我已登黄閣,白杜君猶葺舊居。南望荆門千里外,暮雲重叠滿晴虚。"周氏疑洵美漏泄密謀,急追捕，至易俗場而遇害。建隆初，王師下湖湘，相國復牧衡陽，道經易俗場，作詩吊曰："十年衣染帝鄉塵，踪迹仍傳活計貧。高掇桂枝曾遂志，假拖藍綬至終身。侯門寂寞非知己，澤國恓惶似旅人。今已向公墳畔過，不勝懷抱暗酸辛。"

（宋）阮閱：《詩話總龜》卷一四

僧齊己《松詩》云："雷電不敢伐，靈勢矗萬端。鸞依乾節死，蛇入朽根蟠。影浸僧禪濕，風吹鶴夢寒。尋常風雨夜，疑有鬼神看。"《小松》云："發地才盈尺，蟠根已有靈。嚴霜百草死，深院一株青。後夜蕭騷動，空階蟋蟀聽。誰於千歲外，吟倚老龍形。"

（宋）阮閱：《詩話總龜》卷二一

湖南馬氏作會春園，開宴，徐東野作詩有數聯，爲當時所稱。云："珠璣影冷偏粘草，蘭麝香濃却損花。山色遠堆羅黛雨，草梢春戛麝香風。衰蘭寂寞含愁緑，小杏妖嬈弄色紅。旁搜水脉湘心滿，遍謁泉根楚底通。水乳滴殘青壁瘦，石脂傾盡白雲空。深浦送回芳草日，急灘牽斷緑楊風。藕梢逆入銀塘裏，蘋迹潛來玉井中。敗菊籬疏臨野渡，落梅村冷隔江楓。剪開净澗分苗稼，劃破漣漪下釣筒。"

（宋）阮閱：《詩話總龜》卷二二

湖南徐仲雅與李宏皋、劉昭禹齊名，所業百餘卷，並行於世。《耕夫謡》一首云："張緒逞風流，王衍事輕薄。出門逢耕夫，顏色必不樂。肥膚如玉潔，力拗絲不折。半日無耕夫，此輩總餓殺。"

（宋）阮閱：《詩話總龜》卷三六

伊用昌，游江浙間，散誕放逸，不拘細謹。善飲，每醉行歌市中，其言皆物外汗漫之辭，似不可曉。亦能爲詩，留題閣皂觀云："花洞門前吠似雷，險聲流斷俗塵埃。雨噴山脚毒龍起，月照松梢孤鶴回。羅幕秋高添碧翠，畫簾時卷對樓臺。兩壇詩客何年去，去後門關更不開。"後入湖南謁馬氏,時方設齋,獨不請用昌,自造之,據其坐。洎食畢,則大聲吟詩云:"誰人能識白元君,上士由來盡見聞。避世早空南火宅,植田高種北山雲。雞能抱卵心常聽,蟬到成形殼自分。學取大羅些子術,免教松下作孤墳。"詩畢,拂衣而起,衆訝奇異,乃逼問無對,出門不見。

(宋)阮閱:《詩話總龜》卷四四

(張)瀛,碧之子也。仕廣南劉氏,官至曹郎。嘗爲詩贈琴棋僧云:"我嘗聽師法一説,波上蓮花水中月。不垢不净是色空,無法無空亦無滅。我嘗對師禪一觀,浪溢鰲頭蟾魄滿。河沙世界盡空空,一寸寒灰冷燈畔。我又聞師琴一撫,長松唤往秋山雨。弦中雅弄若鏗金,指下寒泉流太古。我又看師棋一著,山頂坐沉紅日脚。阿誰稱是國手人,羅浮道士賭却鶴。輸却藥葫蘆,斟下紅霞丹,束手不敢争頭角。"同列見之曰:"非其父不生是子。"瀛爲詩尚氣而不怒號,語新意卓,人所不思者,輒能道之,綽綽然見乃父風也。有詩集,今傳於世。

(元)辛文房:《唐才子傳》卷一〇

張瀛,碧之子也,事廣南劉氏,官至曹郎。嘗爲歌贈琴棋僧,同列見之曰:"非其父不生其子。"詩云:"我嘗聽師法一説,波上蓮花水中月。不垢不净是色空,無法無空亦無滅。我嘗聽師禪一觀,浪溢鰲頭蟾魄滿。河沙世界盡空空,一寸寒灰冷燈畔。我又聽師琴一撫,長松唤住秋山雨。弦中雅弄若鏗金,指下寒泉流太古。我又聽師棋一著,山頂坐沉紅日脚。阿誰稱是國手人?羅浮道士賭却鶴。輸却藥,法懷斟下紅霞丹,束手不敢争頭角。"

(宋)阮閱:《詩話總龜》卷一一

林楚才,賀州富川人。贈《致仕黄損詩》云:"身閑不恨辭官早,詩好常甘得句遲。"

(宋)阮閱:《詩話總龜》卷一四

淡塘在永州北三十里,其水有九十九源,昔有居人文潭,好農務穀,乃築塘以灌田,百姓利之,立碑紀其功。霸國時,碑猶在塘中。長興初,黄損爲永州團練副使,築爲别業,有詩曰:“傍水野禽通體白,飣盤山果半邊紅。”損去,爲居民劉氏所有。

(宋)阮閲:《詩話總龜》卷一六

虔州布衣賴仙芝,言連州有黄損僕射,五代時人。僕射蓋仕南漢也,未老退歸,一日忽遁去,莫知所在,子孫畫像事之,凡三十三年乃歸。坐阼階上,呼家人,其子不在,孫出見之,索筆書壁上云:“一别人間歲月多,歸來人事已銷磨。惟有門前鑒池水,春風不改舊時波。”投筆而去,不可留。子歸問其狀貌,云甚似影堂中人也。連州相傳如此,其後頗有禄仕者。

(宋)阮閲:《詩話總龜》卷四七

荆南高從晦,字遵聖,季興嫡子也。久事戎間,及至繼立,頗叶衆望。始則飾車服,尚鮮華,遠市駔駿,廣招伶倫,荆渚樂籍間多有梁園舊物。季興先時建渚宫於府庭西北隅,延袤十餘里,亭榭鱗次,艛艦翼張,栽種異果名花修竹。從誨紹立,尤加完葺,每月夜花朝會賓客。從誨明音律,僻好彈胡琴,有女妓數十,皆善其事。王仁裕使荆渚,從誨出十妓,彈胡琴,仁裕有詩美之曰:“紅妝齊抱紫檀槽,一抹朱弦四十條。湘水凌波慚鼓瑟,秦樓明月罷吹簫。寒敲白玉聲尤婉,暖逼黄鶯語自嬌。丹禁舊臣來側耳,骨清神爽似聞韶。”

(宋)阮閲:《詩話總龜》卷二二

僧可隆善詩,高從誨閲其卷,有觀棋句云:“萬般思後行,一失廢前功。”從誨謂可隆曰:“吾師此詩必因事而得。”隆答曰:“某本姓慕容,與桑維翰同學,少負志氣,多忽維翰。維翰登第,以至入相,某猶在場屋。頻年敗衄,皆維翰所挫也,因削髮爲僧。”其句實感前事而露意焉。從誨識鑒,多此類也。

(宋)阮閲:《詩話總龜》卷二五

高若拙善詩,從誨辟於幕下。嘗作《中秋不見月》云:"人間雖不見,天外自分明。"從誨覽之,謂賓佐曰:"此詩雖好,不利於己,將來但恐長困。"後果如其言。

(宋)阮閲:《詩話總龜》卷三二

李郁尚書爲荆南從事,有朝士寄書,字體殊惡。李寄詩曰:"華緘千里到荆門,章草縱橫任意論。應笑鍾張虚用力,却教羲獻謾勞魂。惟堪愛惜爲珍寶,不敢留傳示子孫。深荷故人相愛處,天行時氣許教吞。"言堪作符也。

(宋)阮閲:《詩話總龜》卷三六

楊凝式書

唐末五代,文章卑泥,字畫從之,而楊凝式書,筆迹雄强,往往與顔柳相上下,今世多稱。李建中、宋宣獻,此二人書,僕所不曉,宋寒而李俗,殆是浪得名。惟蔡君謨,詩書姿格既高,而學亦至當,爲本朝第一。

(宋)曾慥:《類説》卷一〇《仇池筆記》下

羅隱《甲乙集》十卷《讒書》五卷

晁氏曰:杭越羅隱字昭諫,餘杭人。唐乾符中,舉進士不第。從事諸鎮皆無合,久之而歸。錢鏐辟掌書記,歷節度判官、副使,奏授司勛郎中。梁祖以諫議大夫召,不行。魏博羅紹威推爲叔父,表薦給事中,卒。隱少聰敏,作詩著文以譏刺爲主,自號"江東生"。其集皆自爲序,又有《吴越掌記集》一卷,隱掌錢鏐記室所著表啓也。

陳氏曰:《甲乙集》皆詩,《後集》五卷,有律賦數首。《湘南集》者,長沙幕中應用之文也。隱又有《淮海寓言》《讒書》等,求之未獲。

(元)馬端臨:《文獻通考》卷二三三《經籍考六十》

《沈顔聱書》十卷

晁氏曰:僞吴沈顔字可鑄,傳師之孫。天復初進士,爲校書郎。屬亂離,奔湖南,辟巡官。吴國建,爲淮南巡官、禮儀使、兵部郎中、知制誥、翰林學士。順義中卒。顔少有詞藻,琴棋皆臻妙。場中語曰"下水船",言爲文敏速,無不載也。性閑淡,不樂世利,嘗疾當時文章浮靡,仿古著書百篇,取元次山"聱叟"之説附己志而名書。其自序云:"自孟軻以後千餘年,經百千儒者,咸未有聞焉。天厭其極,付在鄙予。"其誇誕如此。

陳氏曰:顔,傳師之孫。其文骩骳,而自序之語極其矜負。

(元)馬端臨:《文獻通考》卷二三三《經籍考六十》

《李後主集》十卷

晁氏曰:僞唐主李煜重光也。少聰悟,喜讀書屬文,工書畫,知音律。建隆三年嗣僞位。開寶八年,王師剋金陵,封違命侯。太平興國三年,終隴西郡公,贈吴王。江鄰幾《雜志》云,爲秦王廷美所毒而卒。

(元)馬端臨:《文獻通考》卷二三三《經籍考六十》

韓熙載《文集》五卷

晁氏曰:僞唐韓熙載字叔言,北海人。後唐同光中進士。南奔江淮,李昪建國,用爲秘書郎,使與其子璟游。璟嗣位,爲虞部員外郎、史館修撰,兼太常博士、知制誥。頃之,請誅陳覺,黜和州司馬。復召中書舍人,累遷兵部尚書。第宅華侈,妓樂四十餘人,不加檢束,時人比徐之才。璟屢欲倚以爲相,用是不果。後左授右庶子、分司,乃盡斥群妓,單車引道,留爲秘書監。俄復位,已而其去妓皆還。熙載天才俊敏,工隸書及畫,聲名冠一時。自朱元叛後,煜頗疑北人，多因事誅之。熙載愈益淫縱，然喜延譽後進，如舒雅等，後多知名。謚曰文。

（元）馬端臨：《文獻通考》卷二三三《經籍考六十》

孫晟《文集》三卷

晁氏曰：南唐孫晟字鳳，密州人。好學有文辭，尤長於詩，少爲道士。常畫賈島像，置於屋壁，晨夕事之。後乃儒服謁唐莊宗於鎮州，莊宗以爲著作佐郎。天成中奔於吴，李昪父子用之爲相。周世宗征淮，璟懼，遣晟奉表求和，世宗召問江南事，不對，殺之。璟聞，贈魯國公。

（元）馬端臨：《文獻通考》卷二三三《經籍考六十》

潘佑《滎陽集》十卷

晁氏曰：僞唐潘佑，金陵人。韓熙載薦於璟，授秘書正字，直崇文館。煜時爲虞部員外郎，史館修撰、知制誥、中書舍人。佑性貞介，文章贍逸，尤長議論。坐言事悖慢，下獄，自刎死，人頗言張洎譖之。

（元）馬端臨：《文獻通考》卷二三三《經籍考六十》

成彦雄《梅頂集》一卷

晁氏曰：南唐成彦雄，江南進士。有劉鉉序。

（元）馬端臨：《文獻通考》卷二三三《經籍考六十》

《徐常侍集》三十卷

晁氏曰：南唐徐鉉字鼎臣，廣陵人。仕楊溥爲秘書郎，直宣徽北院，掌文翰。李昪時知制誥，煜時累遷翰林學士。歸朝，爲直學士院、給事中、散騎常侍。淳化初，坐累黜静難軍司馬。鉉初至京師，見御毛褐者，輒哂之，邠苦寒，竟以冷氣入腹而卒。鉉幼能屬文，尤精小學，文思敏速，凡所撰述，常不喜預作，有欲從其求文者，必戒臨事即來請，往往執筆立就，未嘗沈思。常曰："文速則意思敏壯，緩則體勢疏慢。”

陳氏曰:其二十卷,仕江南所作,餘十卷,歸朝後所作也。所撰《國主李煜墓銘》,婉微有體,《文鑒》取之。

(元)馬端臨:《文獻通考》卷二三三《經籍考六十》

田霖《四六集》一卷

晁氏曰:南唐田霖撰。

(元)馬端臨:《文獻通考》卷二三三《經籍考六十》

孫光憲《鞏湖編》三卷

晁氏曰:荆南孫光憲字孟文,陵州人。王衍降唐,避地荆南,從誨辟掌書記,歷檢校秘書監、御史大夫。王師收閬州,光憲勸其主獻三州地。乾德中,終黄州刺史,自號“葆光子”。

(元)馬端臨:《文獻通考》卷二三三《經籍考六十》

《扈載集》十卷

陳氏曰:後周翰林學士范陽扈載仲熙撰。少俊早達,年三十六以死。其子蒙,顯於國朝。

(元)馬端臨:《文獻通考》卷二三三《經籍考六十》

《張蠙詩》一卷

晁氏曰:僞蜀張蠙字象文,清河人。唐乾寧中進士。爲校書郎、櫟陽尉、犀浦令。王建開國,拜膳部員外郎,後爲金堂令。王衍與徐后游大慈寺,見壁間書:“墻頭細雨垂纖草,水面迴風聚落花。”愛之,問知蠙句,給札,令以詩進。蠙以二百首獻。衍頗重之,將召爲知制誥,宋光嗣以其輕傲,止賜白金而已。蠙生而穎秀,幼能爲詩,作《登單于臺》,有“白日地中出,黄河天外來”之句,爲世所稱。

(元)馬端臨:《文獻通考》卷二四三《經籍考七十》

《盧延讓詩》一卷

晁氏曰:僞蜀盧延讓子善也,范陽人。唐光化元年進士。朗陵雷滿辟,滿敗,歸王建。及僭號,授水部員外郎,累遷給事中,卒官終刑部侍郎。延讓師薛能,詩不尚奇巧,人多誚其淺俗,獨吴融以其不蹈襲,大奇之。

(元)馬端臨:《文獻通考》卷二四三《經籍考七十》

《牛嶠歌詩》三卷

晁氏曰:僞蜀牛嶠字延峰,隴西人。唐相僧孺之後。博學有文,以歌詩著名。乾符五年進士。歷拾遺、補闕、尚書郎。王建鎮西川,辟判官。及開國,拜給事中,卒。集本三十卷,自序云:竊慕李長吉所爲歌詩,輒效之。

(元)馬端臨:《文獻通考》卷二四三《經籍考七十》

《韋莊浣花集》五卷

晁氏曰:僞蜀韋莊,字端己。仕王建至吏部侍郎、平章事。集乃其弟藹所編,以所居即杜甫草堂舊址,故名。僞史稱莊有集二十卷,今止存此。

(元)馬端臨:《文獻通考》卷二四三《經籍考七十》

《沈彬集》一卷

晁氏曰:南唐沈彬。保大中以尚書郎致仕,居高安。集中有與韋莊、杜光庭、貫休詩,唐末三人皆在蜀,疑其同時避亂,嘗入蜀云。《上李昇山水圖詩》在焉。

(元)馬端臨:《文獻通考》卷二四三《經籍考七十》

熊皦《屠龍集》五卷

晁氏曰:晉熊皦。後唐清泰二年進士,爲延安劉景岩從事。天福中,説景岩歸朝,擢右司諫,坐累,黜上津令。集有陶穀序。陳沆嘗皦

《早梅》云“一夜欲開盡,百花猶未知”,曰:“太妃容德,於是乎在。”

陳氏曰:集中多下第詩,蓋老於場屋者。

(元)馬端臨:《文獻通考》卷二四三《經籍考七十》

《鼎國詩》三卷

晁氏曰:後唐李雄撰。雄,洛犨人。莊宗同光甲申歲,游金陵、成都、鄴下,各爲《咏古詩》三十章。以三國鼎峙,故曰“鼎國”。

(元)馬端臨:《文獻通考》卷二四三《經籍考七十》

《李有中詩》二卷

晁氏曰:南唐李有中。嘗爲新塗令,與水部郎中孟賓于善。賓于稱其詩如方干、賈島之徒。賓于,晉天福中進士也。《有中集》中有贈韓、張、徐三舍人詩。韓乃熙載,張乃洎,徐乃鉉也。《春月》詩云:“乾坤一夕雨,草木萬方春。”頗佳,他皆稱是。

(元)馬端臨:《文獻通考》卷二四三《經籍考七十》

《盧士衡集》一卷

陳氏曰:後唐盧士衡撰。天成二年進士。

(元)馬端臨:《文獻通考》卷二四三《經籍考七十》

《符蒙集》一卷

陳氏曰:題符侍郎,同光三年進士也。同年四人,蒙初爲狀頭,覆試爲第四。

(元)馬端臨:《文獻通考》卷二四三《經籍考七十》

《李建勛集》一卷

陳氏曰:南唐宰相李建勛撰。

(元)馬端臨:《文獻通考》卷二四三《經籍考七十》

《孟賓于集》一卷

陳氏曰:五代進士孟賓于撰。仕湖南、江南。

(元)馬端臨:《文獻通考》卷二四三《經籍考七十》

《江爲集》一卷

陳氏曰:五代建安江爲撰。爲王氏所誅,當漢乾祐中。

(元)馬端臨:《文獻通考》卷二四三《經籍考七十》

《劉一集》一卷

陳氏曰:似唐末五代人。《藝文志》不載。其詩怪而不律,亦不工。

(元)馬端臨:《文獻通考》卷二四三《經籍考七十》

《花蕊夫人詩》一卷

晁氏曰:僞蜀孟昶愛姬,青城費氏女。幼能屬文,長於詩,宮詞尤有思致,蜀平,以俘輸織室,後有罪賜死。

(元)馬端臨:《文獻通考》卷二四三《經籍考七十》

《伍喬集》一卷

陳氏曰:本江南進士,後歸朝。

(元)馬端臨:《文獻通考》卷二四三《經籍考七十》

《花間集》十卷

陳氏曰:蜀歐陽蜅作序,稱衛尉少卿字弘基者所集,未詳何人。其詞自温飛卿而下十八人,凡五百首,此近世倚聲填詞之祖也。詩至晚唐五季,氣格卑陋,千人一律,而長短句獨精巧高麗,後世莫及,此事之不可曉者。放翁陸務觀之言云爾。

(元)馬端臨:《文獻通考》卷二四六《經籍考七三》

《南唐二主詞》一卷

陳氏曰:中主李璟、後主李煜撰。卷首四闋,《應天》《長望》《遠行》各一,《浣溪沙》二,中主所作,重光嘗書之,墨迹在盱江晁氏。題云:先皇御製歌詞。余嘗見之,於麥光紙上作撥鐙書,有晁景迂題字,今不知何在矣。餘詞皆重光作。

(元)馬端臨:《文獻通考》卷二四六《經籍考七三》

《陽春録》一卷

陳氏曰:南唐馮延巳撰。高郵崔公度伯易題其後,稱其家所藏最爲詳確,而《尊前》《花間》諸集往往謬其姓氏,近傳歐陽永叔詞,亦多有之,皆失其真也。世言"風乍起"爲延巳作,或云成幼文也。今此集無有,當是幼文作,長沙本以寘此集中,殆非也。

(元)馬端臨:《文獻通考》卷二四六《經籍考七三》

《東漢文類》三十卷

晁氏曰:五代竇儼編。

(元)馬端臨:《文獻通考》卷二四八《經籍考七五》

《續本事詩》二卷

晁氏曰:僞吴處常子撰。未詳其人。自有序云:比覽孟初中《本事詩》,輒搜篋中所有,依前題七章,類而編之。皆唐人詩也。

(元)馬端臨:《文獻通考》卷二四八《經籍考七五》

《才調集》十卷

陳氏曰:後蜀韋縠集唐人詩。

(元)馬端臨:《文獻通考》卷二四八《經籍考七五》

《烟花集》五卷

陳氏曰:蜀後主王衍集豔詩二百篇,且爲之序。

(元)馬端臨:《文獻通考》卷二四八《經籍考七五》

《洞天集》五卷

陳氏曰:漢王貞範集道家、神仙、隱逸詩篇。漢乾祐中也。

(元)馬端臨:《文獻通考》卷二四八《經籍考七五》

太平興國聞捷奏詩

四年征河東,二月己卯始次欒城,則有詩。四月癸亥進次天威,則有《早行》詩。甲子次新興,有《書懷》等三詩。丙寅次側石頓有問捷,奏蕩平隆州詩,皆賜從宫和。五月壬午幸城南,自草賜劉繼元詔。己丑製《平晉賦》,賜從宫,令繼作。又製《平晉》,五七言詩各一首,俾屬和。丁酉,製《平晉記》。辛丑,發晉陽,有《凱旋》之賦。癸卯,回鑾,又有《書懷》之詩,皆令從臣繼和。

(宋)王應麟:《玉海》卷三〇《藝文》

太平興國平晉記

四年五月壬午,劉繼元降。己丑,上作《平晉賦》及詩,令從臣和。丁酉以行宫爲平晉寺,上作《平晉記》,刻石寺中。

(宋)王應麟:《玉海》卷三二《藝文》

開寶聖功頌

太祖克澤潞,下維楊、湖湘,得荆渚,收劍南,取嶺表及平江左,武功震耀。開寶九年丙子歲正月戊辰朔,受朝乾元殿,降王在列,聲明大備。知制誥扈蒙上《聖功頌》,以述其事:"赫矣昌運,巍乎成功。大荒夷夏,高格旻穹。始肅禋祀,蒼璧黄琮。爰命將帥,旅天彤弓。乃定湘楚,乃服巴邛,乃平嶺表,乃殄江東。四隩既宅,八表攸同。皇明所被,如日之融。帝業之盛,如嶽之崇。主合之内,其樂邕邕。萬方之外,其來憧憧。慕我慶澤,熙我薰風。闕里諸彦,康衢游童。咸歌大化,悉願東封。耀德如是,儲休永隆。臣蒙作頌,播告寰中。"詔褒之。本傳。

(宋)王應麟:《玉海》卷六〇《藝文》

(乾德)五年正月庚寅朔,御乾元殿受朝,太祖克澤潞,下維揚,復湖湘,得荆渚,收劍南,取嶺表,平江左,武功震耀。開寶九年丙子歲正月戊寅朔,受朝乾元殿,降王在列,聲明大備,知制誥扈蒙上《聖功頌》述其事,詔褒之。

(宋)王應麟:《玉海》卷七一《禮儀》

太平興國平晉頌

四年五月甲申,太原平。直史館宋白從征,因獻《平晉頌》。

(宋)王應麟:《玉海》卷六〇《藝文》

芳儀曲

芳儀,江南國主李景女,納土後在京師。初嫁供奉官孫某,爲武强都監妻,生女。皆爲遼中聖宗所獲,封芳儀,生公主一人。趙至忠虞部自北虜歸朝,官嘗仕遼爲翰林學士,修國史,著《北庭雜記》載其事。晁補之爲北都教官,覽其書而悲之,與顔復長道作《芳儀曲》云:“金陵宫殿春霏微,江南花發鷓鴣飛。風流國主家千口,十五吹簫粉黛稀。滿堂詩酒皆詞客,奪錦揮毫在瑶席。後庭一曲咨風流,國主家風景改易。抆泪臨江悲故國,公獻籍來朝未央。敕書築第優降王,魏俘曾不輸織室。供奉一官奔武疆,秦淮朝水鍾山樹。塞北江南易懷土,雙燕清秋夢柏梁。吹落天涯猶並羽,相隨未是斷腸悲。黄河應有却還時,寧知翻手明朝事,咫尺山河不可期。倉皇三鼓滹沱岸,良人白馬今誰見。國亡家破一身存,薄命如雲言流轉。芳儀加我名字新,教歌遣舞不由人。采珠拾翠衣裳好,深紅暗盡驚沙塵。陰山射虎邊風急,嘈雜琵琶酒闌泣。無言數遍天河星,只有南箕近鄉邑。當年千指渡江來,千指不知身獨衰。中原骨肉又零落,黄鵠寄意何當回。生男自有四方志,女子那知出門事。君不見,李陵椎髻泣窮邊,丈夫漂泊猶可憐。”江州廬山真風觀,李主有國日施財修之,刊姓氏於石,有太寧公主、嘉公主,皆李景女,不知芳儀者孰是也。

(明)陶宗儀:《説郛》卷三三《唅囈集》

唐末五代人物衰盡,詩有貫休,書有亞栖,村俗之氣,大率相似。蘇子美家有長史書云:"隔簾歌已俊,對坐貌彌精。"語既凡惡,而字法真亞栖之流。曾子固編《李太白集》,而有《贈僧懷素草書歌》及《笑已乎》數首,皆貫休以下,格調卑陋。子固號有知識者,故深可怪。如白樂天贈徐凝,退之贈賈島,皆世俗無知者所記,不足多怪。

(宋)蘇軾:《仇池筆記》卷上

4. 繪畫

西蜀道士張素卿,神仙人也。曾於青城山丈人觀,繪畫五嶽四瀆真形並十二溪女數堵。筆迹遒健,精彩欲活。見之者心竦神悸,足不能進,實畫中之奇絶也。蜀主累遣秘書少監黄筌令取模様。及下山,終不相類。因生日,或有收得素卿所畫八仙真形八幅,以獻孟昶。觀古人之形相,見古人之筆妙,歎賞者久之。且曰:"非神仙之人,無以寫神仙之質也。"賜物甚厚。一日,令僞翰林學士歐陽炯次第贊之,又遣水部員外郎黄居實八分題之。每觀其畫,嘆筆迹之縱逸;覽其贊,賞文詞之高古;視其書,愛點畫之宏壯。顧謂"八仙",不讓"三絶"。八仙者,李己、容成、董仲舒、張道陵、嚴君平、李八百、長壽、葛永璝。

(宋)李昉:《太平廣記》卷二一四《八仙圖》

《蘇氏種瓜圖》,絶畫故事,蜀人多作此等畫工。甚非閻立本筆,立本畫皆著色,而細鎖銀作月色布地。今人收得,便謂之李將軍思訓,皆非也。江南李主多有之,以内合同印、集賢院印印之,蓋收遠物,或是珍貢。

(宋)米芾:《畫史》

昔吴道子所畫一鍾馗,衣藍衫,鞹一足,眇一目,腰一笏,巾裹而蓬髮垂鬢。左手捉一鬼,以右手第二指剜鬼眼睛。筆迹遒勁,實有唐之神妙。收得者將獻僞蜀主,甚愛重之,常懸於内寢。一日,召黄筌令看之。筌一見,稱其絶妙。謝恩訖,昶謂曰:“此鍾馗若母指掐鬼眼睛,則更校有力。試爲我改之。”筌請歸私第。數日看之不足,别絣絹素,畫一鍾馗,以母指掐鬼眼睛,並吴本一時進納。昶問曰:“比令卿改之,何爲别畫?”筌曰:“吴道子所畫鍾馗,一身之力,氣色眼貌,俱在第二指,不在母指,所以不敢輒改。筌今所畫,雖不及古人,一身之力,意思並在母指。”昶甚悦,賞筌之能,遂以彩緞銀器,旌其别識。

(宋)李昉:《太平廣記》卷二一四《黄筌》

李思訓畫著色山水,用金碧輝映,爲一家法,其子昭道變父之勢,妙又過之,故時人號爲“大李將軍”“小李將軍”。至五代蜀人李昇,工畫著色山,亦呼爲小李將軍。

(明)陶宗儀:《説郛》卷一三《畫鑒》

世傳吕先生像,張目奮須,捉腕而市墨者,乃庸人也。南唐後主使工訪别本而圖之,久而不得。他日有人過之,自言得吕翁真本,約工圖其像而後授之。工後以像過之,客舍市邸,方晝卧,叩關不發,問:“吾像如何?”且使張之,曰:“是也。”相語而覺稍遠,已而聲絶,發門索之,無見也。意客即吕翁也,乃以所畫像獻之。今有傳焉,深静秀清,真神人也。

(宋)陳師道:《後山談叢》卷四

唐人花鳥邊鸞最爲馳譽。大抵精於設色,濃艷如生,其他畫者雖多,互有得失。歷五代而得黄筌,資集諸家之善。山水師李昇,鶴師薛稷,龍水師孫位,至於花、竹、翎、毛超出衆史。筌之可齊名者,惟江南徐熙。熙志取高尚,畫草木魚蟲,妙奪造化,非世之畫工所可及也。熙畫花,落筆頗重,中略施丹粉,生意勃然。黄之子居寶、居寀,熙之孫崇嗣、崇矩,各得家學。熙之下有唐希雅亦佳,多作顫筆、棘針,是效其主李重光書法。後有長沙易元吉,作花果禽畜,尤長於獐猿。多游山林,窺猿狖禽鳥之樂,圖其天趣。若趙昌惟以傅染爲工,求其骨法,氣韻稍劣也。又如滕昌祐、丘慶餘、葛守昌、崔白、艾宣、丁貺之徒,皆得其緒餘,以成一家。要知花鳥一科,唐之邊鸞,宋之徐、黄,爲古今規式。所謂前無古人,後無來者是也。

(明)陶宗儀:《説郛》卷一三《畫鑒》

湯子昇畫人物極妙,江南人家有《軒轅鑄鑒圖》,真奇物也。

(明)陶宗儀:《説郛》卷一三《畫鑒》

荆浩山水爲唐末之冠,關仝嘗師之。浩自號"洪谷子",作《山水訣》,爲范寬輩之祖。

(明)陶宗儀:《説郛》卷一三《畫鑒》

陸晃畫人物極工,元章《畫史》稱其庶人章。予嘗從同里葉氏見之,描法甚細而有力。又有《解厄天官像》等數圖,皆粗惡可厭。蓋晃畫自有二種,細者爲上。

(明)陶宗儀:《説郛》卷一三《畫鑒》

五代左禮與韓虬各畫佛像入妙。曾見畫十六身小羅漢坐岩石中,筆意甚工,不在韓虬之下。

(明)陶宗儀:《説郛》卷一三《畫鑒》

關仝《霧鎖關山圖》差嫩,是早年真迹,在京師人家。

(明)陶宗儀:《説郛》卷一三《畫鑒》

董元天真爛熳,平淡多□,唐無此品,在畢宏上。此米元章議論。唐畫山水,至宋始備,如元又在諸公之上。樹石幽潤,峰巒清深。蚤年礬頭頗多,暮年一洗舊習。予於秘府見《春龍出蟄圖》《孔子哭虞丘子圖》《春山圖》《溪岸圖》《秋山圖》及窠石二幀,於人間約見二十本,皆其平生得意合作。元之後有鍾陵僧巨然及劉道士。劉與巨然同時,畫亦同。但劉畫則以道士在左,巨然則以僧在左,以此爲别耳,要皆各得元之一體。至米氏父子,用其遺法,别出新意,自成一家。然得元之正傳者,巨然爲最也。

(明)陶宗儀:《説郛》卷一三《畫鑒》

董元山水有二種:一樣水墨礬頭,疏林遠樹,平遠幽深,山石作麻皮皴。一樣著色皴紋甚少,用色穠,古人物多用紅青衣,人面亦用粉素者。二種皆佳作也。

(明)陶宗儀:《説郛》卷一三《畫鑒》

周文矩畫人物宗周昉,但多顫掣筆,是學其主李重光書法如此,至畫仕女則無顫筆。

(明)陶宗儀:《説郛》卷一三《畫鑒》

沈括存中家收周昉五星,與丁氏一同,以其净處破碎,遂隨筆剪却四邊,帖於碧絹上成横軸,使人太息。

(宋)米芾:《畫史》

王鞏,字定國,收李成雪景六幅,清潤,今歸林希字子中家。又收唐竹圖,著色亦好,一横竹比他竹大麄也。

(宋)米芾:《畫史》

李後主命周文矩、顧弘中圖《韓熙載夜宴圖》,予見周畫二本,至京師見弘中筆,與周事迹稍異。有史魏王浩題字,並紹興印,雖非文房清玩,亦可爲淫樂之戒耳。

(明)陶宗儀:《説郛》卷一三《畫鑒》

徐熙畫花果,多在澄心紙上。至於畫絹,絹文稍粗。元章謂徐熙絹如布是也。

（明）陶宗儀:《説郛》卷一三《畫鑒》

唐希雅弟忠祚花鳥亦入妙，品在易元吉之下。若用墨作棘針，易不能及之也。

（明）陶宗儀:《説郛》卷一三《畫鑒》

唐畫《龍圖》在浙東錢氏家。絹十二幅作一幀，其高下稱是。中心畫一龍頭；一左臂雲氣騰涌，磨痕如臂大，筆迹圓勁沉著如印；一鱗如二尺盤大。不知當時用何筆如此峻利。上有吴越錢王大書曰"感應祈雨龍神"並書事迹，舊題作"吴道子"。要知唐人無疑也。

（明）陶宗儀:《説郛》卷一三《畫鑒》

仕女之工在於得其閨閣之態，唐周昉、張萱，五代杜霄、周文矩，下及蘇漢臣輩，皆得其妙，不在施朱傅粉，鏤金珮玉以飾爲工。予嘗收《宫女圖》，文矩筆也。置玉笛於腰帶中，自視指爪，情意凝佇，知其有所思也。又見文矩畫《高僧試筆圖》，在錢唐民家。一僧攘臂揮翰，旁觀數士人，咨嗟嘖嘖之態如聞有聲，真奇迹也。

（明）陶宗儀:《説郛》卷一三《畫鑒》

董元《夏山圖》今在史崇文家，天真爛熳，拍塞滿軸，不爲虚歊烘銷之意，而幽深古潤，使人神情爽朗。古人行山陰道中，應接不暇，豈意數尺敗素，亦能若是耶！

（明）陶宗儀:《説郛》卷一三《畫鑒》

顧德謙《蕭翼賺蘭亭圖》在宜興岳氏，作老僧自負所藏之意，口目可見。後有米元暉、畢少董諸公跋。少董，畢良史也。跋云:"此畫能用硃砂石粉，而筆力雄健，入本朝諸人皆所不能。比丘麈柄指掌，非盛稱《蘭亭》之美，則是力辭以無。蕭君袖手，營度瑟縮，其意必欲得之。皆是妙處。”畫必貴古,其説如此。又山西童藻跋云:“對榻僧靳色可掬,侍僧亦復不悦,僧物果難取哉。”

(明)陶宗儀:《説郛》卷一三《畫鑒》

胡環畫蕃部人馬,用狼毫製筆,疏渲鬃尾,緊細有力。至於穹廬什物,各盡其妙。司德用家《啖鷹圖》真妙品也。

(明)陶宗儀:《説郛》卷一三《畫鑒》

阮郜畫人物仕女極工且秀美,見者愛玩。錢唐人家有《賢妃盥手圖》,尤佳絶。

(明)陶宗儀:《説郛》卷一三《畫鑒》

黄筌畫枯木,信手塗抹,畫竹如斬釘截鐵。至京見二幀,信天下奇筆也。

(明)陶宗儀:《説郛》卷一三《畫鑒》

衛賢,五代人,作界畫可觀。予嘗收其《盤車水磨圖》,佳甚。又見王子慶《驢鳴圖》,亦佳,但樹木古拙,皴法不老耳。

(明)陶宗儀:《説郛》卷一三《畫鑒》

胡翼工畫人物,關仝畫山水,人物非其所長,多使翼爲之。僧貫休畫羅漢、高僧,不類世俗容貌。

(明)陶宗儀:《説郛》卷一三《畫鑒》

郭乾暉畫鷹鳥得名。於時,鍾隱亦負重名,自謂不及,乃變姓名,受傭於郭。經年得其筆意,求去,再拜陳所以。郭憐之,盡以傳授,故與齊名。古人用心獨苦者如此。

(明)陶宗儀:《説郛》卷一三《畫鑒》

郝澄畫馬甚俗，嘗見《人馬圖》，不過一工人所爲，殊無古意，上有宣和題印。又曾見《滚塵馬圖》，後有篆文曰"金陵郝澄"，極妙，知是兩手。又見《渲馬圖》，亦俗。始悟《滚塵馬》是無名人筆，後人妄加篆文以取重，不知反累畫也。

（明）陶宗儀：《説郛》卷一三《畫鑒》

陸瑾，江南人，畫《捕魚圖》。大抵宗王右丞，嫵媚過之。又嘗見《溪山風雨圖》，尤佳。

（明）陶宗儀：《説郛》卷一三《畫鑒》

厲歸真，五代人，畫牛甚妙。嘗見《牧牛圖》，大幅，遠山清潤，人牛閒適，後有八分書："羽士厲歸真筆。"舊藏高仲山家，今不知在何處。

（明）陶宗儀：《説郛》卷一三《畫鑒》

張符，畫牛得名於唐，曾見《渡水牛》一卷，甚平常，在戴嵩之下。符自號"烟波子"。

（明）陶宗儀：《説郛》卷一三《畫鑒》

曹仲玄《三官及五方如來像》，予曾見之。聞江南王氏家有《白衣觀音像》，未見。大抵曹師吴生，不得其法，晚自作細筆畫，以自別爲一家，在支仲元下。

（明）陶宗儀：《説郛》卷一三《畫鑒》

孫曼卿《松石問禪圖》，在錢唐人家。一松清潤，一僧甚閒雅，一士人作問答尊禮意。筆法精妙，古稱爲孫吴生，名不虚得也。

（明）陶宗儀：《説郛》卷一三《畫鑒》

僧傳古，龍體勢勝董羽，作水甚不逮。僕平生於龍畫最多留心，看覽葉公之迹不傳於世。唐畫曾見錢氏所藏十二幅絹素,作一首一臂,五代之迹不可復見。秘閣曹弗興龍首於傳見之,張僧繇、吴道子輩所作不傳於世,傳古龍約看至十四五本,亦曾收過三本,大扺得蜿蜒昇降之態,而猶未免於畫法。且看馬圖要識神駿,龍圖要識變化。故畫龍馬最難,蓋一主於變化出没,必流於戲墨,於畫法甚戲;若拘於畫法,則又乏變化之意,故畫龍尤難。董羽專門之學,亦不拘於形似。元章云董羽龍似魚,傳古龍似蜈蚣,真知言哉。嘗見董元龍數本,皆清奇可愛。元之長政不在是,故姑置不論。近世陳容公儲,本傳家者流,畫龍深得變化之意,潑墨成雲,噀水成霧。醉餘大叫,脱巾濡墨,信手塗抹,然後以筆成之。昇者降者,俯而欲嘘者,怒而視者,踞而爪石者,相向者,相鬥者,乘雲躍霧、戰沙出水者,以珠爲戲而争者,或全體發見,或一臂一首隱約而可名狀者,曾不經意而皆得神妙,豈胸中自有得於天者耶。

注:本條與涵芬樓印本差異甚大,兹整條録於下:

僧傳古,龍體勢勝董羽,作水甚不逮。僕平生於龍畫最多留心,省覽葉公之迹不可復見。秘閣曹弗興龍首於傳見之,張僧繇、吴道子輩所作不傳於世。唐畫曾見錢氏所藏十二幅絹素,作一首一臂,五代傳古龍約看至十四五本,亦曾收過三本,大抵得蜿蜒昇降之態,而猶未免拘於畫法。且看馬圖要識神駿,龍圖要識變化。故畫龍馬最難,蓋一主於變化出没,必流於戲墨,於畫法甚虧;若拘於畫法,則又乏變化之意,故畫龍尤難。董羽專門之學,亦不拘於形似。元章云董羽龍似魚,傳古龍似蜈蚣,真知言哉。嘗見董元龍數本,皆清奇可愛。元之長政不在是,故姑置不論。近世陳容公儲,本儒家者流,畫龍深得變化之意,潑墨成雲,噀水成霧。醉餘大叫,脱巾濡墨,信手塗抹,然後以筆成之。昇者降者,俯而欲嘘者,怒而視者,踞而爪石者,相向者,相鬥者,乘雲躍霧、戰沙出水者,以珠爲戲而争者,或全體發見,或一臂一首隱約而可名狀者,曾不經意而皆得神妙,豈胸中自有得於天者耶。

(明)陶宗儀:《説郛》卷一三《畫鑒》

五代袁峨、宋徐白善畫魚。及觀其迹,不過刀几間物耳,使人徒起羹膾之興。獨文臣劉寀畫水中魚,風萍水荇,觀之活動,至於鱗尾性情,游潜回泳,皆得其妙。平生嘗觀其畫,近見《落花游魚圖》,紅桃一枝,飛花數片,一赤鯉漾輕波,吹落英,深得詩人之意。

(明)陶宗儀:《説郛》卷一三《畫鑒》

僧運能,五代人,善畫佛像。

(明)陶宗儀:《説郛》卷一三《畫鑒》

唐、五代畫横卷皇朝名畫同。用曲水紫錦褾,碧鸞綾裏,白鸞綾引首,玉軸。或瑪瑙軸,内下等並謄本用皂褾雜色軸。蠲紙贉。

唐、五代、皇朝等名畫挂軸,並同六朝裝褫,軸頭旋取旨。

(宋)周密:《齊東野語》卷六

近代作畫,多宗董源、李成二家筆法,樹石各不相似,學者當盡心焉。

(明)陶宗儀:《南村輟耕録》卷八

近時名畫,李成、巨然山水,包鼎虎,趙昌花果。成官至尚書郎,其山水寒林,往往人家有之。巨然之筆,惟學士院玉堂北壁獨存,人間不復見也。

(宋)江少虞:《宋朝事實類苑》卷五〇

近時名畫,李成、巨然山水,包鼎虎、趙昌花果。成官至尚書郎,其山水寒林,往往人家有之。巨然之筆,惟學士院玉堂北壁獨存,人間不復見也。包氏,宣州人,世以畫虎名家,而鼎最爲妙,今子孫猶以畫虎爲業,而曾不得其髣髴也。昌花寫生逼真,而筆法軟俗,一作劣。殊無古人格致,然時亦未有其比。

(宋)歐陽修:《歸田録》卷二

畫山水惟營丘李成、長安關同、華原范寬,智妙入神。才高出類,三家鼎跱,百代標程。前古雖有傳世可見者,如王維、李思訓、荆浩之倫,豈能方駕近代。雖有專意力學者,如翟院深、劉永、紀真之輩,難繼後塵。翟學李,劉學關,紀學范。夫氣象蕭疏,烟林清曠,毫鋒穎脱,墨瀍精微者,營丘之制也;石體堅凝,雜木豐茂,臺閣古雅,人物幽閒者,關氏之風也;峰巒渾厚,勢狀雄强,搶上聲筆俱匀,人屋皆質者,范氏之作也。烟林平遠之妙,始自營丘。畫松葉謂之攢針,筆不染淡,自有榮茂之色,關畫木葉,間用墨揾,時出枯梢,筆蹤勁利,學者難到。范畫林木,或側或欹,形如偃蓋,别是一種風規,但未見畫松柏耳。畫屋既質,以墨籠染,後輩目爲鐵屋。

(宋)郭若虚:《圖畫見聞志》卷一

諺云:“黄家富貴,徐熙野逸。”不惟各言其志,蓋亦耳目所習,得之於手,而應於心也。何以明其然?黄筌與其子居寀,始並事蜀爲待詔,筌後累遷如京副使。既歸朝,筌領真命爲宫贊,或曰,筌到闕未久物故。今之遺迹,多見在蜀中日作,故往往有廣政年號,宫贊之命,亦恐傳之誤也。居寀復以待詔録之,皆給事禁中,多寫禁籞所有珍禽瑞鳥、奇花怪石。今傳世桃花鷹鶻、純白雉兔、金盆鵓鴿、孔雀龜鶴之類是也。又,翎毛骨氣尚豐滿,而天水分色。徐熙江南處士,志節高邁,放達不羈,多狀江湖所有汀花野竹、水鳥淵魚,今傳世鳧雁鷺鷥、蒲藻蝦魚、叢艷折枝、園蔬藥苗之類是也。又,翎毛形骨貴輕秀,而天水通色。言多狀者,緣人之稱,聊分兩家作用,亦在臨時命意。大抵江南之藝,骨氣多不及蜀人,而瀟灑過之也。二者春蘭秋菊,各擅重名,下筆成珍,揮毫可範。復有居寀兄居寶,徐熙之孫曰崇嗣、曰崇矩,蜀有刁處士名光胤、劉贊、滕昌祐、夏侯延祐、李懷衮。江南有唐希雅,希雅之孫曰中祚、曰宿,及解處中輩。都下有李符、李吉之儔,及後來名手間出。跂望徐生與二黄,繇山水之有正經。黄筌之師刁處士,猶關同之師荆浩。

(宋)郭若虚:《圖畫見聞志》卷一

梁相國于兢,善畫牡丹。幼年從學,因睹學舍前檻中牡丹盛開,乃命筆仿之,不浹旬,奪真矣。後遂酷思無倦,動必增奇。貴達之後,非尊親旨命,不復含毫。有人贈詩曰:“看時人步澀,展處蝶争來。”有《寫生全本》《折枝》傳於世。

(宋)郭若虚:《圖畫見聞志》卷二

梁駙馬都尉趙岩,善畫人馬。挺然高格,非衆人所及。有《漢書西域傳》《骨貴馬》《小兒戲舞》《鍾馗》《彈棋》《診脉》等圖傳於世。

(宋)郭若虚:《圖畫見聞志》卷二

梁左千牛衛將軍劉彦齊,善畫竹。頗臻清致,有《風折竹》《孟宗泣竹》《湘妃》等圖傳於世。人物多假胡翼之手。

(宋)郭若虚:《圖畫見聞志》卷二

後唐侍衛親軍袁嶬,河南登封人,善畫魚。謹密形似,外得噞喁游泳之態,有卷軸傳於世。

(宋)郭若虚:《圖畫見聞志》卷二

羅塞翁,錢尚父時爲吴中從事,錢塘令隱之子。善畫羊,世罕有其迹,惟餘姚陸家曾收一卷,精妙卓絶,後歸孫元規家矣。

(宋)郭若虚:《圖畫見聞志》卷二

東丹王,契丹天皇王之弟,號人皇王,名突欲。後唐長興二年,投歸中國,明宗賜姓李,名贊華。善畫本國人物鞍馬,多寫貴人酋長,胡服鞍勒,率皆珍華,然而馬尚豐肥,筆乏壯氣。

(宋)郭若虚:《圖畫見聞志》卷二

胡擢,不知何許人。善狀花鳥,氣韻甚高,博學能詩,飄然有物外之志。嘗謂其弟曰:“吾思苦於三峽聞猿。”擢有《三峽聞猿賦》,人多膾炙。又嘗吟曰:“瓮中每醞逍遥樂,筆下閑偷造化功。”其高情逸興如此。有《瀏鶒圖》《全株石榴》《四時翎毛》《花果》等圖傳於世。

(宋)郭若虛:《圖畫見聞志》卷二

胡翼,字鵬雲,工畫佛道人物,至於車馬樓臺,無施而不妙。趙岩都尉頗禮遇之,常延至門館。有《秦樓》《吴宫》《盤車》《洗馬》《回紋》《豐稔》等圖傳於世。時多求借自古名筆,手自傳模,裝成卷軸,後題云安定鵬雲記。

(宋)郭若虛:《圖畫見聞志》卷二

王殷,工畫佛道士女。尤精外國人物,與胡翼並爲趙岩都尉所禮,他人無及也。有《職貢》《游春士女》等圖,並粉本佛像傳於世。

(宋)郭若虛:《圖畫見聞志》卷二

李群,工畫人物,爲時所稱。有《玄中法師像》《孟説舉鼎》《赤松子》《八戒》《醉客》等圖傳於世。

(宋)郭若虛:《圖畫見聞志》卷二

畫牛

江南徐諤得畫牛,晝齧草欄外,夜則歸卧欄中。持以獻後主煜,煜獻闕下。太宗問群臣,俱無知之者。惟僧贊寧曰:“南倭海水或減,則灘磧微露,倭人拾方諸蚌,臙中有餘泪數滴,得之和色著物,則晝隱而夜顯。沃焦山時或風撓飄擊,忽有石落海岸,得之滴水磨色,染物則晝顯而夜晦。”

(明)陶宗儀:《説郛》卷二二《清波雜志》

郭乾暉將軍,北海人。工畫鷙鳥雜禽,疏篁槁木,格律老勁,巧變鋒出,曠古未見其比。有《秋郊鷹雉》並《逐禽鷂子》《架上鷂子》等圖傳於世。

(宋)郭若虛:《圖畫見聞志》卷二

鍾隱,天台山人。亦工畫鷙鳥竹木,師郭乾暉,深得其旨。乾暉始秘其筆法,隱變姓名趨汾陽之門,服勤累月,乾暉不知其隱也。隱一日緣興,於壁上畫鷂子一隻,人有報乾暉者,乾暉亟就視之,且驚曰:"子得非鍾隱乎?"隱再拜,具道所以。乾暉喜曰:"孺子可教也。"乃善遇之丈席,以講畫道,隱遂馳名海内焉。兼工畫山水、人物,有《鷹鷂雜禽》《周處斬蛟》《山水》等圖傳於世。

(宋)郭若虛:《圖畫見聞志》卷二

郭權,江南人。師鍾隱,亦有圖軸傳於世。

(宋)郭若虛:《圖畫見聞志》卷二

史瓊,善畫雉兔竹石。有《雪景雉兔》《竹下引雛》《野雉》等圖傳於世。

(宋)郭若虛:《圖畫見聞志》卷二

程凝,善畫鶴竹,兼長遠水。有《六鶴圖》,並《折竹孤鶴》《湖灘遠水》等圖傳於世。

(宋)郭若虛:《圖畫見聞志》卷二

王道古,善畫雀竹。有《四時雀竹》,並《引雛》《鬥雀》等圖傳於世。

(宋)郭若虛:《圖畫見聞志》卷二

李坡,南昌人。惟善畫竹,氣韻飄舉,不事小巧。有《折竹》《風竹》《冒雪》《疏篁》等圖傳於世。

(宋)郭若虛:《圖畫見聞志》卷二

唐垓,善畫野禽、生菜、水族諸物,世稱精妙。有《柘棘野禽十種》

《生菜》《魚蝦》《海物》等圖傳於世。

(宋)郭若虛:《圖畫見聞志》卷二

王道求,工畫佛道鬼神、人物畜獸。始依周昉遺範,後類盧楞伽之迹,多畫鬼神及外國人物、龍蛇畏獸,當時名手嘆伏。大相國寺有畫壁,今多不存矣。有《十六羅漢》《挾鬼鍾馗》、《拂林弟子》等圖傳於世。

(宋)郭若虛:《圖畫見聞志》卷二

宋卓,工畫佛道。志學吴筆,不事傅彩,有《白畫菩薩》《粉本坐神》等像傳於世。

(宋)郭若虛:《圖畫見聞志》卷二

富玫,工畫佛道,有《彌勒内院圖》《白衣觀音》《文殊》《地藏》《慈恩法師》等像傳於世。

(宋)郭若虛:《圖畫見聞志》卷二

左禮、張南,並工佛道。二人筆意不相遠,有《二十四化圖》《十六羅漢》《三官》《十真人》等像傳於世。

(宋)郭若虛:《圖畫見聞志》卷二

王偉,工畫佛道。相國寺大殿等處,舊有畫壁甚多,今存者無幾。

(宋)郭若虛:《圖畫見聞志》卷二

黄延浩,工畫人物。有《明皇吹玉笛》《五王同幄》《春園宴會》《乞巧》等圖傳於世。

(宋)郭若虛:《圖畫見聞志》卷二

張質,工畫田家風物。有《村田鼓笛》《村社醉散》《踏歌》等圖傳於世。

（宋）郭若虛：《圖畫見聞志》卷二

韓求、李祝，並工佛道。學吴生，陝郊龍興寺有畫壁。

（宋）郭若虛：《圖畫見聞志》卷二

張圖，河内洛陽人。嘗事梁祖，掌行軍糧籍，故人呼爲張將軍。善潑墨山水，兼長大像。洛中廣愛寺有畫壁，又嘗見寇忠愍家有《釋迦像》一鋪，鋒鋩豪縱，勢類草書，實奇怪也。

（宋）郭若虛：《圖畫見聞志》卷二

朱繇，長安人。工畫佛道，酷類吴生。洛中廣愛寺有《文殊普賢像》，長壽寺並河中府金真觀皆有畫壁。

（宋）郭若虛：《圖畫見聞志》卷二

李昇，成都人，工畫蜀川山水。始得唐張璪山水一軸，凝玩數日，云未盡善矣。後遂心師造化，意出前賢。成都聖壽寺有畫壁，多寫名山勝境。仁顯云嘗於少監黄筌第，見昇山水圖，乃知名實相稱也。有《武陵溪》《青城》《峨嵋》《二十四化》等圖傳於世。蜀中多呼昇爲"小李將軍"。小李將軍乃是思訓之子，思訓，林甫之伯，官至左武衛大將軍，子昭道爲太子中舍，父子俱善畫，因父故，人呼昭道爲"小李將軍"也。

（宋）郭若虛：《圖畫見聞志》卷二

燕筠，工畫天王，獨躋周昉之妙，有卷軸傳於世。

（宋）郭若虛：《圖畫見聞志》卷二

杜霄，工畫士女。富於姿態，妙得周昉之旨。有《鞦韆》《撲蝶》《吴王避暑》等圖傳於世。

（宋）郭若虛：《圖畫見聞志》卷二

李玄應洎弟審,並工畫蕃馬,專學胡瓌。有《放馬白本》《胡樂》《飲會》《拂林》等圖傳於世。

(宋)郭若虛:《圖畫見聞志》卷二

道士厲歸真,異人也,莫知其鄉里。善畫牛虎,兼工鷙禽雀竹,綽有奇思。惟著一布裘,入酒肆娼家,每有人問其所以,輒大張口茹其拳而不言。梁祖召問云:"君有何道理?"歸真對曰:"衣單愛酒,以酒禦寒,用畫償酒。此外無能。"梁祖然之。嘗游南昌信果觀,有三官殿夾紵塑像,乃唐明皇時所作,體制妙絶,常患雀鴿糞穢其上。歸真乃畫一鷂於壁間,自是雀鴿無復栖止。有《渡水牧牛》《牛》《虎》《鷂子》《柘竹》《野禽》等圖傳於世。

(宋)郭若虛:《圖畫見聞志》卷二

李靄之,華陰人。工畫山水寒林,有江鄉之思。鄜帥羅中令厚禮之,爲建一亭爲援毫之所,名金波亭,時號金波李處士也。有《賣藥》《修琴》《歸山圖》《野人荷酒》《寒林》,並山水卷軸傳於世。

(宋)郭若虛:《圖畫見聞志》卷二

韋道豐,江夏人。善畫寒林,逸思奇僻,不拘小節,當代珍之,請揖不暇。然經歲月方成一圖,成則驚人,故世罕有真迹。

(宋)郭若虛:《圖畫見聞志》卷二

朱簡章,工畫人物、屋木。有《禹治水》《神仙傳》《胡笳十八拍》《鳳樓十八怨》《烟波漁父》等圖傳於世。

(宋)郭若虛:《圖畫見聞志》卷二

王喬士,工畫佛道人物,尤愛畫地藏菩薩、十王像。凡有百餘本傳於世。

(宋)郭若虛:《圖畫見聞志》卷二

鄭唐卿,工畫人物。兼長寫貌。有《梁祖名臣像》,並《故事人物》傳於世。

(宋)郭若虚:《圖畫見聞志》卷二

關同,一名穜,又王文康家圖上題云童。長安人,工畫山水。學從荆浩,有出藍之美,馳名當代,無敢分庭。叙論卷中具述。有《趙陽山居》《溪山晚霽》《四時山水》《桃源早行》等圖傳於世。

(宋)郭若虚:《圖畫見聞志》卷二

支仲元,鳳翔人。工畫人物,有《老子誡徐甲》《蕭翼賺蘭亭》《商山四皓》等圖傳於世。

(宋)郭若虚:《圖畫見聞志》卷二

梅行思,或云再思。江夏人,工畫鬥雞,名聞天下。最著者是陳康肅家《籠雞》一軸,號爲神絶。兼工人物,有《十才子》《河岳精靈集》《舉人過關》《謝女咏梅》《寇豹騎牛》等圖傳於世。

(宋)郭若虚:《圖畫見聞志》卷二

杜楷,成都人。亦工畫山水,多作老木懸崖,回阿遠岫,殊多雅思。有《秋日并州路詩意圖》並山水卷軸傳於世,亦工佛像。

(宋)郭若虚:《圖畫見聞志》卷二

杜子瓌,華陽人。工畫佛道,尤精傅彩,調鉛殺粉,别得其方。嘗於成都龍華東禪院畫毗盧像,坐赤圓光中,碧蓮花上,其圓光如初出日輪,破淡無迹,人所不到也。

(宋)郭若虚:《圖畫見聞志》卷二

杜弘義,蜀郡晉平人。工畫佛像高僧,成都寶曆寺有《文殊》《普賢》並《水陸功德》。

(宋)郭若虛:《圖畫見聞志》卷二

房從真,成都人。工畫人物蕃馬,事王蜀先主,爲翰林待詔。嘗於蜀宫板障上畫諸葛武侯引兵渡瀘水,人馬執戴,生動如神。蜀主每行至彼,駐而不進,怡然嘆曰:"壯哉甲馬!"兼善撥筆鬼神,亦多寺壁。有《寧王射獵》《陳登斫鱠》《常建冒雪入京》等圖傳於世。

(宋)郭若虛:《圖畫見聞志》卷二

宋藝,蜀郡人。工寫貌,事王蜀爲翰林待詔。常寫唐朝列聖及道士葉法善、一行禪師、沙門海會、内臣高力士等真於大慈寺。

(宋)郭若虛:《圖畫見聞志》卷二

高道興,成都人,事王蜀爲内圖畫庫使。工佛道雜畫,用筆神速,觸類皆精,蜀之寺觀,尤多墻壁。時人諺云:高君墜筆亦成畫。

(宋)郭若虛:《圖畫見聞志》卷二

阮知晦,蜀郡人,工畫貴戚子女,兼長寫貌。事王蜀爲翰林待詔,寫王先主真爲首出。

(宋)郭若虛:《圖畫見聞志》卷二

杜齯龜,其先本秦人,避地居蜀。博學强識,工畫羅漢,兼長寫貌。始師常粲,後自成一體。事王蜀爲翰林待詔,成都大慈寺有畫壁。

(宋)郭若虛:《圖畫見聞志》卷二

黄筌,字要叔,成都人。十七歲事王蜀後主爲待詔,至孟蜀,加檢校少府監,賜金紫,後累遷如京副使。善畫花竹翎毛,兼工佛道人物、山川龍水,全該六法,遠過三師。花鳥師刁處士、山水師李昇、人物龍水師孫遇也。孟蜀後主廣政甲辰歲,淮南馳聘,副以六鶴,蜀主遂命筌寫六鶴於便坐之殿,因名六鶴殿。蜀人自此方識真鶴,"六鶴集"在《故事拾遺》卷中。由是蜀之豪貴請爲圖軸者接迹,時人諺云:黄筌畫鶴,薛稷减價。又畫四時花鳥於八卦殿,鷹見畫雉,連連掣臂,遂命翰林學士歐陽炯作記。又寫白兔於縑素,蜀主常懸坐側。有《四時山水》《花竹》《雜禽》《鷙鳥》《狐兔》《人物》《龍水》《佛道天王》《山居詩意》《瀟湘八景》等圖傳於世。

(宋)郭若虚:《圖畫見聞志》卷二

高從遇,道興之子,襲成父藝。事孟蜀爲翰林待詔。曾於蜀宫大安樓下畫天王隊仗,甚奇,後遭兵火,廢絶矣。

(宋)郭若虚:《圖畫見聞志》卷二

阮惟德,知晦之子,紹精父業。事孟蜀,爲翰林待詔,尤善狀宫闈、禁苑、皇妃、帝戚、富貴之事。有《宫中賞春》《公子夜宴》《按舞》《熨帛》等圖傳於世。

(宋)郭若虚:《圖畫見聞志》卷二

杜敬安,齯龜之子,繼父之美。事孟蜀,爲翰林待詔,尤能傅彩,成都大慈寺多與其父同畫列壁。

(宋)郭若虚:《圖畫見聞志》卷二

黄居寶,字辭玉,筌之次男也。少聰警多能,與其父同事蜀,爲待詔,後累遷水部員外郎。亦工畫花鳥、松石,兼善八分。年未四十而卒。

(宋)郭若虚:《圖畫見聞志》卷二

趙元德,長安人。天復中入蜀,雜工佛道鬼神、山水屋木。偶唐季喪亂之際,得隋唐名手畫樣百餘本,故所學精博。有《漢高祖過豐沛》《盤車》《講學》《豐稔圖》傳於世。

(宋)郭若虛:《圖畫見聞志》卷二

趙忠義,玄德之子,事孟蜀爲翰林待詔。雖從父訓,宛若生知。蜀後主嘗令畫《關將軍起玉泉寺圖》,作地架一座,垂昂叠栱,向背無失。蜀主命匠氏較之,無一差者,其精妙如此。嘗與高道興、黄筌輩同畫成都寺壁甚多。

(宋)郭若虛:《圖畫見聞志》卷二

蒲師訓,蜀人,事孟蜀爲翰林待詔。師房從真。嘗携畫詣從真。從真高蹈拊膺曰:"子之所得,非吾所授也。"畫蜀中祠廟、鬼神兵仗、冠冕幢葆,皆盡其美。

(宋)郭若虛:《圖畫見聞志》卷二

蒲延昌,師訓之子,與其父同時爲孟蜀待詔。工畫佛道鬼神。外尤精師子,行筆勁利,用色不繁。

(宋)郭若虛:《圖畫見聞志》卷二

張玫,成都人,事孟蜀爲翰林祗候。工畫人物、士女,兼長寫貌。有《長門醉客》《按樂》《擣衣》等圖,及漢唐名臣像傳於世。

(宋)郭若虛:《圖畫見聞志》卷二

徐德昌,成都人,事孟蜀爲翰林祗候。工畫人物、士女,墨彩輕媚,爲時所稱。

(宋)郭若虛:《圖畫見聞志》卷二

周行通,成都人。工畫鬼神、人馬、鷹犬、嬰孩,得其精要。有《李陵送蘇武》《支遁》《三隽》《奪馬》等圖傳於世。

(宋)郭若虛:《圖畫見聞志》卷二

張玄，簡州金水石城山人。善圖僧相，畫羅漢名播天下，稱“金水張家羅漢”也。

（宋）郭若虛：《圖畫見聞志》卷二

孔嵩，蜀人。善畫龍，兼工蟬雀，與黄筌並師刁處士。成都廣福院壁有所畫龍，及有《蟬雀》等圖傳於世。

（宋）郭若虛：《圖畫見聞志》卷二

丘文播暨弟文曉，廣漢人。並工佛道人物，兼善山水。其品降高、趙輩，成都並其鄉里頗有畫迹。文播後改名潜。

（宋）郭若虛：《圖畫見聞志》卷二

趙才，蜀人。工畫鬼神人物，亦長甲騎，蜀川多有遺迹。

（宋）郭若虛：《圖畫見聞志》卷二

滕昌祐，其先吴人，避地居蜀。工畫花鳥、蟬蝶、折枝、生菜，筆迹輕利，傅彩鮮澤，尤於畫鵝得名。有《四時花鳥》《魚龜》《猴兔》及《梅花鵝》《茴香下睡鵝》，又有《群鵝泛蓮沼》等圖傳於世。兼善書大字，蜀中寺觀牌額多昌祐書。

（宋）郭若虛：《圖畫見聞志》卷二

姜道隱，漢州什邡人，齔歲好畫，有時終日不歸，父母尋之，多在佛廟神祠中畫壁下。及長，不事産業，惟畫是好，布衣芒屩，隨身筆墨而已。嘗於净衆寺方丈畫山水松石，宋王庭隱贈之束縑，道隱置於僧堂，拂衣而去。

（宋）郭若虛：《圖畫見聞志》卷二

楊元真，不知何許人。工畫佛道，善爲曹筆，尤精布色。始居蜀，後召入鄴中不回,蜀川頗有畫迹。

(宋)郭若虛:《圖畫見聞志》卷二

黄從誨,成都人。世本儒家,心游繪事,佛道人物,舉意皆精,成都福感寺有畫壁。

(宋)郭若虛:《圖畫見聞志》卷二

張景思,蜀人。工畫佛道,蜀中有畫壁。

(宋)郭若虛:《圖畫見聞志》卷二

跋異,汧陽人。工畫佛道鬼神,洛中福先寺有畫壁,其品次張圖也。

(宋)郭若虛:《圖畫見聞志》卷二

王仁壽,汝南宛人。工畫佛道鬼神,兼長鞍馬。始師王殷,後學精吴法。晉末爲契丹所掠,太祖受禪放還。相國寺文殊院有《净土》《彌勒下生》二壁,净土院有《八菩薩像》,及有《征遼》《獵渭》等圖傳於世。

(宋)郭若虛:《圖畫見聞志》卷二

衛賢,京兆人。事江南李後主,爲内供奉。工畫人物、臺閣,初師尹繼昭,後服膺吴體。張文懿家有《春江釣叟圖》,上有李後主書《漁父詞》二首,其一曰:"閬苑有意千重雪,桃李無言一隊春。一壺酒,一竿鱗,快活如儂有幾人。其二曰:"一棹春風一葉舟,一綸繭縷一輕鈎。花滿渚,酒盈甌,萬頃波中得自由。"有《望賢宫》《滕王閣》《盤車》《水磨》等圖傳於世。

(宋)郭若虛:《圖畫見聞志》卷二

朱悰,不知何許人,與衛賢並師尹繼昭,而衛爲高足。

(宋)郭若虛:《圖畫見聞志》卷二

曹仲玄,建康豐城人。事江南李後主爲翰林待詔。工畫佛道鬼神,始學吴,不得意,遂改迹細密,自成一格,尤於傅彩,妙越等夷。江左梵宇靈祠,多有其迹。

(宋)郭若虚:《圖畫見聞志》卷二

陶守立,池陽人。江南李後主。保大間,應舉下第,退居齊山,以詩筆丹青自娱。工畫佛道鬼神、山川人物,至於車馬、臺閣,筆無偏善。嘗於九華草堂壁畫《山程早行圖》,及建康清凉寺有《海水》,李後主金山水閣有《十六羅漢像》,皆振妙於時也。

(宋)郭若虚:《圖畫見聞志》卷二

竹夢松,建康溧陽人。事江南李後主爲東川别駕。工畫人物子女、宫殿臺閣,巧絶冠代。

(宋)郭若虚:《圖畫見聞志》卷二

丁謙,晉陵義興人。工畫竹,兼善寫蔬果。寇忠愍家有《寫葱》一軸,上有李後主題丁謙二字,非凡格也。此畫今歸王晉卿都尉家。

(宋)郭若虚:《圖畫見聞志》卷二

何遇,江南人。善畫林石、屋木,學慕衛賢,深得其趣。

(宋)郭若虚:《圖畫見聞志》卷二

陸晃,嘉禾人。善畫田家人物,意思疏野,落筆成像,不預構思。故所畫卷軸或爲絶品,或爲末品也。

(宋)郭若虚:《圖畫見聞志》卷二

施璘,京兆藍田人,工畫竹,有生意。

(宋)郭若虚:《圖畫見聞志》卷二

禪月大師貫休，婺州蘭溪人。道行文章外，尤工小筆。嘗睹所畫水墨羅漢，云是休公入定觀羅漢真容後寫之，故悉是梵相，形骨古怪。其真本在豫章西山雲堂院供養，於今郡將迎請祈雨，無不應驗。休公有詩集行於世，兼善書，謂之姜體，以其俗姓姜也。

(宋)郭若虛:《圖畫見聞志》卷二

僧楚安，蜀人。善畫山水，點綴甚細，每畫一扇，上安姑蘇臺或滕王閣，千山萬水，盡在目前。今蜀中扇面印板，是其遺範。仁顯云:筆蹤細碎，全虧六法，非大手高格也。

(宋)郭若虛:《圖畫見聞志》卷二

僧傳古大師，四明人。善畫龍水，得名於世。叙集卷中已述。皇建院有所畫屏風見存，弟子岳闍黎，授學於師，其品次之。

(宋)郭若虛:《圖畫見聞志》卷二

僧智蘊，河南人。工畫佛像人物，學深曹體，洛中天宫寺講堂有毗盧像，廣愛寺有定光佛，福先寺有三灾變相數壁。周祖時進《舞鍾馗》圖，賜紫衣。

(宋)郭若虛:《圖畫見聞志》卷二

僧德符，善畫松柏，氣韻蕭灑。曾於相國寺灌頂院廳壁畫一松一柏，觀者如市，賢士大夫留題凡百餘篇，其爲時推重如此。以上各有圖軸傳於世。

(宋)郭若虛:《圖畫見聞志》卷二

江南後主李煜，才識清贍，書畫兼精。書名“金錯刀”。嘗觀所畫林石、飛鳥，遠過常流，高出意外。金陵王相家有《雜禽》《花木》，李忠武家有《竹枝圖》，皆希世之玩。

(宋)郭若虛:《圖畫見聞志》卷三

郭忠恕,字恕先,洛陽人。少能屬文,七歲舉童子。初周祖召爲博士,後因争忿於朝堂,貶崖州司户,秩滿去官,不復仕。縱放岐、雍、陝、洛之間,善畫屋木、林石,格非師授。有設紈素求爲圖畫者,必怒而去,乘興即自爲之。郭從義鎮岐下,每延至山亭,張素設粉墨於旁,經數月,忽乘醉就圖之,一角作遠山數峰而已。郭氏亦珍惜之。岐有富人主官酒酤,其子喜畫,日給醇酎,設几案絹素,及好紙數軸。屢以情言,忠恕俄取紙一軸,凡數十番,首畫一丱角小童,持綫車,紙窮處作風鳶,中引一綫,長數丈。富家子不以爲奇,遂謝絶。

(宋)郭若虚:《圖畫見聞志》卷三

董源,字叔達,鍾陵人,事南唐爲後苑副使。善畫山水,水墨類王維,著色如李思訓,兼工畫牛、虎,肉肌豐混,毛毳輕浮,具足精神,脱略凡格。有《滄湖山水》《著色山水》《春澤放牛》《牛》《虎》等圖傳於世。

(宋)郭若虚:《圖畫見聞志》卷三

王靄,京師人。工畫佛道人物,長寫貌。五代間以畫聞,晉末與王仁壽皆爲契丹所掠,太祖受禪放還,授圖畫院祗候。遂使江表,潛寫宋齊丘、韓熙載、林仁肇真,稱旨,改翰林待詔。今定力院太祖御容、梁祖真像,皆靄筆也。太祖御容,潛龍時寫,後改裝中央服矣。又畫開寶寺文殊閣下天王,及景德寺九曜院彌勒下生像,最爲奇出。

(宋)郭若虚:《圖畫見聞志》卷三

李文才,華陽人。工畫松石,兼長寫貌。事孟蜀爲翰林待詔。廣政中,荆南高王令人入蜀,請文才寫義興門街雙笋石並其故事。又嘗寫蜀主并名臣真像於大慈寺,亦有圖軸傳於世。

(宋)郭若虚:《圖畫見聞志》卷三

石恪,蜀人。性滑稽,有口辯,工畫佛道人物。始師張南本,後筆畫縱逸,不專規矩。蜀平,至闕下,嘗被旨畫相國寺壁,授以畫院之職,不就,堅請還蜀,詔許之。不樂都下風物,頗有譏誚,雜言或播人口。有《唐賢像》《五丁開山》《巨靈擘太華》《新羅人角力》等圖傳於世。

(宋)郭若虚:《圖畫見聞志》卷三

袁仁厚,蜀人。早師李文才,乾德中至闕下,未久還蜀。

(宋)郭若虚:《圖畫見聞志》卷三

趙長元,蜀人。工畫佛道人物,兼工翎毛,初隨蜀主至闕下,隸尚方。

(宋)郭若虚:《圖畫見聞志》卷三

王齊翰,建康人,事江南李後主爲翰林待詔。工畫佛道人物。開寶末,金陵城陷,有步卒李貴入佛寺中,得齊翰所畫羅漢十六軸。尋爲商賈劉元嗣以白金二百星購得,賫入京師,復於一僧處質錢。後元嗣詣僧請贖,其僧以過期拒之,因成争訟。時太宗尹京,督出其畫,覽之嘉嘆,遂留畫厚賜而釋之,經十六日,太宗登極,後名《應運羅漢》。

(宋)郭若虚:《圖畫見聞志》卷三

周文矩,建康句容人,事江南李後主爲翰林待詔。工畫人物、車馬、屋木、山川,尤精士女,大約體近周昉,而更增纖麗。有《貴戚游春》《擣衣》《熨帛》《綉女》等圖傳於世。

(宋)郭若虚:《圖畫見聞志》卷三

顧德謙,建康人。工畫人物,風神清劭,舉無與此。李後主愛重之,嘗謂曰:"古有凱之,今有德謙,二顧相望,繼爲畫絶矣。"識者以爲知言。吕文靖家有《蕭翼説蘭亭故事》横卷,青錦褾飾,碾玉軸頭,實江南之舊物。窺其風格,可知非謬也。

(宋)郭若虚:《圖畫見聞志》卷三

郝處,江南人。工畫佛道鬼神,兼長寫貌。本一商賈,酷好圖畫,因而家産蕩盡,惟學畫耳。

(宋)郭若虚:《圖畫見聞志》卷三

厲昭慶,建康豐城人。工畫人物,事江南爲翰林待詔,後隨李後主至闕下,授圖畫院祗候。

(宋)郭若虚:《圖畫見聞志》卷三

黄居寀,字伯鸞,筌之季子也。工畫花竹翎毛,默契天真,冥周物理。叙論卷中已述。始事孟蜀,爲翰林待詔,與父筌俱蒙恩遇,圖畫殿庭墻壁、宫闈屏障,不可勝紀。學士徐光溥嘗獻《秋山圖歌》以美之。曾於彭州栖真觀壁畫水石一堵,自未至酉而畢,觀者莫不嘆其神速且妙也。乾德乙丑歲,隨蜀主至闕下,太祖舊知其名,尋真命。太宗皇帝尤加睠遇,供進圖畫,恩寵優異。仍委之搜訪名蹤,銓定品目。居寀狀太湖石尤過乃父。有《四時山景》《花竹翎毛》《鷹鶻犬兔》《湖灘水石》《春田放牧》等圖傳於世。

(宋)郭若虚:《圖畫見聞志》卷四

鍾陵僧巨然,工畫山水。筆墨秀潤,善爲烟嵐氣象、山川高曠之景,但林木非其所長。隨李主至闕下,學士院有畫壁,兼有圖軸傳於世。

(宋)郭若虚:《圖畫見聞志》卷四

吴僧繼肇,工畫山水,與巨然同時。體雖相類,而峰巒稍薄怯也。相國寺資聖閣院有所畫屏風。

(宋)郭若虚:《圖畫見聞志》卷四

夏侯延祐,蜀郡人。工畫花竹翎毛,師黄筌,粗得其要。始事孟蜀,爲翰林待詔,既歸朝,拜真命,爲圖畫院藝學,各有圖軸傳於世。

(宋)郭若虚:《圖畫見聞志》卷四

徐熙,鍾陵人,世爲江南仕族。熙識度閑放,以高雅自任,善畫花木、禽魚、蟬蝶、蔬果,學窮造化,意出古今。叙論卷中已述。徐鉉云:"落墨爲格,雜彩副之,迹與色不相隱映也。"又熙自撰《翠微堂記》云:"落筆之際,未嘗以傅色暈淡細碎爲功。"此真無愧於前賢之作,當時已爲難得。李後主愛重其迹。開寶末,歸朝。悉貢上宸廷,藏之秘府。亦有《寒蘆野鴨》《花竹雜禽》《魚蟹草蟲》《蔬苗果蓏》並《四時折枝》等圖傳於世。

(宋)郭若虚:《圖畫見聞志》卷四

唐希雅,嘉興人。妙於畫竹,兼工翎毛。始學李後主金錯刀書,遂緣興入於畫,故爲竹木,多顫掣之筆,蕭疏氣韻,無謝東海矣。徐鉉云:"翎毛粗成而已,精神過之。"

(宋)郭若虚:《圖畫見聞志》卷四

解處中,江南人。事李後主爲翰林司藝。特於畫竹,盡嬋娟之妙,但間泊翎毛,頗虧形似耳。

(宋)郭若虚:《圖畫見聞志》卷四

董羽,毗陵人。有鄧艾之疾,語不能出,俗號"董啞子",善畫龍水海魚。始事江南爲翰林待詔,既歸朝,領真命,爲圖畫院藝學。鍾陵清凉寺有李中主八分題名、李蕭遠草書、羽畫海水,爲三絶。又畫李後主香花閣圖屏。及歸朝後,太宗嘗令畫端拱樓下龍水四壁,極其精思。及畫玉堂屋壁海水,見存。羽始被命畫端拱樓龍水,凡半載,功畢,自謂即拜恩命。一日,上與嬪御登樓,時皇子尚幼,見畫壁驚畏啼呼，亟令杇墁，羽卒不受賞，亦其命也。

（宋）郭若虚：《圖畫見聞志》卷四

趙幹，江南人。工畫水事，江南爲畫院學生。

（宋）郭若虚：《圖畫見聞志》卷四

朱澄，事江南爲翰林待詔。工畫屋木，李中主保大五年，嘗令與高太冲等合畫《雪景宴圖》，時稱絶手。

（宋）郭若虚：《圖畫見聞志》卷四

黄筌寫六鶴，其一曰唳天，舉首張喙而鳴。其二曰警露，回首引頸而望。其三曰啄苔，垂首下啄於地。其四曰舞風，乘風振翼而舞。其五曰疏翎，轉項毨其翎羽。其六曰顧步。行而回首下顧。後輩丹青，則而象之。杜甫詩稱"薛公十一鶴，皆寫青田真"，恨不見十一之勢，復何如也。

（宋）郭若虚：《圖畫見聞志》卷五

梁駙馬都尉趙嵒，酷好繪事，兼閑小筆。偶唐末亂世，獨推至鑒。人有鬻畫者，則必以善價售之，不較其多少。繇是四遠向風抱畫者，歲無虚日。復以親貴擅權，凡所依附，率多以法書名畫爲贄，故畫府秘藏圖軸僅五千餘卷，時稱盛焉。暇日，亦多自仿前賢名迹，勒成卷軸，每延致藝士，輻凑門館，各取其所長而厚遇之，然多不迨已也。亦未始面加雌黄，荒淺甚者，自慚而退。食客常至百餘人，其間亦多琴棋、道術高雅之流。時衣冠士族，尚有唐之遺風也，以畫見留者，惟胡翼、王殷二人而已。嘗令胡翼品第畫府之優劣，中品已下，或有未至者，即指示令毉去其病，或用水刷，或以粉塗，有經數次方合其意者。時人謂之趙家畫選場，其精別如此。愚謂天水用適一時之意則已，果然數以粉塗水洗，則成何畫也。

（宋）郭若虚：《圖畫見聞志》卷五

梁千牛衛將軍劉彦齊,善畫竹,爲時所稱。世族豪右,秘藏書畫雖不及天水之盛,然好重鑒别,可與之争衡矣。本借貴人家圖畫,臧賂掌畫人私出之,手自傳模,其間用舊褾軸裝治,還僞而留真者有之矣。其所藏名迹,不啻千卷,每暑伏曬曝,一一親自捲舒,終日不倦。能自品藻,無非精當。故當時識者皆謂"唐朝吴道子手,梁朝劉彦齊眼"也。

(宋)郭若虚:《圖畫見聞志》卷五

王先主既下蜀城,謁僖宗御容於時繪壁,百僚咸在,惟不見田令孜、陳太師,因問何不寫貌彼二人。左右對以近方塗滅,先主曰:"不然,吾與陳、田本無讎恨,圖霸之道,彼此血刃,豈與丹青爲參商乎!"遽命工重寫之。待詔常生名重胤曰:"不必援毫。"乃挼皂莢水洗壁,而風姿宛然。先主嘉賞之,賜以金帛也。常生傳神,素號絶手,自云:"我畫壁除摧圮拓爛外,雨淋水洗,斷無剥落。"先是,詩僧貫休能畫,謂常生曰:"貧道觀畫多矣,如吾子所畫,前無來人,後無繼者。"其見賞如此。

(宋)郭若虚:《圖畫見聞志》卷五

太祖平江表,所得圖畫賜學士院。初有五十餘軸,及景德、咸平中,只有《雨村牧牛圖》三軸、無名氏《寒蘆野雁》三軸、徐熙筆《五王飲酪圖》二軸、周文矩筆悉令重裝背焉。玉堂後北壁兩堵,董羽畫水;正北一壁,吴僧巨然畫山水,皆有遠思,一時絶筆也。有二小壁畫松,不知誰筆,亦妙,今並在焉。

(宋)郭若虚:《圖畫見聞志》卷六

江表用師之際,故樞密使楚公適典維揚,於時調發軍餉,供濟甚廣,上録其功,將議進拜。公自陳願寢爵賞,聞李煜内庫所藏書畫甚富,輒祈恩賜。上嘉其志,遂以名筆僅百卷賜之,往往有李主圖篆暨唐賢跋尾。公薨後,尋多散失。其孫太,今爲太常少卿,刻意購求,頗有所獲。少卿乃余之祖舅,如江都王馬、韓晉公牛、王摩詰輞川樣等,常得觀焉。

(宋)郭若虚:《圖畫見聞志》卷六

蘇大參雅好書畫,風鑒明達。太平興國初,江表平,上以金陵六朝舊都,復聞李氏精博好古,藝士雲集,首以公倅是邦,因喻旨搜訪名賢書畫。後果得千餘卷上進,既稱旨,乃以百卷賜之。公後入拜翰林承旨,啓沃之餘,且復語及圖畫。於時敕借數十品於私第,未幾就賜焉。至今蘇氏法書、名畫最爲盛矣。公嘗奏對於便殿,屢目畫屏,其畫乃鍾隱畫《鷹猴圖》。上知其意,即時取以賜之。余嘗於其孫之純處見之。

(宋)郭若虚:《圖畫見聞志》卷六

道士張素卿,神仙人也。曾於青城山丈人觀畫五嶽四瀆真形,並十二溪女數壁。筆迹遒健,神彩欲活,見之者心悚神悸,足不能進,實畫之極致者也。孟蜀後主數遣秘書少監黄筌,令依樣摹之,及下山,終不相類。後因蜀主誕日,忽有人持素卿畫八仙真形以獻蜀主,蜀主觀之,且嘆曰:"非神仙之能,無以寫神仙之質。"遂厚賜以遣。一日,命翰林學士歐陽炯次第贊之,復遣水部員外郎黄居寶八分題之。每觀其畫,嘆其筆迹之縱逸,覽其贊,賞其文詞之高古,玩其書,愛其點畫之雄壯。顧謂八仙,不讓三絶。八仙者,李阿、容成、董仲舒、張道陵、嚴君平、李八百、長壽仙、葛永瑰。

(宋)郭若虚:《圖畫見聞志》卷六

昔吴道子畫鍾馗,衣藍衫,鞹一足,眇一目,腰笏巾首而蓬髮,以左手捉鬼,以右手抉其鬼目,筆迹遒勁,實繪事之絶格也。有得之以獻蜀主者,蜀主甚愛重之,常挂卧内。一日,召黄筌令觀之,筌一見稱其絶手。蜀主因謂筌曰:"此鍾馗若用拇指掐其目,則愈見有力,試爲我改之。"筌遂請歸私室,數日看之不足,乃别張絹素畫一鍾馗,以拇指掐其鬼目。翌日,並吴本一時獻上。蜀主問曰:"向止令卿改,胡爲別畫?”筌曰:“吴道子所畫鍾馗,一身之力、氣色、眼貌,俱在第二指,不在拇指,以故不敢輒改也。臣今所畫,雖不逌古人,然一身之力並在拇指,是敢別畫耳。”蜀主嗟賞之,仍以錦帛鋈器,旌其別識。

(宋)郭若虛:《圖畫見聞志》卷六

李中主保大五年,元日大雪,命太弟已下登樓展宴,咸命賦詩,令中人就私第賜李建勛繼和。是時,建勛方會中書舍人徐鉉、勤政學士張義方於溪亭,即時和進。乃召建勛、鉉、義方同入,夜艾方散,侍臣皆有興咏,徐鉉爲前後序。仍集名手圖畫,曲盡一時之妙。真容,高冲古主之;侍臣、法部絲竹,周文矩主之;樓閣宫殿,朱澄主之;雪竹寒林,董源主之;池沼禽魚,徐崇嗣主之。圖成,無非絶筆。

(宋)郭若虛:《圖畫見聞志》卷六

李後主有國日,嘗令周文矩畫《南莊圖》,盡寫其山川氣象、亭臺景物,精思詳備,殆爲絶格。開寶癸亥歲歸朝,首貢於闕下,籍之秘府。

(宋)郭若虛:《圖畫見聞志》卷六

李後主才高識博,雅尚圖書,蓄聚既豐,尤精賞鑒。今内府所有圖軸暨人家所得書畫,多有印篆,曰“内殿圖書、内合同印、建業文房之實、内司文印、集賢殿書院印、集賢院御書印”,此印多用墨。或親題畫人姓名,或有押字,或爲歌詩雜言,又有織成大回鸞、小回鸞、雲鶴、練鵲,墨錦褾飾。今綾錦院效此織作。提頭多用織成縚帶,籤貼多用黄經紙,背後多書監裝背人姓名,及所較品第。又有澄心堂紙,以供名人書畫。

(宋)郭若虛:《圖畫見聞志》卷六

江南徐熙輩,有於雙縑幅素上畫叢艷叠石,傍出藥苗,雜以禽鳥、蜂蟬之妙,乃是供李主宫中挂設之具,謂之鋪殿花。次曰裝堂花,意在位置端莊,駢羅整肅,多不取生意自然之態,故觀者往往不甚采鑒。

(宋)郭若虚:《圖畫見聞志》卷六

德齊者,温奇子也。乾寧初,王蜀先主府城精舍不嚴,禪室未廣,遂於大聖慈寺大殿東廡,起三學延祥之院,請德齊於正門西畔畫南北二方天王兩堵。院門舊有盧楞伽畫行道高僧三堵六身,賴德齊遷移,至今獲在。光化年,王蜀先主受昭宗敕置生祠,命德齊與高道興同手畫西平王儀仗、旗纛旌麾、車輅法物及朝真殿上皇姑帝戚、后妃嬪御百堵,已來,授翰林待詔,賜紫金魚袋。蜀光天元年戊寅歲,蜀先主殂逝,再命德齊與道興畫陵廟鬼神、人馬及車輅、儀仗、宫寢嬪御一百餘堵。大聖慈寺竹溪院釋迦十弟子並十六大羅漢,崇福禪院帝釋及羅漢,崇真禪院帝釋、梵王及羅漢堂内文殊、普賢,皆德齊筆,見存。議者以德齊三代居蜀,一時名振,克紹祖業,榮耀何多。

(宋)黄休復:《益州名畫録》卷上

道士張素卿者,簡州人也。少孤貧,性好畫,在川主譙國夏侯公孜宅,多見隋唐名畫,藝成之後,落拓無羈束,遂衣道士服。唯畫道門尊像,豪貴之家少得其畫者。乾符中,居青城山常道觀焚修。至中和元年,僖宗皇帝遣使與賜紫道士杜光庭,封丈人山爲希夷公。癸卯歲,素卿上表云:"五嶽既已封王,丈人位居五嶽之上,不可稱公。"是歲敕宜改封五嶽丈人爲希夷真君,素卿賜紫。素卿有《老子過流沙圖》《五嶽朝真圖》《九皇圖五星圖》《老人星圖》《二十四化真人像》《太無先生像》。素卿於諸圖畫而能敏速,落錐之後,下筆如神,自始及終,更無改正。今龍興觀甚有畫壁,年深皆盡頹損。餘張百子堂板龕内門兩畔龍、虎兩軀,素卿筆,見存。王蜀先主修青城山丈人觀,請素卿於丈人真君殿上畫五嶽、四瀆、十二溪女、山林、溪沼、樹木諸神,及嶽瀆曹吏,詭怪之質,生於筆端。上殿觀者,無不恐懼。又於簡州開元觀畫容成子、董仲舒、嚴君平、李阿、馬自然、葛玄、長壽仙、黄初平、葛永璝、竇子明、左慈、蘇耽十二仙君像,各寫當初賣卜、賣藥、書符、道引時真。筆蹤灑落，彩畫因循，當代名流，皆推畫手。蜀檢校太傅安公思謙，好古博雅，唐時名畫，人皆獻之。黄筌、滕昌祐、石恪皆在其門館，賓禮優厚。甲寅歲十一月十一日，值蜀主誕生之辰，安公進素卿所畫十二仙真形十二幀。蜀主躭玩嘆賞者久。因命翰林學士、禮部侍郎歐陽炯次第贊之，令翰林待詔黄居寶八分書題之，凡有醮奏，於玉局開懸供養。乾德三年，聖朝克復，吏部侍郎吕公餘慶鎮蜀日，求古畫圖書，並將進呈，斯畫預焉。

（宋）黄休復：《益州名畫録》卷上

高道興者，成都人也。攻雜畫，觸類皆長，尤善佛像、高僧。光化中，昭宗敕許王蜀先主置生祠，命道興與趙德齊同手畫西平王儀仗、車輅旌旗、禮服法物，朝真殿上皇姑帝戚、后妃女樂百堵，已來，授翰林待詔，賜紫金魚袋。及先主殂逝，再命道興與德齊畫陵廟鬼神、人馬、兵甲、公王、儀仗、宫寢嬪御一百餘堵。今大慈寺中兩廊下高僧六十餘軀，華嚴閣東畔丈六天花瑞像，並見存。

（宋）黄休復：《益州名畫録》卷上

趙德玄者，雍京人也。天福年入蜀，攻畫車馬、人物、屋木、山水、佛像、鬼神，筆無偏擅，觸類皆長，獨步川中，標名大手。其有樓殿臺閣，向背低昂，代無比者，有《朱陳村圖》《豐稔圖》《漢祖歸豐沛圖》《盤車圖》，臺閣樣。入蜀時，將梁隋唐名畫百本，至今相傳。裴孝源《公私畫録》云："自魏晉以來，終於貞觀秘府，並人間畫，共集成二百九十八卷，二百三十卷是隋唐官本，十三卷是左僕射蕭瑀進，二十卷楊素家得，三卷許善心進，十卷高平縣書佐女張氏所獻，四卷安福進，十八卷先在秘府，無得處人名，唯有天和年月。"集賢校理張懷瓘云："昔武帝博雅好古，鳩集名畫，令鑒者數人，共詳名氏，兼定品格，供御賞玩。及侯景作亂，江陵府將陷，元帝先焚内庫書畫數萬卷，深可嘆息。其後帝王亦有兼愛，人多進之，又盈秘府。天后朝，張易之奏召天下名工修諸圖畫，因竊换真本，私家收藏，將僞本進納。易之殁後，薛稷所得。稷殁之後，岐王所獲。岐王慮帝忽知，乃盡焚。”吁！天下重寶，再經灰燼。當時天府所藏，多涉於僞，人間所畜，或乃是真。古畫頻經焚燒，積年散失，能秘在者，得非希世之寶耶。蜀因二帝駐蹕，昭宗遷幸，自京入蜀者將到圖書名畫，散落人間，固亦多矣。杜天師在蜀集道經三千卷、儒書八千卷，德玄將到梁隋及唐百本畫，或自模拓，或是粉本，或是墨迹，無非秘府散逸者。本相傳在蜀，信後學之幸也。今福慶禪院隱形羅漢變相兩堵，德玄筆，見存。

（宋）黄休復：《益州名畫録》卷上

黄筌者，成都人也。幼有畫性，長負奇能。刁處士入蜀，授而教之竹石花雀。又學孫位，畫龍水、松石、墨竹；學李昇，畫山水、竹樹，皆曲盡其妙。筌早與孔嵩同師，嵩但守師法，别無新意。筌既兼宗孫李，學力因是博贍，損益刁格，遂超師之藝。後唐莊宗同光年，孟令公到府，厚禮見重。建元之後，授翰林待詔，權院事，賜紫金魚袋。至少主，廣政甲辰歲，淮南通聘，信幣中有生鶴數隻。蜀主命筌寫鶴於偏殿之壁，警露者、啄苔者、理毛者、整羽者、唳天者、翹足者，精彩態度，更愈於生，往往致生鶴立於畫側。蜀主嘆賞，遂目爲“六鶴殿”焉。尋加至内供奉、朝議大夫、檢校少府少監、上柱國。先是，蜀人未曾得見生鶴，皆傳薛少保畫鶴爲奇。筌寫此鶴之後，貴族豪家，竟將厚禮請畫鶴圖，少保自此聲漸减矣。廣政癸丑歲，新構八卦殿，又命筌於四壁畫四時花竹、兔雉鳥雀。其年冬，五坊使於此殿前呈雄武軍所進白鷹，誤認殿上畫雉爲生，掣臂數四。蜀王嘆異久之，遂命翰林學士歐陽炯撰《壁畫奇異記》以旌之。筌有《春山圖》《秋山圖》《山家晚景圖》《山家早景圖》《山家雨景圖》《山家雪景圖》《山居詩意圖》《瀟湘圖》《八壽圖》，今石牛廟畫龍水一堵，見存。

（宋）黄休復：《益州名畫録》卷上

李昇者，成都人也。小字錦奴，年才弱冠，志攻山水，天縱生知，不從師學。初得張藻員外山水一軸，玩之數日，云未盡妙也。遂出，意寫蜀境,山川平遠,心思造化,意出先賢。數年之中,創成一家之能,俱盡山水之妙。每含豪就素,必有新奇。《桃園洞圖》《武陵溪圖》《青城山圖》《峨眉山圖》《二十四化山圖》,好事得之,爲箱篋珍,後學得之,以爲無言師。明皇朝,有李將軍,擅名山水,蜀人皆呼昇爲"小李將軍",蓋其藝相匹爾。悟達國師自京入蜀,重其高手,請於聖壽寺本院同居數年,因於殿壁畫《三峽圖》一堵、《霧中山圖》一堵。既而又請於大聖慈寺真堂内畫《漢州三學山圖》一堵、《彭州至德山》一堵,時稱悟達國師真堂四絶:常粲寫真,僧道盈書額,李商隱贊,李昇畫山水。今見存。

(宋)黄休復:《益州名畫録》卷中

張玄者,簡州金水石城山人也。攻畫人物,尤善羅漢。當王氏偏霸武成年,聲迹喧然,時呼玄爲張羅漢。荆湖、淮浙令人入蜀,縱價收市,將歸本道。前輩畫佛像羅漢,相傳曹樣、吴樣二本,曹起曹弗興,吴起吴暕。曹畫衣紋稠叠,吴畫衣紋簡略。其曹畫,今昭覺寺孫位戰勝天王是也;其吴畫,今大聖慈寺盧楞伽行道高僧是也。玄畫羅漢,吴樣矣。今大聖慈寺灌頂院羅漢一堂十六軀,見存。

(宋)黄休復:《益州名畫録》卷中

杜齯龜者,其先本秦人,避禄山之亂,遂居蜀焉。齯龜少能博學,涉獵經史,專師常粲寫真、雜畫,而妙於佛像羅漢。王蜀少主以高祖受唐深恩,將興元節度使唐道襲私第爲上清宫,塑王子晉爲遠祖於上清祖殿,命齯龜寫大唐二十一帝御容於殿堂之四壁。每三會五獵,差太尉公卿薦獻宫内,殿堂行事,齋宫職掌,並依太清宫故事。又命齯龜寫先主、太妃、太后真於青城山金華宫。授翰林待詔,賜紫金魚袋。今嚴君平觀杜天師光庭真、大聖慈寺華嚴閣東廊下祐聖國師光業真,並齯龜筆,見存。

(宋)黄休復:《益州名畫録》卷中

刁光胤者,雍京人也。天復年入蜀,攻畫湖石、花竹、猫兔、鳥雀,性情高潔,交游不雜。入蜀之後,前輩有攻花雀者,頓減價矣。有師問筆法者黄筌、孔嵩二人,親授其訣。孔類昇堂,黄得入室。刁公居蜀三十餘年,筆無暫暇,非病不休,非老不息。卒時八十。以來,豪貴之家及好事者,收得其畫,將爲家寶,傳示子孫。大聖慈寺熾盛光院明僧録房窗傍小壁四堵,畫四時雀竹。廣政中,黄居寀重妝雀蝶,精奇轉甚。三學院大廳小壁花雀兩堵,光胤畫時,年已耄矣。

(宋)黄休復:《益州名畫録》卷中

蒲師訓者,蜀人也。幼師房從真畫人物、鬼神、蕃馬。後唐明宗長興年,值孟令公改元,興修諸廟,師訓畫江瀆廟、諸葛廟、龍女廟。及先主殂,畫陵廟鬼神、蕃漢人物、旗幟兵仗、公王車馬、禮服儀式,縱横浩瀚,莫不周至。授翰林待詔,賜紫金魚袋。甲寅歲春末,蜀主衣夢一人,破帽故襴,龐眉大目,方頤廣顙,立於殿階,跂一足,曰請修理之。言訖寢覺。翌日,因檢他籍,見一古畫,是前夕所夢者神,故絹穿損畫之左足,遂命師訓令驗此畫是誰之筆。師訓對云:"唐吴道玄之筆,曾應明皇夢,云痁者神也。"因令重修此足呈進。後蜀主復夢前神謝曰:"吾足履矣。"上慮爲祟,即命焚之。青城山丈人觀真君殿内五嶽四瀆部屬諸神,張素卿筆。廣政中,山水泛溢,冲損數堵,蜀主命師訓曰:"素卿之筆,公往繼之可矣。"四堵,師訓筆也。今丈人觀,聖朝廣其殿宇,重新興創别畫,無舊蹤矣。王蜀先主祠堂東畔正門東畔鬼神一堵,寶曆寺天王閣下天王部屬,房從真筆,後人妝損,師訓再修,兼自畫兩堵。大聖慈寺南廊下觀音院門兩金剛、鄰壁托塔天王,並師訓筆,見存。

(宋)黄休復:《益州名畫録》卷中

趙忠義者,德玄子也。德玄自雍繈負入蜀,及長,習父之藝,宛若生知。孟氏明德年,與父同手畫福慶禪院東流傳變相一十三堵,位置鋪舒,樓殿臺閣,山水竹樹,蕃漢服飾,佛像僧道,車馬鬼神,王公冠冕，旌旗法物，皆盡其妙，冠絶當時。蜀主知忠義妙於鬼神、屋木，遂令畫《關將軍起玉泉寺圖》。於是忠義畫自運材斸基，以至丹楹刻桷，皆役鬼神。叠栱下棉，地架一坐，佛殿將欲起立。蜀主令内作都料看此畫圖，枋栱有準的否？都料對曰："此畫復較一座，分明無欠。"其妙如此。授翰林待詔，賜紫金魚袋。先是，每年杪冬末旬，翰林攻畫鬼神者，例進鍾馗焉。丙辰歲，忠義進鍾馗，以第二指挑鬼眼睛；蒲師訓進鍾馗，以拇指剜鬼睛。二人鍾馗相似，唯一指不同。蜀主問此畫孰爲優劣？筌以師訓爲優，蜀主曰："師訓力在拇指，忠義力在第二指，二人筆力相敵，難議昇降。"並厚賜金帛，時人謂蜀主深鑒其畫矣。今衙北門大安樓下天王院，自濮陽吴公行曾鎮蜀之日創興，其中有唐時名畫數堵及高道興、杜齯龜、房從真、趙德齊畫佛像羅漢、經驗變相。廣政初，忠義與黄筌、蒲師訓合手畫天王變相十堵，以來各盡所能，愈於前輩。淳化五年甲午，兵火焚盡，今餘王蜀先主祠堂正門西畔鬼神，大聖慈寺正門北墻上西域記，石經院後殿天王變相，中寺六祖院傍藥師經變相，並忠義筆，見存。

（宋）黄休復：《益州名畫録》卷中

黄居寶，字辭玉，筌之次子也。畫性最高，風姿俊爽。前輩畫太湖石，皆以淺深黑淡嵌空而已，居寶以筆端撔擦，上七賞反，下七葛反。文理縱横，夾雜砂石，棱角峭硬，如虬虎將踊，厥狀非一也。其有畫松竹花雀，變態舊規，皆如湖石之類。授翰林待詔，賜紫金魚袋。不幸早亡，秀而不實者也。

（宋）黄休復：《益州名畫録》卷中

居寀，字伯鸞，筌少子也。畫藝敏贍，不讓於父。蜀之四主崇奢，宫殿苑囿池亭，世罕其比。居寀父子入内供奉，迨四十年，殿庭墻壁，門幃屏幛，圖畫之數，不可紀録。授翰林待詔，將仕郎，試太子議郎，賜金魚袋。淮南通好之日，居寀與父同手畫《四時花雀圖》《青城山圖》《峨眉山圖》《春山圖》《秋山圖》，用答國信。使命將發，《秋山》

全未及畫,蜀主令取在庫《秋山圖》入用,居寀與父奉命别畫,經月方畢工,更愈於前者,翰林學士徐光溥進《秋山圖歌》以紀之。廣政甲子歲,蜀主令居寀往葛仙山,修蓋仙寺。回至彭州栖真南軒,畫水石一堵,自未至酉而畢,敏而復妙者也,今見存。居寀有《四時野景圖》《湖灘水石圖》《春田放牧圖》,當時卿相及好事者,得居寀子父圖障卷簇,家藏户寶,爲稀世之珍。今衙廳餘理毛、啄苔鶴兩堵,水石兩堵,龍門圖一堵,武侯廟龍水一堵,並居寀筆,見存。

聖朝克蜀之後,居寀赴京,頗爲翰長陶尚書谷殊禮相見,因收得名畫數件,請居寀驗之。其中《秋山》一圖,是故主答淮南國信者,畫絹縫之内,自有銜名。陶公云:"此是淮王所遺。"看之,果符其説。聖朝授翰林待詔、朝請大夫、寺丞、上柱國,賜紫金魚袋。淳化四年,充成都府一路送衣襖使,時齒六十一,於聖興寺新禪院畫龍水一堵,天台山圖一堵,水石兩堵,工夫雖少,大體宛存。

(宋)黄休復:《益州名畫録》卷中

李文才者,華陽人也。攻畫人物、屋木、山水,善寫真,罕及,周昉之亞也。蜀廣政中,荆南高太王令邸務丁晏入蜀,請文才寫興義門兩雙石笋,兼徵其故實,將歸本道。文才告道士范德昭,皆云真珠樓基,或云是海眼,未審孰是。德昭曰:"吾聞諸至人,斯乃蠶叢啓國鎮蜀之碑,中以鐵柱貫之,下以横石相連,埋於地際,上有文字,言歲時豐儉、兵革水火之事,諸葛曾掘驗之,真珠樓基、海眼皆非也。"蜀人少知,云出《圓方記》,未詳。廣政末,主置真堂大聖慈寺華嚴閣後,命文才寫諸親王文武臣僚等真,授翰林待詔,將仕郎,試太子司議郎,賜緋魚袋。畫未畢,聖朝吊伐,盡已除毁。三學院經樓下西天三藏真、定惠國師真、華嚴閣迎廊下奉聖國師真、應天寺無智禪師真,並文才筆,見存。

(宋)黄休復:《益州名畫録》卷中

阮知誨者,成都人也。攻畫女郎,筆蹤妍麗,及善寫真。王氏乾德年，寫少主真於大聖慈寺三學院經樓下。孟氏明德年，寫先主真於三學院真堂内，寫福慶公主真、玉清公主真於内庭。知誨兩朝，多寫皇姑帝戚，渥澤累遷，授翰林待詔、銀青光禄大夫、檢校尚書左僕射兼御史大夫、上柱國。

(宋)黄休復:《益州名畫録》卷中

張玟，成都人也。父授蜀翰林寫貌待詔，賜緋。玟有超父之藝，尤精寫貌及畫婦人，鉛華姿態，綽有餘妍。議者比之張萱之儔也。孟先主明德年，於大聖慈寺三學院置真堂，玟曾與故東川董太尉璋寫真，先主惡之不爲寫己，乃命阮知誨獨寫己真。文武臣僚，玟之筆也。今並塗抹，無畫蹤矣。授翰林待詔，賜紫金魚袋。玟有自漢至唐治蜀君臣像三卷。

(宋)黄休復:《益州名畫録》卷中

周行通者，蜀人也。攻畫人物鬼神、蕃馬戎服、器械氈帳、鷹犬羊雁之類及川原放牧，盡得其妍。有《李陵送蘇武圖》《奪馬圖》《三困圖》《射雕圖》《陰山七騎圖》，蜀人皆傳周胡蕃馬爲妙，行通多髯故也。

(宋)黄休復:《益州名畫録》卷中

孔嵩者，一名景，蜀人也。幼攻花雀，長遇刁處士入蜀，師其筆法，至晚年，巾裹衣服，言論動止，俱學刁公。在蜀公侯門四十餘載，圖畫甚多，人皆寶之。黄筌於石牛廟畫龍一堵，黄居寀於諸葛廟畫龍一堵，嵩於廣福院畫龍一堵，蜿蜒怪狀，不與常同，逼視遠觀，勢欲躩躍，時人異之。此三公畫龍宗師孫位。孫宗顧愷之、曹弗興行龍之筆。謝赫《古畫録》云:"弗興之筆，代不復傳，秘閣之内，一龍而已。"魏赤烏元年冬十月，此赤烏是吴大帝年號，非魏武帝。武帝游青溪，見一赤龍自天而下，凌波而行，遂命弗興圖之。武帝贊曰:"赤烏孟冬，不時見龍。青溪深澗，奮鬣來空。有道則吉，無德則凶。匪兼雲雨，靡帶雷風。弗興畫畢，未贊奇工。我因披閲，藴隆忡忡。"至宋文帝時，累月亢旱,祈禱無應,乃取弗興畫龍置於水上,應時畜水成霧,經旬霶霈。其所畫流落人間,至今相傳。

(宋)黄休復:《益州名畫録》卷中

石恪,字子專,成都人也。幼無羈束,長有聲名,雖博綜儒學,志唯好畫,攻古體人物,學張南本筆法。有《田家社會圖》《鼇靈開峽圖》《夏禹治水圖》《新羅人較力圖》,陳子昂、盧藏用、宋之問、高適、畢構、李白、孟浩然、王維、賀知章、司馬承禎《仙宗十友圖》,《嚴君平拔宅昇仙圖》《五星圖》《南北斗圖》《壽星圖》《儒佛道三教圖》《道門三官五帝圖》。雖豪貴相請,少有不足,圖畫之中,必有譏諷焉。城中寺觀壁畫亦多,兵火後,餘聖壽寺經閣院玄女堂六十甲子神、龍興觀仙游閣下龍虎君,並見存。

(宋)黄休復:《益州名畫録》卷中

杜措者,蜀人也。幼慕李昇山水,長亦勤學,廿年中晝夕不捨。今大聖慈寺六祖院傍地藏菩薩、竹石山水一堵,並院内羅漢閣上小壁翠微寺禪和尚真、三學院經堂上小壁太子捨身餵餓虎一堵、善惠仙人布髮掩泥一堵,並措之筆,見存。

(宋)黄休復:《益州名畫録》卷中

杜弘義者,蜀州晉原人也。攻畫佛像羅漢,今寶曆寺東廊下一堵,文殊西廊下一堵,普賢及行道高僧十餘堵,見存。蜀人相傳"杜老朱"羅漢爲妙。老朱,弘義小字。

(宋)黄休復:《益州名畫録》卷中

杜子瓌者,成都人也。擅於傅采,拂淡偏長,唯攻佛像。王蜀時,於龍華泉東禪院畫毗盧佛,據紅日輪,乘碧蓮花座。每誇同輩云:"某妝此圓光,如日初出,淺深瑩然,無筆玷之迹。"見存。

(宋)黄休復:《益州名畫録》卷中

敬安,子環子也。美繼父蹤,妙於佛像。今大聖慈寺普賢閣下北方天王、三學院羅漢閣下無量壽尊,並敬安筆。蜀城寺院,敬安父子圖畫佛像羅漢甚衆。蜀偏霸時,江吴商賈入蜀,多請其畫,將歸本道。孟氏明德年,授翰林待詔,賜金魚袋。

(宋)黄休復:《益州名畫録》卷中

蒲延昌者,師訓養子也。筆力遒健,甚得師法。廣政中進畫,授翰林待詔,賜緋魚袋。時福感寺禮塔院僧模寫宋展子虔師子於壁,延昌一見曰:"但得其樣,未得其筆爾。"遂畫師子一圖獻通進。王昭遠公有嬖妾患痁,是夕懸於卧内,其疾頓減。王公召而問其神異,延昌云:"宋展氏子虔於金陵延祚寺佛殿之内畫此二師子,患人因坐壁下,或有愈者。梁昭明太子偶患風恙,御醫無減,吴興太守張僧繇模此二師子,密懸寢堂之内,應夕而愈,故名曰'辟邪',有此神驗久矣。"展氏古本師子,一則奔走奮迅,一則回擲咆哮;僧繇後亦繼之,二師子翻身側視,鬃尾俱就,八分牙爪,似二龍拿珠之狀,其本至今相傳。延昌於諸葛廟壁畫亦多,兵火後餘聖壽寺青衣神廟神鬼人物數堵,見存。

(宋)黄休復:《益州名畫録》卷中

趙才者,蜀人也。攻畫人物、鬼神、甲馬。廣政年,才與蒲師訓子父較敵,其藝浣花甘亭侯廟頗當。神廟鬼神人物、旗幟甲馬,及資福寺門南北二方天王,甲午歲兵火,倒損已盡。今存諸葛廟第三門兩畔鬼神兩堵,見存。

(宋)黄休復:《益州名畫録》卷中

程承辯者,眉州彭山人也。攻畫人物鬼神。當孟氏廣政中,與蒲師訓、蒲延昌、趙才遞相較敵,其藝皆推妙手,兼善雕刻機巧、人物、鬼神、怪異、禽獸之類,奇絶當時。今彭山縣洞明觀天蓬黑煞玄武火鈴一堂存耳。山王堂游變神鬼一堵,見存。

(宋)黄休復:《益州名畫録》卷中

丘文播者，漢州人也，後改名潛。攻畫山水、人物、佛像、神仙，今新都乾明禪院六祖、漢州崇教禪院羅漢、紫極宫二十四化神仙，皆文播筆，見存。其有花雀，文播男餘慶畫。

(宋)黄休復:《益州名畫録》卷中

惟德者，知誨子也。襲承父藝，美繼前蹤，子父同時入内供奉。畫《貴公子夜宴圖》《宫中賞春圖》《宫中戲鞦韆圖》《宫中七夕乞巧圖》《宫中熨鐵圖》《宫中按舞圖》《宫中按樂圖》，皆畫當時宫苑亭臺花木，皇妃帝后富貴之事，精妙頗甚。授翰林待詔，將仕郎，試太常寺齋郎，賜緋魚袋。蜀廣政初，荆湖商賈入蜀，競請惟德畫川樣美人卷簇，將歸本道，以爲奇物。

(宋)黄休復:《益州名畫録》卷中

楊元真者，石城山張玄外族也。攻畫佛像羅漢，兼善妝鑾。當王氏武成中，善塑像者簡州許侯、東川雍中本二人，時推妙手。今聖興寺天王院天王及部屬、熾盛光佛、九曜二十八宿，天長觀、龍興觀、龍虎宫，並雍中本塑；大聖慈寺熾盛光佛、九曜二十八宿、華嚴閣下西畔立釋迦像，並許候塑，皆元真妝。肉色髭髮，衣紋錦綉，及諸禽類，備著奇巧，時輩罕及。今四天王寺壁畫、五臺山文殊菩薩變相一堵，元真筆，見存。

(宋)黄休復:《益州名畫録》卷中

道士陳若愚者，左蜀人也。師張素卿畫，遂衣道士服，師事素卿，受其筆法。王氏永平，廢興聖觀爲軍營，其觀有五金鑄天尊形明皇御容一軀，移在大聖慈寺御容院供養，餘道門尊像殿堂，皆就龍興觀起立，今精思院北帝殿是也。殿上壁畫有青龍君、白虎君、朱雀君、玄武君四像，並若愚筆，見存。

(宋)黄休復:《益州名畫録》卷下

張景思者,金水石城山張玄之裔也。思之一族,世傳圖畫佛像羅漢。景思王氏永平年,於聖壽寺北廊下畫降魔變相一堵,見存。

(宋)黄休復:《益州名畫録》卷下

僧楚安,蜀州什邡人也,俗姓句氏。攻畫人物、樓臺,有《明皇幸華清宫避暑圖》《吴王宴姑蘇臺圖》,此二圖皆畫於墻壁、圖簇、團扇之上,其墻壁、圖簇、團扇大小雖殊,功夫並無減者,奇巧如此。當時公侯相重,皆稱妙手。今大聖慈寺三學院大廳後《明皇帝幸華清宫避暑圖》一堵,楚安筆,見存。僧惠堅者,蜀人也,亦好圖畫,而最謬焉。廣政中,三學院僧請畫姑蘇臺一堵,對句楚安《避暑宫圖》,識者以爲無鑒之甚也。今亦見存,恐後人誤認,故附而正之。

(宋)黄休復:《益州名畫録》卷下

滕昌祐,字勝華,先本吴人,隨僖宗入蜀,以文學從事。唯昌祐不婚不仕,書畫是好,情性高潔,不肯趨時。常於所居樹竹石杞菊,種名花異草木,以資其畫,歿時年齒八十有五。初,攻畫無師,唯寫生物,以似爲功而已。有《蟲魚圖》《蟬蝶圖》《生菜圖》《折枝花圖》《折枝果子圖》、雜竹樣。造夾紵果子,隨類傅色,並擬諸生。攻書,時呼滕書。今大聖慈寺文殊閣、普賢閣、蕭相院、方丈院、多利心院、藥師院天花瑞像數額,並昌祐筆也。其畫蟬蝶草蟲,謂之點畫,蓋唐時陸杲、劉褒之類也;其畫折枝花,下筆輕利,用色鮮妍,蓋唐時邊鸞之類也。

(宋)黄休復:《益州名畫録》卷下

姜道隱者,蜀州綿竹人也。年才齠齔,盡日不歸,父母尋之,多於神佛廟中畫處纔見。及長,爲人木訥,不務農桑,唯畫是好,不畜妻孥,孑然一身。常戴一竹笠布衣草履筆墨而已,雖父母兄弟,亦罕測其行止,人皆呼爲“木猱頭”。蜀語謂其鬢髮蓬鬆。僞相趙國公昊知其性迹,請畫屏風。相公問何姓名,蜀語對云:“姜姓無名。”相國曰:“既無名,何不以道隱名之。”自此始名焉。宋王趙公庭隱於浄衆寺創一禪院,請道隱於長老方丈畫山水松石數堵。宋王與諸侍從觀其運筆,道隱未嘗回顧,旁若無人。畫畢,王贈之十縑,置僧堂前,拂衣而去。他皆放此。今綿竹縣山觀寺多有畫壁,見存。

(宋)黄休復:《益州名畫録》卷下

禪月大師,婺州金溪人也,俗姓姜氏,名貫休,字德隱。天復年入蜀,王先主賜紫衣師號。師之詩名高節,宇内咸知,善草書圖畫,時人比諸懷素。師閻立本,畫羅漢十六幀,龐眉大目者,朵頤隆鼻者,倚松石者,坐山水者,蕃貌梵相,曲盡其態。或問之,云:"休自夢中所睹爾。"又畫釋迦十弟子,亦如此類,人皆異之,頗爲門弟子所寶。當時卿相,皆有歌詩求其筆,唯可見而不可得也。太平興國年初,太宗皇帝搜訪古畫日,給事中程公羽牧蜀,將貫休羅漢十六幀爲古畫進呈。

(宋)黄休復:《益州名畫録》卷下

張詢者,南海人也。爰自鄉薦下第,久住帝京,精於小筆。中和年隨駕到蜀,與昭覺寺夢休長老故交,遂依托焉。忽一日,長老請於本寺大慈堂後留少筆蹤,畫一堵早景,一堵午景,一堵晚景,謂之"三時山",蓋貌吴中山水頗甚工。畫畢之日,遇僖宗駕幸兹寺,盡日嘆賞。王氏朝,皇太子簡王欲要遷於東宫,爲壁泥通枋,移損不全,乃寢前命。今見存。

(宋)黄休復:《益州名畫録》卷下

宋藝,蜀人也,攻寫真。王蜀時充翰林寫貌待詔,模寫大唐二十一帝聖容,及當時供奉道士葉法善、禪僧一行、沙門海會、内侍高力士於大聖慈寺玄宗御容院上壁,今見存。

(宋)黄休復:《益州名畫録》卷下

道士李壽儀者,邛州依政人也。壯年慕道,於本縣有德觀爲道士,齋醮之外,專精畫業,人呼爲"李水墨"。多畫道門尊像,往來青城山丈人觀,宗師張素卿筆法,每點簇五嶽四瀆部屬,歸家習學之,如此數年。簡州開元觀有張素卿畫十二仙君一堂,乾德四年遭火所焚。廣政中,壽儀往彼焚香齋潔,模寫將歸邛州天師觀西院上壁。其畫但窮精粹,筆力因於素卿,神彩氣運,有過時流。一堂六堵,見存。

(宋)黄休復:《益州名畫録》卷下

僧令宗,丘文播異姓弟也。攻畫山水、人物、佛像、天王。今大聖慈寺三學院下、經樓院下兩畔四天王兩堵,放生池揭諦堂内六祖,並令宗筆,見存。

(宋)黄休復:《益州名畫録》卷下

丘文曉,文播弟也。攻畫山雀、人物、佛像。今净衆寺延壽禪院天王祖師及諸高僧、竹石、花雀二十餘堵,廣政癸卯歲文曉與僧令宗合手描畫,今見存。

(宋)黄休復:《益州名畫録》卷下

三學院舊名東厨院,門兩畔畫東北二方天王兩堵。王蜀先主修改後,移在院内北廊下,亡失姓名,評能格上品。

(宋)黄休復:《益州名畫録》卷下

江南徐熙畫魚甚佳。關中許道寧畫山水,頗類青州李成,成乃李宥諫議之祖,太宗時人也。

(宋)龔鼎臣:《東原録》

館中有蜀人黄筌畫白兔甚佳,蓋孟昶卯生,每誕辰,即畫獻也。

(宋)龔鼎臣:《東原録》

巨然師董源,今世多有本。嵐氣清潤,布景得天真多。巨然少年時多作礬頭，老年平淡趣高。

（宋）米芾：《畫史》

劉道士亦江南人，與巨然同師。巨然畫則僧在主位，劉畫則道士在主位，以此爲别。

（宋）米芾：《畫史》

董源平淡天真多，唐無此品，在畢宏上。近世神品，格高無與比也。峰巒出没，雲霧顯晦，不裝巧趣，皆得天真。嵐色鬱蒼，枝幹勁挺，咸有生意，溪橋漁浦，洲渚掩映，一片江南也。

（宋）米芾：《畫史》

關同人物、石木，出於畢宏，有枝無幹。

（宋）米芾：《畫史》

滕昌祐、邊鸞、徐熙、徐崇嗣，花皆如生，黄筌惟蓮差勝，雖富艷，皆俗。

（宋）米芾：《畫史》

李王山水。唐希雅、黄筌之倫，翎毛小筆，人收甚衆，好事家必五七本，不足深論。

（宋）米芾：《畫史》

徐熙大小折枝，吾家亦有，士人家往往見之。翎毛之倫非雅玩，故不録。桃一大枝，謂之滿堂春色，在余家。

（宋）米芾：《畫史》

楊崇，字之損。收唐畫村田踏歌樂，上題廣政年入御府，人物亦佳。

（宋）米芾：《畫史》

李公麟家。展子虔、朔方行,小人物甚佳。韓馬破裂,四足如涉水中,皆南唐文房物。

(宋)米芾:《畫史》

凡收畫,必先收唐希雅、徐熙等雪圖,巨然或范寬山水圖,齊整相對者,裝堂遮壁,乃於其上,旋旋挂名筆,絹素大小可相當成對者,又漸漸挂無對者。蓋古畫大小不齊,鋪挂不端正,若晉筆,須第二重挂唐筆爲襯,乃可挂也。許道寧不可用模人畫,太俗也。

(宋)米芾:《畫史》

仲爰收巨然半幅横軸,一風雨景,一皖公山天柱峰圖,清潤秀拔,林路縈迴,真佳制也。

(宋)米芾:《畫史》

余家董源霧景,横披全幅,山骨隱顯,林梢出没,意趣高古。

(宋)米芾:《畫史》

唐希雅作林,竹韵清楚,但不合多作禽鳥。又作棘林,間戰筆,小竹非善,是效其主李重光耳。

(宋)米芾:《畫史》

錦峰白蓮居士,又稱"鍾峰隱居",又稱"鍾峰隱者",皆李重光畫自題號,意是鍾山隱居耳。每自畫必題曰"鍾隱",筆上著内殿圖書之印,及押用内合同、集賢院黑印,有此印者,是典於文房物也。

(宋)米芾:《畫史》

關同真迹見二十本,范寬見三十本,其徒甚多。滕昌祐、邊鸞各見十本,丘文播花木見三十本,祝夢松雪竹見五本,巨然、劉道士各見十本,餘董源見五本,李成真見兩本,僞見三百本,徐熙、崇嗣花果見三十本,黄筌、居寀、居實見百本,李重光見二十本,僞吴生見三百本。

(宋)米芾:《畫史》

東丹王胡瓌蕃馬,見七八本,雖好,非齋室清玩。

(宋)米芾:《畫史》

董源龍不俗,佳作也,是龍吞珠圖。

(宋)米芾:《畫史》

蘇洎,字及之,家有徐熙四花,其家故物。

(宋)米芾:《畫史》

蘇泌,字達復,有《江南瞑禽圖》。徐熙一酸榴,余家有。丁晉公所收甜榴,滕中孚、元直有徐熙對花果子四軸。

(宋)米芾:《畫史》

馮永功,字世勳,有日本著色山水,南唐亦命爲李思訓。蘇澥、浩然處見壽州人摹《明皇幸蜀道圖》,人物甚小,云是李思訓本,與宗室仲忽本不同。

(宋)米芾:《畫史》

黄筌畫不足收,易摹,徐熙畫不可摹。

(宋)米芾:《畫史》

魏泰,字道輔,有徐熙澄心堂紙,畫一飛鶉如生。智永真草《歸田賦》,奇物也。

(宋)米芾:《畫史》

王敏甫收李重光四時紙上横卷花一軸,每時則自寫論物更謝之意,文一篇,畫一幅,字亦少時作,花清麗可愛。

(宋)米芾:《畫史》

蘇子美、黄筌鶺鴒圖,祇蘇州有三十本,更無少異。今院中作屏風畫,用筌格,稍舊退出,更無辨處。

(宋)米芾:《畫史》

江南周文矩士女,面一如昉,衣紋作戰筆,此蓋布文也。惟以此爲别昉筆,秀潤匀細。

(宋)米芾:《畫史》

大年收得南唐集賢院御書印,乃墨用於文房書畫者。大年收古絹本横卷經,書畫皆精,過於當時《西昇經》。馮京當世托王定國背《西昇經》,其古絹紙背四五分透,别裝作一卷。

(宋)米芾:《畫史》

徐熙《風牡丹圖》,葉幾千餘片,花只三朵,一在正面,一在右,一在衆枝亂葉之背,石竅圓潤,上有一猫兒。余惡畫猫,數欲剪去,後易研與唐林夫。蔣長源以二十千置黄筌畫《狸猫顫葧荷》,甚工。

(宋)米芾:《畫史》

關同粗山,工關河之勢,峰巒少秀氣。

(宋)米芾:《畫史》

董源峰頂不工,絶澗危徑,幽壑荒迴,率多真意。

(宋)米芾:《畫史》

巨然明潤鬱葱,最有爽氣,礬頭太多。

(宋)米芾:《畫史》

荆浩善爲雲中山頂,四面峻厚。

(宋)米芾:《畫史》

王欽臣長子有六幅關同古本,特奇,董源四幅,真意可愛。

(宋)米芾:《畫史》

刁約家有董源霧景四軸。

(宋)米芾:《畫史》

林虞家有王維六幅雪圖,董源八幅,李成雪圖。

(宋)米芾:《畫史》

江州張氏收李重光道裝象,神骨俱全,云是顧宏中筆。

(宋)米芾:《畫史》

王商,不知何許人也。工畫道釋士女,尤精外國人物。與胡翼同時,並爲都尉趙岩所厚。岩筆法高妙,方時謂一經品目,即便爲名流。所以致岩之厚者,豈虚名哉!商有《職貢》《游春》《士女》等圖及佛像傳於世。今御府所藏十有一:《老子度關圖》一、《職貢圖》二、《貢奉圖》五、《拂林風俗圖》一、《拂林士女圖》一、《拂林婦女圖》一。

(宋)佚名:《宣和畫譜》卷三

燕筠,不知何許人也。工畫天王,筆法以周昉爲師,頗臻其妙。然不見他畫,獨天王傳於世。豈非當五代兵戈之際,事天王者爲多,亦時所尚乎?至於輔世遺烈,見於澶淵,則天王功德亦不誣矣,宜爲世所崇奉焉。筠以名家,亦可貴也。今御府所藏二:《行道天王圖》一、《天王圖》一。

(宋)佚名:《宣和畫譜》卷三

支仲元,鳳翔人。畫人物極有工,隨其所宜,見於動作態度。多畫道家與神仙像,意其亦物外人也。又喜作棋圖,非自能棋,則無由知布列變易之勢。至於松下林間,對棋者莫不率有思致焉。今御府所藏二十有一:《太上傳法圖》一、《大上誡尹喜圖》一、《太上度關圖》一、《三教像》一、《五星圖》一、《三仙圖》一、《七賢圖》二、《商山四皓》、《四皓圍棋圖》一、《圍棋圖》一、《會棋圖》一、《松下弈棋圖》二、《勘書圖》一、《堯民擊壤圖》二、《林石棋會圖》二、《棋會圖》二。

(宋)佚名:《宣和畫譜》卷三

左禮,不知何許人也。工寫道釋像,與張南本同時,故筆法近相類。蓋道釋雖非鬼神之狀爲難知,若近習而易工者,然氣貌亦自殊體。道家則仙風道骨,要非世俗抗塵之狀;釋氏則慈悲枯槁,與世淡泊,無貪生奔競之態。非有得於心者,詎能以筆端形容所及哉! 禮專以道釋爲工,其亦技進乎妙者也。有《二十四化圖》《十六羅漢》《三官》《十真人》等像傳於世。今御府所藏三:《天官圖》一、《地官圖》一、《水官圖》一。

(宋)佚名:《宣和畫譜》卷三

朱繇,唐末長安人也。工畫道釋,妙得吴道玄筆法,人未易優劣也。洛中廣愛寺、河中府金真觀皆有繇所畫壁。工道釋未有不以道玄爲法者,然昇堂入室世罕其人,獨繇不唯妙造其極而時出新意,千變萬態,動人耳目。國朝武宗元嘗在洛見其所畫壁,云:"文殊隊中舊有善財童子,予酷愛其筆法,玩之月餘不忍去。今遂失其童子所在,信其畫亦神矣。"弟子趙裔亦知名一時。今御府所藏八十有三:《元始天尊像》一、《天地水三官像》三、《金星像》一、《木星像》二、《水星像》二、《火星像》三、《土星像》一、《天蓬像》二、《南北斗星真像》一、《釋迦佛像》四、《無量壽佛像》二、《藥師佛像》二、《問疾維摩圖》二、《五方如來像》一、《佛像》二、《兜率佛鋪圖》一、《文殊菩薩像》四、《降靈文殊像》一、《普賢菩薩像》三、《降靈普賢像》一、《維摩像》二、

《觀世音菩薩像》三、《行道菩薩像》五、《大悲像》二、《香花菩薩像》一、《寶檀菩薩像》一、《菩薩像》二、《帝釋圖》一、《金剛手菩薩像》一、《西方圖》一、《揭帝神像》四、《護法神像》六、《善神像》七、《天王像》二、《北門天王像》二、《捧塔天王像》一、《高僧像》一、《地獄變相》一。

(宋)佚名:《宣和畫譜》卷三

李昇,唐末成都人也。初得李思訓筆法,而清麗過之。一日,得唐張璪山水一軸,凝玩久之,輒捨去。後乃心師造化,脱略舊習,命意布景,視前輩風斯在下。猶韓幹視厩中萬馬曰:"真吾師也。"故能度越曹霸輩數等。昇之於畫,蓋得之矣。蜀人亦呼爲"小李將軍",蓋當時李昭道乃思訓子也。思訓號大李將軍,昭道號小李將軍。今昇與昭道聲聞並馳,故以名云。昇筆意幽閒,人有得其畫者,往往誤稱王右丞者焉。今御府所藏五十有二:《采芝太上像》一、《太上度關圖》一、《六甲神像》六、《葛洪移居圖》一、《仙山圖》一、《仙山故實圖》一、《天王像》一、《行道天王像》二、《渡海天王像》一、《吴王避暑圖》一、《滕王閣宴會圖》一、《滕王閣圖》五、《姑蘇集會圖》一、《避暑宫圖》五、《江上避暑圖》一、《故實人物圖》二、《江山清樂圖》一、《出峽圖》一、《遠山圖》一、《山水圖》一、《象耳山大悲真相》一、《十六羅漢像》十六。

(宋)佚名:《宣和畫譜》卷三

杜子瓌,華陰人也。精意道釋,因畫圓光,自謂得意,非丹青家所及。每詫於流輩曰:"我作圓光時,心游海上,遐想日出扶桑,滄滄凉凉,其狀若此。故脱略筆墨,使妍淡無迹,宜他人所不能到也。"論者以爲信然。子瓌研吮丹粉,尤得其術,故綵繪特異。今御府所藏十有六:《毗盧遮那佛像》一、《釋迦文佛像》一、《彌勒佛像》一、《大悲佛鋪圖》一、《大悲像》二、《大力明王像》二、《五如來像》一、《觀音像》一、《白衣觀音像》一、《文殊菩薩像》一、《如意輪菩薩像》一、《寶印菩薩像》一、《寳檀像》一。

(宋)佚名:《宣和畫譜》卷三

杜齯龜,其先秦人也。避地居蜀,事王衍爲翰林待詔。博學强識,無不兼能,至丹青之習,妙出意外,畫佛相人物尤工。始師常粲,後舍舊學,自成一家,故筆法凌轢輩流,粲亦莫得接武也。成都僧舍所畫壁,名蓋一時。今御府所藏十有四:《天地水三官像》三、《佛因地圖》一、《釋迦佛像》二、《大悲像》二、《孔雀明王像》一、《慈氏菩薩像》一、《普賢菩薩像》一、《净名居士圖》一、《托塔天王像》一、《善神像》二。

(宋)佚名:《宣和畫譜》卷三

張元,簡州金水石城山人。善畫釋氏,尤以羅漢得名。世之畫羅漢者,多取奇怪,至貫休則脱略世間骨相,奇怪益甚。元所畫得其世態之相,故天下知有金水張元羅漢也。今御府所藏八十有八:《大阿羅漢》三十二、《釋迦佛像》一、《羅漢像》五十五。

(宋)佚名:《宣和畫譜》卷三

曹仲元,建康豐城人。江南李氏時,爲翰林待詔。畫道釋鬼神,初學吴道玄不成,弃其法,别作細密,以自名家。尤工傅彩,遂有一種風格。嘗於建業佛寺畫上下座壁,凡八年不就。李氏責其緩,命周文矩較之。文矩曰:"仲元繪上天本樣,非凡工所及,故遲遲如此。"越明年乃成,李氏特加恩撫焉。杜甫詩謂:"十日一水五日一石,能事不受相促迫。"信不誣也。此與左思十年三賦何異?故古之畫工,率非俗士,其模寫物象,多與文人才士思致相合,以其冥搜相類耳。當時江左言道釋者,稱仲元爲第一,不爲過焉。今御府所藏四十有一:《九曜像》一、《三官像》三、《佛會圖》三、《地藏圖》一、《釋迦佛像》二、《無量壽佛像》一、《彌勒佛像》二、《五十三佛像》一、《五方如來像》一、《觀音像》十二、《白衣觀音像》三、《慈氏菩薩像》一、《文殊菩薩像》

二、《摩利支天菩薩像》二、《如意輪菩薩像》一、《玩蓮菩薩像》一、《孔雀明王像》一、《大悲像》二、《普賢像》一。

(宋)佚名:《宣和畫譜》卷三

陸晃,嘉禾人也。善人物,多畫道釋、星辰、神仙等,而又喜爲數稱者,如《三仙》《四暢》《五老》《六逸》《七賢》與《山陰會仙》《五王避暑》之類是也。或言晃尤工田家人物,落筆便成,殊不構思,古人所不到。蓋田父村家,或依山林,或處平陸,豐年樂歲,與牛羊雞犬,熙熙然。至於追逐婚姻,鼓舞社下,率有古風,而多見其真,非深得其情,無由命意。然擊壤鼓腹,可寫太平之像,古人謂禮失而求諸野,時有取焉。雖曰田舍,亦能補風化耳。今御府所藏五十有二:《玉皇大帝像》一、《太上像》一、《天官像》一、《星官像》一、《散聖圖》一、《列曜圖》二、《道釋像》一、《孔聖像》一、《四暢圖》四、《五老圖》一、《六逸圖》一、《明王宴樂圖》一、《按樂圖》一、《烹茶圖》一、《綉綫圖》一、《開元避暑圖》三、《五王避暑圖》三、《火龍烹茶圖》一、《山陰會仙圖》四、《神仙事迹圖》一、《故實人物圖》一、《春江漁樂圖》二、《田戲人物圖》一、《水仙圖》三、《勘書圖》一、《古木圖》一、《三仙圍棋圖》一、《葛仙翁飛錢出井圖》二、《長生保命真君像》一、《九天定命真君像》一、《天曹益算真君像》一、《天曹掌禄真君像》一、《天曹解厄真君像》一、《九天司命真君像》一、《九天度厄真君像》一、《天曹賜福真君像》一、《天曹掌算真君像》一。

(宋)佚名:《宣和畫譜》卷三

僧貫休,姓姜,字德隱,婺州蘭溪人。初以詩得名,流佈士大夫間。後入兩川,頗爲僞蜀王衍待遇,因賜紫衣,號禪月大師。又善書,時人或比之懷素,而書不甚傳。雖曰能畫,而畫亦不多。間爲本教像,唯羅漢最著。僞蜀主取其本納之宫中,設香燈崇奉者逾月,乃付翰苑大學士歐陽炯作歌以稱之。然羅漢狀貌古野,殊不類世間所傳,豐頤戚額,深目大鼻;或巨顙槁項,黝然若夷獠異類,見者莫不駭矚。

自謂得之夢中,疑其托是以神之,殆立意絶俗耳,而終能用此傳世。太平興國初,太宗詔求古畫,僞蜀方歸朝,乃獲《羅漢》。今御府所藏三十:《維摩像》一、《須菩提像》一、《高僧像》一、《天竺高僧像》一、《羅漢像》二十六。

(宋)佚名:《宣和畫譜》卷三

梁駙馬都尉趙岩,本名霖,後改今名。喜丹青,尤工人物,格韻超絶,非尋常畫工所及。有《漢書西域傳》《彈棋》《診脉》等圖傳於世,非胸次不凡,何能遂脱筆墨畛域耶?今御府所藏六:《調馬圖》一、《臂鷹人物圖》一、《五陵按鷹圖》四。

(宋)佚名:《宣和畫譜》卷六

杜霄善畫,得周昉筆法爲多,尤工蜂蝶,及曲眉豐臉之態。有《鞦韆》《撲蝶》《吴王避暑》等圖傳於世。蓋蜂蝶之畫,其妙在粉筆約略間,故難得者態度,非風流藴藉,有王孫貴公子之思致者,未易得之。故《蛺蝶圖》唐獨稱滕王,要非鐵石心腸者所能作此婉媚之妙也。今御府所藏十有二:《撲蝶圖》八、《撲蝶士女圖》一、《撲蝶士女圖》二、《游行士女圖》一。

(宋)佚名:《宣和畫譜》卷六

丘文播,廣漢人也,又名潛,與弟文曉俱以畫得名。初工道釋人物,兼作山水,其後多畫牛,齕草、飲水、卧與、奔逸、乳牸、放牧,皆曲盡其狀。嘗爲《銜果鼠》,一時稱爲奇絶,今已散逸,莫知所在。今御府所藏二十有五:《文會圖》四、《豐稔圖》一、《六逸圖》四、《七才子圖》二、《維摩化身圖》一、《維摩示疾圖》一、《松下逍遥圖》一、《田家移居圖》一、《渡水僧圖》一、《驪山老母像》一、《三笑圖》一、《牧牛圖》三、《逸牛圖》一、《乳牛圖》二、《水牛圖》一。

(宋)佚名:《宣和畫譜》卷六

丘文曉,廣漢人,文播弟也。工道釋,一時與文播齊名。山水亦工。要皆高世之習,道家之仙風、釋氏之慈相、山川之神秀,其非有得於心,則未有能到其妙也。今成都廣漢間,文曉筆迹尤多。亦喜畫牧牛,蓋釋氏以觀性,此所以見畫於文曉焉。今御府所藏四:《渡水羅漢像》一、《故實人物圖》一、《牧牛圖》二。

(宋)佚名:《宣和畫譜》卷六

阮郜,不知何許人也。入仕爲太廟齋郎。善畫,工寫人物,特於士女得意。凡纖穠淑婉之態,萃於毫端,率到閫域。作《女仙圖》,有瑶池閬苑風景之趣,而霓旌羽蓋,飄飄凌雲,萼緑雙成可以想像。衰亂之際,尤不可得。但傳於世者甚少,今御府所藏四:《女仙圖》一、《游春士女圖》三。

(宋)佚名:《宣和畫譜》卷六

婦人童氏,江南人也,莫詳其世系。所學出王齊翰,畫工道釋人物。童以婦人而能丹青,故當時縉紳家婦女,往往求寫照焉。有文士題童氏畫詩曰:"林下材華雖可尚,筆端人物更清妍。如何不出深閨裏,能以丹青寫外邊。"後不知所終。今御府所藏一:《六隱圖》一。

(宋)佚名:《宣和畫譜》卷六

周文矩,金陵句容人也。事僞主李煜爲翰林待詔。善畫,行筆瘦硬戰掣,有煜書法。工道釋、人物、車服、樓觀、山林、泉石,不墮吴曹之習,而成一家之學。獨士女近類周昉,而纖麗過之。昇元中,煜命文矩畫《南莊圖》,覽之嘆其精備。開寶間煜進其圖,藏於秘府。有《游春》《擣衣》《熨帛》《綉女》等圖傳於世。今御府所藏七十有六:《天蓬像》一、《北斗像》一、《許仙岩遇仙圖》三、《會仙圖》一、《佛因地圖》一、《神仙事迹圖》二、《文殊菩薩像》一、《盧舍那佛像》一、《觀音像》一、《金光明菩薩像》一、《寫僞主李煜真》三、《明皇取性圖》二、《明皇會棋圖》一、《五王避暑圖》四、《寫謝女真》一、《法眼禪師像》

一、《阿房宫圖》二、《寫李季蘭真》一、《斫膾圖》二、《火龍烹茶圖》四、《四暢圖》一、《問禪圖》一、《春山圖》一、《重屏圖》一、《聽説圖》一、《魯秋胡故實圖》一、《鍾馗氏小妹圖》五、《高閑圖》一、《文會圖》一、《鍾馗圖》二、《金步摇士女圖》一、《煎茶圖》一、《謝女寫真圖》二、《玉步摇士女圖》二、《詩意綉女圖》一、《寫真士女圖》一、《按樂士女圖》三、《合藥士女圖》四、《理鬟士女圖》一、《按樂宫女圖》一、《按舞圖》一、《玉妃游仙圖》一、《宫女圖》一、《游行士女圖》一、《琉璃堂人物圖》一、《慈氏菩薩像》二、《長生保命天尊像》一、《兜率宫内慈氏像》一、《李德裕見劉三復圖》一。

(宋)佚名:《宣和畫譜》卷七

石恪,字子專,成都人也。喜滑稽,尚談辯,工畫道釋人物。初師張南本,技進,益縱逸不守繩墨,氣韻思致過南本遠甚。然好畫古僻人物,詭形殊狀,格雖高古,意務新奇,故不能不近乎譎怪。孟蜀平,至闕下,被旨畫相國寺壁。授以畫院之職,不就,力請還蜀,詔許之。今御府所藏二十有一:《太上像》一、《鎮星像》一、《羅漢像》一、《四皓圍棋圖》一、《山林七賢圖》三、《游行天王像》一、《女孝經像》八、《青城游俠圖》二、《社饗圖》二、《鍾馗氏圖》一。

(宋)佚名:《宣和畫譜》卷七

李景道,僞主昇之親屬,景道其一焉。金陵號佳麗地,山川人物之秀,至於王謝子弟,其風流氣習,尚可想見。景道喜丹青而無貴公子氣,蓋亦餘膏賸馥所沾丐而然。作《會友圖》,頗極其思,故一時人物見於燕集之際,不減山陰蘭亭之勝。今御府所藏一:《會友圖》。

(宋)佚名:《宣和畫譜》卷七

李景游,亦僞主昇之親屬,與景道其季孟行也。一時雅尚,頗與景道同好,畫人物極勝。作《談道圖》,風度不凡,飄然有仙舉之狀。璟嗣昇(昪)而諸昆弟皆王,獨景游不見顯封,其畫世亦罕得其本。今御府所藏一:《談道圖》。

(宋)佚名:《宣和畫譜》卷七

顧閎中,江南人也。事僞主李氏爲待詔。善畫,獨見於人物。是時,中書舍人韓熙載,以貴游世胄多好聲伎,專爲夜飲,雖賓客揉雜,歡呼狂逸,不復拘制。李氏惜其才,置而不問。聲傳中外,頗聞其荒縱,然欲見樽俎燈燭間、觥籌交錯之態度不可得,乃命閎中夜至其第,竊窺之,目識心記,圖繪以上之。故世有《韓熙載夜宴圖》。李氏雖僭僞一方,亦復有君臣上下矣。至於寫臣下私褻以觀,則泰至多奇樂,如張敞所謂"不特畫眉"之説,已自失體,又何必令傳於世哉!一閲而弃之可也。今御府所藏五:《明皇擊梧桐圖》四、《韓熙載夜宴圖》一。

(宋)佚名:《宣和畫譜》卷七

顧大中,江南人也。善畫人物牛馬,兼工花竹。嘗於南陵巡捕司舫子卧屏上,畫杜牧詩:"南陵水面漫悠悠,風緊雲繁欲變秋。正是客心孤迥處,誰家紅袖憑江樓。"殊有思致,見者愛之。而人初不知其名,未甚加重。後爲過客宿舫中,因竊去,乃更嘆息。然其他畫在世者不多。有顧閎中亦善畫,疑其族屬也。今御府所藏一:《韓熙載縱樂圖》。

(宋)佚名:《宣和畫譜》卷七

胡翼,字鵬雲。工畫道釋、人物,至於車馬、樓臺,種種臻妙。趙岩都尉以畫著名一時,見翼禮遇加厚。喜臨摹古今名筆,目之曰"安定鵬雲記"。有《秦樓》《吴宫》《盤車》等圖傳於世。今御府所藏八:《秦樓吴宫圖》六、《盤車圖》二。

(宋)佚名:《宣和畫譜》卷八

衛賢,長安人。江南李氏時爲内供奉。長於樓觀人物,嘗作《春江圖》,李氏爲題《漁父》詞於其上。至其爲高崖巨石,則渾厚可取,而皴法不老。爲林木雖勁挺,而枝梢不稱其本,論者少之。然至妙處,復謂唐人罕及,要之所取爲多焉。今御府所藏二十有五:《黔婁先生圖》一、《楚狂接輿圖》一、《老萊子圖》一、《王仲孺圖》一、《於陵子圖》一、《梁伯鸞圖》一、《羅漢圖》一、《溪居圖》一、《雪宮圖》一、《山居圖》一、《閘口盤車圖》一、《雪岡盤車圖》一、《竹林高士圖》一、《雪江高居圖》一、《雪景樓觀圖》一、《雪景山居圖》二、《渡水羅漢像》一、《神仙事迹圖》二、《岩僧圖》一、《蜀道圖》二、《盤車圖》二。

(宋)佚名:《宣和畫譜》卷八

李贊華,北番東丹王,初名突欲,保機之長子。唐同光中,從其父攻渤海扶餘城,下之,改爲東丹國,以突欲爲東丹王。避嗣主德光之逼逐,遂越海抵登州而歸中國。時唐明宗長興六年十二月也。明宗賜與甚厚,仍賜姓東丹名慕華。以其來自遼東,乃以瑞州爲懷化軍,拜懷化軍節度使,瑞、慎等州觀察使。又賜姓李,更名贊華。始泛海歸中國,載書數千卷自隨,尤好畫,多寫貴人酋長。至於袖戈挾彈,牽黄臂蒼,服用皆縵胡之纓,鞍勒率皆瑰奇,不作中國衣冠,亦安於所習者也。然議者以謂馬尚豐肥,筆乏壯氣,其確論歟。今御府所藏十有五:《雙騎圖》一、《獵騎圖》一、《雪騎圖》一、《番騎圖》六、《人騎圖》二、《千角鹿圖》一、《吉首並驅騎圖》一、《射騎圖》一、《女真獵騎圖》一。

(宋)佚名:《宣和畫譜》卷八

袁嶬,河南登封人。爲侍衛親軍。善畫魚,窮其變態,得唅喁游泳之狀,非若世俗所畫作庖中物,特使饞獠生涎耳。今御府所藏十有九:《游魚圖》六、《戲魚圖》一、《群魚圖》一、《竹穿魚圖》一、《魚蟹圖》一、《魚蝦圖》二、《寫生鱸魚圖》一、《筍竹圖》三、《竹石圖》一、《蟹圖》一。

(宋)佚名:《宣和畫譜》卷九

僧傳古,四明人。天資穎悟,畫龍獨進乎妙。建隆間名重一時,垂老筆力益壯,簡易高古,非世俗之畫所能到也。然龍非世目所及,若易爲工者,而有三停九似,蜿蜒昇降之狀,至於湖海風濤之勢,故得名於此者,罕有其人。傳古獨專是習,宜爲名流也。皇建院有所畫屏風,當時號爲絶筆。今御府所藏三十有一:《衮霧戲波龍圖》二、《穿石戲浪龍圖》二、《吟霧戲水龍圖》二、《踴霧出波龍圖》二、《吟霧躍波龍圖》一、《爬山躍霧龍圖》二、《踴霧戲水龍圖》一、《穿石出波龍圖》二、《穿山弄濤龍圖》二、《出水戲珠龍圖》一、《戲雲雙龍圖》一、《戲水龍圖》四、《出洞龍圖》一、《玩珠龍圖》二、《出水龍圖》一、《祥龍圖》一、《吟龍圖》一、《戲龍圖》一、《戲水龍圖》一、《坐龍圖》一。

(宋)佚名:《宣和畫譜》卷九

張詢,南海人。不第後,流寓長安,以畫自適。後至蜀中,因假館於昭覺寺,爲僧夢休作《早午晚三景圖》於壁間,率取吴中山水氣象,用以落筆焉。唐僖宗幸蜀見之,嘆賞彌日。蓋早晚之景,今昔人皆能爲之,而午景爲難狀也。譬如詩人吟咏春與秋,冬則著述爲多,而夏則全少耳。其後蜀僞主王氏乃欲遷於所居,與棟相連,移之則損,於是遂止。詢嘗畫《雪峰危棧圖》,極工,意其入蜀之所見也。然亦所以著戒,有臨深履薄之遺風云。今御府所藏二:《雪峰危棧圖》二。

(宋)佚名:《宣和畫譜》卷一〇

荆浩,河内人,自號爲洪谷子。博雅好古,以山水專門,頗得趣向。嘗謂"吴道玄有筆而無墨,頊容有墨而無筆"。浩兼二子所長而有之。蓋有筆無墨者,見落筆蹊徑而少自然;有墨而無筆者,去斧鑿痕而多變態。故王洽之所畫者,先潑墨於縑素之上,然後取其高低上下自然之勢而爲之。今浩介二者之間,則人以爲天成,兩得之矣。故所以可悦衆目,使覽者易見焉。當時有關仝號能畫,猶師事浩爲門弟子。故浩之所能,爲一時之所器重。後乃撰《山水訣》一卷,遂表進藏之秘閣。梅堯臣嘗觀浩所畫《山水圖》曾有詩,其略曰:"上有荆浩字,持歸翰林公”之句。而又曰:“范寬到老學未足,李成但得平遠工。”此則所以知浩所學固自不凡,而堯臣之論非過也。今御府所藏二十有二:《夏山圖》四、《蜀山圖》一、《山水圖》一、《瀑布圖》一、《秋山樓觀圖》二、《秋山瑞靄圖》二、《秋景漁父圖》三、《山陰燕蘭亭圖》三、《白蘋洲五亭圖》一、《寫楚襄王遇神女圖》四。

(宋)佚名:《宣和畫譜》卷一〇

關仝,一名穜,長安人。畫山水,早年師荆浩,晚年筆力過浩遠甚,尤喜作秋山寒林,與其村居野渡,幽人逸士,漁市山驛,使其見者,悠然如在灞橋風雪中,三峽聞猿時,不復有市朝抗塵走俗之狀。蓋仝之所畫,其脱略毫楮,筆愈簡而氣愈壯,景愈少而意愈長也。而深造古淡,如詩中淵明,琴中賀若,非碌碌之畫工所能知。當時郭忠恕亦神仙中人也,亦師事仝授學,故筆法不墮近習。仝於人物非所長,於山間作人物,多求胡翼爲之。故仝所畫村堡橋彴色色備有,而翼因得以附名於不朽也。今御府所藏九十有四:《秋山圖》二十二、《秋晚烟嵐圖》二、《江山漁艇圖》二、《江山行船圖》二、《春山蕭寺圖》一、《秋山霜霽圖》四、《關山老木圖》一、《秋山樓觀圖》四、《秋山楓木圖》一、《秋山漁樂圖》四、《秋江早行圖》二、《秋峰聳秀圖》二、《群峰秋色圖》三、《奇峰高寺圖》二、《山舍謳歌圖》一、《山陰行人圖》一、《崦嵫待月圖》一、《林藪逍遥圖》一、《岩隈高偃圖》一、《嘯傲烟霞圖》一、《岸曲醉吟圖》一、《霧鎖重關圖》四、《窠石平遠圖》一、《楓木峭壁圖》一、《石岸古松圖》一、《松木高士圖》一、《故實山水圖》一、《夏雨初晴圖》二、《山陰讌蘭亭圖》四、《仙山圖》四、《關山圖》一、《溪山圖》一、《崇山圖》一、《山水圖》一、《山城圖》一、《巨峰圖》一、《奇峰圖》一、《晴峰圖》一、《函關圖》一、《危棧圖》一、《雲岩圖》一、《石淙圖》一、《平橋圖》一、《峻極圖》三。

(宋)佚名:《宣和畫譜》卷一〇

李成只見二本:一松石,一山水四軸。松石皆出盛文肅家,今在會稽。山水在蘇州寶月大師處。秀甚不凡,松幹勁挺,枝葉鬱然有陰,荆楚小木無冗筆,不作龍蛇鬼神之狀。今世貴侯所貴大圖,猶如顔柳書藥鋪牌,形貌似爾,無自然,皆凡俗。林木怒張,松幹枯瘦多節,小木如柴,無甚生意。成身爲光禄丞、第進士,子祐爲諫議大夫,孫宥爲待制,贈成金紫光禄大夫。使其是,凡工衣食所仰,亦不如是之多,皆俗手假名,予欲爲無李論。

(明)陶宗儀:《説郛》卷三三《畫史》

杜楷,一作措,成都人。善工山水,極妙;作枯木斷崖,雲崦烟岫之態,思致頗遠。又圖寫昔人詩句爲之,亦可以想見其胸次耳。今御府所藏一:《翠屏金沙圖》。

(宋)佚名:《宣和畫譜》卷一〇

董元,一作源,江南人也。善畫,多作山石水龍。然龍雖無以考,按其形似之是否,其降升自如,出蟄離洞,戲珠吟月,而自有喜怒變態之狀,使人可以遐想。蓋常人所以不識者,止以想像命意,得於冥漠不可考之中。大抵元所畫山水,下筆雄偉,有嶄絶峥嶸之勢,重巒絶壁,使人觀而壯之,故於龍亦然。又作《鍾馗氏》,尤見思致。然畫家止以著色山水譽之謂景物富麗,宛然有李思訓風格。今考元所畫信然。蓋當時著色山水未多,能效思訓者亦少也,故特以此得名於時。至其出自胸臆,寫山水江湖,風雨溪谷,峰巒晦明,林霏烟雲,與夫千岩萬壑,重汀絶岸,使覽者得之,真若寓目於其處也。而足以助騷客詞人之吟思,則有不可形容者。今御府所藏七十有八:《夏山圖》二、《江山高隱圖》二、《設色春山圖》二、《群峰霽雪圖》一、《夏景窠石圖》二、《夏山牧牛圖》一、《林峰圖》三、《夏山早行圖》二、《秋山圖》一、《江山漁艇圖》一、《山麓漁舟圖》一、《江山蕩槳圖》一、《萬木奇峰圖》一、《著色山圖》二、《窠石人物圖》一、《水墨竹禽圖》三、《晴峰圖》一、《山居圖》三、《山彴圖》一、《松峰圖》三、《長壽真人像》一、《寫孫真人像》一、《江堤晚景圖》一、《重溪烟靄圖》一、《冬晴遠岫圖》二、《雪浦待渡圖》二、《密雪漁歸圖》一、《寒林重汀圖》一、《寒林鍾馗圖》二、《雪陂鍾馗圖》二、《寒江窠石圖》一、《寒林圖》一、《松槽平遠圖》一、《水石吟龍圖》一、《風雨出蟄龍圖》二、《山洞龍圖》一、《戲龍圖》二、《昇龍圖》一、《跨龍圖》一、《跨牛圖》一、《飲水牧牛圖》一、《鍾馗氏》一、《岩中羅漢像》一、《牧牛圖》一、《瀟湘圖》一、《漁舟圖》一、《漁父圖》一、《海岸圖》一、《采菱圖》二、《寒塘宿雁圖》三、《夏景山口待渡圖》一、《水墨竹石栖禽圖》二、《孔子見虞丘子圖》二。

(宋)佚名:《宣和畫譜》卷一一

李成,字咸熙,其先唐之宗室。五季艱難之際,流寓於四方,避地北海,遂爲營丘人。父祖以儒學吏事聞於時。家世中衰,至成猶能以儒道自業。善屬文,氣調不凡,而磊落有大志。因才命不偶,遂放意於詩酒之間,又寓興於畫,精妙初非求售,唯以自娱於其間耳。故所畫山林、藪澤、平遠、險易、縈帶、曲折、飛流、危棧、斷橋、絶澗、水石、風雨、晦明、烟雲、雪霧之狀,一皆吐其胸中而寫之筆下。如孟郊之鳴於詩,張顛之狂於草,無適而非此也。筆力因是大進。於時凡稱山水者,必以成爲古今第一,至不名而曰李營丘焉。然雖畫家素喜譏評號爲善褒貶者,無不斂衽以推之。嘗有顯人孫氏知成善畫得名,故貽書招之。成得書且憤且嘆曰:"自古四民不相雜處,吾本儒生,雖游心藝事,然適意而已,奈何使人羈致入戚里賓館,研吮丹粉而與畫史冗人同列乎?此戴逵之所以碎琴也。"却其使,不應。孫忿之,陰以賄厚賂營丘之在仕相知者,冀其宛轉以術取之也。不逾時而果得數圖以歸。未幾成隨郡計赴春官較藝,而孫氏卑辭厚禮復招之,既不獲已,至孫館,成廼見前之所畫,張於謁舍中,成作色振衣而去。其后王公貴戚,皆馳書致幣懇請者,不絶於道,而成漫不省也。晚年好游江湖間,終於淮陽逆旅。子覺以經術知名,踐歷館閣。孫宥嘗爲天章閣待制、尹京,故出金帛以購成之所畫甚多,悉歸而藏之。自成殁後,名益著,其畫益難得,故學成者皆摹仿成所畫峰巒泉石,至於刻畫圖記、名字等,庶幾亂真,可以欺世,然不到處終爲識者辨之。第名之不可掩而使人慕之如是,信公議所同焉。或云又兼善畫龍水,亦奇絶也。但所長在於山水之間,故不稱云。今御府所藏一百五十有九:《重巒春曉圖》四、《烟嵐春曉圖》二、《夏山圖》二、《夏景晴嵐圖》二、《夏雲出谷圖》四、《秋山圖》三、《秋山静釣圖》一、《冬晴行旅圖》二、《秋嶺遥山圖》二、《山鎖秋嵐圖》二、《冬景遥山圖》二、《密雲待渡圖》二、《江山密雪圖》三、《林石雪景圖》三、《群山雪霽圖》三、《雪麓早行圖》一、《雪溪圖》二、《雪峰圖》一、《愛景晴嵐圖》三、《愛景寒林圖》三、《寒林圖》八、《寒林獨玩圖》一、《奇石寒林圖》二、《巨石寒林圖》四、《嵐烟晚晴圖》三、《烟嵐曉景圖》七、《晴嵐曉景圖》八、《嵐光清曉圖》二、《曉嵐平遠圖》二、《曉景雙峰圖》二、《闊渚晴峰圖》二、《曉嵐圖》一、《晴嵐圖》二、《晴巒圖》二、《晴巒平遠圖》三、《晴巒蕭寺圖》二、《晴峰霽靄圖》二、《晴江列岫圖》二、《横峰曉霽圖》三、《峻峰茂林圖》一、《喬木蕭寺圖》一、《長山平遠圖》二、《古木遥岑圖》四、《霧披遥山圖》三、《山陰磨溪圖》二、《高山圖》三、《平遠圖》一、《雙峰圖》三、《山腰樓觀圖》三、《讀碑窠石圖》二、《烟峰行旅圖》二、《遠浦遥岑圖》一、《烟波漁艇圖》一、《江山漁父圖》一、《亭泉松石圖》一、《秀峰圖》一、《平遠窠石圖》一、《起蟄圖》一、《大寒林圖》四、《小寒林圖》二、《山谷晴嵐圖》二、《江皋群峰圖》三、《老筆層峰圖》二、《群峰灌木圖》二、《春山早行圖》三、《春雲出岫圖》二。

(宋)佚名:《宣和畫譜》卷一一

趙幹,江南人。善畫山林泉石,事僞主李煜爲畫院學生,故所畫皆江南風景,多作樓觀、舟船、水村、漁市、花竹,散爲景趣,雖在朝市風埃間,一見便如江上,令人褰裳欲涉而問舟浦溆間也。今御府所藏九:《春林歸牧圖》一、《夏山風雨圖》四、《夏日玩泉圖》一、《烟靄秋涉圖》一、《冬晴漁浦圖》一、《江行初雪圖》一。

(宋)佚名:《宣和畫譜》卷一一

羅塞翁,乃錢塘令隱之子。爲吴中從事,喜丹青,善畫羊,精妙卓絶,世罕見其筆。隱以詩名於時,而塞翁獨寓意於丹青,亦詞人墨客之所致思。今御府所藏二:《牧牛圖》《海物圖》。

(宋)佚名:《宣和畫譜》卷一四

張及之,京兆人。畫犬馬、花鳥頗工。作犬得其敦厖,無摇尾乞憐之狀。世或傳其《騎射圖》,擎蒼牽黄,挽强馳驅,筆力豪逸極妙。然所得特犬馬之習,方五代干戈之際,風聲氣俗,蓋有自而然。今御府所藏一:《寫犬圖》。

(宋)佚名:《宣和畫譜》卷一四

蔣長源,字永仲,家周昉三楊圖,馮京當世,家横卷皆入神。

(宋)米芾:《畫史》

挂畫

凡收畫,必先收唐希雅、徐熙等雪圖,巨然或范寬山水圖。齊整相對者,裝堂遮壁,乃於其上旋旋挂名筆,絹素大小可相當成對者,又漸漸挂無對者。蓋古畫大小不齊,鋪挂不端正;若晉筆,須第二重挂唐筆爲襯,乃可挂也。許道寧不可用,模人畫太俗也。

(明)陶宗儀:《説郛》卷三三《畫史》

李成大扇

余家所收李成至李冠卿大扇,愛之不已,爲天下之冠。既購得之,背於真州。昭宣使宋用臣自舒州召還,見之,太息云:"慈聖光獻太后於上温清小次,盡購李成畫,貼成屏風。以上所好,至輒玩之。因吴丞相冲卿夫人入朝,太后使引辨真僞。成之孫女,也内以四幀爲真,拆奉上。别購補之,敕宋用臣背於内東門,正與此類。"因語泫然,囑吾愛惜,予亦甚珍之。及得盛文肅家松石,片幅如紙,幹挺可爲隆棟,枝茂凄然生陰,作節處不用墨,圈下一大點以通身,淡墨穿過,乃如天成。對面皴石圓潤,突起至坡峰,落筆於石脚,及水中一石相平,下用淡墨作水相準,乃是一磧直入水中,不若世俗所效直斜落筆,下更無地,又無水勢如飛空中。使妄人評之,以李成直筆無脚,蓋未見真耳。劉涇自以李成直筆多,於是出示之,乃良久曰:"此必成師也。"

(宋)米芾:《畫史》

道士厲歸真,莫知其鄉里。善畫牛虎,兼工竹雀鷙禽。雖號道士,而無道家服飾,唯衣布袍,徜徉闤闠,視酒壚旗亭如家而歸焉。人或問其出處,乃張口茹拳而不言,所以人莫之測也。一日,朱梁太祖詔而問曰:"卿有何道理?"歸真對曰:"臣衣單愛酒,以酒禦寒,用畫償酒,此外無能。"梁祖然之。推是語以究其所得,必非常人。此與"除睡人間總不知"之意何異?真寓之於畫耳。南昌信果觀中有塑像甚工,每苦雀鴿糞穢,而歸真爲畫一鷂於壁間,自此遂絶,亦頗奇怪。要其至非術則幾神矣。今御府所藏二十有八:《雲龍圖》一、《乳虎圖》一、《牧牛圖》七、《渡水牧牛圖》二、《渡水牛圖》一、《牧放顧影牛圖》一、《江堤牧放圖》一、《荀竹乳兔圖》一、《柏林水牛圖》一、《乳牛圖》五、《猫竹圖》一、《宿禽圖》一、《鵲竹圖》二、《笋竹圖》一、《蜂蝶鵲竹圖》一、《蔓瓜圖》一。

(宋)佚名:《宣和畫譜》卷一四

李靄之,華陰人。善畫山水泉石,尤喜畫猫。雅爲羅紹威所厚,建一亭爲靄之援毫之所,名曰"金波"。時以號靄之爲"金波處士",妙得幽人逸士林泉之思致。故一寄於畫,則無復朝市車塵馬足,肩磨轂擊之狀,真胸中自有丘壑者也。畫猫尤工。蓋世之畫猫者,必在於花下,而靄之獨畫在藥苗間,豈非幽人逸士之所寓,果不爲紛華盛麗之所移耶?今御府所藏十有八:《藥苗戲猫圖》一、《醉猫圖》三、《藥苗雛猫圖》一、《子母戲猫圖》三、《戲猫圖》六、《小猫圖》一、《子母猫圖》一、《薑猫圖》一、《猫圖》一。

(宋)佚名:《宣和畫譜》卷一四

刁光,長安人。自天復初入蜀,善畫湖石、花竹、猫兔、鳥雀之類。慎交游,所與者皆一時之佳士,如黄筌、孔嵩皆師事之。議者以謂孔類昇堂,黄得入室。其知言哉！年逾八十,益不廢所學。今蜀郡僧寺中壁間花竹,往往尚有存者。今御府所藏二十有四:《花禽圖》五、《芙蓉瀏鶒圖》一、《引雛鶉子圖》一、《蜂蝶茄菜圖》一、《桃花戲猫圖》一、《鷄冠草蟲圖》一、《雛雀圖》一、《萱草百合圖》一、《折枝花圖》一、《竹石戲猫圖》二、《藥苗戲猫圖》二、《子母猫圖》二、《子母戲猫圖》一、《群猫圖》一、《猫竹圖》一、《夭桃圖》一、《兒猫圖》一。

(宋)佚名:《宣和畫譜》卷一五

梅行思,不知何許人也。能畫人物、牛馬,最工於鷄,以此知名,世號曰"梅家鷄"。爲鬥鷄尤精,其赴敵之狀,昂然而來,竦然而待,磔毛怒癭,莫不如生。至於飲啄閒暇,雌雄相將,衆雛散漫,呼食助叫,態度有餘,曲盡赤幘之妙,宜其得譽焉。鷄者,庖厨之物,初不足貴,昔人謂畫犬馬爲難工,以其日夕近人,唯鷄亦如此,故作鬥鷄不無意也。行思,唐末人,接五代,家居江南,爲南唐李氏翰林待詔,品目甚高。今御府所藏四十有一:《牡丹鷄圖》一、《蜀葵子母鷄圖》三、《萱草鷄圖》二、《鷄圖》十三、《引雛鷄圖》五、《子母鷄圖》三、《野雞圖》一、《籠鷄圖》六、《負雛鷄圖》一、《鬥鷄圖》六。

(宋)佚名:《宣和畫譜》卷一五

郭乾暉,北海營丘人,世呼爲郭將軍。善畫草木、鳥獸、田野荒寒之景。鍾隱者亦一時名流,變姓名執弟子禮,師事久之,方授以筆法。乾暉常於郊居畜其禽鳥,每澄思寂慮,玩心其間,偶得意即命筆,格律老勁,曲盡物性之妙。今御府所藏一百有四:《蓁竹柘鷂圖》二、《柘條鵲鷂圖》一、《老木禽鷂圖》二、《古木鷹鵲圖》一、《竹石伯勞圖》二、《鷂搦伯勞圖》一、《蓁棘伯勞圖》二、《柘竹雜禽圖》一、《柘竹鷂子圖》一、《柘竹野鵲圖》二、《柘竹噪鵲圖》一、《柘條鵪鷂圖》三、《柘條鷂子圖》一、《柘林鵲鷂圖》四、《柘條鶉鷂圖》一、《鵤鷂圖》一、《梨花鷂禽圖》一、《蘆棘鶉鷂圖》一、《架上鷂子圖》十六、《野鷄鵪鶉圖》一、《枯柄鷄鷹圖》四、《竹木鷄鷹圖》二、《寫生鵪鶉圖》一、《古木鷓鴣圖》四、《俊禽奔兔圖》二、《蒼鷹捕貍圖》二、《鵲鷂圖》四、《古木鷂子圖》一、《鷙禽圖》一、《鷄鷹圖》六、《棘兔圖》二、《棘鶉圖》一、《棘蘆圖》一、《秋兔圖》一、《棘雉圖》三、《噪禽圖》一、《鶉鷂圖》八、《鷓鷂圖》六、《蒼鷹圖》一、《鵪鶉圖》一、《鷄圖》一、《鷹圖》一、《野雞圖》一、《鷂子圖》一、《猫圖》一、《鶻圖》一、《野鴨圖》一。

(宋)佚名:《宣和畫譜》卷一五

胡擢,不知何許人也。博學能詩,氣韻超邁,飄飄然有方外之志。嘗謂其弟曰:"吾詩思若在三峽之間聞猿聲時。"其高情逸興如此。一遇難狀之景,則寄之於畫,乃作草木禽鳥,亦詩人感物之作也。今御府所藏六:《木瓜錦棠圖》一、《折枝花圖》一、《寫生折枝花圖》一、《單葉月季花圖》一、《雜花圖》一、《桃花圖》一。

(宋)佚名:《宣和畫譜》卷一五

郭乾祐,青州人。兄乾暉有畫名,乾祐善工花鳥,名雖不顯如其兄,然所學同門,亦相上下耳。其漸染所及,自然近之耶。如畫鷹隼,使人見之,則有擊搏之意,然後爲工。故杜子美想像其拏攫,則曰:"何當擊凡鳥,毛血灑平蕪。"是畫之精絶能興起人意如此,豈不較其善否哉?至俊爽風生,非筆端之造化,何可以言傳也。又能畫猫,雖非專門,亦有足采。今御府所藏四:《野鶻圖》一、《秋棘俊禽圖》二、《顧蜂猫圖》一。

(宋)佚名:《宣和畫譜》卷一五

鍾隱,天台人。善畫鷙禽榛棘,能以墨色淺深分其向背,初欲師郭乾暉,知乾暉秘其術不以授人,隱乃變姓名托館寓食於其家,甘從服役。逮逾時,乾暉弗覺也,隱陰伺其畫而心得之。一日乘興作鷂於壁間,乾暉知,亟就觀之,驚嘆不已,乃謂子得非鍾隱乎?遂善遇之,益論畫道爲詳，因是馳譽。噫！百工技巧，有心好之而欲深造其妙者，雖得其術於艱難之中，猶且堅壁不退，況進於道者乎？隱居江南，所畫多爲僞唐李煜所有，煜皆題印以秘之。近時有米芾論畫，言鍾隱者，蓋南唐李氏道號，爲鍾山之隱者耳，固非鍾隱也。因以辨之。今御府所藏七十有一：《寒蘆鶉鷂圖》二、《古木鷄鷹圖》三、《田犬逐兔圖》二、《蓁棘寒鶉圖》一、《秋汀鶉鷂圖》二、《蓁棘伯勞圖》一、《柘栟鶉鷂圖》一、《霜林鶉鷂圖》四、《柘條鶯鵲圖》一、《棘兔伯勞圖》一、《柘條雙禽圖》一、《柘條山鵲圖》一、《柘條伯勞圖》一、《游仙松石圖》二、《鷂子竹石圖》二、《古木竹梢圖》一、《鷂子伯勞圖》一、《棗棘鶉鷂圖》一、《架上鷹圖》二、《子母兔圖》一、《竹石小兔圖》一、《鷄鷹圖》四、《馴雉圖》二、《會禽圖》一、《鵂鶹圖》一、《架鶯圖》一、《噪禽圖》二、《雙禽圖》四、《架鷂圖》三、《鷹兔圖》一、《躍兔圖》一、《柘雀圖》一、《鶉鷂圖》四、《竹兔圖》一、《鷙禽圖》一、《飛鷂圖》一、《鷂子圖》二、《雙鷂圖》二、《柘鵲圖》一、《顧兔圖》一、《小兔圖》一、《秋兔圖》一、《棘雀圖》一、《鶻圖》一、《古木鷂圖》一。

（宋）佚名：《宣和畫譜》卷一六

黄筌，字要叔，成都人。以工畫早得名於時。十七歲事蜀後主王衍爲待詔。至孟昶加檢校少府監，累遷如京副使。後主衍嘗詔筌於内殿觀吴道元畫《鍾馗》，乃謂筌曰："吴道元之畫鍾馗者，以右手第二指抉鬼之目，不若以拇指爲有力也。"令筌改進。筌於是不用道元之本，别改畫以拇指抉鬼之目者進焉。後主怪其不如旨。筌對曰："道元之所畫者，眼色意思俱在第二指；今臣所畫眼色意思俱在拇指。"後主悟，乃喜筌所畫不妄下筆。筌資諸家之善而兼有之。花竹師滕昌祐，鳥雀師刁光，山水師李昇，鶴師薛稷，龍師孫遇，然其所學筆意豪贍，脱去格律，過諸公爲多。如世稱杜子美詩，韓退之文，無一字無來處，所以筌畫兼有衆體之妙，故前無古人，後無來者。今筌於畫得之，凡山花野草，幽禽異獸，溪岸江島，釣艇古槎，莫不精絶。廣政癸丑歲，嘗畫野雉於八卦殿，有五方使呈鷹於陛殿之下，誤認雉爲生,掣臂者數四。時蜀主孟昶嗟異之。梅堯臣嘗有咏筌所畫《白鶻圖》,其略曰:"畫師黃筌出西蜀,成都范君能自知。范云筌筆不敢恣,自養鷹鸇觀所宜。"以此知筌之用意爲至,悉取生態,是豈蹈襲陳迹者哉! 范君蓋蜀郡公范鎮也。鎮亦蜀人,故知筌之詳細。其子居寶、居寀,亦以畫傳家學。今御府所藏三百四十有九:《桃花雛雀圖》一、《桃竹㶉鶒圖》一、《桃竹湖石圖》二、《桃竹錦雞圖》二、《海棠鵓鴿圖》一、《海棠鸚䳇圖》一、《牡丹鵓鴿圖》七、《牡丹圖》二、《山石牡丹圖》一、《牡丹鶴圖》二、《芍藥家鴿圖》一、《瑞芍藥圖》一、《芍藥黃鶯圖》一、《芍藥鳩子圖》二、《入覓黃鶯圖》一、《牡丹戲猫圖》三、《春龍出蟄圖》一、《梨花鵁鶄圖》一、《夏陂乳牛圖》一、《夏山圖》二、《秋山詩意圖》四、《荷花鷺鷥圖》一、《芙蓉㶉鶒圖》三、《秋塘㶉鶒圖》四、《水石鷺鷥圖》一、《芙蓉鳩子圖》一、《芙蓉雙禽圖》三、《萱草野雉圖》三、《笋竹野鷄圖》一、《萱草山鷓圖》一、《水荭㶉鶒圖》一、《蘆花㶉鶒圖》二、《戲水㶉鶒圖》一、《竹石鳩子圖》二、《竹石黃鸝圖》一、《花石錦鷄圖》一、《寫瑞榮荷圖》一、《躑躅戴勝圖》一、《笋竹碧青圖》一、《芙蓉鷺鷥圖》一、《霜林鷄雁圖》二、《湖灘烟鷺圖》二、《藥苗雙雀圖》一、《湖灘水石圖》三、《太湖石牡丹圖》一、《戲猫桃石圖》一、《竹堤雙鷺圖》一、《笋竹鶉雀圖》一、《笋竹雛雀圖》一、《雪竹文禽圖》二、《雪竹雙禽圖》二、《雪竹鳩子圖》一、《雪竹錦鷄圖》二、《雪竹雙雉圖》一、《雪禽雙雉圖》二、《雪景花禽圖》二、《雪竹山鷓圖》二、《雪雀鴛鴦圖》一、《雪景噪雀圖》一、《雪景鵪鶉圖》一、《雪雀啄木圖》一、《雪景柘雀圖》一、《雪景雀兔圖》一、《雪山圖》二、《雪景宿禽圖》一、《雪禽圖》二、《雪雉圖》二、《雪雀圖》四、《雪兔圖》四、《寒鷺圖》一、《寒禽圖》一、《竹石鴛鴦圖》一、《竹鶴圖》三、《六鶴圖》二、《雙鶴圖》一、《獨鶴圖》一、《梳翎鶴圖》一、《紅蕉下水鶴圖》二、《山茶鶉雀圖》一、《寒菊蜀禽圖》一、《寫生錦鷄圖》一、《寫生雜禽圖》一、《躑躅義燕兒圖》一、《躑躅錦鷄圖》三、《柘竹鶺子圖》一、《躑躅山鷓圖》一、《蜂蝶花禽圖》一、《雲出山腰圖》二、《鷂子鵪鶉圖》一、《瑪瑙盆鵓鴿圖》一、《没骨花枝圖》一、《捕雀猫圖》一、《柘條鶺子圖》一、

《逐雀猫圖》一、《引雛雀圖》一、《寫生山鷓圖》一、《柘竹雀蝶圖》一、《鸂鶒竹燕圖》一、《竹石綉纓圖》一、《鷓鴣伯勞圖》一、《詩意山水圖》五、《架上鶻圖》三、《架上角鷹圖》二、《架上皂雕圖》一、《雪景鶉雀圖》一、《竹石雙禽圖》二、《蘆花鸂鶒圖》二、《水石雙鷺圖》二、《山茶雪雀圖》二、《白山鷓圖》二、《架上御鷹圖》一、《皂雕圖》二、《鷄鷹圖》五、《錦棠圖》一、《秋鷺圖》一、《老鶴圖》一、《雀鴨圖》一、《鶻兔圖》三、《銜花鹿圖》一、《雕狐圖》一、《雙鷺圖》一、《竹石寒鷺圖》三、《水禽圖》三、《鷓鴣圖》一、《野雉圖》三、《蟬蝶圖》一、《折枝花圖》一、《鷹圖》一、《鳩雀圖》一、《角鷹圖》二、《白鴿圖》一、《白鶻圖》一、《禽雀圖》一、《鵪鶉圖》一、《宿雀圖》一、《野鶉圖》一、《鷄圖》一、《雕圖》二、《蜀禽圖》一、《秋鴨圖》一、《竹鴨圖》二、《竹雀圖》三、《錦鷄圖》一、《白鷹圖》一、《鶉鴿圖》三、《御鷹圖》一、《三清像》三、《星官像》二、《壽星像》三、《南極老人像》一、《寫十真人像》一、《秋山壽星圖》一、《真官像》一、《出山佛像》一、《觀音菩薩像》一、《自在觀音像》二、《葛洪移居圖》二、《勘書圖》二、《勘書人物圖》一、《袁安卧雪圖》三、《莊惠觀魚圖》二、《長壽仙圖》一、《七才子圖》一、《搜山天王像》一、《山居圖》一、《春山圖》七、《春日群山圖》二、《秋岸圖》二、《秋陂躍兔圖》二、《秋景山水圖》二、《雲水秋山圖》四、《竹石圖》四、《竹蘆圖》一、《寫瑞白兔圖》一、《寫生玳瑁圖》三、《寫生碎金圖》一、《寫生龜圖》一、《寫鍾馗氏圖》一、《玉步摇圖》二、《山石猫犬圖》一、《竹石小猫圖》一、《螻蟈戲猫圖》一、《藥苗小兔圖》一、《子母戲猫圖》一、《藥苗戴勝圖》一、《溪山垂綸圖》一、《出陂龍圖》一、《雲龍圖》一、《獵犬圖》一、《汀石圖》一、《騎從圖》一、《墨竹圖》一、《雲岩圖》一、《躍犬圖》一、《昇龍圖》一、《醉仙圖》一、《歸山圖》一、《出水龜圖》一、《天台圖》一、《草堂圖》二、《躍水龍圖》一、《桃石圖》一、《子母猫圖》一、《歸牧圖》一、《溪石圖》一、《草蟲圖》一、《閣道圖》一、《山橋圖》一、《食魚猫圖》一、《雙鹿圖》一、《碎金圖》二、《猫圖》一、《猫犬圖》一、《靈草圖》一、《太湖石海棠鷂子圖》一、《水墨湖灘風竹圖》三、《寫李思訓踏錦圖》三、《許真君拔宅成仙圖》一、《夾竹海棠錦鷄圖》二、《竹石金盆鵓鴿圖》三、《寫薛稷雙鶴圖》一、《鵓鴿引雛雀竹圖》一。

(宋)佚名:《宣和畫譜》卷一六

黄居寶,字辭玉,成都人,筌之次子。以工畫得傳家之妙,兼喜作字,當時以八分書知名,與父筌同事蜀主爲待詔。後累遷至水部員外郎。書畫本出一體,蓋蟲魚鳥迹之書皆畫也。故自科斗而後,書畫始分,是以夏商鼎彝間,尚及見其典刑焉。宜居寶之以書畫名於世也。今御府所藏四十有一:《竹岸鴛鴦圖》一、《桃竹鵓鴿圖》一、《杏花戴勝圖》二、《牡丹猫雀圖》一、《牡丹太湖石圖》一、《錦棠竹鶴圖》二、《躑躅錦鷄圖》一、《紅蕉山鵲圖》一、《折枝芙蓉圖》一、《雀竹雙鳧圖》一、《柘竹山鷓圖》一、《苛石雙鶴圖》一、《苛竹湖石圖》一、《山居雪霽圖》一、《江山密雲圖》一、《山石小禽圖》一、《夾竹桃花圖》一、《牡丹雙鶴圖》二、《荷花鷺鷥圖》一、《架上角鷹圖》一、《架上銅嘴圖》一、《架上鶻圖》一、《雪兔圖》一、《春山圖》二、《千春圖》一、《秋江圖》一、《顧步鶴圖》一、《梳翎鶴圖》一、《竹鶴圖》一、《重屏圖》一、《雙鶴圖》一、《雛猫圖》一、《寒菊圖》一、《竹石金盆戲鴿圖》三、《夾竹桃花鸚䳇圖》一。

(宋)佚名:《宣和畫譜》卷一六

滕昌祐,字勝華,本吴郡人也。後游西川,因爲蜀人。以文學從事,初不婚宦,志趣高潔,脱略時態,卜築於幽閒之地,栽花竹杞菊以觀植物之榮悴,而寓意焉。久而得其形似於筆端,遂畫花鳥蟬蝶,更工動物,觸類而長,蓋未嘗專於師資也。其後又以畫鵝得名,復精於芙蓉、茴香,兼爲夾紵果實,隨類傅色,宛有生意也。其爲蟬蝶草蟲,則謂之點畫;爲折枝花果,謂之丹青。以此自别云。大抵昌祐乃隱者也,直托此游世耳,所以壽至八十五,然年高,其筆猶强健,意其有得焉。今御府所藏六十有五:《牡丹睡鵝圖》二、《芙蓉睡鵝圖》一、《芙蓉雙鵝圖》一、《芙蓉雙禽圖》一、《拒霜鶺鴒圖》一、《芙蓉猫圖》一、

《拒霜花鵝圖》二、《拒霜花鴨圖》二、《慈竹芙蓉圖》一、《蟬蝶芙蓉圖》一、《芙蓉川禽圖》一、《湖石牡丹圖》一、《龜鶴牡丹圖》四、《太平雀牡丹圖》一、《茴香睡鵝圖》一、《鸂鶒圖》一、《蓽竹百合圖》一、《古木雙雉圖》一、《篰竹山鷓圖》一、《茴香戲猫圖》一、《山茶家鵜圖》一、《卧枝芙蓉圖》一、《藥苗鵝圖》一、《茴香鵝圖》一、《梳翎鵝圖》一、《水際鵝圖》一、《寫生折枝花圖》二、《夾竹梨花圖》一、《百合花川禽圖》一、《竹穿魚圖》五、《戲蓼魚圖》一、《竹枝牽牛圖》一、《梅花鵝圖》二、《戲水魚圖》一、《拒霜圖》三、《寫生芙蓉圖》二、《竹鶴圖》一、《家鵝圖》一、《芙蓉花圖》二、《牡丹圖》一、《萱草兔圖》一、《梨花龜圖》二、《梅花圖》一、《寒菊圖》一、《篰竹拒霜圖》一、《鵝圖》三。

(宋)佚名:《宣和畫譜》卷一六

李重光

錦峰白蓮居士,又稱鍾峰隱者,皆李重光畫自題號,意是鍾山隱居耳,每自畫必題曰"鍾隱筆"。上著内殿圖書之印,及押用内合同、集賢院黑印,有此印者是典於文房物也。内合同乃其璽,唐室皆用内合同爲御印。至梁高祖,始用御前之印也。錢氏以内院仿之,封函曰制姓名,内曰制名公某人可某官,官上用此印,日月用國印。

(明)陶宗儀:《説郛》卷三三《畫史》

范寬師荆浩,浩自稱洪谷子。王詵嘗以二畫見送,題勾龍爽畫,因重背入水,於左邊石上有"洪谷子荆浩"筆,字在合緑色抹石之下,非後人作也,然全不似寬。後數年,丹徒僧房有一軸山水,與浩一同而筆乾不圜,於瀑水邊題華原范寬,乃是少年所作,却以常法較之,山頂好作密林。自此趨枯老,水際作突兀大石,自此趨勁硬,信荆之弟子也。於是以一畫易之,收以示鑒者。

(宋)米芾:《畫史》

荆浩畫，畢仲愈將叔處有一軸，段緘家有横披，然未見卓然驚人者，寬固青於藍。又云李成師荆浩，未見一筆相似，師關仝，則葉樹相似。

（宋）米芾：《畫史》

胡環

東丹王胡環蕃馬雖好，非齊室清玩。

（明）陶宗儀：《説郛》卷三三《畫史》

王詵

王詵學李成皴法，以金碌爲之，似古今觀音寶陀山狀，小景亦墨作平遠，皆李成法也。

（明）陶宗儀：《説郛》卷三三《畫史》

江南僞主李煜，字重光。政事之暇，寓意於丹青，頗到妙處，自稱"鍾峰隱居"，又略其言曰"鍾隱"，後人遂與鍾隱畫溷淆稱之。然李氏能文善書畫，書作顫筆樛曲之狀，遒勁如寒松霜竹，謂之"金錯刀"。畫亦清爽不凡，别爲一格。然書畫同體，故唐希雅初學李氏之錯刀筆，後畫竹乃如書法，有顫掣之狀，而李氏又復能爲墨竹，此互相取備也。其畫雖傳於世者不多，然推類可以想見。至於畫《風虎雲龍圖》者，便見有霸者之略，異於常畫，蓋不期至是而志之所之有不能遏者，自非吾宋以德服海内而率土歸心者，其孰能制之哉？今御府所藏九：《自在觀音像》一、《雲龍風虎圖》一、《柘竹雙禽圖》一、《柘枝寒禽圖》一、《秋枝披霜圖》一、《寫生鵪鶉圖》一、《竹禽圖》一、《棘雀圖》一、《色竹圖》一。

（宋）佚名：《宣和畫譜》卷一七

黄居寀，字伯鸞，蜀人也，筌之季子。筌以畫得名，居寀遂能世其家，作花竹翎毛，妙得天真。寫怪石山景，往往過其父遠甚，見者皆争售之唯恐後。故居寀之畫,得之者尤富。初事西蜀僞主孟昶,爲翰林待詔,遂圖畫墻壁屏幛不可勝紀。既隨僞主歸闕下,藝祖知其名,尋賜真命。太宗尤加眷遇,仍委之搜訪名畫,詮定品目,一時等輩,莫不斂衽。筌、居寀畫法,自祖宗以來,圖畫院爲一時之標準,較藝者視黄氏體制爲優劣去取,自崔白、崔慤、吴元瑜既出,其格遂大變。今御府所藏三百三十有二:《春山圖》六、《春岸飛花圖》二、《竹石春禽圖》一、《夾竹桃花圖》二、《桃竹山鷓圖》二、《桃花竹鸂鶒圖》三、《杏花鸚鵡圖》一、《桃竹鵓鴿圖》一、《桃花御鷹圖》二、《桃竹野鷂圖》一、《桃花鵪子圖》二、《海棠錦鷄圖》二、《海棠竹鶴圖》二、《海棠家鴿圖》二、《海棠山鷓圖》二、《海棠鸚鵡圖》一、《夾竹海棠圖》一、《笋竹錦鷄圖》一、《牡丹圖》三、《牡丹雀猫圖》二、《牡丹鸚鵡圖》一、《牡丹竹鶴圖》六、《牡丹錦鷄圖》五、《牡丹山鷓圖》四、《牡丹鵓鴿圖》八、《牡丹黄鶯圖》二、《牡丹雀鴿圖》一、《牡丹戲猫圖》三、《蜂蝶戲猫圖》一、《芍藥圖》一、《萱草鸂鶒圖》二、《戲蝶猫圖》一、《葵花錦鷄圖》一、《桃竹銅嘴圖》一、《寫生椶竹圖》一、《寫蜀葵花圖》三、《寫生鸂鶒圖》一、《竹鶴湖石圖》二、《竹石青鶻圖》三、《竹石雙鶴圖》二、《竹石錦鳩圖》一、《竹石鶉雀圖》一、《竹石山鷓圖》三、《竹石雛雀圖》一、《竹石野雉圖》一、《竹石猫雀圖》一、《竹石圖》四、《竹石黄鸝圖》一、《竹石白鶻圖》三、《竹石猫圖》一、《水石鸂鶒圖》二、《水石鷺鷥圖》三、《戲水鸂鶒圖》一、《雛雀鸂鶒圖》一、《鸂鶒圖》一、《笋竹雀兔圖》一、《雀竹圖》一、《雀竹鸂鶒圖》二、《竹鶴圖》二十一、《笋竹圖》一、《詩意山水圖》一、《竹禽圖》一、《辛夷湖石圖》一、《湖灘墨竹圖》一、《笋竹鸂鶒圖》二、《引雛鸂鶒圖》一、《隴禽圖》一、《湖灘烟禽圖》一、《藥苗圖》一、《雜禽圖》一、《折枝花圖》一、《雜花圖》四、《子母猫圖》一、《竹笋雛雀圖》一、《寫生猫圖》一、《捕雀猫圖》一、《蓮塘鸂鶒圖》一、《獵騎圖》二、《躑躅雙雉圖》一、《躑躅鵓鴿圖》四、《躑躅山鷓圖》一、《躑躅雉雞圖》一、《錦棠竹鶴圖》二、《寫真士女圖》一、《寫生盆池圖》一、《寫生龜圖》一、《寫瑞兔圖》一、《捕魚霜鷺圖》一、《山水鷺鷥圖》二、《溪石雙鷺圖》二、《捕魚雙鷺圖》一、《望仙躑躅圖》一、《漁鷺圖》一、《鷺鷥圖》二、《山鷓棘雀圖》一、《古木山鷓圖》一、《棘雀圖》一、《鷙禽穴狐圖》三、《六鶴圖》一、《柘棘翎毛圖》一、《壽松雙鶴圖》一、《雙鶴圖》二、《架上鷹圖》六、《御鷹圖》四、《架上鷂子圖》一、《架上鸜鵒圖》一、《鷹狐圖》二、《鷂鷹圖》三、《皂雕圖》六、《白鶻圖》二、《雕狐圖》十二、《俊禽逐鷺圖》一、《灘石綉纓圖》二、《碎金圖》一、《桃花鶻圖》一、《秋景芙蓉圖》八、《芙蓉鷺鷥圖》二、《芙蓉鸂鶒圖》一、《芙蓉雙鷺圖》一、《拒霜圖》四、《翠碧芙蓉圖》一、《湖灘鷺鷥圖》一、《鷺鶻圖》四、《紅蕉湖石圖》一、《水葒鷺鶻圖》三、《鷄冠花圖》一、《高秋鷙禽圖》三、《秋山圖》一、《秋岸圖》三、《秋禽圖》三、《寒菊鷺鷥圖》一、《寒菊鸂鶒圖》二、《蘆菊圖》一、《寒菊鶉子圖》一、《寒菊雙鷺圖》二、《寒菊圖》一、《雪竹鶉子圖》三、《雪雀圖》五、《雪景鶉子圖》一、《雪鷺寒雀圖》一、《山茶雪兔圖》一、《山茶雪雀圖》一、《雪禽圖》二、《雪兔圖》二、《雪竹野雉圖》二、《摹七十二賢圖》一、《水月觀音像》一、《自在觀音像》一、《寒林才子圖》一、《水墨竹石鶴圖》一、《藥苗引雛鴿圖》一、《夏景笋竹圖》三、《湖石牡丹圖》五、《山陰避暑宫殿圖》二、《寫生金瓶魏花圖》一、《湖石金盆鵓鴿圖》一、《牡丹金盆鷓鴣圖》二、《牡丹太湖石雀圖》二、《順風牡丹黄鸝圖》一、《小景竹石水禽圖》一、《水石山鷓鷺鷥圖》三、《蘆花寒菊鷺鷥圖》四。

(宋)佚名:《宣和畫譜》卷一七

丘慶餘,本西蜀人,文播之子。善畫,花竹翎毛等物最工,而兼長於草蟲。凡設色者逼於動植,至其草蟲,獨以墨之淺深映發,亦極形似之妙。風韻高雅,爲世所推。初師滕昌祐,及晚年遂過之。人謂其得意處,不減徐熙也。因事江南僞主李氏,後隨李氏歸朝。今御府所藏四十有三:《夾竹桃花圖》一、《湖石海棠圖》一、《忘憂圖》一、《四時花禽圖》四、《竹木五禽圖》一、《月季玳瑁圖》一、《月季猫圖》一、《竹石戲猫圖》一、《梅花戴勝圖》一、《折枝花圖》一、《葵花竹鶴圖》一、《牽牛夾竹圖》一、《山茶花兔圖》二、《折枝芙蓉圖》二、《芙蓉禽兔圖》一、《芙蓉山鷓圖》二、《猿雀芙蓉圖》一、《秋蘆雁鵝圖》三、《湖石山茶圖》一、《山茶鸂鶒圖》一、《雪梅山茶圖》一、《古木雙兔圖》一、《胡桃猿圖》一、《棘雀霜兔圖》一、《朝雞圖》一、《雁鵝圖》二、《鶺鴒圖》一、《竹禽圖》一、《拒霜圖》四、《寫生花圖》一、《寒菊圖》一。

(宋)佚名:《宣和畫譜》卷一七

徐熙,金陵人,世爲江南顯族。所尚高雅,寓興閑放,畫草木蟲魚,妙奪造化,非世之畫工形容所能及也。嘗徜徉游於園圃間,每遇景輒留,故能傳寫物態,蔚有生意。至於芽者、甲者、華者、實者,與夫濠梁噞喁之態,連昌森束之狀,曲盡真宰轉鈞之妙。而四時之行,蓋有不言而傳者。江南僞主李煜銜璧之初,悉以熙畫藏之於内帑。且今之畫花者,往往以色暈淡而成,獨熙落墨以寫其枝葉蘂萼,然後傅色,故骨氣風神爲古今之絶筆。議者或以謂黄筌、趙昌爲熙之後先,殆未知熙者。蓋筌之畫則神而不妙,昌之畫則妙而不神,兼二者一洗而空之,其爲熙歟! 梅堯臣有詩名,亦慎許可,至咏熙所畫《夾竹桃花》等圖,其詩曰:"花留蜂蝶竹有禽,三月江南看不足。徐熙下筆能逼真,繭素畫成才六幅。"又云:"年深粉剥見墨蹤,描寫工夫始驚俗。"至卒章乃曰:"竹真似竹桃似桃,不待生春長在目。"以此知熙畫爲工矣。熙之孫崇嗣、崇勛亦頗得其所傳焉。今御府所藏二百四十有九:《長春圖》一、《折枝紅杏圖》一、《杏花海棠圖》一、《海棠圖》二、《折枝繁杏圖》一、《折枝海棠圖》一、《夭桃圖》二、《海棠銅嘴圖》二、《寫生海棠圖》一、《夾竹海棠圖》二、《照水海棠圖》一、《來禽緋桃圖》一、《躑躅海棠圖》二、《並枝來禽花圖》一、《海棠梨花圖》一、《海棠練鵲圖》一、《桃竹山鷓圖》三、《梨花木瓜花圖》一、《桃杏花圖》二、《水林禽花圖》一、《紅棠梨花圖》一、《折枝梨花圖》三、《來禽圖》五、《裝堂桃花圖》一、《裝堂海棠圖》一、《裝堂躑躅花圖》二、《裝堂折枝花圖》一、《牡丹圖》十三、《牡丹梨花圖》一、《牡丹杏花圖》一、《牡丹海棠圖》一、《牡丹山鷓圖》二、《牡丹戲猫圖》一、《牡丹鵓鴿圖》二、《牡丹游魚圖》二、《牡丹湖石圖》四、《紅牡丹圖》一、《折枝牡丹圖》

一、《寫生牡丹圖》二、《寫瑞牡丹圖》一、《牡丹夭桃圖》一、《牡丹桃花圖》三、《風吹牡丹圖》二、《蜂蝶牡丹圖》一、《牡丹芍藥圖》一、《芍藥杏花圖》一、《芍藥圖》九、《湖石芍藥圖》三、《蜂蝶芍藥圖》一、《芍藥桃花圖》一、《木瓜花圖》八、《緑李圖》一、《落花游魚圖》一、《瑞蓮圖》一、《寫生花瓮圖》一、《折枝花圖》四、《寫生折枝花圖》五、《千葉白蓮圖》一、《寫生花果圖》二、《寫瑠璃花瓮圖》二、《寫生菜圖》一、《寫生禽果圖》一、《錦帶蜂蝶圖》一、《寫生家蔬圖》二、《玫瑰花圖》一、《翠瓶插果圖》一、《琅玕獨秀圖》一、《單葉刺紅花圖》一、《朱櫻圖》一、《枇杷圖》一、《蟬蝶鵪鴿圖》一、《蜂蝶戲猫圖》一、《藥苗戲蝶圖》一、《梅竹雙禽圖》一、《蟬蝶茄菜圖》一、《寶相花圖》一、《雛鴿藥苗圖》一、《莧菜戲猫圖》一、《戲荇鯚魚圖》一、《藻荇游魚圖》一、《穿荇魚圖》一、《子母鷄圖》一、《引雛雀圖》一、《小景野鴨圖》一、《錦綉堆圖》一、《邵圃圖》一、《魚藻圖》一、《並禽圖》六、《宿禽圖》三、《金杏圖》一、《花鴨圖》一、《蟬蝶圖》一、《藥苗圖》一、《錦棠圖》二、《秋芳圖》一、《茄株圖》一、《茄菜圖》一、《戲猫圖》三、《菜圖》一、《木筆花圖》一、《魚蝦圖》一、《游魚圖》六、《鵪鴿圖》一、《籊竹圖》一、《寫生芙蓉圖》一、《寫生葱茄圖》一、《木瓜鳩子圖》一、《黄葵花圖》一、《寫生草蟲圖》一、《茄菜草蟲圖》一、《紅藥石鴿圖》二、《竹木秋鷹圖》一、《湖石百合圖》一、《蓼岸龜蟹圖》一、《草蟲圖》二、《敗荷秋鷺圖》一、《傾心圖》一、《宿雁圖》一、《古木山鷓圖》二、《古木鷓鴣圖》一、《古木栖禽圖》一、《雙禽圖》一、《五禽圖》一、《六禽圖》一、《八禽圖》一、《寒菊月季圖》一、《雙鴨圖》二、《寒塘晚景圖》二、《寒蘆雙鷺圖》三、《雪塘鴨鷺圖》三、《密雪宿禽圖》三、《雪汀宿禽圖》二、《雪梅宿禽圖》一、《寒蘆雙鴨圖》二、《蘆鴨圖》二、《雜禽圖》一、《雪竹圖》三、《雪竹鵓子圖》一、《雪梅會禽圖》二、《雪禽圖》三、《雪雁圖》五、《暮雪雙禽圖》二、《果子圖》一、《游荇魚圖》一、《綉纓圖》一、《蟬蝶錦帶折枝圖》一。

（宋）佚名：《宣和畫譜》卷一七

畫絹

古畫至唐初皆生絹，至吴生周昉、韓幹，後來皆以熱湯半熟入粉，槌如銀板，故作人物精彩入筆。今人收唐畫，必以絹辨，見文粗便云不是唐，非也。張僧畫，閻令畫，世所存者皆生絹。南唐畫皆粗絹，徐熙絹或如布。

（宋）米芾：《畫史》

李成淡墨如烟，霧中石如雲動，多巧，少真意。范寬勢雖雄傑，然深暗如暮夜晦暝，土石不分，物象之幽雅，品固在李成上。關同粗山，工關河之勢，峰巒少秀氣。董源峰頂不工，絶澗危徑，幽壑荒迴，率多真意。巨然明潤鬱葱，最有爽氣，礬頭太多。荆浩善爲雲中山頂，四面峻厚。

（明）陶宗儀：《説郛》卷三三《畫史》

仁爐義鞴道薪德火

周杜良作《唐太宗畫像》，贊云："仁罏義鞴，道薪德火。"

（明）陶宗儀：《説郛》卷六一《清異録》

韓熙載居戚家山，嘗有蒼頭挈《龍水圖》貨於韓第，即吴淮王筆也。韓愛而不售，爲鄰家所得。翌日，將練爲服，忽見釜中浪涌雲蒸，有二物若獺狀，穿屋而去，里人咸集，謂之延火，相將撲滅，及視之，惟烟霧而已。韓甚追惜，復異其事。

（明）陶宗儀：《説郛》卷七四《江南録》

畫韓退之

世人畫韓退之小面而美髯，著紗帽，此江南韓熙載也。有當時題志甚明，熙載謚文靖，謂之韓文公，因此謬爲退之。

（宋）曾慥：《類説》卷四七《墨客揮犀》

世人畫韓退之,小面而美髯,著紗帽,此乃江南韓熙載耳。尚有當時所畫,題志甚明。熙載謚文靖,江南人謂之韓文公,因此遂謬以爲退之。退之肥而寡髯,元豐中以退之從享文宣王廟,郡縣所畫皆是熙載,後世不復可辯,退之遂爲熙載矣。

(明)陶宗儀:《説郛》卷二四《墨客揮犀》

江南圖畫

太祖平江南,所得圖畫賜學士院,五十餘軸。景德中,祇有《雨村牧牛圖》,無名;《寒蘆鴨》,徐熙筆;《五王飲酪圖》,周文舉筆。

(宋)曾慥:《類説》卷二二《金坡遺事》

唐希雅,嘉興人。妙於畫竹,作翎毛亦工。初學南唐僞主李煜金錯書,有一筆三過之法,雖若甚瘦而風神有餘。晚年變而爲畫,故顫掣三過處,書法存焉。喜作荆檟林棘,荒野幽尋之趣,氣韻蕭疏,非畫家之繩墨所能拘也。徐鉉亦謂羽毛雖未至,而精神過之。其確論歟。今御府所藏八十有八:《梅竹雜禽圖》一、《梅竹伯勞圖》一、《梅竹》五、《禽圖》二、《梅雀圖》一、《桃竹會禽圖》二、《桃竹湖石圖》三、《桃竹鵪兒圖》一、《噪雀蓛篠圖》二、《叢篁集羽圖》二、《茄芥蜂蝶圖》一、《竹石禽鷂圖》一、《寫生宿禽圖》一、《古木鷄鷹圖》三、《柘竹會禽圖》二、《柘竹宿禽圖》三、《柘竹雜禽圖》八、《柘竹雙禽圖》一、《柘竹山鷓圖》一、《柘竹野鴨圖》一、《柘竹錦鷄圖》一、《柘竹花雀圖》一、《柳梢宿雀圖》一、《雪竹噪禽圖》一、《雙雉圖》一、《雙禽圖》一、《竹石圖》一、《竹禽圖》四、《風竹圖》一、《竹鹿圖》一、《雪竹圖》一、《蘆鴨圖》二、《會禽圖》五、《筠雀圖》一、《并禽圖》二、《噪雀圖》二、《宿禽圖》二、《鷓鷂圖》一、《雪禽圖》六、《鷹猴圖》一、《雪鴨圖》四、《横竹圖》三、《柘雀圖》一、《竹雀圖》八。

(宋)佚名:《宣和畫譜》卷一七

李頗,一作坡,南昌人。善畫竹,氣韻飄舉,不求小巧,而多於情,任率落筆,便有生意,然所傳於世者不多。蓋竹,昔人以謂不可一日無,而子猷見竹則造門,不問誰氏。袁粲遇竹輒留,七賢、六逸皆以竹隱。詞人墨卿高世之士所眷意焉。頗不習他技,獨有得於竹,知其胸中故自超絶。今御府所藏一:《叢竹圖》。

(宋)佚名:《宣和畫譜》卷二〇

唐垓,不知何許人也。善畫禽魚生菜,世稱其工。然魚蟲草木雖甚微也,自非妙於萬物而爲言,發而見於形容者,未易知此。至有野禽、生菜、魚鰕、海物等圖傳於世矣。且畫魚鰕者,不過汀渚池塘,與夫庖中几上之物,至海物則罕見其本焉。若其瑰怪雄傑,乘時射勢,鼓風霆破萬里浪,不至乎中流,折角點額,則畫亦雄矣。垓之於海物者,其有得於此焉。今御府所藏一:《生菜圖》。

(宋)佚名:《宣和畫譜》卷二〇

丁謙,晉陵人。初工畫竹,後兼善果實園蔬,傅粉淺深,率有生意。蟲蠹殘蝕之狀,具能模寫。至使人捫之,若有迹也。嘗畫葱一本,爲江南李氏賞激,親書"丁謙"二字於其上,蓋欲别其非常畫耳。其後寇準藏之,以爲珍玩焉。今御府所藏三:《寫生蓮藕圖》一、《寫生葱圖》二。

(宋)佚名:《宣和畫譜》卷二〇

韓求一云虬,李祝一云柷,不知何處人。皆倜儻不拘,有經略才能,屬唐祚陵季,遂退藏不仕,以丹青自污,而好游晉、唐間。時大唐昭宗乾寧乙卯歲,乃封并州節度使李克用爲晉王,城太原。及天祐甲子歲秋八月,梁王朱全忠不軌,乃立帝子輝王祝,是爲哀帝。四年夏四月,帝禪位於朱全忠。時克用陰懷異圖,窺伺神器,加以左右勸進,克用亦懼求、祝知之,乃命往陝郊畫龍興寺回廊列壁二百餘堵。求、祝乃對手畫攝摩騰、竺法蘭以經來,大各八尺;及三門上神數十身,皆高二丈;又畫九子母及羅叉變像,宛有步武之態。由是天下畫流雲集於是，莫不鼠伏。乃爲畫人妒其才識，後伺間隙，乃從容言於克用曰："韓求、李祝有文武經術大略，今在陝郊畫日久矣，辭多不順，言大王有異圖。"時克用方與子存勖畫定大謀，忽聞求、祝之言，慮事泄見害，乃矯稱按察境内，徑往陝郊臨觀求、祝畫壁。克用嗟異久之，特加慰勞，仍命酒張樂以宴求、祝。克用曰："吾方有檜楫松舟之興，與子同泛，可乎？"求、祝曰："諾！"逮濟中流，求、祝俱醉，克用皆溺之。人問其故，克用對曰："求、祝畫之宗師也，天下號爲第一，其神筆精，慮散入别境故也。"時君子太息而語曰："懷異志，殺善人，死無日矣。"克用尋薨於太原，時梁開平二年也。可列神品。

（宋）劉道醇：《五代名畫補遺》

張圖，字仲謀，河南洛陽人。朱梁太祖在藩鎮日，圖掌行軍資糧簿籍，故時人呼爲張將軍。圖少穎悟，而好丹青，及善潑墨山水，皆不由師授，自致神妙，亦不法今古，自成一體，尤長大像。梁龍德中，洛陽廣愛寺沙門義暄剩置金幣，邀四方奇筆劃三門兩壁。時處士跋異，號爲絶筆，乃來應募。異方草定畫樣，云用朽木描畫。圖忽立其後，長揖而語曰："知跋君敏手，固來贊貳。"異方自負，乃笑而答曰："吾嘗謂畫之聖在吾手筆，自餘畫者，不得其門而入，又安得至千聖乎？爾不知跋異之名，且顧、陸吾曹之友也，吾豈須贊貳然後爲功哉？"圖亦欣然復曰："願繪右壁，或不克意，則請朽墁之。"異愈怒，乃授朽木大筆於圖。圖捧之，遂投朽木於地，就西壁不假朽約，搦管揮寫，倏忽成折腰報事師者，從以三鬼。異乃瞪目踧驚，拱而言曰："子豈非張將軍乎？"圖捉管厲聲曰："然。"異乃雍容而謝曰："抑嘗聞將軍之名，誠未拜將軍之面，適觀神筆刮利，信所謂事辭稱其經者也。此二壁非異所能也。"遂引退，圖亦不僞讓，遂專其功。洛陽爲之謡言，且譏異也。圖乃於東壁畫水神一座，直視西壁報事師者，其意思高遠，視之如生，今并存焉。予又嘗於武宗元第觀圖所畫《十王地藏》一軸，綽有善護慈悲相，於今寶藏之。可列神品。

（宋）劉道醇：《五代名畫補遺》

朱瑶,字温琪,不知何處人。幼學吴道子筆迹,由是知名。瑶嘗客游雍洛間,時河南府金真觀請瑶畫經相及周廡中門列壁,世稱神筆。後以歷年浸遠,頹阤傾圮,索然殆盡。今所存者,唯三清殿東一壁及長壽院内輪子金剛菩薩等,各高六七尺。俗傳昔會節園中鑿移至此,深爲謬矣。

(宋)劉道醇:《五代名畫補遺》

跋異,汧陽人。眉目疏秀,舉止詳雅,而性沉厚。然善畫佛道鬼神及大像。異恃能,頗自負。抑嘗於廣愛寺爲張圖排斥,洛陽謡言曰:"赫赫洛下,唯説異畫;張氏出頭,跋異無價。"亦有慚色。後福先寺請異畫大殿護法善神,異方朽約,忽一人自稱曰:"吾姓李,滑臺人,有名,善畫羅漢,故鄉里呼吾爲李羅漢。當與汝對畫,角其拙巧,以沽名譽。"異亦嘿思,恐如張圖者,遂固讓西壁與之。異乃竭精貯思,意與筆會,屹成一神,侍從嚴毅又設色鮮麗。此蓋平生之所未能者,盡功於是。時京洛士人争來品藻,李氏乃縱觀異畫,見其精妙入神,非己所及,遂手足失措。時人謡曰:"李生來,跋君怕,不意今日却增價,不畫羅漢畫駝馬。"由是異大有得色,遂誇吒曰:"昔見敗於張將軍,今取捷於李羅漢。"李氏深有怍色,倏起如厠,久而不出。人競怪,乃往視之,李已縊於步檐下矣。異遂槁葬於城北之僧園。可列妙品。

(宋)劉道醇:《五代名畫補遺》

曹仲元,建康豐城人。少學吴生,攻畫佛及鬼神,仕僞南唐主李璟爲待詔。仲元凡命意搦管,能奪吴生意思,時人器之。仲元後乃頓弃吴法,自立一格,而落墨緻細,傅彩明澤,南州士人咸器重之。後璟嘗命仲元畫寶志公石壁,冠絶當時。故江介遠近佛廟、神祠尤多筆迹。

(宋)劉道醇:《五代名畫補遺》

陶守立,池陽人。世業儒,性明悟,有大志,少通經史,能屬文。

南唐李璟保大九年春,守立程文不利,退處齊山,禁門却掃,屏絶交友,偃息蓬蓽,琴棋詩酒外以丹青自娱。然長於神像鬼神、庭院殿閣、子女奴隸、車馬、山水,靡不精妙。亦嘗適興於所居草堂畫《山路早行》及建康清凉寺浴室門側畫水,南州識者莫不欽嘆。守立嘗畫羅漢一堂,爲鄉人所得,尋獻於僞後主煜,遂籍帑府。會煜生辰,則張於後苑金山水閣,以資供養,其畫爲時所賞如此。

(宋)劉道醇:《五代名畫補遺》

王仁壽,汝南宛人。業儒,性通敏,頗涉文史,亦潛心繪畫。初學吴生,長於佛像鬼神及馬等。仁壽嘗於京師大相國寺净土院大殿前畫八菩薩,今見存焉。《耆舊傳》云:"是吴道子筆。"其精緻如此。晉出帝開運四年春正月,契丹僞天皇王耶律德光以兵犯闕,時仁壽及焦著、王靄并爲德光掠歸。至我太祖至明大孝皇帝受禪享御,首遣驛使索仁壽等,時狄人方聽命本朝,會仁壽及著考終命,獨放王靄歸圖。仁壽有子士元,最知名。可列妙品。

(宋)劉道醇:《五代名畫補遺》

東丹王贊華,契丹大姓,乃耶律德光之外戚,善畫馬之權奇者。梁、唐及晉初,凡北邊防戍及榷易商人,嘗得贊華之畫,工甚精緻,至京師,人多以金帛質之。予於贊善大夫趙公第見贊華畫馬,骨法勁快,不良不駑,自得窮荒步驟之態。其所短者,設色粗略,人物短小,此其失也。

(宋)劉道醇:《五代名畫補遺》

鍾隱,字晦叔,天台人。少清悟,不嬰俗事,好肥遯自處。嘗卜居閑曠,結茅室以養恬和之氣。亦好畫花竹禽鳥以自娱,凡舉筆寫像,必致精絶,時無倫擬者。尤喜畫鷂子、白頭翁、鶻鳥、班鳩,皆有生態,尤長草棘樹木。其畫在江南者,悉爲南唐李煜所有。煜親筆題署及以僞璽印之。昇元中,齊安張校尉得隱畫鷂鳥二軸,張之賓次,時金昌宗題詩曰:“爲厭翻翔不葦叢,戢翰側腦思何窮。侍童莫便褰簾過,只恐驚飛入碧空!”其爲人珍賞之,多此類。門生郭權輝,亦有能名。

(宋)劉道醇:《五代名畫補遺》

郭權輝,北海營丘人,俗呼郭將軍。世爲山東右姓。初師天台鍾隱,攻畫飛走像。權輝亦常於別墅特構一第,止畜禽鳥等。權輝每澄思滌慮,縱玩於其間,故凡舉意肆筆,率得其真。予嘗於武宗元及富商高氏第見權輝畫架上鷂子二軸,精妙入神,故今之人呼爲“郭將軍鷂子”。及善布野景草木,爲今昔所貴。

(宋)劉道醇:《五代名畫補遺》

施璘,字仲寶,京兆藍田人。善畫生竹,爲當時絶技。予嘗觀璘畫十幅竹圖,凡老根薄石,笋枝附籜,扶疏交映,青翠滿庭,宛得三湘高秋之野色。故後周起居郎韋重過留題曰:“祐籜危根皺石頭,千竿交映近清流。堪珍仲寶窮幽筆,留得荆湘一片秋。”

(宋)劉道醇:《五代名畫補遺》

丁謙,晉陵義興人。始師蕭説雜畫,後專寫生竹,時號第一。予嘗覽謙畫倒崖及病竹,筆法快利,根瘦節縮,誠得危挂雕瘁之狀,可列能品。

(宋)劉道醇:《五代名畫補遺》

衛賢,京兆人,仕南唐爲内供奉。初師尹繼昭,後刻苦不倦,執學吴生。長於樓觀殿宇,盤車水磨,於時見稱。予嘗於富商高氏家觀賢畫《盤車水磨圖》,及故大丞相文懿張公第有《春江釣叟圖》,上有南唐李煜金索書《漁父詞》二首,其一曰:“閬苑有情千里雪,桃李無言一隊春。一壺酒,一竿身,快活如儂有幾人。”其二曰:“一棹春風一葉舟,一輪繭縷一輕鈎。花滿渚,酒盈甌,萬頃波中得自由。”

(宋)劉道醇:《五代名畫補遺》

何遇,河南長水人。善畫宫室池閣,竊慕衛賢筆法,故聲華大振。尤善山水樹石,爲當時所稱。其間人物則假手於人。可列能品。

(宋)劉道醇:《五代名畫補遺》

楊惠之,不知何處人。唐開元中,與吴道子同師張僧繇筆迹,號爲畫友,巧藝並著。而道子聲光獨顯,惠之遂都焚筆硯,毅然發忿,專肆塑作,能奪僧繇畫相,乃與道子争衡。時人語曰:"道子畫,惠之塑,奪得僧繇神筆路。"其爲人稱嘆也如此。惠之嘗於京兆府長樂鄉北太華觀塑玉皇尊像,及汴州安業寺净土院大殿内佛像,睿宗延和元年七月二十七日改爲大相國寺。及枝條千佛東經藏院殿後三門二神、當殿維摩居士像,又於河南府廣愛寺三門上五百羅漢,乃山亭院楞伽山,皆惠之塑也。先是,惠之將塑楞伽山也,乃爲大義净三藏咒其土,故至於今,跂行喙息,蠉飛蠕動物及飛禽悉不敢至山所,其精絶殊聖,古無倫比。逮唐末廣政中,冤句人黄巢賊亂京洛,焚燎寺宇幾盡矣,惟惠之手迹,惜其神妙,率不殘毁。故楞伽山亭,凡留題詩板,近逾百首,竟爲判西京留守刑部侍郎晁直諒悉鏟去之,今存者止三首爾。其一,成紀李琪題曰:"善高天外遠,方丈海中遥。自有山神護,應無劫火燒。壞文侵古壁,飛劍出寒霄。何以蒼蒼色,嚴妝十七朝。"其二,洛陽首座沙門净顯曰:"靈異不能栖鳥雀,幽奇終不著猿猱。爲經巢賤應無損,縱使秦驅也謾勞。珍重昔賢留像迹,陵遷谷變自堅牢。"且惠之之塑,抑合相術,故爲今古絶技。惠之嘗於京兆府塑倡優人留杯亭也,像成之日,惠之亦手裝染之,遂於市會中面墻而置之。京兆人視其背,皆曰:"此留杯亭。"其神巧多此類。後著《塑訣》一卷,行於世。

(宋)劉道醇:《五代名畫補遺》

竹夢松,建康溧陽人。亦潛心圖畫,長於人物子女及宫殿景致。仕僞南唐主李璟,爲東川别駕。予嘗於判太原府侍郎王公第見夢松畫《春景士女》一軸。上有璟僞合同印及集賢院印記,并存焉。其布景命意,綽約體態,宛得周昉之格。

(宋)劉道醇:《五代名畫補遺》

陸晃,嘉禾人。性疏逸,不修人事,好交尚氣,每沉湎於酒,亦善丹臒,多畫村野人物。凡酒興情逸,遇筆揮灑,出於臨時,略不預構,故妍醜互出,或在絶格,或入末品。時僞南唐李璟常聞晃名,欲召之,會侍者譖之,以謂晃好把酒歌舞,無臣子之體,璟由是疏遠之。

(宋)劉道醇:《五代名畫補遺》

荆浩,字浩然,河南沁水人。業儒,博通經史,善屬文偶。五季多故,遂退藏不仕,乃隱於太行之洪谷,自號洪谷子。嘗畫山水樹石以自適。時鄴都青蓮寺沙門大愚嘗乞畫於浩,寄詩以達其意曰:"六幅故牢建,知君瓷筆蹤。不求千澗水,止要兩株松。樹下留磐石,天邊縱遠峰。近岩幽濕處,惟借墨烟濃。"後浩亦畫山水圖以貽大愚,仍以詩答之曰:"恣意縱横掃,峰巒次第成。筆尖寒樹瘦,墨淡野雲輕。岩石噴泉窄,山根到水準。禪房時一展,兼稱苦空情。"浩著《山水訣》一卷,爲友人投進之,至今藏之書府。亦嘗於京師雙林院畫《寶陁落伽山觀自在菩薩》一壁。予嘗於供奉李公弟觀浩山水一軸,雖前輩未易過也。門生關同最知名。

(宋)劉道醇:《五代名畫補遺》

關同,不知何許人。初師荆浩,學山水。同刻意力學,寢食都廢,意欲逾浩,後俗諺曰:"關家山水。"時四方輻凑,争求筆迹。其山中人物,惟求安定胡氏添畫耳。或曰胡翼。且同之畫也,上突巍峰,下瞰窮谷,卓爾峭拔者,同能一筆而成,其竦擢之狀,突如涌出,而又峰岩蒼翠,林麓土石,加以地理平遠,磴道邈絶,橋彴村堡,杳漠皆備,故當時推尚之。

(宋)劉道醇:《五代名畫補遺》

胡環,山後契丹人。或云:環本愼州烏索固部落人。善畫蕃馬,骨格體狀,富於精神。其於穹廬部族,帳幕旗旆,弧矢鞍韉,或隨水草放牧,或在馳逐弋獵,而又胡天慘冽,沙磧平遠,能曲盡塞外不毛之景趣,信當時之神巧,絶代之精技歟! 故人至於今稱之。予觀環之畫,凡握筆落墨,細入毫芒,而器度精神,富有筋骨,然纖微精緻,未有如環之比者也。

(宋)劉道醇:《五代名畫補遺》

劉九郎,失其名,不知何許人也。嘗於河南府南宫大殿塑三清大帝尊像及門外青龍白虎洎守殿等神,稱爲神巧。時廣愛寺東法華院主惠月聞九郎名,乃請塑九子母。後工畢,聲動天下。惠月乃以五百緡酬之,九郎得之,不委謝而去。又於長壽寺大殿中塑卧孩兒一,京邑士人,無不欽嘆。或人稱曰:"廣愛寺九子母,乃劉君技之絶者也。"九郎乃莞爾言曰:"吾之所塑九子母者三,今幽者第一,陜郊者第二,廣愛者第三,焉得謂之絶?"時人嘆其精緻。

(宋)劉道醇:《五代名畫補遺》

王温,不知何處人。善裝鑾彩畫,其精功妙技,爲古今絶手。先是,唐中宗大和昭孝皇帝神龍二年丙午歲,有汴州安業寺沙門惠雲,唐之汴州宣武軍節度,即今京師也。安業寺,即今大相國寺也。往濮陽成寺,得彌勒瑞像樣,高一丈八尺,後歸寺鑄成,欲於安業寺安置,失鑄人姓名也。乃爲本寺僧衆嫉而拒之。惠雲乃於安業寺東偏,别營建國寺而安之。睿宗興孝皇帝延和初,建國寺被毁,其像將遷入安業,有瑞光。會官吏敷奏,尋敕改建國寺爲大相國寺,後賜御書額,乃省安業寺屬焉,則今之京師左街大相國寺是也。惠雲鑄成金像時,爲本寺僧衆嫉其能,而不許安置,惠雲遂以囊篋所有,乃資歙州司馬鄭景之第安置,洎掘地得碑,乃北齊文宣皇帝天保二年辛未歲置建閣寺也。時爲探訪史韋嗣立知之,仍覆命爲建國寺,俾惠雲主之,實嗣立命也。建國寺,今藥師院是也。延和元年壬子歲,王志愔爲汴州采訪使,奉詔毁折治内無額祠廟,建國寺尋被毁折。其金像爲安業寺所遷,時具萬夫衆方不能少動,而佛面現白毫金相瑞光,上燭於天。時王志愔、郎中賀蘭務温、録事焦立功具實聞奏,尋準前制,改故建國寺爲大相國寺,仍並安業寺而屬焉。至玄宗至道皇帝先天元年即位,乃尊睿宗爲太上皇,是年十月二十五日,太上皇乃手書大相國寺額賜焉,今大相國寺是也。今寺額乃本朝太宗皇帝御書也。寺之大殿彌勒瑞像,則惠雲所鑄者也。其金像彩畫,則温所裝者也。洎觀其金像彩畫聖容,能具種種大慈大悲端嚴相好,誠得當來下生善現救護之意,又觀頭上肉髻發,維琉璃色,於身圓光中有千萬億堅束迦寶,以奉莊嚴,則温之功不可謂不至矣。識者曰:"夫裝鑾,塑像之羽翼。"是即是矣,故得預十絶之一,而勒於寺之碑者,正謂是也。今大相國寺有十絶碑,其略曰:一大殿金裝聖容金粉,面肉色,並三門下善神一對,匠人王温具一絶也。

(宋)劉道醇:《五代名畫補遺》

伎巧夫人嚴氏,乃沙門藴能妹也。形質枯瘁,鼻多長毛,而性開達明悟,恭肅柔和,尤好佛陀大教,及善鼓琴,亦能雕木。後隨兄弟藴能居餘杭,嘗得檀香木大不盈尺,夫人乃刻作瑞蓮山龕門,雕成細真珠八花球露重網,然後透刀刻成五百羅漢衆相,其形相侍從,一一互出,皆玆覺法相。時郡將給事中馬公聞之,乃令健步索而觀之。馬公一見,驚其神巧,遂露章貢於章聖皇帝。上目之,嘉嘆移刻,乃賜金帛有差,仍命嚴氏爲伎巧夫人,其爲上旌寵也如此。

(宋)劉道醇:《五代名畫補遺》

王靄,京師人。幼有志節,頗尚静默。留心圖畫,尤長於寫真。追學吴生之筆,於佛像人物能盡其妙。朱梁時以爲翰林待詔。至石晉末,耶律德光犯闕,時靄與焦著、王仁壽爲德光掠歸。至宋有天下,靄還國,復爲待詔。藝祖以區區江左未歸疆土,有意於吊伐,命靄微服往鍾陵,寫其謀臣宋齊丘、韓熙載、林仁肇等形狀。如上意,受賞加等。奉詔於定力院寫宣祖及太后御容,梁祖真像亦在焉。本院堂西壁畫現存,但經後人裝飾失真。又於大殿西壁畫水月觀音,及於景德寺九曜院殿西壁畫彌勒下生像。末年,與東平孫夢卿畫開寶寺大殿後文殊閣下東西兩壁,夢卿以東壁讓之,尊靄聲迹,識者以爲當然。所畫南北毗樓勒叉天王高丈餘及金槍道菩薩相,皆筆力精邁,思慮殫竭。來世之譽,自此而已。

評:靄之爲畫也,可謂至矣。意思宛約,筆法豪邁,皆不下王瓘,但氣焰少劣耳。夫寫人形狀者在全其氣宇,靄能停分取像,側背分衣,周旋變通,不失其妙,可列神品中。

(宋)劉道醇:《聖朝名畫評》卷一

王齊翰,建康人,爲右姓。齊翰自爲童時,已能畫地成人,有挺立之勢,日見加益,仕僞唐李煜爲待詔。及王師指伐,所得府藏,悉充軍中之賞。有步卒李貴者徑入佛廟,得齊翰所畫十六羅漢,俄鬻於市,有富商劉元嗣以白金四百兩請售。元嗣入都,復質於相國寺普滿塔主清教處。及元嗣往贖,遂爲所匿。訟於京府,時太宗方爲尹,按證其事,清教詞屈,乃出原畫,大爲神宗嘉嘆,各賜白金千兩釋之。後十六日即位,名曰《應天國寶羅漢》,藏於秘府。

評:齊翰不曹不吴,自成一家,其形勢超逸,近世無有。

(宋)劉道醇:《聖朝名畫評》卷一

蒲師訓,蜀中人。曉音律,善談論。幼師房從真,學畫纔十年,從真自以爲不及。仕孟蜀爲待詔。長於車服冠冕、旌旗器械、神鬼等畫。子延昌亦能畫,名亞師訓。

(宋)劉道醇:《聖朝名畫評》卷一

黄筌,字要叔,亦蜀中人。少開悟,卓然不肯與群童語。年十三,事郡人刁處士學丹青。尤好花竹翎毛,凡所操筆,皆迫於真,大爲當時所傳。年十七,從其師同仕王衍。十九賜朱衣銀魚,監都麴院。及孟知祥僭立,進筌三品服。子昶丞襲,遷待詔。檢校少府監。寫僞后袁氏真張於别殿,嬪御屬目,更深攀慕。累加如京副使、檢校户部尚書兼御史大夫。藝祖開朝,昶銜璧入覲,筌與子居寀皆從赴都下。上真命爲太子左贊善大夫,仍厚賜之。筌以亡國之餘,動成哀慼,至是遘疾而卒,時乾德辛丑九月二日也。子五人,居寶亦能丹青,死於蜀。居寀自有傳。門生夏侯延祐亦知名。

(宋)劉道醇:《聖朝名畫評》卷一

黄居寀,字伯鸞。亦事孟昶爲待詔。隨筌朝,復真命。陶尚書穀在翰苑,因曝圖畫,乃展《秋山圖》令品第之。居寀斂容再拜曰:某與父筌所爲也。孟昶時以答楊渥國信,彌縫處有某父子名姓當在。裂之,如居寀言。詢諸庫吏,乃朱梁開平中楚將張浩殺楊渥,籍没此圖。穀命居寀追寫父真,爲當時所重。居寀父子事蜀主三世,凡圖帳屏壁多出其手。愚嘗於唐紫微第見居寀畫《西伯獵渭圖》及父筌真像,皆得其妙。

(宋)劉道醇:《聖朝名畫評》卷一

周文矩,建康句容人。美風度,學丹青頗有精思。仕李煜爲待詔。能畫冕服、車器、人物、子女。僞昇元中,命圖南莊,最爲精備。開寶中煜貢之,藏於秘府,爲上寶重。

評:黄筌凡欲揮灑,必澄思慮,故其彩繪精緻,形物偉廓。居甗數壁有父之風,可謂善繼矣。……周文矩用意深遠,於繁富則尤工。並列妙品中。

(宋)劉道醇:《聖朝名畫評》卷一

厲昭慶,建業人。仕僞唐爲待詔,國破,與其男從至京師,籍爲編户。昭慶父子大有丹青之名,攻佛像,尤長於觀音。凡畫古今人物,至於衣紋生熟,亦能分别,前輩殆不及。每欲揮筆,必求虚静之室,無塵埃處,覆其四面,止留尺餘,始肯命意,其專謹如此。人有問者,以陸探微去梯之事答之。故其筆精色澤,久而如新,此可佳也。

(宋)劉道醇:《聖朝名畫評》卷一

趙元長,字慮善,蜀中人。通天文,歷仕僞蜀孟昶爲靈臺官。亦善丹青,凡星宿緯象皆命畫之。國破,元長從昶赴闕下。太祖引僞署官屬,凡學天文之類皆不赦。元長當死,遽呼曰:臣向仕昶,謂臣能畫,所寫者周天象耳,符讖之學非臣所知。上特原之,配文思院爲匠人。常備禁中之役,畫馴雉於御座,會五坊人按鷹,有離韝欲舉者,上命縱之,徑入殿宇以搏畫雉。上驚賞久之,召元長入圖畫院爲藝學。詔畫東太乙宫貴神之像,元長實督之。及命模寫王齊翰應運國寶羅漢,深得其法。

(宋)劉道醇:《聖朝名畫評》卷一

黄筌,畫山水亦爲時人所稱。松石學孫位,山水學李昇,皆過之。僞蜀孟昶時嘗寫《秋山圖》,至今猶傳。

(宋)劉道醇:《聖朝名畫評》卷二

沙門巨然,亦江寧人,受業於本郡開元寺,攻畫山水。僞唐李煜歸命,巨然隨至京師,居於開寶寺,投謁在位,遂有聲譽。畫烟嵐曉景於學士院壁,當時稱絶。度支蔡員外挺家有巨然畫故事山水二軸,而古峰峭拔,宛立風骨。又於林麓間多用卵石,如松柏草竹,交相掩映,旁分小徑,遠至幽墅,於野逸之景甚備。

(宋)劉道醇:《聖朝名畫評》卷二

趙幹,亦江寧人。善畫山水林木,長於布景。李煜時爲畫院學士。今度支蔡員外家有幹《江行圖》一軸,深得浩渺之意。

(宋)劉道醇:《聖朝名畫評》卷二

董羽,字仲翔,毗陵人。口吃語不能出,故有啞子之目。善畫龍魚,尤長於海水。仕李煜爲待詔,寫香花、閣幃、床屏並積水圖,大見稱譽。建康有隋大司空陳仁杲廟,堂後水一壁,至今猶存。清涼寺畫海水,及有李煜八分題名、李蕭遠草書,時人目爲三絶。隨煜歸京,於學士院壁爲戲水龍，於開寶寺東經藏院壁爲弄珠龍，皆爲精筆。

（宋）劉道醇：《聖朝名畫評》卷二

徐熙，鍾陵人。世仕僞唐，爲江南名族。熙善花竹林木、蟬蝶草蟲之類。多游園圃，以求情狀，雖蔬菜莖苗亦入圖寫，意出古人之外。自造於妙，尤能設色，絶有生意。李煜集英殿盛有熙畫。後卒於家。及煜歸命，盡入内府。太宗因閲圖書，見熙畫安榴樹一本帶百餘實，嗟異久之，曰：花果之妙，吾獨知有熙矣，其餘不足觀也。遍示畫臣，俾爲標準。爲上稱嘆也如此。有孫二人：崇嗣、崇勛，自有傳。

評：士大夫議爲花果者，往往宗尚黄筌、趙昌之筆，蓋其寫生設色，迥出人意。以熙視之，彼有慚德。筌神而不妙，昌妙而不神，神妙俱完，捨熙無矣。夫精於畫者，不過薄其彩繪，以取形似，於氣骨能全之乎？熙獨不然，必先以其墨定其枝葉蕊萼等，而後傅之以色，故其氣格前就，態度彌茂，與造化之功不甚遠，宜乎爲天下冠也。故列神品。

（宋）劉道醇：《聖朝名畫評》卷三

唐希雅，嘉興人。曾祖而上，家於河北，因五代離亂，遷於江右。希雅善丹青。僞唐李煜好金錯書，希雅常學之。乘興縱奇，因其戰掣之勢以寫竹樹，蓋取幸於一時也。其爲荆檟柘棘、翎毛草蟲之類，多得郊野真趣。

評：江南絶筆，徐熙、唐希雅二人而已。極乎神而盡乎微，資於假而迫於真，象生意端，形造筆下。希雅終不逮熙者，吾以翎毛較之耳，求其竹樹，殆難優劣。故列神品。

（宋）劉道醇：《聖朝名畫評》卷三

黄筌尤能寫花竹翎毛，於孟昶殿畫六鶴，因目其殿。當時稱嘆，爲之語曰："黄筌畫鶴，薛稷減價。"廣政中，昶命筌與其子居寀於八卦殿畫四時山水及諸禽鳥花卉等，至爲精備。其年冬，昶將出獵，因按鷹犬，其間一鷹離韝奪舉，臂者不能制，遂縱之，直入殿搏其所畫翎羽。昶甚嗟賞,召其學士歐陽炯作《八卦殿畫壁記》,仍付史館,以表能事。太宗朝,參政蘇公易簡,得筌所畫《墨竹圖》,李公宗諤見之,賞其神異,作《黄筌墨竹贊》,其序曰:"工丹青、狀花竹者,雖一蕊一葉必須五色具焉,而後見畫之爲用也。蜀人黄筌則不如是,以墨染竹,獨得意於寂寞間,顧彩繪皆外物,鄙而不施。其清姿瘦節,秋色野興,具於紈素,灑然爲真。故不知墨之爲聖乎,竹之爲神乎！惜哉筌去世久矣,後人無繼者。蜀亡二十年,蘇公易簡得筌之遺迹兩幅,寶之如神,懼恐化去矣,唯樂安村民得一觀焉。噫！清瀟碧湘,會稽雲夢,有竹萬頃,去我千里,鮮碧蔽野,寧得而窺？曷若此圖,虚堂静敞,滿目烟翠,行立坐卧,秋光拂人。又何必雨中移來,窗外種得,霜庭月檻,蕭騷有聲,然後稱子猷之高興乎！予嘆筌圖之入神,美翰林之好事,抽毫抒思,敢爲之贊曰:猗歟黄生,畫竹有名,能狀竹意,是得竹情。一毫絜筆,匪丹匪青,秋思野態,混然而成。背石枕水,蒼蒼數莖,森然如活,颯若有聲。湘江坐看,嶰谷隨行,大壁高展,清陰滿庭。又詩曰:惜哉黄公不可親,空留高價傳千古。向非精賞值蘇公,時人委弃如泥土。"

評:黄筌老於丹青之學,命筆皆妙,誠西川之能士,可列神品。黄居鬫亦善畫花竹毛羽,多與筌共爲之,其氣骨意思,深有父風。孟昶時畫《四時花雀圖》數本,當世稱絶。今士人家往往有居鬫筆,誇爲珍玩耳。

評曰:居寀之畫鶴,多得筌骨,其有佳處,亦不能决其高下。至於花竹禽雀,皆不失筌法。父子俱入神品者,唯居寀一家云。

(宋)劉道醇:《聖朝名畫評》卷三

梅行思,江南人。攻畫鬥雞,至於爪起項引、迴環相擊,宛有角勝之勢。

(宋)劉道醇:《聖朝名畫評》卷三

夏侯延祐,字景休,蜀中人。師黄筌,畫翎毛花竹,略有聲譽。仕孟昶爲待詔,後隨昶至京師,得圖畫院藝學,爲流輩推重。

(宋)劉道醇:《聖朝名畫評》卷三

郭忠恕,字恕先,無棣商河人。有藝文,善篆籀隸書。周時爲國子博士兼宗正丞。太祖有天下,忠恕以忤旨流嶺南,道死槁葬。其後許還鄉國,發壙,餘衣櫛而已,時人以爲尸解,上亦遣使祠之。忠恕尤能丹青,爲屋木樓觀,一時之絶也。上折下算,一斜百隨,咸取磚木諸匠本法,略不相背。其氣勢高爽,户牖深秘,盡合唐格,尤有所觀。凡唐畫屋宇,柱頭坐門,飛檐直插。今之畫者,先取折勢,翻檐竦壯,更加琥珀枋,及於柱頭添鋪矣。凡欲畫,多與王士元對手。而忠恕於人物不深留意,往往自爲屋木,假士元寫人物於中,以成全美。

(宋)劉道醇:《聖朝名畫評》卷三

蔡潤,建康人。善畫舟船及江河水勢。隨李煜赴朝,籍爲八作司赤白匠。太宗嘗覽《潤舟車圖》,因問畫者名氏。左右進曰:實八作匠人蔡潤筆也。上亦悟曰:首江南歸命者耶? 遽詔入圖畫院爲待詔。敕畫《楚襄王游江圖》,尤爲精備,上嗟異久之。

(宋)劉道醇:《聖朝名畫評》卷三

佛道人物、士女牛馬,今不及古;山水林石、花竹禽魚,古不及今。何以明之? 且顧愷之、陸探微、張僧繇、吴道元及閻立德、立本,皆純重雅正,性出天然,吴生之作,爲萬世法,號曰畫聖。張萱、周昉、韓幹、戴嵩,氣韻骨法,皆出意表,後之學者,終莫能到,故曰今不及古。至如李成、關仝、范寬、董源之迹,徐熙、黄筌、居寀之蹤,前不借師資,後無復繼踵,借使二李三王之輩復起,邊鸞、陳庶之倫再生,亦將何以措手於其間哉? 故曰古不及今。

(元)夏文彦:《圖繪寶鑒》卷一

唐人五代,絹素粗厚,宋絹輕細,望而可別唐、宋也。

(元)夏文彦:《圖繪寶鑒》卷一

張南本,不知何許人。善畫人物,尤工畫火。中和年,寓止成都金華寺,畫八明王。時游僧昇殿,見火勢逼人,驚怛幾僕。時論孫位之水幾於道,南本之火幾於神。

(元)夏文彦:《圖繪寶鑒》卷二

胡瓌,范陽人。工畫番馬,鋪叙巧密,近類繁冗,而用筆清勁。至於穹廬、什器、射獵,形容備盡。凡畫槖駝及馬,以狼毫筆疏染,取其生意,亦善體物者也。後以筆法授子虔。

(元)夏文彦:《圖繪寶鑒》卷二

荆浩,河内人,自號洪谷子。博雅好古,以山水專門,頗得趣向。善爲雲中山頂,四面峻厚。自撰《山水訣》一卷。嘗語人曰:"吴道子畫山水有筆而無墨,項容有墨而無筆,吾當采二子所長,成一家之體。"故關仝北面事之。世論荆浩山水爲唐末之冠。

(元)夏文彦:《圖繪寶鑒》卷二

刁光胤,長安人。天復中,避地入蜀。善畫湖石、花竹、猫兔、鳥雀之類。慎交游,所與者,皆一時佳士,黄筌、孔嵩皆師事之。

(元)夏文彦:《圖繪寶鑒》卷二

趙德玄,長安人。天復中,入蜀。工畫車馬、人物、山水、佛像、屋木。

(元)夏文彦:《圖繪寶鑒》卷二

王商,不知何許人。工畫道釋士女,尤精外國人物。與胡翼同時,並爲都尉趙岩所厚。

(元)夏文彦:《圖繪寶鑒》卷二

燕筠,不知何許人。工畫天王,筆法師周昉,頗臻其妙。然不見他畫,獨天王傳於世。

(元)夏文彦:《圖繪寶鑒》卷二

支仲元,鳳翔人。畫人物極工,筆法師顧、陸,緊細有力,人物清潤不俗。其畫神仙人物,多作奕棋之勢。宋高宗題作晉六朝者,多仲元所作。

(元)夏文彦:《圖繪寶鑒》卷二

左禮,成都人。工畫道釋像,學吴道玄,描染與楊庭光相類,但行筆差細耳。《宣和畫譜》謂與張南本筆法相似,《圖畫見聞志》謂與張南筆法相似,豈即張南本也?

(元)夏文彦:《圖繪寶鑒》卷二

朱繇,長安人。工畫道釋,妙得吴道玄筆意,所畫未有不以爲法者。時出新意,千變萬態,動人耳目。弟子趙裔亦知名。

(元)夏文彦:《圖繪寶鑒》卷二

李昇,成都人。善畫人物,尤善山水,筆意幽閒。人有得其畫,往往誤稱王右丞者焉。

(元)夏文彦:《圖繪寶鑒》卷二

杜子環,華陰人。精意道釋,研吮丹粉,尤得其術,故彩繪特異。

(元)夏文彦:《圖繪寶鑒》卷二

杜齯龜,秦人,避地居蜀,事王衍爲翰林待詔。博學强識,善畫佛像人物。始師常粲,後捨舊學,自成一家,故筆法凌轢輩流,粲亦莫能接武也。

(元)夏文彦:《圖繪寶鑒》卷二

張元,簡州金水石城山人。善畫,尤以羅漢得名。

(元)夏文彦:《圖繪寶鑒》卷二

曹仲元,建康豐城人。江南李氏時,爲翰林待詔。畫道釋鬼神,初學吴道玄不成,弃其法,别作細密,自爲一家。尤工傅彩。

(元)夏文彦:《圖繪寶鑒》卷二

陸晃,嘉禾人。善人物,多畫道釋神仙。性疏野,每沈湎於酒,遇筆揮灑,略不預構,故妍醜互出。當其合作,描法甚細而有力。有一等繆畫,粗惡可厭,亦其所作。

(元)夏文彦:《圖繪寶鑒》卷二

僧貫休,俗姓姜氏,字德隱,婺州蘭溪人。初以詩得名,後入兩川,頗爲王衍待遇,因賜紫衣,號禪月大師。能畫,間爲本教像,唯羅漢最著。其畫像多作古野之貌,不類世間所傳。

(元)夏文彦:《圖繪寶鑒》卷二

梁駙馬都尉趙岩,本名霖,後改今名。喜丹青,尤工人物。格韻超絶,非尋常畫工所及,尤能鑒畫。

(元)夏文彦:《圖繪寶鑒》卷二

杜霄,善畫士女,得周昉筆法爲多。尤工蜂蝪及曲眉豐臉之態,非風流蘊藉,有王孫貴公子之思致者,未易得之。

(元)夏文彦:《圖繪寶鑒》卷二

丘文播,廣漢人,又名潛。與弟文曉,俱以畫得名。初工人物,兼作山水,後多畫牛,時稱奇絶。子仁慶,善畫,尤長花雀。

(元)夏文彦:《圖繪寶鑒》卷二

丘文曉,與文播齊名,山水亦工。

(元)夏文彦:《圖繪寶鑒》卷二

阮部,不知何許人。入仕爲太廟齋郎。工寫人物,特於士女,得纖穠淑婉之態,但傳於世者甚少。

(元)夏文彦:《圖繪寶鑒》卷二

婦人童氏,江南人,莫詳其世系。所學出王齊翰,工畫道釋人物。童以婦人而能丹青,故當時縉紳家婦女,往往求畫照焉。

(元)夏文彦:《圖繪寶鑒》卷二

胡翼,字鵬雲。工畫道釋人物、車馬、樓臺、山水,種種臻妙。嘗臨模古今名筆,目之曰"安定鵬雲記"。

(元)夏文彦:《圖繪寶鑒》卷二

衛賢,長安人。江南李氏時爲内供奉。長於樓臺人物,初師尹繼昭,後服膺吴體。其畫高崖巨石,則渾厚可取,而皴法不老,爲林木雖勁挺,而枝梢不稱其本,論者少之。然至妙處,亦人希及。

(元)夏文彦:《圖繪寶鑒》卷二

李贊華,本北部東丹王,後唐明宗賜姓名。善畫本國人物鞍馬,不作中國衣冠,亦安於所習者也。然議者謂馬豐肥,筆乏壯氣。

(元)夏文彦:《圖繪寶鑒》卷二

王仁壽,汝南宛人。石晉時作待詔。工畫道釋鬼神及馬,始師王殷,後學精吴法。

(元)夏文彦:《圖繪寶鑒》卷二

房從直，成都人。工畫人物番騎，王蜀時爲翰林待詔。

(元)夏文彦:《圖繪寶鑒》卷二

袁義，河南登封人，爲侍衛親軍。善畫魚，窮其變態，得噞喁游泳之狀，非世俗所畫庖中物也。

(元)夏文彦:《圖繪寶鑒》卷二

僧傳古，四明人。畫龍獨造乎妙。弟子德饒、無染，皆臻其妙。

(元)夏文彦:《圖繪寶鑒》卷二

關仝一名穜，長安人。畫山水，師荆浩，晚年有出藍之美。所畫脱略毫楮，筆愈簡而氣愈壯，景愈少而意愈長，深造古淡，石樹出於畢宏，有枝無幹，當時郭忠恕亦師事之。然仝於人物非所長，多求胡翼爲之。

(元)夏文彦:《圖繪寶鑒》卷二

杜楷，一作措，成都人。善山水，作枯木斷崖，雲崦烟岫之態，思致頗遠。

(元)夏文彦:《圖繪寶鑒》卷二

羅塞翁，隱之子，爲吴中從事。喜丹青，善畫羊，精妙卓絶。

(元)夏文彦:《圖繪寶鑒》卷二

張及之，京兆人。畫犬馬花鳥頗工，作犬得敦龐之狀，無摇尾乞憐之態。

(元)夏文彦:《圖繪寶鑒》卷二

道士厲歸真，莫知其鄉里。畫牛虎，並工竹雀鷙禽，筆簡意盡，氣韻蕭爽，坡岸山林亦佳。

(元)夏文彦:《圖繪寶鑒》卷二

李靄之,華陰人。善畫山水林泉,尤喜畫猫於藥苗間。雅爲羅紹威所厚,建一亭爲靄之援毫之所,曰"金波"。時號爲"金波處士"。

(元)夏文彦:《圖繪寶鑒》卷二

胡擢,不知何許人。博學能詩,氣韻超邁。善畫花鳥,亦詩人感物之作也。

(元)夏文彦:《圖繪寶鑒》卷二

梅行思,一作再思,江夏人。畫人物牛馬,最工於雞。爲南唐李氏翰林待詔,品目甚高。

(元)夏文彦:《圖繪寶鑒》卷二

郭乾暉,北海營丘人,世呼爲"郭將軍"。工畫鷙鳥雜禽、疏篁槁木、田野荒寒之景,格律老勁,曲盡物性之妙。鍾隱亦一時名流,變姓名,師事久之,方授以筆法。

(元)夏文彦:《圖繪寶鑒》卷二

郭乾祐,乾暉弟。工花鳥,雖不如兄,所學亦相上下。

(元)夏文彦:《圖繪寶鑒》卷二

鍾隱,天台人。善畫鷙禽榛棘,能以墨淺深分其向背。變姓名師郭乾暉,深得其妙。兼工畫山水人物。

(元)夏文彦:《圖繪寶鑒》卷二

黄筌,字要淑,成都人。始學畫師刁光(胤),早得時名。十七歲事蜀王衍爲待詔,至孟昶加檢校少府監,累遷如京副使。花竹師滕昌祐,鳥雀師刁光(胤),山水師李昇,鶴師薛稷,人物龍水師孫位,資諸家之善而兼有之,無不臻妙。

(元)夏文彦:《圖繪寶鑒》卷二

黄居寶,字辭玉,筌次子。工畫得家傳,兼以八分書知名。事蜀爲待詔,累遷至水部員外。其畫石,文理縱横,爽砂爽石,棱角峭硬,如虬如虎。

(元)夏文彦:《圖繪寶鑒》卷二

黄居實,紹興秘閣中有《會禽圖》一,而諸書無不載其名。筌有五子,不審其爲第幾人。

(元)夏文彦:《圖繪寶鑒》卷二

滕昌祐,字勝華,吴人。後游蜀,以文學從事。初不婚宦,志趣高潔,脱略時態。工畫花鳥蟬蝶、折枝生菜,傅彩鮮澤,宛有生意,尤長於畫鵝。蓋其觀動植而形於筆端,未嘗專於師資也。兼善書大字。

(元)夏文彦:《圖繪寶鑒》卷二

李頗,一作坡,南昌人。善畫竹,氣韻飄舉,不求小巧而多於情,任率落筆,便有生意,然而所傳於世者不多。

(元)夏文彦:《圖繪寶鑒》卷二

韓虬,一作求,李枳,一作祝,不知何許人。皆倜儻不拘,有經略才能。屬唐祚陵季,遂退藏不仕,以丹青自污。學吴道玄,尤長於道釋。好游晉唐間,爲李克用所殺。

(元)夏文彦:《圖繪寶鑒》卷二

張圖,字仲謀,河南洛陽人。朱梁時將軍。少穎悟而妙丹青,及善潑墨山水,皆不由師授,自致神妙,亦不法古今,自成一體。尤長於大像。其畫用濃墨粗筆,如草書顫掣飛動,勢甚豪放;至於手面及服飾儀物,用細筆輕色,詳緩端慎,無一欹側,怪怪奇奇,自成一家法。

(元)夏文彦:《圖繪寶鑒》卷二

朱瑶,字温琪,不知何許人。學吴道子,由是知名。

（元）夏文彦:《圖繪寶鑒》卷二

跋異,汧陽人。善畫佛道鬼神及大像。

（元）夏文彦:《圖繪寶鑒》卷二

陶守立,池陽人。世業儒。保大間,應舉下第,退居齊山,閉門却掃,以詩酒丹青自娱。善畫道釋鬼神、殿閣車馬、山川人物,靡不精妙。

（元）夏文彦:《圖繪寶鑒》卷二

竹夢松,建康溧陽人。仕南唐爲東川别駕。善畫人物、士女、臺閣,冠絶當代。其布景命意,綽約體態,宛得周昉之格。

（元）夏文彦:《圖繪寶鑒》卷二

施璘,字仲寶,京兆藍田人。工畫竹,有生意,爲當時絶伎。

（元）夏文彦:《圖繪寶鑒》卷二

丁謙,義宜人。工畫竹,師蕭悦,兼善寫蔬果。

（元）夏文彦:《圖繪寶鑒》卷二

何遇,河南長水人。善畫宫室,慕衛賢筆法,尤善山水樹石,爲當時所稱。其間人物,則假手於人。

（元）夏文彦:《圖繪寶鑒》卷二

梁相國于兢,善畫牡丹。幼年從學,因睹檻中牡丹,乃命筆仿之,不浹旬奪真。後遂酷思無倦,動必增奇。

（元）夏文彦:《圖繪寶鑒》卷二

梁左千牛衛將軍劉彦齊,善畫竹,頗臻清致。有《孟宗泣竹》《湘妃》等圖傳於世。人物多假胡翼之手。尤能鑒别圖繪,皆極精當。

(元)夏文彦:《圖繪寶鑒》卷二

王殷工畫佛道士女,尤精外國人物。

(元)夏文彦:《圖繪寶鑒》卷二

李群,字文幹,唐宗室。工畫人物,爲世所稱。

(元)夏文彦:《圖繪寶鑒》卷二

李玄應及弟玄審,並工畫蕃馬,專學胡環。

(元)夏文彦:《圖繪寶鑒》卷二

韋道豐,江夏人。善畫人物寒林,逸思奇僻,不拘小節,當代珍之。然經歲月,方成一圖,成則驚人。

(元)夏文彦:《圖繪寶鑒》卷二

朱簡章,江夏人。工畫人物屋木。

(元)夏文彦:《圖繪寶鑒》卷二

王喬士,工畫佛道人物。

(元)夏文彦:《圖繪寶鑒》卷二

鄭唐卿,工畫人物,兼長寫貌。

(元)夏文彦:《圖繪寶鑒》卷二

郭權,江南人。師鍾隱。

(元)夏文彦:《圖繪寶鑒》卷二

史瓊,善畫雉竹石。

(元)夏文彦:《圖繪寶鑒》卷二

程凝,善畫鶴竹,兼長遠水。

(元)夏文彦:《圖繪寶鑒》卷二

王道古,善畫雀竹,當時號“雀兒王”。

(元)夏文彦:《圖繪寶鑒》卷二

唐垓,善畫野禽、生菜、野族諸物,世稱精妙。

(元)夏文彦:《圖繪寶鑒》卷二

王道求,工畫佛道、鬼神、人物、畜獸,始仿周昉,後學盧棱迦,當時名手嘆服。

(元)夏文彦:《圖繪寶鑒》卷二

宋卓,工畫道釋,志學吴筆,不事傅彩。

(元)夏文彦:《圖繪寶鑒》卷二

富玫,工畫佛道。

(元)夏文彦:《圖繪寶鑒》卷二

黄延浩,工畫人物。

(元)夏文彦:《圖繪寶鑒》卷二

王偉,工畫道釋。

(元)夏文彦:《圖繪寶鑒》卷二

張質,定州人。工畫田家風俗。

(元)夏文彦:《圖繪寶鑒》卷二

宋藝,蜀郡人。工寫貌,王蜀爲翰林待詔。

(元)夏文彦:《圖繪寶鑒》卷二

阮知誨,成都人。工畫貴戚子女,兼長寫貌。事王蜀爲待詔。

(元)夏文彦:《圖繪寶鑒》卷二

高從遇,道興之子,襲父藝,爲孟蜀翰林待詔。

(元)夏文彦:《圖繪寶鑒》卷二

阮惟德,知誨之子。紹精父業,事孟蜀爲翰林待詔。尤善狀宫闈禁苑、皇妃帝戚富貴之事,精妙頗甚。

(元)夏文彦:《圖繪寶鑒》卷二

杜敬安,齯齇之子。事孟蜀爲翰林待詔。妙於佛像,尤能傅彩。《孟州名畫録》載爲杜子環子,未知孰是。

(元)夏文彦:《圖繪寶鑒》卷二

趙忠義,德玄之子。事孟蜀爲翰林待詔。雖從父訓,宛如生知。

(元)夏文彦:《圖繪寶鑒》卷二

蒲宗訓,蜀人,事孟蜀爲翰林待詔。師房從直,畫人物鬼神,筆法雖細,其勢甚壯。

(元)夏文彦:《圖繪寶鑒》卷二

蒲廷昌,宗訓養子,爲孟蜀待詔。工畫佛道鬼神,尤精獅子。行筆勁利,用色不繁。

(元)夏文彦:《圖繪寶鑑》卷二

張玫,成都人,爲孟蜀翰林祗候。工畫人物士女,兼長寫貌。

(元)夏文彦:《圖繪寶鑑》卷二

徐德昌,成都人,爲孟蜀翰林祗候。工畫人物士女,墨彩輕媚,爲時所稱。

(元)夏文彦:《圖繪寶鑑》卷二

周行通,成都人。工畫鬼神、人馬、鷹犬、嬰孩,得其精妙。

(元)夏文彦:《圖繪寶鑑》卷二

孔嵩,蜀人。善畫龍,兼工花雀與蟬。師刁處士。

(元)夏文彦:《圖繪寶鑑》卷二

趙才,蜀人。工畫人物、鬼神,亦長甲騎。

(元)夏文彦:《圖繪寶鑑》卷二

姜道隱,漢州綿竹人。齠齔好畫,不事産業,惟畫爲好。布衣芒履,隨身筆墨而已。嘗於浄衆寺畫山水松石,趙庭隱贈之十縑,拂衣而去。

(元)夏文彦:《圖繪寶鑑》卷二

楊元貞,石城山張玄外族也。工畫釋道羅漢,善爲曹筆,尤精布色。始居蜀,後召入鄴中,不回。

(元)夏文彦:《圖繪寶鑑》卷二

董從誨,成都人。世本傳家,心游繪事,佛道、人物,舉意皆精。

(元)夏文彦:《圖繪寶鑒》卷二

張景思,金水石城山張玄之裔。工畫佛道。

(元)夏文彦:《圖繪寶鑒》卷二

朱悰,不知何許人。與衛賢並師尹繼昭。

(元)夏文彦:《圖繪寶鑒》卷二

僧楚安,漢州什邡人,俗姓勾氏。善畫山水、人物、樓臺,點綴甚細,論者謂筆蹤全虧六法,非大手高格。

(元)夏文彦:《圖繪寶鑒》卷二

僧智蘊,河南人。工畫佛像人物,學深曹體。

(元)夏文彦:《圖繪寶鑒》卷二

僧德符,善畫松柏,氣韻瀟灑。住汴州相國寺。

(元)夏文彦:《圖繪寶鑒》卷二

李文才,華陽人。工畫人物屋木山水,善寫真,時輩罕及,周昉之亞也。事孟蜀爲翰林待詔。

(元)夏文彦:《圖繪寶鑒》卷二

杜弘義,蜀州晉原人。工畫佛像、羅漢。

(元)夏文彦:《圖繪寶鑒》卷二

程承辯,眉州彭山人。工畫人物、鬼神。

(元)夏文彦:《圖繪寶鑒》卷二

僧令宗,乃丘文播異姓弟。工山水人物、佛像天王。

(元)夏文彦:《圖繪寶鑒》卷二

道士李壽儀,邛州人。宗張簡卿筆法,多畫道門尊像,人呼爲“李水墨”。

(元)夏文彦:《圖繪寶鑒》卷二

吴越王錢鏐,善墨竹。

(元)夏文彦:《圖繪寶鑒》卷二

朱澄,事江南李中主,爲翰林待詔。工畫屋木,嘗與高太冲等合畫《雪景宴圖》,時稱絶手。

(元)夏文彦:《圖繪寶鑒》卷二

高太冲,江南人。工傳寫,李中主爲翰林待詔。嘗寫中主真,得其神思。

(元)夏文彦:《圖繪寶鑒》卷二

浙僧藴能,工雜畫,善畫佛像。

(元)夏文彦:《圖繪寶鑒》卷二

李夫人,西蜀名家,未詳世胄。善屬文,尤工書畫。郭崇韜伐蜀得之,夫人以崇韜武弁,常欝悒不樂。月夕獨坐南軒,竹影婆娑可喜,即起揮毫濡墨,摸寫窗紙上,明日視之,生意具足。或云,自是人間往往效之,遂有墨竹。

(元)夏文彦:《圖繪寶鑒》卷二

李仁章,并州人。學吴畫,長於鬼神,當時論非盧棱迦無以並轡。

(元)夏文彦:《圖繪寶鑒》卷二

勾龍爽,蜀人。好丹青,喜爲古衣冠,多作質野不媚之狀。尤善嬰孩,得其態度。國初爲翰林待詔。

(元)夏文彦:《圖繪寶鑒》卷三

王齊翰,金陵人,事江南李後主爲翰林待詔。畫道釋人物,多思致,好作山林丘壑、隱岩幽卜,無一點朝市風埃氣。

(元)夏文彦:《圖繪寶鑒》卷三

顧德謙,建康人。善畫人物,多喜寫道像。此外雜工動植,風格特異,論者謂王維不能過,而李後主亦嘗謂之曰:"古有愷之,今有德謙。"其愛重如此。

(元)夏文彦:《圖繪寶鑒》卷三

周文矩,金陵句容人。事李煜爲翰林待詔。善畫道釋人物、車馬樓觀、山林泉石,尤精士女。其行筆瘦硬戰掣,蓋學其主李重光書法,至畫士女,則無顫筆,大約體近周昉,而纖麗過之。

(元)夏文彦:《圖繪寶鑒》卷三

石恪,字子專,成都人。性滑稽,有口辯。工畫佛道人物,始師張南本,技進益縱逸,不守繩墨,多作戲筆。人物詭形殊狀,惟面部手足用畫法,衣紋皆粗筆成之。

(元)夏文彦:《圖繪寶鑒》卷三

李景道,南唐李昪親屬。喜丹青,無貴公子氣。作《文會圖》,頗極其思。

(元)夏文彦:《圖繪寶鑒》卷三

李景游,景道季孟行也。好畫人物,極勝。作《談道圖》,風度不凡。

(元)夏文彦:《圖繪寶鑒》卷三

顧閎中,江南人。事李氏爲待詔。善畫人物,嘗與周文矩同畫《韓熙載夜宴圖》。

(元)夏文彦:《圖繪寶鑒》卷三

顧大中,江南人。善畫人物、牛馬,兼工花竹。

(元)夏文彦:《圖繪寶鑒》卷三

郭忠恕,字恕先,洛陽人。少能屬文,周時爲博士。能篆隸,善畫樓觀木石,皆極精妙。始亦嘗師關仝。太宗素知其名,召爲國子監主簿,後忤旨流登州,至齊之臨邑道中,尸解仙去。

(元)夏文彦:《圖繪寶鑒》卷三

董羽,字仲翔,毗陵人。善畫魚龍海水,其洶涌瀾翻,咫尺汗漫,莫知其涯涘也。事南唐爲待詔,後歸宋爲圖畫院藝學。

(元)夏文彦:《圖繪寶鑒》卷三

趙幹,江南人。爲南唐畫院學生。畫山水林木,皆江南風景。多作樓觀舟船、水村魚市、花竹散爲景趣,無一點朝市風埃。

(元)夏文彦:《圖繪寶鑒》卷三

董源,江南人。事南唐爲後苑副使。善畫山水,樹石幽潤,峰巒清深,得山之神氣,天真爛漫,意趣高古。論者謂其畫山水類王維,著名如李思訓。兼工龍水,無不臻妙。其山石有作麻皮皴者,有著色,皴紋甚少,用色穠古。人物多用青紅衣,人面亦用粉素,皆佳作也。

(元)夏文彦:《圖繪寶鑒》卷三

李成,字咸熙,唐宗室,避地營丘。世業儒,善文,磊落有大志,因才命不偶,放意詩酒,寓興於游,師關仝,凡烟雲變滅,水石幽閒,樹木蕭森,山川險易,莫不曲盡其妙。議者謂得山水體貌,爲古今第一。

子覺,識踐館閣,贈光禄丞。

(元)夏文彦:《圖繪寶鑒》卷三

范寬,一作中正,字中立,華原人。性温厚,嗜酒落魄,有大度,人故以寬名之。畫山水始師李成,又師荆浩,山頂好作密林,水際作突兀大石。既乃嘆曰:"與其師人,不若師諸造化。"乃捨舊習,卜居終南、太華,遍觀奇勝,落筆雄偉老硬,真得山骨,而與關、李並馳方駕也。晚年用墨太多,土石不分。

(元)夏文彦:《圖繪寶鑒》卷三

僧巨然,鍾陵人。善畫山水,筆墨秀潤,善爲烟嵐氣象,於峰巒嶺竇之外,至林麓之間,猶作卵石松柏、疏筠蔓草之類,相與映發,而幽溪細路,屈曲縈帶,竹籬茅舍,斷橋危棧,真若山間景趣也。得董源正傳者,巨然爲最也。少年時礬頭多,老年平淡趣高。

(元)夏文彦:《圖繪寶鑒》卷三

南唐後主李煜,字重光,自稱鍾峰、隱居,又略其言曰:"鍾隱後人。"能文善書畫,書顫筆樛曲之狀,遒勁如寒松霜竹,謂之"金錯刀"。畫山水人物、禽鳥墨竹,皆清爽不凡,别爲一格,然書畫同體,高出意外。

(元)夏文彦:《圖繪寶鑒》卷三

黄居寀,字伯鸞,蜀人,筌之季子。初仕孟蜀爲翰林待詔。能世其家學,作花竹、翎毛皆妙得其真,寫怪石山景,往往過其父。宋太宗朝,授光禄丞。委之搜訪名畫,詮定品目,時輩莫不斂衽。當時較藝者,視黄氏體制爲優劣去取,自崔白、崔慤、吴元瑜出,其格遂大變。

(元)夏文彦:《圖繪寶鑒》卷三

徐熙,金陵人,世爲江南顯族。熙所尚高雅,寓興閑放,畫花木、禽魚、蟬蝶、蔬果,妙奪造化。今之畫花者,往往以色暈淡而成,獨熙落墨以寫其枝葉蘂萼,然後傅色,故骨氣風神,爲古今絶筆。所畫多在澄心堂紙上,至於畫絹,絹文稍粗。米元章謂"徐熙絹如布"是也。議者謂黄筌之畫神而不妙,趙昌之畫妙而不神,兼二者一洗而空之,其爲熙歟! 孫崇嗣、崇勛,亦頗得其所傳焉。

(元)夏文彦:《圖繪寶鑒》卷三

唐希雅,嘉興人。妙於畫竹,作翎毛亦工。學江南李後主金錯刀書,有一筆三過之法,雖若甚瘦,而風神有餘。變而爲畫,故顫掣三過處,書法存焉。喜作棘櫝荒野之趣,氣韻蕭疏,非畫家繩墨所拘也。

(元)夏文彦:《圖繪寶鑒》卷三

趙昌,字昌之,廣漢人。善畫花果,名重一時。初師滕昌祐,後過其藝,作折枝有生意,傅色尤造其妙,兼工草蟲。蓋其所作,不特取其形似,直與花傳神也。禽石非其所精。

(元)夏文彦:《圖繪寶鑒》卷三

僧夢休,江南人。喜丹青,學唐希雅,作花竹禽鳥,盡物之態。

(元)夏文彦:《圖繪寶鑒》卷三

解處中,江南人,爲南唐後主翰林司藝,俗呼爲"解將軍"。善畫雪竹,有冒寒之意,但間泊翎毛,頗虧形似耳。

(元)夏文彦:《圖繪寶鑒》卷三

胡嚴徵,晉天福間,工神佛。

(元)夏文彦:《圖繪寶鑒·補遺》

王畊,吴越人,善畫,尤精牡丹。

(元)夏文彦:《圖繪寶鑒·補遺》

黄惟亮,筌之子。畫亦如其父兄,人鮮知者。

(元)夏文彦:《圖繪寶鑒·補遺》

成處士,江南人,善寫真。

(元)夏文彦:《圖繪寶鑒·補遺》

畫家百世師。五代營丘李成,字咸熙,尤妙畫山水。王朴與之善,畫平遠寒林,氣韻瀟灑,古今一人,真畫家百世師也。

(宋)佚名:《錦綉萬花谷》前集卷三三

張光贊者,金水石城山張羅漢之裔也。以其善畫羅漢,因以名之。每於寺觀妝畫功德,多歷春夏,隨僧飲食。其性謹慤守道不移,如是五十餘年,人皆敬重之。甲午歲,爲賊所執,迫令引頸,凡數劍而頸不斷,遂於積尸中卧。至夜央,見一老僧曰:"汝生妝畫功德用心,吾來救汝。"言訖開目,無所苦焉。至今頸上創痕猶在。吁,西方聖人,恩祐明顯,有若是之徵邪?

(宋)黄休復:《茅亭客話》卷六

滕處士昌祐,字勝華,攻書畫。今大聖慈寺文殊閣、普賢閣、天花瑞像額,處士筆迹也。畫花竹鳥獸,體物像形,功妙格品,具名畫録。處士所居州東北隅,竹樹交陰,景象幽寂,有園圃池亭,遍蒔花果,凡壅培種植,皆有方法,及以藥苗爲蔬,藥粉爲饌。年八十五,書畫未嘗輟焉。廳壁懸一大粉板,題園中花草品格名目者百餘件,亦有遠方怪草奇花,蓋欲資其畫藝爾。園中有一柿樹,夏中團坐十餘人,敷張如蓋,無暑氣。云柿有七絶,頗宜種之:一有壽,二多陰,三無禽窠,四無蟲蠹,五有嘉實,六本固,七霜葉紅而堪玩。有一盆池,云初埋大盆,致細土拌細,切生葱、酒糟各少許,深二尺餘,以水漬之,候春初掘取藕根粗者,和顛三節已上四五莖,無令傷損,埋入深泥,令近盆底,纔及春分,葉生,當年有花。夫藕有四美:根爲菜,花爲玩,實爲果,葉爲杓具。此四美,池沼亭檻之前爲瑞草,萍蘋藻荇,不得與侔也。園中有慈竹蘩生,根不離母,故名之慈也。有釣絲竹,以其弱杪低而垂至地也。有絲竹,葉細而青,莖瘦而紫,亦謂之墨竹。有對青竹,身黄色,有一脉青節,節相對,故謂之對青也。有苦竹,葉穠多陰,笋高之時,粉香籜翠。有柱竹,扶疏蘩茂,瀟灑亭臺,無出此數君也。俗以五月十三日種竹,多遭烈日曬乾。園中竹以八月社前後,是月天色多陰,土潤,竹以此月行根也。凡欲移竹,先掘地坑令寬大,以水調細土作稀泥,即掘竹,四面鑿斷大根科,連根以繩錮定,舁時勿令動着根鬚間土,舁入坑,致泥漿中,令泥漿周匝遍滿,乃東西摇之,復南北摇之,令泥漿入至須間,便以細土覆之,勿令土壅過竹本根也。若竹稍長者,芟去顛葉,纏竹架之,恐風摇動即死。每窠相去二尺餘,不須實斸,只以一脚踏之,來年生笋速也。宜於園東北軟土上種之,竹性多西南行。根不用頻澆水,水多則肥死。園中有梨名車轂,圍一尺,摘時,先以布囊盛之,落地即碎。有金桃,深黄,剖之至核,紅翠如金,味美,爲桃之最也。有林檎,色如玉,向陽處有朱點如纈,顆有重四兩者。其栽果法,以冬至後,立春前,斫美果直枝,須有鶴膝大如母指者,長可二尺以來,劄於芋魁中,掘土令寬,調泥漿,細切生葱一升許,攪於泥中,將芋塊致泥中,以細土覆之,勿令堅實,即當年有花,來年結實,絶勝種核。接果樹法,凡欲接果,先得野樹子酸澀不美者,如臂已上,皆堪接也。然後尋美果枝,選隔年有鶴膝向陽者,枝長不過二尺,過則難治。至時剪下,便劄於蘿葍中,欲不泄其氣也。冬至後十日,立春前七日,其野樹皮潤,萌芽未發,是其時也。將野樹以鋸截,令去地五七寸,中心劈破深二寸許,取美枝或一枝,或兩枝,斜剕,勿傷青皮,插於野樹罅中,外與野樹皮相齊等,緊密用牛糞泥封之,與笋籜包裹。其接處以麻紉纏定,上更以黄土泥塔頭裹之,勿使雨水透入。或有野樹旁生芽葉,即取去之。若依此法,則當年有花必矣。休復嘗依其教,而樹樹皆成,則不喻其野樹子實酸澀,鶴膝枝甜美,接酸澀樹上,爲酸澀之氣所推,又焉得遂於甜美耶?樹之元氣,反不能推小枝而與之俱酸澀,何也?所謂本不勝末,而物性難解歟?今之人但廕其枝葉,食其美實,而不求其酸澀所推耶?

(宋)黄休復:《茅亭客話》卷八

王靄,京師人,工畫佛道人物,長寫貌。五代間以畫聞。晉末與王仁壽皆爲契丹所掠,太祖受禪放還,授圖畫院祇候。遂使江表,潛寫宋齊邱、韓熙載、林仁肇真,稱旨,改翰林待詔。今定力院太祖御容、梁祖真像,皆靄筆也。

(宋)孟元老:《東京夢華録》卷三

王仁壽,汝南宛人。工畫佛道鬼神,兼長鞍馬,始師王殷,後學精吴法。晉末爲契丹所掠,太祖受禪,放還。相國寺文殊院有《净土》《彌勒下生》二壁,净土院有八菩薩像及有《征遼》《獵渭》等圖,傳於世。

(宋)孟元老:《東京夢華録》卷三

營丘李成,字咸熙。磊落不羈,喜酒善琴,好爲歌詩,尤妙畫山水。周樞密使王朴與之友善,爲召至京,將以處士薦之,會樸卒。乾德中,陳守、大司農衛融,以鄉里之舊延之郡齋,日恣飲,竟死於酒。

(宋)孟元老:《東京夢華録》卷三

韓求,一作虬。李祝,一作柷。二人倜儻不拘,有經略才能。屬唐祚陵季,不仕,以丹青自污,而好游晉、唐間。時朱全忠篡唐,晉王李克用欲圖之,而懼求、柷知,乃命往陝畫龍興寺回廊列壁二百餘堵,由是爲天下畫流所妒。乃譖於克用,謂二人露其異圖,克用遂爲水嬉而溺之。君子爲之太息。二人畫實神品。

(明)朱謀垔:《畫史會要》卷一

張圖,字仲謀,洛陽人。朱梁時,掌行軍資糧簿籍,故時人呼爲"張將軍"。善潑墨山水,尤長於大像,作衣文不師吴帶當風、曹衣出水之例，用濃墨粗筆，如草書顫掣飛動，勢甚豪放。至於手面及服飾儀物，則用細筆輕色，詳緩端慎，無一敧戾，怪怪奇奇，自一家法。

（明）朱謀垔：《畫史會要》卷一

朱瑶，字温琪。嘗客雍、洛間，所畫作吴道子筆迹。

（明）朱謀垔：《畫史會要》卷一

跋異，汧陽人。眉目疏秀，舉止詳雅，善畫佛道鬼神及大像。異恃能自負，嘗於廣愛寺，爲張圖排斥，洛陽謡曰："赫赫洛下，唯説異畫，張氏出頭，跋異無價。"後畫福先寺，方杇約，忽一人自稱滑臺人，姓李，善畫羅，漢人稱爲"李羅漢"，當與汝對。異嘿然，恐如張圖者，遂讓西壁與之。異乃竭精伫思，屹成一神，侍從嚴毅，又設色鮮麗，蓋平生之所未能者。李服其精妙入神，非己所及，遂手足失錯。時人謡曰："李生來，跋君怕，不意今日却增價，不畫羅漢畫駝馬。"異大有得色，遂誇咤曰："昔見敗於張將軍，今取捷於李羅漢。"李倏起如厠，異往視之，已縊於僧園矣。

（明）朱謀垔：《畫史會要》卷一

曹仲元，豐城人。江南李氏時，爲翰林待詔。少學吴道玄，畫釋道、鬼神。後乃頓弃吴法，别作細密，自爲一家，尤工傅彩。

（明）朱謀垔：《畫史會要》卷一

陶守立，池陽人。世業儒，通經史。南唐李璟時，應舉下第，退處齊山禁門，却掃琴棋酒外，以丹青自娱。釋道、鬼神、殿閣、山川、車馬，靡不精妙。

（明）朱謀垔：《畫史會要》卷一

王仁壽，汝南宛人。石晉時，作待詔，工釋道、鬼神及馬。

（明）朱謀垔：《畫史會要》卷一

竹夢松,建康溧陽人。仕南唐,爲東川别駕。嘗畫春景士女,其布景命意,綽約體態,宛得周昉之格。

(明)朱謀垔:《畫史會要》卷一

陸晃,嘉禾人。性疏逸,沈湎於酒。多畫村野人物,遇筆揮灑,略不預構,故妍醜互出,或在絶格,或入末品。

(明)朱謀垔:《畫史會要》卷一

胡瓌,山後契丹人,善畫蕃馬。其於穹廬部族帳幙旗旆,弧矢鞍韉,或隨水草放牧,或在馳逐弋獵,而又胡天慘冽,沙磧平遠,能曲盡塞外不毛之景。

(明)朱謀垔:《畫史會要》卷一

鍾隱,字晦叔,天台人。少清悟,不嬰俗事,好肥遯自處。畫鷙禽榛棘,能以墨色深淺,分其向背。李唐後主重之。昇元中,齊安張校尉得鶻鳥二軸,張之賓次,金昌宗題詩曰:"爲厭翻翔下葦叢,戢翰側腦思何窮。侍童莫便褰簾過,只恐驚飛入碧空。"

(明)朱謀垔:《畫史會要》卷一

郭乾輝,北海營丘人。俗呼"郭將軍",師鍾隱飛走,特構一第,止蓄禽鳥,澄思滌慮,縱玩其間,故舉意肆筆,率得其真。

(明)朱謀垔:《畫史會要》卷一

郭乾祐,乾輝之弟,亦工花鳥。

(明)朱謀垔:《畫史會要》卷一

施璘,字仲寶,京兆藍田人。善畫生竹老根、薄石笋枝,附篺扶疏交映,青翠滿庭,宛得三湘高秋之野色。故後周起居郎韋重過,留題曰:"枯篺危根缴石頭,千竿交映近清流。堪珍仲寶窮幽筆,留得荆湘一片秋。"

(明)朱謀垔:《畫史會要》卷一

丁謙,義興人。始師蕭悦雜畫,後專寫生竹。

(明)朱謀垔:《畫史會要》卷一

衛賢,京兆人。仕南唐爲内供奉,初師尹繼昭,後學吴生,長於樓觀、殿宇、盤車、水磨,嘗作《春江釣叟圖》,南唐李煜金索書《漁父詞》二首。其一曰:"閬苑有情千里雪,桃李無言一隊春。一壺酒,一竿身,快活如儂有幾人。"其二曰:"一棹春風一葉舟,一輪繭縷一輕鈎,花滿渚,酒盈甌,萬頃波中得自由。"

(明)朱謀垔:《畫史會要》卷一

何遇,河南長水人。善畫宫室池閣,尤善山水樹石,其間人物,則假手於人。

(明)朱謀垔:《畫史會要》卷一

王商,工畫道釋仕女,尤精外國人物,與胡翼同時,並爲都尉趙岩所厚。

(明)朱謀垔:《畫史會要》卷一

李昇,成都人,小字錦奴。弱冠工山水,天縱生知,不從師授。初得張藻員外山水一軸,玩之數日,弃去,曰:"未盡妙也。"遂出意寫蜀中山川平遠,心思造化,創一家之能。唐明皇朝有李將軍思訓,擅名山水,蜀中乃呼昇爲"小李將軍",蓋藝相匹云。

(明)朱謀垔:《畫史會要》卷一

燕筠,工畫天王,筆師周昉。

(明)朱謀垔:《畫史會要》卷一

支仲元,鳳翔人。畫神仙人物,多作奕棋之勢。宋高宗題作晉六朝者,多仲元所作。

(明)朱謀垔:《畫史會要》卷一

左禮,成都人。道釋像學吴道玄,描染與楊庭光相類,但行筆差細耳。《宣和畫譜》謂與張南本相似。

(明)朱謀垔:《畫史會要》卷一

朱繇,長安人。工道釋,妙得吴生筆意。所畫必以爲法,時出新意,千變萬態,動人耳目。有弟子趙裔亦知名。

(明)朱謀垔:《畫史會要》卷一

杜子瓌,成都人,一云華陰人。擅於賦采,拂淡偏長,唯攻佛像。王蜀時,於龍華禪院畫毗盧佛,據紅日輪,乘碧蓮花座,每誇同輩云:"某妝此圓光,如日初出,淺深瑩然,無筆玷之迹。"

(明)朱謀垔:《畫史會要》卷一

杜齯龜,秦人,避地居蜀。事王衍爲翰林待詔,博學强記,善畫佛像。

(明)朱謀垔:《畫史會要》卷一

杜霄,仕女得周昉筆法,尤工蜂蝶。

(明)朱謀垔:《畫史會要》卷一

丘文播,廣漢人,又名潛,與弟文曉俱以人物山水得名,又善畫牛。子仁慶尤長花雀。

(明)朱謀垔:《畫史會要》卷一

阮郜,爲太廟齋郎,工人物,特於仕女,得纖穠淑婉之態。

(明)朱謀垔:《畫史會要》卷一

胡翼，字鵬雲。工道釋人物、車馬、樓臺、山水，嘗臨摹古今名筆，目之曰"安定鵬雲記"。

（明）朱謀垔：《畫史會要》卷一

杜楷，一作措，蜀人也。幼喜摹李昇山水，長亦勤學。廿年中，晝夜不捨，作枯木斷崖、雲崦烟岫之態，思致頗遠。

（明）朱謀垔：《畫史會要》卷一

房從真，成都人。王蜀時，爲翰林待詔，畫甲馬、人物、鬼神，冠絶當時。

（明）朱謀垔：《畫史會要》卷一

羅塞翁，隱之子，爲吴中從事。善畫羊，精妙卓絶。

（明）朱謀垔：《畫史會要》卷一

張及之，京兆人。畫犬馬花鳥，頗工畫犬，得敦龐之狀，無摇尾乞憐之態。

（明）朱謀垔：《畫史會要》卷一

李靄之，華陰人。善山水林石，尤善畫猫於藥苗間，雅爲羅紹威所厚。建一亭，爲靄之援毫之所，名曰金波，號爲"金波處士"。

（明）朱謀垔：《畫史會要》卷一

胡擢，博學能詩，善畫花鳥，亦詩人感物之作也。

（明）朱謀垔：《畫史會要》卷一

梅竹思，一作再思，江夏人。畫人物牛馬，最工於鷄，爲南唐李氏翰林待詔。

（明）朱謀垔：《畫史會要》卷一

黄居實,紹興秘閣中,有《會禽圖》一,而諸書不載其名。筌有五子,不審其爲第幾人。

(明)朱謀垔:《畫史會要》卷一

李頗,一作坡,南昌人。善畫竹,氣韻飄舉,不求小巧而多於情,任率落墨,便有生意。

(明)朱謀垔:《畫史會要》卷一

于兢,梁之相國也。善畫牡丹,幼年從學,因睹檻中牡丹,乃命筆仿之,不浹旬奪真,遂酷思無倦,動必增奇。

(明)朱謀垔:《畫史會要》卷一

劉彦齊,梁千牛衛將軍也。善畫竹,有《孟宗泣竹》《湘妃寺圖》傳於世,人物多假胡翼之手。

(明)朱謀垔:《畫史會要》卷一

王殷,工畫佛道、士女,尤精外國人物。

(明)朱謀垔:《畫史會要》卷一

李群,唐宗室也。工畫人物。

(明)朱謀垔:《畫史會要》卷一

李玄應,洎弟玄審,並工蕃馬,專學胡瓌。

(明)朱謀垔:《畫史會要》卷一

韋道豐,江夏人。善人物寒林,逸思奇僻,不拘小節,當代珍之。然經歲月,方成一圖,成則驚人。

(明)朱謀垔:《畫史會要》卷一

朱簡章,江夏人,工人物、屋木。

(明)朱謀垔:《畫史會要》卷一

王喬士,工佛道人物。

(明)朱謀垔:《畫史會要》卷一

鄭唐卿,工人物,兼長寫貌。

(明)朱謀垔:《畫史會要》卷一

郭權,江南人,師鍾隱。

(明)朱謀垔:《畫史會要》卷一

史瓊,善雉兔竹石。

(明)朱謀垔:《畫史會要》卷一

程凝,善竹鶴,兼長遠水。

(明)朱謀垔:《畫史會要》卷一

王道古,善雀竹,當時號"雀兒王"。

(明)朱謀垔:《畫史會要》卷一

唐垓,善野禽、生菜、水族諸物。

(明)朱謀垔:《畫史會要》卷一

王道求,工佛道、鬼神、人物、畜獸,始仿周昉,後學盧棱迦。

(明)朱謀垔:《畫史會要》卷一

宋卓,工道釋,志學吴筆,不事傅彩。

(明)朱謀垔:《畫史會要》卷一

富玫,工佛道。

(明)朱謀垔:《畫史會要》卷一

黄延浩,工人物。

(明)朱謀垔:《畫史會要》卷一

王偉,工釋道。

(明)朱謀垔:《畫史會要》卷一

張質,定州人,工田家風俗。

(明)朱謀垔:《畫史會要》卷一

宋藝,工寫貌,王蜀時爲翰林待詔。

(明)朱謀垔:《畫史會要》卷一

阮知誨,成都人。工寫貴戚子女,兼長寫貌,王蜀時爲待詔。

(明)朱謀垔:《畫史會要》卷一

高從遇,道興之子,襲父藝爲孟蜀翰林待詔。

(明)朱謀垔:《畫史會要》卷一

阮惟德,知誨之子,紹精父業,事孟蜀爲翰林待詔。善狀宫闈禁苑、皇妃帝戚富貴之事。

(明)朱謀垔:《畫史會要》卷一

杜敬安,齯齇之子。孟蜀翰林待詔,妙於佛像,尤能傅彩。

(明)朱謀垔:《畫史會要》卷一

趙忠義,德玄之子。妙於鬼神、屋木,爲孟蜀翰林待詔。故事,翰林每年冬杪,例進鍾馗,忠義所進以第二指挑鬼眼睛,蒲師訓所進以拇指剜之。蜀主問黄監孰爲優劣,筌優師訓,蜀主曰:"師訓力在拇指,忠義力在食指,二者筆力相敵,義難昇降。"並賜之。

(明)朱謀垔:《畫史會要》卷一

蒲師訓,蜀人。曉音律,善談論,幼師房從真。學纔十年,從真自以爲不及。仕孟蜀爲待詔,長於車服、冠冕、旌旗、器械、神鬼。

(明)朱謀垔:《畫史會要》卷一

蒲延昌,師訓子也。孟蜀待詔,工佛道鬼神,尤精獅子。福感寺僧模寫宋展子虔獅子於壁,延昌見之,曰:"但得其樣,未得其筆爾。"遂寫獅子圖獻進。時王昭遠公有嬖妾患店,以之懸於卧内,其疾遂減。怪而問之,對云:"宋展氏子虔於金陵延祚寺殿壁畫二獅子,患者坐壁下,或有愈者。又梁昭明太子,以張僧繇獅子愈疾,名曰'辟邪'。其來久矣。"按僧繇之畫獅子,骉身側視,鬃尾俱就,八分爪牙,似二龍拿珠之狀。展氏古本,一則奔走奮迅,一則回擲咆哮。

(明)朱謀垔:《畫史會要》卷一

徐德昌、張玫,右二人成都人。爲孟蜀翰林祗候,工人物、仕女,玫兼長寫貌。

(明)朱謀垔:《畫史會要》卷一

周行通、趙才,右二人亦蜀人。俱工人物、鬼神,周精嬰孩,趙精甲騎。

(明)朱謀垔:《畫史會要》卷一

程承辯,眉州彭山人也。工畫人物、鬼神。當孟氏廣政年,與蒲師訓、蒲延昌、趙才遞相較敵,皆推妙手。承辯兼善雕刻機巧、人鬼、禽獸之類。

(明)朱謀垔:《畫史會要》卷一

孔嵩,蜀人。善畫龍,兼工花雀與蟬,師刁處士。

(明)朱謀垔:《畫史會要》卷一

姜道隱,一云張姓,綿竹人。齠齓好畫,及長,不務農桑,無妻孥,孑然一身。常戴一竹笠,隨身布衣草履、筆墨而已,不事談論,不與人交往,不拜跪,人謂之"猱頭相國"。李昊使畫屏風,因問姓名,則蜀語答云:"姜姓,無名。"昊曰:"既無名,是以道隱也。"自此名爲道隱。居綿竹山中,讀老莊,暇則好圖龍,興思忽至,即畫百尺之狀,飄飄然雲陰雨氣,作蜿蜒勢。已而,擲筆撫掌,常以此爲適意。撰《集龍證筆訣》三卷。嘗於净泉寺畫山水松石,趙廷隱贈之十縑,置僧堂前,拂衣而去。

(明)朱謀垔:《畫史會要》卷一

楊元真,蜀人,畫釋道、羅漢。

(明)朱謀垔:《畫史會要》卷一

董從誨,成都人。世本儒家,游心繪事,佛道、人物,舉意皆精。

(明)朱謀垔:《畫史會要》卷一

張景思,金水石城山張玄之裔,工佛道。

(明)朱謀垔:《畫史會要》卷一

李文才,華陽人。孟蜀待詔,工人物、山水,兼寫真。

(明)朱謀垔:《畫史會要》卷一

杜弘義,蜀晉原人,工佛道、羅漢。

(明)朱謀垔:《畫史會要》卷一

吴越王錢鏐,畫墨竹。

(明)朱謀垔:《畫史會要》卷一

朱澄、高太冲,右二人俱江南李中主翰林待詔。澄工屋木,太冲工寫真,二人合畫《雪景宴圖》,時稱絶手。

(明)朱謀垔:《畫史會要》卷一

李仁章,并州人。學吴畫,長於鬼神,當時謂非盧棱迦無以並轡。

(明)朱謀垔:《畫史會要》卷一

李夫人,西蜀名家,未詳世胄。善屬文,尤工書畫。郭崇韜伐蜀得之。夫人以崇韜武弁,常鬱鬱不樂,月夕獨坐南軒,竹影婆娑可喜,即起揮毫濡墨,模寫窗紙上。明日視之,生意具足,人間往往效之,遂有墨竹。

(明)朱謀垔:《畫史會要》卷一

童氏,江南人。所學出王齊翰,工道釋人物。童以婦人而能丹青,故當時縉紳家婦女,往往求寫照焉。

(明)朱謀垔:《畫史會要》卷一

道士厲歸真,莫知其鄉里。善畫牛虎並竹雀鷙禽,筆簡意盡,氣韻蕭爽,坡岸山林亦佳。嘗游洪州信果觀,内塑像是玄宗時夾紵,雀蛤糞其上,歸真畫一鷂於壁,筆迹奇異,自是鳥雀無復栖者。

(明)朱謀垔:《畫史會要》卷一

僧貫休,俗姓姜氏,字德隱,婺州金溪人。初以詩得名,後入兩川,頗爲王衍待遇,因賜紫衣,號禪月大師。能畫,唯羅漢最著,其像多作古野之貌,不類世間所傳。

(明)朱謀垔:《畫史會要》卷一

傅古,四明人。畫龍筆墨遒爽,善爲蜿蜒之狀。弟子德饒、無染,皆臻其妙。

(明)朱謀垔:《畫史會要》卷一

楚安,漢州什邡人,俗姓勾氏。善畫山水人物,樓臺點綴,甚細論者,謂筆蹤全虧六法,非大手高格。

(明)朱謀垔:《畫史會要》卷一

智蘊,河南人。工佛像、人物,學深曹體。

(明)朱謀垔:《畫史會要》卷一

德符,畫松柏,氣韻瀟灑。

(明)朱謀垔:《畫史會要》卷一

令宗乃丘文播異姓弟,工山水、人物、佛像、天王。

(明)朱謀垔:《畫史會要》卷一

浙僧蘊,能工雜畫及佛像。

(明)朱謀垔:《畫史會要》卷一

方匡,高季迪題其畫云:"畫圖忽見白雲峰,茶屋香臺樹幾重。身若在師行道處,晚來惟訝不聞鐘。"

(明)朱謀垔:《畫史會要》卷一

五代婦人童氏,江南人,工道釋人物。當時縉紳家婦女,往往求寫照焉。有文士題童氏畫,詩云:"林下材華雖可尚,筆端人物清且妍。如何不出深閨裏,能以丹青寫外邊。"又所畫《六隱圖》,記范蠡至張志和等六人乘舟而隱居者,山水、樹石、人物如豆許,甚可愛。

(明)陳耀文:《天中記》卷四一

畫龍,惟五代四明僧傳古大師其名最著。畫龍者,析出三停,分成九似,窮游泳蜿蜒之妙,得回蟠昇降之宜,仍要駿鬣肘毛,筆畫壯快,直自肉中生出,爲佳也。凡畫龍,開口者易爲巧,合口者難爲功,畫家稱開目猫與合口龍,言其兩難也。

（明）陳耀文:《天中記》卷四一

龍德中,何尊師喜戲弄筆墨,工作花石,尤以畫猫專門。凡猫寢覺行坐、聚戲散走、伺鼠捕禽、澤吻摩牙,無不曲盡其態度。嘗謂猫與虎獨有眼大耳黄不相同云。

（明）陳耀文:《天中記》卷四一

南唐梅行思,善畫人物牛馬,最工於鷄,以此得名,世號曰"梅家鷄"。爲鬥鷄尤精,其赴敵之狀,昂然而來,竦然而待,磔毛怒目,莫不如生,至於飲啄閒暇,雌雄相將,衆雛散漫,呼食助叫,態度有餘,曲盡赤幘之妙。又,梅行思,江南人,工畫鬥鷄,至於爪起項引,迴環相擊,宛有角勝之勢。

（明）陳耀文:《天中記》卷四一

梁于兢,善畫牡丹。幼年從學,因睹學舍前檻中牡丹盛開,乃命筆傚之,不浹旬奪真矣。後遂酷思無倦,動必增奇,人贈詩曰:"看時人步澀,展處蝶争來。"

（明）陳耀文:《天中記》卷四一

趙元長,字慮善,仕孟蜀。國破赴闕,配文思院爲匠人,常備禁中之役。畫馴雉於御座,會五坊人按鷹,有離鞲欲舉者,上命縱之,出入殿宇,以搏畫雉。上驚賞久之。

（明）陳耀文:《天中記》卷四一

孟蜀有一術士稱善畫,蜀主遂令於庭之東隅畫野鵲一隻,俄有衆禽,集而噪之。次令黄筌於庭之西隅,畫野鵲一隻,則無有集禽之噪。蜀王以故問,筌對曰:"臣所畫者,藝畫也;彼所畫者,術畫也。是乃有噪禽之異。”蜀主然之。

（明）陳耀文:《天中記》卷四一

東丹王名突欲，阿保機之長子也。唐同光中，從其父攻渤海扶餘城，下之，改爲東丹國，以突欲爲東丹王。保機死，其母立其次子，突欲自以失位，且畏迫逐，歸中國。唐明宗賜姓李氏，名贊華，出鎮滑州。贊華尤工畫，歸朝載書數千卷自隨，亦能爲五言詩。其子兀欲亦善丹青。《千角鹿》出虜中，觀其所畫，誠妙筆也。

（宋）江少虞:《宋朝事實類苑》卷五〇

營丘李成，字咸熙，磊落不羈，喜酒善琴，好爲歌詩，而尤妙畫山水。周樞密使王朴與之友善，召至京師，將以處士薦之，會朴卒。乾德中，陳守大司農衛融，以鄉里之舊，延之郡齋，日恣飲，竟死於酒。

（宋）江少虞:《宋朝事實類苑》卷五一

《畫評》云：趙元長，字慮善，蜀中人。通天文曆，仕僞蜀孟昶，爲靈臺官，亦善丹青。凡星宿緯象，皆命畫之。國破，從昶赴闕下，太祖引僞署官屬，凡學天文之類，皆不赦，元長當死，遽呼曰：“臣以畫仕昶，所寫者周天象耳，符讖之學，非其所知。”上特原之，配文思院爲匠人。常備禁中之役，畫馴雉於御座，會五坊人按鷹，有離鞲欲舉者，上命縱之，徑入殿宇，以搏畫雉，驚賞久之，召入圖畫院，爲藝學詔督。畫東太一宫貴神等像，及命摸寫王齊翰《應運國寶》、羅漢，深得其法。

（明）曹學佺:《蜀中廣記》卷一〇七

夏侯延祐，字景休，蜀中人。師黄筌翎毛花竹，略有聲譽。仕孟昶爲待詔，國亡，隨至京師，得圖畫院藝學，爲流輩推重。

（明）曹學佺:《蜀中廣記》卷一〇七

趙德齊者，温奇子也。王蜀乾寧初，精舍未嚴，禪室未廣，先主於大聖慈寺大殿東廡起三學、延祥之院，請德齊於正門西畔畫南北二方天王。兩堵院門舊有盧楞伽畫行道高僧三堵六身，賴德齊遷移獲全至今。光化年，先主受敕置生祠，命德齊與高道興同畫西平王儀仗、旗纛、旌麾、車輅、法物及朝真殿上皇姑、帝戚、后妃、嬪御真百堵，已，授翰林待詔，賜紫金魚袋。光天元年戊寅，先主殂，後主復命與道興畫陵廟鬼神、人馬及車輅、儀仗、宮寢、嬪御一百餘堵，今大聖慈寺竹溪院釋迦十弟子、並十六大羅漢，崇福禪院帝釋及羅漢、崇真禪院帝釋、梵王及羅漢堂文殊、普賢，皆其筆。見存。

(明)曹學佺:《蜀中廣記》卷一〇六

《名畫記》:高道興事王蜀，爲内圖畫庫使，工佛道雜畫，用筆神速，觸類皆精，諺云:“高君墜筆亦成畫。”子從遇事孟蜀，爲翰林待詔，嘗於宮中大安樓下畫天王對佛圖。《成都古寺畫記》:華嚴閣影壁後東壁上天花瑞像，乃高道興筆，與竹虔相對者也。

(明)曹學佺:《蜀中廣記》卷一〇六

《名畫記》:房從真，工人物、番馬，嘗於王蜀宮中畫《諸葛渡瀘圖》，甲馬如生，兼善潑墨鬼神。

(明)曹學佺:《蜀中廣記》卷一〇六

宋藝者，蜀人，工寫真。王蜀時，充翰林寫貌待詔，模寫大唐二十一帝聖容及當時供奉道士葉法善、禪僧一行、沙門海會、内侍高力士四真，於大聖慈寺元宗御容院壁上。見存。

(明)曹學佺:《蜀中廣記》卷一〇六

杜齯龜者，其先本秦人，以避祿山之亂居蜀。齯龜涉獵經史，後師常粲寫真雜畫，而妙於佛像、羅漢。王蜀少主念高祖受唐深恩，以興元節度使唐道襲私第爲上清宮，塑王子晉爲遠祖於殿，命齯龜寫二十一帝御容於殿之四壁。每三會五獵,差太尉、公卿薦獻殿堂行禮,其齋宫職掌,並依太清宫故事。又命寫先主、太妃、太后真於青城山之金華宫,授翰林待詔,賜紫金魚袋。今嚴君平觀杜太師光庭真、大聖慈寺華嚴閣東廊下祐聖國師光業真,並其筆。見存。

(明)曹學佺:《蜀中廣記》卷一〇六

阮惟德與父知誨,同時入内供奉,歷年所畫《貴公子夜宴圖》《宫中賞春圖》《宫中戲鞦韆圖》《宫中七夕乞巧圖》《宫中熨帖圖》《宫中按舞圖》《宫中按樂圖》,皆盡當時宫苑亭臺花木之巧,皇妃帝后富貴之事。授翰林待詔,試太常寺齋郎,賜緋。廣政初,荆湖商賈入蜀,競請所畫川樣美人卷軸,將歸本道,以爲奇物。

(明)曹學佺:《蜀中廣記》卷一〇六

劉贊,仕王衍爲嘉州司户,時學士韓昭狎宴後宫,謔浪鄙褻,贊繪《陳後主三閣圖》並作歌以諫,衍不能用,亦不罪之。

(明)曹學佺:《蜀中廣記》卷一〇七

張玟者,成都人。父某,授蜀翰林寫貌待詔,賜緋。玟有超父之藝,尤精貌婦人,鉛華姿態,綽有餘妍,議者比之張萱儔也。孟先主明德年,於大聖慈寺三學院置真堂,欲使玟畫,以玟曾與故東川董太尉璋寫真,惡之,乃命阮知誨獨寫己真,而文武臣僚,則玟之筆也。授官如父。玟有自《漢至唐治蜀君臣像》三卷。

(明)曹學佺:《蜀中廣記》卷一〇七

蒲師訓,蜀人也,幼師房從真。後唐明宗長興年,值孟令公改元,興修諸廟,使師訓畫江瀆廟、諸葛廟、龍女廟,及殂,又使畫陵廟,鬼神、人物、旗幟、兵仗、車馬、禮服、儀式,縱横浩瀚,莫不周至。授翰林待詔,賜紫金魚袋。甲寅歲春末,蜀主夜夢一人,破帽故襴,龐眉大目,方頤廣顙,立於殿階,跂一足曰:“請修理之。”翌日,因檢他籍,見一古畫,是前夕所夢者,故絹穿損畫之左足,遂命師訓驗。是唐吴道玄筆,明皇之時,此畫見夢,爲痁神也。因令修綴呈進。後蜀主復夢前神謝曰:"吾足履矣。"慮爲祟,焚之。青城山丈人觀真君殿内五嶽四瀆、部屬諸神,爲張素卿筆。廣政中,山水泛溢,冲損數堵。蜀主謂師訓曰:"素卿之筆,君往繼之。"今新圖四堵,其筆也。先主祠堂東畔正門鬼神一堵,及寶曆寺天王閣天王部屬,爲房從真筆。後人妝損,至是師訓再修之。兼自畫兩堵,及畫大聖慈寺南廊下觀音院兩金剛、鄰壁請塔天王,存右二則。《益州畫録》畫評云:蒲師訓,蜀人,曉音律,善談論,幼師房從真,學畫纔十年,從真自以爲不及。仕孟蜀爲待詔,長於車服、冠冕、旌旗、器械、神鬼等畫。子延昌亦能畫,名亞師訓。

(明)曹學佺:《蜀中廣記》卷一〇七

又云:師訓筆法雖細,其勢極壯黄筌,凡欲揮灑,必澄思慮,故其彩繪精緻,形物偉廓。居寀有父之風,可謂善繼矣。孟顯能作猛風之勢,瘦形圓面,識者猶以爲疵。周文矩用意深遠,於繁富尤工,並列妙品中。

(明)曹學佺:《蜀中廣記》卷一〇七

夫龍圖鳳紀,初宣上古之文;帝室皇居,必藴非常之寶,是以書美鍾張之翰,畫稱顧陸之蹤,代有其人,朝無乏事。今上睿文英武聖明孝皇帝,御極之十九載,九功惟叙,七政斯齊,化溢昇平,俗登仁壽,天惟行健。動則總覽萬機,道法自然,静則無遺一物。將欲權衡三代,拱揖百王,宸襟所適,諒超化表。嘗於大殿西門創一小殿,藻井之上,輪排八卦,故以爲號焉。御座几案,圖書之外,非有異於常者,固不關於聖慮。其年秋七月,上謂内供奉、檢校少府少監黄筌曰:"爾小筆精妙,可圖畫四時花木、蟲鳥、錦雞、鷺鷥、牡丹、躑躅之類,周於四壁,庶將觀矚焉。"筌自秋及冬,厥工告畢。間者淮南獻鶴數隻,尋令貌於殿間。上曰:"汝工逼真,其精彩則又過之。"筌以下臣末技,降階曲謝而已。至十二月三日,上御斯殿,有五坊節級羅師進呈雄武軍先進者白鷹,其鷹見壁上所畫野雉,連連掣臂,不住再三,誤認爲生類焉。上嗟嘆良久,曰:"昔聞其事,今見其人。"遽令所進呈者引退,無至搦損兹壁。仍令宣付翰林學士歐陽炯紀述奇異。微臣拜手,因得叙其事焉。伊昔大舜垂衣,作繪乃彰於象物,宗周鑄鼎,觀形可禦於神奸。漢號雲臺,唐稱烟閣,圖畫之要,史策攸傳。公私雖見於數家,今古皆言乎六法,六法之内,惟形似氣韻,二者爲先,有氣韻而無形似,則質勝於文,有形似而無氣韻,則華而不實。筌之所作,可謂兼之,不然者安得粉壁之中,奮霜毛而欲起,彩毫之下,混朱頂以相親。而又觀彼白鷹,眄乎錦雉,儼丹青而可測,狀若偎叢,掣絛鏇以難停。勢將掠地,遂契重瞳之鑒,假以好生;俄回三面之仁,真疑害物。舉斯二類,兼彼群花,四時之景堪觀,千載之名可尚。稽諸往牒,少有通神。圖海獸以騰波,秦朝賈譽;畫池龍而致雨,唐室垂名。至於誤點成蠅,徒成小巧,不成似犬,安可勝言。况兹殿也,迴架昭回,高臨爽塏。瑶池水滿,浮鏡裏之樓臺;玉樹風輕,鏁壺中之日月。聖上以勤咏墳典,親講政刑,崇制禮作樂之名,極侍膳問安之孝。允文允武,無怠無荒。故士有一技一藝,皆昇陟褒賞,如筌者焉。激東海之波濤,難方聖澤;拱北辰之光耀,永固皇基。誠非末士之常談,可紀至尊之所御。臣職叨翰苑,譽乏儒林,因廣聖謨,聊同畫品,恭承宣命,實愧非辭。昔廣政十六年歲次癸丑十二月記。

畫評云:黄筌,字要叔,蜀中人。少開悟,不肯與群兒語。年十三,事郡人刁處士學丹青,尤好花竹翎毛,操筆輒迫真,時稱異之。十七,從其師,同仕王衍。十九,賜朱衣銀魚,監都麴院。洎孟知祥僭立,進三品服。子昶承襲,遷待詔、檢校少府監,寫僞后袁氏真張於别殿,嬪御屬目,更深攀慕,累加如京副使、檢校户部尚書兼御史大夫。藝祖開朝,昶銜璧入覲,筌與子居寀,皆從赴都下,改授太子左贊善大夫,仍厚賜之。筌以亡國之餘,動成哀戚,遘疾,於乾德辛丑九月二日卒。子五人,居寶亦能丹青,死於蜀。居寀,自有傳。門生夏侯延祐,亦知名。

(明)曹學佺:《蜀中廣記》卷一〇七

海岳《畫史》云：鍾峰，白蓮居士，又稱鍾峰隱居，又稱鍾峰隱者，皆李重光畫自題號，意是鍾山隱居耳。每自畫必題曰“鍾隱筆”，上着内殿圖書之印，及押用内合同、集賢院黑印。有此印者，是與於文房物也。元章直以鍾隱爲李後主如此。按劉道醇《五代名畫補遺》“花竹翎毛門”，神品二人，一曰鍾隱，字晦叔，天台人，少清悟，不嬰俗事，好肥遯自處。嘗卜居閑曠，結茅屋以養恬和之氣，好畫花竹禽鳥以自娱。凡舉筆寫像，必致精絶，尤喜畫鷂子、白頭翁、鶻鳥、班鳩，皆有生態，尤長草棘樹木。其畫在江南者悉爲南唐李煜所有，煜親筆題署，及以僞璽印之，鍾隱之事明白如此，元章何遂没其人耶！

(明)顧起元：《客座贅語》卷四

余家右童子巷，丙辰五月初六日，因濬溝掘地，得斷碑一片。其一面上有字，言是曹仲元畫山水、人物、樹木。有樵夫擔柴，柴上懸一小籠，籠中有雀；又有擔衣篋前行，而後有駕牛車者；又有岸曬漁網，小舟横於水中，最爲精妙。按劉道醇《五代名畫補遺》“人物門”妙品有仲元，言仲元建康豐城人，少學吴生，工畫佛及鬼神，仕南唐李璟爲待詔。仲元凡命意搦管，能奪吴生意思，時人器之。仲元後頓弃吴法，自立一格，而落墨緻細，傅彩明澤。璟嘗命仲元畫寶公石壁，冠絶當時，故江介遠近佛廟、神祠，尤多筆迹。今此固其一也。其一面爲武洞清筆，畫有優曇樹，下立一峰石，前一古佛，手持經卷，止一半身，其餘缺壞矣。按洞清乃武岳子，米芾《畫史》稱其作佛像羅漢，善戰掣筆，作髭髮尤工，天人畫壁，發彩生動。然絹素動以粉點眼，久皆先落，使人惜之。洞清亦南唐人也。二子遺迹，世無存者，今乃從地中斷石得之，豈非畫史中一段嘉話耶！曹畫所題字，不在上，亦不在下，畫脚與字脚相對刻之，今代亦無此式也。

(明)顧起元：《客座贅語》卷九

金陵艾宣，工畫花竹翎毛，孤標雅致，别是風規，敗草荒榛，尤長野趣。東坡跋其畫云：“宣畫花竹翎毛爲近歲之冠，既老，筆尤奇。今尚在,然眼昏不能復運筆矣。”昇州厲昭慶工佛像,尤長於觀音。句容郝澄,以丹青自樂。周文矩能畫鬼神、冕服、車器、人物,昇元中命圖南莊,最爲精絶。江寧沙門巨然畫烟嵐晚景,當時稱絶。建康蔡潤善畫舟船及江湖水勢。曹仲元工畫佛道、鬼神。竺夢松工畫人物女子、宫殿樓閣。顧德謙工畫人物。劉道士工畫佛道、鬼神。此《圖畫見聞志》所紀,在《金陵新志》摭遺卷中。南唐又有王齊翰工畫羅漢,而志不之載。

(明)顧起元:《客座贅語》卷五

小人物山水……其後五代有王振鵬,不用金碧,而精巧過之。

(明)謝肇淛:《五雜組》卷七

劉潛夫書其後,云《重屏圖》至汝陰王明清氏,始定正坐者,爲南唐李中主像。

(元)陸友仁:《硯北雜志》卷上

趙忠簡公家故藏韋偃畫松,絶妙,上題云:“韋偃歲寒圖。廣政二年十月七日奉旨,將仕郎守將作監臣黄居寀識。”旁有小古印及得全堂諸印。忠簡在貶所嘗失之,其孫盛後於他書畫得之,至今藏其家云。

(元)陸友仁:《硯北雜志》卷上

余平生見黄筌畫雪兔凡三四本,蓋僞蜀孟昶卯生,每誕辰,筌即畫獻也。

(元)陸友仁:《硯北雜志》卷下

羅塞翁,隱之子,爲吴中從事,善畫羊,精妙卓絶。

(明)張昶:《吴中人物志》卷一三

陸晃,嘉興人。性疏逸,善畫,多寫村野人物。酒後運筆揮灑,略不預構。時南唐李璟聞晃名,欲召之,人謂其嗜酒,無人臣禮,由是不召。時固邑有詹希雅者,妙於畫竹,亦工李後主金錯刀書,有一筆三過之法,雖若甚瘦,而生神有餘,喜作荆櫝荒野,氣韻蕭疏,多得其趣,非圖畫家繩墨所拘也。

(明)徐象梅:《兩浙名賢録》卷四八

王涯藏前世名書畫,甘露之禍,爲人破垣,剔取奩軸金玉,而弃書畫於道。温韜發昭陵所藏書畫,亦剔取裝軸金玉而弃之。頃貴人家廢楮斷幅,散售於外,或毁滅爲飛塵,蓋有錦褾玉軸見累者。昭陵地下之藏尚當流落人間。史稱王涯秘固重復不可窺,果安在哉?智力不足預於人事者多矣。

(宋)葉寘:《愛日齋叢抄》卷五

春龍起蟄圖

蜀文成殿下道院軍將孫位所作。山臨大江,有二龍自山下出。龍蜿蜒驤首雲間,水隨雲氣布上,雨自爪鬣中出,魚蝦隨之,或半空而隕。一龍尾尚在穴前,踞大石而蹲,舉首望雲中,意欲俱往,怒爪如腥。草木盡靡,波濤震駭,澗谷彌漫,山下橋路皆没。山中居民老小聚觀,闔户闞牖,人人驚畏,若屋顛墜。筆勢超軼,氣象雄放。非其胸中磊落不凡,能窺神物變化,窮究百物情狀,未易能也。位後名異,蓋遇異人得度世法,信乎,非俗士也!

(宋)李廌:《德隅齋畫品》

仙游圖

唐關同所作。故相國丁公印章在焉。仝畫山水入妙,然於人物非工。每有得意者,必使胡翼主人物,此圖神仙,翼所作也。大石叢立,矻然萬仞,色若精鐵,上無塵埃,下無糞壤,四面斬絶,不通人迹。而深岩委澗,有樓觀洞府、鸞鶴花竹之勝。杖履而遨游者,皆羽毛飄飄,若仰風而上征者,非仙靈所居而何?石之並者,左右視之,各見其圓鋭長短遠近之勢;石之坐卧者,上下視之,各見其方圜廣狹薄厚之形。筆墨略到,便能移人心目,使人必求其意趣,此又足以見其能也。

(宋)李廌:《德隅齋畫品》

鶴竹圖

南唐朝霸府之庫物,舊有集賢院印章,梅翰林詢塗去故印,復用梅昌言印以蓋之。徐熙所作也。叢生竹篠,根幹節葉皆用濃墨粗筆,其間櫛比,略以青緑點拂,而其梢蕭然有拂雲之氣。兩雉馴啄其下,羽翼鮮華,喙欲鳴,距欲動地。近時畫師作翎毛,務以疏渲細密爲工,一羽雖似,而舉體或不得其大全。雖羽毛不復疏渲,分佈衆采,映帶而成,生意真態無不具,非造妙自然,莫能至此。

(宋)李廌:《德隅齋畫品》

棘鷂柘條銅嘴

皆南唐鍾隱所作,隱天台人。以其隱於鍾山,遂爲姓名,蓋處士也。畫筆高淡簡遠,工於用墨,筆迹渾成,外無棱刺。木身鳥羽,皆用淡色,意就而成。世俗畫雕狸、鷹兔、鷂雉、鶻雀之類,皆作禽奮搏擊之狀,欲示其猛;隱所作鷂子,坐柘枝上,貌甚閒暇,注目草中之鶉,其意欲取蹲縮,作勢兵家所謂"鷙鳥之擊必匿其形",使人想其霜拳老足,必無虚下也。世俗銅嘴,多作環子艷婦雕籠采縷以爲之飾,雖或工巧,而凡猥可憎;隱所作銅嘴,坐柘條上,有得陰忘形之意。傍有大樹,蒼皮蘚駁。下有蘩竹茂密,春風野色,駘蕩在目。然老樹欹卧,不見條枚;竹枝雖多,景若未盡。當是金陵霸府中大屏之一扇,或大圖之一幅。或聞今寧遠軍節度使高公公絵亦有鍾隱圖,亦止三幅,筆墨相若,而景物與此連屬,疑爲此畫之旁軸,惜乎不能觀其全也。

(宋)李廌:《德隅齋畫品》

大佛像

蜀張南本所作也。世之畫史,但能寫物之定形,故水火之狀,難盡其變。始張南本與孫位並學畫水，皆得其法。南本以爲同能不如獨勝，遂專意畫火，獨得其妙。今此辟支佛結跏趺坐，火周其身，筆氣猋鋭，得火之性。觀者以烟飛電掣，烈烈有焚林燎原之勢，佛以定慧力坐其間，安然不動，則豈毫末小利害足以動其心乎？予爲之偈曰："大士坐禪，心若水月。火周其身，熾焰炎烈。静觀無始，火本不熱。與火相忘，何生何滅？吾觀若人，孰懼燒劫？"

（宋）李廌：《德隅齋畫品》

寒龜曝背圖

蜀黄監所作，即黄筌也。筆墨老硬，無少柔媚。監平時所作雀竹、魚鱉、龍，亦皆淡色鮮華，以示其巧。此獨爲水墨，枯林之下，一龜盤跚曳尾而行，若春雷已動，餘寒未去，負朝陽以曝其背，有舒緩彎跧之態，其趣甚樂。頃在丞相尤公家見監一龜，筆與此無異，但其色光澤，水旁之草方茂。蓋方自水中出，又非寒時，其狀不得不殊。故觀者當審其畫時用意處也。

（宋）李廌：《德隅齋畫品》

玉皇朝會圖

蜀石恪所作。天仙靈官、金童玉女、三官太一、七元四聖、經緯星宿、風雨雷電諸神、嶽瀆君長、地上地下主者，皆集於帝所。玉皇大天帝南面端扆而坐，衆真仰首，承望清光，見之者神爽超然，如在乎通明殿中也。恪性不羈，滑稽玩世，故畫筆豪放，出入繩檢之外而不失其奇。所以作形相，或醜怪奇倔以示變，水府官吏，或繫魚蟹於腰，因以侮觀者。頃見恪所作《翁媪嘗醋圖》，搴鼻撮口，以明其酸。又嘗見恪所作《鬼百戲圖》，鍾馗夫婦對案置酒，供張果肴，乃執事左右皆述其情態，前有大小數十鬼，合樂呈伎倆，曲盡其妙。此圖玉皇像，不敢深戲，然猶不免懸蟹，欲調後人之一笑也。

（宋）李廌：《德隅齋畫品》

渡水牛出林虎

皆朱梁時道士厲歸真所作。缺岸平波,遠山坡地,青林淺草,牛與牧人情味俱適。筆閑意盡,氣韻蕭爽。與戴嵩、韓滉所畫,未知其孰賢也。歸真畫虎,毛色明潤,其視眈眈,有威加百獸之意。嘗作棚於山中大木上,下觀虎,欲見真態。又或自衣虎皮,跳躑於庭,以思仿其勢。今觀此圖,非心識意解,未易得其自然也。

(宋)李廌:《德隅齋畫品》

補陀觀音像

蜀勾龍爽所作,具天人種種殊相。寶珠纓絡,銖衣紺髻,使人瞻之,敬心自起。筆氣清潤,意通幻妙。所居普陀伽山,在海岸孤絶處,烟巒蒙密,佳氣藹然。予嘗與德麟雨後望襄陽鳳林諸山,氣象略相似,頗恨是中無此大士也。

(宋)李廌:《德隅齋畫品》

紫微朝會圖

朱梁時將軍張圖所作。帝被衮執圭,五星七曜、七元四聖左右執侍,十二宫神、二十八舍星各居其次,乘雲來下。其容色皆端敬,其服章皆嚴謹。道家謂玉皇大帝爲衆仙天子,紫微大天帝爲衆星天子,觀此圖者,知君臣之義,雖九天之上亦未嘗廢也。圖作衣紋,不師"吴衣當風,曹衣出水"之例,用濃墨粗筆,如草書頗掣飛動,勢極豪放。至於作面與手,及諸服飾儀物,則用細筆輕色,詳緩端慎,無一欹仄,亦一家之妙用。

(宋)李廌:《德隅齋畫品》

被髮觀音變相

在水中石上,襲衣寶絡,被髮按劍而坐,非近世所能爲,必五代或晚唐名輩所作。筆細而有力,似吴道玄。獨設色太重,衣上花紋不類吴筆,或云朱繇,疑或是也。觀世音聞聲以示現,今此形相,世所罕作,吾弗知其爲何等身得度,故現此身而爲説法也。

(宋)李廌:《德隅齋畫品》

菡萏圖

趙昌作。昌善畫花,設色明潤,筆迹柔美,國朝以來,有名於蜀士大夫。舊云:"徐熙畫花傳花神,趙昌畫花寫花形。"然比之徐熙則差劣,其後譚宏、王友之輩,皆弗逮也。蓮荷花生泥污之中,出於水而不着水,昌此花標韻清遠,能識此意耳。

(宋)李廌:《德隅齋畫品》

名書:

李後主《道院碑》《歸命帖》。

李景《讓手簡》。

名畫:

周文矩《高閑圖》《鍾馗像》《火龍烹茶圖》《韓熙載夜宴圖》《桓温鑒容圖》。

胡瓌《獵騎》《牧馬圖》。

李景道《會友圖》。一作景元。

李昇《春山游賞》。

顧德謙《舐犢圖》。

支仲元《四皓》。

勾龍爽《醉道釋士》。

王齊翰《高士圖》《藥王像》《修史圖》《仙山圖》。

郭乾暉《架子鷂子》《山鵶噪鷹圖》。

刁光胤《蟬蝶茄菜》。一本無胤字。

巨然《江山平遠》《江山晚興》。

徐熙《杏花》《折枝梅花》。

徐崇嗣《竹梢小禽》。

李後主《江山摭勝》。

關同《深岩濺瀑》。

黄筌《王母會仙》。

黄居寀《寫生》。

黄元《溪岸圖》《烟嵐重溪》。

范寬《雪山》《雪霽僧歸》《秋山圖》。

郭熙《溪山》《晚秋平遠》《唤渡圖》。

李成《雪山行旅》。

滕昌祐《鵝》。

黄居寶《秋塘聚禽》。

(宋)周密:《雲烟過眼録》卷上

喬達之簣成號中山所藏:

董元《山水》

巨然畫《溪山圖》,四人撑一舟,甚佳。

貫休《羅漢》。

胡瓌《番騎卓歇》,佳。

(宋)周密:《雲烟過眼録》卷上

張受益謙號古齋所藏:

李成《看碑圖》,迺李成畫樹石,王崇畫人物,今止有一幅。其人物一幅,則不可見矣。余生平觀李營丘,當以此幅爲最。又山水一幅,號李成,雖非李,然秀潤可喜,人物屋宇皆好。

范寬《雪景》五幅,闊景甚偉。

黄筌《獨釣圖》,山峰刻峭。

《櫻桃》《枇杷》二幅,云是趙昌。

《山水》二幅,云是董元。

黄筌《雕撲雙狐》,雙幅山水,一幅自號李成。

(宋)周密:《雲烟過眼録》卷上

王介石虎臣所藏：

江南賜《周宗卿詔》，用書詔之印。

李成《風雨圖》一幅。又，紙上粉本天王，僅盈尺，而位置十一人，筆繁不亂，有劉大年、曹仲元收付。

丘文播《渡水僧》，弱。

范寬《雪景》，佳。

東丹王畫《番部行程圖》，前有宣和御題，後又題云："世謂東丹王者，其畫甚佳。"

（宋）周密：《雲烟過眼録》卷上

張可與斯立號綉江所藏：

楊凝式《千文》。

郭祐之大錫號北山所藏：

又，紙上粉本天王，高僅盈尺，而位置廿八人，筆繁不亂，有劉大年、曹仲玄一作元。收附。

李成《風雨圖》一幅。

（宋）周密：《雲烟過眼録》卷上

司德用進所藏：

王維《捕魚圖》，單小直幅，徽宗題，前有雙龍圓印，後有大觀、政和二鎖璽，明昌七印。上作崗阜古木，全如李成所畫，下作數舟閱溪取魚，人物甚佳。

丘文播《渡僧圖》。

范寬雪景，後有遠山重叠。

黃筌《時苗》《留犢》雙幅二軸，徽宗御題。

董羽龍。

李成《晴巒叠嶂》山水小幅四軸，内一幅佳。

盧楞伽羅漢十六，徽宗題，有李後主題字、畫押。

董元絳色《山居圖》，千岩萬壑，下有小屋村市，中間人物，優裝虎弄，不類尋常所見者，今歸莊蓼塘矣。

胡瓌《啖鷹圖》，佳。

湯子昇《軒轅鑄鏡圖》，徽宗題，後有李後主書字，作屠龍殺虎之類，鬼神獰甚。

荆浩山水一幅，所畫屋檐皆仰起，而樹石極粗，與尤氏者一類，然不知果爲荆畫否也。

（宋）周密：《雲烟過眼録》卷上

尤氏所藏：

支仲元《四老圍棋圖》手卷，高宗題，妙。

周文矩《綉女卷》，高宗題，佳。

黄筌《牡丹》一軸，後有奉華堂二印，劉貴妃之物也。

王齊翰《過海天王》，平。

胡瓌番馬，平。

盧楞伽《妙聲如來》，高宗題，並御印。

郭熙《秋晚殘霞》。

李成山水。

厲歸真牛，題云："庚辰十月錦溪迂疏子作。"

荆浩《漁樂圖》二，各書漁夫辭數首，字類柳體。

關仝山水，宣和大璽，高宗題。

（宋）周密：《雲烟過眼録》卷上

趙左丞仁榮所藏：

周文矩畫《韓熙載夜宴圖》，紙本，長七八尺。前有蘇國老題字，内有題："不如歸去來，江南有人憶"兩句十字，並蘇題識，神采如生，真文矩筆也。元廣濟庫物，先歸監賣官張運副，後歸之趙。

（宋）周密：《雲烟過眼録》卷上

松江鎮守張萬户所藏：

顧德謙《乳牛圖》，祐陵題，凡三牛、二犢、一牧童，奇甚。

（宋）周密：《雲烟過眼録》卷上

王子才英孫號修竹所藏：

郭熙、關仝各一幅，皆賈氏物，頗佳。

《司馬相如入蜀圖》二，雙幅，絶類郭熙。後題御前待詔孫浣水、支慤，其祖疑支仲元。仲元五代人。

童氏《六隱圖》一卷，著色山水，絶類小李將軍。所畫溪山舟楫，及小兒無數，不知六隱故實何事。高宗跋詳見《宣和書譜》。

（宋）周密：《雲烟過眼録》卷上

游氏家藏：

徐熙《山水人物》，一騎從數人，上有仁宗飛白"徐熙"二字。

關仝山水一。

黄筌《秋山詩意》，上寫唐詩八句。

郭熙松石二幅，粗甚恐非。

黄居宷《海棠折枝》。

厲歸真牛一。

董羽龍水雙幅，佳。壬辰八月。

（宋）周密：《雲烟過眼録》卷上

莊蓼塘肅所藏：

董元《溪岸圖》，思陵題，王井西得之霅川。

董元著色《山居圖》，思陵題，余家物也，得之王琖，後歸小許。至正癸正月，文璧與士文同觀於乃岳張松谷家。

又見張南本《勘書圖》，思陵題。

徐崇嗣花二幅。

《紙上山水》一幅，極細甚，作范寬，又云燕文貴。

顧閎中畫《明皇擊梧桐》一本，甚長，元仲山家物。

周文矩寫《李季蘭真》，思陵題，亦仲山家物，癸巳仲冬。

關仝山水及李思訓《巫山神女圖》，明昌題，曾入賈氏。

關仝山水。

(宋)周密:《雲烟過眼録》卷下

高彦敬克恭房山所藏：

趙昌畫折枝花四段，作一卷，躑躅、雞冠、木瓜、海棠。初不甚佳，却有老米詩及蔡元度、章子厚、林攄、林希、劉原父、王晉卿、徐競諸人題跋，官印凡十數，内有太原府尹、中書省、秘書省、温杭蘇州觀察使等印；私印有林希子中"秘笈清玩"及徐競一印"保大騎省宣和畫學博士"及"襄陽漫士"等印，悉用黄絹素書。本楊和王家故物，有楊倓名印，後有周文忠益公必大及蕭然鄰燧等題名。

(宋)周密:《雲烟過眼録》卷下

楊彦德伯岩號泳齋家藏：

郭乾暉《架上細脛》，高宗題，乾卦印。細脛下恐有鷹字。

巨然山水二雙幅。

刁光胤《睡猫》，高宗題。

勾龍爽《避秦女》便面，細如絲髮，而精采迴然。

(宋)周密:《雲烟過眼録》卷下

李士弘倜號圖嶠所藏：

關仝山水四幅，雪景尤妙。

郭熙三幅山水，内一幅最佳。又雙幅雪景。

董羽《子母出水龍》手卷，徽宗題。

(宋)周密:《雲烟過眼録》卷下

高仲器鑄所藏：

郭熙效李成《山城圖》，又山水雙幅。

（宋）周密：《雲烟過眼録》卷下

申屠大用致遠號忍齋所藏：

徐熙牡丹。

黄筌《緑竹紅葉花雀圖》，又壽星一。

王齊翰羅漢。

董羽《子母出水龍》。

趙昌册葉數紙。丙申二月。

（宋）周密：《雲烟過眼録》卷下

馬子卿號性齊所藏：

黄居宷《拒霜秋兔》，明昌題。

徐熙《牡丹鵓鴿》，明昌題。

董北苑《松峰圖》雙幅，重岡叠巘，甚奇。玉池上有蕭蔡閑父子及吴激彦高、宇文虚中題詩。

王齊翰《重屏圖》，未佳。

（宋）周密：《雲烟過眼録》卷下

趙子昂孟頫乙未自燕回出所收書畫古物：

李成《看碑圖》，元張受益家物。

黄筌《唐詩故實》，又《脱籜新篁》《剪金雛雀》《雙鶺鴒》。

董元山水一卷，長丈四五，山水絶佳。乃著色小人物，今歸莊肅，與余向見董元所作《弄虎故事》略同。

董元《水石吟龍》，佳，高宗題。

王齊翰《岩居僧》，甚古，有徽宗題。一胡僧莞耳，凡口鼻皆傾斜，隨耳所向，作快適之狀。

徐熙《載勝梨花》,自董元至徐熙梨花,葉森於松雪齋屢見之。

(宋)周密:《雲烟過眼録》卷下

天台謝奕修養浩齋所藏:

趙昌《梨花千里》,收附。

吴越承制,大略如誥敕,後書"天下兵馬元帥尚父吴越王"銜。

吴越王判狀二,並《贊寧狀》,忠懿王草書"判"字,一花押。

李後主畫《戲狽》,後有建業文房之印。

徐熙《出獵圖》。

(宋)周密:《雲烟過眼録》卷下

菊坡趙氏待制與所藏:

黄筌《雪鶻》,高宗題。

黄筌《梅竹白鵰》。

石恪鍾馗。

古畫二:一作《五丁開山》,一作《帝仙對奕》,上有飛鬼,下有神馬,疑是石恪畫。

(宋)周密:《雲烟過眼録》卷下

宋秘書省所藏:

董元《笑虞丘子圖》。

李成《重岩寒溜圖》。

胡瓌馬。

關仝山水。

(宋)周密:《雲烟過眼録》卷下

褚伯秀云:"江南李後主嘗詔徐鉉,以所藏前代墨迹、古今法帖入石,名《昇元帖》。"然則在淳化之前,當爲帖之祖。

(宋)周密:《雲烟過眼録》卷下

西域貝葉一片,長二尺餘,高衹二寸半,即今西番字,葉色如蒲。裹經細竹二片,内有識字云:"大蜀皇帝賜撫州溥山院。"今世畫上作羅漢誦貝葉經像,多作手持樹葉,甚謬可笑。

(宋)湯允謨:《雲煙過眼録續集》

唐王建親書小詩一百二十首,蓋宫詞也,極其宛轉妖麗,今人罕能及。後有錢武肅王印,押龍,蓋宣和内府物也。其字皆章草。

(宋)湯允謨:《雲煙過眼録續集》

諸家收藏五代圖畫名録:

黄筌《鶴圖》

東丹王《舞胡圖》

郭熙《濺撲圖》

黄筌《鼯捕鼠圖》

徐崇嗣《荷蓼鷺鷥圖》

徐熙《梅花嘉雀圖》

鍾隱《槎竹瑞雞圖》

江南道士劉貞《白梅雀圖》

徐熙《瓜圖》

黄筌《偷倉雀圖》

徐熙《荷花鵝圖》

徐熙《牡丹戲魚圖》

李後主《蟹圖》

李後主《曉竹圖》

徐熙《牡丹》獨幅圖

徐熙《娑羅花圖》

黄筌《花竹馴雉圖》

黄筌《海棠金雞圖》

徐熙《牡丹》叢圖

董源《著色山水圖》
東丹王《鞍馬圖》
黄筌《鶴壁》
黄筌《牡丹馴貍圖》
黄筌《雪梅凍雀圖》
黄居宲《雀竹圖》
唐希雅《風竹驚禽圖》
巨然《四時横山圖》
徐熙《梨桃折枝圖》
徐熙《梅菊萱荷雜禽圖》
黄筌《秋山圖》
黄筌《竹雀圖》
黄筌《竹雀圖》《蘆鴨圖》
黄筌《竹鶴壁》
黄筌《花竹禽兔圖》
黄筌《竹鶴竹雀圖》

(宋)鄧椿:《畫繼》卷八

予作此録,獨取高、雅二門,餘則不苦立褒貶。蓋見者方可下語,聞者豈可輕議。嘗考郭若虚論成都應天孫位、景樸天王曰:二藝争鋒,一時壯觀,傾城士庶,看之闐噎。予嘗按圖熟觀其下,則知樸務變怪以效位,正如杜默之詩,學盧仝、馬異也。若虚未嘗入蜀,徒因所聞,妄意比方,豈爲歐陽炯所誤耶。然有可恕者,尚注辛顯之論,謂樸不及位遠甚,蓋亦以傳爲疑也。此予所以少立褒貶。郭若虚所載,往往遺略,如江南之王凝花鳥,潤州僧修範湖石,道士劉貞白松石、梅雀,蜀之童祥、許中正人物、仙佛,丘仁慶花,王延嗣鬼神,皆名筆也。俱是熙寧以前人物。

(宋)鄧椿:《畫繼》卷九

蜀之羅漢雖多，最稱盧楞伽，其次杜措、丘文播兄弟耳。楞伽所作多定本，止坐立兩樣，至於侍衛、供獻、花石、松竹、羽毛之屬，悉皆無之，不足觀。杜、丘雖各有此，而筆意不甚清高，俱愧長沙之武也。

(宋)鄧椿：《畫繼》卷九

徐熙《並株花圖》二。……李成真迹一。……周文矩《聽説圖》一。……王齊翰《古賢圖》二。徐熙《鵪鶉圖》一，《山鷓梨花》一，《梨花蓴菜》一，《太湖山攀竹猿》一，《梨花游春鶯》一，《竹鶴》一。范寬《水墨芙蓉》一。……貫休《羅漢》一，《古羅漢》一十六，《大阿羅漢》一。……王齊翰《十六大阿羅漢》四，《辟支佛》一，《寶印菩薩》一，《毗盧遮那佛》一，《文殊》一，《聖會圖》一，《土星》一，《元辰》一。……黃居寀《着色觀音》一。關仝《龍窠佛》一。……周文矩《維摩講教》一。黃筌《水星》一。……董源《定光佛》一。……《南唐觀音》一。……王齊翰《古賢圖》一。……周文矩摹顧愷之《三天美人》一。……周文矩《四季仕女》二，《綉女圖》一，《弈棋圖》一，《捕魚圖》一，《占城職貢圖》一。……李成《番馬人物》四，《采獵人馬》二。……董源《夫子哭漁邱子》一。……東丹王《番部下程圖》二，《人馬》三。……周文矩《文會圖》二。……關仝《山水》三，《窠石》二。唐希雅《竹石圖》一。厲歸真《秋塘圖》一。……荆浩《山水》二，《江村早行》一，《江村憶故圖》一。……董源《小寒林》二。……黃筌《秋塘圖》一，《水墨湖灘風竹》二。……董源《山水》七，《寒林》二，《著色廬山圖》三，《窠石》一。巨然《山水》八，《秋山》一，《萬壑松聲圖》一。郭熙《山水》三，《寒林》二，《秋景》一。……貫休《竹》一。唐希雅《錦鳩早梅》一，《竹》三，《耍鶉》一，《江南蘆鴨》一，《寒禽》二，《柘竹鶉子》一，《梅竹雜禽圖》一，《雙禽》一，《竹禽》三。……滕昌祐《江南杏花》一，《林檎枇杷》一，《石榴柿子》一。……黃筌《翎毛》一，《錦鷄》一，《聚禽》一，《雪雉》二，《鶴》二，《鵝》二，《碎金圖》一，《竹石花禽》一，《海棠》二，《玉芙蓉》二，《芙蓉白鷳》一，《蘆花鸂鶒》一，《榮荷鷺鷥》一，《夾竹野鷄》一，《牡丹鵓鴿》二，《芰荷家鵝》

一,《蓼岸家鵝》一,《架上雕鷹》一。……徐熙《落墨花》一,《芍藥》一,《牡丹》三,《折枝牡丹木瓜圖》一,《牡丹鵓鴿》二,《花竹翎毛》二,《牡丹戲魚》一,《果子神品》一,《鷺鷥》一,《野鴨》二,《鵓鴿》一。……黄筌《鬥牛圖》一,《白兔》一。……董源《牛》一,《□□圖》二。……滕昌祐《旱蓮草蟲》一。……黄筌《扇面草蟲》二。……徐熙《魚》四,《草蟲》一。……徐崇嗣《草蟲》一,《茄菜》一,《戲魚》二。

淳熙秘閣續法帖十卷:……第十卷楊凝式。……第三卷……楊少師書。……第九卷,李後主、錢忠懿、徐騎省……錢文肅王……

(南宋)佚名:《南宋館閣續録》卷三

秘閣有李贊華畫鹿,角直而岐出,若斜藤相扶而生,長三倍其身,觡觸一作觵觸鬥立,群角森列,故畫録號"千角鹿",其實則角上而横出者衆也。崇寧四年,詔下秘閣收其畫以入,使者疑其狀且求其説。古有是類者,當得其名,以備顧問所及。余謂邪希有鹿,兩頭而角且千。《雜俎》雲南郡有神鹿,一身兩頭,而角衆列。《華陽國志》。合浦有鹿,額帶斜藤,一枝四條,直上各丈,人以爲角。條支挑枝,一角者爲天禄,兩角者爲辟邪。《道書》有五頭鹿,其角且十,皆古者异鹿也。此畫得之。殆以爲瑞應而出者邪?希録謹上。阿保機攻勃海,取扶餘一城,以爲東丹國,以長子人皇王突欲爲王。阿保機死,述律立次子耀,屈之。突欲奔唐,明宗賜姓東丹,更其名曰慕華。長興二年賜姓李,更其名曰贊華。

(宋)董逌:《廣川畫跋》卷一

畫者得之犬戲,而且曰能觀其變矣。有而易之,將不止人立而冠也。故負乘序行,擁戟前列,據案臨軒,指呼趨走,形態百出,若可人事而盡求者。疑當德光陷中原時,畫者故爲此也。然形類意相,各有至到處。又知游戲於畫,而能得其筆墨自然者,此其异也。昔有人爲齊王畫者,問之畫孰難?對曰:"狗馬最難。""孰最易?"曰:"鬼魅最易。"狗馬人所知也,旦暮於前,不可類之,故難。鬼魅無形,無形者不可睹，故易。豈以人易知故畫難，人難知故畫易邪？狗馬信易察，鬼神信難知，世有論理者，當知鬼神不异於人，而犬馬之狀，雖得形似，而不盡其理者，亦未可謂工也。然天下見理者少，孰當與畫者論而索當哉？故凡遇知理者，則鬼神索於理不索於形似，爲犬馬則既索於形似，復求於理，則犬馬之工常難。若夫畫犬而至於變矣，則有形似而又托於鬼神怪妖者，此可求以常理哉？猶之一戲可也。昔韋叔堅狗，人立而行於家，曰："狗見人行，效之何傷？"解冠榻上，狗戴而走，曰："誤觸冠纓耳。"至於上竈起舞，曰："兒婦皆在田中，狗助畜火，幸可不煩鄰里，何能作怪？"而石良、劉晉格犬之被甲持兵弩者數人，郅伯夷與群一作犀犬蒲博，蓋畫者知此，因廣其意而爲之。因以著時之禍，以見當時畫者之不能忍耻事夷虜，彼仕於此者，猶求寵榮一時，可以重嘆也。畫之後書曰"晉清泰三年製"，余是以知也。

(宋)董逌:《廣川畫跋》卷二

沈存中言："徐熙之子崇嗣，創造新意，畫花不墨圈，直叠色漬染，當時號'没骨花'，以傾黄居寀父子。"余嘗見駙馬都尉王詵所收徐崇嗣《没骨花圖》，其花則草芍藥也，自其破萼散葉，蓓蕾露蕊，以至離披格側，皆寫其花始終盛衰如此。其他見崇嗣畫花不一，皆不名"没骨花"也。唐鄭虔著《胡本草》記芍藥一名"没骨花"。今王晉卿所收，獨名"没骨花"，然則存中所論，豈因此圖而得之邪？

(宋)董逌:《廣川畫跋》卷三

今縣鬣刷尾，具百體而陳丹青，不可謂非馬也。齕草飲水，相噛而分踶，本有真性，畫者或不盡於此，則得其似馬者耳。此與塗駒銅驥果有异邪？冀北多馬，自昔幽、并皆其土。今幽、并地北數千里，截入胡中。而全燕盡爲虜地，則馬良而健決，其氣然也。今畫者知番馬與中國本异，而不得其説。唯胡瓌可以馬校之。瓌爲番馬，小作駮騎，大作騊駼。胡瓌此馬形似，不差其群類而色别，與逐驚風而捕日脚，皆得盡其性。近世張戡作番馬，蓋以中國之馬犂鼻裂耳爲之，是戡特見今幽州境上馬如此，不知本中國之良，似於虜者隨其形爾，非真番馬也。

（宋）董逌：《廣川畫跋》卷四

觀中立畫，如齊王嗜鷄跖，必千百而後足，雖不足者，猶若有跖。其嗜者專也，故物無得移之。當中立有山水之嗜，神凝智解，得於心者，必發於外，則解衣磅礴，正與山林泉石相遇，雖賁、育逢之，亦失其勇矣。故能攬須彌盡於一芥，氣振而有餘，無復山之相矣。彼含墨咀毫，受揖入趨者，可執工而隨其後邪？世人不識真山而求畫者，叠石累土，以自詫也。豈知心放於造化爐錘者，遇物得之，此其爲真畫者也。潞國文公嘗謂寬於山水爲寫生手，余以是取之。

（宋）董逌：《廣川畫跋》卷六

荆浩山水爲唐末之冠，關仝嘗師之。浩自號洪谷子，作《山水訣》，爲范寬輩之祖。

（元）湯垕：《畫鑒》

五代左禮與韓虬齊名，畫佛像入妙。曾見畫十六身，小羅漢坐岩石中，筆意甚工，不在韓虬下。

（元）湯垕：《畫鑒》

關仝《霧鎖關山圖》差嫩，是蚤年真迹，在京師人家。

（元）湯垕：《畫鑒》

董元天真爛漫，平淡多姿，唐無此品，在畢宏上。此米元章議論。唐畫山水，至宋始備，如元又在諸公之上。樹石幽潤，峰巒清深。蚤年礬頭頗多，暮年一洗舊習。余於秘府見《春龍出蟄圖》《孔子哭虞丘子圖》《春山圖》《溪岸圖》《秋山圖》及窠石二幀，於人間約見二十本，皆其平生得意合作。元之後有鍾陵僧巨然與劉道士。劉與巨然同時，畫亦同，但劉畫則以道士在左，巨然則以僧在左，以此爲別耳，要皆各得元之一體。至米氏父子，用其遺法，别出新意，自成一家，然得元之正傳者，巨然爲最也。

(元)湯垕:《畫鑒》

董元山水有二種:一様水墨礬頭，疏林遠樹，平遠幽深，山石作麻皮皴;一様著色，皴紋甚少，用色穠古，人物多用紅青衣，人面亦用粉素者。二種皆佳作也。

(元)湯垕:《畫鑒》

李後主命周文矩、顧弘中圖《韓熙載夜燕圖》。余見周畫二本，至京師見弘中筆，與周事迹稍異，有史衛王浩題字並紹興印，雖非文房清玩，亦可爲淫樂之戒耳。

(元)湯垕:《畫鑒》

唐希雅弟忠祚，花鳥亦入妙品，在易元吉之下。若用墨作棘針，易不能及之也。

(元)湯垕:《畫鑒》

李昇畫山水嘗見之，至京師見《西嶽降靈圖》，人物百餘，體勢生動，有未填面目者，是其稿本。上有紹興題印，若無之，則以爲唐人稿本也。

(元)湯垕:《畫鑒》

李思訓畫著色山水，用金碧暉映，自爲一家法。其子昭道，變父之勢，妙又過之。故時人號爲“大李將軍”“小李將軍”。至五代蜀人李昇，工畫著色山水，亦呼爲“小李將軍”。

(元)湯垕:《畫鑒》

唐人花鳥，邊鸞最爲馳譽，大抵精於設色，穠艷如生。其他畫者雖多，互有得失。歷五代而得黄筌，資集諸家之善，山水師李昇，鶴師薛稷，龍水師孫位，至於花竹翎毛，超出衆史。筌之可齊名者，惟江南徐熙。熙志趣高遠，畫草木蟲魚，妙奪造化，非世之畫工所可及也。熙畫花落筆頗重，中略施丹粉，生意勃然。黄之子居實、居寀，熙之孫崇嗣、崇矩，各得家學。熙之下有唐希雅，亦佳，多作顫筆棘針，是效其主李重光書法。後有長沙易元吉，作花果、禽畜，尤長於獐猿，多游山林，窺猿狖禽鳥之樂，圖其天趣。若趙昌，惟以傅染爲工，求其骨法氣韻，稍劣也。又如滕昌祐、丘慶餘、葛守昌、崔白、艾宣、丁貺之徒，皆得其緒餘以成一家。要知花鳥一科，唐之邊鸞，宋之徐、黄，爲古今規式，所謂"前無古人，後無來者"是也。

（元）湯垕：《畫鑒》

范長壽《醉道圖》，曾見二本，皆立軸筆法，緊實可愛，用色亦潤。

（元）湯垕：《畫鑒》

蜀人畫山水人物，皆以孫位爲師，龍水尤位所長者也。世言孫位畫水，張南本畫火，水火本無情之物，二公深得其理。嘗見孫位《水官圖》，魚龍出没於海濤，神鬼變滅於雲漢，覽之凜凜然，真傑作也。

（元）湯垕：《畫鑒》

支仲元畫神仙人物，多作奕棋之勢。筆法師顧、陸，緊細有力，人物清潤不俗。每見高宗題作晉、六朝高古名筆者，多仲元所作。當有知者賞余言。

（元）湯垕：《畫鑒》

仕女之工，在於得其閨閣之態，唐周昉、張萱，五代杜霄、周文矩，下及蘇漢臣輩，皆得其妙，不在施朱傅粉，鏤金珮玉，以飾爲工。

（元）湯垕：《畫鑒》

余嘗收《宫女圖》,文矩筆也。置玉笛於腰帶中,目視指爪,情意凝伫,知其有所思也。又見文矩畫《高僧試筆圖》,在錢唐民家,一僧攘臂揮翰,旁觀數士人,咨嗟嘖嘖之態,如聞有聲,真奇筆也。

(元)湯垕:《畫鑒》

董元《夏山圖》,今在史崇文家。天真爛漫,拍塞滿軸,不爲虚歇烘銷之意,而幽深古潤,使人神情爽朗。古人行山陰道中,應接不暇,豈意數尺敗素,亦能若是耶?

(元)湯垕:《畫鑒》

顧德謙《蕭翼賺蘭亭圖》,在宜興岳氏,作老僧自負所藏之意,口目可見,後有米元暉、畢少董諸公跋。少董,畢良史也,跋云:"此畫能用硃砂、石粉,而筆力雄健,入本朝諸人,皆所不及。比丘麈柄指掌,非盛稱蘭亭之美,則力辭以無。蕭君袖手,營度瑟縮,其意必欲得之,皆是妙處。畫必貴古,其説如此。"又山西童藻跋云:"對榻僧靳色可掬,旁僧亦復不悦,僧物果難取哉!"

(元)湯垕:《畫鑒》

五代婦人童氏,畫《六隱圖》,見於《宣和畫譜》。今藏山陰王子才監簿家,乃畫范蠡至張志和等六人乘舟而隱居者,山水樹石,人物如豆許,亦甚可愛。

(元)湯垕:《畫鑒》

黄筌畫枯木,信手塗抹,畫竹,如斬釘截鐵。至京見二幀,信天下奇筆也。

(元)湯垕:《畫鑒》

衛賢,五代人,作界畫可觀。余嘗收其《盤車水磨圖》,佳甚。又見王子慶《驢鳴圖》,亦佳,但樹木古,拙皴法不老耳。

(元)湯垕:《畫鑒》

胡翼工畫人物,關仝畫山水,人物非其所長,多使翼爲之。

(元)湯垕:《畫鑒》

僧貫休畫羅漢、高僧,不類世俗容貌。

(元)湯垕:《畫鑒》

郭乾暉畫鷹鳥,得名於時。鍾隱亦負重名,自謂不及,乃變姓名,受傭於郭。經年,得其筆意,求去,再拜陳所以。郭憐之,盡以傳授,故與齊名。古人用心獨苦如此。

(元)湯垕:《畫鑒》

陸瑾,江南人。畫《捕魚圖》,大抵宗王右丞,嫵媚過之。又嘗見《溪山風雨圖》,尤佳。

(元)湯垕:《畫鑒》

厲歸真,五代人。畫牛甚妙,嘗見《牧牛圖》,大幅,遠山清潤,人牛閒適,後有八分書:"羽士厲歸真筆。"舊藏喬仲山家,今不知在何處。

(元)湯垕:《畫鑒》

曹仲玄畫三官及五方如來像,余曾見之。聞江南王氏家有《玉衣觀音像》,未見。大抵曹師吴生,不得其法,晚自作細筆畫,以自別爲一家,在支仲元下。

(元)湯垕:《畫鑒》

孫曼卿《松石問禪圖》,在錢唐人家,一松清潤,一僧甚閒雅,一士人作問答尊禮意。筆法精妙,古稱爲“孫吴生”,名不虚得也。

(元)湯垕:《畫鑒》

董羽專門之學,亦不拘於形似。元章云:“董羽龍似魚,傳古龍似蜈蚣。”真知言哉。嘗見董元龍數本,皆清奇可愛。

(元)湯垕:《畫鑒》

五代袁義、宋徐白善畫魚,及觀其迹,不過刀几間物耳,使人徒起羹膾之興。獨文臣劉寀畫水中魚,雖風萍水荇,觀之活動,至於鱗尾性情,游潛回泳,皆得其妙。平生嘗觀其畫,近見《落花游魚圖》,紅桃一枝,飛花數片,一赤鯉漾輕波,吹落英,深得詩人之意。

(元)湯垕:《畫鑒》

僧運能,五代人,善畫佛像。

(元)湯垕:《畫鑒》

營丘李成,世業儒,胸次磊落,有大志,寓意於山水,凡烟雲變滅,水石幽閒,平遠險易之形,風雨晦明之態,莫不曲盡其妙,議者以爲古今第一。傳世者雖多,真者極少,元章平生只見二本,至欲作無李論。蓋成平生所畫,只自娱耳。既勢不可逼,利不可取,宜傳世者不多。宣和御府所藏一百九十五卷,真僞果能辨耶?翟院深臨摹,仿佛亂真,若論神氣,則霄壤之分也。宋復古、李公年、王詵、陳用志,皆宗師之,得其遺意,亦著名一世。郭熙,其弟子中之最著也。

(元)湯垕:《畫鑒》

范寬,字中立。以其豁達大度,人故以寬名之。畫山水初師李成,既乃嘆曰:“與其師人,不若師諸造化。”乃脱舊習,游秦中,遍觀奇勝,落筆雄偉老硬,真得山之骨法。宋畫家山水超絶唐世者,李成、董元、范寬三人而已。嘗評之:董元得山之神氣,李成得體貌,范寬得骨法,故三家照耀古今,爲百代師法。寬尤長雪山,見之使人凛凛。其弟子黄懷玉、紀真、商訓,然黄失之工,紀失之似,商失之拙,各得其一體。若懷玉,刻意臨摹其雪山,遇得意處,淺深未易斷也。

(元)湯垕:《畫鑒》

石恪畫戲筆人物,惟面部手足用畫法,衣紋粗筆成之。

(元)湯垕:《畫鑒》

王齊翰,畫佛像、神仙、山水,筆法雖佳,不免近俗,若入細者固勝。

(元)湯垕:《畫鑒》

開寶中,王師伐金陵,所得府藏,悉充軍中之賞。有步卒李貴,徑入佛廟,得建康人王齊翰所畫十六羅漢。鬻於市,有富商劉元嗣以白金四百兩請售之。元嗣入都,復質於相國寺普滿塔主清教處。及元嗣往贖,並爲所匿,訟於京師,時真宗方尹京。按證其事,清教辭屈,乃出元畫,爲真宗嘉嘆,各賜白金十兩,釋之。後十六日即位,名曰"應運國寶羅漢",藏於秘府。《聖宋名畫録》

(宋)周應合:《景定建康志》卷五〇

五代營丘李成,字咸熙。善畫山水,王朴與之善。其畫《平遠寒林》,氣韻瀟灑,古今一人,真畫家百世師也。昔稱王維、李思訓之徒,不可同日而語。

(明)彭大翼:《山堂肆考》卷一六六

《畫品》:《被髮觀音變相》,在水中石上,襲衣寶絡,被髮按劍而坐,必五代晚唐名輩所作。筆細而有力,似吴道玄,獨設色太重,衣上花文,不類吴筆,或云朱繇所作。

(明)彭大翼:《山堂肆考》卷一六六

太祖平江南,所得圖畫,賜本院,初有五十餘軸,及景德、咸平中,祗有《雨村牧牛圖》三軸,無名;《寒蘆野鴨》三軸,徐熙筆;《五王飲酪圖》二軸,周文舉筆。亦令重裝背焉。

(宋)江少虞:《宋朝事實類苑》卷五〇

玉堂北壁,舊有董羽畫水二堵,筆力遒勁,勢若動摇,其下三尺,頗有雨壞處。蘇易簡爲學士,尤愛重之。蘇適受詔知舉,將入南宫,屬於同院韓丕,使召名筆完葺之。蘇既去,韓乃呼工之赤白者圬墁其半,而用朱畫欄檻以承之。蘇出見之,悵恨累日,命水洗滌,而痕迹至今尚在。時人以蘇之鑒尚,韓之純樸,兩重焉。

(宋)江少虞:《宋朝事實類苑》卷五〇

五代陸滉《烹茶圖》一,宋中興館閣儲藏。

(清)陸廷燦:《續茶經》卷下之六

王齊翰有《陸羽煎茶圖》,見王世懋《澹園畫品》。

(清)陸廷燦:《續茶經》卷下之六

《和文遺事》又云:"其家書畫最富。有吴道子天王,胡瓌《下程圖》,唐净心須菩提,黄居宷竹鶴,孫知微虎,韓幹《早行圖》、梅雞,傳古龍,江南畫佛,唐希雅竹,李成山水,唐畫《公子出獵圖》,黄居宷《雕狐圖》,黄筌雨中牡丹,李思訓設色山水,周昉按舞、折支杏花,徐崇嗣没骨芍藥、江南草蟲、獨幅山水,黄筌金盆鵓鴿、大窠山茶。書有懷仁真迹,《集右軍聖教序》,貞觀《蘭亭詩叙》,右軍《山陰帖》《樂毅論》,顔魯公書《劉太冲序》。皆冠世之寶。"

(宋)王明清:《揮麈前録》卷一

淳化甲午,李順亂蜀,張乖崖鎮之。僞蜀僭侈,其宫室規模皆王建、孟知祥乘其弊而爲之。公至則盡損之,如列郡之式。郡有西樓,樓前有堂,堂之屏乃黄筌畫雙鶴花竹怪石,衆名曰"雙鶴廳"。南壁有黄氏畫湖灘山水雙鷺。二畫妙格冠於兩川。賊鋒既平,公自壞壁,盡置其畫爲一堂,因名曰"畫廳"。

(宋)文瑩:《湘山野録》卷上

利州武后畫像,其長七尺。成都有孟蜀時后妃祠堂,亦極修偉,絶與今人不類。福州大支提山有吴越王紫袍,寺僧舁椅子舉其領猶拂地,兩肩有污迹。

(宋)陸游:《老學庵筆記》卷五

昔吴道子所畫一鍾馗,衣藍衫,鞹一足,眇一目,腰一笏,巾裹而蓬髪垂鬢,左手捉一鬼,以右手第二指抉鬼眼睛,筆迹遒勁,實有唐之神妙。有得之者,以獻僞蜀主。甚愛重之,常懸於内寢。一日召黄筌令看之,筌一見稱其精妙,謝恩訖,昶謂曰:"此鍾馗若拇指掐鬼眼睛,則更有力,試爲我改之。"筌曰:"吴道子所畫鍾馗,一身之力氣色眼貌,俱在第二指,不在拇指,所以不敢輒改。筌今别畫,雖不及古人,一身之力意思並在拇指。"昶賞筌之能,賜以彩段銀器。

(宋)祝穆:《古今事文類聚》前集卷六

劉平叔在京口,幕客獻趙昌《牡丹圖》,乃孟蜀宫中物也。平叔怒曰:"速持去,我平生不愛牡丹,况是單葉!"時人無不爲笑。

(宋)張知甫:《可書》

韋相國昭度爲西川節制,而陳太師與監護田軍容拒命據城。王蜀先主時爲行軍司馬,攻圍三年,乃以城降。既克下,王先主至寺拜僖宗御容,觀繪壁,唯不見陳、田真,因問寺僧。對云:"拒扞王師,近方塗抹。"先主曰:"某豈與丹青爲參商。"遽命重寫,重允乃挼皂莢水洗去,而風姿宛然。先主嘉賜之。常公自言,我畫梁爛摧之外,雨淋水洗，終無剥落者。蓋其設色與人殊也。僞通王宗裕，性多猜忌，惑一賸嬖，欲爲寫貌，而惡人久視，謂常曰："頗不熟視審，可乎？"曰："可。"頃之，夫人至，拜立，斯須而退。翌日，貌其姿容，短長無遺，毫髮敏妙，皆此類也。又於玉局化寫王蜀先主爲使相日真容，後移在神興觀之壽昌殿矣。今大聖慈寺興善院泗州和尚及華亭張居士真、寶曆寺請塔天王、寧蜀寺都官土地，並其筆。見存。

(明)曹學佺：《蜀中廣記》卷一〇五

王蜀先主修青城山丈人觀，命於丈人真君殿上畫五嶽四瀆、十二溪女、山林溪沼、樹木諸神及嶽瀆曹吏，詭怪之質，生於筆端，上殿見者，無不恐懼。

(明)曹學佺：《蜀中廣記》卷一〇六

王蜀先主於浣花龍興寺修佑聖夫人堂，合水津起通波侯廟，各令從真畫甲馬、旌旗、從官、鬼神於壁，授翰林待詔，賜紫金魚袋。今寶曆寺五丈天王閣下天王部屬諸神，並其筆。後人重妝已損，蒲師訓因再修之。

(明)曹學佺：《蜀中廣記》卷一〇六

江南徐知諤，爲潤州節度使温之少子也。美姿度，喜畜奇玩。蠻商得一鳳頭，乃飛禽之枯骨也，彩翠奪目，朱冠紺毛，金嘴如生，正類大雄雞，廣五寸，其腦平正，可爲枕，諤償錢五十萬。又得《畫牛》一軸，晝則齧草欄外，夜則歸卧欄中。諤獻後主煜，煜持貢闕下。太宗張後苑以示群臣，俱無知者。惟僧録贊寧曰："南倭海水或減，則灘磧微露，倭人拾方諸蚌，胎中有餘泪數滴者，得之和色著物，則晝隱而夜顯。沃焦山時或風撓飄擊，忽有石落海岸，得之滴水磨色染物，則晝顯而夜晦。"諸學士皆以爲無稽，寧曰："見張騫《海外異記》。"後杜鎬檢《三館書目》，果見於六朝舊本書中載之。

(宋)文瑩：《湘山野録》卷下

江南李主獻畫牛，晝則齧草欄外，夜則歸卧欄中，莫曉其理。僧贊寧曰："此幻藥所畫，南海倭國有蚌泪，和色著物，晝隱夜見。沃焦山有石摩色染物，夜晦晝顯。"

（宋）潘自牧：《記纂淵海》卷八七

元暉尤工臨寫，在漣水時，客鬻戴松《牛圖》，元暉借留數日，以模本易之，而不能辨。後客持圖乞還真本，元暉怪而問之曰："爾何以别之？"客曰："牛目中有牧童影，此則無也。"江南徐諤得《畫牛》，晝齧草欄外，夜則歸卧欄中。持以獻後主煜，煜獻闕下。太宗示群臣，俱無知之者。惟僧贊寧曰："南倭海水或減，則灘磧微露，倭人拾方諸蚌，臘中有餘泪數滴，得之和色著物，則晝隱而夜顯。沃焦山時或風撓飄擊，忽有石落海岸，得之滴水磨色染物，則晝顯而夜晦。"牧童影豈亦類此而秘其説？

（宋）周煇：《清波雜志》卷五

狄方，西洛人。好蓄古物，有《畫牛》一軸，不知幾年也。一童牧一牛，旁有草庵，方不以爲奇異。一日，懸之於壁，夜偶執燭照之，則牧童卧於庵中，方因以驚。明日視之，則童立牛傍。夜復視之，仍入屋。方自得寶之。有善畫者過門，方出而視之，皆云："此畫入神，絶世之物也。"一日，有客謁方曰："知子有奇畫矣，可得見乎？"方示之。客曰："願以百金購之，方云雖萬金不願易也，此爲吾家神物也。"客曰："此江南李主庫中物也，國破不知所之，王遣吾求之，數年未獲，子不諾，後必失之。"由是方鎖於篋，出入自隨，非親友莫得見焉。一日，方之友人錢淳，與方不見數年，惠然來謁。坐久，叩方曰："知子得絶筆，淳頗識之高下。"方取以示淳，淳看畢乃懷之，擲金十星於地曰："吾爲李主取畫，金特償之。"出門不見。方大悔恨，卧病久方愈，後有人言淳已死久矣。

（宋）劉斧：《青瑣高議》後集卷一

魏氏有李後主畫竹。題跋甚多,其一云:"宗孟、璪、清臣、誠一同觀。"又有李書云:"元豐卒酉,清明後三日,中書昭文位觀。傳正、邃明、邦直、志道題。"三公執政,張誠一武人用事者耳。

(宋)孔平仲:《孔氏談苑》卷三

樓大防作夕郎,出示其近得周文榘所畫《重屏圖》,祐陵親題白樂天詩於上,有衣帽中央而坐者,指以相問云:"此何人邪?"明清云:"頃歲大父牧九江,於廬山圓通寺撫江南李中主像藏於家。今此繪容即其人。文榘丹青之妙,在當日列神品,蓋畫一時之景也。"亟走介往會稽,取舊收李像以呈,似面貌冠服,無毫髮之少異。因爲跋其後。樓深以賞激。繼而明清丐外得請,以詩送行,後一篇云:"遂初陳迹遽凄凉,擊節青箱極薦揚。談笑於儂情易厚,典刑使我意差强。重屏唐畫論中主,古殿遺文話阿章。舊事從今向誰問,尺書時許到淮鄉。"

(宋)王明清:《揮麈第三録》卷三

世人畫韓退之,小面而美髯,著紗帽。此乃江南韓熙載耳,尚有當時所畫,題志甚明。熙載謚文靖,江南人謂之"韓文公",因此遂謬以爲退之。退之肥而寡髯。元豐中,以退之從享文宣王廟,郡縣所畫,皆是熙載。後世不復可辨,退之遂爲熙載矣。

(宋)沈括:《夢溪筆談》卷四

國初,江南布衣徐熙、僞蜀翰林待詔黄筌,皆以善畫著名,尤長於畫花竹。蜀平,黄筌並子居寶、居寀、居實,弟惟亮,皆隸翰林圖畫院,擅名一時。其後江南平,徐熙至京師,送圖畫院品其畫格。諸黄畫花,妙在賦色,用筆極新細,殆不見墨迹,但以輕色染成,謂之寫生。徐熙以墨筆畫之,殊草草,略施丹粉而已,神氣迥出,别有生動之意。筌惡其軋己,言其畫粗惡不入格,罷之。熙之子乃效諸黄之格,更不用墨筆,直以彩色圖之,謂之"没骨圖",工與諸黄不相下,筌等不復能瑕疵,遂得齒院品。然其氣韻皆不及熙遠甚。

(宋)沈括:《夢溪筆談》卷一七

江南中主時,有北苑使董源善畫,尤工秋嵐遠景,多寫江南真山,不爲奇峭之筆。其後建業僧巨然,祖述源法,皆臻妙理。大體源及巨然畫筆,皆宜遠觀。其用筆甚草草,近視之,幾不類物象;遠觀則景物粲然,幽情遠思,如睹異境。如源畫《落照圖》,近視無功;遠觀村落杳然深遠,悉是晚景;遠峰之頂,宛有反照之色。此妙處也。

(宋)沈括:《夢溪筆談》卷一七

江南府庫中,書畫至多。其印記有"建業文房之印""内合同印"。"集賢殿書院印",以墨印之,謂之金圖書,言惟此印以黄金爲之。諸書畫中,時有李後主題跋,然未嘗題書畫人姓名;唯鍾隱畫,皆後主親筆題"鍾隱筆"三字。後主善畫,尤工翎毛。或云:"凡言'鍾隱筆'者,皆後主自畫。後主嘗自號鍾山隱士,故晦其名,謂之鍾隱。非姓鍾人也。今世傳鍾畫,但無後主親題者,皆非也。"

(宋)沈括:《補夢溪筆談》卷二

鐵鈎鎖。山谷云:江南李主作竹,自根至梢,極小者,一一鈎勒成,謂之鐵鈎鎖。

(宋)佚名:《錦綉萬花谷》前集卷七

廬州東林寺有畫須菩提像,梵相奇古,筆法簡易,真奇畫也。題曰:"戊辰,樵人王翰作。"追憶其時,開寶四年也。南唐自周顯德五年用中原正朔,國中士大夫以爲耻,故江南諸寺觀中,碑多不題年號,但書甲子而已。

(清)潘永因:《宋稗類鈔》卷三四

《江南録》:保大五年元日大雪,上詔太弟以下登樓錫宴,侍臣皆有賦咏。徐鉉爲前後叙,合爲一圖,御容,徐冲古主之;太弟、侍臣、法部、清衛,周文矩主之;樓閣宫殿,朱澄主之,曲盡其妙。張彦遠《法書名畫録》頗詳盡,而獨不及此,當是此圖不復流傳,遂泯没無聞焉。

(宋)吴炯:《五總志》

予收南唐李侯《閤中集》第九十一卷,畫目:上品九十五種。内《蕃王放簇帳》四。今人注云:一在陸農師家,二在潘景家。《江鄉春夏景山水》六。注云:大李將軍。又今人注云:二在馬粹老家。《山行摘瓜圖》一。注云:小李將軍。又今人注云:在劉忠諫家。《盧思道朔方行》一。注云:小李將軍。又今人注云:在李伯時家。《明皇游獵圖》一。注云:小李將軍。又今人注云:在馬粹老家。《奚人習馬圖》三。注云:韓幹。又今人注云:一在野僧家。中品三十三種。内《月令風俗圖》四。今人注云:在楊康功龍圖家。《楊妃使雪衣女亂雙陸圖》一。注云:李翺。又今人注云:在王粹老家,今易主矣。《竹》四。今人注云:在王仲儀之子定國處,其著色卧枝,一竿尤妙。下品百三十九種。内《回紋圖》二。注云:殷嵩;又今人注云:在仲儀家。《詩圖》二,叙一:《樓臺人物》分兩處,中爲遠水紅橋小山,作竇滔從騎迎若蘭,車輿人物甚小而繁,大概學周昉,而氣制甚遠。《猫》一。注云:汀州李交。又今人注云:在劉正言家。《花而行者》一,小者三,如生。後有李伯時跋云:"江南《閤中集》一卷,得於邵安簡家。其中名品多流散士大夫家,公麟尚見之,有朱印曰'建業文房之印',曰'内合同印',有墨印曰'集賢院御書記',表以回鸞墨錦,簽以黄經紙。"予意今注出於伯時也,然不知集有幾卷?其他卷品目何物也?建業文房亦盛矣,每撫之一嘆。

(宋)邵博:《邵氏聞見後録》卷二七

5. 修撰

(1) 史書

梁李琪,貞明中歷兵、禮、吏侍郎,與張衮、郗殷象、馮錫嘉奉詔修撰《太祖實録》三十卷,叙述非工,事多漏略。復詔宰臣敬翔别纂成三十卷,目之曰《大梁編遺》,與實録偕行。

(宋)王欽若等編纂:《册府元龜》卷五五七《國史部・采撰第三》

後唐趙熙爲起居郎,明宗天成二年八月,熙奏:"今後凡内中公事及詔書奏對應不到中書者,伏乞委内臣一人旋具鈔録,月終關送史館。"敕:"宜令樞密院學士閤至録送。"長興二年三月二十八日,史館奏:"當館應諸處及諸司關送到合編録公事外,伏準舊制,國朝有時政記並起居注,并合送館,以備纂修。近代已來,闕行此事,只以每遇入閤兼内殿起居、朝臣待制轉對公事,逐人鈔送當館。如有顯有頒行,逐司關報到者,旋據逐件一一於日曆收記。其有直下所司並行之事,當館無繇得知,若只憑本官供到所奏狀本,未免簡編不備,本末難窮。已後待制轉對公事等,除顯具頒行,關送到館外,應有直下所司,及不行未行之事,伏乞宣付當館,旋依次第編録。其時政記、起居注,並内庭逐日合書日曆,亦乞相次施行。"奉敕:"朝臣、起居入閤奏對公事,奏覆後,宣付史館,宜依。其時政記、起居注,續候敕處分。"

(宋)王欽若等編纂:《册府元龜》卷五六〇《國史部・記注》

後唐趙熙,明宗時爲起居郎、史館修撰。天成二年八月,熙上言曰:"伏以皇帝陛下應天御宇,纘聖承乾,咸從睿哲之功,克致文明之運。始自乾坤蕩定,京輦廓清,箴規委諫諍之臣,輔弼任賢良之士。莫不盡編竹帛,已播遐陬。其有聖德憂勤,睿謀沉密,至理每叶於神化,格言皆契於天時。或拱極侍衛之臣,或秉政樞機之地,或陛下有籌畫之妙,或大臣得應對之儀。外班既不聞知,直史憑何紀録?實慮歲月深久,永作遺文。自此凡是内中公事,及詔書奏對應不到中書者,伏乞委内臣一人旋具鈔録,月終關送史館,庶使簡編畢備,言勛無遺,垂萬古之美談,顯一時之盛事。”九月,史館奏:“伏奉九月八日敕:‘國祚中興,已逾五載;皇基統嗣,爰及兩朝。其有紀年之書,行事之紀,未聞編録,實謂曠遺。所司既不舉明,史官又無起請,因循斯久,闕漏轉多。宜令史臣先修太祖武皇帝、莊宗兩朝實録,速具奏呈。新朝日曆行事,亦可精專纂録,無使廢墜者。’伏以簡編事重,久闕鑒修,須循廣記之規,以備必書之要。館司或有闕漏,公事盡令提舉施行。伏自陛下赴難洛京以副人望,宰臣百辟,諸道藩侯,各貢箋章,請臨寶位。群情尤切,三讓彌堅。且行教令之規,先進代王之號。既從俞允,尋就纘承。皇澤播於萬方,聖功超於千古。伏自大駕臨至德宫,宰臣百官,諸道侯伯,各上勸進箋表,及聖旨謙讓批答,兼宣諭諸道教令詔書,及寶册文,並自天成元年四月後至今年九月以前内降詔書,陛下日親時政,金口所宣,去弊除奸,及近日敷奏省費從寬之事,並請下所司各簡鈔録送館,所冀編修總無漏略。”從之。十二月,同州節度使盧質准敕録太祖、莊宗兩朝功臣書詔自進之。是月,都官郎中庾傳美訪圖書於三川孟知祥處,得九朝實録及雜書傳千餘卷,並付史館。同光已後,館中煨燼無幾,九朝實録甚濟其闕。

(宋)王欽若等編纂:《册府元龜》卷五五七《國史部·采撰第三》

周張昭遠,自後唐明宗時爲左補闕。天成三年十二月,史館以昭遠狀云:“常讀國書,竊見懿祖昭烈皇帝自元和之初,獻祖文皇帝於大和之際,立功王室,陳力國朝。安邊蕩寇之謀,經始開階之緒,雖書於簡牘,而未有裁成。太宗武皇帝自咸通後來,勤王戮力,翦平多難,頻立大功,三换節旄,再安京國,經綸草昧,尊奬朝廷。一百戰之艱難,聲齊漢祖;三十年之征伐,系比曹公。莊宗皇帝當璧應圖,化家爲國,終平大憝,奄有中原。祖宗歷事於九朝,勛業相承於四代。神功聖德,英略雄圖,如闕編修,自然湮墮。既叨秉筆,尤切痛心。竊見僞梁朱氏,起自細微,亂我聖朝,僭稱僞號,而敬翔輩撰書七十餘卷,見在館中,猶能采一時之寓言,作午溝之故事。豈足以聖上中興之運,先皇累世之資,代繼公臺,門聯將相。致今日昇平之化,當大朝明盛之秋,光顯祖宗,全無載籍。史臣奉職,寧不愧心。昭遠親睹中興,備聞舊事。太祖勤王之睿躅,先皇開國之神功,目所見聞,心常記録。伏請與當館修撰參序條綱,撰太祖、莊宗實録,庶幾奉職,微答皇慈者。竊以前代史官歸於著作,國初分撰五代史,方委大臣監修。自大曆後來,始奏兩員修撰。當時選任,皆取良能,一代之書,便成於手。及後源流失緒,波蕩不還,空居修撰之名,不舉史官之職。及遇編修大典,則云別訪通才。況當館職司監修選擇,薦取比期於集事,陳力當審於不能。尸禄養名,古人深耻。請責和鉛之士,更修列聖之書,各冀竭才,仰塞明詔。臣叨膺重寄,獲忝監修,合具舉明,庶集惇史。"奉敕:"虞、夏、商、周,歷代而猶存訓誥;隱、桓、莊、閔,諸侯而尚載《春秋》。況今光宅寰區,遵行簡册,紀群后分憂之切,編至仁求理之長,免墮薰風,須成奥典。史臣備舉職分,允稱緝修,宜依所奏。"

(宋)王欽若等編纂:《册府元龜》卷五五七《國史部·采撰第三》

後唐趙鳳爲宰相,監修國史。天成四年,上新修懿祖、獻祖、太祖《紀年録》共二十卷、《莊宗實録》三十卷。鳳及修撰張昭遠、吕咸休各賜繒彩銀器等。

(宋)王欽若等編纂:《册府元龜》卷五五四《國史部·恩奬》

趙鳳監修國史,天成四年七月,鳳奏:"當館奉敕修懿祖、獻祖、太祖、莊宗四帝實録,自今年六月初一日起手,旋具進呈次。伏以凡關纂述,務合品題。承乾御宇之君,行事方云實録;追尊册號之帝,約文祇可紀年。所修前件史書,今欲自莊宗一朝名爲實録,其太祖已上並目爲紀年。"從之。至其年十一月,史館上新修懿祖、獻祖、太祖《紀年録》共二十卷、《莊宗實録》三十卷。鳳及修撰張昭遠、吕咸休各賜繒彩銀器等。

(宋)王欽若等編纂:《册府元龜》卷五五七《國史部·采撰第三》

崔梲爲都官郎中、知制誥。長興二年五月,梲上言:"臣聞高祖神堯皇帝初定天下,起居舍人令狐德棻上言,以近代已來多無正史,恐十數年後,事迹蔑聞。因命儒學大臣分撰南北諸史,且言異代猶恐弃遺,況在本朝,豈宜湮滅。臣嘗聞宣宗纘承大業,思致時雍,旰食宵衣,憂勤庶務,十餘年之内,可謂治平。於時史官,雖有注記,尋屬多故,輦輅省方,未暇刊修,皆至淪墜,統臨之盛,寂寞無聞。伏思年代未遥,耳目相接,豈無野史散在人間。伏乞特命購求,許之讎賞,儻十獲五六,亦可備編修,冀成一代之信書,永作千年之盛觀。"從之。

(宋)王欽若等編纂:《册府元龜》卷五五七《國史部·采撰第三》

(長興)三年五月,史館奏:"當館職備編修,理無曠失,將美惡而具載,庶古今以同風,垂訓將來,傳範不朽,實有國之重事,乃設教之本根。伏自寇盗寖興,皇唐中否,四朝之聖君令命,寂寞無聞;數世之忠臣楷模,湮淪罔紀。至於后妃貴主,帝子皇孫,禮樂廢興,制度沿革,不偶文明之運,難崇祖述之規。既遇昇平,須謀纂集。"敕旨:"史館奏陳事件,皆叶規程,顯驗公勤,並宜依允。"

(宋)王欽若等編纂:《册府元龜》卷五五七《國史部·采撰第三》

(長興三年)十一月壬午,史館奏:"自宣宗朝以來,時歷四朝,未有實録。年代深遠,簡牘散亡。更歷歲時,轉失根本。自中興已來,累於諸道購纂四朝日曆、報狀、百司關報,亦恐已曾撰到實録,值亂亡失。乞下兩浙、湖南巡屬,購募四朝野史及除目、報狀、關報等,庶成撰集之功。"從之。

(宋)王欽若等編纂:《册府元龜》卷五五七《國史部·采撰第三》

後唐張昭,長興四年七月,以前都官員外郎、知制誥、史館修撰,復爲尚書職方員外郎、依前知制誥,著作郎、直史館張守吉爲右補闕,並充史館修撰。著作佐郎尹拙爲左拾遺,王慎徽爲右拾遺,並依前直史館。國朝舊事,以本官直館者,皆爲畿縣尉。今以諫官直史館,自拙等始。從監修國史李愚奏也。

（宋）王欽若等編纂：《册府元龜》卷五五四《國史部·公正》

（長興四年）明年十一月，史館奏："先奉敕旨，纂修太祖武皇帝、莊宗光聖神閔孝皇帝兩朝實録呈進者，臣學虧富贍，功愧裁成，職司獲奉於簡書，祖述濫承於綸旨。國家神符運祚，代出忠賢。始祖自太宗朝，初鎮墨離，爰崇官族，帶礪之紛華不絶，鼎彝之盛美可尋。懿祖昭烈皇帝立功元和，翊戴章武，東平淮蔡，西辟河湟。獻祖文皇帝既紹家聲，愈遵堂構，破昆夷而還貴主，誅潞孽而定徐方。仗鉞分憂，振雄名於闔服；維城作固，濬靈派於天潢。太祖武皇帝投袂勤王，誓心報主，拯三朝之患難，邁五霸之英威，經綸既叶於上玄，睠祐乃延於下武。莊宗神閔皇帝謀猷特立，睿哲遐宣，訓卒練兵，櫛風沐雨。纘崇鳳曆，恢三百載之世功；平蕩梟巢，刷四十年之仇耻。一登大寶，四换周星。其間天地慘舒，君臣善惡，旋自宫闈變勛，簡牘散亡，遂遍訪於見聞，庶備詳於本末。修撰、朝議郎、左補闕張昭遠博於記覽，早預編排，自今年六月一日，與同職官員等共議纂修，獲成紀録。臣叨司筆削，比乏史才，如甘英妄測於河源，裨竈强論於天道，殺青斯竟，代斲增慚。又以三祖追尊，有殊受命，約之舊史，必在正名。謹叙懿祖書一卷、獻祖書二卷、太祖書一十七卷，並題目《紀年録》。先帝自龍飛晉陽，君臨天下，以日繫月，一十九年，謹修成實録三十卷。誠多紕繆，仰瀆休明。顧鉛素以驚心，塵冕旒而洽背。"是日，賜門下侍郎兼工部尚書、平章事、監修國史趙鳳雜彩五十匹、蓋碗一副。

（宋）王欽若等編纂：《册府元龜》卷五五七《國史部·采撰第三》

劉昫自唐末帝時爲丞相，監修國史。清泰元年七月，昫奏曰："史官奉天成二年九月詔，纂修太祖至莊宗實録及功臣列傳。四年十一月，修懿祖、獻祖、太祖《紀年録》二十卷、《莊宗實録》三十卷呈進。其《功臣列傳》委元修史官張昭遠與史館修撰相次編纂，列傳計三十卷，今年閏月七日進之呈，未下所司。臣以立功立事，須標於竹帛；記言記事，靡漏於簡編。貴資褒貶之文，備述艱難之業。伏惟陛下大明御宇，至道臨人，定寰區以武功，守宗祧以文德，輝耀三古，超越百王，莫不萬國來庭，千官舉職。臣叨居鈞軸，已愧庸虚，曾無筆削之勞，謬處監修之任。輒兹舉奏，冒瀆宸嚴。"詔所修列傳付史館。先是，今春史館進之，鄂王省視次，便屬起兵，因是亡失，故重繕寫奏故也。二年六月，制曰："恭惟先皇帝夷凶静亂，開國承家，社稷危而再安，乾坤否而復泰，弘宣一德，寵惠兆民。八年之間，家給人足。然而致理之績，雖已播於頌聲；紀事之書，尚未編於史氏。緬維纘奉之道，良增愧惕之懷。其實録宜令史館疾速修撰呈進。唯務周詳，勿令闕漏。"

（宋）王欽若等編纂：《册府元龜》卷五五七《國史部·采撰第三》

韓昭裔爲端明殿學士，末帝清泰元年，史館上言：凡書詔及處分公事、臣下奏議，議望命近臣以時繫日録下史館編修。詔昭裔及樞密直學士李專美録送有司，行明宗時舊事也。

（宋）王欽若等編纂：《册府元龜》卷五五七《國史部·采撰第三》

李崧爲端明殿學士。清泰二年，史館上言："自明宗朝，每見宰臣、節度使爲軍民政事有所敷陳，或宸旨宣揚，此關道理，唯近臣聞聽，外面不知。先朝時，詔樞密直學士閻至於奏對時記録，逐季下史館，以備纂修。自今年四月後，詔李專美記録。今以改官，其記録望别差官。"乃詔崧記録。

（宋）王欽若等編纂：《册府元龜》卷五六〇《國史部·記注》

姚顗爲相，兼監修國史。清泰三年，顗上表："奉詔，臣等同修先皇帝實録進呈。自承天旨，尋戒百官。同申太史之舊章，遍訪茂陵之遺牒。莫不囊螢汗簡，寢筆懷鉛。粗成典册之大綱，詎副宸旒之重委。臣聞刻木結繩之代，泥金簡玉之朝，傳茂實於無窮，播英聲於不朽。良以弦歌誦美，竹帛書勛。然則序皇猷而有質有文，論帝道而或疏或密。疏則見譏於良史，密則利澤於洪源。故禹穴藏書，作法永垂於千古;橋山刻木,化民何止於百年。恭惟明宗聖德和武欽孝皇帝務實去華,本仁祖義。鄙漢家之霸道,薄用刑名;遵老氏之玄言,克敦慈儉。爰自仗義旗於參野,總戎鉞於渠門。三紀訓兵,奉列聖而重安鼎祚;八年御宇,育黎元而別創蘿圖。臣歷覽前經,詳觀哲後,無如先聖。居宗室而扶持景運,作維城而屏翰皇家。鷹揚豹變之奇,蠖屈龍伸之智。年纔總角,位已建牙。輔獻祖、太祖之經綸,解僖宗、昭宗之禍難。東平巢蔡,北静蕃渾。披榛棘而立朝廷,斬豺狼而興社稷。及莊宗失馭,寰海横流,方哀義帝之喪,堅守唐侯之位,而謳歌遽迫,曆數爰歸。於是革秦皇、漢武之澆風,修貞觀、開元之仁政。以臣幽淺,何以發揮,自捧絲綸,如挾冰炭。但緣職分,難避擬掄。臣即與判館事、修撰官、中書舍人張昭遠,中書舍人李詳,左拾遺吴承範等依約典謨,考詳記注,按編年之舊體,各次第以分功。起龍潛受命,四十年成《鳳册新書》三十卷。雖研精覃思,備振於綱條;而事重才輕,仍憂於漏略。加以裝褫鹵莽,繕寫生疏,旋命直館右拾遺楊昭儉虔切指蹤,專司校勘。尚虞舛誤,未盡周詳。將冒犯於進呈,實倍增於憂負。"翌日,詔獎飾其書,付史館。中書門下率百官上章慰賀。

(宋)王欽若等編纂:《册府元龜》卷五五七《國史部·采撰第三》

晉姚顗,後唐門下侍郎、平章事,監修國史。清泰三年,上《明宗實録》三十卷。同修撰官中書舍人充史館修撰張昭遠,授尚書禮部侍郎;中書舍人充史館修撰李詳,加中大夫、上柱國,並依前充職;户部郎中充史館修撰程渥,授右諫議大夫;左拾遺充史館修撰吴承範,授左補闕,充職右拾遺;直史館楊昭儉,授殿中侍御史,各頒賜有差。

(宋)王欽若等編纂:《册府元龜》卷五五四《國史部·恩獎》

李愚爲門下侍郎,監修國史,與諸儒修成《創業功臣傳》三十卷。愍帝應順元年閏正月,愚與修撰、判館事張昭遠等詣閤門進新修《唐功臣列傳》三十卷。

(宋)王欽若等編纂:《册府元龜》卷五五七《國史部·采撰第三》

《後唐莊宗實録》三十卷

陳氏曰:監修趙鳳,史官張昭遠撰。天成四年上。

《後唐明宗實録》三十卷

陳氏曰:監修姚顗,史官張昭遠撰。清泰三年上。

《後唐廢帝實録》十七卷

陳氏曰:張昭、尹拙、劉温叟撰。按昭本傳,撰梁均王郢王、後唐愍帝廢帝、漢隱帝實録,惟梁二王祀寖遠,事皆遺失,遂不修,餘三帝實録皆藏史閣,周世宗時也。蓋昭本撰《周祖實録》,以其歷試之迹多在隱漢帝時,故請先修《隱録》,因並及前代云。

(元)馬端臨:《文獻通考》卷一九四《經籍考二一》

晉曹國珍爲左諫議大夫,高祖天福四年,國珍上章,請於内外臣僚之中,擇選才略之士,聚《唐六典》、前後《會要》、《禮閣新儀》、《大中統類》、律、令、格、式等,精詳纂集,別爲一部,商議今古,俾無漏略,目之爲《大晉政統》,用作成規。報詔曰:"國珍職居諫諍,志在恢弘。當其鼎社開基,乃欲象魏懸法,請詳前代之編簡,別創新朝之楷模,以示將來,甚爲允當。其詳議官,宜差太子少師梁文矩、左散騎常侍張允、大理卿張澄、國子祭酒唐汭、大理少卿高鴻漸、國子司業田敏、禮部郎中吕咸休、司勛員外郎劉濤、刑部員外郎李知損、監察御史郭延昇等一十人。"允、汭等咸曰:"改前代禮樂刑憲爲《大晉政統》,則《堯典》《舜典》當以《晉典》革名。"列狀駁之曰:"作者之謂聖,述者之謂明。苟非聖明,焉能述作。若運因革故,則事乃惟新,或改正朔而變犧牲,或易服色而殊徽號。是以五帝殊時,不相沿樂;三王異世,不相襲禮。止於近代,率繇舊章,比及前朝,是滋其目。多因行事之失,改爲立制之初。或臣奏條,君行可否,皆表其年,紀以姓名。聚類分門,成文作則,莫不悉稽前典,垂範後昆,述自聖賢,歷於朝代,得金科玉條之號,設亂言破律之防,守而行之,其來尚矣。皇帝陛下運齊七政,歷契千年,爰從創業開基,莫不積功累德,所宜直筆,具載鴻猷。若備録前代之編年,目作聖朝之政統,此則是名不正也。夫名不正則言不順,而媚時掠美,非其實矣。若翦截其詞,此則是文不備也。夫文不備則啓事端,而禮樂刑政於斯亂矣。若改舊條而爲新制,則未審何門可以刊削,何事可以編聯。既當革故從新,又須廢彼行此,則未知國朝能守而不失乎! 臣等同共參詳,未見其可。況臣等學慚該古,識昧折中。當君上順道師古之時,無臣下亂名改作之犯,則天下幸甚,天下幸甚!"疏奏,其事遂寢。

(宋)王欽若等編纂:《册府元龜》卷五五九《國史部·論議第二》

晉趙瑩爲相,監修國史。瑩奏請循近例,依唐明宗朝,凡有内庭公事及言動之間,委端明殿學士或樞密院學士,侍立冕旒,繫日編録,逐季送當館。其百司公事,亦望逐季送館,旋要編修日曆。從之。天福四年十一月,史館奏:"案唐長壽二年,右丞姚璹奏:帝王謨訓,不可闕文,然仗下所言軍國政事,請令宰臣一人撰録,號時政記。至唐明宗朝,又委端明殿學士撰録,逐季付史館。伏乞遵行者。"敕:"宜令宰臣一員撰述。"

(宋)王欽若等編纂:《册府元龜》卷五六〇《國史部·記注》

晉高祖天福六年二月己亥,詔曰:"百王大典,千古元龜,儻不編修,永成漏略。有唐氏遠自高祖,下洎明宗,紀傳未分,書志咸闕。今耳目相接,尚可詢求;若歲月更深,何由尋訪。眷言筆削,宜屬英髦。户部侍郎張昭、起居郎賈緯、秘書少監趙熙、吏部郎中鄭受益、左司員外郎李爲光等,學并該通,文皆微婉,俾成信史,足展長才。宜令張昭等修撰唐史,仍令宰臣趙瑩監修。"昭又以唐朝數帝編簡殘缺,詔遣修唐朝一代正史。昭長於筆述,鋭於采求,不三歲,取天寶前舊史至濟陰少主實録、野史,共纂成二百卷以聞。有制稱美,尋加户封,書付史館。晉少帝開運二年,史官上新修李氏書紀、志、列傳共二百一十三卷,並目録一卷,都計一十(二十)帙。賜監修前朝劉昫及修史官等繒彩銀器有差。

(宋)王欽若等編纂:《册府元龜》卷五五七《國史部·采撰第三》

晉趙瑩爲相,監修國史。天福六年二月,敕曰:"有唐遠自高祖,下暨明宗,紀傳未分,書志或闕,今耳目相接,尚可詢求,若歲月更深,何由尋訪? 宜令户部侍郎張昭、起居郎賈緯、秘書少監趙熙、吏部郎中鄭受益、左司員外郎李爲光等修撰唐史,仍令宰臣趙瑩監修。"其年四月,瑩奏:"所修唐史,首尾二十一朝,綿歷三百餘載,其於筆削,斯實難辨,必借群才,司分事任。張昭等五人奉敕同撰,内起居郎賈緯丁憂去官,竊以刑部侍郎吕琦、侍御史尹拙,皆富典墳,嘗親簡牘。勸善懲惡,雅符班、馬之規;廣記備言,必稱董、南之職。上祈聖鑒,俾共編修。"詔從之。以琦爲户部侍郎,以拙爲倉部員外郎,與張昭等同修唐史。

(宋)王欽若等編纂:《册府元龜》卷五五四《國史部·選任》

趙瑩爲相,監修國史。天福六年四月,瑩奏曰:"伏以唐室君臨,歷年長遠,至若王言帝載,國史朝經,治平之時,充溢臺閣。自李朝喪亂,迨五十年,四海沸騰,兩都淪覆。竹簡漆書之部帙,多已散亡;石渠金馬之文章,遂成殘缺。今之書府,百無二三。臣等虔奉綸言,俾令撰述。褒貶或從於新意,纂修須按於舊書。既闕簡編,先憂漏落。臣今據史館所闕唐書、實録,請下敕購求。昔咸通中,宰臣韋保衡與蔣伸、皇甫焕撰武宗、宣宗兩朝實録。又光化初,宰臣裴贄撰懿宗、僖宗兩朝實録。皆遇國朝多事,或值皇輿播越,雖聞撰述,未見流傳。其韋衡、裴贄,合有子孫見居職任,或門生故吏曾托纂修,或秘藏於士族之家,或韜隱於鉅儒之室。聖代方編於舊史,耆年有事於故朝。聞此撰論,諒多快愜,況行恩獎,以重購求。請下三京諸道及中外臣僚,凡有將此數朝實録詣闕進納,請量其文武才能,不拘資地,與除一官。如卷帙不足,據數進納,亦請不次獎餲,以勸來者。自會昌至天復,垂六十年。其初,李德裕平上黨,著武宗伐叛之書。其後,康承訓定徐方,有武寧本末之傳。如此色類,記述頗多。復有世積典墳,家傳史筆,或收纂當時除目,藏在私居;或采摭近代制書,以爲文集。未逢昌運,無以發明;今屬搜揚,誠爲際會。既伸志業,佇見旌餲。請下中外臣僚及明儒宿學,有於此六十年内撰述得傳記及中書銀臺事、史館日曆、制詔册書等,不限年月多少,並許詣闕進納。如年月稍多,記録詳備,請特行簡拔,不限資序。臣與張昭等共議,所撰唐史,抵叙本紀、列傳、十志。本紀以綱帝業,列傳以述功臣,十志以書刑政。本紀以綱帝業者,本紀之法,始於《春秋》,以事繫日,以日繫月,以月繫時,以時繫年,刑政無遺,綱條必舉。須憑長曆以編甲子,請下司天臺,自唐高祖武德元年戊寅至天祐元年,爲甲子轉年長曆一道,以憑編述諸帝本紀。列傳以述功臣者,古者衣冠之家,書於國籍,中正清議,以定品流,故有家傳、族譜、族圖。江左百家,軒裳繼軌;山東四姓,簪組盈朝。隋、唐已來,勛書王府,故士族子弟多自紀世功,備載簡編,以光祖考。今宸恩涣洽,屬意撰論,卿士大夫,咸多世族,聞兹汗簡,孰不慰心!請下文武兩班及藩侯郡牧,各叙累代官、婚、名諱、行業、功勛狀一本,如有家譜、家牒,亦仰送官,以憑纂叙列傳。十志以書刑政者,五禮之書,代有沿革,至開元刊定,方始備儀。自寶應已來,典章漸缺。其祇見郊廟,册拜公王,攝事相禮之文,車輅服章之數,勢移權幸,禮或僭差。故軍容釋奠於儒宫,舉朝議誚;巷伯扈鑾而法服,博士抗論。年代既深,禮文斯忒。請下太常禮院,自天寶已後至明宗朝已來五禮儀注、朝廷行事,或異舊章,並據增損節文,一一備録,以憑撰述《禮志》。四懸之樂,不異前文;八佾之容,或殊往代。隋、唐已來,樂兼夷夏,乃有文舞、武舞之制,坐部、立部之名。天寶之初,雲韶大備。寶應之後,音律漸衰,郊廟殿庭,舊章斯缺。自咸秦蕩覆,鐘石淪亡。龍紀返正之年,有司特鑄懸樂,旋宫之義,空有其文。請下太常寺,其四懸、二舞,增損始自何朝,及諸廟樂章舞名、開元十部用廢本末,一一按録,以憑撰述《樂志》。刑名之制,代有重輕,隋、唐已來,疏爲律令。然累朝繼有制敕相次,增益舊條,以此格律之文未能畫一。後敕不編於實録,諸制多在於法書。請下大理寺,自著律令已來,後敕入格條者,及會昌已來所經疑獄,一一關報,以憑撰述《刑法志》。律曆、五行、天文、灾異,中書實録,前代具書。自唐季亂離,簡編淪落。太史所奏,並不載於册書;譎見之文,時或存於星曆。請下司天臺,自會昌已來天文變異、五行休咎、曆法改更,據朝代年月,一一條録,以憑撰述《天文》《律曆》《五行》等志。唐初定官品令,三公、三師爲第一品,尚書令、僕爲第二品,兩省、御史臺、寺監長官、六尚書爲第三品。自定令已後,官品錯舛,比諸令文,前後同異。又有兼、攝、檢校之例,資授、册拜之文,軍容或盛於朝儀,使務漸侵於省局。以此官無定令,位以賞功,臺府之權,隨時輕重。求諸官志,前代無聞。請下御史臺,自定令已後文武兩班品秩或昇或降,及府名使額、寺署廢置、官名更改,一一具析,以憑撰述《職官志》。畫野離疆,實均九貢,帶河礪岳,爰命諸侯。唐初守邊,則有都督、總管之號;開元命將,即有節度、按察之名。故刺史多帶於使銜,郡閣更兼於軍額。其後四安之地,因亂多没於戎夷;九牧之中,乘寵遂邀於旄鉞。故山河易制,名類實繁。請下兵部職方,自開元已來山河地理、使名軍額、州縣廢置,一一條列,以憑撰述《郡國志》。漢述《藝文》,隋編《經籍》,蓋以總括典墳之部,牢籠流略之書。唐初以迄開元,圖書大備。歷朝纂述,卷軸彌繁。若不統而論之,何彰文雅之盛!請下秘書省,自唐初已來古今典籍、經、史、子、集、元撰人姓氏,四部大數報館,以憑撰述《經籍志》。臣名叨輔弼,學愧裁成,獲奉制書,俾專信史。伏以有唐纘曆,累葉承平。文德武功,已紛綸於圖諜;記言載筆,尚闕漏於簡書。皇帝陛下永念淪胥,深思揖讓。周武謁成湯之廟,不忘故朝;漢皇封王赧之孫,蓋悲亡國。今則已覃優渥,爰勤纂修。凡在臣僚,孰不知感。所懼史才短淺,識局荒唐,實慮庸虚,有孤宸委。所陳條例,如可施行,請下所司,庶幾集事。”從之。

(宋)王欽若等編纂:《册府元龜》卷五五七《國史部·采撰第三》

趙熙爲兵部郎中,天福六年,與吏部侍郎張昭受詔修唐史。開運中,竟畢其功。熙授右諫議大夫,昭加金紫光禄大夫,進封開國子,增食邑二百户,賞筆削之功也。一云:開運二年,史館上新修前朝李氏書,賜監修宰臣劉昫、修史官張昭、直館王伸(原爲仲)等繒彩銀器各有差。

(宋)王欽若等編纂:《册府元龜》卷五五四《國史部·恩獎》

漢賈緯,仕晉爲起居郎。天福六年奏曰:“伏睹史館,唐高祖至代宗,已有紀傳;德宗至文宗,亦存實録;武宗至濟陰廢帝,凡六代,唯有《武宗實録》一卷,餘皆闕落。臣今采訪遺文及耆舊傳説,編成六十五卷,目爲《唐年補遺録》,以備將來史官修述。臣聞裴子野之修《宋略》,爰在梁時;姚思廉之纂《陳書》,乃於唐世。咸因喪墜,是有研尋。皇帝陛下與日齊明,固天縱聖。華山歸馬,崇文之道已行;虎殿延儒,質疑之論斯啓。一昨聿宣綸誥,精擇史官,以李氏受終,想唐年遺事。雖追名上號,其制相沿,而創法定儀,於文或異。恐謡俗之訛變,致信實以湮沉。將緝亡書,以修墜典。臣久居職分,深耻闕遺,今録淺聞,别陳短序。伏冀特回睿鑒,俯念愚衷。芸閣蓬山,誠莫裨於良直;蹄涔掬土,願少助於高深。請下有司,用當取證。”帝覽之嘉嘆,賜器皿幣帛。

(宋)王欽若等編纂:《册府元龜》卷五五四《國史部·恩獎》

晉賈緯爲起居郎、史館修撰,緯謂監修趙瑩曰:“唐史一百三十卷,止於代宗。已下十餘朝,未有正史,請與同職修之。”瑩異其言,具奏。晉祖然之,謂李崧曰:“賈緯欲修唐史,何如?”對曰:“臣每見史官輩言,唐朝近百年來無實録。既無根本,安能編紀?”緯聞崧言,頗怒,面責崧沮己。崧曰:“與公鄉人,理須相惜,此事非細,安敢輕言?”緯見宰相,論説不已。明年春,敕修唐史。天福六年二月己酉,緯奏曰:“伏睹國史館,唐高祖至代宗已有紀傳,德宗至文宗亦存實録,武宗至濟陰廢帝凡六代,唯有《武宗實録》一卷,餘皆闕落。臣今采訪遺文及耆舊傳説,編成六十五卷,目爲《唐年補遺録》,以備將來史官修述。臣聞裴子野之修《宋略》,爰在梁時,姚思廉之纂《陳書》,乃於唐世,咸因喪墜,是有研尋。皇帝陛下與日齊明,固天縱聖。華山歸馬,宗文之道已行;虎殿延儒,質疑之論斯啓。一昨聿宣綸誥,精擇史官。以李氏又終,想唐年遺事。雖追名上號,其制相沿;而創法定儀,於文或異。恐謡俗之訛變,致信實以湮沉。將輯亡書,以修墜典。臣久居職分,深耻闕遺,今録淺聞,别陳短序。伏冀特回睿鑒,俯念愚衷。芸閣蓬山,誠莫裨於良直;蹄涔掬土,願少效於高深。請下有司,用資取證。"上覽之嘉嘆,賜器皿幣帛。

(宋)王欽若等編纂:《册府元龜》卷五五七《國史部·采撰第三》

唐朝補遺録……晉天福六年二月,起居郎賈緯奏:唐自武宗以後六朝唯有武宗實録一卷,餘皆缺略。今采訪遺文及耆舊傳説,編成六十五卷,目爲《唐朝補遺録》。緯所論次多缺誤,而事迹粗存,亦有補於史氏。崇文目唐年補録六十五卷,賈緯備史六卷。

(宋)王應麟編:《玉海》卷四八《藝文·唐朝補遺録》

漢賈緯爲諫議大夫,乾祐二年二月敕曰:"載唐虞之盛,傳彼古文明,得失之由,存乎信史。恭惟高祖皇帝,受天曆數,纘漢基圖。戎虜蠻夷,懾靈旗而内附;禮樂征伐,建王道於大中。功格於上,玄化行乎率土。將欲示其軌範,約彼《春秋》,接高、光紀聖之書,續班、馬紀言之典。廢而不舉,闕孰甚焉。左諫議大夫賈緯、左拾遺竇儼、右拾遺王紳等,才學淵深,論辯蜂起,分職方提於直筆,編年允屬於鴻儒。宜令緯等同修高祖實録呈進,仍令宰臣蘇逢吉監修。"

(宋)王欽若等編纂:《册府元龜》卷五五四《國史部·選任》

漢竇貞固,隱帝時爲相。乾祐二年,貞固上言:"臣伏睹上自軒、昊,下及隋、唐,歷代帝王享國年月,莫不裁成信史,載在明文。或編修只自於本朝,或追補亦從於來者。曾無漏略,咸有排聯。蹤迹相尋,源流可别。五運生成之道,於是乎彰明;一時褒貶之書,因兹而昭著。古既若此,今乃宜然。輒敢上言,庶裨有作。伏以晉高祖洎少帝兩朝臨御,一紀光陰,雖金德告衰,蓋歸曆數,而炎靈復盛,固有階緣。先皇帝昔在初潛,曾經所事。舜有歷試之迹,禹陳俾乂之功,載尋發漸之由,實謂開基之本。近見史臣修《高祖實録》,神功聖德,靡不詳明。述漢之興,由晉而起。安可遺落朝代,廢闕編修。更若日月滋深,耳目不接,恐成湮没,莫究端由。伏惟皇帝陛下德洽守文,功宣下武。化家爲國,備觀王業之源;續聖繼明,益表帝圖之美。舊章畢舉,墜典聿修。伏乞睿慈,敕史官纂集晉朝實録。"敕:"五運相承,歷代而猶傳鳳紀;百王垂訓,繼明而具載鴻猷。況今司契御乾,握圖纂極。事每循於師古,政必究於化源。迨自金行,成兹火德,所請編録,庶補闕文。其晉朝實録,宜令監修國史蘇逢吉與史官賈緯、竇儼、王伸等修撰呈進。"至太祖廣順元年七月,竇貞固上言:"臣監修國史時,奉詔修晉朝實録。伏以皇帝陛下武功定業,文德化民。河圖洛書,將薦聖明之瑞;商俗夏諺,無輕典誥之資。厚言貽誡以弘心,彰往考來而在念。臣等任叨南、董,才愧班、荀,屬辭虧朗暢之功,總論寡精微之識。秩無文於昭代,浪塞闕如;收遺韻於博聞,冀開來者。奉兹鉛槧,賞以油緗。同傾獻技之心,上副成書之命。所撰《晉高祖實録》三十卷、《少帝實録》二十卷,謹詣東上閤門呈進。"敕貞固等:"群書睹奥,直筆記言,成一代之明文,繼百王之盛典,豈特洪纖靡漏,抑亦褒貶有彰。將播無窮,永傳不朽。嘆重褒美,頃刻不忘。"

(宋)王欽若等編纂:《册府元龜》卷五五七《國史部·采撰第三》

漢蘇逢吉爲相,監修國史。乾祐二年十月,逢吉與史官賈緯上奏曰:"高祖皇帝誕聖并門,書勛晉室。經文緯武,既歷試於諸難;應天順人,俄光宅於四海。非干戈而瀆武,實仁義而樂推。可謂有典有謨,盡善盡美。伏惟皇帝陛下纂承鴻業,恭守丕圖。調雅薦馨,笙磬已歌於盛烈;表年繫事,策書備載於英猷。誠爲不朽之言,以播無窮之美。臣等前奉明詔,俾勒芸編,遂與史臣搜諸策府。就日之德,深慚筆削之詞;揮翰之文,庶續油緗之闕。謹叙高祖皇帝行事,成實録二十卷,陳進以聞。"

(宋)王欽若等編纂:《册府元龜》卷五五七《國史部·采撰第三》

周李穀爲宰臣,監修國史。顯德元年十月奏曰:"竊以自古王者,咸建史官。君臣獻替之謀,皆須備載;家國安危之道,得以直書。歷代已來,其名不一。人君言動,則起居注創自累朝;輔相經綸,時政記興於前代。然後采其事實，編作史書。蓋緣聞見之間，須有來處；記録之際，得以審詳。今之左右起居郎，古之左右史也。唐文宗朝，命其官執筆立於殿階螭頭之下，以紀政事。後則明宗朝，命端明殿及樞密直學士，皆輪修日曆，旋送史館，以備纂修。降及近朝，此事皆廢。今後欲望以諮詢之事，裁制之規，别命近臣，旋具鈔録。每當修撰日曆，即令封送史臣。"從之。因命樞密院直學士：起今後於樞密使處逐月鈔録事件，送付史館。先是，太祖黜王峻爲商州司馬，既出之後，慮其史筆不直，因宣取開國已來日曆讀之。史臣以不知禁密機事，恐成漏略，相與爲憂。及世宗嗣位，亦留意於史傳，因共起請爲編修之備。

（宋）王欽若等編纂：《册府元龜》卷五六〇《國史部・記注》

周張昭爲兵部尚書，顯德三年十二月敕："太祖聖皇帝實録，並梁均帝、唐清泰二主實録，宜差張昭修，其同修官委張昭定名奏請。"四年正月，昭上言："奉敕編修太祖實録及唐、梁二末主實録，今請國子祭酒尹拙、太子詹事劉温叟同於史館編修。"

（宋）王欽若等編纂：《册府元龜》卷五五四《國史部・選任》

周世宗顯德三年十二月詔曰："伏以太祖聖神恭肅文武孝皇帝削平多難，開啓洪圖，用干戈而清域中，修禮樂而治天下。克勤克儉，乃武乃文。八紘方混於車書，三載忽遺於弓劍。英謀睿略，既高冠於前王；聖德神功，尚未編於信史。詢於典禮，闕孰甚焉！宜垂不刊之文，以永無疆之美。其太祖聖神恭肅文武孝皇帝實録，宜差兵部尚書張昭修纂，其同修纂官員，委張昭定名奏請。"又詔曰："書契已來，史册相繼，明君暗主，罔或遺之。所以紀一時之興亡，爲千古之鑒誡。梁均帝、唐清泰二主，皆居大寶，奄宅中區。雖負扆當陽，不享延洪之數；而編年紀事，宜存纂録之規。用備闕文，永傳來裔。其梁均帝、唐清泰二主實録，宜差兵部尚書張昭修纂，其同修纂官員、亦委張昭定名奏請。"四年正月，兵部尚書張昭奏："奉敕編修太祖實録及唐、梁二末主實録，今請國子祭酒尹拙、太子詹事劉温叟同編修。"又奏："撰

《漢書》者,先爲項傳;編《蜀記》者,首序劉璋。所貴神器之傳授有因,曆數之推遷得序。伏緣漢隱帝君臨,在太祖之前,其歷試之績,並在漢隱帝朝内。請先修隱帝實録,以全太祖之事功。又梁末主之上,有郢王友珪簒弑君位,未有記録,請依《宋書》劉邵例,書爲元凶友珪。其末主,請依古義,書爲梁廢帝,其書曰《後梁實録》。唐末主之前,有應順帝在位四月出奔,亦未編紀,請書爲前廢帝,清泰主爲後廢帝,其書並爲實録。兼請於諸道搜索圖記。"並從之。五年六月,兵部尚書張昭等修《太祖實録》三十卷上之。

(宋)王欽若等編纂:《册府元龜》卷五五七《國史部·采撰第三》

周張昭爲兵部尚書,與太子詹事劉温叟等,顯德五年撰《太祖實録》三十卷,上之,賜物有差。

(宋)王欽若等編纂:《册府元龜》卷五五四《國史部·恩獎》

顯德六年十二月壬申朔,史館奏請差官撰修《世宗實録》。從之。

(宋)王欽若等編纂:《册府元龜》卷五五七《國史部·采撰第三》

周張昭,仕晉爲户部侍郎,與起居郎賈緯等撰《唐史·地理志》四卷。

(宋)王欽若等編纂:《册府元龜》卷五六〇《國史部·地理》

周賈緯,初仕漢,爲諫議大夫、史館修撰、判館事。乾祐中,受詔與王伸、竇儼修晉高祖、少帝、漢高祖三朝實録。緯以筆削爲己任,然而褒貶任情,記注不實。晉宰相桑維翰執政日,薄緯之爲人,不甚見禮,緯深銜之。及叙維翰傳,稱維翰"身没之後,有白金八千挺,他物稱是"。翰林學士徐臺符,緯邑人也,與緯相善,謂緯曰:"切聞吾友書桑魏公白金之數,不亦多乎?但以十目所睹,不可厚誣。"緯不得已,改爲白金數十挺。

(宋)王欽若等編纂:《册府元龜》卷五六二《國史部·不實》

《唐書》二百卷

晁氏曰:石晉宰相劉昫等撰。因韋述舊史增損以成,爲帝紀二十、列傳一百五十。繁略不均,校之實録,多所闕漏;又是非失實,其甚至以韓愈文章爲大紕繆,故仁宗時删改焉。

(元)馬端臨:《文獻通考》卷一九二《經籍考一九》

《唐年補録》六十五卷

陳氏曰:後晉起居郎、史館修撰鉅鹿賈緯撰。以武宗後無實録,故爲此書。終唐末,其實補實録之闕也。唯論次多闕誤,而事迹粗存,亦有補於史氏。

(元)馬端臨:《文獻通考》卷一九三《經籍考二〇》

後漢乾祐中,禮部郎司徒調請開獻書之路。凡儒學之士,衣冠舊族,有以三館亡書來上者,計其卷帙,賜之金帛,數多者,授以官秩。時戎虜猾夏之後,官族轉徙,書籍罕存。詔下,鮮有應者。

(元)馬端臨:《文獻通考》卷一七四《經籍考一》

《晉高祖實録》三十卷,《晉出帝實録》二十卷

陳氏曰:監修竇正固,史官賈緯、王伸、竇儼等撰。周廣順元年上。正固字體仁,同州人。相漢,至周罷,歸洛陽,國初卒。

《漢高祖實録》十七卷

陳氏曰:監修蘇逢吉、史官賈緯等撰。乾祐二年上。書本二十卷,今闕末三卷。《中興書目》作十卷。

(元)馬端臨:《文獻通考》卷一九四《經籍考二一》

(八月)庚申,史館上周世宗實録四十卷,賜監修國史王溥、修撰官扈蒙器幣有差。

(宋)李燾:《續資治通鑑長編》卷二,太祖建隆二年(961)

周世宗以史館書籍尚少,鋭意求訪。凡獻書者,悉加優賜,以誘致之。而民間之書傳寫舛誤,乃選常參官三十人校讎刊正,令於卷末署其名銜焉。自諸國分據,皆聚典籍,惟吴、蜀爲多,而江左頗爲精真,亦多修述。

(元)馬端臨:《文獻通考》卷一七四《經籍考一》

《五代史》一百五十卷

晁氏曰:皇朝開寶中,詔修梁、唐、晉、漢、周書,盧多遜、扈蒙、張淡、李昉、劉兼、李穆、李九齡同修,宰相薛居正監修。

《新五代史記》七十五卷

晁氏曰:皇朝歐陽修永叔以薛居正《史》繁猥失實,重加修定,藏於家。永叔没後,朝廷聞之,取以付國子監刊行。《國史》稱其可繼班固、劉向,人不以爲過,特恨其《晉出帝論》,以爲因濮園議而發云。

陳氏曰歐陽子之説曰:"昔孔子作《春秋》,因亂世而立法;余爲本紀,以治法而正亂君。"發論必以"嗚呼",曰:"此亂世之書也。"諸臣止事一朝曰"某臣傳",其更事歷代者曰"雜傳",尤足以爲世訓。然不爲韓瞠眼立傳,識者有以見作史之難。按韓通之死,太祖猶未踐極也,其當在《周臣傳》明矣。

李方叔《師友談記》:歐陽公《五代史》最得《春秋》之法。蓋文忠公學《春秋》於胡瑗、孫復,故褒貶謹嚴,雖司馬子長無以復加。不幸五十二年之間皆戎狄亂華,君臣之際無赫赫可道之功業也。

(元)馬端臨:《文獻通考》卷一九二《經籍考一九》

《五代通録》六十五卷

晁氏曰:皇朝范質撰。《五代實録》計三百六十卷,質删其煩文,摭其妄言,以成是書。自乾化壬申至梁亡十二年間,簡牘散亡,亦采當時制敕碑碣以補其闕。

(元)馬端臨:《文獻通考》卷一九三《經籍考二〇》

《資治通鑒》二百九十四卷,《目録》三十卷,《考异》三十卷

容齋洪氏《隨筆》曰:……梁開平元年正月,便不稱唐天祐四年。……莊宗同光四年便繫於天成,以爲明宗;而卷内書命李嗣源討鄴,至次卷首,莊宗方殂。潞王清泰三年,便標爲晉高祖,而卷内書石敬瑭反,至卷末始爲晉天福。凡此之類,殊費分説。

(元)馬端臨:《文獻通考》卷一九三《經籍考二〇》

陳師錫伯修作《五代史序》,文詞平平。初蘇子瞻以讓曾子固,曰:"歐陽門生中子固先進也。"子固答曰:"子瞻不作,吾何人哉!"二公相推未决,陳奮筆爲之。

(宋)陳長方:《步里客談》卷下

《周太祖實録》三十卷

陳氏曰:監修蘇逢吉,史官賈緯等撰。乾祐二年上。書本二十卷,今闕末三卷。《中興書目》作十卷。

《漢隱帝實録》十五卷

陳氏曰:張昭等撰。事已見前。

《周太祖實録》三十卷

陳氏曰:張昭等撰。顯德五年上。昭即昭遠,字潛夫,濮上人。避漢祖諱,止稱昭,逮事本朝,爲吏部尚書。開寶五年卒。

《周世宗實録》四十卷

陳氏曰:監修官晉陽王溥齊物、修撰范陽扈蒙日用撰。

《蜀高祖實録》三十卷

晁氏曰:僞蜀李昊撰。高祖者,孟知祥也。昊相知祥子昶時被命撰。起唐咸通甲午,終於僞明德元年甲午,凡六十一年。

(元)馬端臨:《文獻通考》卷一九四《經籍考二一》

《三朝見聞録》八卷

陳氏曰:不知作者。起乾符戊戌,至天祐末年,及莊宗中興後河

東事迹。三朝者,僖、昭、莊也。其文直述,多鄙俚。

《汴水滔天録》一卷

陳氏曰:唐左拾遺王振撰。言朱温簒逆事。

《耳目記》二卷

晁氏曰:題云劉氏,未詳何時人。雜記唐末五代事。

《朱梁興創遺編》二十卷

陳氏曰:梁宰相敬翔子振撰。自廣明巢賊之亂,朱温事迹,訖於天祐殺逆。大書特書,不以爲愧也。其辭亦鄙俚。

《莊宗臺禍記》一卷

陳氏曰:後唐中書舍人黄彬撰。

《入洛記》一卷

晁氏曰:蜀王仁裕撰。仁裕隨王衍降,入洛陽,記往返塗中事,並其所著詩賦。

(元)馬端臨:《文獻通考》卷一九六《經籍考二三》

《晉朝陷蕃記》四卷

晁氏曰:皇朝范質撰。質,石晉末在翰林,爲出帝草《降虜表》,知其事爲詳。記少主初遷於黄龍府,後居於建州,凡十八年而卒。按契丹丙午歲入汴,順數至甲子歲爲十八年,實國朝太祖乾德二年也。

陳氏曰:據莆田鄭氏書目云范質撰。本傳不載,故《館閣書目》云不知作者。未悉鄭氏何所據也。

《晉太康平吴記》二卷

隋氏曰:周吏部尚書張昭撰。世宗將討江南,昭采晉武平孫皓事迹,爲書上之。

《唐餘録》六十卷

晁氏曰:皇朝王皥奉詔撰。皥芟《五代舊史》繁雜之文,采諸家之説,仿裴松之體附注之。以本朝當承漢唐之盛,五代則閏也,故名曰《唐餘録》。寶元二年上之。温公修《通鑑》,間亦取之。皥,曾之弟。

陳氏曰:是時惟有薛居正《五代舊史》,歐陽修書未出。此書有紀有志有傳,又博采諸家小説,仿裴松之《三國志注》附其下方,蓋五代别史也。《館閣書目》以入《雜傳》類,非是。

《唐末泛聞録》一卷

晁氏曰:皇朝閻自若纂。乾德中,王普《五代史》成,自若之父觀之,謂自若曰:"唐末之事,皆吾耳目所及,與史册異者多矣。"因話見聞故事,命自若志之。

陳氏曰:題常山閻自若撰。記五代及諸僭僞事。其序自言乾德中,得於先人及舅氏聞見。且曰:"傳者難驗,見者易憑。考之史策,不若詢之耆舊也。"然所記亦時有不同者,如李濤納命事,本謂張彦澤,今乃云謁周高祖,未詳孰是。

《五代補録》五卷

晁氏曰:皇朝陶岳撰。祥符壬子,岳以五季史書闕略,因書所聞,得一百七事。

陳氏曰:每代爲一卷,凡一百七條。岳,雍熙二年進士。

《五代史闕文》一卷

晁氏曰:皇朝王禹偁撰。録五代史筆避嫌漏略者,以備闕文,凡一十七事。

(元)馬端臨:《文獻通考》卷一九六《經籍考二三》

《五代登科記》一卷

陳氏曰:不著名氏。前所謂崔氏書至周顯德止者,殆即此邪?館中有此書,洪丞相以國初卿相多在其中,故並傳之。

《敦煌新録》一卷

陳氏曰:有序,稱天成四年沙州傳舍集,而不著名氏,蓋當時奉使者。叙張義潮本末,及彼土風物甚詳。凉武昭王時,有劉昞者著《敦煌實録》二十卷,故此號《新録》。

《渚宫故事》五卷

陳氏曰:後周太子校書郎余知古撰。載荆楚事,自鬻熊至唐末。

本十卷,今止晉代,闕後五卷。

《錦里耆舊傳》八卷

陳氏曰:前應靈縣令平陽句延慶昌裔撰。開寶三年,秘書丞劉蔚知榮州,得此傳。其詞蕪穢,請延慶修之,改曰《成都理亂記》。天成之後,别加編次。起咸通九載,迄乾德四年,百餘年蜀事,大略具矣。《續傳》蜀人張緒所撰。起乾德乙丑,迄祥符己酉,自平蜀之後,朝廷命令、官僚姓名,及政事因革,以至李順、王均、劉旰作亂之迹,皆略載之。知新繁縣太常博士張約爲之序。

《秦王貢奉録》二卷

陳氏曰:樞密使吴越錢惟演希聖撰。記其父俶貢獻及錫賚之物。

《家王故事》一卷

陳氏曰:錢惟演撰。記其父遺事二十二事,上之,以送史院。

《戊申英政録》一卷

陳氏曰:婺州刺史錢儼撰。記其兄俶事迹。俶以戊申正月嗣位。

《玉堂逢辰録》二卷

陳氏曰:錢惟演撰。其載祥符八年四月榮王宫火,一日二夜,所焚屋宇二千餘間,左藏、内藏、香藥諸庫及秘閣史館,香聞數十里,三館圖籍一時俱盡,大風或飄至汴水之南,惟演獻禮賢宅以處諸王。以此觀之,唐末、五代書籍之僅存者,又厄於此火,可爲太息也!

(元)馬端臨:《文獻通考》卷一九八《經籍考二五》

《淝上英雄小録》二卷

陳氏曰:信都鎬撰。所録楊行密將吏有勛名者四十人,其二十四人皆淝人,餘諸道人,又有僧、道、漁、樵之屬十人。録其小事,故名《小録》。

《江淮異人録》二卷

陳氏曰:吴淑撰。所記道流、俠客、術士之類,凡二十五人。

《南唐烈祖開基志》十卷

陳氏曰:南唐滁州刺史王顔撰。起天祐乙丑,止昇元癸卯,合三十九年。

《南唐烈祖實録》十三卷

陳氏曰:南唐史館修撰高遠撰。闕第八、第十二卷。遠又嘗爲《吴録》二十卷。而徐鉉、鄭文寶皆云開寶中遠始緝昇元以來事,書未成而疾,焚其草,故事多遺落。

《南唐近事》二卷

晁氏曰:皇朝鄭文寶編。記李氏三主四十年間雜事。

(元)馬端臨:《文獻通考》卷二〇〇《經籍考二七》

《江南録》十卷

晁氏曰:皇朝徐鉉等撰。鉉等自江南歸朝,奉詔集李氏時事。王介甫嘗謂"鉉書至亡國之際,不言其君之過,但以曆數存亡論之,於《春秋》箕子之義爲得也。雖然,潘佑以直見殺,而鉉書佑死以妖妄,殆與佑争名,且耻其善不及佑,故匿其忠,污之以罪耳。若然,豈唯厚誣忠臣,其欺吾君不亦甚乎!"世多以介甫之言爲然,獨劉道原得佑子華所上其父事迹,略與《江南録》所書同,乃知鉉等非欺誣也。

陳氏曰:徐鉉、湯悦撰。二人皆唐舊臣,故太宗命之撰。湯悦即殷崇義,避宣祖諱及太宗舊名,並姓改焉。

《江表志》三卷

晁氏曰:鄭文寶撰。序言徐鉉、湯悦所録事多遺落,無年可編。然《前録》固爲略,而猶以年月記事;今此書亦止雜記,如事實之類耳。近事稱太平興國二年丁丑,今稱庚戌者,大中祥符三年。

《江南餘載》二卷

陳氏曰:不著姓名。序言徐鉉始奉詔爲《江南録》,其后王舉、路振、陳彭年、楊億皆有書。大概六家,皆不足以史稱,而龍兖爲尤甚。熙寧八年得鄭君所述於楚州,其事迹有六家所遺或小異者,删落是正,取百九十五段,以類相從。鄭君者,莫知何人。

《南唐書》三十卷

陳氏曰:陽羨馬令撰。序言其祖太傅元康,世家金陵,多知南唐故事,未及撰次。今纂先志而成之,實崇寧乙酉。其書略備記傳體,亦言徐、湯之疏略云。

(元)馬端臨:《文獻通考》卷二〇〇《經籍考二七》

《蜀桂堂編事》二十卷

晁氏曰:僞蜀楊九齡撰。雜記孟氏廣政中舉試事,載詩、賦、策題及知舉登科人姓氏。且云:"科舉起於隋開皇,前陋者謂唐太宗時,非也。"

《外史檮杌》十卷

晁氏曰:皇朝張唐英次公撰。序稱王建、孟知祥父子四世八十年,比之公孫述輩最爲久遠。其間善惡有可爲世戒者,路振之書未備,治平成此書,以補其遺。凡《五代史》及《皇朝日曆》所書皆略之。温公修《通鑒》,搜羅小説殆遍,未嘗取此書。蓋多差舛,如光大至二年之類是也。

陳氏曰:唐英自號黄松子,商英之兄也。

《前蜀記事》二卷

陳氏曰:僞蜀學士毛文錫平珪撰。起廣明庚子,盡天福甲子,凡二十五年。文錫,唐太僕卿龜範之子,十四登進士第。入蜀仕建,至判樞密院,隨衍入洛而卒。

《後蜀記事》十卷

陳氏曰:直史館太常博士董淳撰。惟記孟昶事。

《吴越備史》九卷

陳氏曰:吴越掌書記范坰、巡官林禹撰。按《中興書目》,其初十二卷,盡開寶三年。後又增三卷,至雍熙四年。今書止石晉開運,比初闕三卷。

《吴越備史遺事》五卷

陳氏曰:全州觀察使錢儼撰。俶之弟也。其序云《備史》亦其所作,托名林、范而遺名墜迹,殊聞異見,闕漏未盡者,復爲是編,時皇宋平南海之二年。吴興西齋序。蓋開寶五年也。儼以三年代其兄偡刺湖州。

(元)馬端臨:《文獻通考》卷二〇〇《經籍考二七》

《江表志》者,有國之時,朝章國典,燦然可觀,執政大臣以史筆爲不急之務。洎開寶之起居郎高遠當職,始編輯昇元以來故事,將成一家之言。書未成,遠疾亟,數篋文章皆令焚之,無孑遺矣。太宗皇帝欲知前事,命湯悦、徐鉉撰成《江南録》十卷,事多遺落,無年可編。筆削之際,不無高下。當時好事者往往少之。文寶耳目所及,編成三卷。方國志則不足比,通曆則有餘,聊足補亡,以候來者。庚戌歲閏三月二十三日序。

(宋)鄭文寶:《江表志》卷一

《閩中實録》十卷

陳氏曰:周顯德中,揚州永貞縣令蔣文惲記閩王審知父子及將吏、儒士、僧道事迹,末亦略及山川土物。

《閩王列傳》一卷

陳氏曰:秘書監晉江陳致雍撰。二世七主,通六十年。

《閩王事迹》一卷

陳氏曰:不知何人作。末稱光啓二年至天聖元年,一百三十八年。所記頗詳。

《三楚新録》三卷

陳氏曰:知桂州修仁縣周羽冲撰。上卷爲湖南馬殷,中卷爲武陵周行逢,下卷爲荆南高季興。

《湖南故事》十卷

陳氏曰:不知作者。記馬氏至周行逢事。《館閣書目》作十三卷,蓋爲列傳十三篇,其實十卷也。文辭鄙甚。

《五國故事》二卷

陳氏曰:不知作者。記吴、蜀、閩、漢諸國事。

《九國志》五十一卷

晁氏曰:皇朝路振子發撰。雜記吴越、唐、前後蜀、東漢、南漢、閩、楚,凡九國。

陳氏曰:各爲世家、列傳,凡四十九卷。末二卷爲北楚,言高季興事,張唐英所補撰。

《十國紀年》四十二卷

晁氏曰:皇朝劉恕道原撰。温公序云:涣之子也。博學强記。同修《通鑒》,史事之紛錯,難治者以諉恕。宋次道知亳州,家多書,恕往借觀之,目爲之瞀。性剛介。初與王安石善,及改新法,言其非,遂與之絶。卒年四十九。所謂十國者,一王蜀,二孟蜀,三吴,四唐,五吴越,六閩,七楚,八南漢,九荆南,十北漢。温公又題其後云:世稱路氏《九國志》在五代之史中最佳,此書又過之。以予考之,長於考異同,而拙於屬文。其書國朝事皆曰"宋",而無所隱諱,意者各以其國爲主耳。

(元)馬端臨:《文獻通考》卷二〇〇《經籍考二七》

《史館故事録》三卷

晁氏曰:不題撰人姓名。記史館雜事,分六門,迄於五代。李獻臣以爲後周史官所著。

陳氏曰:六門曰叙事、史例、編修、直筆、曲筆,而終之以雜録。末稱皇朝廣訓,則是周朝史官也。

(元)馬端臨:《文獻通考》卷二〇二《經籍考二九》

《青城山記》一卷

晁氏曰:僞蜀道士杜光庭賓聖撰。集蜀山若水在青城者,悉本道家方士之言。

(元)馬端臨:《文獻通考》卷二〇六《經籍考三三》

《海外使程廣記》三卷

陳氏曰：南唐如京使章僚撰。使高麗，所記海道及其國山川、事迹、物産甚詳。史虚白爲作序，稱己未十月，蓋本朝開國前一歲也。

（元）馬端臨：《文獻通考》卷二〇六《經籍考三三》

（永平二年）三月，詔平章事張格專編纂開國以來實録。獲玉璞於田令孜之故第，以爲國寶，其文曰："有德承天，其祚永昌。"八月，什邡縣獲銅牌石記，有"膺昌"之文。改什邡爲通計縣，改太子名爲元膺。

（明）陶宗儀：《説郛》卷四五《蜀檮杌》

容齋洪氏《隨筆》曰：姓氏之書，大抵多謬誤。如唐《貞觀氏族志》，今已忘其本；《元和姓纂》，誕妄最多；國朝所修《姓源韻譜》，又爲可笑。姑以洪氏一項考之，云："五代時有洪昌、洪杲，皆爲參知政事。"予按此二人乃五代南漢僭主劉龑之子，及晟嗣位，用爲知政事。其兄弟本連"弘"字，以本朝國諱，故《五代史》追改之，元非姓洪氏也。此與洪慶善序丹陽弘氏云"有弘憲者，元和四年嘗跋《輞川圖》"，不知弘憲乃李吉甫之字耳，其誤正同。

（元）馬端臨：《文獻通考》卷二〇七《經籍考三四》

《法語》二十卷

晁氏曰：南唐劉鶚撰。甲戌歲，擢南唐進士第，實開寶七年也。著書凡八十一篇，言治國立身之道。徐鉉爲之序。

（元）馬端臨：《文獻通考》卷二〇九《經籍考三六》

《宋齊邱化書》六卷

晁氏曰：僞唐宋齊邱子嵩撰。張耒文潛嘗題其後，云："齊邱之意，特犬鼠之雄耳，蓋不足道。其爲《化書》，雖皆淺機小數，亦微有以見於黄、老之所謂道德，其能成功，有以也。吾嘗論黄、老之道德本於清净無爲，遣去情累，而其末多流而爲智術刑名，何哉？仁義生於恩，恩生於人情，聖人節情而不遺者也。無情之至，至於無親，無親則忍矣：此刑名之所以用也。文章頗高簡，有可喜者。其言曰：'君子有奇志，天下不親。'雖聖人出，斯言不廢。"

《格言》五卷

晁氏曰：僞唐韓熙載叔言撰。熙載以經濟自任，乃著書二十六篇，論古今王伯之道，以干李煜。首言陽九百六之數及五運迭興事，其駢雜如此。有門人舒雅序。

《中華古今注》三卷

陳氏曰：後唐太學博士馬縞撰。蓋惟廣崔豹之書也。

《續事始》五卷

晁氏曰：僞蜀馮鑒廣孝孫所著。

(元)馬端臨：《文獻通考》卷二一四《經籍考四一》

《北夢瑣言》二十卷

晁氏曰：荆南孫光憲撰。光憲，蜀人，從陽玭、元證游，多聞唐世賢哲言行，因纂輯之，且附以五代、十國事。取《傳》"田於江南之夢"，自以爲高氏從事，在荆江之北，故命編云。

陳氏曰：光憲仕荆南高從誨，爲黄州刺史，三世在幕府。後隨繼冲入朝，有薦於太祖者，將用爲學士，未及而卒。光憲自號葆光子。

《皮氏見聞録》五卷

晁氏曰：五代皮光業撰。唐末爲錢鏐從事，記當時詭異見聞，自唐乾符四年，迄晉天福二年。自號鹿門子。

《耳目記》一卷

陳氏曰：無名氏。《邯鄲書目》云劉氏撰，未詳其名。記唐末以後事。

《紀聞談》三卷

陳氏曰：蜀潘遠撰。《館閣書目》按李淑作潘遺。今考《邯鄲書目》亦作潘遠，其曰遺者，本誤也。所記隋、唐遺事。

《鑒誡録》十卷

晁氏曰:後蜀何光遠撰。字輝夫,東海人。廣政中,纂輯唐以來君臣事迹可爲世鑒者。前有劉曦度序。李獻臣云"不知何時人"。考之不詳也。

《葆光録》三卷

陳氏曰:陳纂撰。自號襲明子。所載多吳越事,當是國初人。

《後史補》三卷

陳氏曰:前進士高欲拙撰。

《野人閒話》五卷

陳氏曰:成都景焕撰。記孟蜀時事。乾德三年序。

《續野人閒話》二卷

陳氏曰:不知作者。

《稽神録》六卷

晁氏曰:南唐徐鉉撰。記怪神之事。序稱"自乙未歲至乙卯,凡二十年,僅得百五十事"。楊大年云:"江東布衣蒯亮好大言誇誕,鉉喜之,館於門下。《稽神録》中事,多亮所言。"

陳氏曰:元本十卷。今無卷第,總作一卷,當自是他書中録出者。

《賈氏談録》一卷

晁氏曰:南唐張洎奉使來朝,録賈黄中所談三十餘事,歸獻其主。

(元)馬端臨:《文獻通考》卷二一六《經籍考四三》

《洛陽搢紳舊聞記》十卷

陳氏曰:丞相曹國張齊賢師亮撰。所録張全義治洛事甚詳。

《洛中記異》十卷

晁氏曰:皇朝秦再思記五代及國初讖應雜事。

《閒談録》兩卷

晁氏曰:皇朝蘇耆撰。舜卿之父也。記五代以來雜事,下帙多載馮道行義。

《秘閣閒談》五卷

晁氏曰:皇朝吴淑撰。記秘閣同僚燕談。淑仕南唐,後隨李煜降,丹陽人。

(元)馬端臨:《文獻通考》卷二一六《經籍考四三》

甲子,監修國史薛居正等上新修《五代史》百五十卷。明日,上謂宰相曰:"昨觀新史,見梁太祖暴亂醜穢之迹,乃至如此,宜其旋被賊虐也。"

(宋)李燾:《續資治通鑒長編》卷一五,太祖開寶七年(974)

丙申,知寧州楊及上所修《五代史》,上謂輔臣曰:"五代亂離,事不足法。"王曾曰:"雖然,安危之迹亦可爲監也。"

(宋)李燾:《續資治通鑒長編》卷一〇五,仁宗天聖五年(1027)

駕部郎中路綸獻其父振所撰《九國志》五十卷,詔以付史館。振在真宗時知制誥,所謂九國者,吴楊行密、南唐李昇、閩王潮、漢劉崇、南漢劉隱、楚馬殷、西楚高季興、吴越錢鏐、蜀王建孟知祥也。

(宋)李燾:《續資治通鑒長編》卷二〇二,英宗治平元年(1064)

《五代史》《五代史記》

《中興書目》一百五十卷,薛居正等撰。開寶六年四月二十五日戊申,詔梁、後唐、晉、漢、周五代史宜令參政薛居正監修,盧多遜、扈蒙、張澹、李穆、李昉等同修。七年閏十月甲子書成,凡百五十卷,目録二卷。賜器帛有差其事,凡記十四帝,五十三年,爲紀六十一,志十二,傳七十七。其書取《建康實録》爲準,胡旦以爲褒貶失實。《書目》:又七十四卷,歐陽修撰,徐無黨注。

(宋)王應麟:《玉海》卷四六《藝文》

《唐乘》《五代史略》

天聖五年十二月二十一日辛卯,秘書監致仕胡旦上《唐乘》七十卷,《五代史略》四十三卷,《演聖通論》七十二卷,《將帥要略》五十三卷。詔以旦子彤爲監簿,景祐元年七月壬辰又上《續演聖論》。王禹偁進《五代史》闕文一卷,凡十七篇。祥符中陶岳撰《五代史補》五卷百餘條。

(宋)王應麟:《玉海》卷四七《藝文》

《五代紀》

孫冲《五代紀》七十七卷,史鈔類,賈昌朝《通紀》八十卷。

(宋)王應麟:《玉海》卷四七《藝文》

《五代開皇紀》

天禧五年五月己丑,太常博士鄭向字公明表進《五代開皇紀》《書目》作"記"三十卷,起梁訖周,約八十萬言。表言:唐明宗祈天,願早生聖人,是五代閏紫,實開皇朝也,目曰"開皇"。《崇文目》編年類:五代亂亡,史册多漏失。向摭拾遺事,頗有補焉。

(宋)王應麟:《玉海》卷四七《藝文》

《治平十國志》

真宗時,知制誥路振采五代僭僞吴楊行密、唐李昪、前蜀王建、後蜀孟知祥、南漢劉隱、北漢劉崇、閩王潮、楚馬殷、吴越錢鏐九國君臣行事,撰《九國志》,以擬崔鴻《十六國春秋》。爲世家、列傳四十九卷。振字子發,永州人。其孫綸又增高氏季興爲《十國志》。治平元年六月辛酉,一十七日。綸上之,詔付史館。《九國志》五十卷,增荆南高氏,實十國也。晁氏《志》云:《九國志》五十一卷。張唐英補爲《北楚書》二卷,合五十一卷。唐英《蜀檮杌》十卷。云《外史檮杌》。路振書未備,今成此書,以補其遺。路振祥符初使契丹,撰《乘軺録》一卷以獻。開寶中,楊悦、徐鉉撰《江南録》十卷,陳彭年《别録》四卷。太平興國五年八月甲戌,以孟瑜爲固始主簿。瑜,長沙人,嘗著《野史》三十卷。石熙載言於上,而有是命。錢儼《吴越備史》十五卷,《備史遺事》五卷。

(宋)王應麟:《玉海》卷四七《藝文》

景祐《五朝春秋》五代紀

三年七月丁亥,工部郎中王軫直秘閣,軫上《五朝春秋》二十五卷。記始於吴、越。特擢之。庚寅,集賢院學士孫冲上《五代紀》七十七卷。詔奬諭。

(宋)王應麟:《玉海》卷四七《藝文》

建隆《五代通録》

《書目》:《通録》六十五卷。建隆間昭文館大學士范質撰。以《五代實録》共三百六十卷爲繁,遂總爲一部,命曰《通録》。肇自梁開平,迄於周顯德,凡五十三年。《范質傳》:述朱梁至周五代爲《通録》六十五卷。乾德五年三月戊申,范旻上先臣所撰《五代通録》。《崇文總目》:初,梁末帝無實録,質自以聞見補成之,其纘次時序最有條理。編年類。後唐明宗命端明、樞密學士修日曆。周世宗用陶穀之言,修明宗之制。天成三年,何瓚言張昭有史學,嘗私撰《同光實録》十二卷,又欲撰《三祖志》,並藏昭宗朝賜武皇制詔九十餘篇。即以爲史館修撰,補爲《紀年録》二十卷,《莊宗實録》三十卷,上之。又修《明宗實録》,成三十卷。顯德中,撰《周祖實録》三十卷及梁、唐、漢五朝實録,梁事遺失,餘三帝實録皆藏史閣。

(宋)王應麟:《玉海》卷四八《藝文》

開寶八年冬平江南,明年春,遣太子洗馬吕龜祥就金陵籍其圖書,得二萬餘卷,悉送史館,自是群書漸備。兩浙錢俶歸朝,又收其書籍。先是,朱梁都汴,貞明中,始以今右長慶門東北廬舍十數間列爲三館,湫隘卑庳,纔蔽風雨。周廬徼道,出於其側,衛士騶卒,朝夕喧雜,歷代以來,未遑改作。每諸儒受詔有所論撰,即移於他所,始能成之。

(元)馬端臨:《文獻通考》卷一七四《經籍考一》

(永平二年)三月,詔平章事張格專編纂開國以來實録。獲玉璞於田令孜之故第,以爲國寶,其文曰:“有德承天,其祚永昌。”

(明)陶宗儀:《説郛》卷四五《蜀檮杌》

(明德二年)六月,江原縣民張元母死,負土成墳,有白兔馴繞其廬,群鳥銜土置於墳上。賜帛三十段及米酒,仍付史館編録。

(明)陶宗儀:《説郛》卷四五《蜀檮杌》

後蜀辛寅遜修《王氏開國紀》,以肥遺爲旱魃。唐英按:肥遺,蛇名,角上有火,見則大旱,非魃也,出《山海經外傳》。華山亦有此蛇。

(明)陶宗儀:《説郛》卷四五《蜀檮杌》

開寶五年薛居正監修

《宋史》第二百六十四卷《薛居正傳》:太祖開寶五年,自吏部侍郎、參知政事,兼淮南、湖南、嶺南等道都提舉三司,水陸發運使,又兼門下侍郎,監修國史,又兼修《五代史》。逾年畢,錫以器幣。其下乃云“六年,拜門下侍郎、平章事”云云。第二百十卷《宰輔年表》則於五年書居正加參知政事,兼提點三司淮南、荆湖、嶺南諸州水陸轉運使事,於六年四月戊申書居正自參知政事,加監修《五代史》。九月,書居正自吏部侍郎、參知政事加門下侍郎、同平章事,仍兼都提點湖南等路轉運使事,兼修國史。如傳則似居正之監修國史、《五代史》皆在五年矣。竊謂傳文有誤,而表又有傳寫之誤,何則?《玉海》第四十六卷“藝文門”引《中興書目》云:開寶六年四月二十五日戊申,詔梁、後唐、晉、漢、周五代史,宜令參政薛居正監修,盧多遜、扈蒙、張淡、李穆、李昉等同修。七年閏十月甲子,書成,凡百五十卷,目録二卷。賜器帛有差。其事凡記十四帝、五十三年,爲紀六十一、志十二、傳七十七。此與《年表》所書之日俱合,可以無疑。監修必繫六年,非五年。至居正之門下侍郎,據傳,五年但爲兼銜,六年方真拜,而其參政則於乾德二年已爲之。《年表》五年“加”字之下“參知政事”四字衍,

"兼"字下應添"門下侍郎,又兼提點"云云。

(清)王鳴盛:《十七史商榷》卷九三

薛係官書歐係私撰

《玉海》又引《中興書目》云:《五代史記》,歐陽修撰,徐無黨注,紀十二、傳四十五、考三、世家及年譜十一、四夷附録三,總七十四卷。修没後,熙寧五年八月十一日,詔其家上之。十年五月庚申,詔藏秘閣。考《歐公文集》附年譜,但言其修《唐書》,不及《五代史》,而淳熙間所進《四朝國史》本傳云:"奉詔修《唐書》紀、志、表,自撰《五代史記》。"然則薛所監修者係官書,歐則私撰也。不料其後私書獨行,官書遂廢,近於乙未年,館閣諸臣從《永樂大典》中抄出薛史殘闕者,取他書所引補之,尚未鏤板。鈔本今存,其書事迹頗爲詳備,識見斷制,則薛不及歐。

(清)王鳴盛:《十七史商榷》卷九三

《五代史纂誤》

吴縝《五代史纂誤》,所以正歐史之失,已亡佚久矣。近丁酉年,館閣諸臣從《永樂大典》抄出,釐爲三卷,約得原書十之五六,今存。

(清)王鳴盛:《十七史商榷》卷九三

斷代爲史錯綜是非

史家自班、范斷代爲史,體裁已定,準情酌理,百世不可易也。陳氏志《三國》,逐國各斷,未嘗并合,則南北史亦宜逐朝各斷,而李延壽乃合之,紀爲一類,傳爲一類,已屬非是,又於傳之中,取各朝后妃,總叙在前,餘仍以各朝爲分限,間又於其中以一家兄弟子姓分仕各朝者,彙聚一處。此兩種新例,尤謬中之謬。延壽剿襲各書,直同鈔胥,未嘗自吐一語,聊以穿聯撮合見長。其實南北諸朝各自爲代,何可合也?薛居正《五代史》力矯延壽之失,梁、唐、晉、周,仍各自爲一書,極是。乃歐陽永叔《五代史記》,又大反故轍,各帝紀總叙在前,次將各代后妃、皇子類叙爲《家人傳》,次將專仕於一代者類叙爲《梁臣》《唐臣》《晉臣》《漢臣》《周臣傳》,次《死節傳》,次《死事傳》,次《一行傳》,次《唐六臣傳》,次《義兒傳》,次《伶官傳》,次《宦者傳》,然後將歷事累朝者臚列爲《雜傳》,又其次爲《司天》《職方》二考,又其次爲《世家》,又其次爲《世家年譜》,又其次爲《四夷附録》。乍觀之,壁壘一新,五花八門。徐思之,五代各自爲代,乃錯綜紀載若合爲一代者,然此何説乎?即如《晉臣》止三人,《周臣》止三人,太覺寂寥,已爲可笑。况彼時天下大亂,易君如置棋,安所得純臣而傳之?晉三人中,桑維翰、唐同光中已登進士第,景延廣,梁開平中已在行間,而吴巒唐長興中爲大同軍節度判官,又爲唐守城,已非純晉。况周王朴,漢乾祐中擢第,解褐授校書郎,非曾仕漢者乎?婦人屢嫁,以末後之夫爲定,援此爲例,則薛史以馮道入《周書》極妥,反嫌他傳未能如此畫一耳,何必别題作"雜傳"?若以其失節而别題之,則似各代之臣爲賢於《雜傳》中人,而其實專仕一朝者,其中奸佞亦多。歐公已自言之,豈不進退無據?且唐明宗不但與莊宗非一家,並即是莊宗之叛臣,廢帝别姓王氏,又係弑愍帝自立者,而其臣歷事各主者,概入《唐臣》,則與名爲"雜"者何異哉?

其所以錯綜紀載,豈非欲效《史記》乎?《史記》意在行文,不在記事,况上下數千年,貫串數十代,自不能斷代爲之。若五代仍薛史舊規可矣,何必改作?梅舜俞云:"歐九自欲作韓愈,却將我比孟郊。"愚謂自欲作《史記》,却將五代比黄帝訖太初。

(清)王鳴盛:《十七史商榷》卷九三

歐法《春秋》

歐不但學《史記》,並往往自負法《春秋》。建安陳師錫序云:"五代距今百餘年,故老垂絶,無能道説者。史官秉筆之士,文采不足以耀無窮,道學不足以繼述作,使五十餘年間廢興存亡之迹、奸臣賊子之罪、忠臣義士之節,不傳於後世,來者無所考焉。惟廬陵歐陽公慨然以自任,潜心累年而後成。其事迹實録,詳於舊記,而褒貶義例,仰師《春秋》,由遷、固而來,未之有也。"《文集》附《四朝國史本傳》,亦稱其"法嚴詞約,多取《春秋》遺旨,殆與《史》《漢》相上下"。愚謂歐公手筆誠高,學《春秋》却正是一病。《春秋》出聖人手,義例精深,後人去聖久遠,莫能窺測,豈可妄效? 且意主褒貶,將事實壹意删削,若非舊史復出,幾嘆無徵。師錫反謂舊史使事迹不傳,來者無考,而推《歐史》爲詳於舊。語太偏曲,又何足信哉!

薛應旂《宋元通鑒》義例云:"《春秋》諸侯而或書其名,大夫而或書其字,或生而書其爵,或卒而去其官,論者以爲夫子之褒貶於是焉在也。夫《春秋》大義,炳如日星,而其微詞變例,美惡不嫌同詞,則有非淺近之所能推測者。後人修史,輒從而擬之,不失之迂妄,則失之鄙陋。愚觀諸古,周公稱召公爲君奭,子思稱聖祖爲仲尼,《左氏》書'孔丘卒'而不及其嘗爲司寇。則名字與官,又曷足爲重輕哉?"薛氏此論是。

(清)王鳴盛:《十七史商榷》卷九三

帝紀書名

向來帝紀,創業者當起事之初,守成者在藩邸之日即稱帝,此定例也。然則《梁本紀》第一"太祖神武元聖孝皇帝,姓朱氏"之下當云:"諱晃。初名温,降唐賜名全忠,即位改今名",然後繼以某處人。而歐史則於此直接云:"宋州碭山午溝里人也,其父誠,以《五經》教授鄉里,生三子曰:全昱、存、温。"徐無黨注云:"變諱某書名,義在稱王注中。"其下俱稱名,叙至光啓二年十二月封吴興郡王,其下云:"黄巢死,秦宗權攻汴,王顧兵少,不敢出。"徐注云:"始而稱名,既而稱爵,既而稱帝,漸也。爵至王而後稱,著其逼者。"而薛史則稱帝不稱名。竊謂朱温之惡,亘古所少,特立此例以示貶,誠善。唐、晉、漢、周之立,與唐取隋殆無大愧,而概從此例書名,甚至以周世宗之賢,亦然。一書中例不可屢變,强抑以就温,亦差可。惟是既惡温而變例,則温子友珪殺温,當入本紀,乃仍奪其帝號,又於《梁家人傳》論巧説以爲欲伸末帝討賊之志,正友珪爲賊,則是實予温矣,何其出入紛紛乎？紀末書："六月，郢王友珪反，戊寅，皇帝崩。"徐注云："不書崩處，以異於得其終者。乾化二年十一月，友珪葬之伊闕，號宣陵，以不得其死，故不書葬。"此篇弑昭宗、弑濟陰王，皆直書，於此又爲諱，不言弑而言崩。後各帝不善終者，亦皆書崩，何義例之繁曲也。宜盡去諸例，據事直書某人反，弑帝於某處，下書帝年若干，某帝某年上尊謚曰某皇帝，廟號某，葬某陵。

《玉海》引《中興書目》，稱薛史紀十四帝，似連友珪數之，歐史則十三帝。據《五代會要》載，周廣順中張昭修《實録》，以友珪篡弑居位，奏請依《宋書》劉劭例書爲元凶友珪。今《永樂大典》抄出者，仍歸列傳。

(清)王鳴盛:《十七史商榷》卷九三

歐史喜采小説薛史多本實録

何義門謂歐公《五代史》亦多取小説，何説確甚。薛史則本之實録者居多。陳振孫《書録解題》載後唐莊宗、明宗、廢帝、晉高祖、少帝、漢高祖、隱帝、周太祖、世宗，凡八主皆有實録，惟無梁。然王禹偁《五代史闕文》記朱全忠爲唐昭宗繫鞋事，而云梁祖在位正六年，均帝朝詔史臣修《梁祖實録》，繫鞋事耻而不書。然則《梁太祖實録》，禹偁固見之。薛居正又在禹偁之前，《五代實録》蓋盡見之。均帝者，即梁末帝，均王友貞也。今薛史《梁紀》亦無繫鞋事，可見其據實録。歐采此事於《敬翔傳》。均王討賊而立，方欲頌揚其父，實録中必多虚美，而各實録亦多係五代之人所修，粉飾附會必多。今薛史以温爲舜司徒虎之後，令人失笑。又言生時，廬舍有赤氣，熟寐化爲赤蛇，居然以劉季等話頭作裝綴，他所載機祥圖讖頗繁，非得之實録者乎？歐陽子盡削去，真爲快事。大約實録與小説，互有短長，去取之際，貴考核斟酌，不可偏執。如歐史温兄《全昱傳》，載其飲博，取骰子擊盆呼曰"朱三，爾碭山一百姓，滅唐三百年社稷，將見汝赤族"云云。據禹偁謂《梁史·全昱傳》，但言其樸野，常呼帝爲三，諱博戲事。所謂《梁史》者，正指《梁太祖實録》。今薛史《全昱傳》亦不載博戲、詆斥之語,歐公采小説補入,最妙。然則采小説未必皆非,依實録未必皆是。

薛史《張全義傳》,譽之不容口,而歐史采王禹偁《闕文》,備言其醜惡,歐爲得之。洪邁《容齋隨筆》載張文定公《搢紳舊聞》數百言,極贊全義治洛,勸民務農善政,《三筆》又言之。觀薛史褒獎如此之至,而敘此亦頗略,則張説未必皆真,即有之,亦意在殖穀積財,以助亂逆,何得徇實録曲加推譽?《玉海》引胡旦語,謂薛史褒貶失實,誠有之。張世南《游宦紀聞》第十卷載楊凝式頌全義云:"洛陽風景實堪哀,昔日曾爲瓦子堆。不是我公重葺理,至今猶自一窩灰。"全義辟凝式幕僚,故以獻諛,此小説之不足采者。

歐史《萇從簡傳》載其好食人肉,所至潛捕小兒爲食。此等當出小説,所載其事必真。薛史無之,蓋五代諸實録,皆無識者所爲,不但爲尊者諱,即臣子亦多諱飾,當因從簡以功名善終,故諱之也。薛史誤據,而不暇旁采以補闕。

亦有各實録互異,薛史擇善從之,而歐亦同於薛史者。如唐愍帝出亡,遇晉高祖,從官沙守榮等欲刺高祖,高祖親將陳暉扞之,見歐史《王宏贇傳》。薛史《閔帝本紀》同,《通鑑》第二百七十九卷亦同,而《考異》謂從《閔帝實録》。其蘇逢吉等所撰《漢高祖實録》,則扞晉高祖者石敢,非陳暉也。

(清)王鳴盛:《十七史商榷》卷九三

不及哀帝之立非是

歐史《梁祖紀上》書弑昭宗,下書天子賜王迎鑾紀功碑,中間不及哀帝之立隻字,然則天子爲何人乎?非是。

(清)王鳴盛:《十七史商榷》卷九四

梁有兩都

歐史《梁紀》:"開平元年四月,昇汴州爲開封府,建爲東都,以唐東都爲西都,廢京兆府爲雍州。"薛史同,但此下多一句云:"以爲佑國軍節度使。”于慎行《穀山筆塵》第十二卷“形勢篇”云:“漢唐以長安爲西京,洛陽爲東京。五代及宋,以洛陽爲西京,汴梁爲東京。”宋王存等《元豐九域志》卷一首列東京開封府,即今府河南省城,次列西京河南府,即今府屬河南,古洛陽也。愚謂自漢及唐,爲都之地甚多,著者莫如關中,次洛陽,其次金陵,即僭僞割據,從無都汴者,不意朱梁凶醜忽創都於此。汴本非可都之地,而晉、漢、周皆因之不改。惟後唐都洛陽,至石晉,仍遷於汴。而趙宋且運臻二百,流俗口傳,動輒稱爲汴梁,猶是凶醜之遺,亦可異矣。

朱温自以金德代唐土德,於汴起金祥殿。《唐六臣傳》:“天祐四年三月,唐遜位於梁。四月,册禮使、同平章事張文蔚等奉册寶,朝梁於金祥殿。”漢臣《蘇逢吉傳》:“逢吉夜宿金祥殿東閤。”

(清)王鳴盛:《十七史商榷》卷九四

追尊四代

歐史《梁祖紀》篇首,但言其父誠,及即位,則突敘追尊四代事。言外見本係微賤群盜,高、曾之名恐皆是貴後白撰出,用筆超妙之至。且其敘事,則云“高祖黯,謚曰宣元,廟號肅祖,祖妣范氏,謚曰宣僖”云云。“宣元”之下省去“皇帝”兩字,“宣僖”之下去“皇后”兩字,其例亦歐陽公所特創,當是惡温而立此例,故爲簡忽之詞。乃復抑唐莊宗、明宗、晉高祖、漢高祖、周太祖之追尊其祖父者,皆用此例。若薛史則於紀首先實敘四代之名“高祖黯”以下云云,及即位敘追尊四代,則云“高祖嬀州府君,上謚曰宣元皇帝,廟號肅祖,太廟第一室,陵號興極陵;祖妣高平縣君范氏,追謚宣僖皇后”云云。用筆呆鈍,全無作意,誠爲不及歐公。嬀州當是在唐所贈,黯爲嬀州刺史,高平縣君亦然。其曾祖稱宣惠王,祖稱武元王,父稱文明王,祖妣皆某國夫人。此皆唐所追謚追贈,而母獨稱晉國太夫人,多一太字者,疑因温貴,獨母尚在故耳。其不稱名而稱爵、稱謚,乃實録體。薛史沿襲實録元文,歐公則並其陵名等盡削之。

(清)王鳴盛:《十七史商榷》卷九四

李克用救王處存

前言《新唐書》不應以李克用入《沙陀傳》，然叙事尚詳，約四千一二百字。薛史遂以克用入《本紀》，更詳贍，約一萬一百餘字。歐史附叙於《莊宗紀》，約不過三千字，删去者幾四之三。如“光啓元年，幽鎮李可舉伐易定王處存，克用救之”，今定州曲陽縣北岳廟内，有克用題名，平州黄華蕃作《恒山石墨考》，所載凡三十一種，深澤王灼摹拓，贈予十餘通。即克用親率兵過此，與處存同禱於廟而題者。顧寧人、朱錫鬯各有考證，皆確切。此事雖非甚要，然處存固與克用共敗黄巢，扶王室者，可舉因河朔諸鎮同惡相濟，惟易定爲朝廷所有，忌而欲滅之，則克用此事亦爲忠義，而歐史不載。其餘削去者，薛史復出，學者自能參觀，未暇備陳。

（清）王鳴盛：《十七史商榷》卷九四

唐有四都

歐史《唐紀》：“同光元年四月，即皇帝位。國號唐，以魏州爲東京，太原爲西京，鎮州爲北都。十月滅梁，十一月乙巳，復北都爲鎮州，太原爲北都。丙辰，復汴州爲宣武軍。辛酉，復永平軍爲西都。甲子，如洛京。十二月庚午朔，至自汴州。三年正月庚子，如東京。三月庚申，至自東京。辛酉，改東京爲鄴都，以洛京爲東都。”據此，唐有四都，《職方考》一一書之，東都、西都、北都、鄴都也。考薛史《唐紀》云：“昇魏州爲東京興唐府，改元城縣爲興唐縣。”府名不宜删去，改縣名本可入《地理志》，不必入紀。然歐史不志地理，但爲《職方考》，既簡極，紀又略去，則建置沿革，幾於無徵，况此乃都邑，非他州縣比。歐公平生閒文浪語亦多矣，於典實何吝惜筆墨如此。“至自汴州”，法《春秋》也。《春秋》於魯君出至他所而返國，則書公至自某地，如桓二年“公至自唐”是。莊宗一生不識洛陽門，此初到，因其都於此，故效此書法。要之，當據實書，至洛京可耳。薛史作“車駕至西京”，此當作“洛京”，傳寫誤。復西都事，歐書於十一月辛酉，時尚在汴也。薛則書於十二月戊寅，至洛已九日矣。二者不同，未知孰是。

而薛史云“改僞梁永平軍大安府,復爲西京京兆府,汴州開封府,復爲宣武軍”,亦較詳。其餘各州軍,亦具書之。改東都事,薛史云:“詔本朝以雍州爲西京,洛州爲東都,并州爲北都,近以魏州爲東京,宜依舊以洛京爲東都,魏州改爲鄴都,與北都並爲次府。”亦較詳。于慎行《穀山筆塵》形勢篇云:“五代以大名爲鄴都,李氏得之,改其府曰興唐。石氏得之,改其府曰廣晉,而其軍曰天雄,總之故魏州也。”于説是。此鄴都與曹魏鄴都不同,彼鄴都則今彰德府,晉仍其稱,見歐《桑維翰傳》。大名府,今仍屬直隸布政司。

歐史紀又書同光二年正月丁卯,七廟神主至自太原,祔於太廟。薛紀又有停北都宗廟事。而《郡縣志》又云:“長興三年四月,中書門下奏據《十道圖》,本朝都長安,以關内道爲上。今宗廟宫闕皆在洛陽,請以河南道爲上。”明宗以叛將入汴,聞莊宗遇弒,入洛即位,仍以洛爲都也。

(清)王鳴盛:《十七史商榷》卷九四

家人傳首語自相違

《家人傳》首叙引極言女色能敗人國,與後《宦者傳》論言女色之惑,捽而去之之易,語自相違。

(清)王鳴盛:《十七史商榷》卷九五

各紀傳冗文宜歸併

《梁家人傳》太祖之母事叙畢,又叙追尊,與紀複。《雜傳·和凝傳》叙晉高祖幸鄴,凝慮安從進反,請豫爲宣敕命將以待之,與《從進傳》複。又《雜傳·王晏球傳》叙其與契丹戰事,與附録《契丹傳》互有詳略。歐節字縮句,惜墨如金,偏有此冗文,宜歸併一處詳之,而於他傳互見者,則云詳某處。吴縝《五代史纂誤》所摘文複各條,兹不載。

(清)王鳴盛:《十七史商榷》卷九五

博王友文傳未了

《博王友文傳》敘至友文留守東京之下便止，其事未了，與前《唐愍帝紀》末同。其下却接"庶人友珪者"云云，當於"東京"之下添一句云"後事在《友珪傳》"，"庶人友珪"宜提行另起。

（清）王鳴盛：《十七史商榷》卷九五

重貴降表出亡事

薛史於《晉少帝紀》載其上契丹主降表，太煩非體，歐改入晉家人《高祖皇后李氏傳》爲得之。且薛史只有帝降表，而歐並全載李后降表，亦爲可喜，《契丹國志》所載與歐同。又歐目少帝爲出帝，於紀末只用"契丹滅晉"一句結束，其出亡以後事，亦别見於高祖皇后李氏之下，裁翦頗工。薛史《少帝紀》末，歷叙出亡以後繁猥事，殊爲失體，不如歐史。薛史末段言"周顯德初，入自塞北至者，言帝無恙"，歐用之而添一句云"後不知所終"，亦覺比薛語氣爲完備。

（清）王鳴盛：《十七史商榷》卷九五

桑維翰子孫

歐史於桑維翰，其謀議删削過甚，亦不見其子，而薛史甚詳。維翰，實一時英傑，二子皆有名位，並載維翰爲子讓官事。王禹偁《小畜集》第四卷《懷賢》詩於維翰推許甚至，末云："子孫亦不振，天道難致詰。"此謂其後人入宋者。

（清）王鳴盛：《十七史商榷》卷九五

死節死事

歐公作《王彦章畫像記》，褒之不遺餘力，而《五代史》又爲特立一《死節》之目，共只三人，彦章冠之。在彦章差不愧，而待朱梁則過優。

史建瑭與父敬思，皆捐軀盡忠，應入《死節》，否亦宜在《死事》，而歐史但入《唐臣》。匡翰仕唐，又仕晉，應入《雜傳》，乃薛史各傳,而歐附《建瑭傳》,則又亂矣。即元行欽、桑維翰,亦死事也,而但爲唐臣、晉臣,立例太多,則不能不亂。王得中爲北漢使契丹,被獲於周,不以情告,世宗殺之,卓然死節,詳見《通鑒》,而二史皆遺之,何哉?

若黄震《日抄》第四十九卷謂:"王師範飾治以儒,謀殺朱全忠,雖不遂,其忠於唐可知。至全忠即帝天下而族之,則置酒行禮,少長以次就戮,其與結纓之勇何異?惟其力屈降梁,歐公並辱之《雜傳》,惜哉!何不以其死,爲守節而死邪?"愚謂如震言,直欲以師範入《死節》矣。即降梁,難入《死節》,入《雜傳》,又實太屈,總因多立名目,又將五代打和,故多不穩,若如《舊史》之逐代各斷,名目不繁,則無此失。

(清)王鳴盛:《十七史商榷》卷九五

義兒不當别目

歐公即以純乎一朝者,爲梁臣、唐臣、晉臣、漢臣、周臣傳,仕各朝者爲《雜傳》,乃李嗣昭等八人别目爲《義兒》,作一卷。多立名色,體例糾紛,其實嗣昭等本可入《唐臣傳》,而五代養子甚多,不獨唐有,何爲標異之?

(清)王鳴盛:《十七史商榷》卷九五

李斥威

吴縝《五代史纂誤》卷中舉《李存孝傳》"求救於幽州李斥威,斥威兵至",而駁之云:"按《王鎔傳》乃是李匡威,作'斥'則'非'也。"今汲古閣正作"匡",歐公避宋太祖諱,闕筆耳,縝之駁妄矣。予嘗購得宋板《春秋繁露》,解《洪範》"爲天下王",采其《深察名號篇》云:"深察王號大意,中有五科:皇科、方科、斥科、黄科、往科。"獨"斥"字積疑莫釋。質之盧學士文弨,以爲"匡"字闕筆,予爲拊掌稱快。學士當千載下能識宋事,縝生長北宋,乃不知廟諱邪?

又如《新唐書·藩鎮傳》李匡威與弟匡籌,並《新五代史·梁太祖紀》趙匡凝,《唐臣傳》史匡翰,《職方考》匡國軍、匡義軍之類,皆不闕筆,此皆後人所改,在當時本闕筆作"匡",久之而傳寫之誤,遂變爲"斥"。朱子注《論語》稱趙匡之字曰伯循,宋人避諱本無定例。

(清)王鳴盛:《十七史商榷》卷九五

盧光稠等傳

第四十一卷盧光稠等傳,皆薛氏《舊史》所闕而歐補之者。

(清)王鳴盛:《十七史商榷》卷九五

劉昫無字

歐史各傳或舉其字,或無字,皆無定例。若劉昫,宰相也,既爲之傳,自應有字,故舊史第八十九卷"昫字耀遠",元戈直注《貞觀政要》同,而歐史偏去其字,不可解。尤異者,吕夏卿《唐書直筆新例》卷首第一條云:"漢高祖以劉季稱,光武以文叔稱。帝之有字,尚矣。唐高祖字叔德,劉敬之書不載,史之闕文也。今《新書》高祖字叔德,昫《舊書》無之。"然則昫字敬之,又與薛史不同。

(清)王鳴盛:《十七史商榷》卷九五

書儀

雜《劉岳傳》:"鄭餘慶嘗采唐士庶吉凶書疏之式,雜以常時家人之禮,爲《書儀》兩卷。唐明宗詔岳增損其書,公卿家頗遵用之。"案古爲書儀者甚多,若唐瑾、鮑行卿、裴矩諸家,見《舊唐書·經籍志》。今諸家與岳書皆亡,司馬温公《書儀》正是吉凶書疏、家人之禮,疑以岳爲藍本。

(清)王鳴盛:《十七史商榷》卷九五

中華古今注

歐史《馬縞傳》,因縞稱知禮,爲禮官,摭一時集議典制事盡入之,幾八百字。薛史殘闕,僅存約二百字。今有《中華古今注》三卷,載吴琯《古今逸史》,所言多典禮,題曰"太學博士馬縞集",而歐、薛二史皆未之及。

(清)王鳴盛:《十七史商榷》卷九五

蜀檮杌

宋尚書屯田員外郎、黄松子張唐英汝功《蜀檮杌》二卷,自序云:"凡《五代史》所載者,皆略而不書。"陸昭迥跋云得見此書係英宗治平四年,歐史熙寧五年始出,亦但藏中秘,未行人間,則此序所稱乃薛史也。然歐史《蜀世家》與薛多同而較詳,詳觀《檮杌》所書,凡薛史所載者亦多有之,與自序不相應。

(清)王鳴盛:《十七史商榷》卷九七

趙德鈞延壽父子

薛史第九十八卷以趙德鈞、延壽父子入《晉書》爲列傳,而歐史但入之《契丹附録》。不爲傳者,以其死於契丹也。

(清)王鳴盛:《十七史商榷》卷九七

歐史脱文誤字

常熟毛氏汲古閣刻歐史目録第四十八卷楊思權下漏去尹暉。《梁紀》一"光啓二年十二月,封吴興郡王","封"上脱"徙"字。"大順元年四月,張濬私與汴交","張"上脱"宰相"二字。"乾寧元年二月,王及朱宣戰於漁山","漁"當作"魚"。"天復元年正月,天子復立","立"當作"位"。"天祐二年二月,殺王德裕等","德王裕"誤倒。《梁紀》二"開平二年三月癸巳,卜郊",上文正月己亥已卜郊,此處"卜"上脱"改"字。"三年九月",徐注:"亂軍。"當作"軍亂"。"乾化元年正月,赦流罪以下因,求危言正諫","因"當作"囚"。"九月,御文明殿,入閣","閣"當作"閤"。論贊"獨不爲梁","爲"當作"僞"。《梁紀》三"貞明四年,劉鄩爲兗州安撫制置",一本下有"使"字。"龍德元年三月,惠王能反","能"上脱"友"字。"三年,王彦章爲北面行營招討使”之下，脱“取德勝南城。秋八月，段凝爲北面行營招討使”十八字，本是彦章有功，反用凝代之，脱此，似彦章未嘗受代者。校勘不精，誤人如此。《唐紀》四“乾寧二年，克用軍留餘月”，當作“月餘”。“光化三年，李嗣昭敗汴軍於汴河”，當作“沙河”。“天祐六年，以李嗣昭爲潞州留後後”，下“後”衍。《唐紀》六“同光元年，拜天平軍節度使、蕃漢馬步軍副都總管”，一本無“副”字。“天成二年六月，幸白司馬坡”，“坡”當作“坂”。唐酷吏《侯思止傳》思止鞫誣告人反者，輒云：“急承白司馬。”此因洛有白司馬坂，故用歇後語，誘令承反也。其時武后方居洛，而明宗入汴，後旋即還洛，則此作“坂”無疑。後《唐臣·劉延朗傳》“遣宋審虔將千騎至白司馬坡踏戰地”，誤同。長興元年連寫，非是，當提行。《唐紀》七《廢帝紀》“率戍兵自曲陽、孟縣馳出常山”，“孟”當作“盂”。“清泰元年，慈州刺史宋令詢死之”，“慈”當作“磁”。“三年六月，以張令昭爲右千牛衛將軍，權知天雄軍事”，一本“事”上有“府”字。《晉紀》八“天福元年，先帝受吾太原”，“受”當作“授”。《晉紀》九“天福七年六月，如京師。使李仁廓使於契丹”，南雍本無“師”字。《周紀》十二“顯德三年八月，課民種禾”，“禾”當作“木”。《梁家人傳》“太祖元貞皇后張氏”，連寫非是，應提行。“天福元年”，當作“元祐”。《末帝德妃張氏傳》“貞明年”，“年”上脱“五”字。《次妃郭氏傳》“莊宗入宫”，“莊”上脱“唐”字，“宫”上脱“汴”字。《唐太祖家人·莊宗后劉氏傳》“略可記億”，當作“憶”。“太后稱詔令”，“詔”當作“誥”。“同光三年十二月獵”，當作“臘”。《克讓傳》“以千餘人進至滑橋”，“滑”當作“渭”。《克寧傳》“存顥等各遣其妻入説孟氏，數以迫克寧”，“孟氏”下應重“孟氏”二字，此脱。太祖子八人，篇中凡“存義”字，皆當作“存乂”。又“莊宗大怒，以兵圍其第而族之”，此莊宗弟而云“族之”必有誤。又“自河中奔太原北至”，“北”當作“比”。莊宗子《繼岌傳》“今大將軍發”，當作“大軍將發”。《唐明宗家人傳》卷首又自有細目，他卷皆無，蓋古人目在每卷首，後人遷於第一卷之前，去每卷目，此其去之未净者。《秦王從榮傳》“從榮尚忌宋王從厚”，“尚”當作“常”。“此事須得侍衛兵馬爲助”,南雍本無“馬”字。《晉家人傳》“出帝與太后至建州,得地五千餘頃”,“千”當作“十”。《漢家人傳·高祖皇后李氏傳》“周高祖起兵向京師”,當作“周太祖”。《高祖二弟三子傳》並論贊,凡“犨庭美”皆當作“廷美”。“吾嘗爲天無眼”,“爲”當作“謂”。注“便於實事”,“實”當作“述”。《梁臣張歸霸傳》“子漢卿、漢融,梁亡皆誅族”,“族誅”誤倒。《楊師厚傳》“攻棗彊,三月不能下”,“月”下注:“一作‘日’。”南雍作“日”。考薛史作“逾旬”,然則“月”“日”皆非是,此歐之改薛而誤者。《王景仁傳》“以景仁爲淮南招討使,攻廬壽”,“使”下南雍復有“使”字。《唐臣·郭崇韜傳》“唐軍東保楊劉,彦章圖之”,“圖”當作“圍”。又“事不與卿一鎮”,“不”當作“了”。又“橋壞,莊宗正輿”,“正”當作“止”。《安重誨傳》“鋒即引諜者見重誨”,“鋒”當作“鏻”。“繕治甲器”,“甲”當作“兵”。《王建及傳》“晉遂軍得勝”,“得”當作“德”。“斧其竹窄”,“窄”當作“笮”。《西方鄴傳》“父再遇,爲汴州軍校”,一本無“汴”字,是。鄴,定州滿城人,而此下文云“鄴以勇力聞,年二十,南渡河,游梁,不用,復歸”云云,則非汴州可知。又“譚善達數以諫,鄴怒”,“鄴”下當復有“鄴”字。《李嚴傳》“伐蜀,嚴爲三川招討使”,“討”一作“撫”,是。時招討乃郭崇韜,非嚴也。《何瓚傳》“知祥以軍禮事瓚,常繩以法”,“瓚”下當復有“瓚”字。《晉臣桑維翰傳》“又來見帝”,“來”當作“求”。《漢臣蘇逢吉傳》“誘人告李崧,誣伏與家僮二十人謀,因高祖山陵爲亂,獄中上書,逢吉改二十人爲五十人”,“獄中上書”,南雍作“獄上中書”,是。《死節傳》論贊“三人者,或出於僞國之臣”,南雍本“者”下多“或出於軍卒”句,此脱。《死節》共只三人,軍卒謂王彦章、裴約,僞臣謂劉仁贍也,脱去則不可讀。《一行鄭遨傳》“遭亂世,污於榮利”,“污”上脱“不”字。《義兒李嗣昭傳》“磁”俱誤作“慈”。《雜傳·王鎔傳》“館於梅子園”,義門何氏從沈存中《筆談》改“海子”。“梁太祖爲書詔鎔”,“詔”下注:“古本作‘招’。”案南雍本正作“招”。“趙獨安樂王氏之無事”,姚世鈺讀“安”字句絶。《羅紹威傳》“趙文建爲留后”,當作“留後”。“前帥皆牙軍所立,怒輒遂殺之”,“遂”下注:“古本作‘逐’。”案南雍正作“逐”。此言或逐之,或殺之,作“遂”無理。《王處直傳》“戰於河沙”,當作“沙河”。《劉守光傳》“遣其妻祝氏乞食於田家”,南雍無“其妻”二字,是。《韓建傳》“欲邀莊宗游幸”,“莊”當作“昭”。《高萬興傳》“葬於州南”,“葬”下脱“敬璋”二字。《温韜傳》“韜復叛茂貞降梁,梁改耀州爲崇州,鼎州爲裕州,義勝爲静勝軍”,南雍本無下“梁”字,非是,“義勝”下當有“軍”字。《盧光稠傳》“劉龔已取韶州”,“龔”當作“龑”。《朱瑾傳》“拜瑾秦寧軍節度使”,當作“泰寧”。“瑾嬰城自守,而與葛從周等戰城下,瑾兵屢敗”,“與”下十二字,南雍本脱。《孟方立傳》“澤、潞、邢、洺、磁五州”,誤作“三”。“逐其帥”,誤作“師”。“以窺山東”,誤作“失”。《王珂傳》“唐兵已過冤朐”,誤作“宛”。《孫德昭傳》“判神策軍,號扈駕都”,徐氏葆光云:“《本紀》天復元年正月,扈駕都頭孫德昭誅季述,天子復立,‘都’下當有‘頭’字。”《劉知俊傳》“敗邠岐兵於幕谷”,《本紀》作“漠谷”。《張全義傳》“改用年來二月”,“來年”誤倒。《房知温傳》“稍遷親隨指揮使”,“隨”下南雍有“軍”字。《王晏球傳》“龍騎五百”,“騎”當作“驤”。“李霸一部”,“部”當作“都”。“莊宗兵變”,“莊”當作“明”。《安仲霸傳》“王衍立少年”,“年少”誤倒。《張希崇傳》“乃先爲突”,南雍作“穽”,是。《皇甫遇傳》“戰尚或生,走則死也,我等死戰,猶足以報國”,“我等死戰”四字,南雍作“等死死戰”,是。“以重威爲都招討使”,“重”上脱“杜”字。《王宏贊傳》與《尹暉傳》誤連,應提行。《高行周傳》“匡威爲其弟光儔所篡”,“光儔”當作“匡儔”。“歷朔、沂、嵐三州刺史”,“沂”當作“忻”。《孫方諫傳》“鄭州清苑人”,“鄭”當作“鄚”,南雍本誤同。《王峻傳》“事三司使張延朗,不甚愛之”,“延朗”下當重“延朗”二字。《王殷傳》“大明人”,當作“大名”。《范延光傳》“宗正丞石昂”,誤作“承”。“高祖猶豫未决”,脱“猶”字。《安重榮傳》“鎮州曰恒州”,誤作“有州”。《安從進傳》“領貴州刺史”,當作“青州”。《杜重威傳》“契丹留燕京兵五百人”,“五”上脱“千”字。《張彦澤傳》“遷晉出帝於開封府,遣控鶴指揮使李筠以兵監守,内外不通,帝求酒於李崧,崧曰'慮陛下憂躁,飲之有不測之虞,所以不進'",《通鑒》第二百八十五卷於此事亦作李崧,《崧傳》在五十七卷。耶律德光滅晉入汴,拜崧太子太師,正爲德光任用,則似作崧無誤,而别本作"求酒於李筠",以上文筠以兵監守,考之作"筠"爲是。義門何氏謂此又一李筠,非《周三臣》之李筠。愚亦謂此爲德光任用之李崧,乃又一李崧,非《梁紀》開平二年爲鴻臚卿,封介國公之李崧也。《職方考》敘首"唐自中世多故",誤作"中勢"。"秦、鳳、階、成、瀛、鄚",誤作"瀛、漢"。横列之圖中第一格"岐"字,列其州名也。第二格於梁則書岐,其時爲岐李茂貞所據也。其下旁注一"鳳"字,又一字漫,當云"鳳翔"。秦、成、階、鳳四州於漢亦云"有"者,誤,皆當作蜀。吴與南唐所有各州,於吉州後四行連脱州名,當云虔、筠、建、汀。又廣州更五代皆南漢,當於第一個"南漢"下注"清海"二字。"五代之際,外屬之州"云云,南雍本提行,是,此誤連。"益州、梓州曰劍南東、西川","川"當作"道"。"長垣,唐改曰匡城",應提行起,此誤連。《南唐李昪世家》"昪,字正倫","昪"字見《説文》第七卷上《日部》。馬令、陸游《南唐書》同。此篇中段多誤作"昇"。《李景世家》"自號中天八國王","八"當作"大"。"始改名璟",當作"景"。《前蜀世家》論贊"予讀蜀書",脱"書"字。《南漢劉玢世家》"玢立二年,卒",脱"卒"字。《劉鋹世家》"十月平韶州,鋹喜曰:韶、桂、連、賀"云云,二"韶"字皆當作"昭"。《楚馬希範世家》"開封承制","封"當作"府"。《吴越錢鏐世家》"鏐之孫,元瓘之子佐,字祐",據《吴越備史》則當作"弘佐",字元祐。《閩王審知世家》"唐以福州爲武威軍",據天祐三年于兢撰《審知德政碑》,當作"威武"。《十國世家年譜》丁卯年第五格天福七年,當作"天復",説已見前。庚戌年第三格"八"字衍。卷末論"不以忘漢爲仇","忘"當作"亡"。《契丹附録》第一"距幽州北七百里有榆關","榆"當作"渝"。《于闐附録》第三"始涉醎磧","醎"當作"鹻"字,見《遼史》。

(清)王鳴盛:《十七史商榷》卷九八

五代俗字俗語

《新五代史》用俗字、俗語,如《晉高祖紀》明宗戰胡盧套,"套"字始見於此。《李崧傳》晉高祖謂菘曰:"汝造浮屠爲我合尖。""尖"字已見《北史》第四十三卷《郭祚傳》、四十九卷《侯深》等傳,而又見於此。《廣韻》在下平聲二十四《鹽》。又《道德經》卷一:"揣而鋭之。"王弼注:"揣末令尖,又鋭之。"然《説文》無此字。《漢高祖紀》耶律德光謂曰:"此軍甚操剌。"今人以雄猛爲插剌,"操剌"當即此意。又"契丹賜以木柺一",今人呼老人所用杖,音如《夬卦》之"夬",作此字,史文惟見於此。汪鈍翁堯峰詩云:"一柺扶身兩鬢星,紙標略畫卦中形。憐渠那識羲文《易》,自道儂家打瓦靈。"用此字。《唐臣·任圜傳》崔協號"没字碑",雜《安叔千傳》叔千亦號"没字碑",此等皆當時俚俗語。

(清)王鳴盛:《十七史商榷》卷九八

五代春秋

《五代春秋》二卷,宋尹洙師魯撰,即附於《河南先生文集》後。柳開、尹洙,宋初以古文詞著名,爲歐陽子之先聲者也。觀《河東》《河南》兩集,手筆誠可觀,其於經史則皆茫然者。師魯此作,全仿《春秋》,謬妄已甚,即如晉人、燕人、趙人、秦人、吴人、楚人等稱,此史家於叙事中間貪其文省用之則可,若以此摹效《春秋》筆法,動輒云某人伐某,某人敗某師於某地,豈非笑端?且如李克用、李茂貞,不言姓名,而突書之曰"晉人""秦人",後世讀者知爲誰乎?豈師魯有待於後有爲之《左氏》者乎?唐莊宗已建尊號國爲唐矣,而於梁事中稱爲晉人,是其意將奪唐而與梁乎?其他名號之進退、義例之出入,糾紛無定,蓋有不可知者,幸師魯不秉史筆,若令修史,史法壞矣。

(清)王鳴盛:《十七史商榷》卷九八

五國故事

《五國故事》二卷,宋無名氏記吴楊行密、南唐李昇、前蜀王建、後蜀孟知祥、南漢劉岩、閩王審知事,末附朱文進諸人。曰五國者,合前後蜀爲一也。仁和吴長元以爲吴越國人所作,歙縣鮑廷博刻入《知不足齋叢書》第十一集。

(清)王鳴盛:《十七史商榷》卷九八

十國春秋

《十國春秋》一百十四卷,吴氏任臣撰。吴字志伊,仁和人,康熙己未博學鴻詞、翰林院檢討。志伊以歐陽氏《五代史》附《十國世家》於末,而尚簡略,思取其人物、事實而章著之,故勒爲本紀二十、世家二十二、列傳千二百八十二,又作表五篇。博贍整理,誠史學之佳者。顧其爲書之體,每得一人即作一傳,凡僧道及婦人之傳,每篇只一二行者甚多,乃徐鉉《騎省文集》三十卷,其後十卷係入宋後所作,而前二十卷則皆在南唐時作也。其中碑志若岐王仲宣、馬仁裕、劉崇俊、陳德成、江文蔚、喬匡舜、韓熙載,志伊雖皆有傳,而徐所叙事迹遺漏者已甚多,若賈潭、方訥、陶敬宣、周廷構、苗廷禄、包謂、趙宣輔、劉鄗皆有事迹,而志伊皆無傳。潭、訥,歐史一見其名,只有一句,故不能措手,志伊之學專以博爲事者也,然竟未見《騎省集》矣。亡友惠定宇、戴東原,每與予極論學之貴精,不貴博,予深韙其言。由今觀之,博亦大難事,特不可與蘭艾同收、玉石混采者道耳。志伊凡例自述,所采古今書籍約一二百種,但已自爲裁割,緝綀成文,讀者不能知其某事出某書,反不如同時朱竹垞《日下舊聞》具注所出也。又志伊自言采薛氏《舊五代史》,恐實未見,虚列此目。竹垞亦每如是,則不能無遺憾焉。予所著述,不特注所出,並鑿指第幾卷、某篇某條,且必目睹原書,佚者不列,惜不得起兩先生一質之。

此書佳處在表,《地理表》與歐陽氏《職方考》參觀,則五代十國全局如見,至十國之官制,雖大抵沿唐,而一時增改亦已紛冗,不可爬梳。任臣爲作《百官表》,甚便考覽,尤其妙者也。惜歐陽氏不志職官,猶恨多茫昧。《五代會要》雖存,非博學者不觀,恐終歸於無徵矣。若《藩鎮表》以區區僭僞僻陋一隅而多立軍名,假稱節度,誠屬不成事體。要之,臚而陳之,亦稽核之一助也。

(清)王鳴盛:《十七史商榷》卷九八

南漢事歐詳薛略

僭僞諸國皆歐詳薛略,蓋薛據《實録》,《實録》所無,不復搜采增補,歐則旁采小説以益之。《南漢世家》載劉鋹信任閹人龔澄樞,澄樞托左道蠱鋹亂政致亡,其事甚備,而薛史皆不及。廣東廣州光孝寺見存二鐵塔,各有題記,予得其拓本,其一云"玉清宫使、德陵使、龍德宫使、開府儀同三司、行内侍監、上柱國龔澄樞,同女弟子鄧氏三十二娘,以大寶六年歲次癸亥五月壬子朔,十七日戊辰鑄造,永充供養";其一云"大漢皇帝以大寶十年丁卯歲,用烏金鑄造千佛寶塔壹所七層,並相輪蓮花座,高二丈二尺,以乾德節設齋慶贊",後列僧名,其銜皆金紫大夫、檢校工部尚書。歐公但書宦者龔澄樞而已,其官銜亦不能詳。吴任臣《十國春秋》始具書之,蓋取之塔記。德陵者,南漢開國之主劉隱陵名,乾德是蜀王衍及宋太祖紀年,而此以名節,揣之必鋹生日,其臣爲立美名。可以補歐、薛二史之闕。

(清)王鳴盛:《十七史商榷》卷九七

楊怤王恁

洪邁《容齋三筆》云:"劉道原《十國紀年》載楊行密父名怤。"王審知《德政碑》載其父名恁,見《蛾術編·説碑》。二字雖出《説文》卷十下《心部》,流俗不知,只作俚鄙用,此輩起群盜微賤,故名如此。歐薛《五代史·行密傳》不載其父名,《審知傳》載之,不晝一。

(清)王鳴盛:《十七史商榷》卷九七

後事具皇家日曆

薛史第一百三十四卷《僭僞列傳》於南唐李景以宋建隆二年疾,卒,其子煜襲僞位。又第一百三十五卷《僭僞列傳》於宋開寶四年滅南漢,俘劉鋹至京。又於東漢劉崇以周顯德二年病死,其子承鈞襲僞位之下皆云："後事具皇家日曆。"《劉崇傳》贊云："今元惡雖斃，遺孽尚存，勢蹙民殘，不亡何待。"則以此書作於開寶六年，時煜尚在位，鋹尚存，承鈞之養子繼元亦尚在位故也。第一百三十三卷《世襲列傳》吴越錢氏亦如此。若宋乾德三年滅後蜀，俘孟昶至京，而昶即於是秋卒，則於其傳中詳書其卒及年若干，以爲結束，然後再加其後"具皇家日曆"云云。蓋每叙一降王，雖事入後代，不可不見其卒也。歐陽子作史時，距諸國降滅已百餘年，而於李煜、劉鋹、錢俶輩，皆但云事具國史，不見下落。性樂簡净，總不屑詳叙道尾，後之讀者稍覺未慊，然薛雖有叙降王卒年，其各國事迹却疏漏之至，反不如歐史之詳。若《宋史》自第四百七十八卷以下，亦有南唐等《世家》，但從李煜輩叙起，而略追叙其先，則又深得之。

（清）王鳴盛：《十七史商榷》卷九七

各帝年數

《梁祖紀》末小字注"年六十一"。案薛史温以唐宣宗大中六年生，數之適符。至《末帝紀》之末云"皇帝崩，年三十六"，此汲古版也，而南雍本則"年三十六"，四字用小字旁注，此恐是歐公自注。然則梁祖"年六十一"四字，亦自注，因下有徐注，無界畫，故不可别。觀唐莊宗、明宗、廢帝、晉高祖、漢高祖、隱帝、周太祖、世宗年，皆旁注，則可知。

唐莊宗注"年四十三"，考薛史《莊宗紀》同，却於紀首言莊宗生於唐光啓元年，歲在乙巳冬十月二十二日癸亥，數至莊宗崩於同光四年，實年四十二，則兩書皆以傳寫，誤"二"作"三"。明宗注"年六十七"，考薛史《明宗紀》同，而於紀首言明宗生於唐咸通丁亥歲九月九日丁亥，乃懿宗咸通八年，數之適符。乃《通鑒》第二百七十八卷言明宗殂，下注"年六十七"，而胡三省又注云："下文云登極之年已逾六十，則是年年六十八。"歐史《明宗紀》論，但云"即位春秋已高"，至《通鑒》此段，略本王禹偁《五代史闕文》，但《闕文》作"即位之歲，年已六旬"，被《通鑒》竄改此八字，致令三省執泥生疑。又歐史論云：

“在位十年,於五代之君最爲長世。”則明宗即位實八年,非十年,歐又誤也。《馮道傳》:“道相明宗十餘年。”其誤同。廢帝注“年五十三”,考薛史《本紀》同,却於紀首言帝與莊宗同以唐光啓元年生,數至清泰三年自焚死,實五十二歲,則兩書亦皆以傳寫“二”誤作“三”。《晉高祖紀》注“年五十二”,考薛史作“五十一”,於紀首言以唐景福元年生,數至天福七年崩,正五十一,歐史傳寫誤。周世宗年二十九,薛史作“三十九”,歐亦傳寫誤。

薛史每帝皆有生年月日,及崩則又著其年數,歐史則但於崩下注年數,歐史意主簡净也。晉出帝,薛史無崩年,於歐不待言矣。若唐愍帝,則薛史生年日月並崩年年數皆具,而歐史不載。歐於《愍帝紀》末叙事不了,其崩别見《廢帝紀》,因以略之。但正史與編年不同,正史自當於每帝備書首尾以符體裁,若《通鑒》則專以編年爲主,而逐年年號以後改爲定。廢帝清泰元年即是愍帝應順元年,既以清泰爲主,愍帝不復標題其事,但見於長興四年,其死亦見於《愍帝紀》下,《通鑒》作“潞王”,第二百七十九卷。然猶注其年數。歐史既爲愍帝作紀,而體獨不備,叙事不了,不詳年數,特異於他紀,殊爲自亂其例。

周恭帝,薛史有生年月日,紀末又備書“皇朝開寶六年春,崩於房陵”,無月日,而但言春,蓋亦頗有曖昧不明者。其下不言年若干,數之則二十一歲也。而歐史既列恭帝於紀,紀末但書“遜於位,宋興”,竟不志其崩葬、贈謚,亦屬非是。

(清)王鳴盛:《十七史商榷》卷九四

梁紀晉唐互書非是

歐史《梁末帝紀》龍德三年,上書“李繼韜叛於晉,來附”,下書“唐人取鄆州”。唐即晉也,而一行之中,上下異稱,可乎?自應如薛史第十卷,先書“晉王即唐帝位於魏州”云云,然後繼以“唐軍襲鄆州,陷之”云云,方是。徐無黨乃附會歐史爲説云:“晉未即位,已與梁爲敵國,至其建號,於梁無所利害,故不書唐建號,而書‘唐人’者,因事而見爾。"夫既以梁爲本紀,凡天下事之大者,皆不可不書,况晉與梁爲世仇,晉垂欲滅梁矣,而其建號何得謂於梁無利害乎?歐陽氏之師心自用,無黨之阿私所好,案之史法,其失不小。

(清)王鳴盛:《十七史商榷》卷九四

新史意在别立體裁

李克用似未便與曹孟德一例,故薛史雖作《本紀》稱爲武皇,削一"帝"字,稍示别異。陶岳、王禹偁皆有此稱。《宋史》第二百五十二卷《郭從義傳》猶仍此名,大約當時人語如此,歐史則以其事入《莊宗紀》,但題爲莊宗,而盡一卷皆叙克用事,實所未安。凡論贊不云論曰、贊曰或史臣曰,而以"嗚呼"領之,已爲可怪。乃梁末帝竟無論贊,意以末帝無大劣迹,蒙父餘孽,爲强敵所滅,故置不論,然即以此意論斷亦可,何以闕之?使史體欹側偏枯。克用事叙畢,既用"嗚呼"唱嘆,乃忽考沙陀種族原委,克用功罪概置不論。唐莊宗、晉高祖、周太祖亦無論贊,則更不可解。唐愍帝、廢帝共一紀,而論贊獨論安重誨之死與愍帝之見弑,若廢帝之得失,不及一語,亦失體。《晉出帝紀》論贊痛詆其封父敬儒爲王,稱爲皇伯事。愚謂滿腹是議濮王一種見識,故有此論衝口而出,皆觸着平生藴蓄,但濮議多謬,而執此以譏出帝之絶其本生,未爲不是。予所未喻者,一篇本紀綴以論贊,自當詳説其政事得失與致亡之由,乃獨摘一事論之,其餘皆置不道,何哉?漢高祖、隱帝共一紀,而論贊獨論高祖黜開運號一事,隱帝則隻字不提,亦非。《唐愍帝紀》末但云"戊辰,如衛州",便闋然而終。徐注云:"不書帝崩者,當於《廢帝紀》書弑鄂王也。"注雖如此曲説,其實應並後事書之,使首尾完具,不當作此不了之筆,即不然,亦宜接一句云"後事在《廢帝紀》",今懸空縮住,全無結構,成何體制?總而言之,歐公以薛史爲平鈍,欲法《史記》,意在别立體裁,决破藩離,致此紛紛,聊於紀論之,餘不具。

(清)王鳴盛:《十七史商榷》卷九四

梁諸王互有詳略

歐公《梁家人傳》與薛史《宗室諸王傳》互有詳略，然太祖八子，其封號事迹，頗有歐詳而薛史反略者。如第三子友璋，歐叙其初爲壽州團練使，直至末帝時爲武寧節度使，頗備。薛史本傳及《末帝紀》中皆不載。今有末帝貞明三年十一月辛丑，滎陽鄭義造《佛頂尊勝陀羅尼石幢記》，在河南許州龍興寺，亡友錢唐周天度讓谷知州事，拓以寄予。記言"義爲武寧軍親王元從，家寄瑕邱，主當許下"，武寧親王即友璋，與歐合。瑕邱，今山東兖州，許下，今河南許州。主者，府主，而武寧，徐州軍名，義寄家於兖而己身則從友璋於許也。蓋友璋本由陳許一鎮徙武寧軍，雖徙，未赴徐時猶在許，義尚從在許，故造此幢。

(清)王鳴盛:《十七史商榷》卷九五

劉延皓事未了

唐廢帝《家人傳》:廢帝后劉氏之弟延皓事，叙至爲天雄軍節度使，被張令昭逐走，帝但削廷皓官爵而已便止，此處尚不見延皓下落，如何住得？薛史則延皓自有傳，此下言晉高祖入洛，延皓逃匿龍門廣化寺，自經死，但不甚吝惜筆墨，只須多叙兩句十七字則首尾完具。以前代皆别有《外戚傳》，今附見后傳中，又作此不了之語，壹意剷削，毋乃太簡？《通鑒考異》引《唐實録》，以延皓爲劉后侄，薛史作弟，歐從薛。

(清)王鳴盛:《十七史商榷》卷九五

太平興國末，直史館胡旦言："五代自唐以來，中書、樞密皆置《時政記》。周顯德中，密院置《内庭日曆》，望令樞密院依舊置《内庭日曆》。"詔："自今軍國政要，並委參知政事李昉撰録，樞密院令副使一人纂集，每季送史館。"昉因請每月先奏御，後付所司，《時政記》奏御自昉始。

(宋)費衮:《梁谿漫志》卷一

先唐有時政記,後唐亦有時政記。宋朝開寶委之宰臣,先唐制也。興國之二府分注,則後唐之制也。

(宋)章如愚:《群書考索》續集卷一六

五代周賈緯充史館修撰,以筆削爲己任,然而褒貶之際,憎愛任情。晉相桑維翰執政日,薄緯之爲人,不甚見禮。緯深銜之,及叙維翰傳,稱維翰身没之後有白金八千鋌,他物稱是。翰林學士徐臺符,緯邑人也,與緯相善,謂緯曰:"竊聞吾友叙桑魏公白金之數,不亦多乎!但以十目所睹,不可厚誣。"緯不得已,改爲白金數百鋌。緯長於記注,應用文章,未能過人,而議論剛强,儕類不平,目之爲"賈鐵嘴"。

(元)富大用:《古今事文類聚新集》卷二三

嘉祐五年八月壬申,詔曰:"國家承五代之後,簡編散落,建隆之初,三館聚書,僅纔萬卷。……"

(宋)程俱:《麟臺故事》卷二

晉天福四年,史館奏:"職居刊削,事繫編修,合舉舊章,冀爲常典。"六年,趙瑩奏:"歷覽故事,史册之重,委在正人,編修之官,擇諸髦士。"

(宋)潘自牧:《記纂淵海》卷二九

晉天福四年,史館奏:職居刊削,爰舉舊章,冀爲帝典。

(宋)謝維新:《古今合璧事類備要》後集卷四二

晉天福六年詔曰:"眷言筆削,宜屬英髦。"

(宋)潘自牧:《記纂淵海》卷二九

晉天福六年,張昭遠等修撰唐史。

(宋)佚名:《翰苑新書》前集卷二七

晉出帝開運二年六月,監修國史劉昫,史官張昭遠,後以避劉智遠諱,但名"昭",《宋史》有傳。以新修《唐書》紀、志、列傳並目録,凡二百三卷上之,賜器幣有差。《晉紀》此《舊唐書》所以首列劉昫名也。然薛、歐二史《劉昫傳》俱不載其有功於唐書之處,但書其官銜"監修國史"而已。蓋昫爲相時,《唐書》適訖功,遂由昫表上,其實非昫所修也。唐末播遷,載籍散失,自高祖至代宗尚有紀傳,德宗亦存實録,武宗以後六代,惟武宗有實録一卷,餘皆無之。《五代會要》。梁龍德元年,史館奏請:"令天下,有記得會昌以後公私事迹者,鈔録送官,皆須直書,不用詞藻。凡内外臣僚奏行公事,關涉制置沿革有可采者,並送官。"《梁紀》。唐長興中,史館又奏:"宣宗以下四朝未有實録,請下兩浙、荆湖等處,購募野史,及除目朝報、逐朝日曆、銀臺事宜、内外制詞、百司簿籍上進。若民間收得,或隱士撰成野史,亦命各列姓名請賞。"從之。《後唐紀》及《五代會要》。聞成都有本朝實録,即命郎中庾傳美往訪,及歸,僅得九朝實録而已。《後唐紀》。可見唐書因載籍散佚,歷梁、唐數十年,未潰於成,直至晉始成書,則纂修諸臣搜剔補綴之功不可泯也。今據薛、歐二史及《五代會要》諸書考之。晉天福五年,詔張昭遠、賈緯、趙熙、鄭受益、李爲光同修唐史,宰臣趙瑩監修。《晉紀》。瑩以唐代故事殘缺,署能者居職,纂補實録及正史。《瑩傳》。賈緯丁憂歸,瑩又奏以刑部員外郎吕琦、侍御史尹拙同修。《晉紀》。瑩又奏請:"據史館所缺《唐書》、實録,下敕購求。况唐咸通中,宰臣韋保衡與薛伸、皇甫焕撰武宗、宣宗實録,皆因多事,並未流傳。今保衡、裴贄現有子孫居職,或其門生故吏亦有紀述者,請下三京諸道,凡有此數朝實録,令其進納,量除官賞之。會昌至天祐,垂六十年,李德裕平上黨,有《武宗伐叛》之書;康承訓定徐方,有《武寧本末》之傳。凡此之類,令中外臣僚有撰述者,不論年月多少,並許進納。"從之。《五代會要》。是此事趙瑩爲監修,綜理獨周密,故瑩本傳謂"《唐書》二百卷,瑩首有力焉"。昭宗一朝,全無紀注,天福中張昭遠重修唐史,始有《昭宗本紀》。《五代史補》。是張昭遠於此事搜輯亦最勤,故劉昫上《唐書》時與昭遠同署名,昭遠尋加爵邑,酬修史之勞也。《晉紀》。賈緯長於史學,以武宗之後無實録,采次傳聞,爲《唐年補録》六十五卷,入史館與修唐書。《緯傳》。今《舊唐書》會昌以後紀傳,蓋緯所纂補。又趙熙修《唐書》成,授諫議大夫,賞其筆削之功。《熙傳》。是則《舊唐書》之成,監修則趙瑩之功居多,纂修則張昭遠、賈緯、趙熙之功居多,而《劉昫傳》並不載經晝修書之事。今人但知《舊唐書》爲昫所撰,而不知成之者乃趙瑩、張昭遠、賈緯、趙熙等也,故特標出之。

(清)趙翼撰,王樹民校證:《廿二史劄記校證》卷一六

晉少帝開運二年六月,監國史劉昫、張遠等修《唐書》二百三卷,上之。

(宋)李上交:《近事會元》卷三

開運二年,史館進《唐書》奏云:“頻分溫媼之疑,仍懼魯魚之謬,久披緗帙,粗定鉛黄。”

(宋)佚名:《翰苑新書》前集卷二四

宋朝范質采舊史,采摭要言,總而集之,爲《通録》六十五卷。肇自開平,迄於顯德。

(宋)章如愚:《群書考索》卷一五

先儒謂五代之君,周世宗爲上,唐明宗次之。至謂作史,欲起自梁之丁卯,訖於周之己未,止書甲子,不書建年,其意亦微矣。

(宋)俞德鄰:《佩韋齋集》卷一七

《五代史》於楊凝式不立傳,載其歷梁、唐、晉、漢、周,以疾致仕,又不明其本心。凝式諫父涉,言大人爲唐宰相,而以傳國璽與人,則其心可見。又不仕五代而托心疾,其人賢,其節高,可知矣。余嘗謂自晦與草木共盡者,五代不爲無人,史不得其自者,固可嘆。若凝式

本末昭晰，史復不書，執筆者何其與善之狹也。

（宋）陳長方：《步里客談》卷下

太祖詔盧多遜、扈蒙、李昉、張澹、劉兼、李穆、李九齡修《五代史》，而蒙、九齡實專筆削。初以《建康實録》爲本，蒙史筆無法，拙於叙事，五代十四帝，止五十三年，而爲紀六十卷，其繁如此。傳事盡於紀，而傳止次履歷，先後無序，美惡失實，殊無足取。天聖中，歐陽文忠公與尹師魯議分撰。後師魯别爲《五代春秋》，止四千餘言，簡有史法。而文忠卒重修《五代》，文約而事詳，褒貶去取，得《春秋》之法，遷、固之流。

（宋）王闢之：《澠水燕談録》卷六

宋歐陽修撰《五代史》七十五卷，其法甚精，書减舊史之半，而事比舊史增數倍，議者謂功不下司馬遷，又謂其筆力馳騁，上下無駁雜之説，至於紀傳精密，則遷不及也。公亦嘗自謂《伶官傳》豈下《滑稽》耶！

（明）彭大翼：《山堂肆考》卷五九

歐陽公與徐無黨書云《五代史》，昨見曾子固之議，今却重頭改换，未有了期。又與梅聖俞書云："閑中不曾作文字，衹整頓了五代史，成七十四卷，不敢多令人知。深思吾兄一看，如何可得，極有義類，須要好人商量。此書不可使俗人見，不可使好人不見，奈何！奈何！"

（宋）韓淲：《澗泉日記》卷下

歐陽公《五代史》，却甚與人辯白，盡有工夫。

（宋）韓淲：《澗泉日記》卷下

舊傳焦千之學於歐陽公，一日，造劉貢父。劉問："《五代史》成邪?"焦對:"將脱稿。"劉問:"韓瞠眼立傳乎?"焦默然,劉笑曰:"如此,亦是第二等文字耳。"

《唐餘録》者,直集賢院王皞子融所撰,寶元二年上之。時惟有薛居正《五代史》,歐陽書未出也。此書有紀、志、傳,又博采諸家之説,效裴松之《三國志注》,附見下方。表韓通於《忠義傳》,且冠之以國初褒贈之典,《新》《舊》史皆所不及焉。皞乃王沂公曾之弟,後以元昊反,乞以字爲名。其後吕伯恭編《文鑒》,制、詔一類,亦以褒贈通制爲首,蓋祖子融之意也。

(宋)周密:《齊東野語》卷一三

劉羲仲,道原之子也。道原以史學自名,羲仲世其家學,摘歐公《五代史》之訛説,爲糾謬一書,以示坡公。公曰:"往歲,歐公著此書初成,荆公謂余曰:'歐公修《五代史》而不修《三國志》,非也,子盍爲之乎?'余因辭不敢當。夫爲史者,網羅數千百載之事,以成一書,其間豈無小得失邪?余所以不敢當荆公之托者,正畏如公之徒,掇拾於先後耳。"

(宋)周密:《齊東野語》卷一九

《五代史》。歐公《五代史》,其法甚精,發論必以"嗚呼",曰此亂世之書也,吾用春秋之法,師其意,不襲其文。其論曰:昔孔子作《春秋》,因亂世而立法,余述本紀,以治法而正亂君。書減舊史之半,而事比舊史添數倍。議者以謂功不下司馬遷,又謂筆刀馳騁,上下無駁雜之説,至於紀例精密,則遷不及也。亦嘗自謂我《伶官傳》豈下《滑稽》也耶!

(宋)佚名:《錦綉萬花谷》前集卷一二

陳伯修作《五代史序》,東坡曰:"如錦宫人裹孝幞頭,嗟乎!伯修不思也。昔太冲《三都賦》就,人未知重也,乃往見玄晏。晏爲作序,增價百倍。古之人所以爲人序者,本以其人輕而我之道已信於天下,故假吾筆墨爲之增重耳。今歐公在天下如泰山北斗,伯修自揣何如,反更作其序？何不識輕重也。”沈元用人或以前輩詩文字求其題跋者,元用未曾敢下筆,此最識體。元用名晦。

(宋)施德操:《北窗炙輠録》卷上

陳師錫序《五代史》,荆公曰:“釋迦佛頭上不堪着糞。”

(宋)祝穆:《古今事文類聚》別集卷五

歐陽公作《五代史》,或作序,記其前。王荆公見之曰:“佛頭上豈可著糞!”山谷先生嘆息,以爲名言,且曰:“見作序引後記,爲其無足信於世,待我而後取重耳。此説有理,然有遺論如何？平叔序《論語》,趙臺卿序《孟子》,杜元凱序《左傳》,豈謂經傳不足取信於世,必待此數人而後取重耶！李序韓,劉序柳,蘇序歐,王舍人序曾,亦豈謂韓、柳、歐、曾有待於此數公哉！蓋序所以述作者之意,非謂作者待序而傳,使作者果不足傳序,顧足以爲重乎！涪翁之言,未爲確論,第恐當時序《五代史》者,人不足重,文不足采,故云爾。”再考序《五代史序》,乃陳師錫也。神宗甚喜,師錫之文,每於衆作中見之,便自認得,常以錦囊盛之。陳後爲御史,有大名。

(元)劉塤:《隱居通議》卷一八

宋太祖開寶六年四月,詔修梁、唐、晉、漢、周書,其曰五代史者,乃後人總括之名也。七年閏十月,書成,凡一百五十卷,目録二卷。監修者爲司空、同中書門下平章事薛居正,同修者爲盧多遜、扈蒙、張澹、李昉、劉兼、李穆、李九齡。見《宋史》及晁公武《讀書志》,《玉海》所引《中興書目》。皆本各朝實録爲稿本。此官修之史也。其後歐陽修私撰《五代史記》七十五卷,藏於家。修没後,熙寧五年,詔求其書刊行,見《宋史》。於是薛、歐二史並行於世。至金章宗泰和七年,詔止用歐史,於是薛史漸湮。惟前明《永樂大典》多載其遺文,然已割裂淆亂,非薛史篇第之舊。恭逢我皇上開四庫館,命諸臣就《永樂大典》中甄録排纂，其缺逸者則采宋人書中之徵引薛史者補之。於是薛史復爲完書，仍得列於正史，遂成二十三史之數。今覆而案之，雖文筆迥不逮歐史，然事實較詳。蓋歐史專重書法，薛史專重叙事，本不可相無。以四五百年久晦之書，一旦復出，俾考古者得參互核訂，所以嘉惠後學，誠非淺鮮也。

(清)趙翼撰，王樹民校證：《廿二史劄記校證》卷二一

五代雖亂離，而各朝俱有實録。梁貞明中，詔李琪、張衮、郤殷象、馮錫嘉修《太祖實録》，共成三十卷。尋以事多漏略，又詔敬翔補緝，翔乃别成三十卷，名曰《大梁編遺録》，與實録並行。見薛史《李琪》及《敬翔傳》。此梁祖實録，貞明中所成也。其庶人友珪及末帝實録則周時補修，説見後。後唐明宗天成四年，詔盧質、何瓚、韓彦暉纂修武皇以上及《莊宗實録》。瓚奏"張昭即張昭遠，後單名昭，《宋史》有傳。有史才，嘗私撰《同光實録》，又欲撰《三祖志》，並藏唐昭宗賜武皇制詔九十餘，請以昭爲修撰，並其所撰送史館。"從之。昭以懿、獻及武皇不踐帝位，乃爲《紀年録》二十卷，《莊宗實録》三十卷，上之。見薛史《唐紀》及《五代會要》，宋史《張昭傳》。此唐武皇以上載紀及《莊宗實録》，乃天成中所成也。薛史《李愚傳》，明宗時，愚監修國史，與諸儒修《創業功臣傳》三十卷。又李之儀集記趙鳳修《莊宗實録》，不載何挺劾劉昫疏，昫德之。是實録並有諸臣列傳，不特朝廷政事也。清泰二年，命史官修《明宗實録》。次年，監修國史姚顗，史官張昭、李祥、吴承範等，修成三十卷，上之。見薛史《唐紀》及《吴承範傳》，《宋史·張昭傳》。此明宗實録，清泰中所成也。其《閔帝》《廢帝實録》則周廣順中補修，説見後。晉在漢前，而《晉祖實録》反成在後。後周廣順元年七月，史官賈緯等以所撰《晉高祖實録》三十卷，《少帝實録》二十卷，上之。此晉二帝實録皆周廣順中所成也。漢乾祐二年二月，詔左諫議大夫賈緯等修《高祖實録》。是年十月，監修國史蘇逢吉，史官賈緯等，修成二十卷，上之。見《漢紀》。此《漢祖實録》，乾祐中所成也。其《隱帝實録》亦周顯德中補修，説見後。周顯德三年，詔兵部尚書張昭纂修《太祖實録》。五年，昭等修成二十

卷,上之。六年,世宗崩,王溥請修《世宗實録》,以扈蒙、張澹、王格、董淳爲纂修官。見《周紀》及《宋史·王溥傳》。此《周太祖實録》皆顯德中所成,而《世宗實録》亦是時所修也。其梁庶人友珪及末帝等實録,亦皆周代所修。顯德三年,詔張昭補修梁末帝及唐清泰帝兩朝實録。昭奏:"本朝太祖歷試之事在漢隱帝時,請先修隱帝實録,以全太祖之事。又梁末帝之上有郢王友珪弑逆,數月未有紀録,請仿宋書元凶劭之例,書爲元凶友珪。唐清泰帝前尚有閔帝,在位四月,亦未有編紀,並請修《閔帝實録》。其清泰帝請書爲廢帝。"從之。見《周紀》及《五代會要》,《宋史·張昭傳》。此梁庶人友珪及末帝,《唐閔帝》《廢帝》,《漢隱帝實録》,皆周顯德中所補修也。可見五代諸帝本各有實録,薛居正即本之以成書,故一年之内即能告成。今案其紀載,不惟可見其采取實録之迹,而各朝實録之書法亦並可概見焉。

(清)趙翼撰,王樹民校證:《廿二史劄記校證》卷二一

《梁太祖紀》,朱瑄、朱瑾救汴後,帝即朱温以其有力於己,厚禮而歸之。瑄、瑾以帝軍士勇悍,懸金帛誘之,軍士利其貲,赴之者衆。帝乃移檄讓之,瑾等來使不遜,乃命朱珍侵曹伐濮。按《通鑑考異》及《五代史補》,朱温常患兵力不足,敬翔説令麾下士詐爲叛逃,即奏於唐帝,並告四鄰,以追叛爲名,可以拓地廣衆,温大喜從之。是兖、鄆本無誘兵之事,特温托詞以爲兵端也,而薛史云云,是真謂瑄、瑾以誘兵啓釁矣。歐史則直書,宣、歐史"瑄"作"宣"。瑾助汴,已破秦宗權,東歸,王朱温時已封王。移檄兖、鄆,誣其誘汴亡卒,乃發兵攻之。

天祐元年七月,帝發東都,至河中。八月壬寅,昭宗遇弑於大内,遺制以輝王柷爲嗣。十月,帝至洛陽,臨於梓宫,祗見於嗣君。按《李彦威》、即朱友恭。《氏叔琮》等傳,温既遷唐昭宗於洛陽,遣敬翔至洛,令彦威、叔琮行弑。以龍武兵夜入,叩宫奏事。夫人裴正一開門,問奏事何得以兵入,牙官史太殺之,直趨椒蘭殿。昭宗方醉,起走,太持劍逐而弑之。是昭宗之被弑,實温使彦威等行事也。而薛史云,温在河中,昭宗遇弑於大内,一若昭宗之弑無與於温者。下又云,温至洛,

臨於梓宫,衹見於嗣君,一似能曲盡臣節者。歐史則直書,温遣朱友恭、氏叔琮、蔣玄暉等行弒,昭宗崩。

二年十一月,天子唐昭宣帝命帝即朱温爲相國,總百揆,以宣武等二十一道爲魏國,進封帝爲魏王,兼備九錫之命。帝讓相國、魏王、九錫。按《孔循傳》,唐哀帝即昭宣帝封温魏王,備九錫,拒不受。蔣玄暉、柳燦馳謂温曰:"自古革易之際,必先建國,備九錫,然後禪位。"温曰:"我不由九錫作天子,可乎?"是温急於篡國,非讓殊禮也,而薛史云云,則似温真能辭讓矣。歐史則云,温怒不受。

是歲,唐昭宣帝卜祀天於南郊,温怒,以爲蔣玄暉等欲延唐祚,昭宣帝懼,遂改卜郊。薛史不書。又是歲,温遣人告蔣玄暉私侍何太后,遂殺玄暉,弒太后,薛史亦不書。

昭宣帝禪位後,梁封爲濟陰王。開平二年正月,弒之。薛史亦不書。

乾化二年,温爲其子友珪所弒。薛史亦不書,但書友珪葬太祖於伊闕,號宣陵。

《唐明宗紀》,帝奉莊宗命討趙在禮,至鄴城,夜有軍士張破敗等鼓噪逼營,曰:"城中兵何罪,直畏死耳。今已與城中約,欲主上帝河南,令公帝河北。"帝力拒之,亂兵益擐甲露刃,環帝左右。安重誨、霍彦威躡帝足,請詭許之,因爲亂兵擁入城,夕乃得出。帝欲歸藩,上章圖再舉。重誨等謂元行欽已弃甲而去,行欽亦以兵攻鄴,聞兵變,别拔營去。不知其所奏如何,正當赴闕自陳,以杜讒口,帝從之。至相州,獲官馬二千匹。元行欽已以蜚語入奏。及至汴,有姚彦温來投,謂主上已惑行欽之言,事勢已離,不可再合。帝曰:"卿自不忠,言何悖也。"莊宗尋爲郭從謙所弒,帝急入洛。時魏王繼岌征蜀未還,帝謂朱守殷曰:"公善巡撫,以待魏王。吾奉大行梓宫禮畢,即歸藩矣。"而群臣上箋勸進,至再三,請監國,帝始從之。據此則明宗遇軍變後,率兵向京師,並無反心,衹欲自訴。迨莊宗被弒,猶欲俟其子繼岌至而奉之,可謂純臣矣。然考當日情事,有不盡然者。明宗性本淳實,兵變之初,固不肯因以爲利,即兵變後,欲歸藩待罪,欲上章申理,亦屬實情。然是時惟有隻身歸朝，庶明心迹，而明宗武夫，豈能知此？方外怵於元行欽之奏其反，内惑於石敬瑭、安重誨等之勸其反，勢當騎虎難下之時，不得不爲挺鹿走險之計，則當其率兵而南，固已變計決反，非真欲面訴於莊宗之前也。天下豈有欲自訴不反，而轉舉兵向闕者？本紀所云赴闕自陳，可不辨而知其飾説也。且是時甫一舉足，反形已露。康義誠曰："今從衆則有歸，守節則將死。"明宗納其言。《義誠傳》。非決計反，則何以納其言也？鄭琮在營中，安重誨欲征四方兵，琮歷數諸道屯兵之數，附口傳檄，相次而至。《琮傳》。王晏球率兵戍瓦橋關，明宗招之，即以兵來會。《晏球傳》。非決計反，則何以征諸道兵也？至相州，即掠官馬以益軍矣。至河上，則劫上供船絹帛以犒軍矣。既先以三百騎付敬瑭，使速入汴，《石晉紀》。又養子從珂自横水率兵，與王建立倍道馳至，由是軍聲大振。《廢帝紀》。其抗逆之迹，已不待言。而本紀猶謂其入汴入洛，猶懷退讓，蓋當時實録例有隱諱，修史者但照本鈔録，不復改訂耳。歐史則書，軍變後，嗣源入於魏，與在禮合。以其兵南，遣石敬瑭將三百騎爲先鋒。嗣源至鉅鹿，掠馬三千以益軍。是明著其反逆之迹，可謂直筆。而其先本無欲反之意，則於《石晉紀》及《霍彦威傳》内見之，是又不没其初念，以見其倉卒被逼，不同於郭威之自澶州入也。

《漢隱帝紀》，帝密詔李洪義誅王殷，又詔郭崇誅郭威、王峻。而洪義不敢發，反以詔示威。威即召王峻、郭崇及諸將校至，曰："君等當奉行詔書，斷予首以報天子。"崇等曰："此必李業等所誣構，事可陳論，何須自弃。"於是争勸威入朝，乃率衆南行。周太祖紀亦云，帝郭威途次又謂將校曰："吾此來萬不得已。然以臣拒君，寧論曲直。汝等不如奉行前詔，我以一死謝天子，實無所恨。"是郭威本志似尚能守臣節者。按《魏仁浦傳》，郭威得洪義所示密詔，即召仁浦於卧内，仁浦教威倒用留守印，更爲詔書，令威誅諸將校，以激怒之。將校皆憤然效用，遂舉兵渡河。是威方更詔書以欺衆，詎肯以天子誅己之詔出示諸將，使奉詔殺己乎？本紀所云，誣飾顯然。歐史帝紀則直書郭威反。

《周太祖紀》,漢隱帝遣慕容彦超拒郭威於劉子坡,王師敗。威謂宋延渥曰:“爾國親,可速往衛主上。”明日,望見帝旗在高坡之上,謂隱帝在其下,即免胄而前。左右勸止之,威曰:“吾君在此,又何憂焉。”及至,則隱帝已去矣。按劉子坡之戰,隱帝親在陣中,威果欲自訴,何不於是時釋甲趨謁,乃方遣何福進、王彦超、李筠等大合騎以乘之。既敗王師,豈有明日又欲束身見主之理?且明日清晨,隱帝已爲郭允明所弑,又安得有旌旗在高坡之上,其爲飾説亦不待辨也。

隱帝既崩,郭威遣人迎湘陰公贇來即位。已而威至澶州,兵變入京。王峻聞贇已至宋州,慮左右變生,遣郭崇以七百騎往衛之。按《十國春秋》,崇至宋州,贇召見於樓上,判官董裔説贇曰:“崇瞻視舉措,必有異謀,不如殺之。”贇猶豫不决,崇遂幽贇於外館。是峻之遣崇,本欲害贇於途也,而本紀反云衛之,尤屬矛盾。歐史則直書,王峻遣郭崇以七百騎逆贇於宋州,殺之。

(清)趙翼撰,王樹民校證:《廿二史劄記校證》卷二一

唐莊宗之被弑也,弟存霸自河中奔太原,存渥亦自洛與劉后奔太原。《薛史符彦超傳》謂,存霸至太原,與吕、鄭二内官謀殺留守張憲及其部將符彦超。彦超覺之,部下大噪,憲出奔,軍士殺存霸及吕、鄭。而《張憲傳》則謂,存渥奔太原,左右見其馬已斷飾,必戰敗而逃者,因欲殺吕、鄭,係存渥以觀變。憲不可,而彦超已誅吕、鄭,軍士大亂。是一事也,《彦超傳》則以爲存霸,《憲傳》則以爲存渥,殊屬兩歧。案存渥出奔,行至風谷,爲部下所殺,惟存霸翦髮爲僧,求彦超庇護,而軍士殺之。是與吕、鄭同被殺者乃存霸,非存渥也。歐史則憲、彦超二傳皆書存霸。又南唐劉仁贍死守壽州,薛史則列在《周書》,蓋以其有降表至周,世宗加以官秩,既没,又贈恤極隆,故列之於周臣也。然仁贍固守無二志,其子崇諫勸之降,即斬以徇。及病甚不知人事,副使孫羽詐爲仁贍書以降,且舁至周營。世宗嘉其忠於所事,加爵進官,詔出而仁贍已卒,是仁贍實未嘗降也。薛史《周紀》既書劉仁贍上表乞降,令其子崇讓請罪,《仁贍傳》亦云,仁贍病急,翻然納款。

末又云,先斬其子崇諫,其後出降,乃欲保其後嗣,抑有由焉。是真謂仁贍之初抗節,而終改節矣。若非歐史辨明,豈不受誣千載邪!符彦饒斬白奉進之兵,奉進來責,彦饒麾下兵噪而殺奉進。已而軍將馬萬等作亂,縛彦饒送京,誣其通范延光謀反,晉祖遂使人殺之於途。薛史竟稱彦饒通延光反,伏誅。歐史則直書其事,謂以反誅非其罪也。可見薛史全據各朝實録,而不復參考事之真僞,此歐史之所以作也。

(清)趙翼撰,王樹民校證:《廿二史劄記校證》卷二一

薛史雖多回護處,然是非亦有不廢公道者。列傳諸臣多與居正同仕前朝,否則其子孫亦有與居正同官於宋者。趙延壽子廷贇,仕宋爲廬、延等州節度使,而《延壽傳》不諱其背晉附遼,求爲遼太子之事。崔協子頌,仕宋爲諫議大夫,而《協傳》直書任圜譏其没字碑。符存審子彦卿,仕宋封魏王,而《存審傳》不諱其少時犯罪將就戮,以善歌得妓者救免之事。王繼弘子永昌,仕宋爲内諸司使,而《繼弘傳》載其曾爲高唐英將,唐英待之甚厚,後竟殺唐英,自爲留後,曰:"吾儕小人,若不因利乘便,何以得志。"尹暉子勛,仕宋爲防禦使,而《暉傳》不諱其反戈推戴唐廢帝之事,傳贊並謂因倒戈而杖鉞,豈義士之所爲。趙在禮孫廷勛,仕宋歷岳、蜀二州刺史,而《在禮傳》載其在宋州貪暴,及移鎮,民相賀曰,"拔去眼中釘矣!"在禮聞之怒,又乞留宋一年,每户征錢一千,號"拔釘錢"。後契丹入汴,索在禮貨財,在禮不勝憤,以衣帶就馬櫪自縊死。安審琦三子,皆仕宋爲顯官,而審琦妾通於隸人,遂與之通謀殺死審琦之事,傳中亦不諱。此足見其直筆,不以同官而稍有瞻徇也。他如高漢筠子貞文,仕宋爲開封尹,而《漢筠傳》歷叙其潔己愛民,則以漢筠本良二千石也。高行周子懷德,仕宋爲駙馬都尉,而《行周傳》叙其歷官政績,則以行周本能以慎重自處者也。此薛史之終不可没也。

(清)趙翼撰,王樹民校證:《廿二史劄記校證》卷二一

薛史《梁祖紀》,開首即以帝稱之;歐史則先稱朱温,賜名後稱全

忠，封王后稱王，僭位後始稱帝。蓋薛則仿宋、齊、梁、陳書之例，歐則仿《史記》之例也。薛史於各國僭大號者，立《僭僞傳》，其不僭號而自傳子孫者，立《世襲傳》；歐則概列爲世家，亦仿《史記》也。薛史凡除官，自宰相至於刺史，皆書於本紀，幾同腐爛朝報；歐史則但書除拜宰相及樞密使，其餘不書，以省繁冗也。五代革易頻仍，惟梁、唐創業，各三十餘年，故其臣有始終在一朝者，其他未有不歷仕數朝。薛史則以死於某朝者，即入於某朝傳内，如張全義、朱友謙、袁象先等，事迹多在梁朝，而編入《唐書》，楊思權佐唐廢帝篡位，而編入《晉書》，馮道歷唐、晉、漢、周皆爲相，而編入《周書》。歐史則以專仕一朝者繫於某朝，其歷仕數朝者則另爲《雜傳》，以叙其歷宦之迹，此又創例之最得者。

（清）趙翼撰，王樹民校證：《廿二史劄記校證》卷二一

歐史雖多據薛史舊本，然采證極博，不專恃薛本也。宋初薛史雖成，而各朝實録具在，觀《通鑑考異》尚引梁太祖、唐莊宗實録，則歐公時尚在可知也。歐史《郭崇韜傳》贊云"余讀梁宣底"，則實録之外又有宣底等故籍，皆不遺也。劉昫之《舊唐書》修成亦未久，其所援據底本，方藉以修《新唐書》，凡唐末交涉五代之事，又足資考訂。至宋初諸臣記五代事者尤多。案《宋史》，范質嘗述朱梁至周爲通（鑑）［録］六十五卷，《質傳》。王溥亦采朱梁至周爲《五代會要》，共三十卷，《溥傳》。王子融集五代事爲《唐餘録》六十卷，《子融傳》。路振采五代九國君臣事迹，作世家列傳，《振傳》。鄭向以五代亂亡，史多缺漏，著《開皇紀》三十卷。《向傳》。此外又有孫光憲《北夢瑣言》，陶岳《五代史補》，王禹偁《五代史闕文》，劉恕《十國春秋》，龔穎《運曆圖》，見於宋《藝文志》及晁公武《讀書志》者，皆在歐公之前，足資考訂。其出自各國之書，如錢儼之《吴越備史》《備史遺事》，湯悦之《江南録》，徐鉉之《吴録》，王保衡之《晉陽見聞要録》，又皆流佈。而徐無黨注中所引證之《唐摭言》《唐新纂》《九國志》《五代春秋》《鑒戒録》《紀年録》《三楚新編》《紀年通譜》《閩中實録》等書，又皆歐所參用者。蓋

薛史第據各朝實録,故成之易,而記載或有沿襲失實之處。歐史博采群言,旁參互證,則真僞見而是非得其真,故所書事實,所紀月日,多有與舊史不合者,卷帙雖不及薛史之半,而訂正之功倍之,文直事核,所以稱良史也。

(清)趙翼撰,王樹民校證:《廿二史劄記校證》卷二一

不閲《舊唐書》,不知《新唐書》之綜核也。不閲薛史,不知歐史之簡嚴也。歐史不惟文筆潔净,直追《史記》,而以春秋書法寓褒貶於紀傳之中,則雖《史記》亦不及也。其用兵之名有四:兩相攻曰攻,如《梁紀》孫儒攻楊行密於揚州是也。以大加小曰伐,如《梁紀》遣劉知俊伐岐是也。有罪曰討,如《唐紀》命李嗣源討趙在禮是也。天子自往曰征,如《周紀》東征慕容彦超是也。攻戰得地之名有二:易得曰取,如張全義取河陽是也。難得曰克,如龐師古克徐州是也。以身歸曰降,如馮霸殺潞將李克恭來降是也。以地歸曰附,如劉知俊叛附於岐是也。立后得其正者曰以某妃某夫人爲皇后,如《唐明宗紀》立淑妃曹氏爲皇后是也。立不以正者曰以某氏爲皇后,如《唐莊宗紀》立劉氏爲皇后是也。凡此皆先立一例,而各以事從之,褒貶自見。其他書法,亦各有用意之處。如《梁紀》書弑濟陰王,王即唐昭宣帝也,不曰昭宣帝而曰濟陰王者,遜位後梁所封之王,書之以著其實,又書弑以著梁罪也。襄州軍亂,殺其刺史王班,不書王班死之,而以被殺爲文者,智不足以衛身而被殺,不可以死節予之也。殺王師範,不曰伏誅而曰殺者,有罪當殺曰伏誅,不當殺則以兩相殺爲文也。郢王友珪反,反與叛不同,叛者背此附彼,反則自下謀上,惡逆更大也。反不書日者,反非一朝一夕,難得其日也。梁太祖、唐莊宗皆被弑,故不書葬。唐明宗考終,宜書葬矣,以賊子從珂所葬,故亦不書也。《梁紀》,天雄軍亂,節度使賀德倫叛附於晉,亂首係張彦而書德倫者,責在貴者也;而德倫究不可加以首惡,而可責以不死,故書叛附於晉也。唐滅梁,敬翔自殺,翔因梁亡而自殺,可謂忠矣,不書死之而但書自殺,以梁祖之惡皆翔所爲,故不以死節予之也。除官非宰相、樞密使不

書，説見前。而《唐紀》書教坊使陳俊爲景州刺史，内園栽接使儲德源爲憲州刺史者，著其授官之太濫也。《明宗紀》先書皇帝即位於柩前，繼書魏王繼岌薨，見其即位時君之子尚在，則其反不待辨而自明也。又書郭從謙爲景州刺史，既而殺之，從謙弒莊宗，乃不討而反官之，見明宗之無君也。其罪本宜誅，乃不書伏誅而書殺者，明宗亦同罪，不得行誅，故以兩相殺爲文也。秦王從榮以兵入興聖宫，不克，伏誅，從榮本明宗子，以明宗病，恐不得立，以兵自助，故不書反，而擅以兵入宫，其罪當誅，故其死書伏誅也。《漢紀》，隱帝崩即書漢亡，隱帝被殺後，尚有李太后臨朝，及迎湘陰公贇嗣位之事，漢猶未亡也，而即書漢亡，見太后臨朝等事皆周所假托，非漢尚有統也。《周太祖紀》書漢人來討，周祖篡漢得位，崇之於周，義所當討，故書討也。《世宗紀》書帝如潞州攻漢，不曰伐而曰攻者，曲在周也，此可見歐史本紀書法，一字不苟也。其列傳亦有折衷至當者。死節分明，如王彦章、裴約、劉仁贍既列之《死節傳》矣，尚有宋令詢、李遐、張彦卿、鄭昭業等，皆一意矢節，以死殉國，而傳無之，則以其事迹不完，不能立傳故也，然於本紀特書死之，以表其忠，固不在傳之有無矣。張憲留守太原，莊宗被弑後，皇弟存霸來奔，或勸憲拘存霸以俟朝命，張昭又勸其奉表明宗，憲皆涕泣拒之。已而存霸爲符彦超軍士所殺，憲出奔沂州。薛史書憲坐弃城賜死，歐獨明其不然，然以其不死於太原，故亦不入於《死事傳》，但書憲出奔沂州見殺而已。藥彦稠、王思同皆以兵討潞王從珂，爲從珂所執而死，乃思同入《死事傳》，而彦稠不入，則以思同詞義不屈，係甘心殉國者，彦稠第被執見殺，不可竟以死節予之也。於此可見歐史之斟酌至當矣。

(清)趙翼撰，王樹民校證：《廿二史劄記校證》卷二一

歐史紀傳各贊，皆有深意。於《張承業傳》則極論宦官之禍，而推明郭崇韜之死由於宦官之譖，使崇韜不死，其所將征蜀之兵皆在麾下，明宗能取莊宗之天下而代之哉。追原禍本，歸獄貂當，可謂深切著明矣。《唐六臣》張文蔚等押傳國寶遜位於梁，此事與朋黨何涉，而

傳贊忽謂此時君子盡去，小人滿朝，故其視亡國易朝，恬不知怪，而所以使君子盡去者，皆朋黨之説中之也。蓋宋仁宗時，朝右黨論大興，正人皆不安其位，故藉以發端，警切時事，不覺其大聲疾呼也。至《晉出帝紀》贊，深明以侄爲子而没其本生父爲非，謂出帝本高祖兄敬儒之子，當時以爲爲高祖子則得立，爲敬儒子則不得立，於是深諱其所生而絶之以欺天下，以爲真高祖子也。禮曰："爲人後者，爲其父母服。"自古雖出繼爲人後，未有絶其本生而不稱父母者。"余書曰追封皇伯敬儒爲宋王者，以見其絶天性，臣其父而爵之也。"於《晉家人傳》贊又反復申明之。則以當時濮議紛呶，朝臣皆以英宗當考仁宗，而以本生濮王爲伯，歐公與韓琦等獨非之，故因是以深斥其非禮也。可見歐史無一字苟作。

（清）趙翼撰，王樹民校證：《廿二史劄記校證》卷二一

歐史亦有失檢處。唐昭宗之被弑也，《李彦威傳》則云梁祖遣敬翔至洛，與彦威等謀弑之，《李振傳》又云梁祖遣振至洛，與彦威等謀弑之，此必有一誤。《梁本紀》書朱友謙叛，殺同州節度使程全暉，而《全暉傳》則云全暉奔京師，是紀傳兩不符合。薛史則紀傳皆稱奔京師，當不誤也。《羅紹威傳》，魏博自田承嗣始有牙軍，歲久益驕，至紹威時已二百年。按承嗣至紹威實止百五十年，歐史所云亦行文之誤。《鄭遨傳》，遨與李振善，方振貴顯，遨不一顧，振得罪南竄，遨徒步千里往視之。按振仕梁爲樞密使，並無遠謫之事，及唐滅梁，振即被誅，又未嘗貶竄也，而《遨傳》何以云耶？唐莊宗被弑後，其弟存霸奔太原，據《符彦超傳》則云彦超欲留之，軍士大噪，遂殺之；《張憲傳》又云憲欲納之，彦超不從，存霸乃見殺，亦不畫一。且歐史例以歷仕數朝者入《雜傳》，專仕一朝者入某朝傳。氏叔琮、李彦威、李振、韋震皆只仕梁一朝，何以不入《梁傳》，而入《雜傳》？元行欽先事劉守光，繼降唐，何以反不入《雜傳》，而列於《唐臣傳》？此不免自亂其例也。至如宋太祖奮迹，全在周朝，建立戰功，勛望由此大著。薛史於《周紀》一一叙之，如高平之戰，則書今上先犯其鋒；清流關之戰，書今上

破淮賊萬五千人，擒皇甫暉、姚鳳；六合之戰，書今上大破江南軍於六合；楚州之役，書今上在城北，親冒矢石，登城拔之；迎鑾江口之捷，書今上率戰櫂直抵南岸，焚栅而還。此皆宋太祖歷試之迹也，歐史一概不書，但云周師擊敗之而已，豈以宋祖仕周爲諱耶？然宋祖由周臣爲軍士擁立，固不能諱，亦不必諱也。居正在太祖時修史，必進御覽，並不隱諱，歐史修於仁宗時，乃轉諱之耶，蓋第欲取其行文之簡净耳。

（清）趙翼撰，王樹民校證：《廿二史劄記校證》卷二一

一産三男、四男入史，自《舊唐書》始。《高宗紀》，嘉州辛道讓妻一産四男，高苑縣吴文威妻魏氏一産四男。《哀帝紀》，潁州汝陰縣彭文妻一産三男。歐陽《五代史》仿之，亦載於本紀，如同光二年，軍將趙暉妻一産三男是也。或以爲瑞而記之，不知此乃記異耳。徐無黨注云，此因變異而書，重人事故謹之。後世以此爲善祥，故於亂世書之，以見其不然也。今按唐高宗後，即有武氏之禍，哀帝正當失國時，尚有此事。又《宋史》哲宗紹聖四年，宣州民妻一産四男，元符二年，河中猗氏縣民妻一産四男。徽宗重和元年，黄岩民妻一産四男，未幾即有金人之禍。可知一産三男、四男皆是變異，非吉祥也。

（清）趙翼撰，王樹民校證：《廿二史劄記校證》卷二一

太祖取南唐，年餘始得之，怒其不歸朝，及來降，則命爲違命侯，蓋惡號也。後二年，方改封爲隴西郡公，及殁，乃贈太師，謚吴王。夫歐陽公吉州人，政屬南唐，其祖父皆南唐之臣，則後主其故主也。歐陽公作《五代史》及《集古録》，至説後主處，每指爲違命侯，寧忍稱其惡號乎！且陳壽作《三國志》，其於孫權直以名呼之，至蜀則必曰先主、後主，蓋壽本蜀人，以父母之邦，其言不得不爾。豈謂歐陽公識鑒如此，而獨不爲之諱，何也？

（宋）袁文：《甕牖閒評》卷八

《新書·沙陀傳》:天復元年,李克用爲汴兵所敗。朱友寧長驅圍太原。克用與李嗣昭、周德威謀奔雲中,李存信謂不如奔北番。國昌妻劉語克用曰:"王嘗笑王行瑜失城走而死,奈何效之?"克用悟,乃止。據此則勸止克用者,國昌妻也。國昌乃克用之父,其妻乃克用母也。然《五代史·唐家人傳》云:克用正室劉夫人,明敏多智略。當存信勸走入北番時,夫人曰:"存信牧羊兒,安足計成敗? 公常笑王行瑜弃邠州,爲人所擒,今乃自爲此乎!"則劉夫人乃克用妻也。《通鑒》及《北夢瑣言》亦謂克用妻劉夫人勸克用固守。其下又云,夫人無子,姬曹氏生存勖,夫人待曹加厚,是劉夫人之爲克用妻也明矣。乃新書以爲國昌妻,不知何據。又《通鑒》謂是時克用甚懼,嗣昭、德威曰:"兒輩在此,必能固守。"《五代史·嗣昭傳》亦云:存信勸奔雲州,嗣昭力争,以爲不可。是二人亦不主出奔之策者也。而舊書謂與二人謀奔雲州,亦誤。

(清)趙翼:《陔餘叢考》卷一二

《舊書·朱瑄傳》:汴師來攻,瑄與妻出奔,爲野人所害,傳首汴州,妻至汴爲尼。《新書》:瑄出奔,野人執以獻,朱全忠斬之而納其妻。《綱目分注》又謂:瑄弃城走,野人執以獻。其弟朱瑾時守兗州,留其將康懷貞守城,自出掠糧以給軍。全忠遣將襲兗州,獲瑾妻子,瑾奔淮南。全忠納瑾妻還,張夫人請見之,瑾妻拜,夫人亦拜,且泣曰:"兗鄆與司空約爲兄弟,以小故起兵相攻,使吾姒辱於此。他日汴州失守,吾亦如吾姒之今日乎。"全忠乃出瑾妻而斬瑄。《五代史·梁家人傳》:太祖已破朱瑾,納其妻以歸。張后見瑾妻云云。與《綱目》同。太祖乃送瑾妻爲尼,后常給其衣食。合二書以觀,則全忠所納者,瑾妻而非瑄妻也。《舊書》謂瑄妻至汴爲尼,《新書》謂全忠斬瑄而納其妻,則皆謂瑄妻也。獨是《五代史》本歐公所作,《唐書》亦歐公總裁,何以並不參訂耶? 又按《五代史瑾傳》:瑾歸淮南後,以殺徐知訓被族,妻陶氏臨刑而泣,其妾曰:"何爲泣乎,今行見公矣。"陶氏收泪欣然就戮。此蓋逃奔江南後再娶之妻也。《北夢瑣言》亦以爲瑾妻。

（清）趙翼:《陔餘叢考》卷一二

宋、金時《五代史》尚用薛居正所修,金章宗始詔削薛史,專用歐史,事見《章宗本紀》。今歐史列於正史,自章宗始也。書法嚴潔,固爲諸史之最。然韓通忠義,不爲立傳,前人已議之。此猶或爲本朝諱也。《宋史·張昭傳》:後唐張憲爲北京留守,當莊宗遇難,明宗將入,或勸憲作表奉迎。憲不肯,遂死之。是張憲乃唐莊宗完節之臣,歐史即不列於《唐臣傳》,又不入於《死節傳》,亦屬疏漏。朱温之篡也,唐相楊涉爲押國璽,使其子凝式謂涉曰:"大人爲唐宰相而使國家至此,不可謂之無罪,况持天子璽與人,雖保富貴,奈千載何!"涉大駭曰:"汝滅吾族。"神色爲之不寧者累日,此事《唐書》雖不載,而《通鑒》載之甚詳。則應是宋初共見共聞之事,乃歐史絶不叙及,亦未免意存回護。又袁文《甕牖閒評》云:南唐李後主既降,宋祖以其拒守久,封以違命侯。歐史凡説後主處皆書違命侯。按陳壽《三國志》於孫權直稱名,至蜀則必曰先主、後主,蓋壽本蜀人,以父母之邦故也。歐公吉州人,正屬南唐,其祖父皆南唐臣民也,而忍斥之曰違命侯乎？則《五代史》亦多有可議者。

（清）趙翼:《陔餘叢考》卷一三

一産三男有賞

遇此事必書,則始於《五代史》。如後唐同光二年,左熊威將趙暉妻一産三男子;天成元年,硤石縣民高存妻一産三男子;漢乾祐元年,内黄民武進妻一産三男子是也。歐陽公謂此因變異而書者。

（清）趙翼:《陔餘叢考》卷二七

子瞻問歐陽公曰:"《五代史》可傳後也乎？"公曰:"修於此竊有善善惡惡之志。"蘇公曰:"韓通無傳,惡得爲善善惡惡？"公默然。

通,周臣也。陳橋兵變,歸戴永昌,通擐甲誓師,出抗而死。

(宋)王楙:《野客叢書·附録》

如《新唐書》雖事增於前,辭省於舊,字愈奇而氣愈索,不若《新五代》一唱而三嘆有餘音者矣。

(元)王惲:《玉堂嘉話》卷二

馮定遠云:"歐公文人,又生於太平,不知武事。每叙戰之際,則使人思鉅鹿、垓下。每壯夾寨之戰,不使左邱、太史公執筆也。然三矢告廟之際,亦極筆也。"按歐公叙高平之戰獨勝,想周人猶有紀載可據,沙陀不知金鐀石室爲何事也。史闕其文,雖左邱、司馬亦如之何哉。若憑臆編撰,則違孔子其所不知之訓,正後代史家大失也。

(清)何焯:《義門讀書記》卷二九

王介甫意輕《五代史》。一日,因平甫案間有之,遂問曰:"此書何如?"平甫曰:"以明白易曉之言,叙擾攘難盡之事,未易議也。"始誠其言,以爲切當。

(宋)吴炯:《五總志》

《鶴林玉露》:《五代史》漢劉銖惡史弘肇、楊邠,於是李業譖二人於帝而殺之。銖喜謂業曰:"君可謂僂儸兒矣。"僂羅,俗言猾也。歐公《五代史》間書俗語,甚奇。

《湘烟録》:劉鋹在國,春深令宫人鬥花,凌晨開後苑,各任采擇,少項敕還宫,鎖花門。膳訖,普集角勝,負之殿中,宦士抱關,宫人出入皆搜懷袖,置樓羅歷,以驗姓名。法制甚嚴,時號"花禁",負者獻要金要銀買燕。

(清)沈自南:《藝林匯考·稱號篇》卷一一

歐陽公《五代史》自謂竊取《春秋》之義,然其病正在乎學《春秋》。如《唐廢帝紀》,清泰三年十一月丁酉,契丹立晉。案《春秋》,衛人立晉。晉者,公子晉也,立者,立其人也。此紀石敬瑭事,當云契丹立石敬瑭爲晉帝,方合史例。今乃襲用立晉之文,此《史通》所譏"貌同而心異"者也。

周世宗之才略,可以混一海内,而享國短促,墳土未乾,遂易它姓。洪《容齋》以爲失於好殺,歷舉薛史所載甚備,而歐史多芟之,《容齋》論史有識,勝於歐陽多矣。梁起盗賊,其行事無可取,而卒以得國。《容齋》舉其輕賦一節,此憎而知其善也。誰謂小説無裨於正史哉!

(清)錢大昕:《十駕齋養新録》卷六

予嘗疑《五代史·劉昫傳》不載修《唐書》事,後讀《義門讀書記》,謂昫在唐明宗朝爲門下侍郎、監修國史,國史即《唐書》也。義門此言,欲以彌縫歐公之闕。今考之,殊不然。莊宗自祖父以來,附唐屬籍,滅梁之後,祀唐七廟,自稱中興,以唐史爲國史,固其宜矣。但宰相監修國史,沿唐故事,雖有監修之名,初無撰述之實,昫之監修,不過宰相兼銜而已。《五代會要》晉天福六年二月敕,户部侍郎張昭、本名昭遠。起居郎賈緯、秘書少監趙熙、吏部郎中鄭受益、左司員外郎李爲先等修撰唐史,仍令宰臣趙瑩監修。其年四月,緯丁憂,以吕琦爲户部侍郎,尹拙爲户部員外郎,令與張昭等同修唐史。開運二年,史館上新修前朝李氏書、紀、志、列、傳共二百二十卷並目録一卷,賜監修宰臣劉昫、修史官張昭、直館王申等繒彩銀幣各有差。其云前朝李氏書者,避晉高祖嫌名,權易之耳。修《唐書》乃在後晉之世,初命趙瑩監修,瑩罷相而昫代之。何氏未考《五代會要》,乃臆造此説耳。歐公於趙劉二傳俱不及監修事,而於《賈緯傳》云與修《唐書》,蓋以監修無秉筆之職,例不當書。如《新唐書》刊修,但載歐、宋二人傳,何嘗及監修之曾公亮哉。張昭卒於宋初,不入五代史,故於緯傳見之。此史家之成例,不可議其缺漏。

(清)錢大昕:《十駕齋養新録》卷六

《吴越備史》卷首:“題武勝軍節度掌書記范坰、武勝軍節度巡官林禹撰。”陳振孫謂錢儼所作,托名林範。《宋史·藝文志》“霸史類”載此書,十五卷,亦云錢儼撰,托名范坰、林禹撰。又别有錢儼《備史遺事》五卷。《世善堂書目》作九卷。今世所傳,乃明錢德洪刻本,前五卷唐五代及宋開寶戊辰,後一卷始開寶己巳,訖端拱戊子,與史志卷數不合。五卷之末題云:“大宋嘉祐元年丙申歲正月七日,朝奉郎、守尚書刑部郎中、集賢殿修撰、知梓州軍州事,兼管内橋道使、提舉戎瀘等七州賊盜甲兵,專句當納溪夷人公事,上護軍、賜紫金魚袋四代孫中孚寫。”考程俱《北山小集》,中孚實中吴軍節度使元璙之曾孫,於武肅爲四代孫也,錢岱序謂范林二記室撰《備史》五卷。至十九世孫緒山公,命門人馬蓋臣補《忠懿遺事》,合六卷,刻之姑蘇。今考蓋臣所撰,唯《吴越世家疑辨》一卷,德洪序中,初不言補遺出其手,岱蓋考之未審矣。錢遵王記其家藏舊本止四卷,又稱忠懿爲今元帥吴越國王,自乾祐戊申,至端拱戊子,終始歷然,何緣更有補遺?顯係明人妄改,惜不得遵王本一讀之。

(清)錢大昕:《十駕齋養新録》卷一三

《五代史》持論太苛,如元行欽首明嗣源之反,又殺其子從璟,與莊宗臨危誓發志,如皎曰:莊宗死而出奔,豈無再圖匡復之意。卒駡明宗,折股而死,市人皆哭,真是顔段一流。歐公以爲雖不屈而死,非其志也。志之所在,公何以知之。烏震事趙王鎔,鎔爲張文禮所弑,震討文禮,文禮執其母妻以招之,震不顧,文禮斷其手鼻,縱之震軍,軍中皆不忍視。震一慟而止,憤激自厲,卒破鎮州。歐公以爲不忠不孝。夫委質事人,王陵、温嶠、趙苞之事,皆事之無可奈何者也。忠孝不能兩全,君子必以一端與之,未始非善,善從長之意。而歐公一筆抹殺,過矣。張憲涕泣而拒張昭遠,亦以出奔見殺,不得列於《死事》。然則季友出奔,而《春秋》與之,陳文子出奔,而夫子稱之,何也?

(清)袁枚:《隨園隨筆》卷三

薛居正《五代史》稿,久已不存。近日,翰林在四庫分校者,得觀《永樂大典》,乃捃摭成書,兼采《册府元龜》《五代會要》等,編得一百五十卷,亦盛事也。中有與歐史不合者,如《唐閔帝紀》,薛史作明宗第三子,而歐史作第五子是也。歐史《晉家人傳》,止書出帝立皇后馮氏,薛史則云馮氏未立之先,追册張氏爲皇后,歐史所不載也。張萬進賜名守進,故薛史本紀先書萬進,後書守進,歐史删去賜名一事,故前後遂如兩人矣。再歐史有改更薛史之文,而涉筆偶誤者,如梁遣人至京師,本紀以爲朱友謙,列傳以爲朱友諒。唐明宗在位七年餘,而論贊以爲十年之類是也。有沿薛史之舊,而未及改正者,如吴縝《五代史纂誤》譏《杜曉傳》幅巾自廢,不當云十餘年;《羅紹威傳》牙軍相繼,不當云二百年之類是也。大抵薛之文筆平冗,不及歐之謹嚴,然而作在宋初,離五代不遠,事多詳備,且凡禮樂、職官之制度,選舉、刑法之沿革,亦頗有裨於文獻,將來必與歐史并存,如《新》《舊唐書》之例矣。

(清)袁枚:《隨園隨筆》卷三

無名氏之《唐闕史》,寥簡無多,王禹偁之《五代史補》缺,所補不過如唐昭宗見朱温,而命其繫襪,明宗焚香,祝天願早生聖人等事,皆在人耳目間,其爲後人捃拾,僞托元之之名無疑也。陶岳《五代史補》增本書外一百餘條,自稱雖云小説,有補大猷。然所載如李濤之佯拜弟妻,以其年長而誤認親家母;魏博使者自恃少年,誚鳳翔使者之陋,稱爲水草大王,醜者云“兄貌美,得非水草大王夫人”等事。不過足資笑噱而已。薛居正舊史言周世宗遣竇儀决翰林醫官馬道元之子被殺壽州一案,濫刑二十四人;唐明宗時,渾公兒奏民習戰,乃二小兒舞竿戲鬥耳,石敬塘殺之,帝後知之,深自刻責,貶渾杖脊,而恤二小兒家。又,周世宗用法大嚴,如宋州巡檢竹奉璘,以捕盗不獲;羽林將軍孟漢瓊,以監納取耗;員外陳渥以檢田失實;指揮康儼以橋道不修;内供奉官孫延希,以督修水福殿而役夫有就瓦中啖飯者,皆置極刑。此種大事,歐公盡行删去,殊不可解。洪氏《五筆》亦極言之。

(清)袁枚:《隨園隨筆》卷四

《五代開皇紀》載恭帝禪位詔,與《宋朝太祖實録》所載,無一字同。殆史官改易元本,乃知盡信書,不如無書。

(元)劉塤:《隱居通議》卷二四

史不暇録,而賈緯始作《補録》,十或得其二三,五代之際,尤多故矣。天下乖隔,號令並出,傳記之士,一作事。訛謬尤多,幸而中國之君實録粗備,其盛衰善惡之迹,較然而著者,不可泯矣。

(宋)歐陽修:《文忠集》卷一二四

(紹興十三年七月九日)詔曰:國家用武開基,右文致治。自削平於僭僞,悉收籍其圖書,列聖相承,明詔屢下,廣行訪募,法漢氏之前規;精校遺亡,按開元之舊目。大辟獻書之路,明張立賞之科。簡編用出於四方,卷帙遂充於三館。藏書之盛,視古爲多;艱難以來,散失無存。……

(南宋)陳騤:《南宋館閣録》卷三

《帝王年代》、《州郡長曆》二卷、《古今類聚年號圖》一卷,並五代杜光庭撰。光庭,僞蜀青城道士。

(明)曹學佺:《蜀中廣記》卷九二

《唐録備闕》十五卷,五代歐陽迥著,見《宋史》。迥,益州人,嘗事蜀王衍及知祥父子,累官門下侍郎、平章事,性坦率,無檢操,雅善吹笛。太祖常召至便殿,令奏數曲。迥爲歌詩甚富,掌誥命,非其所長。但蜀之卿相,奢靡相尚,迥能守儉素,此乃可稱。

(明)曹學佺:《蜀中廣記》卷九二

《鑒誡録》十卷,後蜀東海何光遠輝夫撰。又云證聖中,纂輯唐以來君臣事迹,可爲世鑒者,前有劉曦度序。李獻臣云:不知何時人,考之不詳也。

(明)曹學佺:《蜀中廣記》卷九二

《續通曆》十卷,陵州孫光憲,輯唐洎五代事迹,續爲總曆,參以黄巢、李茂貞、劉守光、安巴堅、吴唐、閩廣、胡越、兩蜀事迹。宋太祖詔毁其書,以所紀多失實也。

(明)曹學佺:《蜀中廣記》卷九二

《蜀書》二十卷,李昊撰。昊字穹佐,仕王衍,至中書舍人、翰林學士,歷事孟知祥父子,累官門下侍郎、同平章事、監修國史。自知祥領蜀,凡章奏書檄,皆出昊手。至是集爲百卷,曰《經緯略》以獻。廣政十四年,修成《昶實録》四十卷。昶欲取觀,昊曰:"帝王不閲史,不敢奉詔。"昊自言唐相紳之後,昶與江南李景通好,遣其臣趙季札至江南,購得唐李紳武宗朝拜相制書還,以遺昊。昊喜甚,大會賓客,宴飲所費無算,以帛二千匹謝季札。蓋極奢侈云。

(明)曹學佺:《蜀中廣記》卷九三

徐鉉等《吴録》二十卷,不知名《南唐書》十五卷,不知名《江南志》二十卷,十五卷者,疑是陸務觀書。王顯《南唐烈祖開基志》十卷,徐鉉、湯悦《江南録》十卷,陳彭年《江南别録》四卷,龍衮《江南野史》二十卷,不知名《江南餘載》二卷……其鄭文寶《南唐近事》《江表志》。

(明)顧起元:《客座贅語》卷四

南唐三主,烈祖、元宗、後主,本紀三卷,列傳自宋齊丘至高麗,十五卷,通十有八卷,不著作者氏名。然考叙論有曰:"政和中,先君會稽公爲淮西常平使者。"又曰:"乾道、淳熙間,予游蜀,在成都。"則疑出於放翁陸氏筆也。蓋陸農師佃曾宦淮西,而乾淳間,放翁以石湖范公闢爲成都府通判,是以疑之。南唐偏方狹境,政體柔弱,故其書亦淺蹙,無以激發人英特壯偉之氣。獨其四十年間,忠臣節士相望死國,如我祖忠肅公以守壽春死,孟堅以力戰福州死,張彦卿以力守楚州死,張雄父子八人以力戰溧水死,孫忌以奉使不屈死,潘佑以直諫不阿死,廖居素以直諫不聽,朝服赴井死,李延鄒以不草降表死,陳喬以不肯降附死,胡則以力守江州死。俱表表汗青,照耀千古,而其可恨者,則以小國短世,不得如張睢陽、顔平原,大顯於世爾。書有《徐鍇傳》,而無《徐鉉傳》,不可曉其間有欠釐正修潤處,暇日尚盡心焉。

(元)劉塤:《隱居通議》卷二四

《南唐書》載我祖忠肅公仁贍死節甚著,與《五代史》合,而叙論乃曰:"乾道、淳熙之間,予游蜀,在成都,見梓橦令金君所藏周世宗除仁贍天平軍節度使告身,白紙書墨色,印文皆如新。金君言仁贍獨一裔孫,賣藥新安市,客死無後,故得之。又曰:'以仁贍之忠,天報之宜,何如而其後於今遂絶,天理之難知如此,可悲也夫!'"予閲《南唐書》至此,喟然嘆曰:"誤矣!按忠肅公既死節,諸子中有一子諱贇者,周世宗録以爲懷州刺史,刺史生工曹,諱希遜,始來南豐,葬九陂耆牛頭坑。工曹生昇州通判二府君,諱昭,葬望市嶺側冷水坑尾,墳墓至今存也。通判生江樓居士八府君,諱元載,至予爲七世孫。譜系俱存,然則謂之無後,可乎?"孟子曰:"盡信書,不如無書。"蓋紀載之難如此,抑忠臣義士捐軀死國,自以己分當然,豈計後福者。當是時,周世宗親征臨城,爲公所扼,多致喪失,公寧保後日之不屠城,舉室必盡戮,寧復有後之可覬。其幸而不絶者,偶然耳。臣子固自盡其心,而天亦何心。皋陶庭堅之不祀,鄧伯道之無兒,報應之理,安有定論!陸放翁《老學庵筆記》,言親見節使告身在金宰處,則叙論者即放翁也。

(元)劉塤:《隱居通議》卷二四

《蜀世家》:王建時,騶虞見碧山文忠,論之云,騶虞,吾不知其何物也。詩曰:吁嗟乎! 騶虞。賈誼以謂騶者,文王之囿;虞,虞官也。當誼之時,其説如此,然則以之爲獸者,其出於近世之説乎?

(宋)韓淲:《澗泉日記》卷中

靖康之禍,大率與開運之事同。一時紀載雜書極多,而最無忌憚者,莫若所謂《南燼紀聞》。其説謂出帝之事,歐公本之王淑之私史。淑本小吏,其家爲出帝所殺,遁入契丹。洎出帝黄龍之遷,淑時爲契丹諸司,於是文移郡縣,故致其飢寒,以逞宿怨,且述其幽辱之事,書名《幽懿録》,比之周幽、衛懿。然考之五代新、舊《史》,初無是説,安知非托子虚以欺世哉,其妄可見矣。

(宋)周密:《齊東野語》卷一八

(2)其他

梁太祖開平五年三月,宗正卿朱遜、圖譜官朱損之,進所撰《述天潢源派》二軸。各賜帛。

(宋)王欽若等編纂:《册府元龜》卷六二一《卿監部》

梁末帝貞明末,前衡州長史劉鷺進所撰《地里手鏡》十卷。

(宋)王欽若等編纂:《册府元龜》卷六〇七《學校部》

後唐劉岳爲太常卿,文學之外,通於典禮。明宗天成中,奉詔撰新《書儀》一部,文約而理當,至今行於世。

(宋)王欽若等編纂:《册府元龜》卷五六四《掌禮部》

晉尹玉羽爲光禄大夫,退居秦中。十年之間,著書五十卷,名曰《武庫集》。

(宋)王欽若等編纂:《册府元龜》卷八五四《總録部》

《蠶書》二卷

陳氏曰:孫光憲撰。

(元)馬端臨:《文獻通考》卷二一八《經籍考四五》

《備忘小鈔》十卷

晁氏曰:僞蜀文谷撰。雜抄子史一千餘事,以備遺忘。其後題廣政三年。廣政,王衍年號也。

(元)馬端臨:《文獻通考》卷二二八《經籍考五五》

《茶譜》一卷

晁氏曰:僞蜀毛文錫撰。記茶故事。其後附以唐人詩文。

《建安茶録》三卷

晁氏曰:皇朝丁謂撰。建州研膏茶起於南唐,太平興國中始進御。謂咸平中爲閩漕,監督州吏,創造規模,精緻嚴謹,録其團焙之數,圖繪器具及叙采製入貢法式。盧仝譏陽羡貢茶有"安知百萬億蒼生,墜在顛崖受辛苦"之句,余於謂亦云。

(元)馬端臨:《文獻通考》卷二一八《經籍考四五》

通正二年……二月……富文藻著《金行啓運録》二十卷、《青宫載筆記》十五卷、《王堂集》二十卷。

(明)陶宗儀:《説郛》卷四五《蜀檮杌》

《道德經疏節解》上、下各二卷

《崇文總目》:僞蜀喬諷撰。諷仕僞蜀爲諫議大夫、知制誥。奉詔以唐明皇《注疏》、杜光庭《義》綴其要,附以己意解釋之。

(元)馬端臨:《文獻通考》卷二一一《經籍考三八》

《寶藏暢微論》三卷

晁氏曰:五代軒轅述撰。青霞君作《寶藏論》三篇,著變鍊金石之訣,既詳其未善,因刊其謬誤,增其闕漏,以成是書,故曰"暢微"。時年九十,實乾亨二年也。

(元)馬端臨:《文獻通考》卷二二二《經籍考四九》

《石本金剛經》一卷

陳氏曰:南唐保大五年壽春所刻。乾道中,劉岑崇高再刻於建昌軍。不分三十二分,相傳以爲最善。

(元)馬端臨:《文獻通考》卷二二六《經籍考五三》

朱尊度本青州書生,好藏書,高尚不仕。閒居金陵,著《鴻漸學記》一千卷、《群書麗藻》一千卷、《漆書》數卷,皆行於世。

(明)陶宗儀:《説郛》卷三九下

太祖乾德元年,平荆南,詔有司盡收高氏圖籍,以實三館。國初,三館書裁數櫃,計萬[二]千餘卷。

(清)徐松輯:《宋會要輯稿·崇儒四之一五》

(乾德)三年九月,命右[拾]遺孫逢吉往西川取僞蜀法物、圖書、經籍、印篆赴闕。至四年五月,逢吉以僞蜀圖書、法物來上。其法物不中度,悉命毁之;圖書付史館。

(清)徐松輯:《宋會要輯稿·崇儒四之一五》

開寶九年,江南平,命太子洗馬吕龜祥[就]金陵,籍其圖書,得二萬餘卷,送史館。僞國皆聚典籍,惟吴、蜀爲多,而江左頗精,亦多修述。

(清)徐松輯:《宋會要輯稿·崇儒四之一五》

（太平興國）四年五月，太原平，命左贊善大夫雷德源入城點檢書籍圖畫。

（清）徐松輯：《宋會要輯稿・崇儒四之一五》

（天禧）五年五月，太常博士鄭向表進所撰《五代開皇紀》三十卷，及《天禧聖德頌》一首，求試。詔令與優便任使。

（清）徐松輯：《宋會要輯稿・崇儒五之二〇》

（天聖）五年二月，知寧州楊及上《重修五代史》。仁宗曰："五代亂離，事多淺近。"宰臣王曾等曰："五代安危之迹，本末昭然，其餘可爲鑒誡，而不足師法。"帝深以爲然。

（清）徐松輯：《宋會要輯稿・崇儒五之二一》

（天聖五年）十二月二十二日，秘書監致仕胡旦上《演聖通論》七十二卷、《五代史略》四十三卷、《將帥要略》五十三卷，乞給賜錢米，充紙劄之費，仍乞男彤賜一名目。詔襄州舊俸外，月特給米麥各三石，彤與文資官。

（清）徐松輯：《宋會要輯稿・崇儒五之二一》

英宗治平元年六月二十七日，尚書駕部員外郎、通判保州路綸獻其父振所纂《九國志》五十卷，詔付史館。振在真宗時知制誥，所謂"九國"者，吴楊行密、南唐李昇、前蜀王建、後蜀孟知祥、閩王潮、（北）漢劉崇、南漢劉隱、楚馬（殷）、西楚［高］季興、吴越錢［鏐］。行密等當五代時，分據州縣以自立，其實十人，而振以爲九國者，以前、後蜀同一國名也。

（清）徐松輯：《宋會要輯稿・崇儒五之二五》

（熙寧）五年八月十一日，詔潁州令歐陽修家上修所撰《五代史》。

（清）徐松輯：《宋會要輯稿・崇儒五之二六》

嘉祐五年八月,詔曰:“國家承五代之後,簡編散落。建隆之初,三館聚書,僅纔萬卷。祖宗平定列國,先收圖籍,亦嘗分遣使人,屢下詔令,訪募異本,補緝漸至。景祐中,嘗詔儒臣校定篇目,及五百卷,特與文(武)資内安排。”先是,諫官吴及乞降三館秘閣書目,付諸郡長吏,於所部求訪遺書。故降是詔。

(清)徐松輯:《宋會要輯稿·崇儒四之一八至一九》

(宋高宗紹興時)先是,上謂輔臣曰:“向累降指揮,搜訪遺書,至今未有到者。朕觀國朝初承五代之後,文籍散缺,太宗皇帝留意於此。及得李煜、孟昶兩處圖籍,一時號稱足備。又詔天下訪求先賢墨迹,當時昇州等處,以羲、獻而下十八人書迹及鍾繇書《急就章》爲獻。”

(清)徐松輯:《宋會要輯稿·崇儒四之二六至二七》

後唐明宗時,亦命端明殿學士及樞密院直學士輪修日曆,旋送史館。

(清)徐松輯:《宋會要輯稿·職官六之三〇》

太平興國中,右補闕、直史館胡旦又言:“五代自唐以來,中書樞密院皆置時政記。中書即委末廳宰相修録,樞密院即直學士編修,每月季送付史館。周顯德中,宰臣李穀又言樞密院置内庭日曆,自後因循廢闕,史臣無憑修述。望[令]樞密院依舊置内庭日曆,委文臣任副使者與學士輪次記録,送付史館。”

(清)徐松輯:《宋會要輯稿·職官六之三〇》

乾德元年,平荆南,詔有司盡收高氏圖籍,以實三館。國初三館裁數櫃,計萬三千餘卷。三年九月,命右拾遺孫逢吉往西川,取僞蜀法物、圖籍、印篆赴闕,得萬三千卷送三館。開寶九年,平江南,命太子洗馬吕龜祥就金陵籍其圖書,得二萬餘卷,悉送史館。僞國皆聚典籍,惟蜀爲多,而江左頗爲精真,亦多修述。

（宋）江少虞:《宋朝事實類苑》卷三一

兩浙錢俶歸朝,遣使收其書籍,悉送館閣。

（宋）江少虞:《宋朝事實類苑》卷三一

五代之後,三館雖存,而湫隘喧囂,僅蔽風雨。惟宋太宗皇帝,混一區宇,鋭意文藝。太平興國二年,車駕臨觀,喟然嘆曰:"若此之弊,烏足以待天下賢俊。"遂命有司度地昇龍門左,督工經營,棟宇之制,焕然一新。三年畢工,乃錫名曰"崇文"。

（宋）章如愚:《群書考索》續集卷三五

張翊者,世本長安,因亂南來,先主擢置上列。時邦西平昌令卒,翊好學多思致,嘗戲造《花經》,以九品九命昇降次第之,時服其允當。

一品九命

蘭　牡丹　蠟梅　酴醿　紫風流睡香異名

二品八命

瓊花　蕙　岩桂　茉莉　含笑

三品七命

芍藥　蓮　薝蔔　丁香　碧桃　垂絲海棠　千葉

四品六命

菊　杏　辛夷　豆蔻　後庭　忘憂　櫻桃

林禽　梅

五品五命

楊花　月紅　梨花　千葉李　桃花　石榴

六品四命

聚八仙　金沙　寶相　紫薇　凌霄　海棠

七品三命

散水　真珠　粉團　郁李　薔薇　米囊　木瓜
山茶　迎春　玫瑰　金燈　木筆　金鳳　夜合
躑躅　金錢　錦帶　石蟬
八品二命
杜鵑　大清　滴露　刺桐　木蘭　雞冠　錦被堆
九品一命
芙蓉　牵牛　木槿　葵　胡葵　鼓子　石竹　金蓮

（宋）陶穀:《清異録》卷上

苾蒻清本良於醫,藥數百品,各以角貼,所題名字詭異。余大駭,究其源底,答言:“天成中,進士侯寧極戲造《藥譜》一卷,盡出新意,改立別名,因時多艱,不傳於世。”余以禮求,假録一通,用娱閒暇。

假君子牽牛	昌明童子川烏頭	淡伯厚朴
木叔胡椒	雪眉同氣白扁豆	金丸使者椒
醎毒仙預知子	貴老陳皮	遠秀卿沈香
化米先生神曲	九日三官吴茱萸	焰叟硫黄
三閭小玉白芷	中黄節士麻黄	時美中蒔蘿
道河掾木猪苓	嗽神五味子	方曲氏防風
削堅中尉三棱	白天壽吴术	洞庭奴隸枳殻
黄英石檀香	緑劍真人菖蒲	魏去疾阿魏
禹孫澤瀉	槖籥尊師仙靈脾	風稜御史史君子
雪如來白芨	風味團頭縮砂	赦肺侯款冬花
骨鯁元君萆薢	苦督郵黄芩	調睡參軍酸棗仁
黑司命蓯蓉	知微老白薇	太清尊者朴硝
既濟公升麻	泠翠金剛石楠葉	脱核嬰兒桃仁
澀翁訶梨勒	抱雪居士香附子	隨湯給事中甘遂
斜枝大夫草龍膽	野丈白頭翁	建陽八座蛇床子
玄房仲長統皂莢	蘽生藥王覆盆子	仁棗川練子

石仲寧滑石	命門録事安息香	隱上座郁李仁
水狀元紫蘇	飛風道者牙硝	帝膏蘇合香
畢和尚畢澄茄	金山力士自然銅	麝男甘松
冰喉尉薄荷	草東床大腹皮	腎曹都尉葫蘆巴
壽祖威靈仙	玲瓏霍去病藿香	千眼油蕤人
延年卷雪桑白皮	水銀臘輕粉	黄香影子梔子
六亭劑五味子	顯明肥阿膠	出樣珊瑚木通
中央粉蒲黄	瘡帚何首烏	支解黄丁香
洗瘴丹檳榔	海臘麒麟竭	水磨橄欖金鈴子
無名印地榆	無憂扇枇杷葉	鬼木串槐角
黑煞星夜明砂	續命筒乾漆	蠻龍舌血没藥
羽化魁五加皮	清涼種香薷	度厄錢連翹
湯主山茱萸	聖龍松瞿麥	翻胃木常山
醒心杖遠志	玉皇瓜馬兜鈴	偷蜜珊瑚甘草
德兒杏仁	混沌螟蛉寄生	永嘉聖脯乾姜
紅心石赤石脂	藥本五靈脂	静風尾荆芥
正坐丹砂附子	迎陽子兔絲子	山屠黄蘗
脾家瑞氣肉荳蔻	甜面淳于蜜陀僧	剔骨香青皮
痰宮劈歷半夏	玉虛飯龍腦	鎖眉根苦參
黑龍衣鱉甲	小帝青青鹽	百辣雲生姜
綬帶米麥蘖	半夏精天南星	夜金雄黄
沙田髓黄精	無聲虎大黄	小昌明草烏頭
草兵巴豆	巢烟九肋烏梅	百子堂草果子
皺面還丹人參	琥珀孫松脂	賊參薺苨
不死麵茯苓	火泉竹瀝	比目沈香烏藥
陸續丸蔓荆子	地白瓜蔞根	天豆破故紙
滴膽芝黄連	新羅白肉白附子	瘦香嬌丁香
破關符蓬莪术	王絲皮杜仲,一作王孫友	血櫃牡丹皮
川元蠹川芎,一作几元	九女春鹿茸	百藥綿黄耆

英華庫益智	通天拄杖牛膝	赤天佩姜黄
丹田霖雨巴戟	百丈須石斛	飛天蕊旋復花
安神隊杖麥門冬	郫芝天麻	錦綉根芍藥
草魚目薏苡仁	茅君寶篋蒼术	尉陀生桂生,一作圭
錬形松子柏子仁	蘆頭豹子柴胡	醜寶牛黄
肚裏屏風艾	九畹菜澤蘭	女二天當歸
天通緑木香	旱水晶硼砂	還元大品地黄
兩平章羌活	死冰白僵蠶	一寸樓臺蜂窠
三尺籙枸杞	無情手硇砂	拔萃團麝香
緑須姜細辛	笑靨金菊花	走根梅乾葛
八月珠茴香	銀條德星山藥	埋光烏藥良姜
椹聖蓽撥	破軍殺大戟	吉祥杵桔梗
金母蜕鬱金	綫子檀芽香	良醫匕首亭歷
産家大器秦艽	滴金卵延胡索	鬼丹蘆會鬼,一作兒
宜州様子白豆蔻	瓦壟班貝母	孝梗知母
萬金茸紫苑	秦尖蒺莉	西天蔓前胡
蕨臣卷柏	五福欒白斂	保生藁稿本
狨奴狗脊	蒜腦藷百合	備身弩芫花
玉靈片石膏		

(宋)陶穀:《清異録》卷上

顯德中,岐下幕客入朝,因言其家有舊書,名《脂粉簿》,載古今妝飾殊制。

(宋)陶穀:《清異録》卷下

按神和子,姓屈突,名無爲,字無不爲,五代時人,所著書亦以神和子爲名。

(宋)蘇轍:《龍川别志》卷下

歐文忠任河南推官,親一妓。時先文僖罷政,爲西京留守,梅聖俞、謝希深、尹師魯同在幕下,惜歐有才無行,共白於公,屢微諷而不之恤。一日,宴於後圃,客集而歐與妓俱不至,移時方來。在坐相視以目,公責妓云:"末至,何也?"妓云:"中暑往凉堂睡着,覺而失金釵,猶未見。"公曰:"若得歐陽推官一詞,當爲賞汝。"歐即席云:"柳外輕雷池上雨,雨聲滴碎荷聲。小樓西閣斷虹明,欄干倚遍,待得月華生。燕子飛來栖畫棟,玉鈎垂下簾旌。凉波不動簟紋平,水晶雙枕,旁有墮釵横。"坐皆稱善,遂命妓滿酌賞歐,而令公庫償其失釵。戚謂歐當少戢,不惟不恤,翻以爲怨,後修《五代史·十國世家》,痛毁吴越。又於《歸田録》中説先文僖數事,皆非美談。

(宋)錢世昭:《錢氏私志》

《林氏小説》三卷,五代成都林罕著。《古今記》云:罕與孫逢吉同郡同時,俱擅文學,著説文二千篇,目曰《林氏小説》,附石經刻於學宫。

(明)曹學佺:《蜀中廣記》卷九四

《釋貫休重集許氏説文》,僞蜀宰相王鍇作贊云:曇域戒學精微,篆文雄健,重集叔,重説文。見行於蜀。

(明)曹學佺:《蜀中廣記》卷九四

《續成都記》一卷,五代杜光庭著。

(明)曹學佺:《蜀中廣記》卷九六

《錦里耆舊傳》,五代進士張彰著。

(明)曹學佺:《蜀中廣記》卷九六

《蜀程記》一卷,五代韋莊著。

(明)曹學佺:《蜀中廣記》卷九六

《華陽記》,僞蜀廣政中,荷澤院僧仁顯撰,《古今集記》取之。

(明)曹學佺:《蜀中廣記》卷九六

《峽程記》一卷,五代韋莊撰。

(明)曹學佺:《蜀中廣記》卷九六

《梓潼集》二十卷,五代李堯夫著。

(明)曹學佺:《蜀中廣記》卷九七

《烟花集》五卷,蜀後主王衍集豔詩二百篇,且爲之序。

(明)曹學佺:《蜀中廣記》卷九七

《又玄集》三卷,五代韋莊選唐人詩。

(明)曹學佺:《蜀中廣記》卷一〇〇

《才調集》十卷,後蜀韋縠選唐人詩,以李青蓮、白樂天居首,海虞趙玄度有鈔本。

(明)曹學佺:《蜀中廣記》卷一〇〇

《花間集》十卷,陳氏曰:"孟蜀趙崇祚著。崇祚,字宏基,仕至衛尉少卿。其詞自温飛卿而下十八人,凡五百首。此近世倚聲填詞之祖也。詩至晚唐五季,氣格卑陋,千人一律,而長短句獨精巧高麗,後世莫及,此事之不可曉者。

(明)曹學佺:《蜀中廣記》卷一〇〇

《易軌》一卷,僞蜀滿乾貫撰。專言流演,其序云:可以知否泰之原,察延促之數,蓋數學也。

(明)曹學佺:《蜀中廣記》卷九一

《石經尚書》十三卷,晁氏曰:僞蜀周德貞書經文,"祥"字、"民"字皆闕其畫,蓋孟氏未叛,唐時所刊也。

(明)曹學佺:《蜀中廣記》卷九一

《尚書廣疏》,僞蜀馮繼先撰,以孔穎達正義爲本,少加己意。

(明)曹學佺:《蜀中廣記》卷九一

《石經毛詩》二十卷,僞蜀張紹文書,與《禮記》同時刻石。

(明)曹學佺:《蜀中廣記》卷九一

《春秋名號歸一圖》二卷,《崇文總目》:僞蜀馮繼先撰,以春秋官謚、名字表,附初名之左。

(明)曹學佺:《蜀中廣記》卷九一

《左傳引帖新義》,僞蜀進士蹇尊品撰。擬唐禮部試進士帖經舊式,敷經具對。

(明)曹學佺:《蜀中廣記》卷九一

《石經禮》二十卷,晁氏曰:僞蜀張紹文書丹,不載年月,不闕唐諱,當是孟知祥僭位後刻石。首以月令,題云御删定,蓋明皇也。林甫等注,蓋李林甫也。其餘篇第仍舊。議者謂經禮三百,曲禮三千,"毋不敬"一言足以蔽之。故先儒以爲首孝明,肆情變亂,甚無謂也。

(明)曹學佺:《蜀中廣記》卷九一

《石經周禮》十二卷,晁氏曰:僞蜀孫朋吉書,以監本是正,其字或羨,或脱,或不同,至千數。

(明)曹學佺:《蜀中廣記》卷九一

《石經論語》十卷，晁氏曰：僞蜀張德釗書，闕唐諱，立石當在知祥未叛前。其文脱兩字，誤一字，又《述而第七》舉一隅下，有“而示之”三字；“三人行必有我師焉”上又有“我”字；《衛靈公第十五》“敬其事而後其食”作“後食其禄”，與李鶚本不同者，此也。

(明)曹學佺:《蜀中廣記》卷九一

《爾雅音略》三卷，僞蜀毋昭裔撰。《爾雅》舊有釋智騫及陸朗釋文，昭裔以一字有兩音或三音，後生疑於呼讀，及釋其文義最明者爲定。

(明)曹學佺:《蜀中廣記》卷九一

《唐九朝實録》，後唐史記曰：都官郎中庾傳美，充三州搜訪圖籍使。傳美僞蜀王衍舊僚，家在成都，便於歸計，且言成都具有本朝實録，故有是命。及使回，所得纔九朝而已，其餘殘缺雜書，益不足記。

(明)曹學佺:《蜀中廣記》卷九二

《前蜀記事》二卷，僞蜀學士毛文錫、平珪撰，起廣明庚子，盡天福甲子，凡二十五年。文錫，唐太僕卿龜範之子，十四登進士第。入蜀仕王建，至判樞密院，隨衍入洛而卒。

(明)曹學佺:《蜀中廣記》卷九三

《道德經疏節解》上、下各二卷，《崇文總目》：僞蜀喬諷撰。諷爲諫議大夫、知制誥，奉詔以唐明皇注疏，杜光庭義綴其要，附以己意解釋之。

(明)曹學佺:《蜀中廣記》卷九四

《永昌正象曆》，僞蜀胡秀林撰。《北夢瑣言》：初，王衍以唐襲宅建上清宫，於老君殿列唐十八帝真，備法駕謁之，識者以爲拜唐，乃歸命之先兆也。先是，司天監胡秀林進曆，移閏在丙戌年正月，有向隱者亦進曆,用宣明法,閏在乙酉年十二月。既有異同,彼此紛訴,仍於界上取唐國曆日,改閏十二月。街衢賣曆者云:只有一月也。其年十二月二十八日,國竟滅。秀林,本唐朝司天少監,仕蜀别造《永昌正象曆》,推步之妙,天下一人,然移閏之事,不爽曆議,常人未可輕非之。

(明)曹學佺:《蜀中廣記》卷九四

《纂集本草經》,後蜀孟昶輯。舊《本草經》止一卷,藥三百六十五種,陶隱居增《名醫别録》亦三百六十五種,因注釋爲七卷。唐顯慶,又增一百十四種,廣爲二十卷,謂之《唐本草》。至昶又增益之,謂之《蜀本草》。

葉石林曰:顯慶中,蘇恭請重修《本草》,上命長孫無忌等廣爲二十卷。自是僞蜀韓保昇諸術家,各自補緝辯證者不一焉。

(明)曹學佺:《蜀中廣記》卷九四

《續事始》五卷,僞蜀馮鑒廣孝孫而作。

(明)曹學佺:《蜀中廣記》卷九四

《青城山甲記》一卷,晁氏曰:僞蜀道士杜光庭、賓聖撰,集蜀水若山在青城者,悉本道家之言。

(明)曹學佺:《蜀中廣記》卷九四

韋莊《浣花集》五卷、《箋奏》四卷,晁氏曰:僞蜀韋莊,字端己,仕王建至吏部侍郎、平章事。集乃其弟藹所編,以所居即杜甫草堂舊址,故名。僞史稱莊有集二十卷,今止存此。

(明)曹學佺:《蜀中廣記》卷一〇〇

《張蠙詩》一卷,晁氏曰:僞蜀張蠙,字象文,清河人。唐乾寧中進士,爲校書郎、櫟陽尉、犀浦令。王建開國,拜膳部員外郎,後爲金堂令。王衍與徐太后游大慈寺,見壁間書:"墻頭細雨垂纖草,水面回風聚落花。”愛之,問知蟦句。給札令以詩進,蟦以百首獻,衍頗重之。將召爲知制誥,宋光嗣以其輕傲,止賜白金而已。蟦生而穎秀,幼能爲詩作,中有與韋莊、杜光庭、貫休詩,唐末三人皆在蜀,疑其同時避亂入蜀云。

(明)曹學佺:《蜀中廣記》卷一〇〇

《寶月詩》一卷,晁氏曰:唐僧貫休撰,字德隱,姓姜氏,婺州人。後入蜀,號禪月大師。初吴融爲之序,其弟子曇域削去,别爲序引,僞蜀乾德中獻之。

(明)曹學佺:《蜀中廣記》卷一〇〇

《盧延讓詩》一卷,晁氏曰:僞蜀盧延讓子善,范陽人。唐光化九年進士,爲朗陵雷滿所辟。滿敗,歸王建。及建僭號,授水部員外郎,累遷給事中,卒官刑部侍郎。延讓師薛能,詩不尚奇巧,人多誚其淺俗,獨吴融以其不蹈襲,大奇之。

(明)曹學佺:《蜀中廣記》卷一〇〇

《牛嶠歌詩》三卷,晁氏曰:僞蜀牛嶠,字延峰,隴西人,唐相僧孺之後。博學有文,以歌詩著名。乾符五年進士,歷拾遺、補闕、尚書郎。王建鎮西川,辟判官,及開國拜給事中,卒。集本三十卷,自序云:“竊慕李長吉,所爲歌詩,輒效之。”

(明)曹學佺:《蜀中廣記》卷一〇〇

《蜀國文英》八卷,王蜀嘉州司馬劉贊編。

(明)曹學佺:《蜀中廣記》卷九七

女仙以金母爲尊,金母以墉城爲治,編記古今女仙得道事實,目爲《墉城集仙録》。上經曰:“男子得道,位極於真君,女子得道,位極於元君。”此傳以金母爲主,元君次之,凡十[四]卷矣。廣成先生杜光庭撰。

(宋)張君房:《雲笈七籤》卷一一四

因覽杜光庭所集《道教靈驗記》二十卷,其事顯而要,其指實而詳。今昔所聞,盈編而有次;殊尤之迹,開卷以斯存。

(宋)張君房:《雲笈七籤》卷一一七

樊若水夜釣采石,世多知之。宋咸《笑談録》云:"李煜有國日,樊若水與江氏子共謀。江年少而黠。時李主重佛法,即削髮投法眼禪師爲弟子,隨逐出入禁苑,因遂得幸。佛眼示寂,代其住持建康清凉寺,號曰小長老,眷渥無間。凡國中虚實盡得之,先令若水走闕下,獻下江南之策,江爲内應。其後李主既俘,各命以官。江後累典名州,家於安陸,子孫亦無聞。"鄭毅夫爲《江氏書目記》,載文集中,云:"舊藏江氏書數百卷,缺落不甚完。予凡三歸安陸,大爲搜訪,殘秩墜編,往往得之。閭巷間無遺矣,僅獲五百十卷。通舊藏凡千一百卷,江氏遺書具此矣。江氏名正,字元叔,江南人。太祖時,同樊若水獻策取李氏,仕至比部郎中。嘗爲越州刺史,越有錢氏時書,正借本謄寫,遂並其本有之。及破江南,又得其逸書。兼吴、越所得,殆數萬卷。老爲安陸刺史,遂家焉,盡輦其書,築室貯之。正既殁,子孫不能守,悉散落於民間,火燔水溺,鼠齧蠹弃,並奴僕盗去市人,裂之以借物。有張氏者,所購最多。其貧乃用以爲爨,凡一篋書爲一炊飯。江氏書至此窮矣。然余家之所有,幸而僅存者,蓋自吾祖田曹始畜之,至予三世矣。於余則固能保有之,於其後則非余所知也。然物亦有數,或存或亡,安知異日終不亡哉。故記盛衰之迹,俾子孫知其所自,則庶乎或有能保之者矣。書多用油拳紙,方册如笏頭,青縑爲褾,字體工拙不一。《史記》《晉書》,或爲行書,筆墨尤勁。其末用越州觀察使印,亦有江氏所題。余在杭州,命善書者補其缺,未具也。"

(宋)王明清:《揮麈後録》卷五

太平興國中,諸降王死,其舊臣或宣怨言。太宗盡收用之,寘之館閣,使修群書,如《册府元龜》《文苑英華》《太平廣記》之類,廣其卷帙,厚其廪禄贍給,以役其心。多卒老於文字之間云。朱希真先生云。

(宋)王明清:《揮麈後録》卷一

太平興國中,諸降王薨,其群臣或宣怨言。太宗盡收,置之館閣,使修群書,如《册府元龜》《文苑英華》《太平御覽》《廣記》之類。卷帙既浩博,並豐其廪膳贍給,以役其心,後多老死於文字之間云。

(清)潘永因:《宋稗類鈔》卷一

朱希真云,太平興國中,諸降王死,其舊臣或宣怨言,太宗盡收用之,寘之館閣,使修群書。如《册府元龜》《文苑英華》《太平廣記》之類,廣其卷帙,厚其廪禄贍給,以役其心,多卒老於文字之間。出王仲言《揮麈後録》。按,《會要》,太平興國二年,命學士李明遠、扈日用偕諸儒修《太平御覽》一千卷、《廣記》五百卷。明年,《廣記》成。八年,《御覽》成。九年,又命三公及諸儒修《文苑英華》一千卷,雍熙三年成。與修者乃李文恭穆、楊文安徽之、楊樞副礪、賈參政黄中、李參政至、吕文穆蒙正、宋文安白、趙舍人鄰幾,皆名臣也。楊文安雖貫浦城,然耻事僞廷,舉後周進士第。江南舊臣之與選者,特湯光禄、張師黯、徐鼎臣、杜文周、吴正儀等數人。其後,湯、徐並直學士院,張參知政事,杜官至龍圖閣直學士,吴知制誥,皆一時文人。此謂"多老於文字之間"者,誤也。當修《御覽》《廣記》時,李重光尚亡恙,今謂因"降王死而出怨言",又誤矣。《册府元龜》乃景德二年王文穆、楊文公奉詔修,朱説甚誤。

(宋)李心傳:《舊聞證誤》卷一

國初承五季亂離之後,所在書籍印板至少,宜其焚煬蕩析,了無孑遺。然太平興國中,編次《御覽》,引用一千六百九十種,其綱目並載於首卷,而雜書、古詩賦又不及具録。以今考之,無傳者十之七八矣。則是承平百七十年,翻不若極亂之世。姚鉉以大中祥符四年集《唐文粹》,其序有云:"況今歷代文籍,略無亡逸。"觀鉉所類文集,蓋亦多不存,誠爲可嘆。

(宋)洪邁:《容齋五筆》卷七

至和二年,翰林學士刊修《唐書》,歐陽修言:"自漢而下,唯唐享國最久,其間典章制度,本朝多所參用,則所修《唐書》,新志最宜詳備。然自武宗以下,並無實録,臣以傳記別説考證虚實,尚慮缺略。聞西京内中省寺、留司、御史臺及鑾和諸庫,有唐至五代以來奏牘按簿尚存,欲差編修官吕夏卿就彼檢尋。"從之。

(宋)程俱:《麟臺故事》卷三

《群書麗藻目録》,五代南唐朱遵度撰也。凡古今之文章著爲六例以總括之。一曰六籍瓊華;二曰信史瑶英;三曰玉海九流;四曰集苑金鑾;五曰絳闕蘂珠;六曰鳳首龍編。合二百六十七門,總雜文一萬三千八百首,共勒成一千卷。

(宋)章如愚:《群書考索》卷一八

五代南唐徐諧撰《歲時廣記》,掇古今傳記並前賢詩文隨日以甲子編類,凡時政、風俗、耕農、養生之事悉載。

(宋)章如愚:《群書考索》卷五五

《俗書》,南唐宋齊丘撰,凡百十篇,上卷言道與術,中卷言德與仁,下卷言食與儉。

(宋)章如愚:《群書考索》卷一一